中国宗教学40年

（1978—2018）

卓新平　主编

中国社会科学出版社

图书在版编目（CIP）数据

中国宗教学40年：1978—2018／卓新平主编．—北京：中国社会科学出版社，2019.1（2020.2重印）

ISBN 978-7-5203-3949-0

Ⅰ．①中…　Ⅱ．①卓…　Ⅲ．①宗教学—研究—中国—1978—2018　Ⅳ．①B929.2

中国版本图书馆CIP数据核字（2019）第016802号

出 版 人　赵剑英
责任编辑　冯春凤
责任校对　韩天炜
责任印制　张雪娇

出　　版　中国社会科学出版社
社　　址　北京鼓楼西大街甲158号
邮　　编　100720
网　　址　http://www.csspw.cn
发 行 部　010-84083685
门 市 部　010-84029450
经　　销　新华书店及其他书店

印　　刷　北京君升印刷有限公司
装　　订　廊坊市广阳区广增装订厂
版　　次　2019年1月第1版
印　　次　2020年2月第2次印刷

开　　本　710×1000　1/16
印　　张　35.25
插　　页　2
字　　数　560千字
定　　价　148.00元

撰稿人：

宗教学理论研究	金　泽	赵广明	梁恒豪
	李华伟	李金花	冯梓琏
当代宗教研究	黄　奎	向　宁	
佛教研究	华方田	纪华传	
道教研究	王　卡	李志鸿	
儒教研究	梁　溪		
中国民间宗教研究	李志鸿		
基督教研究	卓新平	唐晓峰	
伊斯兰教研究	周燮藩	李　林	
其他宗教研究	卓新平		

目　录

序　言

卓新平

中国改革开放40年的纪念，对我们研究宗教的学者而言，是回顾、总结中国当代宗教学发展走过的40年历程。中国宗教学的形成是20世纪中国现代学术史上的一个重要突破，但宗教学真正系统化、专业化全面发展，则是1978年以来中国改革开放的产物与成果。40年前，中国宗教学研究领域处于“早春二月”的状况，成建制、有规模的宗教研究机构仅有中国社会科学院世界宗教研究所一家，乃是当时“一枝独秀”的奇特景观。40年来，中国宗教学蓬勃发展，姹紫嫣红，蔚为大观。在今天中国宗教研究硕果累累、百花争妍的美景中，世界宗教研究所正享受着一种“在丛中笑”的陶醉。

20世纪初，当宗教学刚传入中国时，学术界最为关注而且讨论激烈的问题是“中国有无宗教”。当我们步入21世纪时，我们的问题意识已升华到如何为“宗教”在当代中国社会定位、怎样在理解“宗教”的基础上来为依法管理而制定法规。宗教学的概念和体系构建，其关键也在于对“宗教”的界说与诠释。应该说，中国当代宗教学的发展，在一定程度上也反映出中国学者对“宗教”定义的反思和拓展。两个世纪的关联，加之漫长的中国思想文化传统和悠远的华夏精神诉求，使人们在客观、科学地看待“中国有无宗教”问题时，必须首先弄清在此言述、讨论的“宗教”究竟是什么。曾有人否定中国古代存在“宗教”这一术语或构词，由此亦不承认“宗教”所要描述、说明之事物的根本存在。其实，在丰富的中国思想文化精神及其语言文字表述上，“宗教”所蕴含的意义及其对象是客观存在的。古代中国曾用“宗”和“教”二字来分别以不同侧重来表达这一核心观念。其中“宗”以其“尊祖庙”之意而曲折地表现出“宗教”制度层面的意义，即以具有外在、客体性的相关场所、建构、仪礼来尊崇和敬拜神明、纪念祖先。这在古代“禋于六宗”的活动中得到具体而集中的体现。而“教”则以其“教化”之意来突出其精神信仰、灵性追求层面的意义，强调内在、主体的精神修养，以把握“修道之谓教”的真谛。在此，上施下效、从学入道的“教化”得以提高和升华，从而有了“神道设教”之“宗教”，呈明其“对神道的信仰”之真义。此即“合鬼与神，教之至也”的道理。在专门术语上表达制度层面与精神层面的关联及共构，则是“宗教”二字合用的水到渠成。不过，“宗教”二字最先合用乃见于佛教文献，而“宗教”作为佛教术语则出现了一些嬗变或异化。例如，早在5、6世纪梁朝的佛教学者就已将“宗教”二字合用，且多有阐发。一般而论，当时佛教所理解的“宗教”虽在抽象意义上已接触或体悟到“人生宗旨，社会教化”的蕴涵，但其具体所指乃是“崇拜佛陀及其子弟的教诲”，其中“教”为佛陀之言，“宗”即其弟子之传，从而达到信仰上的打通和共构。此后，在中日佛教交流过程中，“宗教”这一表述因佛教典籍的翻译而被日本佛教界所应用，但其理解上已有区别，即把语言难以表达的真理视为“宗”，而关于这一真理的教义则为“教”。于是，“宗教”成为日本学术界常用的术语。当日本与西方在近代历史上形成交流关系时，日本学界开始用“宗教”来翻译、表达西方文献中频频出现的“religion”一词。自1868年以来日本明治政府的文件，多将西文“religion”译为“宗教”，指西方流行的各种宗教及其占主导地位的基督教各派。这样，“宗教”一词开始在日本获得“宗教学”意义上的内涵。据传中国学者黄遵宪在其1887年定稿、1895年出版的《日本国志》中多用“宗教”来对照或对应西文religion，故有“宗教”的现代含义“假道日本而入中国”之说。不过，“宗教”的这一应用在当时并未引起关注或达成共识，对译religion的中文术语还包括“教”“巫”“谶纬之学”，甚至音译“尔厘利景”等。所以“宗教”术语上的歧义和认知上的混乱已延续至今，相关争论亦往往是一触即发。但应该承认，当代中国宗教学关于“宗教”术语的讨论已不再是泛泛而论，而更多体现出其学理性、科学性和逻辑性，反映了中国学者客观、认真和理性的追求。

20世纪中国学术界争论的另一大问题则为“儒教”是否为“宗教”，这亦涉及中国传统主体文化的“宗教性”问题。自明末来华耶稣会士利玛窦提出“儒教不是宗教”之说，这一争论已经历了三个回合，而在第三个回合即1978年以来的讨论中达到了前所未有的高潮。在“儒教是教”与“儒教非教”之争中，其分歧触及多个层面，但其关键点仍是对“宗教”的基本理解。例如“教化之教”与“宗教之教”的区别或关联，“人文性”与“宗教性”的异或同，“人际关系”与“天人关系”的分离或呼应，“神道设教”与“文以载道”的流变或相合，都不能回避对人的“精神性”“宗教性”的解答和诠释。同样，对于儒教在中国历史上究竟是独尊儒术、宗主正本的产物，还是“礼失求诸野”的结果，不仅关涉儒教在主流政治文化或民间通俗文化中的地位，而且也必须说明这两种文化究竟有无“宗教性”。在此，从宗教学的角度则产生了“宗教性”与“宗教”的关联，以及“宗教性”在界定“宗教”上的地位与作用问题。自汉朝司马迁撰写《史记》，从“究天人之际”的思想到论及“鲁人皆以儒教”（《史记》卷一百二十四，游侠列传第六十四）之说，关于“儒教”的“宗教”意义和地位问题开始浮现。“南北朝以来，儒教与佛、道二教并称为三教。”由此形成“三教譬如鼎足，缺一不可”的局面，而“三教”这一表述长期以来未被质疑。但元朝《道书援神契》提出“儒不可谓之教，天下常道也”，从而为儒教“非教”说埋下了重要伏笔。1911 年的辛亥革命将制度性的“儒教”基本摧毁，而 1919 年的“五四”运动则对精神性的“儒教”加以清算，“儒教”以往的“正统”“指导”地位不复存在，传统中国文化同样陷入了深深的危机。在今天中国文化的重建与“和谐”文化的构建中，我们已感觉到对儒家文化的挖掘和应用。但在当前中国传统宗教文化的复兴中，缺失“儒教”的佛、道二教则显得有些力不从心，很难独当扶持、复兴、弘扬本土宗教文化的大任。这一历史与现状，都促使我们再次深思“宗教”的意义问题和审视中国文化发展中“宗教”的作用问题。

“宗教”内在意义的厘清及其构成因素的涵括，亦为中国宗教学的研究范围、指导思想和应用方法提供了参考。在当代中国的“宗教”之探中，很显然是经历了从宽泛性、功能性、应用性的“宗教研究”向学科性、体系性、方法性的“宗教学”之转移和升华。当然，宽泛或应急的宗教研究今天仍很普遍，而正是在这一形势中，一支潜心研究“宗教学”专业的学术队伍也已悄然诞生。中国宗教学在改革开放的初期侧重于宗教史学和宗教哲学这两个方面的研究，主要研究成果体现在对宗教史料的发掘和对宗教现象的理论说明、哲学分析。由此，中国宗教学乃以跨学科、多学科的态势而进入中国学术领域。这样，中国当今学术界的宗教研究范围较广，研究人员众多，学术成果亦体现出宗教研究科际整合的优势。从整体来看，中国宗教学的 40

年历程所覆盖的研究领域包括宗教学理论研究、当代宗教研究、佛教研究、道教研究、儒教研究、中国民间宗教研究、基督教研究、伊斯兰教研究和其他宗教研究（主要为犹太教、琐罗亚斯德教、摩尼教、印度教、锡克教等的研究和巴哈伊教等新兴宗教的研究）。这基本上为一种广义的宗教学研究，而狭义的、界定在传统“宗教学”范围之内的宗教研究则主要体现在宗教学理论研究本身，其涉及的内容既有在中国比较突出的马克思主义宗教观的研究，也有传统学科意义上的宗教史学、比较宗教学、宗教文化学、宗教哲学、宗教社会学、宗教心理学、宗教人类学等方面的探讨。显然，这些研究及其学科分支与西方宗教学的传统框架和研究视域并不完全相同，突出了中国特色和中国学术的问题意识。

中国改革开放以来的40年，正是中国宗教从零散的学者个人研究走向宗教学科体系化的时代。应该说，中国宗教学真正得以创立和发展成为一门影响广远的人文社会科学，乃是这40年的开拓和创新。40年来，中国宗教学体系从无到有、从小到大，其研究从随意性、自我个性到规范化、学科化，并为今后的发展打下了重要基础，积累了宝贵经验。为了总结中国宗教学40年的发展，梳理其学术成果和资料，我们在2008年编写的《中国宗教学30年》一书基础上补充完善，形成了当下这部著作，主要由中国社会科学院世界宗教研究所的中青年学者来承担。全书共分为九章，其中，上述原稿第一章“宗教学理论研究”由金泽撰写，第二章“当代宗教研究”由黄奎撰写，第三章“佛教研究”由华方田撰写，第四章“道教研究”由王卡撰写，王卡先生已不幸去世，我们深表哀悼，第五章“儒教研究”由梁溪撰写，第六章“中国民间宗教研究”由李志鸿撰写，第七章“基督教研究”由卓新平撰写，第八章“伊斯兰教研究”由周燮藩、李林撰写，第九章“其他宗教研究”由卓新平撰写；全书的编辑、统稿由卓新平负责。但因考虑到有关学者的学术个性和研究风格，在文字、体例上不做大的调整，所以各章的撰写、表述可能不完全一致，格式上没有统一规定，尚请谅解。这次出版补充了2008至2018年宗教学发展的内容，其中第一章由赵广明、梁恒豪、李华伟、李金花、冯梓琏补充，形成第九节“2008—2018年宗教理论发展概况”，包括“宗教通史”（冯梓琏）、“宗教哲学”（赵广明）、“宗教心理学”（梁恒豪）、“宗教社会学”（李华伟）、“宗教人类学”（李金花）等内容；第二章第四节由向宁补充；第三章由纪华传补充；第四章由李志鸿补充；第五章由梁溪补充；第六章由李志鸿补充；第七章由唐晓峰补充；第八章由李林补充。这部著作涉及的内容以中国大陆学者自 1978 年以来的研究为主，可能只少量论及在大陆出版的港澳台学者的著述，因此当代港澳台宗教研究这一领域应作为另一大的课题留待今后系统探讨。在本书所触及的研究领域，一般突出宏观描述和重点问题探寻，对相关议题的评价也主要反映出撰写者自己的观点和见解。鉴于相关学术论文浩如烟海、难以在本书有限的篇幅中一一引证，故而只能以列举相关研究专著和翻译著作为主，仅在某些具体讨论中提及或引用到一些论文。书中的展示和叙述乃是以一种学术素描的方式来简要回顾、总结中国大陆学术界宗教学研究走过的 40 年历程。因此，在研究内容上可能有疏漏之处，在学术评价上可能有不妥之见，还望学术界各位专家批评、指正。中国宗教学发展方兴未艾，我们将继续努力。全书的策划、立意、编辑出版由中国社会科学出版社组织。这里，特向中国社会科学出版社和黄燕生、冯春凤编审表示衷心的感谢！

2018 年 11 月 28 日补写

第一章

宗教学理论研究[①]

改革开放40年来，中国宗教学理论的学术建设，可以说是走了一个稳步发展的道路，至今已经累积相当的成果，亦凝聚一批学术人才。卓新平曾在回顾20世纪中国宗教的学术研究发展历程时指出：在改革开放之前，中国学者曾在20世纪初围绕着“中国有无宗教”和“宗教是什么”展开了深入讨论和激烈争论，形成了两种截然对立的观点。50年代和60年代，中国学者又围绕着宗教、信仰、迷信之关系而进行了思想交锋和学术争鸣。自70年代末、80年代初以来，中国的宗教学术研究亦进入思想解放、学术繁荣的发展阶段。学者们遵照“百家争鸣、百花齐放”的方针，发扬学术民主和学术自由的精神，在理论上大胆创新，勇于突破禁区，从而使中国宗教学的理论研究取得了丰硕成果。这一阶段的学术讨论非常活跃，先是围绕宗教究竟是否为“鸦片”展开了研讨，随之探究了宗教的社会功能、集体“无意识”或心理底蕴问题，最后又深入到宗教的“文化”研究和理解、宗教与精神文明建设和与社会主义社会相适应等问题。与前两个时期宗教研究的明显不同，最近40年来的中国宗教学研究突出从“文化”的综合意义上来分析宗教、研究宗教、评价宗教。在这种分析研究中，中国学术传统方法仍在发挥作用，但学者们更加提倡研究方法的多元化，即注意吸纳当代国际学术界的最新成果，及时采用令人耳目一新、体现创新精神的现代研究方法。[②]

---

① 本文写作参考了卓新平《宗教理解》，社会科学文献出版社1999年版，卓新平《20世纪中国宗教学研究》《宗教学理论研究》，何光沪《宗教学研究》等文章，见《20世纪中国大典·宗教学》，福建教育出版社2002年版。

② 卓新平：《20世纪中国宗教学研究》，见《20世纪中国大典·宗教学》，福建教育出版社2002年版。

改革开放带来中国社会的深刻变化，宗教信仰自由政策的贯彻执行和宗教活动的逐步恢复，以及对外学术交流的日益繁荣，为宗教学理论的研究提供了一个较为宽松的氛围，反过来也为宗教学理论的发展提供了动力和挑战，这就使中国学者在建构自己的宗教学理论体系的过程中，一方面认识到现代意义之宗教学乃来自西方，因而注重翻译、介绍西方宗教学著作，以达“他山之石，可以攻玉”之效，另一方面则奋起直追，推出体现中国特色、展示中国思想文化精神的学术论著。卓新平对这一时期宗教学研究的主要脉络作出如下概括：学者们曾围绕“宗教与鸦片”“宗教的定义”“儒教是否为宗教”“宗教文化”之理解和如何引导宗教与社会主义社会相适应等问题展开争论。针对“宗教是否为鸦片”，中国学术界在20世纪80年代早期和中期曾展开了一场所谓“南北论争”，深化了对马克思关于“宗教是人民的鸦片”之论断的理解。这一时期的重要论文包括赵复三的《究竟怎样认识宗教的本质》(1986)、江平的《认真学习马克思主义的宗教论和党的宗教政策》(1986)、吕大吉的《关于宗教本质问题的思考》(1987)、俞朝卿的《再论宗教的本质和社会作用》(1987)等。在“宗教”定义上，吕大吉提出了宗教的观念、体验、行为、组织与制度四要素说，并在《宗教是什么？——宗教的本质、基本要素及其逻辑结构》一文中将“宗教”定义为“关于超人间、超自然力量的一种社会意识，以及因此而对之表示信仰和崇拜的行为，是综合这种意识和行为并使之规范化、体制化的社会文化体系”。这一定义亦引起人们的广泛讨论。针对中国学术界流行的“儒教非教说”，任继愈于70年代末率先提出“儒教是教说”。此后，李申等人支持此说，并系统开展了中国儒教研究。而另一些学者则持不同意见，或提出对中国传统宗教的其他说法。其中较有影响的有牟钟鉴关于中国“宗法性传统宗教”之说，他认为中国宗教与西方相比有“宗法性强烈、皇权支配教权、多样性与包容性、注重宗教社会道德功能的人本主义精神”这四个特点。对“宗教是文化”之理解在学术研究上形成了独特的“宗教文化”思潮，并发展出一种全新的宗教文化学。而在宗教与社会主义社会相适应、相协调的讨论中，戴康生、彭耀等人分析了宗教的正、负功能，提出了在政治、物质和精神文明、文化学术以及对外交往五个方面宗教与社会主义社会的适应和协调，冯今源则对宗教道德在这种适应和协调中的意义进行了系统阐述。[①]

由于有些理论方面的学术建树和论争在当代宗教研究中多有论述，我们在此主要是围绕宗教学理论的相关领域和分支学科，对40年来取得的丰硕成果（主要是专著和译著[②]）做一粗略描述和介绍。

第一节　工具书和宗教通史研究

工具书是学科建设的基本环节，通过工具书的编纂，不仅厘清学科的边界与基本概念，而且在编写过程中，培养一大批青年学子走上宗教学研究之路。这方面的主要成果包括任继愈主编的《宗教词典》（1981），世界宗教研究所编的《各国宗教概况》（1984），罗竹风等主编的《中国大百科全书·宗教》（1988），孙洪涛等主编的《宗教工作手册》（1989），王作安主编的《宗教工作基础知识》（1990），雷镇阊等主编的《宗教知识宝典》（1991），罗竹风主编的《宗教经籍选编》（1992），初秀峰、佟杰主编的《世界宗教人物词典》（1992），宗教研究中心编的《世界宗教总览》（1993），邢东田的《当今世界宗教热》（1995），黄夏年主编的《世界宗教名胜》（1994），朱越利主编的《今日中国宗教》（1994），李桂玲编的《台港澳宗教概况》（1996），任继愈主编的《宗教大辞典》（1998），曹中建主编的《中国宗教研究年鉴》（1996，1998；1997—1998，2000；1999—2000，2001；2001—2002，2003；2003—2004，2006；2005—2006，2008），赤耐、段启明等编写的《当代中国的宗教工作》（上、下卷，1999），张杰著《冥冥天国苦追求：辽河流域宗教文化》（2000），斯马特著《世界宗教》（2004）等。

宗教史学（特定宗教的历史研究参见各教）方面的重要著述包括黄心川等《世界三大宗教》（1979），张文建的《宗教史话》（1981），张绥的《宗

① 卓新平：《宗教学理论研究》，见《20世纪中国大典·宗教学》，福建教育出版社2002年版。

② 为了避免与其他学科（如佛教研究、基督教研究）重叠，我们主要收集了归入中国图书分类法中属于B91、B92、B93、B98和B99及其子项中的相关成果。但是这种分类有一定的局限，诸如卢国龙的《道教哲学》（1997）和方立天的《中国佛教哲学要义》（2002）等，都没有归入宗教哲学门下，而现归入宗教哲学门类下的许多成果，却应归入基督教研究；还有许多成果则归入历史、文学或文化等门类。这种分类上的不统一，不仅造成查找的困难，而且势必挂一漏万。在此向相关学者致歉，也敬请读者参见相关门类以有所弥补。

教古今谈》(1985)，陈麟书等的《世界七大宗教》(1986)，陈荣富的《宗教的历程》(1986)，于可主编的《世界三大宗教及其源流》(1988)，黄心川主编的《世界十大宗教》(1988)，知识出版社编写的《真实与虚幻之间：宗教史事和神话传说》(1989)，罗竹风主编的《宗教通史简编》(1990)，曹琦和彭耀编的《世界三大宗教在中国》(1991)，王友三主编的《中国宗教史》(1991)，周燮藩等《中国宗教纵览》(1992)，阮仁泽、高振农主编的《上海宗教史》(1992)，吴立民等《中国宗教六讲》(1993)，姜立勋等《北京的宗教》(1995)，史仲文、胡晓林主编的《新编中国宗教史》(1995)，高令印等编的《厦门宗教》(1999)，于本源的《清王朝的宗教政策》(1999)，杨学政主编的《云南宗教史》(1999)，牟钟鉴、张践的《中国宗教通史》(1999)，饶宗颐的《中国宗教思想史新页》(2000)，罗广武的《新中国宗教工作大事概览(1949—1999)》(2001)，林宗泽主编的《宗教史概论》(2002)，张化的《上海宗教通览》(2004)，詹石窗、盖建民主编的《中国宗教通论》(2006)等。

译著则有善慧法日的《宗教流派镜史》(1980)，克雷维列夫的《宗教史》(1984)，托卡列夫的《世界各民族历史上的宗教》(1985)，茨威格的《异端的权利：卡斯特利奥反对加尔文史实》(1986)，夏普的《比较宗教学史》(1988)，缪勒的《宗教的起源与发展》(1989)，卡莫迪的《妇女与世界宗教》(1989)，贾吉的《世界十大宗教》(1991)，加里·特朗普的《宗教起源探索》(1995)，德列斯维声斯卡娅的《中亚宗教概述》(2002)，大卫·休谟的《宗教的自然史》(2003)，玛丽·帕特·弗舍尔的《亲历宗教·东方卷》和《亲历宗教·西方卷》(2005)等。

第二节　概论性著作

尽管中国的宗教国情不同于西方，但人们对宗教的兴趣却随着思想解放与对外开放的步伐而高涨。在基本上属于开创阶段的中国宗教学理论研究领域，如何在整体上把握宗教并给予相关的社会各界一些基本概念，乃是这一阶段的重要任务。1982年，国家把建设马克思主义宗教体系列为国家社会科学重点科研项目，这项任务交由吕大吉主持，集体完成。1985年，《宗教学通论》形成初稿，先打印成内部讨论稿，反复讨论修改后，1986年交付中国社会科学出版社，1989年正式出版。该书荣获第四届中国图书奖一等奖

(1990)，第一届国家图书奖（1980—1992）提名奖，中国社会科学院优秀著作奖（1992）。牟钟鉴认为此书有四大特点：一是在指导思想上强调“以真理为师”，坚持唯物史观的精神实质，同时博采众长，力求使宗教学研究走向科学化和普遍化。二是在对待宗教的态度上，作者提出“需理性，信仰要宽容”的原则，既不赞成用信仰主义的态度研究宗教，也不赞成与宗教对立而无同情的研究立场。提倡理性与宽容并重，站在世界文化发展的高度，历史地、全面地看待宗教，对各种形态的宗教进行实事求是的、具体的分析和评价。三是在理论结构上建立了更为严谨的逻辑框架，这个结构是多层面的、立体化的和多姿多彩的。四是在理论特色上凸显了“宗教四要素说”，把四要素作为统一说明一切宗教现象的基础性原理。四要素说一经提出便在学界迅速传播流行，得到许多学者和读者的认同。[①]

吕大吉承担的国家项目正式立项，掀开了中国宗教学理论建树的新篇章，一大批学者积极行动起来，努力的成果则是一大批概论性著述先后问世，如唐尧的《宗教概述》(1983)，雷镇阊主编的《宗教概论》(1984)，陈麟书的《宗教学原理》(1986)，云南省社会科学院宗教研究所编的《宗教论稿》(1986)，赖永海的《宗教学概论》(1989)，吕鸿儒、辛世俊的《宗教的奥秘》(1989)，卓新平的《西方宗教学研究导引》(1990)，卢红等的《宗教：精神还乡的信仰系统》(1990)，赵锡琪主编的《宗教学》(1990)，罗竹风主编的《宗教学概论》(1991)，卓新平的《世界宗教与宗教学》(1992)，吴倬编的《神的世界探源：宗教学篇》(1994)，罗竹风主编的《人·社会·宗教》(1995)，吕大吉的《宗教学通论新编》(1998)，陈荣富的《比较宗教学》(1993)，吕大吉的《西方宗教学说史》(1994)，时光、王岚编写的《宗教学引论》(1994)，张志刚的《走向神圣：现代宗教学的问题与方法》(1995)，陈麟书主编的《宗教观的历史·理论·现实》(1996)，龚学增主编的《宗教问题概论》(1998)，莎迅等的《宗教王国的奥秘》(1998)，卓新平的《宗教理解》(1999)，杨慧林的《追问“上帝”：信仰与理性的辩难》(1999)，武汉大学人文科学学院哲学系宗教学系编的《世纪之交的宗教与宗教学研究》(2000)，高长江的《宗教的阐释》(2002)，孙亦平主编的《西方宗教学名著提要》(2002)，张志刚的《宗教学是什么》(2002)，刘建、罗伟虹主编的《宗教问题探索：2001 年文集》

---

① 牟钟鉴：《宗教学通论新编·序》，中国社会科学出版社 1998 年版，第 1—4 页。

(2002)，卿希泰、唐大潮的《中外宗教概论》(2002)，吕大吉的《宗教学纲要》(2003)，李德洙主编的《宗教知识简明读本》(2003)，王晓朝的《宗教学基础十五讲》(2003)，米寿江主编的《宗教概论》(2003)，陈麟书、陈霞主编的《宗教学原理》(2003)，中国宗教学会秘书处编的《中国宗教学》（第1辑，2003；第2辑，2004)，宝力高的《宗教》（2卷，2003)，卓新平的《神圣与世俗之间》(2004)，方立天主编的《宗教研究》(2004)，段德智的《宗教概论》(2005)，冯天策的《宗教论》(2005)，潘尼卡的《宇宙—神—人共融的经验：正在涌现的宗教意识》(2005)，张志刚的《宗教研究指要》(2005)，范丽珠、James D. Whit 的《当代世界宗教学》(2006)，丁汉儒的《中国宗教理论和政策纲要》(2006)，朱晓明主编的《宗教若干理论问题研究》(2006)，王晓朝、李磊主编的《宗教学导论》(2006)，李申的《宗教论》（第1卷，2006)，徐小跃、徐如雷主编的《宗教研究》（第1辑，2006)，朱东华的《从"神圣"到"努秘"：鲁道夫·奥托的宗教现象学抉微》(2007) 等。

与此同时，亦有相关的海外研究成果译成中文。如缪勒的《宗教学导论》(1989)，麦奎利的《二十世纪宗教思想》(1989)，诺维科夫的《宗教学教程》(1990)，斯特伦的《人与神：宗教生活的理解》(1991)，乌格里诺维奇的《宗教学引论》(1992)，奥托的《论"神圣"》(1995)，A. J. 巴姆的《比较哲学与比较宗教》(1996)，伊利亚德的《神圣与世俗》(2002)、《宗教思想史》(2004)，威尔弗雷德·坎特韦尔·史密斯的《宗教的意义与终结》(2005)，包尔丹的《宗教的七种理论》(2005)，马利亚苏塞·达瓦马尼的《宗教现象学》(2006)，沙伦·M. P. 哈珀的《实验室·庙宇·市场：对科学、宗教和发展的交互作用的反思》(2006) 等。

第三节　马克思主义宗教观与无神论研究

中国宗教学理论不同于西方的显著特征，不仅在于立足于中国本土宗教现象的历史与现实，而且在于将发展的马克思主义宗教观作为观察和解释宗教现象的重要方法。这方面的研究专著有唐尧的《马克思主义与宗教》(1983)，郑天星的《马克思恩格斯论无神论、宗教和教会》(1991)，施船升的《马克思主义宗教观及其相关动向》(1998)，徐宝德等的《马克思主义唯物论和无神论学习指南》(1999)，王友三的《中国无神论资料选编》

（2002），王珍的《马克思恩格斯宗教观的形成与发展》（2006），方宇鹏的《评韦伯宗教思想与马克思宗教思想的对立》（2007），龚学增的《马克思主义宗教观与党的宗教工作方针》（2007），卓新平主编的《马克思主义研究论丛·第7辑·宗教观研究》（2007）等。

40年来，无神论的研究与普及坚持不懈，这方面的学术研究成果亦层出不穷，如李洪林的《科学和迷信》（1980），欧克纯的《中国哲学家的无神论思想》（1987），张尚仁、吴松的《西方无神论史话》（1987），张秀禄的《宗教与迷信》（1988），罗章龙的《非宗教论》（1989），王友三的《中国无神论史纲》（修订版）（1999），国家宗教事务局宗教干部培训中心编的《中国无神论名篇选译》（1999），周振国、白石主编的《倡导科学文明　弘扬唯物论无神论》（1999），何世明《中国文化中之有神论与无神论》（1999），李申主编的《100个不信神的故事》（1999），陈先书、张允熠主编的《无神论与科学精神》（2000），郑伟的《无神论纵横》（2000），钟科文、杜镇远的《走出无知的迷宫：现代迷信分析》（2000），中国无神论学会编的《当代无神论教程》（2000），臧海亭的《瘗埋鬼神》（2001），李士菊的《科学无神论研究》（2002），王之波的《科学精神：人类理性的灵魂》（2002），董根洪的《中华理性之光：宋明理学无神论思想研究》（2003），周鸿主编的《科学无神论教育研究》（2004），张志刚主编的《宗教研究指要》（2005），李士菊的《马克思主义科学无神论的当代阐释》（2006），刘其文主编的《智者与神》（2007）等。同时，还有一定数量的相关译著问世，如雅霍达的《文明的困惑：迷信心理透析》（1990），G. 贾霍达的《迷信》（1993），J. 马里尼的《吸血鬼：暗夜里寻找生命》（2000），霍尔巴赫的《健全的思想》（2000），亨利·柏格森的《道德与宗教的两个来源》（2000），弗洛伊德的《一种幻想的未来》（2003）和《文明及其不满》（2003），大卫·雷·格里芬的《后现代宗教》（2003），唐·库比特的《上帝之后：宗教的未来》（2002）和《快乐之路》（2006），埃·弗洛姆的《精神分析与宗教》（2006），斯达克、本布里奇的《宗教的未来》（2006），佩顿的《阐释神圣：多视角的宗教研究》（2006），雅克·德里达的《宗教》（2006）等。

第四节　宗教文化学

我们在此归纳的宗教文化学研究成果，不仅涉及一般性的或总体性的探讨，而且包括中国学者对宗教与社会、民族、文化、道德的关系问题的特别关注和独到研究。

就概论性研究而言，其成果有朱来常的《宗教与文明》（1986），马德邻的《宗教：一种文化现象》（1987），卓新平的《宗教与文化》（1988），汤一介的《中国传统文化中的儒道释》（1988），牟钟鉴的《中国宗教与文化》（1989），知识出版社编的《奥秘的魅力：宗教文化艺术一瞥》（1989），马焯荣的《中西宗教与文学》（1990），刘国梁的《宗教与中国传统文化》（1990），罗迎福的《宗教问题简论》（1992），米寿江的《当代视角下的宗教》（1992），杨知勇的《宗教·神话·民俗》（1992），詹鄞鑫的《神灵与祭祀——中国传统宗教综论》（1992），顾伟康的《宗教协调论：中国宗教的过去、现在和未来》（1992），陈荣富的《宗教礼仪与文化》（1992），张志刚的《宗教文化学导论》（1993），萧志恬的《当代中国宗教问题思考》（1994），戴康生等的《社会主义与中国宗教》（1994），刘宗坤的《等待上帝，还是等待戈多·后现代主义与当代宗教》（1996），赵林的《西方宗教文化》（1997），何光沪等主编的《对话：儒释道与基督教》（1998），张禹东的《宗教现象的文化学研究》（1999），李建盛的《心灵的空地：宗教心性与生命情怀》（1999），潘显一、冉昌光主编的《宗教与文明》（1999），王作安、卓新平主编的《宗教：关切世界和平》（2000），高长江的《神与人：宗教文化学导论》（2000），程世平的《文明的选择：论政体选择和宗教的关系》（2001），阮炜的《中国与西方：宗教、文化、文明比较》（2002），谭好哲、王汉川主编的《宗教与文化》（2002），何小莲的《宗教与文化》（2002），何光沪的《天人之际》（2003）和《月映万川：宗教、社会与人生》（2003），郑欣淼的《鲁迅与宗教文化》（2004），傅有德等主编的《跨宗教对话中国与西方》（2004），李平晔的《信仰与现实之间》（2004），陈荣富的《文化的演进：宗教礼仪研究》（2004），钱振勤、钱湘泓主编的《宗教与文化》（2005），黄海德、张禹东主编的《宗教与文化》（2005），陈浩、曾琦云的《宗教文化导论》（2006），吕大吉等的《中国宗教与中国文化》（4卷，2006），陈浩、曾琦云的《宗教文化导论》（2006）。

就特殊的关注而言，涉及宗教与伦理和人生方面的成果有中国社会科学院世界宗教研究所宗教学原理室编写的《宗教·道德·文化》（1988），吕大吉的《人道与神道：宗教伦理学导论》（1991），肖万源的《中国近代思想家的宗教和鬼神观》（1991），翁绍军的《信仰与人世：现代宗教伦理面面观》（1999），李建盛的《心灵的空地：宗教心性与生命情怀》（1999），肖安的《互爱不仅是友谊：马丁·路德论宗教与人生》（2001），段德智主编的《上帝没有激情：托马斯·阿奎那论宗教与人生》（2001），赖永海的《宗教与道德劝善》（2002）等；涉及宗教与科学的有中国社会科学院世界宗教研究所宗教学原理室编写的《宗教·科学·哲学》（1982），夏宗经的《科学思想与宗教精神》（1992），谭桂林的《宗教与女性》（1995），李申主编的《高科技与宗教》（2000），吴光正的《女性与宗教信仰》（2000），钱时惕的《科学与宗教关系及其历史演变》（2002），大江的《东方宗教与现代科学》（2004），颜悦南的《当代高科技背景下的宗教形态》（2005），盖伯琳的《信仰的智慧：信仰和科学信仰教育研究》（2006）等；涉及比较宗教与宗教对话的成果有卓新平主编的《宗教比较与对话》（第1辑，2000；第2辑，2000；第3辑，2001；第4辑，2003；第5辑，2004；第6辑，2005），王志成的《和平的渴望：当代宗教对话理论》（2003），傅有德、斯图沃德主编的《跨宗教对话：中国与西方》（2004）等；涉及其他方面的则有高长江著《符号与神圣世界的建构——宗教语言学导论》（1993），程世平的《文明之源：论广泛意义上的宗教》（1994），吴继金的《天国大智慧：宗教谋略与方术谋略》（1994），刘勇编的《女人与宗教》（1994），龙敬儒的《宗教法律制度初探》（1995），张锡金的《洛克其人及其宗教宽容》（1999），徐以骅的《教育与宗教：作为传教媒介的圣约翰大学》（1999），张荣明《权力的谎言：中国传统的政治宗教》（2000），杨灏城、朱克柔主编的《当代中东热点问题的历史探索：宗教与世俗》（2000），许晓光的《旅游与宗教》（2002），张训谋的《欧美政教关系研究》（2002），国家宗教事务局研究中心编写的《国外宗教法规汇编》（2002），辛旗的《诸神的争吵：国际冲突中的宗教根源》（2002），刘澎主编的《国家·宗教·法律》（2006），陈维伟的《信仰的选择》（2006），叶小文的《宗教七日谈》（2007）等。

这一领域的相关译著也比较多，如罗素的《宗教与科学》（1982）和《为什么我不是基督教徒：宗教和有关问题论文集》（1982），洛克的《论宗教宽容：致友人的一封信》（1982），韦伯的《新教伦理与资本主义精神》（1986），蒂利希的《文化神学》（1988），盖尔的《世界十一大宗教论人生》（1989），蒂里希的《政治期望》（1989），泰纳谢的《文化与宗教》（1990），汤因比的《一个历史学家的宗教观》（1990），埃利亚德的《神秘主义、巫术与文化风尚》（1990），利奇蒙德的《神学与形而上学》（1990），河合的《灵魂·自然·死亡:宗教与科学的接点》(1991),霍伊卡的《宗教与现代科学的兴起》(1991),伯尔曼的《法律与宗教》(1991),布朗诺斯基的《巫术·科学与文明》(1991),麦奎利的《神学的语言与逻辑》(1992),拉娜的《巫术与宗教:公众信仰的政治学》(1992),巴伯的《科学与宗教》(1993),孔汉思的《全球伦理:世界宗教议会宣言》(1997),托马斯·摩尔的《关注灵魂:在日常生活中培育深沉与神圣》(1997),琉善的《被盘问的宙斯》(1998),列夫·托尔斯泰的《生活之路》(1998),托马斯·穆尔的《享受每日生活》(1998),希克的《信仰的彩虹:与宗教多元主义批评者的对话》(1999),拉美特里的《人是机器》(1999),南乐山的《在上帝面具的背后:儒道与基督教》(1999),霍尔巴赫的《袖珍神学》(1999),詹姆斯·范·普拉格的《与天堂对话》(1999),潘尼卡的《文化裁军:通向和平之路》(1999),格里芬·科布的《过程神学》(1999),沃格特·韦斯的《宗教与艺术》(1999),阿利斯科·E.麦克格拉思《科学与宗教引论》(2000),塞缪尔·斯迈尔斯的《信仰的力量》(2000),约翰·H.布鲁克的《科学与宗教》(2000),雷立柏的《张衡:科学与宗教》(2000),罗斯特的《黄金规则》(2000),西蒙·潘尼卡的《宗教内对话》(2001)和《圣经与中国古代经典:神学与国学对话录》(2001),托马斯·摩尔的《心灵书:找回你迷失的心灵》(2001),弗洛伊德的《论宗教》(2001),泰德·彼得斯的《桥:科学与宗教》(2002),休谟的《自然宗教对话录》(2002),汉斯·昆的《世界伦理构想》(2002),巴尔塔萨的《神学美学导论》(2002),唐·库比特的《上帝之后——宗教的未来》(2002),保罗·尼特的《一个地球多种宗教:多信仰对话与全球责任》(2003),库比特的《空与光明》(2003),巴伯的《当科学遇到宗教》(2004),尼特的《宗教对话模式》(2004),威廉·邓勃斯的《理智设计论:科学与神学之桥》(2005),弗雷德·艾伦的《精神的宇宙》(2005),汉斯·昆的《诗与宗教》(2005),爱德华·赫伯特的《论真理》(2006),拉加茨的《上帝国的信息》(2006),玛丽·罗奇的《魂灵:死后生命的科学探索》(2007),池田大作的《对话的文明:谈和平的希望哲学》(2007)等。

第五节 宗教哲学

虽然理论上可以将"宗教哲学"(philosophy of religion)与"宗教的哲

学”（religious philosophy）严格地区分开来，但在实际中有时是界限不清的。可能是从事这一领域研究的学者出身于不同的学术背景和信仰背景使然，但愿随着学科的发展与健全，随着学科的自我意识与反思的积累，其边界与内涵会日益廓清。

这一领域的研究专著有刘文英的《梦的迷信与梦的探索：中国古代宗教哲学和科学的一个侧面》（1989），何光沪的《多元化的上帝观：20 世纪西方宗教哲学概览》（1991），严耀中的《中国宗教与生存哲学》（1991），刘小枫主编的《20 世纪西方宗教哲学文选》（1991），谢地坤的《费希特的宗教哲学》（1993），王志成的《解释与拯救：宗教多元哲学论》（1996），赵林的《黑格尔的宗教哲学》（1996），张志刚的《理性的彷徨：现代西方宗教哲学理性观比较》（1997），何光沪的《神圣的根：宗教哲学的 21 个问题》（1997），王志成的《宗教、解释与和平：对约翰·希克宗教多元论哲学的建设性研究》（1999），赵林的《西方宗教文化》（2005），翁绍军的《神性与人性：上帝观的早期演进》（1999），张荣的《神圣的呼唤：奥古斯丁的宗教人类学研究》（1999），雷龙乾的《哲学与宗教》（1999），王珉的《终极关怀：蒂里希思想引论》（2000），王志成、思竹的《神圣的渴望：一种宗教哲学》（2000），尚九玉的《宗教人生哲学思想研究》（2000），赵敦华的《欧美哲学与宗教讲演集》（2000），胡景钟、张庆熊主编的《西方宗教哲学文选》（2002），张志刚的《宗教哲学研究：当代观念，关键环节和方法论批判》（2003），单纯的《宗教哲学》（2003）和《当代西方宗教哲学》（2004），思竹的《巴别塔之后：雷蒙·潘尼卡回应时代挑战》（2004），尚劝余的《圣雄甘地宗教哲学研究》（2004），赵林的《黑格尔的宗教哲学》（2005），王志成的《全球宗教哲学》（2005），姚卫群的《印度宗教哲学概论》（2006），谢爱华的《突现论中的哲学问题》（2006），梁骏的《普兰丁格尔的宗教认识论》（2006），徐凤林的《俄罗斯宗教哲学》（2006），麻天祥的《中国宗教哲学史》（2006），黄铭的《过程与拯救——怀特海哲学及其宗教文化意蕴》（2006），张晓梅的《托马斯·里德的常识哲学研究》（2007），何光沪的《百川归海：走向全球宗教哲学》（2008）等。

译著有希克的《宗教哲学》（1988），黑格尔的《宗教哲学讲座·导论》（1988），肯尼迪的《东方宗教与哲学》（1988），尼·亚·别尔嘉耶夫的《俄罗斯思想的宗教阐释》（1998），约翰·希克的《宗教之解释：人类对超越者的回应》（1998），梅列日科夫斯基的《宗教精神：路德与加尔文》（1999），刘小枫主编的《俄国革命前后的宗教》（1999），别尔嘉耶夫的《自由的哲学》（1999），谢·布尔加科夫的《亘古不灭之光：观察与思辨》（1999），亚里士多德的《尼各马科伦理学》（1999），列夫·舍斯托夫的《雅典与耶路撒冷：宗教哲学论》（1999），黑格尔的《宗教哲学》（1999），费尔巴哈的《宗教的本质》（1999），别尔嘉耶夫的《精神王国与恺撒王国》（2000），弗拉基米尔·索洛维约夫的《神人类讲座》（2000）和《俄罗斯思想》（2000），弗兰克的《实在与人：人的存在的形而上学》（2000），史密斯·瑞珀尔的《智慧之门：宗教与哲学的过去和现在》（2000），约翰·希克的《第五维度：灵性领域的探索》（2000），海尔曼·德·丹的《欧美哲学与宗教讲演录》（2000），迈尔威利·斯图沃德的《当代西方宗教哲学》（2001），别尔嘉耶夫的《历史的意义》（2002），马丁·布伯的《我与你》（2002），约翰·希克的《理性与信仰：宗教多元论诸问题》（2003），康德的《单纯理性限度内的宗教》（2003）和《康德论上帝与宗教》（2004），李顺连的《道论》（2003），唐·库比特的《空与光明》（2003），伊泽·达尔坦—马斯盖利耶的《智慧》（2003），保罗·里克尔的《恶的象征》（2003），克拉克的《重返理性：对启蒙运动证据主义的批判以及为理性与信仰》（2004），彼得森的《理性与宗教信念：宗教哲学导论》（2005），约翰·希克的《多名的上帝》（2005），斯图尔特的《宗教哲学经典选读》（2005），保罗·里克尔的《恶的象征》（2005），默罗阿德·韦斯斯特法尔的《解释学·现象学与宗教哲学——世俗哲学与宗教信仰的对话》（2005），路易斯·P. 波伊曼的《宗教哲学》（2006），雷蒙·潘尼卡的《人的圆满》（2006），格奥尔基·弗洛罗夫斯基的《俄罗斯宗教哲学之路》（2006），尼古拉·别尔嘉耶夫的《神与人的生存辩证法》（2007）等。

第六节　宗教社会学

宗教社会学是宗教学与社会学交叉的分支边缘学科，研究作为宗教信徒与宗教群体之社会行为的动因、宗教与整个社会的相互关系，以及宗教的社会功能，强调运用科学实证的跨文化研究法、历史分析法、调查、问卷分析和参与观察等。在20世纪80年代，以郑也夫的硕士论文《评杜尔凯姆和韦伯的宗教社会学》（1982）为中国宗教社会学的起步标志，开始有译著和论著出现。

有关宗教社会学的重要论著有陈麟书、袁亚愚主编的《宗教社会学通论》（1992），戴康生、彭耀主编的《宗教社会学》（1999），孙尚扬的《宗教社会学》（2001），胡春风的《宗教与社会》（2004），姚南强的《宗教社会学》（2004），段德智的《宗教与社会：对作为宗教学的宗教社会学的一个研究》（2005），孙雄的《圣俗之间：宗教与社会发展互动关系研究》（2006），王利耀、余秉颐主编的《宗教平等思想及其社会功能研究》（2006），李向平的《中国当代宗教的社会学诠释》（2006）和《信仰、革命与权力秩序：中国宗教社会学研究》（2006）等。

除了宗教社会学的理论研究成果之外，还有一些研究是从具体问题入手探讨宗教与社会的互动关联。这些成果主要集中于四个问题：一是宗教与民族问题，成果有牙含章的《民族问题与宗教问题》（1984），张声作主编的《宗教与民族》（1997），陈祥骥主编的《新时期民族宗教理论与实践》（1999），蔡明华等主编的《民族宗教概论》（1999），白寿彝的《民族宗教论集》（2001），宫玉宽主编的《民族哲学与宗教》（2001），牟钟鉴主编的《宗教与民族》（第 1 辑，2002；第 2 辑，2003；第 3 辑，2004；第 4 辑，2005；第 5 辑，2007），李进新的《新疆宗教演变史》（2003），李德洙、叶小文主编的《当代世界民族宗教》（2003），王兰主编的《斯里兰卡的民族宗教与文化》（2005），彭时代的《宗教信仰与民族信仰的政治价值研究》（2007）等；二是宗教与社会主义社会的互动关联，如罗竹风主编的《中国社会主义时期的宗教问题》（1987），米寿江的《当代视角下的宗教》（1991），王作安主编的《新中国宗教五十年》（1999），赵匡为的《我国的宗教信仰自由》（1999），李素菊和刘绮菲的《青年与“宗教热”》（2000），次旺俊美主编的《西藏宗教与社会发展关系研究》（2001），王作安的《中国的宗教问题和宗教政策》（2002），龚学增的《社会主义与宗教》（2003），胡春风的《宗教与社会》（2004），济群的《当代宗教信仰问题的思考》（2006）等；三是新兴宗教问题，成果有于长洪、张义敏的《世纪末的疯狂：西方邪教透视》（1996），于红雨的《奥姆真理教的覆灭》（1996），罗伟虹的《漫谈当代邪教》（1999），戴康生主编的《当代新兴宗教》（1999），蔡德贵的《当代新兴巴哈伊教研究》（2001），张大柘的《新兴宗教与日本近现代社会》（2003），金勋的《现代日本的新宗教》（2003）和《韩国新宗教的源流与嬗变》（2006），高师宁的《新兴宗教初探》（2006）等；四是关于地区性宗教与社会的关系，成果有邱永辉的《现代印度种姓制度研究》（1996），张敏谦《大觉醒：美国宗教与社会关系》（2001），中国现代国际关系研究所民族与宗教研究中心编写的《周边地区民族宗教问题透视》（2002），邱永辉、欧东明的《印度世俗化研究》（2003），现代国际关系研究所民族与宗教研究中心《世界宗教问题大聚焦》（2003），杨学政等《2002—2003宗教情势报告》（2003），黄心川主编的《当代亚太地区宗教》（2003），周大鸣的《当代华南的宗教与社会》（2003），徐以骅的《宗教与美国社会》（第1辑美国宗教的"路线图"，2004；第2辑，多元一体的美国宗教，2004；第3辑，网络时代的宗教，2006；第4辑，宗教与国际关系，2007）等。

有关宗教社会学的译著有巴特尔的《人民圣殿教内幕》（1986），阿隆的《社会学主要思潮》（1988），亚布洛柯夫的《宗教社会学》（1989），奥戴的《宗教社会学》（1989），池田大作、威尔逊的《社会与宗教》（1991），贝格尔的《神圣的帷幕：宗教社会学理论之要素》（1991），约翰·斯通的《社会中的宗教：一种宗教社会学》（1992），鲍柯克、汤普森的《宗教与意识形态》（1992），韦伯的《儒教与道教》（1999），杜尔凯姆的《宗教生活的基本形式》（1999）和《迪尔凯姆论宗教》（2000），西美尔的《宗教社会学》（2003）和《现代人与宗教》（2003），贝格尔的《天使的传言：现代社会与超自然再发现》（2003），卢克曼的《无形的宗教：现代社会中的宗教问题》（2003），C. 谢·弗兰克的《社会的精神基础》（2003），博絮埃的《源于圣经的政治》（2003），罗德尼·斯塔克、罗杰尔·芬克的《信仰的法则：解释宗教之人的方面》（2004），赫丽生的《古希腊宗教的社会起源》（2004），罗伯托·希普里阿尼、劳拉·费拉罗迪的《宗教社会学史》（2005），英格尔主编的《宗教社会学经典快读》（2006），韦伯的《中国的宗教·宗教与世界》（2007）、《宗教社会学》（2007）、《印度的宗教》（2007）和《古犹太教》（2007）等。

需要指出的是，宗教社会学的跨学科性质，使之研究内容非常宽泛，有许多相关的成果都被包括在其他领域或论题下面，这是需要我们留心留意的。

第七节 宗教心理学

在宗教学理论的三大实证分支学科（宗教社会学、宗教心理学和宗教人类学）中，宗教心理学的成果相对较少，这主要是因为在我国目前的学科分类中，心理学属于自然科学，而兼通文理两科的难度显然大于兼通属于人文社会科学的宗教学与社会学或宗教学与文化人类学。尽管如此，还是有一些重要的成果问世，如世瑾的《宗教心理学》（1989），夔德义的《宗教心理学》（1990），余理等的《崇拜心理学》（1997），祥贵的《崇拜心理学》（2001），陈昌文主编的《宗教与社会心理》（2003），梁丽萍的《中国人的宗教心理：宗教认同的理论分析与实证研究》（2004）等。

在译著方面则有弗洛伊德的《图腾与禁忌》（1986）、《寻求灵魂的现代人》（1987），弗洛姆的《精神分析与宗教》（1988），弗洛伊德的《摩西与一神教》（1988），乌格里诺维奇的《宗教心理学》（1989），梅多与卡霍的《宗教心理学：个人生活中的宗教》（1990），布朗的《宗教心理学》（1992），波波娃的《精神分析学派的宗教观》（1992），《荣格心理学与西藏佛教》（1994），荣格的《东洋冥想的心理学：从易经到禅》（2000），阿拉普拉《作为焦虑和平静的宗教》（2001），凯特·洛文塔尔的《宗教心理学简论》（2002），麦克·阿盖尔的《宗教心理学导论》（2005）等。

第八节　宗教人类学

宗教人类学这一范畴门下罗列的专著与译著很多，因为在我们看来，除了宗教人类学理论之外，神话研究、少数民族传统宗教研究、汉族传统信仰与现当代的民间信仰，都可以纳入宗教人类学领域。属于理论研究的专著有卓新平的《宗教起源纵横谈》（1988），庄锡昌、孙志民的《文化人类学的理论构架》（1988），蔡家麒的《论原始宗教》（1988），朱狄的《原始文化研究》（1988），谢宝耿的《原始宗教》（1991），杨学政的《原始宗教论》（1991），何星亮的《中国图腾文化》和《中国自然神与自然崇拜》（1992），张桥贵、陈麟书著《宗教人类学：云南少数民族原始宗教考察研究》（1993），肖万源等主编的《中国少数民族哲学·宗教·儒学》（1995），肖俊明的《国外文化人类学新论》（1996），吕大吉、何耀华总主编的《中国各民族原始宗教资料集成》（6卷，1996），金泽的《宗教禁忌研究》（1996），王铭铭的《社会人类学与中国研究》（1997）和《想象的异邦》（1998），黄淑娉、龚佩华的《文化人类学理论方法研究》

（1998），金泽的《宗教人类学导论》（2001），王铭铭的《西方人类学思潮十讲》（2005），马强的《流动的精神社区：人类学视野下的广州穆斯林哲玛提研究》（2006）等。

这方面的译著有列维—布留尔的《原始思维》（1981），布洛克曼的《结构主义：莫斯科—布拉格—巴黎》（1981），马林诺夫斯基的《巫术、科学、宗教与神话》（1986）和《文化论》（1987），本尼迪克特的《文化模式》（1987），弗雷泽的《金枝：巫术与宗教之研究》（1987），哈奇的《人与文化的理论》（1988），拉德克利夫－布朗的《社会人类学方法》（1988），绫部恒雄的《文化人类学的十五种理论》（1988），利奇的《列维－斯特劳斯》（1988），米德的《萨摩亚人的成年》（1988）和《三个原始部落的性别与气质》（1988），缪勒的《宗教的起源与发展》（1989），博厄斯的《原始人的心智》（1989），勒鲁瓦－古昂的《史前宗教》（1990），弗里曼的《米德与萨摩亚人的青春期》（1990），古德的《原始宗教》（1990），吉田祯吾的《宗教人类学》（1991），利奇的《文化与交流》（1991），弗思的《人文类型》（1991），帕林德的《非洲传统宗教》（1992），帕林德尔的《世界宗教中的神秘主义》（1992），泰勒的《原始文化》（1992），莫里斯的《宗教人类学》（1992），泰勒的《人类学》（1993），史宗主编的《20世纪西方宗教人类学文选》（1995），加里·特朗普的《宗教起源探索》（1995），格尔茨的《文化的解释》（1999），拉德克利夫布朗的《原始社会的结构与功能》（1999），马林诺夫斯基的《科学的文化理论》（1999），福柯的《癫狂与文明》（1999），列维斯特劳斯的《结构人类学》（第1卷，2006；第2卷，1999），格尔茨的《地方性知识》（2000），萨林斯的《甜蜜的悲哀》（2000），以利亚德的《不死与自由：瑜伽实践的西方阐释》（2001），费尔代恩的《与在爱中相遇》（2001），爱德华兹的《信仰的深情》（2001），洛思的《神学的灵泉》（2001），埃文斯普理查德的《原始宗教理论》（2001）和《努尔人》（2002），勒内·吉拉尔的《替罪羊》（2001），马林诺夫斯基的《西太平洋的航海者》（2002），萨林斯的《文化与实践理性》（2002），萨林斯的《历史之岛》（2003），莫斯的《社会学与人类学》（2003），菲奥纳·鲍伊的《宗教人类学导论》（2004），帕顿的《巫术的踪影：后现代时期的比较宗教研究》（2005），埃文斯普里查德的《阿赞德人的巫术、神谕和魔法》（2006），特纳的《象征之林》（2006），莫斯和于贝尔的《巫术的一般理论·献祭的性质与功能》（2007）等。

神话研究的成果很多，研究专著有茅盾的《神话研究》(1981)，田兵、陈立浩的《中国少数民族神话论文集》(1984)，山骑等的《神话新探》(1986)，谢选骏的《神话与民族精神：几个文化圈的比较》(1986)，何新的《诸神的起源：中国远古神话与历史》(1986)，刘魁立的《神话新论》(1987)，陈履生的《神画主神研究》(1987)，张光直的《美术·神话·祭祀》(1988)，袁珂的《中国神话史》(1988)，何新的《中国远古神话与历史新探》(1989)和《龙：神话与真相》(1989)，潜明兹的《神话学的历程》(1989)，陶阳、钟秀的《中国创世神话》(1989)，孟慧英的《活态神话：中国少数民族神话研究》(1990)，玄珠的《中国神话研究 ABC》(1990)，罗开玉的《中国科学神话宗教的协合：以李冰为中心》(1990)，谢六逸的《神话学 ABC》(1990)，张振犁的《中原古典神话流变论考》(1991)，叶舒宪的《中国神话哲学》(1992)，黄石的《神话研究》(1992)，茅盾的《神话杂论》(1992)和《神话研究》(1997)，干春松的《神仙信仰与传说》(1992)，梅新林的《仙话：神人之间的魔幻世界》(1992)，邓启耀的《中国神话的思维结构》(1992)，刘城淮的《中国上古神话通论》(1992)，罗永麟的《中国仙话研究》(1993)，武世珍的《神话学论纲》(1993)，陈钧的《中国神话新论》(1993)，蔡茂松的《比较神话学》(1993)，陈开科的《中国神仙探玄》(1993)，徐华龙的《中国神话文化》(1993)，叶名的《中国神话传说》(1993)，袁珂的《中国神话通论》(1993)，马昌仪、刘锡诚的《石与石神》(1994)，陈建宪的《神祇与英雄：中国古代神话的母题》(1994)，陆思贤的《神话考古》(1995)，万书元的《神话探幽》(1995)，闻树国的《传说的继续：中国神祇的性与创造力》(1996)，冷德熙的《超越神话：纬书政治神话研究》(1996)，潜明兹的《中国古代神话与传说》(1996)，钟伟今主编的《防风神话研究》(1996)，冯天瑜的《上古神话纵横谈》(1996)，廖群的《神话寻踪》(1996)，程健君的《民间神话》(1997)，许辉勋的《朝鲜民俗文化研究：神话传承与民族文化原型》(1998)，王红旗的《追寻远古的信息：神话传说与现代科学》(1998)，袁珂的《中国神话传说：从盘古到秦始皇》(1998)，金荣权的《中国神话的流变与文化精神》(1998)，田兆元的《神话与中国社会》(1998)，范三畏的《旷古逸史：陇右神话与古史传说》(1999)，杨利慧的《女娲溯源：女娲信仰起源地的再推测》(1999)，张振犁等的《东方文明的曙光：中原神话论》(1999)，白庚胜的《东巴神话象征论》（1998）和《东巴神话研究》（1999），闻树国的《挑剔经典——耳语众神："山海经"批判》（2000），方刚的《神话中的男女关系》（2000），王德保的《神话的意蕴》（2002），王孝廉的《岭云关雪：民族神话学论集》（2002），苑利主编的《二十世纪中国民俗学经典·神话卷》（2002），李倩、蔡茂松的《跨越时空的对话：人类神话解读》（2004），杨丽娟的《世界神话与原始文化》（2004），邓启耀的《中国神话的思维结构》（2004），张爱的《中日古代文化源流：以神话比较研究为中心》（2005），王增永的《神话学概论》（2007），胡吉省的《死亡意识与神话》（2007）等。

译著有施米特的《原始宗教与神话》（1987），缪勒的《比较神话学》（1989），大林太良的《神话学入门》（1989），竹田晃的《中国志怪世界研究》（1990），弗姆的《当代美洲神学》（1990），梅列金斯基的《神话的诗学》（1990），利明的《神话学》（1990），艾瑟·哈婷的《月亮神话：女性的神话》（1992），卡西尔的《神话思维》（1992），托卡列夫的《世界各民族神话大观》（1993），邓迪斯的《西方神话学论文选》（1994），乔治·阿卡尔的《神话与传说》（1999），罗兰·巴特的《神话：大众文化诠释》（1999），约瑟夫·坎贝尔的《千面英雄》（2000），奥尔托列和维特科夫斯基的《阿基米德的浴缸：评科学中的若干神话故事》（2000），韦罗尼卡·艾恩斯的《印度神话》（2001），尼尔·菲利普的《世界经典神话传说起源》（2002），维洛尼卡·艾恩斯的《神话的历史》（2003），约翰的《幽灵传说：寻找古老传说中的历史踪迹》（2004），朱尔斯·卡什福的《月亮的传说》（2005），凯伦·阿姆斯特的《神话简史》（2005），苑崎透的《幻兽·龙事典》（2006），列维—斯特劳斯的《神话学·裸人》（2007），《神话学·餐桌礼仪的起源》（2007），《神话学·从蜂蜜到烟灰》（2007）和《神话学·生食和熟食》（2007）等。

尽管如今人们已经不大多用"原始宗教"这个词，而代之以传统宗教、土著宗教或原生性宗教等术语，但是由于历史的原因和惯性，在许多著述中依然沿用了传统的表述。对"原始宗教"做整体研究的成果有朱天顺的《原始宗教》（1978），秋浦的《萨满教研究》（1985），吉林省民族研究所编的《萨满教文化研究》（第一辑，1988），李向平的《祖宗的神灵：缺乏神性的中国人文世界》（1989），高明强的《神秘的图腾》（1989），乌丙安的《神秘的萨满世界：中国原始文化根基》（1989），富育光的《萨满教与神话》（1990），赵国华的《生殖崇拜文化论》（1990），宋兆麟的《生育神与性巫术研究》（1990），张铭远的《生殖崇拜与死亡抗拒：中国民间信仰的功能与模式》（1991），徐华龙的《中国鬼文化》（1991），乔继堂的《中国崇拜物》（1991），杨学政的《原始宗教论》（1991）和《衍生的秘律：生殖崇拜论》（1992），王一兵的《虎豹熊罴演大荒：图腾与中国史前文化》（1991），郑元者的《图腾美学与现代人类》（1992），王景琳的《中国古代鬼神文化溯源》（1992），何星亮的《中国图腾文化》（1992）和《中国自然神与自然崇拜》（1992），赖亚生的《神秘的鬼魂世界：中国鬼文化探秘》（1993），程德祺的《原始习俗与宗教信仰》（1993），陈江风的《天文崇拜与文化交融》（1994），郑晓江主编的《中国辟邪文化大观》（1994），于乃昌、夏敏的《初民的宗教与审美迷狂》（1994），孙季、思笔的《人生的偶像崇拜》（1994），杨福泉的《原始生命神与生命观》（1995），富育光、王宏刚的《萨满教女神》（1995），张岩的《图腾制与原始文明》（1995），刘晔原、郑惠坚的《中国古代的祭祀》（1996），何新的《诸神的起源：中国远古太阳神崇拜》（1996），乌丙安的《中国民间信仰》（1996），李智的《半坡人与原始宗教》（1996），普学旺的《中国黑白崇拜文化》（1997），刘仲宇的《中国精怪文化》（1997），曲金良的《后神话解读：中国民俗幽冥幻象及其艺术精神透视》（1998），杜希宙、黄涛的《中国历代祭礼》（1998），干春松的《神仙传》（1998），乌丙安的《生灵叹息》（1999），余大喜的《中国傩神谱》（2000），富育光的《萨满论》（2000），吕微的《隐喻世界的来访者：中国民间财神信仰》（2000），贾二强的《神界鬼域：唐代民间信仰透视》（2000），过伟的《中国女神》（2000），杨俊峰的《图腾崇拜文化》（2000），方光华的《俎豆馨香：中国祭祀礼俗探索》（2000），鲁谆的《龙文化与民族精神》（2000），刘毓庆的《图腾神话与中国传统人生》（2002），苑利主编的《二十世纪中国民俗学经典·信仰民俗卷》（2002），王德恒、张宝树的《造神史话》（2002），高福进的《太阳崇拜与太阳神话：一种原始文化的世界性透视》（2002），姚立江、潘兰香的《人文动物：动物符号与中国文化》（2002），李建国的《中国狐文化》（2002），陈思、贾平的《跨越时空的对话：中国祭礼》（2003），陈勤建的《中国鸟信仰：关于鸟化宇宙观的思考》（2003），沈敏华、程栋的《图腾——奇异的原始文化》（2003），郑振满、陈春声主编的《民间信仰与社会空间》（2003），周洁的《中日祖先崇拜研究》（2004），王金林的《日本人的原始信仰》(2005),孙昌武的《诗苑仙踪:诗歌与神仙信仰》(2005),庞进的《博大精新龙文化:以浙江龙游为例》(2005),王惠君的《崇拜与精神控制》(2005),于锦绣、于静的《灵物与灵物崇拜新说》(2006),李利安的《印度古代观音信仰研究》(2006),任骋的《民间图腾禁忌》(2006),王溢嘉的《中国人的心灵图谱:魂魄》(2007),马晓京的《图腾柱:文化象征论》(2007),蒲慕州的《追寻一己之福:中国古代的信仰世界》(2007)等。

译著有卡纳的《性崇拜》(1988),勒鲁瓦-古昂的《史前宗教》(1990),查尔斯的《鬼魂:中国民间神秘信仰》(1991),弗雷泽的《永生的信仰和对死者的崇拜》　(1992),田仲一成的《中国的宗族与戏剧》(1992),海通的《图腾崇拜》(1993),埃利希·诺伊曼的《大母神:原型分析》(1998),布拉姆·史托克的《吸血鬼传奇:西方聊斋》(1999),韩森的《变迁之神:南宋时期的民间信仰》(1999),乔治的《圣物》(2001),弗雷泽的《金枝精要》(2001),克罗德·勒库德的《吸血鬼的历史》(2002),列维-斯特劳斯的《图腾制度》(2002),布赖恩·英尼斯的《"目击"鬼魂》(2002),埃里希·巴林格的《鬼怪迷的勇敢手册》(2002),罗贝尔·穆尚布莱的《魔鬼的历史》(2005),维克多·特纳的《象征之林:恩登布人仪式散论》(2006)和《仪式过程》(2006),索菲娅·N.斯菲罗亚的《希腊诸神传》(2007)等。

有关汉族地区传统的民间信仰和宗教象征的研究成果有程曼超的《诸神由来》(1983),宗力、刘群编写的《中国民间诸神》(1986),王小盾的《原始信仰和中国古神》(1989),朱天顺主编的《妈祖研究论文集》(1989),马书田的《华夏诸神》(1990),蒋维锬编校的《妈祖文献资料》(1990),李乔的《中国行业神崇拜》(1990),张劲松的《中国鬼信仰》(1991),房松令的《中国民俗中的崇拜》(1991),金良年的《民间诸神》(1991),林国平、彭文宇的《福建民间信仰》(1993),徐晓望的《福建民间信仰源流》(1993),邓方主编的《中国古代神仙祖庙百例》(1993),程民生的《神人同居的世界:中国人与中国祠神文化》(1993),郑土有的《关公信仰》(1994),王永谦的《土地与城隍信仰》(1994),山民的《狐狸信仰之谜》(1994),邢莉的《观音信仰》(1994),陈建宪的《玉皇大帝信仰》(1994),钟宗宪的《炎帝神农信仰》(1994),宋兆麟的《中国民间神像》(1994),郑土有、王贤淼的《中国城隍信仰》(1994),山曼的《八仙信仰》(1994),徐华龙、王有钧的《山与山神》(1994),王树村的《门与门神》(1994),邢莉的《天神之谜》(1994),吕继祥的《泰山娘娘信仰》(1994),吕威的《财神信仰》(1994),王子今的《门祭与门神崇拜》(1996),李露露的《妈祖信仰》(1996),马昌仪、刘锡诚的《石与石神》(1996),杨福泉的《灶与灶神》(1996),王孝廉的《花与花神》(1996)和《水与水神》(1996),朱存明的《中国的丑怪》(1996),王永谦的《土地与城隍信仰》(1996),刘慧的《岱庙神主》(1997),隗芾的《潮汕诸神崇拜》(1997),汪毅夫的《客家民间信仰》(1997),章海的《梵净山神:黔东北民间信仰与梵净山区生态》(1997),朱青生的《将军门神起源研究:论误解与成形》(1998),庞进的《呼风唤雨八千年:中国龙文化探秘》(1998),马书田的《中国冥界诸神》(1998),汪玢玲的《中国虎文化研究》(1998),叶春生、蒋明智的《悦城龙母文化》(2003),安德明的《天人之际的非常对话:甘肃天水地区的农事禳灾研究》(2003),郝铁川的《灶王爷土地爷城隍爷:中国民间神研究》(2003),王荣国的《海洋神灵:中国海神信仰与社会经济》(2003),林国平的《闽台民间信仰源流》(2003),蒋维锬、杨永占主编的《清代妈祖档案史料汇编》(2003),宋兆麟的《寻根之路:一种神秘巫图的发现》(2004),刘源的《商周祭祖礼研究》(2004),汪涌豪、俞灏敏的《中国游仙文化》(2005),李小燕的《客家祖先崇拜文化:以粤东梅州为重点分析》(2005),范正义的《保生大帝信仰与闽台社会》(2006),罗春荣的《妈祖文化研究》(2006),王水的《江南民间信仰调查》(2006),王子今的《门祭与门神崇拜:"门"的民俗文化透视》(2006),荣真的《中国古代民间信仰研究:以三皇和城隍为中心》(2006),范荧的《上海民间信仰研究》(2006),徐晓望的《妈祖信仰史研究》(2007),王作楫的《中国行业祖师爷》(2007)和《中国居家保护神》(2007),殷伟、任玫的《中国婚育保护神》(2007),贝闻喜的《潮汕三山国王崇拜》(2007),叶舒宪的《熊图腾:中华祖先神话探源》(2007)等。

有关少数民族地区传统信仰和宗教象征的研究成果有丹珠昂奔的《藏族神灵论》(1990),刘小萌、定宜庄的《萨满教与东北民族》(1990),富育光、孟慧英的《满族萨满教研究》(1991),李国文的《人神之媒:东巴祭司面面观》(1993),马学良等人的《彝族原始宗教调查报告》(1993),张桥贵的《宗教人类学:云南少数民族原始宗教考察研究》(1993),钟仕民的《彝族母石崇拜及其神话传说》（1993），为则的《哈尼族自然宗教形态研究》（1995），迪木拉提·奥迈尔的《阿尔泰语系诸民族萨满教研究》（1995），章海荣的《西南石崇拜：生命本原的追思》（1995），姜相顺的《神秘的清宫萨满祭祀》（1995），王丽珠的《彝族祖先崇拜研究》（1995），朱德普的《傣族神灵崇拜觅踪》（1996），丘振声的《壮族图腾考》（1996），关小云、王宏刚的《鄂伦春族萨满教调查》（1998），王松林、傅英仁的《满族面具新发现》（1999），周锡银、望潮的《藏族原始宗教》（1999），孟慧英的《中国北方民族萨满教》（2000），《尘封的偶像：萨满教观念研究》和《寻找神秘的萨满世界》（2004），赵志忠的《萨满的世界：尼山萨满论》（2001），郭淑云的《原始活态文化：萨满教透视》（2001），王宏刚的《满族与萨满教》（2002），朱文旭的《彝族原始宗教与文化》（2002），赵廷光的《瑶族祖先崇拜与瑶族文化》（2002），孙懿的《从萨满教到喇嘛教：蒙古族文化的演变》（2002），戴佩丽的《突厥语民族的原始信仰研究》（2002），吴晓东的《苗族图腾与神话》（2002），向柏松的《土家族民间信仰与文化》（2002），张声震主编的《还盘王愿》（2002），杨学政、萧霁虹的《心灵的火焰：苯教文化之旅》（2003），起国庆的《信仰的灵光：彝族原始宗教与毕摩文化》（2003），董建中的《银苍玉洱间的神奇信仰：白族本主崇拜》（2003），杨福泉的《走进图画象形文的灵境：神游纳西古王国的东巴教》（2003），黄任远的《赫哲那乃阿伊努原始宗教研究》（2003），杨甫旺的《彝族生殖文化论》（2003），木仕华的《纳西族东巴教祭署经典研究》（2004），覃乃昌主编的《布洛陀寻踪：广西田阳敢壮山布洛陀文化考察与研究》（2004），云南省社会科学院的《纳西族东巴教仪式资料汇编》（2004），林继富的《灵性高原：西藏民间信仰源流》（2004），廖明君的《壮族自然崇拜文化》（2004），周国茂的《自然与生命的意义世界：贵州少数民族原始崇拜与民俗》（2004），罗义群的《苗族牛崇拜文化论》（2005），孟慧英的、吴世旭的《满族民间信仰》（2005），梁庭望、廖明君的《布洛陀：百越僚人的始祖图腾》（2005），黄桂秋的《壮族麽文化研究》（2006），鄂晓楠、鄂·苏日台的《原生态民俗信仰文化》（2006），杨亮才、赵寅松的《和谐的社会：中国白族本主文化》（2006），李宏复的《萨满造型艺术》（2006），张仲仁的《彝族宗教与信仰》（2006），雷翔等人的《梯玛的世界：土家族民间宗教活态仪式“玩菩萨”实录》（2006），杨新旗等人的《白族勒墨人原始宗教实录》（2006），周国茂的《一种特殊的文化典籍：

布依族摩经研究》（2006），黄海的《盘王大歌：瑶族图腾信仰与祭祀经典研究》（2006），黄才贵的《女神与泛神：侗族“萨玛”文化研究》（2006）等。

专门研究神秘文化的，如巫术、术数的论著很多，择其要者有宋兆麟的《巫与巫术》（1989），梁钊韬的《中国古代巫术——宗教的起源和发展》（1989），李中华的《神秘文化的启示：纬书与汉代文化》（1993），程飞等《修炼的秘密：宗教神奇文化之谜》（1993），林清泉的《我是谁》（1993）和《灵魂学手记》（1999），李咏吟的《希腊神学的两大话语系统及其历史转换》（1994），张耀南的《第六种命运》（1994），高崑山、白晶波的《天象玄观》（1996），石笛的《西方星相学研究》（1996），史衍文的《冥界人》（1996），齐童龄的《今生来世》（1998），宗智英的《生死轮回》（1998），张耀南的《圣哲说命》（1998）和《命在左运在右》（2005），赵梁等的《灵魂学：生命、死亡、轮回解析》（1999），徐文明的《轮回的流转》（2001），张弛的《命运论》（2005）等。译著有弗雷泽的《魔鬼的律师》（1988），洛维希的《巫术奇观》（1991），格里戈连科的《形形色色的巫术》（1992），让·塞尔韦耶的《巫术》（1998）等。

这些书目不是一个简单的罗列，如果我们进一步观察就会发现：一是在每个类别中，40 年间中若以 10 年为一个阶段，每个阶段的成果都多于前一个阶段；二是从书的题目可以看出研究的领域在广度上和深度上都在不断地拓展；三是新面孔不断出现，这既有越来越多的其他领域的学者开始关注宗教问题，也有改革开放以来培养的新一代学者以及他们的弟子逐渐成为学术研究的骨干（已形成老中青的学术人才梯队）。实际上，改革开放 40 年来，宗教学理论研究的成果，远远不止以上所列。因为我们已经看出，数量比专著更为庞大的研究论文（公开发表的以及尚未发表的博士论文和硕士论文），由于篇幅所限而未能在此有所展现，但是如果将我们所掌握的数字作一对比，其成就还是相当可观的。在曹中建主编的《中国宗教研究年鉴》（1—6 卷）中，共收录 1996—2006 年的 11 年间所发表的论文目录 1.5 万余篇。虽然前 2 卷与后 4 卷的分类略有不同，且有些归入宗教史、宗教文物、宗教艺术、各国宗教的论文亦可归入佛教或基督教，但大致呈现出宗教学研究成果总体逐年增多的趋势，以及我们前述 8 个部分的相关论文（表 1 中的①③④⑨⑩和表 2 中的①②③⑨⑩等项）的增长趋势。

表1

	①	②	③	④	⑤	⑥	⑦	⑧	⑨	⑩	总计
1996年	146	86	399	350	998	214	177	170	48	14	2602
1997—1998年	160	134	154	184	479	139	92	234	49	32	1657
总计	306	220	553	534	1477	353	269	404	97	46	4259

①宗教政策、宗教事务；②宗教文物与考古、宗教与文学艺术；③各国宗教、中国宗教与民间信仰；④神话、原始宗教及其残余；⑤佛教；⑥道教；⑦伊斯兰教；⑧基督教；⑨其他宗教（包括民间宗教和新兴宗教）；⑩术数。

表2

	①	②	③	④	⑤	⑥	⑦	⑧	⑨	⑩	总计
1999—2000年	229	363	202	355	110	115	191	16	94	15	1690
2001—2002年	415	423	336	499	149	205	355		229		2611
2003—2004年	375	383		430	634	196	184	376	345		2923
2005—2006年	639	351	580	754	214	232	486	124	169		3549
总计	1658	1520	1118	2038	1107	748	1216	516	837	15	10773
	15.39%	14.11%	10.38%	18.92%	10.28%	6.94%	11.29%	4.79%	7.77%	0.14%	

①无神论，宗教政策，宗教事务，宗教学总论；②宗教与文学艺术，宗教文物，宗教概况，宗教史；③神话、原始宗教及其残余，民间信仰；④佛教；⑤道教；⑥伊斯兰教；⑦基督教；⑧儒教，易学；⑨其他（含邪教）；⑩术数。

成果的丰硕来自学者们的努力，当我们在改革开放40年后回顾中国宗教学发展的进程时，把成绩说透仅仅是一个方面，更重要的是对自身发展的不足要有清醒的认识，唯此才能有更强劲的动力和更明确的方向。何光沪曾提出中国宗教学研究的三点缺陷：①研究人才严重缺乏。90年代以来，宗教专业研究人才的培养人数以及研究生毕业后从事专业研究者的人数，相对于研究机构的增加来说是在下降，换言之，各研究机构、各大学和全社会从事这项学术研究的年轻人大大少于中年人（40—50岁），这就造成了所谓人才“青黄不接”现象。在研究人员年龄结构的“倒金字塔”，以及培养人才方面本科生、硕士生和博士生人数的又一个“倒金字塔”这两座“危塔”的威胁之下，宗教学研究前景堪忧。②学科设置畸轻畸重。长期以来我国的宗教学研究一直偏向“史学”，更由于研究人员素质参差不齐，以至某些宗教史方面的著作只满足于材料的铺排和故事的重述。这种偏向还造成了两个方面的不平衡，一是宗教学某些分支学科尚属“空白”却无人填补（如宗教心理学和宗教现象学）；二是对当代的宗教状况和现实的宗教问题研究乏力，形成“厚古薄今”的局面。③协调配合极其不够。人才培养和研究课题都缺少合理安排，过于随意，相互之间缺少协调配合。这种情况由于研究信息的缺乏和交流合作的困难而更加严重。何光沪提出这些问题虽然不是仅靠宗教学界自身就能解决的（如招生制度与人事制度乃至资金投入和物质条件等问题），然而有一些问题是可以从宗教学界自身转变观念来开始解决的，例如针对第②个问题，显然应该树立这样的观念：尽量投入人力，扩大研究领域，了解世界上已有的分支学科和研究方法，以开放的态度吸取有用的东西，来对我国现实的宗教问题作出回答，这应该成为包括宗教史学在内的宗教各项研究的方向。①

对于宗教学理论研究的未来发展，吕大吉曾在《中国现代宗教学术研究的百年回顾与展望》的结尾处，说了一大段语重心长的话：回顾我国现代宗教学术研究走过的路，我们心中的感慨很可能会有很多，应该得出的结论也难以尽说。我们经历过开创时期摸索的艰辛，也品味过学术政治化带来的学术衰落的痛苦……今日能有如此繁荣的局面实在来之不易，弥足珍贵。宗教研究和一切学术研究一样，它的兴旺发达需要许多条件，但当前最需要的东西仍然是学术上的开放精神。一切学术研究的进行都需要科学的理论作为指导，但科学的历史却告诉我们，各种真理的真理性、各种科学的科学性，都只有相对的意义，谁也无权宣称他那一家之言就是“绝对真理”或“唯一科学”。在历史上，只要某一种理论被宣布为至高无上的真理，随之而来的便是信仰上和文化上的专制主义，思想就会僵化，文化便会枯萎，道德走向虚伪，社会于是停滞以至倒退。一切宗教神学独占统治的时代和地区是这样，“罢黜百家，独尊儒术”后的中国封建社会是这样，“文化大革命”也是这样。对于马克思主义，我们必须持一种开放的态度，马克思、恩格斯是创建共产主义思想体系的思想家和革命家，他们在共产主义理论体系中的权威地位是无可争议的，但他们不是专业的宗教学者，并没有建立完整系统的宗教学理论体系，他们从来没有像“极左时代”所做的那样把自己的宗教理论说成是至高无上的、唯一科学的。但是，一个实事求是的宗教学者也会承

---

① 何光沪：《宗教学研究》，见《20 世纪中国大典·宗教学》，福建教育出版社 2002 年版。

认他们的宗教理论确有合乎科学的成分，不应像有些人所做的那样对之盲目否定。正确的态度应该是：对于各种宗教学说，无论是马克思主义的，还是非马克思主义的，我们都应采取一种科学分析的态度，不搞绝对化，不搞宗派主义；既不盲目地视之为“唯一科学”的绝对真理，也不盲目地认其为异己之物而加以排斥。学术发展到一定阶段时，最需要的东西常常不是别的，而是观念的革新。把宗教学术当成政治，这是一种观念，它造成了宗教学术研究的严重停滞；把宗教视为一种文化，又是一种观念，可它带来了宗教学者思想的解放、观念的更新，学术研究的繁荣。那么，我们今天是否可以满足于现在的成就，不再需要观念的更新和新的进步呢？我们的宗教学者应该对今天的学术成就有一个比较清醒的认识。面对极“左”年代，我们可以喜庆丰收；但面向世界和未来，难道我们还意识不到学术水平的差距吗？改革开放最初的十多年间，我们确实向社会奉献了大量的宗教学术成果，其数量和质量都远超以往的任何年代，但平心而论，其中的很大部分是对宗教知识的一般介绍。即使一些属于宗教学术分支学科的开拓之作，也仍具有某种不成熟性。对于佛教、道教、基督教和伊斯兰教的研究，近年来成就突出者仍是历史的方面。我们有了大部头、多卷本的通史、专题史、断代史，蔚为壮观。但这种宗教史学的研究，永远不会终结，它的进一步发展，必须有观念和方法论的创新。否则，写来写去都只不过是卷数的多少、篇幅的大小或资料引证的繁简而已。治宗教史者有必要走出传统的史学方法的旧领地，看一看外面的世界，认真借鉴近现代比较宗教学的理论与方法。西方的比较宗教学从 19 世纪 70 年代作为人文学科成立以来，出现了一批又一批的宗教学大家，他们各树一帜，推动这门学问不断向前发展，并逐渐分化出宗教人类学、宗教史学、宗教心理学、宗教社会学、宗教现象学等分支学科，至今仍在向纵深发展，方兴未艾。对于他们的理论和方法，我国学者过去基本无知，现在也知之不多、知之不深。我们今天有必要进一步发扬学术开放精神，了解他们，学习他们，借鉴他们具有科学意义的理论和方法。当然，我们同时也要避免西方各派宗教学可能有的片面性。一种理论和方法，当其高度系统化而形成“学派”“体系”之后，往往就会被学派中人奉之为“高于一切”的“主义”，就会自觉或不自觉地难免具有排他性，变成某种宗派主义。这种违反“学术开放精神”的情况，在西方各派宗教学之间也有其表现。其实，宗教是一种非常复杂的社会文化现象，具有多层次性和多方面性，一个人可以从这个方面和此一层次去研究，另一个人也可以从另一方面和彼一层次去研究。研究的角度和层次不同，得出的结论随之而异，但它们都是对同一对象的各个方面、各个层次的认识，因而都可以具有一定的真理性。从认识的总体看，它们并不一定互相排斥，而是可以兼容、彼此补充的。正是基于这一认识，我们主张发扬学术开放精神，博采众家之长，努力使各种理论和方法在一个开放的宗教学体系中各就各位、各展所长。马克思主义有自己的位置，各种非马克思主义宗教学也有自己的位置，只要它们都具有真理性。例如，在研究宗教（无论是整体，还是各种现象形态）时，我们既可以应用马克思主义的唯物史观分析它的社会经济基础和阶级实质，也可以用宗教人类学的理论和方法分析它作为一种文化现象究竟是如何形成和发展的；既可以从宗教心理学的角度探讨它们在宗教信仰者心中的心理根据，也可以用宗教社会学的理论和方法说明它们的社会功能，还可以用宗教哲学的原理去评判它们的价值。只要我们不混淆宗教所具有的不同层次和不同方面，这些理论和方法及其结论就不致互相冲突。一个心胸狭窄的灵魂，总是把不同视为对立，将差异变成仇敌；而对于一个襟怀博大的精神来说，不同意味着多彩多姿，差异包含着统一与和谐。

吕大吉相信，如果我们的宗教学者能了解整个宗教学发展的历史轨迹，熟悉各派宗教学说的理论和方法，并以一种开放精神来对待和处理它们，就会实现观念的更新，把自己的宗教学术研究推向更加广阔的新天地。当然，这并不是说，学术开放精神是宗教学术发展的唯一条件。此类条件还有很多，比如，社会应该为学者提供必要的物质设备，创造一种学术自由、百家争鸣的政治环境……这些很重要，也许更重要，但对于这些，我们只能寄予希望，却难以自己之力保证其实现。而发扬学术开放精神，却是我们宗教学者应该具有的学术品质，也是我们主观可以付诸实现的学术理想。①

改革开放是中国宗教学得以蓬勃发展的大环境，没有这个大环境，中国宗教学理论不会有其生存的文化空间，更无从谈什么发展。当然，中国宗教学理论的发展今后能够走多远，开放的门能够敞开多大，也要看整个社会改革开放的步子是否迈得更大。但是仅有环境是不够的。学者本身不是转向于改革开放之外，而是改革开放的参与者。中国的宗教学理论发展到今天，离不开每个学者的努力，同样，今后中国宗教学理论的发展，也要靠每位学者

① 吕大吉：《中国现代宗教学术研究的百年回顾与展望》，尹章义主编《当代中国学术发展史》，台北中华综合发展研究院 2000 年版。

孜孜不倦的努力。坚冰已经打破，航向也已指明，关键是我们要大胆地向前走，并走出一条有中国特色的宗教学理论创新之路。

这不是没有可能的，至少我们可以在以下几个方面有所尝试。

1. 将“话外”之物变成“话内”之物

以往宗教学理论研究，较多关注的是制度化宗教，就中国而言，就是佛教、道教、伊斯兰教、天主教和基督教（新教）这“五大宗教”，有意无意地将民间信仰当作“话外”之物。但实际上，中国的民间信仰是一种广泛的社会存在，它有不断再生的强劲动力，也是一个非常值得研究的宗教现象，它给宗教学理论的研究者提出了许多需要认真思考的问题。

（1）作为一种本土的信仰资源，作为一种不断造神的民间信仰运动，它究竟是如何运行、如何自发地产生（如福建惠安的解放军烈士庙），又如何由个体的行为得到社会认同，变成一种社会现象的？有些民间信仰自生自灭、昙花一现，有些则历久不衰；有些民间信仰历时千百年而没有发展为民间教团进而成为新兴宗教，有些民间信仰虽问世不久却迅速发展为民间宗教，这中间的变化机制是什么，有无规律性可以总结？

（2）民间信仰具有很突出的群众性，但是不论制度化的宗教还是非制度化的宗教信仰都有群众性，甚至可以说任何一种文化现象都具有某种群众性。但是群众，不仅是“众”，即量的规模，而且有“群”的格局，即组织模式的不同。研究宗教文化不能仅仅停留在承认宗教信仰具有群众性的层面，还要再深入一步，探讨在不同的宗教形态中，群众究竟是怎样“群”的，因为“群”的不同结构或不同模式，决定了“群”具有哪些特定的功能以及功能的性质（如是否有助于社会稳定运行和发展）。这将有助于深化我们对宗教功能，特别是民间信仰在“社会”这个层面的功能的认识和理解。

（3）从比较宗教的层面研究民间信仰与其他宗教信仰形态和文化形态的互动关系。不同的组织模式和活动方式，承载着不同的理念，对信教群众有不同的影响。不同组织模式的宗教信仰不仅会与其他宗教信仰形成不同的互动关系，而且会与整个社会形成不同的互动模式。在这种比较中不仅会使我们在动态的关联中加深对民间信仰的特点与功能的认识和理解，而且会引发我们对整个社会的宗教如何形成一种更健康、更有活力也更利于社会发展的“生态群落”做更深入的思考和把握。

2. 将一般性理论与地方性知识相结合形成中层理论（或模式）

中国宗教人类学的进一步发展，当然离不开基本理论的建设。这需要引进百多年来世界宗教人类学的已有成果，但更需要开发本土的学术资源。近一二十年来，本土信仰的田野调查（人类学、民俗学和社会学的）已经有了相当的积累。当下需要的不是从建构一个新的宏大叙事理论入手，更紧迫的当是将一般性理论与地方性知识相结合而形成的“中层理论”。在此基础上再建构“世界体系”，才是既有世界宗教学已有理论在中国的印证，也有中国理论范畴之贡献的宗教学理论。

我们可以从社会学中借用“中层理论”的概念来阐发、启发新的学术增长点。“中层理论”是美国社会学家默顿提出来的，按照有些人的说法，其意在批评其师帕森斯所建构的美国社会学的宏大体系。在我们看来，批评是有的，但批评之中更多的是建设，因而这种批评更多的是修正和补充，使社会学的理论体系与社会实际之间有了学术上的接口。

在默顿看来，中层理论既非日常研究中广泛涉及的微观但必要的工作假设，也不是尽一切系统化努力而发展出来的用以解释所能观察到的社会行为、社会组织和社会变迁的一致性的统一理论，而是指介于这两者之间的理论。中层理论原则上应用于社会学中对经验研究的指导，中层理论介于社会系统的一般理论和对细节的详尽描述之间。社会系统的一般理论由于远离特定类型的社会行为、社会组织和社会变迁而难以解释所观察到的事物，而对细节的详尽描述则完全缺乏一般性的概括。当然，中层理论也涉及抽象，但是这些抽象是与观察到的资料密切相关的，是结合在允许进行经验检验的之中的。①

默顿将中层理论的基本特征概括为 8 个方面：①中层理论是由某些有限的假定构成的，可以逻辑地从这些假定推导出可为经验调查所验证的具体假设。②这些理论不是分离的，而是被结合为更加广泛的理论网络。③这些理论对于处理社会行为和社会结构的不同方面有足够的抽象程度，所以它们胜过纯粹的描述或经验概括。④这一理论划清了微观社会学问题（如小群体研究）与宏观社会学问题（如社会流动）之间的界限。⑤社会学理论的总体系，表达的是一种综合理论的取向。⑥因此，许多中层理论与各种社会学思想体系是协调的。⑦中层理论经常是传统理论研究的直接继承。⑧中层理论公开承认为了积累更多的知识还有许多方面有待研究，它不认为自己可以为当今一切紧迫的现实问题提供理论解决之道，而是只去解决现有知识可以解

① 默顿：《社会理论和社会结构》，唐少杰等译，译林出版社 2006 年版，第 59—60 页。

决的问题。①

默顿觉得抽象地谈论一个社会事物的功能有些太空太虚，他不仅提出正功能与负功能、显功能和潜功能的概念，以深化功能理论的分析，而且还提出11个要点将功能分析落到实处。宋林飞将其简化为：（A）分析的对象是个什么样的标准化（定型且重演）事项？（B）主观意向（动机、目的）从何而来？（C）客观后果怎么样？一事项可能兼有功能与反常功能的后果（这时需要评估诸后果的净值），可能有非功能，可能有显性功能、隐性功能。本来是隐性功能，后转变为显性功能，则其结果如何？（D）功能影响了哪些单位？（E）建立功能需求的类型（普遍的与特定的）。（F）具体而详尽地说明履行某一特定功能的社会机构。（G）履行某一事项的选择项、对等项、替代项。（H）履行某一功能的事项的替代等变异范围，即社会结构的约束范围。（I）社会动态与变迁。如何适当地评估社会体系中逐渐累积的紧张与压力？反常功能与结构约束如何影响社会变迁？（J）通过比较分析证实功能分析的结论。（K）有关意识形态、社会学者的地位与角色对功能分析有何影响。②

我们完全可以将中层理论的内核引入中国宗教学理论的建设过程，因为建树中层理论以打通一般性原理与具体现实，乃是科学研究的一般规律。就"通古今之变，究天人之际"的宗教人类学如何再上一个台阶而言，创建一些中层理论，不失为途径之一。我们已经有了相当的个案积累，下一步的提升离不开理论与现实、抽象与具体的结合，并结出一些中层理论的果实。一方面，形而上的理论在接"地气"的过程中，努力在一些基本概念的下面再形成一些亚型（或子范畴）；另一方面，日益增多的田野调查报告要加以梳理、比较、提炼和概括，从中抽象出一些命题或模式。我们知道，在实际的宗教生活中，无论是制度化的佛教、道教、伊斯兰教、天主教和基督新教，还是民间信仰，在不同的地区和不同的人群中，具有不同的特点和宗教生活方式。而在这些因素中，有可能以具有地方特色的民间信仰为核心，探索出一些宗教文化的生态模式、宗教运行机制的模式、宗教与其他社会文化形态的互动模式。

3. 宗教作为一种文化建构

宗教的发展演变历史告诉我们，尽管创生性宗教的创始人受到各种各样

① 默顿：《社会理论和社会结构》，唐少杰等译，译林出版社2006年版，第100页。

② 宋林飞：《西方社会学理论》，南京大学出版社2000年版，第116—117页。

的神圣启示或感召，各种各样的神学家和宗教家为教义的完善与创新作出了贡献，但宗教作为一种社会存在，形成一个社会群体，无论是作为一种意识形态，还是作为一种社会制度，都是出于文化的建构。而且这种文化的建构，不仅仅只是宗教精英参与的结果，而且是一代一代的、成千上万的信徒在其实实在在的宗教生活中建构起来的。特别是在民众日常生活的作用长期未受到应有重视的情况下，当我们讨论宗教作为一种文化建构时，首先要意识到参与建构的社会成分是多元的。

其次，我们在讨论宗教作为一种文化建构时，还要意识到这种建构不是一次性的，更不是一次完成的，而是一个延续的文化再生产过程；同时，不仅要意识到宗教文化的再生产总是在特定的宗教实践中完成的，而且还要从一般的意义上把握理论与实践的互动关联。宗教作为一种文化建构始终处于文化的再生产过程中，这种再生产是两重的：信仰者在将特定的宗教文化客观化或外在化的同时，亦将其内在化；同时这种再生产又是双向的：信仰者不是简单地再生产文化，而是有所加减、积极或消极地再生产，因而文化再生产中的宗教建构是一种“建构化的建构”，而信仰者自身，也在这种有所建构的文化再生产中被建构了，即所谓“被建构的建构”。

最后，我们还要意识到，宗教作为一种文化建构，无论其建构还是其文化的再生产，都不是孤立进行的。宗教与社会的互动，使经济、社会、文化领域的诸多非宗教因素，参与到宗教的文化建构及其再生产过程之中。我们在对若干地区民间信仰的调研中发现，近年来民间信仰的“复兴”，除了宗教信仰的需求动力使然之外，基层社会的经济、社会、文化等非宗教的因素，也程度不等、形式不一地参与其中。所以在研究当代中国的民间信仰时，除了要关注生活在21世纪的信徒，在自身素质、精神需求和生活场景等方面，有了哪些今非昔比的变化，从而使今天的宗教文化建构有哪些不同于以往历史的新特点之外，还要研究参与宗教文化建构的非宗教因素来自哪些方面，这些因素形成怎样的关联结构，这些因素的人格化若何（特别是个人的素质和生活经历对其所发挥的作用有什么影响）等。

当下中国宗教信仰的“复兴”，不是一种简单的复活，而是有损有益、有所扬弃的建构。面对这种情况，我们观察它的眼光和解释也必须要重新建构。如果在中国宗教学的研究中，我们更积极、更深入地引入文化建构和文化再生产的理论，或许能够对中国宗教信仰的“复兴”作出某些新的解释和理论概括。

4. 社会转型与文化发展战略

宗教学理论追求的是宗教现象内在的意义与文化诉求，但是人们是身处不同的个人背景和社会背景中进行这种探索的，因此就有不同的解释，就有不同的理论建构。中国宗教学的进一步发展，除了在特定宗教形态的调查与研究方面有所突破，在将普遍理论与地方性知识相结合的过程中形成中层理论的创新之外，还要自觉地将中国的宗教学理论研究，置于宏观的文化发展战略的视野层面。中国正处于社会转型之中，各种社会关系和新的社会、经济、文化秩序在重新调整与建构之中，而国际上自20世纪90年代以来，特别是“9·11事件”以来，国际关系出现新格局，宗教在国际事务中的地位日益凸显。中国的宗教是在这样一种变化和重组的动态过程中生存与发展变化的。若不将宗教置于这个大的现实背景框架中来解析，也许就会“只见树木，不见森林”，也难以准确地为宗教学理论的研究对象定位。

从这一层面来研究宗教，因视野的变化而别开生面，因而会引发许多新问题。至少我们已经意识到有两个方面的问题需要深入探索。

（1）在我国建设具有中国特色的和谐社会过程中，宗教除了它自身所具有的信仰功能，在承载文明和接续传统方面，还能发挥哪些有益作用？

中国不仅在政治上和经济上要自立于世界民族之林，在民族文化上也要自立于世界民族之林。因此在建构和谐社会的过程中，如何将中华民族传统文化中的精华融于建构和谐社会的过程之中，建设具有中国特色的文化体系至关重要。完成这一任务，需要动员一切可以利用的文化资源，其中特别重要的，就是如何看待宗教的性质与作用。

中国的宗教学研究者已经认识到：宗教不仅仅是意识形态，它还是文化系统。宗教在历史传播的过程中，往往以信仰的形式负载着一个民族或一个群体的伦理道德和价值追求。不仅可以为个人生活提供意义，而且为社会提供价值导向和行为规范等公共产品或社会资本。当我们面向未来研究宗教如何与中国建构和谐社会的伟大进程相协调时，人们常常会发出这样的疑问：还有没有“神道设教”的必要？即使没有这种社会需要，既然有相当多的人还会长期信仰宗教，那么宗教就会对这部分人产生长期的影响。问题在于，在多元化与现代化的进程中，宗教还能否担当以往的那种传承文明、服务社会与洁心自律、修身养性的作用？它要不要在形式上和内容上有所改变？改变的方向是什么？会与中国社会的改革和进步形成怎样的互动？

特别是在“冷战”结束后，宗教作为一种文化资源，作为一个群体的象征和话语系统的功能更加凸显。正如一位学者所说的：宗教“既可以作为沟通不同文明体系之间道德伦理观念的可能途径，为建构全球化秩序架桥修路，也可以作为族群内部凝聚力和文化认同的象征，甚至作为从战略上提出自身利益要求的天然理由”。① 许多人总是幻想宗教会随着现代化的进程而“淡出”社会舞台，但许多国家的发展进程表明，宗教这种精神资源可以多方利用，既可以为倡导和平、促进社会和谐提供动力，也可以为极端主义和恐怖主义开路。面对当下的宗教世情与国情，讨论宗教是不是一种精神资源本身就如有些人所说的是个伪问题，因为宗教作为一种精神资源，过去和现在总是被怀有不同目标的人们所利用，这是不依人们承认不承认它而转移的。更有建设性的研究应当探讨在我们建构和谐社会的进程中，如何看待宗教这种精神资源，以及如何利用这种资源，并将这种资源转化为推动社会进步的文化资本和社会资本。但是我们目前的认识还过于笼统，实际上在这一方面有许多问题需要深究，特别是那些带有很强操作性的问题更需加以关注：宗教如何发挥这种作用？这种作用在向内凝聚力量的同时，往往向外产生某种排他性，这势必会在不同的群体间造成某种紧张。这两种反作用力的平衡点在什么地方？它们由积极作用转变为消极作用的临界点又在哪里？古今中外这方面的经验教训是什么？人们应当采取何种措施来避免各种不愿意看到的局面出现？

（2）如何看待宗教多元化现象，如何在满足不同信仰需求的同时，形成一种既减少冲突又能共谋善举的格局？

宗教多元化是个世界性的现象，现在世界上的宗教组织数以千计。在西方国家中，美国号称是最“宗教”也是最“多元化”的国家。1995 年，《美国宗教组织辞典》上列举的宗教组织至少有 2500 个（如果美国的 2.5 亿人口全都信教，平均每个宗教组织的成员为 10 万人）。宗教多元化也不是现代才有的现象。佛教传入中国并在中国生根开花的过程，也是其教派分化发展的过程，就是在禅宗这个中国化的佛教教派产生以后，又进一步分化为五家七宗。多元化格局的形成不仅在于一个国家或一个地区内有不同的宗教，而且在于外来宗教在本土化的过程中分化成多个教派，而本土宗教也会在其发展中形成多元格局，如道教中在其发展过程中先后出现了许多教派（正一

---

① 卢国龙：《关于当代中国宗教问题的文化战略思考》，《原道》第 12 辑，北京大学出版社 2005 年版。

派、全真派、静明道等)。

宗教多元化是正常的社会历史进程。一方面，宗教要生存发展，就要适应社会的变化与发展。人们在宗教信仰上不断探索，就会推陈出新，形成新的教义和教派；社会在进步中形成阶级、阶层的分化，形成行业和专业的分化，也会推动信仰需要的分化，为了满足不同层面信众的不同信仰需要，会形成新的教义和教派。另一方面，500 人的宗教团体与50 万人的宗教团体在管理成本上，显然是不一样的（当然，两者的社会能量也大不一样）。当一个宗教组织在人数上和地域上形成一定规模以后，自然要在内部管理上出现多重的管理层面，当管理层的金字塔结构形成一定规模之后，不仅带来管理成本的提高，还会出现异化，表现为神学上的教条主义，脱离群众的官僚主义，甚至还会出现腐败和僵化并由此连带出内部分化（最典型的例证是马丁·路德发起宗教改革前的罗马天主教廷)。从文化发展战略的角度研究宗教多元化现象，不仅要关注教义教派分化的趋势，更要关注不同的宗教和教派形成怎样的结构关联，如何形成某种“生态”的平衡，如何在不同教派间形成和睦相处的机制，以及这种多元结构与社会稳定和发展怎样互动。

很多人担心的是宗教多元化会造成某种社会混乱，教派之争会引发某些地区不稳定。从古到今这方面的事例的确不少。但是，既然宗教多元化是已经存在并将继续发展的事，那么我们的问题就不是要不要多元化，而是如何看待和应对宗教多元化。应当看到，包括我国在内的世界上大多数国家解决教派冲突的过程，基本上是一方面逐步走上法治的轨道，另一方面是努力营造社会宽容的文化氛围。当然，这两个方面我们都还有许多工作要做，还有许多问题需要大力研究，特别是要研究宗教多元化如何在个人（信众）层面上满足随着社会而发展和人的发展而不断分化的不同信仰需求，同时在社会层面上构成一种既减少冲突（与反社会行为)，又能共谋善举的格局及其“游戏规则”。

在中国社会的未来发展中，我们不仅要关注像“五大宗教”等制度化宗教间的“生态”平衡，还要关注诸如民间信仰（如关公崇拜、妈祖崇拜、祖先崇拜等）等非制度化宗教与制度化宗教间的“生态”平衡。很多人以为制度化宗教是“高级的”宗教，而非制度化宗教是“低级的”宗教，是文化落后的表现。但是实际上，非制度化宗教既是前现代（甚至是前国家）的宗教形态，也是后现代的宗教形态。现代化进程表明，宗教的“高级”形态并非是以制度化为表征的，在被许多人视为典型的西方社会，近些年来一直在“世俗化”问题上争论不休：如果以人们是否归属某个教会为指标，一个社区可能是非常“世俗”的，而若以是否信仰上帝为指标，这个社区却可能是非常“虔诚”的。社会现代化了，人们满足自己信仰需要的途径和形式，自然也现代化了。这种现象启发我们在思考中国文化发展战略时，不能简单地把制度化宗教与非制度化宗教对立起来，看作高低阶梯上的两个环节并扬此抑彼，而是要把它们看作一个从零到一的频谱，将其中的每一个点看作组织形式多样性（其实，非制度化宗教也不是没有“制度”，只是相比较而言）的表现，各有各的功能及其优劣。从后现代的观点看，非制度化的宗教可能更合乎信仰者的个人需要，社会成本更低，非宗教异化的可能性也相对较低。当然，这并不是说，传统的非制度化宗教可以原封不动地移植于当代社会。相反，可以肯定的是必须要有所扬弃。但是在文化发展战略中若没有它的地位，也就无所谓扬弃，更无所谓作用了。

以上对可能实现的突破的设想，其实更多的只是提出问题和表达期待。中国本土的宗教经验与宗教演化史，是一个需要深入挖掘的文化宝库，至少在宗教学理论研究方面是如此。当我们看到海外学者既有田野调查的第一手资料，又有历史文献的缜密梳理，还有提升到理论层面的各种解释，我们就感到一种压力。当然这也是一种动力，它逼迫我们作出自己的建树。好在进入 21 世纪以来，有越来越多的学者不仅有了这方面的自觉，而且有了这方面的行动：大量的田野报告和正在进行的田野调查，对理论建构的呼求以及在理论解释上的大胆尝试，正有如雨后春笋。

第九节 2008—2018 年宗教学理论发展概况

近 10 年中国宗教学理论研究领域的一个重要成果，是中国社会科学院世界宗教研究所所创办的宗教学研究系列论坛和辑刊，包括 2010 年创办的“宗教人类学论坛”和《宗教人类学》辑刊（金泽、陈进国主编，社会科学文献出版社，已出版 7 辑）、2011 年创办的“宗教哲学论坛”和《宗教与哲学》辑刊（金泽、赵广明主编，社会科学文献出版社，已出版 7 辑）、2013 年创办的“宗教社会学论坛”和《宗教社会学》（金泽、李华伟主编，社会科学文献出版社，已出版 5 辑）、2013 年创办的“宗教心理学论坛”和《宗教心理学》（金泽、梁恒豪主编，社会科学文献出版社，已出版 4 辑），几年来，这些论坛和辑刊已经成为各自领域最具代表性和影响力的学术平台，对我国的宗教学理论研究产生了积极而重大的影响。

一 工具书和宗教通史研究

工具书的主要成果包括卓新平主编的《20世纪中国社会科学：宗教学卷》(2009)，金泽、邱永辉主编的《中国宗教报告》(2009，2010，2011，2012，2013)，邱永辉主编的《中国宗教报告》(2015，2016，2017)，曹中建主编的《中国宗教研究年鉴》(2009—2010，2011；2011—2012，2013；2013，2015；2014，2016；2015，2017)，国家宗教事务局宗教研究中心编的《中国五大宗教论和谐》(2010)，史仲文、胡晓林、张岱年等编的《中国全史·宗教卷》(2011)，方立天编的《宗教研究》(2009，2012，2013，2014)，张风雷编的《宗教研究》(2016)，国家宗教事务局政策法规司编的《宗教团体教规制度汇编》(2012)，王作安著，夏征农、陈至立主编的《大辞海·宗教卷》(2013)，中国社会科学院世界宗教研究所编的《中国社会科学院世界宗教研究所五十年发展历程(1964—2014)》(2014)和《中国社会科学院世界宗教研究所建所五十周年纪念文集(1964—2014)》(2014)，郑筱筠的《东南亚宗教研究报告——东南亚宗教的复兴与变革》(2014)，中央文献研究室、国务院宗教事务局编的《新时期宗教工作文献选编》(2014)，黄陵渝、邱永辉、色音著，何其敏编的《外国民族宗教》(2015)，濮文起编的《新编中国民间宗教辞典》(2015)，姚平主编的《当代西方汉学研究集萃·宗教史卷》(2016)，何勤华等著的《法律文明史(第5卷)·宗教法》(2017)，晏可佳主编的《宗教理论前沿》(2017)，任继愈主编的《中华大典·宗教典·伊斯兰基督与诸教分典》(2017)等。

宗教史的重要著述包括葛兆光的《中国宗教、学术与思想散论》(2010)，詹石窗的《中国宗教思想通论》(2011)，武立波的《世界宗教十三讲》(2011)，李申的《宗教简史》(2012)，陈怀宇的《动物与中古政治宗教秩序》(2012)，麻田祥的《中国宗教史》(2012)，方立天的《中国文化与中国宗教》(2012)，余欣主编的《中古时代的礼仪宗教与制度》(2012)，郑建业的《宗教演化史》(2013)，段德智的《新中国宗教工作史》(2013)，郑筱筠的《东南亚宗教研究报告——东南亚宗教的复兴与变革》(2014)，刘成有、张宏斌著的《宗法性传统宗教》(2015)，刘义主编的《世界史视野下的宗教》(2016)，马西沙、韩秉方著的《中国民间宗教史》(2017)等。

译著则有让·德吕谟、萨比娜·梅尔基奥尔－博内著的《宗教大历史》(2009)，麦克斯·缪勒的《宗教的起源与发展》(2010)，赫尔德的《反纯粹理性——论宗教、语言和历史文选》(2010)，阿姆斯特朗的《轴心时代：人类伟大宗教传统的开端》(2010)，伊利亚德的《宗教思想史》(2011)，休斯顿·史密斯的《人的宗教》(2013)，休谟的《宗教的自然史》(2014)，汤因比的《一个历史学家的宗教观》(2014)，阿利斯特·麦格拉思的《宗教改革运动思潮》(2015)，加藤玄智的《世界宗教史》(2016)，杨庆堃的《中国社会中的宗教：宗教的现代社会功能与其历史因素之研究》(2016)，赫丽生的《古代艺术与仪式》(2016)，菲利普·威尔金森、道格拉斯·查令著的《DK宗教百科全书》(2017)，韦德的《信仰的本能：人类宗教进化史》(2017)，高延的《中国的宗教系统及其古代形式、变迁、历史及现状》(2018)等。

二　概论性著作

概论性著述的主要成果包括何光沪的《信仰之间》(2009)，牟钟鉴主编的《民族宗教学导论》(2009)，金泽的《宗教人类学学说史纲要》(2009)，韩秉芳、李维建、唐晓峰著的《宗教之和·和之宗教：中国宗教之和谐刍议》(2009)，杨明的《宗教与伦理》(2010)，顾肃的《宗教与政治》(2010)，吾敬东、张志平主编的《对话：哲学与宗教》(2010)，段德智的《宗教学》(2010)，吕大吉的《宗教学通论新编》(2010)，沈骊天、陈红、赖永海著的《生死轮回的永恒灵魂：宗教生命文化精要》(2010)，丁培仁的《世界主要宗教系统纲要》(2010)，李进新的《宗教研究》(2010)，张志刚等著的《当代宗教冲突与对话研究》(2011)，王晓朝、李磊著的《宗教学导论》(修订第2版)(2011)，龚学增主编的《宗教问题概论》(2011)，王志成、安伦编的《全球化时代宗教的发展与未来》(2011)，周伯琦的《中外宗教概览》(2012)，许序雅的《中外主要宗教文化概论》(2012)，何星亮、郭宏珍编的《文化多样性背景下的宗教和谐》(2012)，陶飞亚、刘义著的《宗教慈善与中国社会公益》(2012)，徐以骅等著的《宗教与当代国际关系》(2012)，张志刚的《宗教研究指要》(修订版)(2013)，任继愈的《宗教学讲义》(2013)，苏发祥主编的《中国宗教多元与生态可持续发展研究》(2013)，雷雨田、万兆元主编的《宗教经典汉译研究》(2013)，王志成的《全球化与宗教对话》(2013)，卓新平主编的

《宗教与当代中国社会》（2013），王志成的《当代宗教多元论》（2013），楼宇烈的《宗教研究方法讲记》（2013），梁燕城的《儒、道、易与基督信仰》（2013），卓新平编的《渤海视野：宗教与文化战略》（2014），卓新平、邱永辉主编的《宗教与可持续社区研究》（2014），卢国龙的《宗教在文化战略中的地位和作用》（2014），叶小文的《中国破解宗教问题的理论创新和实践探索》（2014），印顺的《宗教与现代社会》（2014），何光沪的《全球对话时代的宗教学》（2014），卓新平的《中国人的宗教信仰》（2015），陈建明编的《和而不同：宗教对话与不同文明之间的和谐之道》（2015），新玉言编的《新时期宗教工作与管理》（2015），魏德东的《世界宗教万里行》、《为宗教脱敏》和《宗教的文化自觉》（2015），习五一编的《科学无神论》（2015），卓新平、蒋坚永主编的《"一带一路"战略与宗教对外交流》（2016），马建钊、夏志前主编的《科学、宗教与人文传统》（2016），张志刚的《宗教学是什么》（第2版）（2016），朱东华的《宗教学学术史问题研究》（2016），段德智的《境外宗教渗透论》（2016），汤一介的《儒释道耶与中国文化》（2016），王志成的《全球化时代的宗教与世俗社会》（2016），钱雪松的《张力中的朝圣者：宗教多样性问题之知识论研究》（2016），叶小文的《多元和谐的中国宗教》（2018）等。

译著主要有谢·亚·托卡列夫的《人类与宗教》（2009），傅有德、梅尔·斯图尔特主编的《科学与宗教：当前对话》（2010），罗素的《宗教与科学》（2010），费尔巴哈的《宗教的本质》（2010），罗伯特·C. 蒙克、沃尔特·C. 霍夫海因茨、肯尼斯·T. 劳伦斯等著的《宗教意义探索》（2011），施莱尔马赫的《论宗教》（2011），阿兰·律波顿的《写给无神论者》（2012），阿尔弗雷德·诺思·怀特海的《宗教的形成·符号的意义及效果》（2012），威廉·詹姆斯的《宗教经验种种》（2012），米歇尔·艾伦·吉莱斯皮的《现代性的神学起源》（2012），萨缪尔·普芬道夫的《就公民社会论宗教的本质与特性》（2013），柏克莱等著，谢扶雅等编译的《近代理想主义》（2013），尤尔根·哈贝马斯的《在自然主义与宗教之间》（2013），唐·库比特的《信仰之海》（2015），彼得·哈里森的《科学与宗教的领地》（2016），卢卡启夫斯基的《无神论》（2017），瓦尔特·H. 凯普斯的《宗教学：学科的构成》（2017），泽井义次的《宗教学的省思》（2017），巴吉尼的《无神论》（2018）等。

三　宗教哲学

近年来我国宗教哲学研究方面出现了一些重要的新进展，主要表现在康德宗教哲学的研究，对宗教性问题的研究，以及借助西方宗教哲学研究成果对中国传统宗教哲学的反思方面。康德宗教哲学的研究尤为突出，主要表现为对康德上帝隐喻的深入而全面的体察，以及对审美问题（特别是对情感自由）的把握和阐释上，而这种情感理解以及对苏格兰启蒙中道德情感的理解，一起构成对汉语传统重新阐释的契机，自由儒学的提出是其重要成果。与此相关，结合西美尔和舍勒对“宗教性”的理解，如何在汉语传统宗教的理解中凸显其宗教性，成为推进中国传统宗教研究的重要突破口。相关主要成果包括，李秋零《道德并不必然导致宗教——康德宗教哲学辩难》《“因行称义”“因信称义”与“因德称义”》《康德论幸福》，田薇《“宗教性”的问题缘起与意义阐释——以宗教疑义为语境、以舍勒信仰现象学和施莱尔马赫宗教情感论为视镜》，李明辉《康德论同情》，傅永军《绝对视域中的康德宗教哲学：从伦理神学到道德宗教》，邓安庆《康德意义上的伦理共同体为何不能达成》，赵广明《康德的信仰——康德的自由、自然和上帝理念批判》《论康德批判哲学的根基与归宿》《神圣与世俗的先验根基——试论先秦性情思想》《康德的“至善”与〈判断力批判〉的宗教哲学含义》《论“无”的先验性》《自由儒学》《情感的道德意义与孟子“四端”说重释》《自由儒学：儒家道德根基批判》，舒远招《康德道德神学中的正义问题》，尚文华《希望与绝对——康德宗教哲学研究的思想史意义》，张志刚《宗教哲学的中国意义》《“宗教概念”的观念史考察——以利玛窦的中西方宗教观为例》《钱穆再论“中国无宗教”》《中国民间信仰与宗教概念问题》《中西宗教哲学比较的一个新切入点》《重新认识“宗教与中国文化传统”》等。

宗教哲学其他著译还有《宗教与哲学》（辑刊）（第1—7辑，金泽、赵广明主编，社会科学文献出版社），克尔凯郭尔文集（10卷，陆续出版中，王齐、京不特等译，中国社会科学出版社），《理念与上帝——柏拉图的理念思想及其神学意义》（赵广明，江苏人民出版社，2008），《人类与宗教》（谢·亚·托卡列夫著，魏庆征编译，中央编译出版社，2009），《科学与宗教——从哥白尼到达尔文（1450—1900）》［理查德·奥尔森（Richard G. Olson）著，徐彬、吴林译，山东人民出版社，2009］，《神圣的欢爱：性、神话与女性肉体的政治学》［理安·艾斯勒（Riane Eisler）著，黄觉、黄棣光译，社科文献出版社，2009]，《启蒙、批判诠释与宗教伦理》（傅永军著，山东大学出版社，2009），《古代宗教与伦理：儒家思想的根源》（陈来著，生活·读书·新知三联书店，2009），《古代思想文化的世界：春秋时代的宗教伦理与社会思想》（陈来著，生活·读书·新知三联书店，2009），《中国社会的宗教传统：巫术与伦理的对立和共存》（吾淳著，上海三联书店，2009），《宗教大历史》（让·德吕莫、萨比娜·梅尔基奥尔—博内著，余磊译，上海三联书店，2009），《宗教与哲学：精神—文化生活图式的两重解读》（张禹东、杨楹等著，社会科学文献出版社，2009），《神人之际：索洛维约夫宗教哲学研究》（孙雄著，宗教文化出版社，2009），《宗教的科学研究》（J. M. 英格著，金泽等译，刘澎校，中国社会科学出版社，2009），《宗教与哲学》（李承贵著，译林出版社，2009），《多元化的上帝观：20世纪西方宗教哲学概览》（增订版）（何光沪著，中国人民大学出版社，2010），《宗教与伦理》（杨明著，译林出版社，2010），《宗教与政治》（顾肃著，译林出版社，2010），《反纯粹理性——论宗教、语言和历史文选》（赫尔德著，张晓梅译，商务印书馆，2010），《中国人的宗教信仰》[葛兰言（Marcel Granet）著，程门译，贵州人民出版社，2010]，《科学与宗教：当前对话》[傅有德、梅尔·斯图尔特（Melville Y. Stewart）编，黄福武、韩刚译，北京大学出版社，2010]，《对话：哲学与宗教》（吾敬东、张志平主编，上海三联书店，2010），《轴心时代：人类伟大宗教传统的开端》（阿姆斯特朗著，孙艳燕、白彦兵译，海南出版社，2010），《中国宗教与宗教学》（晏可佳编，上海人民出版社，2010），《信仰的考古：中国宗教思想史纲要》（张荣明著，南开大学出版社，2010），《启蒙时代的宗教哲学》（单纯著，中国社会出版社，2010），《中国宗教、学术与思想散论》（葛兆光著，复旦大学出版社，2010），《分析的宗教哲学》（张力锋、张建军著，江苏人民出版社，2010），《康德的上帝观》（李艳辉著，北京师范大学出版社，2010），《巴布宗教思想研究》（许宏著，人民出版社，2010），《莫特曼神学研究》（林鸿信著，上海人民出版社，2010），《商代宗教祭祀》（常玉芝、宋镇豪著，中国社会科学出版社，2010），《神迹六辩（1727—1730）》[托马斯·伍尔斯顿（Thomas Woolston）著，张云涛、王志勇译，武汉大学出版社，2010]，《当代宗教哲学导论》[凯斯·E. 严德尔（Keith E. Yandell）著，谢晓健等译，中国人民大学出版社，2010]，《中国与欧洲宗教哲学交流研究》（张西平著，新疆人民出版社，2010），《论宗教》（施莱尔马赫著，邓安庆译，人民出版社）。《中国人关于神与灵的观念》《魂灵：死后生命的科学探索》（玛丽·罗奇著，谭琪译，上海科学技术文献出版社，2011），《信仰与秩序：法律与宗教的复合》（伯尔曼，姚剑波译，中央编译出版社，2011，四川人民出版社，2011），《中国宗教思想通论》（詹石窗主撰，人民出版社，2011），《宗教学讲义》（任继愈著，国家图书馆出版社，2013），《就公民社会论宗教的本质与特性》（萨缪尔·普芬道夫著，俞沂暄译，上海三联书店，2013），《历史与信仰：个人的探询》（科林·布朗著，查常平译，上海三联书店，2013），《人的宗教》（休斯顿·史密斯著，刘安云译，海南出版社，2013），《在自然主义与宗教之间》（尤尔根·哈贝马斯著，郁喆隽译，上海人民出版社，2013），《当代宗教多元论》（王志成著，宗教文化出版社，2013），《论美国政治一体化的宗教文化基础》（宁玲玲著，世界图书出版公司，2013），《佛教哲学》（方立天著，宗教文化出版社，2013），《意识的神学——施莱尔马赫神学方法研究》（黄毅著，人民出版社，2013），《近代理想主义》（柏克莱等著，谢扶雅等编译，宗教文化出版社，2013），《宗教情感》（爱德华兹著，杨基译，生活·读书·新知三联书店，2013 年），《神学大全第一集》（托马斯·阿奎那著，段德智译，商务印书馆，2013），《徐梵澄精神哲学入蹊》（孙波著，华东师范大学出版社，2013），《宗教的形成符号的意义及效果》（修订版）（阿尔弗雷德·诺思·怀特海著，周邦宪译，译林出版社，2014），《哲学的宗教维度》（段德智著，商务印书馆，2014），《中国社会中的宗教与仪式》（武雅士著，彭泽安译，江苏人民出版社，2014），《科学与宗教——当前争论》（斯图尔特著，王旭译，北京大学出版社，2014），《宗教的自然史》（休谟著，曾晓平译，商务印书馆，2014），《一个历史学家的宗教观》（汤因比著，晏可佳译，上海人民出版社，2014），《宗教哲学是什么（哲学课）》（波伊曼著，黄瑞成译，中国人民大学出版社，2014），《21 世纪是智慧的时代——希腊哲学的智慧与佛陀的智慧》（桐山靖雄著，王善涛译，宗教文化出版社，2014），《全球对话时代的宗教学》（何光沪著，四川人民出版社，2014），《青年黑格尔派宗教批判的逻辑演进》（叔贵峰著，人民出版社，2014），《后现代神学》（范胡泽、高喆著，上海人民出版社，2014），《中国佛教哲学要义》（方立天著，宗教文化出版社，2014），《当代哲学经典·宗教哲学卷》（俞吾金等著，北京师范大学出版社，2014），《“神迹”概念的哲学探究——以休谟的“论神迹”为中心》（刘金山著，人民出版社，2015），《复魅何须超自然主义：过程宗教哲学》（大卫·雷·格里芬著，周邦宪译，译林出版社，2015），《为宗教脱敏：魏德东的宗教评论2》（魏德东编，民族出版社，2015），《黑格尔著作集（第16、17卷）宗教哲学讲演录Ⅰ、Ⅱ》（黑格尔著，燕宏远等译，人民出版社，2015），《哲学与宗教的永恒同盟：谢林〈哲学与宗教〉释义》（先刚著，北京大学出版社，2015），《中世纪哲学：历史与哲学导论》（马仁邦著，北京大学出版社，2015），《由巫到礼释礼归仁》（李泽厚著，生活·读书·新知三联书店，2015），《犹太神秘主义概论》（刘精忠著，中国社会科学出版社，2015），《复活概念的由来及其演变》（凯文·J. 麦迪甘、乔恩·D. 列文森著，傅晓微等译，四川文艺出版社，2015），《科学与宗教的领地》（彼得·哈里森著，张卜天译，商务印书馆，2016），《哲学与宗教学研究》（吕大吉著，中国社会科学出版社，2016），《康德宗教哲学文集（注释版）》（康德著，李秋零译，中国人民大学出版社，2016），《宗教学学术史问题研究》（朱东华著，清华大学出版社，2016），《宗教哲学读本》（姜宗强著，金城出版社，2016），《迈蒙尼德宗教哲学思想研究》（赵同生著，上海三联书店，2016），《中国传统文化与儒道佛》（徐小跃著，江苏人民出版社，2016），《世界史视野下的宗教》（刘义、陶飞亚编，上海大学出版社，2016），《中观学概论》（弘学著，四川巴蜀书社有限公司，2016），《唐君毅佛教哲学思想研究》（张云江著，高等教育出版社，2016），《中观思想》（梶山雄一著，李世杰译，贵州大学出版社，2016），《原始佛教的实践哲学》（和辻哲郎著，原始佛教的实践哲学编委会译，贵州大学出版社，2016），《中观哲学导论》（胡伟希著，北京大学出版社，2016），《佛教与印度哲学研究》（姚卫群著，中国大百科全书出版社，2016），《潘雨廷著作集》（潘雨廷著，上海古籍出版社，2016），《自由精神哲学：基督教难题及其辩护》（尼古拉·别尔嘉耶夫著，上海三联书店，2016），《无执之道：埃克哈特神学思想研究》（文森著，郑淑红译，华夏出版社，2016），《剩余的时间：解读〈罗马书〉》（吉奥乔·阿甘本著，钱立卿译，中央编译出版社，2016），《〈智慧珍宝〉翻译、注释与研究》（王希、王俊荣著，社会科学文献出版社，2016），《不朽·我的宗教：胡适论人生》（胡适著，北京大学出版社，2016），《儒释道三教关系研究论文选粹》（张广保、杨浩著，华夏出版社，2016），《神与兽的纹样学：中国古代诸神》（林巳奈夫著，常耀华、王平、刘晓燕、李环译，生活·读书·新知三联书店，2016），《天神与天地之道：巫觋信仰与传统思想渊源》（郭静云著，上海古籍出版社，2016），《印度诸神的世界——印度教图像学手册》（施勒伯格著，范晶晶译，中西书局，2016），《近代哲学史》（谢林著，先刚译，北京大学出版社，2016），《亚洲的精神性——印度与中国的灵性和世俗》（范笔德著，金泽译，社会科学文献出版社，2016），《世俗时代》（查尔斯·泰勒著，张容南等译，上海三联书店，2016），《情感与理性：康德宗教哲学内在张力及调和》（贺方刚著，中国社会科学出版社，2017），《信仰之问》（何光沪著，中国人民大学出版社，2017），《上帝之善：神学、教会与社会秩序》（史蒂芬·朗著，段素革、李晨旭译，上海人民出版社，2017），《西学东渐浪潮激荡下的思想脉动：论汉语神学对中国个体主义哲学的影响》（李跃红著，人民出版社，2017），《信仰的本能：人类宗教进化史》［尼古拉斯·韦德（Nicholas Wade）著，陈华译，电子工业出版社，2017］，《近代科学与宗教思想》（霍登著，应远涛译，上海社会科学院出版社，2017），《生活宗教：唐·库比特的宗教哲学》（朱彩红著，中国社会科学出版社，2017），《神之由来》［薛曼尔（E. Simmel）著，郑绍文译，上海社会科学院出版社，2017］，《宗教哲学》（Royce 著，谢扶雅译，上海社会科学院出版社，2017），《身体、不死与神秘主义：道教信仰的观念史视角》（程乐松著，北京大学出版社，2017），《段正元文集》（段正元著，社会科学文献出版社，2017），《中国人关于神与灵的观念》（理雅各著，齐英豪译，福建教育出版社，2018）

四　宗教心理学

在宗教学所有的分支学科中，因为研究难度大等各种原因，宗教心理学的发展无疑是相对滞后的。随着改革开放的逐渐深入，在哲学社会科学大发展的推动下，该学科也取得了一些进展，主要表现在以下几个方面。

第一，鉴于西方宗教心理学的发展较早，学科体系相对比较完整，中国学者持续翻译西方宗教心理学中的经典著作，为中国宗教心理学学科建设做好奠基工作。译著主要有弗洛伊德的《图腾与禁忌》（1986/2005/2009）、《摩西与一神教》（1988/1989/1992）、《一个幻觉的未来》（1989/1998/1999）、《论宗教》（2007），荣格的《寻求灵魂的现代人》（1987/2007）、《荣格文集：让我们重返精神家园》（1997）、《东洋冥想的心理学：从易经到禅》（2000）、《荣格心理学与西藏佛教》（1994/1999）、《人的形象和神的形象》（2006）、《荣格文集》（九卷本）（2011），弗洛姆的《精神分析与宗教》(1988/1995/2006),乌格里诺维奇的《宗教心理学》(1989),梅多与卡霍的《宗教心理学:个人生活中的宗教》(1990),布朗的《宗教心理学》(1992),波波娃的《精神分析学派的宗教观》(1992),阿拉普拉的《作为焦虑和平静的宗教》(2001),凯特·洛文塔尔的《宗教心理学简论》(2002),麦克·阿盖尔的《宗教心理学导论》(2005),惟海的《五蕴心理学》(2006),冯特的《民族宗教心理学纲要——人类心理发展简史》(2008),詹姆斯的《宗教经验之种种》(2002/2008/2009),帕格门特的《宗教与应对的心理学:理论、研究与实践》(2013),沃伦·布朗的《神经科学、心理学与宗教:人性的迷幻与现实》(2014),维特根斯坦的《美学、心理学和宗教信仰的演讲与对话集1938—1946》(2015),杜艾文、凯文·赖默的《和平心理学》(2016),铃木大拙的《禅与心理分析》(2017)等。

第二,基于宗教心理学发展和中国本土实践考量,学者从不同主题和视角切入的研究专著逐渐增多。例如,世瑾的《宗教心理学》(1989),夔德义的《宗教心理学》(1990),余理等编的《崇拜心理学》(1997),祥贵的《崇拜心理学》(2001),黄国胜的《佛教与心理治疗》,陈昌文主编的《宗教与社会心理》(2003),梁丽萍的《中国人的宗教心理:宗教认同的理论分析与实证研究》(2004),《荣格宗教心理学与圣三灵修》(2004),徐光兴的《东方人的心理疗法》(2004),释淳法的《佛教与心理健康》(2005),王惠君编著的《崇拜与精神控制》,徐仪明的《易经心理学》(2007),徐光兴的《心理禅》(2007),曹剑波的《道教心理健康指要》(2007),陈兵的《佛教心理学》(2007/2013/2015),赵文的《宗教行为与心理治疗》(2008),诺布旺典的《图解西藏医心术》(2009),陈永胜的《现代西方宗教心理学理论流派》(2010),陆丽青的《弗洛伊德的宗教思想》(2011),鸿逸的《佛说心理学》(2011),朱瑞玲、瞿海源、张苙云主编的《台湾的社会变迁——心理、价值与宗教》,张雅惠、陈莉榛的《宗教心理学概论》(2013),梁恒豪的《信仰的精神性进路:荣格的宗教心理观》(2014),余德慧的《宗教疗愈与生命超越经验》(2014),刘佳佑的《荣格心理类型理论在宗教心理学中的应用研究》,葛鲁嘉的《宗教形态的心理学——宗教传统和研究的心理学智慧》(2016),陈青萍、周济全的《膜拜危害的心理学预警思考》(2017),刘欢的《道教仪式音乐及其心理影响机制探析》(2017)等。

第三,关注宗教心理学研究的学者逐渐增多,部分高校相继开设相关课程，着手培养人才。尤为可贵的是，这一学科目前已经出现了一批相当有实力和潜力的学者，研究成果逐年增多，在CNKI搜“宗教”“心理学”关键词，显示相关论文已近5000篇。而且“宗教心理学”作为宗教学的一门分支学科逐渐深入人心，一部分高校已经开始开设相关课程，如中国社会科学院世界宗教研究所、中国科学院心理研究所、北京大学、中国人民大学、中央民族大学、北京师范大学、复旦大学、浙江大学、四川大学、广州大学、南京师范大学、浙江师范大学、陕西师范大学、新疆师范大学、曲阜师范大学、福建师范大学、山西医科大学等高校的宗教所（系）和心理所（系）都有学者和教授进行宗教心理学相关的研究及开设相关课程。近年来，有一些医院和社会上的心理咨询中心也参与到这一学科的研究中来，例如成都华西医院和南京直面心理咨询研究所等。

第四，宗教心理学学科越来越受到重视，国家社科基金审批的项目也越来越多。近年来的项目主要有陈永胜《宗教心理学的理论流派》（2004），梁恒豪《西方宗教心理学的最新进展》（2011），陈永胜《中国特色个体宗教心理发展研究》（2012），彭鹏《心文化与心理学视域中的精神家园问题研究》（2012），何其敏《宗教认同研究》（2013），陆丽青《精神分析学派的宗教思想研究》（2013），谭颖《西部少数民族地区宗教信仰的心理实证研究》（2013）。

第五，宗教心理学的学科平台建设初见成效，其社会影响力也不断提升。中国社会科学院世界宗教研究所在持续推进中国宗教心理学的学科建设，为此宗教学理论研究室克服种种困难，作出了不懈的努力，致力于每年举办一次“宗教心理学论坛”和出版《宗教心理学》辑刊，为中国宗教心理学研究的学者提供学术交流搭建平台，并为其研究成果的出版提供一定的支持。2014年至今，由中国社会科学院世界宗教研究所主办的宗教心理学论坛已经举办5届，讨论的主题包括宗教心理学发展史和思想史、核心概念和理论、研究方法探新、实践应用以及学科中国化等相关问题。2013年6月，金泽、梁恒豪主编的《宗教心理学》（第一辑）由社科文献出版社出版，目前已经出版4辑。该辑刊是国内唯一的宗教心理学辑刊，其内容结构大致分为以下几个部分：历史展望、域外视野、理论前沿、思想交谈、学术述评和实证研究，旨在整合学科力量，搭建学术交流平台，为学科发展助力。它的出版发行具有重要的学科建设意义。

总之，宗教心理学学科发展虽然取得了一些进展，但发展相对滞后。虽其修远兮，但已在路上，大有可为，未来可期。

五　宗教社会学

宗教社会学这门学科是在1978年以后由国外引进过来的新兴学科，经历了从无到有、由萧条到繁荣的发展历程。2000年至2008年的宗教社会学为扎根时期，2008年至今的10年为宗教社会学的繁荣期。

1. 国外宗教社会学专业教材的翻译出版

近十年来，有一些国外的宗教社会学教材或入门读物被译介过来，主要有库尔茨的《地球村里的诸神：宗教社会学入门》（2010）与菲尔·朱克曼的《宗教社会学的邀请》（2012）。这两本读物为国内年轻人了解宗教社会学的要旨提供了生动的入门教材，也为国内的宗教社会学教材建设树立了样板。

2. 对宗教社会学理论的译介加快、研究进一步深入

J. M. 英格的《宗教的科学研究》也在2009年问世。石丽的《帕森斯宗教社会学理论述评》一文（2011）、李峰的《罗伯特·贝拉的宗教社会学思想述评》（2011）一文、黄海波的《公民社会中的宗教：罗伯特·伍斯诺的多维分析模式述评》一文（2011），对帕森斯、贝拉、伍斯诺等理论家进行了研究，这属于李向平教授主持的国家社会科学基金《当代美国宗教社会学理论研究》（2015）的成果。对经典理论的研究仍在继续，对西美尔的研究，由邵铁峰以北京大学博士论文的形式完成（2011）。

对在西方具有范式地位的理论，如世俗化理论、新世俗化理论、宗教市场论的系统研究则刚刚展开。汲喆的《如何超越经典世俗化理论？——评宗教社会学的三种后世俗化论述》（2008）与孙尚扬的《世俗化与去世俗化的对立与并存》（2008）等文章是探索世俗化与新世俗化理论的代表作。此外，卢云峰的《从类型学到动态研究：兼论信仰的流动》（2013）及李峰的《回到社会：对当前宗教社会学研究范式之反思》（2013）基于对中国本土宗教概念及宗教与中国社会关系的认识，尝试反思当前的宗教社会学研究，并尽力匡正或拓展宗教社会学理论的视野。

提到中国的宗教社会学，就不得不提著名美籍华人学者杨庆堃的《中国社会中的宗教》（*Religion in Chinese Society* ，1961）一书。该书富有创造性地提出制度性宗教与分散性宗教的概念，至今仍对国内外研究中国宗教的学者有着深刻影响。该书的中文本由范丽珠等翻译，于2007年出版，并于2016年出版了中文修订版。

3. 对当代中国宗教的经验研究：定性与量化研究的并行发展

就宗教社会学领域内所发表的相关论文来看，有以下几个值得注意的趋势：理论研究与经验研究并重；定性研究仍居于优势，量化研究有所深入；基于对中国宗教与西方理论深入了解的基础上，对西方理论的批评与反思越来越多。

2008 年 10 月，“中国宗教与社会高峰论坛”暨第五届宗教社会科学国际研讨会在北京举行，该论坛汇集了国内外一流的学者参加，取得了良好的效果，是宗教社会学界标志性的事件。

对中国宗教的经验研究，经历了从无到有，从人文学研究进路走向社会科学研究进路的历程。近 10 年来，成果不断涌现，科班出身的研究者增多，在高校学科建制中逐渐取得地位，所研究问题也越来越深入。

（1）定性研究

李向平的《信仰但不认同：当代中国信仰的社会学诠释》（2010）讨论了在鲜活、丰富的中国宗教生活的现实中套用西方宗教社会学理论而有的尴尬和困难。李峰的《国际社会中的国际宗教非政府组织》（上海人民出版社，2013），对国际宗教非政府组织进行了研究，为国内学界提供了新视野。总体而言，关于佛教、道教与民间宗教的社会学研究依然相对比较缺乏，而对基督教的研究异常火爆。

（2）量化研究

近年来宗教社会学量化研究的一个热点是对中国大学生宗教信仰状况的调查。上海社会科学院的学者在 2008 年 10—12 月对上海市松江大学城 7 所高校学生宗教信仰状况进行了比例整群抽样调查，发表了《上海市松江大学城 7 所高校学生宗教信仰状况》一文（2009）。

宗教社会学量化研究于这两年的崛起，既是宗教社会学界转型的结果，而很大程度上又与外专业的加盟具有极大的关系。夏昌奇、王存同《当代中国超常信仰的经验研究——兼论中国宗教的内容与格局》一文（2011），从对超常信仰的量化分析入手，论及中国宗教的特质，是大陆以量化方式研究此类问题的有效尝试。

提到近年来宗教社会学的量化研究，最引人瞩目的研究是中国社会科学院世界宗教研究所课题组于 2010 年 8 月公布的《中国基督教入户问卷调查报告》（2010）。该调查报告公布了 2008—2009 年间对全国 31 个省、自治区和直辖市基督教新教进行大规模抽样调查的结果，显示我国现有基督徒为占全国人口总数的1.8%，总体估值2305万人。

4. 学科建设

宗教社会学的发展，最为重要的是学科的制度化，包括课程设置、学位点等的制度化与规范化。当前，有越来越多的大学或科研院所的社会学系或哲学、宗教学系开设宗教社会学课程，或进行相关的教学、研究。宗教社会学及宗教社会科学，近来在学术机构和学术团队以及研究基金的支持下获得较快发展，这是学科近年来出现的新情况，值得关注。

宗教社会学学科建设得到进一步强化，其重要平台是由中国社会科学院世界宗教研究所宗教学理论研究室主办的《宗教社会学》辑刊和宗教社会学论坛。该论坛已经举办6届、辑刊已出版5辑（2013、2014、2015、2016、2018）。此外，2017年中国社会学会宗教社会学专业委员会成立，这是中国宗教社会学研究发展的一个重要标志。

与此同时，国家社科基金也加大了对宗教社会学类课题的资助力度。2013年度国家社会科学基金重点项目中宗教学类共有10个，其中两项为宗教社会学类课题，占1/5。

近十年来，宗教社会学在中国取得了丰厚的成果。无论在理论方面，还是在经验研究方面，无论在引介西方理论方面，还是在反思、批评西方理论、建构中国话语方面，都有所拓展。

六　宗教人类学

近十年来，中国宗教人类学在承继前30年研究成果的基础上，有了长足的发展。

首先，在学科理论方面，自2009年开始，由中国社会科学院世界宗教研究所金泽、陈进国等主编的《宗教人类学》辑刊，每年一期以书代刊形式发行。《宗教人类学》汇聚了宗教人类学研究领域的各类成果，成为国内宗教人类学研究领域的“领头羊”。另外，有关学科建设方面的重要著作是金泽的《宗教人类学学说史纲要》（2010）的出版，该书凝聚了作者几十年来在宗教人类学研究领域的成就，是国内首部对世界宗教人类学开展学科理论与方法的发展脉络进行梳理的经典著作。

其次，在各分支学科研究方面，伊斯兰人类学、基督教人类学、道教人类学、佛教人类学等都形成了自身的研究特色与研究力量。在基督教人类学方面，有曹南来的《建设中国的耶路撒冷》（2014），黄剑波、艾菊红共同主编的《人类学基督教研究导读》（2014），黄剑波的《地方文化与信仰共同体的生成》（2013），李鹏的《上帝与祖先：东北汉人社会的基督教与亲属制度》（2015）。在佛教人类学方面，龚锐的《圣俗之间：西双版纳傣族赕佛世俗化的人类学研究》（2008），黄凌飞的《中国南传佛教音乐的人类学研究》（2015），章立明等的《民族地区宗教信仰与社会秩序的民族志研究：以南传佛教文化区为例》（2016），罗杨的《他邦的文明：柬埔寨吴哥的知识、王权和宗教生活》（2016）。伊斯兰人类学方面，马强的《流动的精神社区》（2006），张国云的《传统、仪式与精神守望：一个维吾尔村庄的人类学个案》（2016）。在其他宗教方面，郭淑云的《中国北方民族萨满出神现象研究》（2008），王静的《消弥与重构中的“查玛”：一项宗教仪式的人类学研究》（2011），路芳的《火的祭礼：阿细人密祭摩仪式的人类学研究》（2012），乌云格日勒的《信仰的薪火相传——成吉思汗祭奠的人类学研究》（2013），杨文法的《热贡赛姆耘宗教信仰多样性的民族学研究：类型、功能及其发展趋势》（2013），吴凤玲的《萨米人萨满文化变迁研究》（2014），宋小飞的《萨满教美术的艺术民俗学解析：以吉林省乌拉街满族镇萨满教为个案》（2014），卢成仁的《道中生活：怒江傈僳人的日常生活与信仰研究》（2014），秦红增等人的《“侬峒”天琴：金龙布傣壮族群的信仰与生活》（2015），覃延佳的《仪式传统与地方文化建构》（2015），孟慧英、吴凤玲的《人类学视野中的萨满医疗研究》（2015），金梦瑶的《人类学角度——殷墟卜辞中祖先崇拜研究》（2016）。

此外，译著方面还有［美］罗伊·A. 拉帕波特著，赵玉燕译的《献给祖先的猪》（2016）；［美］拉基亚·艾拉汝伊·科奈尔著，马仲荣译的《初期女性苏菲研究》（2017）；A. A. 张著，丁宏译的《东干人的习俗、礼仪与信仰》（2017）；［英］奥德丽·理查兹著，张举文译的《祈颂姑：赞比亚本巴女孩的一次成人仪式》（2017）。

除了相关著作的出版，近十年来国内也出现了众多的宗教人类学方面的论文，在此不一一列出。

宗教人类学学科的发展还体现在相关学术会议与活动的开展上。由中国社会科学院世界宗教研究所等举办的首届中国宗教人类学论坛 2010 年在中山大学召开，其后 2012 年在北京召开第二届，2013 年在兰州召开第三届，2015 年第四届在湖南吉首召开。与此同时，以修行为主题的宗教人类学工作坊也连续召开了四届，在宗教人类学界有着广泛的影响。全国范围内相关的会议与讨论也比较多，诸如 2013 年由中国农业大学举办的“中国农村发展与宗教问题研讨会”，会聚了海内外宗教人类学界的同仁，同样有着广泛的影响。2014 年由德国马克斯·普朗克族群与宗教多样性研究所主办、中央民族大学民族文化多样性研究中心合办的“民族与文化多样性”暑期班，在北京中央民族大学开办。2016 年“人类学视野中的民族与宗教”学术研讨会在内蒙古自治区呼和浩特市举行。

此外，2014 年中国人类学民族学研究会宗教人类学专业委员会的成立，是中国宗教人类学研究发展的一个重要标志。2014 年 9 月，“中国人类学民族学研究会宗教人类学专业委员会成立大会暨国际学术研讨会”在浙江大学之江校区举行。同时，除了中国社会科学院世界宗教研究所此类的研究中心开展宗教人类学研究之外，诸如华东师范大学、浙江大学等人类学研究机构也开始形成宗教人类学研究聚集地，相关的讲座、工作坊等学术活动得到了持续性的开展。

第二章

当代宗教研究

当代中国近些年“社会结构、社会组织形式、社会利益格局发生深刻变化”[①]，中国民众“思想活动的独立性、选择性、多变性、差异性明显增强”[②]。与全球化进程中各种思想文化相互激荡的国际大背景相呼应的是，中国社会内部的核心价值观和意识形态的变迁使得信仰多元化生态景观在当今中国渐趋成为不争的事实——制度化传统宗教、弥散型民间宗教及民间信仰历久弥新，意欲有为；新兴宗教及可疑的膜拜团体甚或邪教潜滋暗长，蠢蠢欲动；与“信仰上相互尊重”“不争论”的主流语境相龃龉的话语形态，则似乎难免日益边缘化、鸡肋化之虞[③]。

当代中国的信仰多元化生态景观特点何在？以白色、黑色及这两种极端颜色之间广阔的灰色地带为参照和借鉴，如果可以将宗教信仰（或有神论）者和非宗教信仰（或无神论）者比喻为两种极端颜色，那么这两个极端之间的半信半疑者、首鼠两端者、依违两可者就可以比喻为广阔的灰色地带。中国当下的信仰多元化生态景观的特点在于，真正的宗教信仰者或宗教信徒是少数，纯粹的非宗教信仰者或无神论者也是少数，而处于这两个极端之间、受儒家“敬鬼神而远之”等实用理性传统深刻影响的依违两可者则占大多数。换言之，中国特色的信仰形态事实上呈现出一种“两头小、中间大”的正态分布图景。

毋庸讳言，当代中国的宗教问题具有中国特色的复杂性和敏感性，当

---

① 胡锦涛：《高举中国特色社会主义伟大旗帜　为夺取全面建设小康社会新胜利而奋斗——在中国共产党第十七次全国代表大会上的报告（2007年10月15日）》，人民出版社2007年版，第14页。

② 同上书，第13—14页。

③ 与生俱来的“革命”基因可能是“战斗的无神论”显得不合时宜的主因，因为主流语境是以“和谐社会”为主要特征的，所以有学者提倡现在应该存在的是一种“温和的无神论”。

代宗教研究亦然。本文力求从旁观者、局外人的视角，以综述的形式对近40年来当代宗教研究领域的问题意识及相应学术思考，给出鸟瞰式描述和尽可能客观中立的评点。同时，尽可能囊括各种不同的声音、有价值的声音、有一定影响的声音，尤其是与论题相关的来自政界和教界的声音。这样做不仅意在彰显与当代宗教研究有关的制度环境、言说背景、话语空间和思维边界，而且试图表明我们的立场潜意识，即研究当代宗教并不是学界的专利、宗教学学者的特权。[①] 此外，当代宗教研究的变动不居、“与时俱进”特征远比其他学科门类强烈，这一点似乎也是不言而喻、无须多言的。

第一节　马克思主义宗教观研究

1840年鸦片战争以后，中华民族为救亡图存不得不诉诸革命和战争，因而充满血与火的奋斗、牺牲，使得20世纪后半叶中国的政治制度和主流意识形态最终选择了社会主义和马克思主义，这种制度安排和意识形态架构从宏观上说并没有因为晚近40年深刻的社会变迁而发生解构或根本性改变。由于“老祖宗不能丢”[②]，因此在当代中国任何有关宗教问题的探讨，最终都将逻辑性地回溯至马克思主义宗教观，以便能“正本清源”，希图取得话语权或自身话语的正当性、合法性。其中的要害或焦点问题，自然是马克思主义经典作家关于宗教的本质和功能问题的论述及其当代诠释。

一　关于“宗教是人民的鸦片”

马克思在《〈黑格尔法哲学批判〉导言》中的论断“宗教是人民的鸦片”[③] 和列宁在《论工人政党对宗教的态度》中的论断“宗教是人民的鸦片，——马克思的这一句名言是马克思主义在宗教问题上的全部世界观的基石”[④]，长期以来一直被国际共产主义运动视为马克思主义宗教观的核心论

① 在“教外说教”和“教内说教”两种“说”法之外，事实上还存在着一种由中国政教关系的历史和现实所决定的“管教说教”。在中国有关宗教问题的特定语境中，“管教说教”起着重要作用。

② 《邓小平文选》第3卷，人民出版社1993年版，第369页。

③ 《马克思恩格斯全集》第3卷，人民出版社2002年第二版，第200页。

④ 《列宁选集》第2卷，人民出版社1995年版，第248页。

断，在处理社会主义与宗教的关系问题上被奉为圭臬。但随着中国“文革”乌托邦的幻灭、原苏联东欧阵营的崩解，随着两极格局终结，“冷战”结束，世界范围的宗教复兴趋势走强，尤其是随着晚近中国经济社会结构及核心价值观和意识形态发生深刻变迁，当代中国语境中围绕“宗教是人民的鸦片”这一论断所展开的反思、探讨和交锋，不仅学界、政界、教界曾不同程度参与，蔚为大观，而且始终“有人想发言”，至今不绝如缕。

首先值得说明的是，在“宗教鸦片”论争发生以前，一位非宗教学领域的学者在研究中国文化经典中的古训“圣人以神道设教，而天下服矣”时，就曾以考证的方式旁及欧洲语境中宗教与鸦片相关联的某些典故：马克思所谓宗教乃人民对实际困苦之抗议，不啻为人民之鸦片；浪漫主义诗人早言，俗子仰宗教以解忧止痛，不过如收鸦片之效；或言，世人莫不吸食精神鸦片，以谬误信仰自醉。海涅屡取譬于此，如追忆亡友一编中言宗教为“可口之催眠药水、精神鸦片”；又1840年巴黎通信讥英国人日趋惰靡，将如中国人之不尚武，“宗教虔信主义乃最有害之鸦片”，与有咎焉。后来小说家有以不信奉基督教比于不求助鸦片；哲学家有以宗教比牙痛时所服之麻醉剂。要推马克思语为最明快矣。①

20世纪80年代，中共中央《关于社会主义时期宗教问题的基本观点和基本政策》没有提及马克思的“宗教是人民的鸦片”论断，但强调“进到阶级社会以后，宗教得以存在和发展的最深刻的社会根源，就在于人们受这种社会的盲目的异己力量的支配而无法摆脱，在于劳动者对于剥削制度所造成的巨大苦难的恐惧和绝望，在于剥削阶级需要利用宗教作为麻醉和控制群众的重要精神手段”②。这一时期围绕“宗教是人民的鸦片”论断而展开的争论，按其基本立场划分，大致可分为两派。

一派对“宗教鸦片”论持保留甚或否定态度。教界有代表性的观点认为：“鸦片”的说法并不创始于马克思。在他之前和同时，宗教界有些人和反宗教的批判者借用鸦片或麻醉剂来比喻宗教的不一而足。例如说，借宗教以排遣忧愁苦恼，所能收到的不过是如同鸦片的功效，又例如把宗教比作牙痛时所服的麻醉剂等。马克思虽然认为宗教实际上对人民并无好处，但他却

---

① 原文中的外文词句已删去，不影响原意。参见钱钟书《管锥编》，中华书局1979年版和1982年增订版，第一册，《周易正义》之五《观》。

② 中共中央文献研究室综合研究组、国务院宗教事务局政策法规司：《新时期宗教工作文献选编》，宗教文化出版社1995年版，第54—55页。

不因此而责怪人民是什么“吸毒犯”，也并不把他们的宗教信仰扣上一顶“剥削阶级意识形态”的帽子，而是恰如其分地承认宗教作为被剥削者对其所受苦难的“抗议”的性质，也指出它只能是一声“叹息”而已。由此可见，笼统地提出“自人类社会划分阶级以来，宗教就成了统治阶级用来麻醉人民的鸦片烟和维护剥削阶级的精神支柱”，而不对具体的宗教和教派在特定的历史条件下所起的作用进行具体分析，这是违反马克思主义的，不符合历史本来面貌。剥削阶级利用宗教作为维护剥削制度的精神支柱，固然是大量存在的历史事实；但被剥削阶级也用宗教来作为其精神支柱去反对剥削阶级，这是马克思、恩格斯和列宁都承认的事实。① 学界有代表性的观点认为，鸦片是对宗教在阶级社会中一定条件下所起消极作用的形象化比喻。历史上宗教的作用因时代、社会条件的不同而不同，不能一律用鸦片来概括。社会主义时期宗教的作用更不能用鸦片来说明。② 马克思说的话是有前言后语的，把前边的话和后边的话都丢开，斩头去尾，只孤立地抽出一句来大加发挥，这样断章取义，对理论研究没有好处，也无法说明今天的实际情况，而对宗教信仰者也只能起一种刺激宗教感情的作用。③ 宗教是鸦片并不是马克思首先提出的，在马克思以前，如德国的海涅、费尔巴哈等人就已经提出过。当时欧洲人把鸦片当作昂贵的镇痛药品，并无麻醉之意，我们只是在经历了鸦片战争才过分强调了鸦片的副作用，从而对马克思的话产生误解。“人民的鸦片”在德文中是das Opium des Volks，是人民自己制造、拥有和使用的麻醉品，而不是少数人为人民而制造的毒品。在我国社会主义时期，不能再强调“宗教是人民的鸦片”，如果这样做，就等于宣称我们的社会主义社会仍然和旧社会一样，人民还是“被压迫的生灵”，社会主义社会还是马克思所说的“无情的世界”，还是“没有精神的制度”。④

另一派对“宗教鸦片”论持基本肯定态度。学界有代表性的观点认为，自人类社会划分为阶级以来，宗教就成了统治阶级用来麻醉人民的鸦片烟和

① 赵朴初：《对宗教方面的一些理论和实践问题的认识与体会》，中央党校《理论动态》1981年1月第1期。作者时任中国佛教协会会长。

② 转引自罗竹风《中国社会主义时期的宗教问题》，上海社会科学院出版社1987年版，第169—175页。

③ 罗竹风：《进一步开展社会主义时期宗教问题的研究》，上海社会科学院、上海市宗教学会编《宗教问题探索（1984年文集）》。

④ 赵复三：《究竟怎样认识宗教的本质?》，《中国社会科学》1986年第3期。作者时任中国社会科学院副院长。

维护剥削制度的精神支柱。一切走向反动的统治阶级（奴隶主阶级、封建地主阶级和资产阶级）毫无例外都利用宗教为其阶级利益服务。[①] “宗教是人民的鸦片”这一科学论断，说明了宗教的本质及其社会作用，也表明了马列主义政党在宗教问题上的根本立场，指明马列主义政党应该与宗教进行原则的斗争，并有意识地引导群众摆脱宗教的束缚。马克思关于“宗教是人民的鸦片”的论断，是他在《导言》中全面考察了宗教的社会本质和社会作用之后所作的总结。马克思看到人民在宗教幻想里对来世天堂的追求虽然包含了对现实苦难的不满和“抗议”，但是这种“抗议”实质上只是一种消极的无可奈何的叹息，它只会使被压迫者麻木消沉，却无损于压迫者一根毫毛，所以宗教的抗议仍表现出它是麻醉人民的精神鸦片。宗教是对人民有害的东西，而不是“人民自己”的东西。对于马克思主义来说，只有人民的鸦片，没有人民自己的宗教。在社会主义社会的我国，宗教的本质并未改变，宗教仍然是颠倒的世界观，仍然是麻醉人民的鸦片，对信教群众始终起着消极的作用。人民自己的宗教，不仅在历史上并不存在，而且在社会主义社会也不存在。[②] 虽然不能把马克思主义宗教观仅仅归结为“宗教是人民的鸦片”，但是马克思的这句话确实是马克思主义宗教观的重要组成部分，如列宁所说是“基石”。对此是决不能动摇的。否定“宗教是人民的鸦片”，也就没有马克思主义完整的宗教观。“宗教是人民的鸦片”在社会主义时期并没有过时，因为宗教还存在，只不过宗教的麻醉作用的范围和程度和阶级社会不同。我们不应强求宗教界和信教群众接受马克思主义世界观，但是不赞成用马克思主义去适应满足宗教徒的宗教信仰，甚至用宗教的观点去解释马克思主义。[③] 宗教是一种精神麻醉剂，历史事实多次证明，它对于人民来说归根到底是有害的东西。马克思在讲到宗教对人民的麻醉作用时，丝毫没有责怪信教群众的意思，他对人民满怀着深切的同情，而把批判的矛头指向制造人间苦难的剥削制度，要求为铲除宗教存在的根源而斗争。马克思的这句名言对于建立科学的宗教观至关重要，是不容动摇的。[④]

① 《世界宗教研究》1979 年第 1 期，第 1 页。

② 吕大吉：《试论宗教在历史上的作用》，《世界宗教研究》1982 年第 4 期。

③ 江平：《认真学习马克思主义宗教理论和党的宗教政策》，《红旗》1986 年第 9 期。作者时任中共中央统战部副部长。

④ 任继愈：《关于宗教与无神论问题》，中国社会科学院世界宗教研究所宗教学原理研究室编《宗教·道德·文化》，宁夏人民出版社 1988 年版，第 4—5 页。

20 世纪 80 年代的上述争论，因争论双方具有明显的地域特征而被称为关于宗教问题的“南北论争”，有时还被人们戏称为“第三次鸦片战争”，以强调其重要意义及争论的火药味或不可调和性。但也有当事人多年后认为“论争的实际效果应该说是积极的”，“为全面理解宗教的社会功能提供了新的论证”，“双方用不同的语言为宗教的社会存在之必要性作了肯定性的回答”。①

20 世纪 90 年代，学界有研究者认为，“宗教是人民的鸦片”虽然正确地揭示了宗教的社会功能，但马克思所说的情形，当只是宗教的局部的功能，是宗教在社会矛盾不太尖锐的情况下的功能，而不是全部的情形。“宗教是人民的鸦片”的命题，是在宗教已经存在的情况下来看待它的社会功能，它没有揭示人类创立宗教的目的。而对于由人类自身所创立的东西来说，人类创立它的目的，才是该被造物的本质。可以设想，耶稣、释迦创立他们的宗教，其目的绝不是为了给人民制造麻醉剂。②

21 世纪初，中国共产党时任最高领导人对于“宗教是人民的鸦片”作出如下的理解：“在阶级社会中，宗教对人类的压迫是社会内部经济压迫的产物和反映，劳动群众受到这种压迫又无法解脱，就往往到宗教中去寻找精神寄托；剥削阶级也利用宗教作为控制群众的精神手段，削弱劳动群众的反抗意志，分散劳动群众的反抗力量。马克思说‘宗教是被压迫生灵的叹息’、‘宗教是人民的鸦片’，就是从这个意思上来讲的。”③

政界有论者公开撰文，认为列宁所说的马克思“宗教是人民的鸦片”的论断是马克思主义对待宗教的全部世界观上的基石的观点是错误的，把马克思主义宗教观归结为“鸦片论”正是始于列宁。由于列宁在解释马克思“宗教是人民的鸦片”时创造性地加上了“麻醉”二字，即改为人们十分熟知的“宗教是麻醉人民的鸦片”，把原来“人民对宗教的需要”变成“统治阶级利用宗教麻醉人民”。主语换了，意思也就全变了。而更为不幸的是，列宁还把“鸦片”归结为“马克思主义在宗教问题上全部世界观上的基石”，由此得出，我们必须与宗教作斗争，列宁的“鸦片论”因此长期成为

① 吕大吉：《宗教学理论研究室的成长历程》，中国社会科学院世界宗教研究所编《宗教研究四十年》，宗教文化出版社 2004 年版，第 17 页。

② 李申：《论宗教的本质》，《哲学研究》1997 年第 3 期。

③ 江泽民：《论宗教问题》（2001 年 12 月 10 日），《江泽民文选》第 3 卷，人民出版社 2006 年版，第 380 页。

我们制定宗教政策的基本依据。宗教被视为“毒品”，被视为旧社会的残余，被视为与先进阶级、先进政党、先进制度格格不入的异物，被视为与马克思主义对立的意识形态。我们应当注意语言的历史文化背景。在欧洲，特别是在马克思所处的时代，他们对鸦片的理解与经历过“鸦片战争”的中华民族对鸦片的理解是不同的。①

对于上述观点，反对者则从专业角度予以辩驳：列宁在多篇关于宗教问题的文章中引用过马克思的这一名言，其俄文均为“Религия есть опиум народа”，其中并无“麻醉”一词。列宁的提法和马克思的德文原文“Sie ist das Opium des Volks”（代词“Sie”指“宗教”）完全一致。“宗教是麻醉人民的鸦片”是旧的中译文，20 世纪 80 年代出版《列宁全集》中文第 2 版时，这句话已改译为“宗教是人民的鸦片”，去掉了“麻醉”二字。因此，不能说“麻醉”一词是列宁加的。从翻译处理的角度来讲，“宗教是人民的鸦片”这一名言即使加上“麻醉”一词，也没有改变其内容实质。将列宁所说的“马克思的这一句名言是马克思主义在宗教问题上的全部世界观的基石”视为极大的“不幸”而加以批判是轻率的。众所周知，马克思和恩格斯目睹了英、法帝国主义殖民者对中国发动的两次鸦片战争（1840—1842 年的第一次和 1856—1860 年的第二次），他们揭发和谴责英、法对中国人民犯下的野蛮罪行，关怀中国人民为此进行的斗争。这是见于他们亲手写下的文字的。现今收载在《马克思恩格斯论中国》一书中的 18 篇文章，是马克思和恩格斯于 19 世纪 50 年代至 60 年代初为美国《纽约每日论坛报》和奥地利《新闻报》所写，其中绝大多数都谈论到鸦片战争。在这些文章中，马克思和恩格斯把鸦片叫做“麻醉剂”“毒品”“麻醉世人的甜蜜毒药”。马克思说，发动鸦片战争，是“英国用大炮强迫中国输入名叫鸦片的麻醉剂”②。

政界有论者指出：马克思、恩格斯和列宁所处的时代是唤起被压迫人民的革命精神的时代，基于当时革命的需要对宗教进行了必要的批判。马克思说：“宗教是被压迫生灵的叹息，是无情世界的心境，正像它是无精神活力的制度的精神一样。宗教是人民的鸦片。”列宁认为马克思“宗教是人民的

① 参见潘岳《我们应有怎样的宗教观——马克思主义宗教观必须与时俱进》，2001 年 12 月 15 日《华夏时报》或 2001 年 12 月 16 日《深圳特区报》。作者时任国务院经济体制改革办公室副主任。

② 参见宋书声、丁世俊、李其庆、翟民刚《对潘岳同志〈我们应有怎样的宗教观〉一文的意见》，http：//www. cctb. net/xszm/200502240228. htm。作者分别为中共中央编译局译审、编审、副局长、译审。

鸦片”这句话是“马克思主义在宗教问题上的全部世界观的基石”。鸦片在当时既是毒品，又作为药物具有镇痛和麻醉的作用，马克思和列宁之所以把宗教视为鸦片，是因为当时的宗教确实像鸦片一样，对人民经受悲惨生活而造成的精神痛苦，起着镇静和麻醉作用，从而束缚了人民的革命意志，遏制了人民的革命精神。①

20世纪80年代宗教鸦片问题争论的主要参与者此时认为：欧洲人至少早在马克思写“宗教是人民的鸦片”这句话时的两个世纪之前已认为鸦片是麻醉剂（17世纪法国喜剧大师莫里哀的剧作中已提及鸦片具有麻醉功能），并非只是鸦片战争后中国人的偏见。否认宗教是麻醉剂的一方思想开放的程度无疑更大一些，不仅得到宗教界的支持，也有一些宗教学者支持。但当时此方企图通过马克思的口说宗教不是麻醉剂，在道理上难免牵强附会，既不合于马克思的原意，也不符合历史事实。从纯学术理性看，宗教具有一些麻醉性是否定不了的。只是我们不能把“麻醉”说成是宗教的全部功能，更不能把“鸦片”视为宗教的本质规定性，说成是“马克思主义在宗教问题上全部世界观的基石”。不赞成完全否定“鸦片论”，但也不赞成“鸦片基石论”。②

近年有学者对“宗教鸦片”论作了较为全面的分析和评论：如果不看到这一论断是马克思针对19世纪欧洲资本主义社会中某种宗教情况具体而言，如果不认识到当时劳动人民被压迫、无产阶级政党肩负着“推翻一个旧世界”的重任，宗教在当时或是被统治阶级作为安慰或安抚老百姓的工具，或是被作为被压迫者反抗当时剥削制度的旗帜，如果不体现“宗教是人民的鸦片”所包含的具体社会内容和阶级含义，而拘泥于其字面理解并将之用来与我们20世纪下半叶以来中国社会主义社会中现存宗教情况对号入座，那么就会在理论逻辑上和社会现实中使我们陷入不可避免且极为难堪的两难选择：要么不承认宗教存在的社会经济和阶级根源已发生了根本改观，由此同情宗教以“消极”之态所表达的愿望，所追求的解救，同意它的“叹息”“感情”“表现”和“抗议”，而把我们自己的国家和社会作为“颠倒了的世界”“现实的苦难”“无情世界”和“没有精神的制度”来从根本上加以否

① 王兆国：《积极引导宗教与社会主义社会相适应》，《求是》2002年第10期。作者时任中共中央政治局委员、中央统战部部长。

② 吕大吉：《宗教学理论研究室的成长历程》，中国社会科学院世界宗教研究所编《宗教研究四十年》，宗教文化出版社2004年版，第17—18页。

定。因为按照马克思主义的理论推断，宗教自身没有“本质”，其“本质”乃“人的本质”，反映了人的“社会关系”的总和，而“反宗教的斗争间接地也就是反对以宗教为精神慰藉的那个世界的斗争”，对宗教的批判实质是对其得以产生的“苦难世界”的批判。在马克思主义论“宗教”的语境中，其对“社会”“阶级”“人的世界”的分析总是放在首位的，是最根本的。在此，马克思的“宗教批判”为虚、“社会批判”为实，是以对宗教的“同情”来揭示其改造社会之主题。这种逻辑关联无法回避，更不能推翻。在这一语境中，宗教与社会的关系不能被拆开或割断，人们不应该“否定宗教”却“肯定社会”，因为马克思的清楚立意乃“同情宗教”、否定产生这种宗教的“社会”。或者，我们要么强调我们国家社会制度已根本改变了这种人间惨景而达到了普遍的正义、公平，并用事实来明确证实由此所带来的宗教影响之普遍减少和宗教存在之日渐消失。在马克思这一表述的语义逻辑中，宗教存在及影响的大小乃与社会的好坏成反比关系，即社会发展越好，宗教的存在和影响就越小；而社会状况越坏，宗教的存在及影响就越大。人们在此不可能抛开马克思的社会分析而仅谈宗教发展的认识根源或原因。然而，宗教在社会主义中国的存在和发展，完全是一个不争的客观现实，令人已无法回避。因此，运用马克思主义不能生搬硬套，而必须“与时俱进”。①

政界也有论者指出，马克思立意的着重点并非是“麻醉人民的鸦片”，而是特定时代条件下“受鸦片麻醉的人民”，是哀其不幸——“宗教是被压迫生灵的叹息，是无情世界的感情”，促其奋斗——“反宗教的斗争间接地也就是反对以宗教为精神慰藉的那个世界的斗争”。②

近年还有学者试图以釜底抽薪的方式彻底颠覆人们对于马克思主义宗教观的传统理解：马克思写作《〈黑格尔法哲学批判〉导言》时尚处于“通向唯物主义历史观的道路上”，并且由于还不曾研究过政治经济学，而“不研究政治经济学就根本不可能创立历史唯物主义”，因此《〈黑格尔法哲学批判〉导言》“仍然停留在唯心主义宗教观上”，不是历史唯物主义的著作，当然也就不可能是马克思主义宗教观的奠基之作；其中长期被奉为圭臬的经

① 卓新平：《讲透“社会主义的宗教论”需要新思想》，《中国宗教》2003年第5期。

② 叶小文：《发挥宗教在促进社会和谐方面的积极作用》，《学习时报》2006年12月25日。作者时任国家宗教局局长。

典论断“宗教是人民的鸦片”这个著名的比喻事实上就源于青年黑格尔派。[①]

综上所述，近40年来围绕“宗教是人民的鸦片”的争论，实际上是想弄清楚马克思主义经典作家对于宗教本质和功能的理解。由于历史的和逻辑的原因，“宗教是人民的鸦片”在马克思主义宗教观中一直处于特殊地位甚至核心地位，西方学者一般都将“宗教鸦片说”视为马克思主义宗教观的核心思想[②]。鸦片战争给中国人民带来的民族屈辱与苦难，又使得鸦片在中国的意识形态语境中具有不言而喻的负面含义，因此中国人特别容易接受宗教（尤其是与西方列强有瓜葛的基督宗教）与鸦片之间的比喻性关联[③]，并非仅仅是受到了列宁的“宗教鸦片基石”论的影响，而确实是“事出有因”、历史境遇使然。总之，近40年对于“宗教是人民的鸦片”这一命题的认知，不仅受到境遇型民族情感、当代中国社会变迁和意识形态嬗变的制约，而且受到国际共运、马克思主义历史命运升降沉浮和国际风云变幻的影响，同时还与研究者歧异参差的身份背景、认知学养、利益诉求等密切相关，因此对于“宗教是人民的鸦片”的解读随时空变换、语境沧桑、物是人非、物非人亦非而呈现众说纷纭、见仁见智的景观，便是很自然的事了。

二　关于宗教的社会功能

一般而言，对于宗教的哲学认知，主要是属于事实判断的是非真伪问题；对于宗教的社会学认知，则主要是属于价值判断的利弊得失问题，即宗教的社会作用的积极消极或社会功能的正负问题。经典作家关于宗教的社会

---

① 陈荣富：《〈黑格尔法哲学批判导言〉不是马克思主义宗教观的奠基之作》，《世界宗教研究》2007年第2期。

② 参见罗德尼斯达克、罗杰尔芬克《信仰的法则》，中国人民大学出版社2004年版，第35—40页。另可参见帕尔斯（Daniel L. Pals）《宗教的七种理论》（*Seven Theories of Religion*），Oxford University Press，1996年，第4章。

③ 日本学者小田晋从宗教病理学角度研究神秘体验，力图弄清精神心理和病理结构同信仰之间的关联。临床实验发现，造成神秘意识的原因可能是大脑中内啡呔和多巴胺两类分泌物质的失衡，而服用各种麻醉剂（如吗啡、SLD等）也可以达到与宗教体验类似的境界。小田晋据此认为，马克思的名言“宗教是鸦片”从自然科学的角度看可以说是千真万确的。对于那些声称与上帝直接交通、与超自然力相会甚或追求自身拥有这样的超自然力的人而言，宗教与迷幻剂在功能上是一样的，不同之处在于宗教依靠系统性的洗脑，而迷幻剂则是制造一种依赖性的生理需求。参见王六二《神秘主义的状况、历史和背景》，卓新平主编《宗教比较与对话》第五辑，宗教文化出版社2004年版，第103—104页。

作用或功能的诸多论述，构成马克思主义宗教观的重要内容。当代中国近40年关于宗教问题的探讨逐渐从本质主义视角转向功能主义视角，可能也是时势使然，因为视角转换本身既是与时俱进的表现，同时也是研究者立场嬗变的结果。

有研究者认为，当时马克思所说的鸦片，与饱受鸦片烟之害的中国人民理解的毒品，是有所区别的；他主要是指医用镇静剂、麻醉剂之意。今日中国宗教，如果说还有鸦片功能的话，那么它主要体现在宽慰人心、缓和情绪、化解矛盾的镇静剂作用上。特别是在社会转型、建立社会主义市场经济体制过程中，竞争激烈、风险重重，生活起伏动荡，人们的思想、情绪不稳，因躁动不安、贪欲、嫉恨、烦恼、失望、愤恨等引起社会不稳定和浮躁十分强烈。如果此时宗教能在宗教信仰者群体中发挥一些镇痛剂作用、清凉剂作用，应该是有利于社会稳定的。[①] 还有学者指出，近40年，从事当代宗教研究的学者超越了意识形态上对宗教的定性和定位，从科学、客观、准确、经验实证的角度来研究宗教的社会象征、意义及功能，并更多地注重社会调查、地区抽样、问卷搜集、统计分析、实地观察、历史回溯和跨文化比较等方法。学者们由此注意到宗教在中国大陆对社会也具有社会整合、社会控制、心理调适、个体社会化、群体认同、文化交流等功能。宗教的这些社会功能复杂多样，并不能被政治理论和意识形态所涵盖。[②]

宗教的这些社会功能是否能在经典作家那里找到理论依据，一直引起宗教学研究者的极大兴趣。学界集大成的研究指出[③]，经典作家认为宗教具有如下积极作用或正功能：其一，宗教的内容以人为本源，反映出“人类本质的永恒本性”。恩格斯指出：“只是由于一切宗教的内容是起源于人，它们才在某些地方还可求得人的尊敬；只有意识到，即使是最疯狂的迷信，其实也包含有人类本质的永恒规定性，尽管具有的形式已经是歪曲了的和走了样的；只有意识到这一点，才能使宗教的历史，特别是中世纪宗教的历史，不

① 参见冯今源、胡安《改革开放新形势下中国宗教现状及我们的理论思考》，《当代宗教研究》2002年第1期。

② 卓新平：《宗教学术研究对宗教理解的贡献》，卓新平主编《宗教比较与对话》第五辑，宗教文化出版社2004年版，第6—7页。

③ 卓新平：《马克思主义关于宗教社会作用的论述及其当代意义》，《马克思主义研究论丛——宗教观研究》，中央编译出版社2007年版。

致被全盘否定，被永远忘记。”① 其二，宗教能在相关社会中起到“内部统一”的凝聚作用。恩格斯说：“中世纪的世界观本质上是神学的世界观。事实上不存在内部统一的欧洲世界，为反对共同的外部敌人……萨拉秦人而通过基督教联合起来了。由一群在经常变化的相互关系中发展起来的民族组成的西欧世界，则是通过天主教联合起来的。”② 其三，宗教曾作为历史上一些社会变革或反抗运动的旗帜、武器和外衣。在论及早期基督教的历史时，恩格斯指出：“被奴役、受压迫、沦为赤贫的人们的出路在哪里？他们怎样才能得救？所有这些彼此利益各不相同甚至互相冲突的不同的人群的共同出路在哪里？可是为了使所有这些人都卷入一个统一的伟大革命运动，必须找到这样一条出路。这样的出路找到了，但不是在这个世界上。在当时的情况下，出路只能是在宗教领域内。”③ 其四，宗教在资产阶级上升阶段曾作为其反对封建国王和贵族的旗帜，在从中古到近代、从封建主义到资本主义的社会转型过程中发挥了重要作用。恩格斯指出：“按封建制度的尺度剪裁的天主教世界观不能再满足这个新的阶级及其生产和交换的条件了。但是，这个新的阶级仍然长期受到万能的神学的束缚。13世纪至17世纪发生的一切宗教改革运动，以及在宗教幌子下进行的与此有关的斗争，从他们的理论方面来看，都只是市民阶级、城市平民以及同他们一起参加暴动的农民使旧的神学世界观适应于改变了的经济条件和新阶级的生活方式的反复尝试。”④

经典作家认为宗教存在如下消极作用或负功能：其一，宗教在阶级社会中对苦难中的人们所起的是消极的精神抚慰甚至“麻醉”作用，从而成为对人民群众的“精神压迫”。马克思曾指出“宗教是人民的鸦片”，而列宁在突出强调马克思这一论断时亦有更多的阐述。列宁说：“宗教是一生为他人干活而又深受穷困和孤独之苦的人民群众所普遍遭受的种种精神压迫之一。被剥削阶级由于没有力量同剥削者进行斗争，必然会产生对死亡的幸福生活

① 恩格斯：《英国状况——评托马斯·卡莱尔的〈过去和现在〉1843年伦敦版》（1843—1844），《马克思恩格斯全集》第3卷，人民出版社2002年版，第520—521页。

② 恩格斯：《法学家的社会主义》（1886），《马克思恩格斯全集》第21卷，人民出版社1965年版，第545页。

③ 恩格斯：《论早期基督教的历史》（1894），《马克思恩格斯全集》第22卷，人民出版社1965年版，第542页。

④ 恩格斯：《法学家的社会主义》（1886），《马克思恩格斯全集》第21卷，人民出版社1965年版，第545—546页。

的憧憬，正如野蛮人由于没有力量同大自然搏斗而产生对上帝、魔鬼、奇迹等的信仰一样。对于辛劳一生贫困一生的人，宗教教导他们在人间要顺从和忍耐，劝他们把希望寄托在天国的恩赐上。对于依靠他人劳动而过活的人，宗教教导他们要在人间行善，廉价地为他们的整个剥削生活辩护，向他们廉价出售进入天国享福的门票。宗教是人民的鸦片。宗教是一种精神上的劣质酒，资本的奴隶饮了这种酒就毁坏了自己做人的形象，不再要求多少过一点人样的生活。"[①] 列宁还认为宗教为压迫阶级提供了"牧师的职能"："牧师的使命是安慰被压迫者，给他们描绘一幅在保存阶级统治的条件下减少苦难和牺牲的前景……从而使他们放弃革命行动，打消他们的革命热情，破坏他们的革命决心。"[②] 其二，宗教在封建社会曾把世俗的封建国家制度神圣化。根据基督教在欧洲中世纪的情况，恩格斯指出，"封建的教会组织利用宗教把世俗的封建国家制度神圣化"，[③] 而"僧侣是中世纪封建主义思想意识的代表"。[④] 这样，宗教就成为了封建社会的"神圣光环"，"它给封建制度绕上一圈神圣的灵光"，为其剥削制度进行粉饰和辩护，以帮助和支持这一社会的稳态发展，而把其社会中劳苦大众的不幸和悲惨则说成是"上帝的意旨"。其三，宗教亦为资产阶级维持其统治而发挥作用，成为其"影响群众的精神手段"。恩格斯认为，宗教在资产阶级革命前后所发挥的社会作用出现过微妙的嬗变：在资产阶级发起推翻封建制度的革命时，宗教曾被作为其"战胜国王和贵族的旗帜"，而在资产阶级掌权之后，宗教则成为其使被压迫民众"驯服顺从"的工具；资产阶级"现在比以往任何时候都更需要精神手段去控制人民，而一切能影响群众的精神手段中第一个和最重要的手段依然是宗教"[⑤]。其四，宗教曾被用来作为殖民主义扩张和帝国主义侵略的工具，掩盖其掠夺、剥削政策。在分析英国殖民扩张和对外侵略时，马克思指

---

① 列宁：《社会主义和宗教》（1905），《列宁全集》第 12 卷，人民出版社 1987 年版，第 131—132 页。

② 列宁：《第二国际的破产》（1915），《列宁全集》第 26 卷，人民出版社 1988 年版，第 248 页。

③ 恩格斯：《法学家的社会主义》（1886），《马克思恩格斯全集》第 21 卷，人民出版社 1965 年版，第 545 页。

④ 恩格斯：《德国农民战争》（1850），《马克思恩格斯全集》第 7 卷，人民出版社 1959 年版，第 391 页。

⑤ 恩格斯：《〈社会主义从空想到科学的发展〉英文版导言》（1892），载《马克思恩格斯选集》第 3 卷，人民出版社 1960 年版，第 401 页。

出："即使在真正的殖民地，原始积累的基督教性质也是无可否认的。……英国议会曾宣布，杀戮和剥头盖皮是'上帝和自然赋予它的手段'。"① 其五，宗教影响了科学的发展，形成与科学创新的对峙和对科学进步的阻碍。马克思主义经典作家多认为宗教不允许科学超越其设定的信仰之界，是用神学来解释科学，因而对科学发展产生了不利影响及作用。恩格斯认为在出现近代科学革命之前，"科学只是教会的恭顺的婢女，它不得超越宗教信仰所规定的界限，因此根本就不是科学"。② 因此，在科学方面，"基督教的中世纪什么也没留下"。中世纪的宗教裁判所曾处罚科学研究的创新者，而宗教改革时期的新教亦没有放弃这种对科学发展的阻碍，"新教徒在迫害自然科学的自由研究上超过了天主教徒"。③ 列宁也指出："任何一条科学规律（决不只是价值规律），在中世纪时都是从宗教和伦理的意义上去理解的。对于自然科学的规律，神学家们也是这样解释的。"④

马克思主义经典作家关于宗教及其社会功能的论述文本，既与特定时空背景和历史语境相关联，又具有超越时空阻隔和语境框限的一般性意义。后世学者的解读和诠释一方面不可能完全还原经典文本的原意，另一方面还要受到当下特定语境的制约和自身条件的局限。于是，社会结构及其意识形态的变迁便使得经典文本的诠释处于永无止境的解释学循环当中。

第二节　马克思主义宗教观中国化问题研究

众所周知，当代中国近40年来关于宗教问题的若干共识，并非纯学术探讨的产物，而是以执政者意志为主导，政界、教界、学界三者互动的结果。简而言之，1982年中共中央提出《关于我国社会主义时期宗教问题的基本观点和基本政策》，1993年明确提出"引导宗教与社会主义社会相适应"命题，2004年首次提出"构建社会主义和谐社会"，2006年首次提出

---

① 《马克思恩格斯全集》第23卷，人民出版社1972年版，第821—822页。

② 恩格斯：《〈社会主义从空想到科学的发展〉英文版导言》（1892），《马克思恩格斯选集》第3卷，人民出版社1960年版，第390页。

③ 《马克思恩格斯全集》第3卷，人民出版社1960年版，第446—447页。

④ 列宁：《又一次消灭社会主义》（1914），《列宁全集》第20卷，人民出版社1989年版，第184页。

“宗教关系”[①]、“发挥宗教在促进社会和谐方面的积极作用”[②]，2007年提出“发挥宗教界人士和信教群众在促进经济社会发展中的积极作用”[③] 等，是马克思主义宗教观中国化的时序性产物和与时俱进的标志性成果，同时也毋庸置疑地成为当代中国语境中探讨宗教问题的思维前提、理论边界和逻辑归宿。

一　中国共产党、中国政府宗教政策回溯

“引导宗教与社会主义社会相适应” 作为一个政治命题及其后衍生的学术命题，与40年来中国社会的变迁及主流意识形态的嬗变密切相关，因此对这一重要命题的来龙去脉，尤其是中国共产党、中国政府的宗教政策作适当的追溯是必不可少的。

1982年年初，宗教与社会主义社会能否相适应、宗教在社会主义社会有无存在的依据、宗教能否与社会主义社会相协调等问题先后在中共内部提出。1990年，“引导宗教与社会主义制度相适应” 的提法首次写入中共文件《关于加强统一战线工作若干问题的通知》：“要引导爱国宗教团体和人士把爱国和爱教结合起来，把宗教活动纳入宪法和法律范围，同社会主义制度相适应。”[④] 1991年，中国共产党提出处理同宗教界朋友之间关系的原则——“政治上团结合作，信仰上互相尊重”，同年制定下发的《关于进一步做好宗教工作若干问题的通知》明确提出：“动员全党、各级政府和社会各方面进一步重视、关心和做好宗教工作，使宗教与社会主义社会相适应。”“依法对宗教事务进行管理，是指政府对有关宗教的法律、法规和政策的贯彻实施进行行政管理和监督。” “对宗教事务进行管理，是为了使宗教活动纳入法律、法规和政策的范围，不是去干预正常的宗教活动和宗教团体的内部事务。” 1992年，中共中央文件《九十年代统一战线部门工作纲要》明确提出：“宗教工作的基本任务是贯彻党的宗教政策，依法对宗教事务进行管理，巩固和发展同宗教界的爱国统一战线，积极引导宗教与社会主义社会相适

---

① 参见新华社北京2006年7月12日电。

② 参见新华社北京2006年10月18日电。

③ 胡锦涛：《高举中国特色社会主义伟大旗帜　为夺取全面建设小康社会新胜利而奋斗——在中国共产党第十七次全国代表大会上的报告（2007年10月15日）》，人民出版社2007年版，第31页。

④ 江平：《当代中国的统一战线》（下），当代中国出版社1996年版，第546页。

应，为维护稳定、增进团结、振兴中华服务。”“鼓励爱国宗教团体和人士发扬爱国传统，办好教务，发扬教义和宗教道德中的某些积极作用，改变某些不利于人民生产、生活和身心健康的教规教义，积极引导宗教与社会主义社会相适应。”

1993年年底，中国共产党时任最高领导人提出处理中国宗教问题的“三句话”：全面正确地贯彻执行党的宗教信仰自由政策，依法加强对宗教事务进行管理，积极引导宗教与社会主义社会相适应。这种适应，并不要求宗教徒放弃有神论的思想和宗教信仰，而是要求他们在政治上热爱祖国，拥护社会主义制度，拥护共产党的领导。落实政策也好，依法管理也好，都是为了引导宗教与社会主义社会相适应。宗教界应当大力弘扬宗教教义、宗教教规、宗教道德中的积极因素为社会主义服务。1999年年初，中国共产党时任最高领导人指出，“积极引导宗教与社会主义社会相适应”主要包括两方面的含义：一是信教群众要遵守社会主义国家的法律、法规和方针政策，法律保障宗教信仰自由，宗教必须在法律范围内活动；二是宗教要服从和服务于国家的最高利益和民族的整体利益，宗教界人士要爱国、进步，要为祖国统一、民族团结和社会进步多做贡献。[①]

2001年年底，中国共产党时任最高领导人指出：“宗教问题从来就不是孤立存在的，它总是同政治、经济、文化、民族等方面历史和现实的矛盾相交错，具有特殊复杂性。从历史和现实的角度看，观察世界的宗教问题，必须把握住其三个主要特点。第一个特点是：宗教的存在有着深刻的社会历史根源，宗教将会长期存在并发生作用”[②]；“第二个特点是：宗教与一定社会的经济、政治、文化问题交织在一起，对社会的发展和稳定产生重大影响”[③]；“第三个特点是：宗教常常与现实的国际斗争和冲突相交织，是国际关系和世界政治中的一个重要因素。”[④] 并突出强调“宗教存在的长期性，宗教问题的群众性和复杂性”。“正确认识我国社会存在的宗教问题，关键是要立足于我国社会主义初级阶段的基本国情，充分认识宗教存在的长期性，

① 参见《人民日报》1999年3月5日。

② 江泽民：《论宗教问题》（2001年12月10日），《江泽民文选》第3卷，人民出版社2006年版，第373—374页。

③ 同上书，第375页。

④ 同上书，第377页。

以及在复杂的国内外形势下宗教问题所具有的特殊复杂性。"①

2003年，中共中央文件《"三个代表"重要思想学习纲要》对于宗教问题的表述形成以"三性"和"四句话"为核心内容的话语模式："宗教是一种群众性的社会现象，在社会主义社会中将长期性存在。正确认识我国社会存在的宗教问题，关键是要立足于我国的基本国情，充分认识宗教存在的长期性、宗教问题的群众性和特殊复杂性。""全面贯彻党的宗教信仰自由政策，依法管理宗教事务，积极引导宗教与社会主义社会相适应，坚持独立自主自办的原则。"2004年年初，句序微调后的"四句话"——"全面贯彻党的宗教信仰自由政策，依法管理宗教事务，坚持独立自主自办的原则，积极引导宗教与社会主义社会相适应"——成为中国共产党的宗教工作基本方针。②

2004年，中共中央文件《关于加强党的执政能力建设的决定》首次提出要"构建社会主义和谐社会"。③

2006年7月，中共最高领导人在全国统战工作会议上发表重要讲话，从全面建设小康社会高度和统战工作大局角度，提出包括"宗教关系"在内的五大关系概念，要求"正确认识和处理信教群众和不信教群众、信仰不同宗教群众之间的关系，积极引导宗教与社会主义社会相适应"，而"做好新形势下的宗教工作，关键是要全面理解和认真贯彻党的宗教工作基本方针。要全面正确地贯彻党的宗教信仰自由政策，坚持政治上团结合作、信仰上互相尊重，努力使广大信教群众在拥护中国共产党的领导和社会主义制度、热爱祖国、维护祖国统一、促进社会和谐等重大问题上取得共识。要坚持依法管理宗教事务，保护合法，制止非法，打击犯罪，确保宗教活动规范有序进行。要坚持独立自主自办的原则，帮助和支持各宗教团体加强自身建设。要积极引导宗教与社会主义社会相适应，使信教群众在全面建设小康社会的宏伟目标下最大限度地团结起来"。④

2006年10月，中共中央文件《中共中央关于构建社会主义和谐社会若干重大问题的决定》强调"社会和谐是中国特色社会主义的本质属性，是国家富强、民族振兴、人民幸福的重要保证"，要求"最大限度地激发社会活

① 江泽民：《论宗教问题》（2001年12月10日），《江泽民文选》第3卷，人民出版社2006年版，第379页。

② 参见新华社北京2004年1月6日电。

③ 参见《中共中央关于加强党的执政能力建设的决定》，人民出版社2004年版。

④ 参见新华社北京2006年7月12日电。

力，促进政党关系、民族关系、宗教关系、阶层关系、海内外同胞关系的和谐，巩固全国各族人民的大团结，巩固海内外中华儿女的大团结”，“全面贯彻党的宗教信仰自由政策，依法管理宗教事务，坚持独立自主自办的原则，积极引导宗教与社会主义社会相适应，加强信教群众同不信教群众、信仰不同宗教群众的团结，发挥宗教在促进社会和谐方面的积极作用”。

2007年10月，中共十七大报告要求“壮大爱国统一战线，团结一切可以团结的力量”，因为“促进政党关系、民族关系、宗教关系、阶层关系、海内外同胞关系的和谐，对于增进团结、凝聚力量具有不可替代的作用”；要求“全面贯彻党的宗教工作基本方针，发挥宗教界人士和信教群众在促进经济社会发展中的积极作用”。

2007年12月，中共中央政治局以集体学习形式就“当代世界宗教和加强中国宗教工作”问题发表最新指示：“正确认识和处理宗教问题，切实做好宗教工作，关系党和国家工作全局，关系社会和谐稳定，关系全面建设小康社会进程，关系中国特色社会主义事业发展。我们要从这样的战略高度，充分认识做好新形势下宗教工作的重要性。”“在新的历史条件下，我们要坚持马克思主义的立场、观点、方法，全面认识宗教在社会主义社会将长期存在的客观现实，全面认识宗教问题同政治、经济、文化、民族等方面因素相交织的复杂状况，全面认识宗教因素在人民内部矛盾中的特殊地位，努力探索和掌握宗教自身的规律，不断提高宗教工作水平。”“坚持党的宗教工作基本方针，着力激发信教群众的爱国热情和建设中国特色社会主义事业的积极性，把他们同不信教群众团结在一起，共同为经济社会发展作贡献。”“最大限度地团结一切可以团结的力量，调动一切可以调动的积极因素。我们要正确认识和全面把握宗教工作面临的新情况新问题，积极主动地做好宗教工作，促进宗教关系的和谐，努力把宗教界人士和信教群众紧紧团结在党和政府周围，共同为全面建设小康社会、加快推进社会主义现代化而奋斗。”①

由上述重要文献要点不难看出，从“充分认识宗教存在的长期性、宗教问题的群众性和特殊复杂性”到“全面认识宗教在社会主义社会将长期存在的客观现实，全面认识宗教问题同政治、经济、文化、民族等方面因素相交织的复杂状况，全面认识宗教因素在人民内部矛盾中的特殊地位”，从“积极引导宗教与社会主义社会相适应”、“政治上团结合作、信仰上互相尊重”

① 参见新华社北京2007年12月19日电。

到形成“宗教工作基本方针”、强调促进“宗教关系”和谐的重要意义，中共中央近40年来在处理宗教与主流意识形态、现存社会秩序关系问题上的实践探索和理论创新，与对于“什么是社会主义、怎样建设社会主义”及中国特色的现代化历史进程的认识不断深化密切相关，与马克思主义宗教观和中国实际相结合的广度和深度密切相关，与全球化时代中国的历史方位和路径选择密切相关。

二　“引导相适应”命题及“和谐社会”语境中的“宗教关系”问题

近40年来中国共产党在宗教问题上最大的理论创新，就是提出了“积极引导宗教与社会主义社会相适应”的政治命题和构建社会主义和谐社会的愿景中促进“宗教关系”和谐的目标构想。

1. “引导相适应”命题

物竞天择，适者生存。宗教必须与所处时代和社会相适应才能生存，是个常识问题，但宗教与社会主义社会的关系问题却远非想当然的常识问题。

政界有论者指出，如何解决宗教与社会主义社会的关系问题，是国际共产主义运动中的一个重大理论、政策和实践问题。由于时代的局限，马克思主义经典作家对宗教与社会主义社会的关系问题没有做过全面论述，其他社会主义国家也缺乏成功的经验。积极引导宗教与社会主义社会相适应，是中国共产党在理论和实践中不断探索得出的科学论断。宗教与社会主义社会相适应是团结信教群众和不信教群众的客观要求，是抵御境外敌对势力利用宗教进行渗透活动、克服宗教中的各种混乱现象的客观要求，是宗教在社会主义社会长期存在的客观要求。[①]

政界也有论者提出其他看法：引导宗教与社会主义相适应，关键是引导宗教与社会主义市场经济相适应。复杂性往往是从认识主体或工作主体的现状出发进行的概括，客体的复杂与否往往取决于认识主体的认识水平和驾驭能力。有些部门动辄以复杂性来人为地夸大工作本身的难度，甚至以此来争取经费、编制、机构升格，把客体复杂性当成自己的“饭碗”。总是强调复杂性，强调了几十年还是原来的复杂性，这不是在说我们还太简单，还没有进步，还缺少驾驭能力。这是我们认识水平、工作水平的弱化，是精神状态

① 王兆国：《积极引导宗教与社会主义社会相适应》，《求是》2002年第10期。作者时任中共中央政治局委员、中央统战部部长。

的弱化，甚至可以说是执政能力的弱化。近些年有些宗教发展较快，不仅是依靠它的行善，还依靠它的精细组织和布局谋篇。以往是有问题找组织，现在则是有困难找教会。有的党支部书记在做不了群众工作时，竟请出了当地教会的小头目来帮助。宗教的落后性往往披着科学的外衣，它的扩张性和进攻性也往往最初以利他性开始，以行善开始。引导论就是要明确工人阶级政党及其领导的政权和群众组织要积极引导宗教减少落后性，引导尽可能多的群众不迷信宗教，引导已经信教的群众减少迷信程度，以至最终脱离宗教。凡是宗教与社会主义社会相适应的地方，都是宗教与党争夺群众的地方。宗教越适应社会主义，争夺的地盘越大。和宗教竞争、和宗教争夺群众，是对党的质量与战斗力的一个检验，是对党的群众工作能力的考验。①

教界有代表性的话语是：宗教不是社会主义冰炭不容的对立面，只要坚持宗教信仰自由的原则，宗教同社会主义社会相适应始终是我国宗教的主流。② 我们不能满足于政治表态式的适应，有思想基础的适应才是真正的适应。以基督教来说，真正的适应必须包括神学思想的适应。我们的牧师不应满足于讲50年前甚至100年前的道。调整才是有生命力的表现。③

学界有研究者指出，中华人民共和国成立后我国的宗教状况已发生了根本的变化：宗教不再是统治阶级利用的工具，而是信教群众自办的宗教事业；结束了阶级社会里政教合一的制度，社会主义国家真正实行宗教信仰自由政策，宗教信仰对国家而言已经成为公民个人的私事；在社会主义初级阶段，爱国的宗教界人士提倡爱国爱教，在很多教徒心目中，宗教是非政治倾向的思想信仰，他们不是为政治目的信教，也不因相信或放弃宗教信仰而改变自己的政治态度。总的说来，宗教可以同社会主义社会相协调。④

学界还有研究者指出，讲宗教与社会主义社会相适应，是讲宗教必须适应社会主义制度，适应社会主义现阶段的国家法律、法规和方针政策，适应中国的国情，适应社会的变迁。宗教作为整个社会系统的一个子系统，只有在和社会整体基本协调一致、没有根本利害冲突时，才得以存在。但相协

---

① 林炎志：《积极引导宗教与社会主义市场经济相适应》，《新长征》2004年第19期。作者时任中共吉林省委副书记。

② 赵朴初：《与社会主义社会相适应始终是我国宗教的主流》，1999年3月28日《人民政协报》。

③ 丁光训：《中国基督教的未来》，《中国宗教》2003年第1期。

④ 萧志恬：《当代中国宗教问题的思考》，上海社会科学院印本，1994年9月，第50—52页。

调、相适应不等于无矛盾，适应的过程事实上就是解决矛盾、淡化差异、使部分和整体趋向一致、趋向一体化的过程。同时，适应是双向的，部分要适应整体是主流，而作为社会整体的组织和领导者，永远有引导的责任，而不能只等着宗教界主动来适应社会。宗教与政治的适应是关键，直接影响着宗教与社会其他方面的适应。每种宗教都含有可变和不可变两个部分，宗教意识形态的核心部分是其不变的部分，宗教神学思想的形态、宗教团体的组织领导、活动方式及对所在社会的态度是可变化的部分。总之，宗教与社会主义社会相适应是个动态过程，并非一蹴而就，适应—不太适应—再适应是社会主义时期宗教与社会关系发展的客观规律。①

学界还有研究者认为，“积极引导宗教与社会主义社会相适应”可以概括为“政治上团结合作，信仰上相互尊重”。这是积极引导宗教与社会主义社会相适应的政治基础，也是其关键所在。政治上团结合作的基本要求是“四个维护”：任何宗教都要维护法律尊严，维护人民利益，维护民族团结，维护国家统一。而思想信仰层面的有神论与无神论之间的分歧和差异，则是次要的。这就要求我们必须正确看待并处理有神论和无神论关系的认识和实践。尽管宗教和社会主义属于两种不同的世界观，但从社会政治和文化的层面来说，两者之间有许多相容性，不仅可以并行不悖，而且在引导正确的条件下，两者互通互渗，形成良性互动关系。②

学界晚近有研究者从全球化的视角来看待社会主义与宗教的关系问题：考虑到宗教存在的长期性，考虑到我国现阶段的宗教存在已与社会主义制度建立之前的宗教有着本质不同的社会基础，我们应该纠正和调整以前单从意识形态角度和“旧社会残留”之认知来看待宗教的理论观点，从基本理论层面给我国宗教以准确的再定位。不可否认，由于观念和认知上的局限，我国宗教在一定程度上被置于当代社会的边缘，甚至成为与社会主流隔离的一块“飞地”。这种现实处境及其强烈反差使宗教与中国社会主义社会之间的关系仍不够协调、尚未达适应；由此引起的相关问题越来越从宏观整体上、从大局上成为我们的担忧之点、心病所在，为此而付出的经济与社会成本及代价也明显提高。我们只有锐意创新、积极进取，才可能变被动为主动、化消极

---

① 彭耀：《“宗教与社会主义社会相适应”断想》，《世界宗教研究》1996 年第 1 期。

② 牟钟鉴：《关于宗教与社会主义社会相互关系的思考》，《中央民族大学学报》（社会科学版）1999 年第 5 期。

为积极，避免使宗教问题演变为影响我国社会主义现代化进程、影响中华民族振兴的国际、国内焦点问题。“积极引导宗教与社会主义社会相适应”，主要是考虑如何发挥宗教的正面社会功能和价值意义，号召我国宗教界人士努力挖掘、弘扬各宗教中的积极因素，为社会稳定、民族团结、祖国统一、经济发展多做贡献。在这种“积极引导”中，我们应坚持求同存异、增进沟通和理解、葆有对话开放的鲜活之态。面对多极世界和多元文化，作为开放社会一员的中国已不可能强求“价值一律”，而应力争在多元并存的社会思想文化氛围中唱好主旋律、引领新潮流，避免“独唱”变“绝唱”。同时还应该承认，处理好宗教与社会主义的关系，仅靠“正面引导”还远远不够。敌对势力在全球化的复杂环境下利用宗教问题对我国加以“分化”“西化”和意识形态“对立化”乃不争的事实。在我国宗教问题已不再纯属“国内宗教工作”范围的大背景下，对西方强势文化以及“普世性”“宣道性”宗教的辐射性和渗透力予以警惕、防范加引导、疏导，就显得非常重要和必要。①

2. “和谐社会”语境中的“宗教关系”问题

不同宗教之间的关系、信教群众与不信教群众之间的关系由来已久，但近40年深刻的社会变迁使得这种“宗教关系”日趋复杂化。于是，“和谐社会”愿景中的“宗教关系”便成为值得研究的问题。

政界有论者强调要正确认识和处理社会主义社会的“宗教关系”：是否能够正确认识和把握社会生活中的“宗教关系”，关键看能否通过正确的引导和有效的规范，使宗教成为社会的和谐因素，使信教群众成为建设国家的积极力量，使宗教界通过坚持独立自主自办，坚持维护民族团结、维护祖国统一、维护法律尊严、维护人民利益，成为自觉抵御境外利用宗教进行渗透的有效屏障。要促进宗教与社会的和谐、宗教之间的和谐、信教与不信教群众以及信仰不同宗教群众之间的和谐，就必须善于化解宗教方面的矛盾。要通过全面理解和认真贯彻党的宗教工作基本方针，落实宗教事务条例，努力实现宗教与社会和谐相处，各宗教和谐相处，信教群众和不信教群众、信仰不同宗教群众和谐相处。这就使以处理好“宗教关系”为主要内容的宗教工作，与构建社会主义和谐社会的进程紧密地结合了起来。因此，“积极引导宗教与社会主义社会相适应”，在现阶段，就具体化、深化为“积极引导宗

① 卓新平:《全球化与当代宗教》,《世界宗教研究》2002年第3期。

教与社会主义社会相和谐、与构建社会主义和谐社会相适应”。①

政界有论者指出，我们党代表人民群众的根本利益，当然也包括广大信教群众的利益；我们党依靠最广大人民的力量，当然也包括依靠广大信教群众的力量。信教群众也是我们党执政的群众基础和建设中国特色社会主义、构建社会主义和谐社会的重要力量。做好信教群众工作是宗教工作的根本任务，是党的群众路线在宗教工作中的必然贯彻，也是马克思主义宗教观与马克思主义群众观的一致性的一贯体现。一条清晰变化的轨迹，是在革命时代不能不比较突出地揭示宗教的消极作用，到客观看待宗教的社会作用具有消极作用和积极作用的两重性，再到更多地从正面的积极的角度看待宗教，注重发挥其在社会主义和谐社会建设中的积极作用。②

学界有研究者指出，宗教是社会的子系统，对社会经济、政治、文化、伦理道德等方面都可以发生影响。宗教为构建和谐社会服务的途径如下：参加社会主义现代化建设；参政议政，推进社会主义民主政治建设；弘扬宗教文化的积极因素，大力推进社会主义先进文化建设；弘扬宗教思想道德的积极因素，大力推进社会主义精神文明建设。宗教为构建和谐社会服务的方法如下：要继续加强爱国主义、社会主义的学习教育，进一步牢固确立我国宗教正确发展方向，坚定不移地走与社会主义社会相适应的金光大道；要“反求诸己”，固本强身，搞好宗教团体的自身建设，既不缺位，也不越位，摆正位置，扬长避短，力争做到信仰坚定、教风纯正、教制规范、组织健全、人才辈出。③

还有研究者指出，在我国处于社会结构变动和全球化浪潮冲击、改革的深层次矛盾和利益格局冲突加剧、社会价值体系和道德标准失衡的态势面前，“相当一部分”社会成员转向宗教信仰当中寻求心理支撑和精神慰藉，乃至去寻求生命意义，并不是什么不可思议的现象。把宗教整体上多元化、多维度的存在，看作我们这个社会的一种常态，习惯于用合乎宗教自身运动规律的方法，认真探索与之建立协调、自然、顺畅、有序的互动模式，促成它与中国特色社会主义的和谐共存，直至基本转化为社会主义和谐社会的有机组成部分，既是促进“宗教关系”和谐的客观依据和逻辑内涵，也给

① 叶小文：《正确认识和处理社会主义社会的宗教关系》，《求是》2006年第16期。

② 叶小文：《发挥宗教在促进社会和谐方面的积极作用》，2006年12月27日《学习时报》。

③ 冯今源：《试论宗教为构建和谐社会服务的途径与方法》，《世界宗教研究》2005年第3期。

“构建社会主义和谐社会”命题赋予了深远的理论探索空间。无产阶级政党以马克思主义宗教观为基础的宗教政策，同等地尊重和保护宗教信仰者“依法信教”和非宗教信仰者“依法不信教”的自由并且倡导两者相互尊重，比实质上只偏重于“信教自由”的资产阶级“宗教自由”政策更宽容、更人道。中国是一个多种宗教并存的文明古国，有着在爱国主义的政治伦理制高点主导下保持各宗教间“存异求同”“不同而和”的良好传统，“和谐”“和合”的思想成为各主要宗教义理学说的内在成分，这使得我们的工作不但可以依靠现有的政治优势，还可以依靠在当今世界上得天独厚的历史文化资源优势。①

三　马克思主义宗教观中国化

由于“中国化”一词晚近在中国特定政治语境中日渐盛行，“马克思主义宗教观中国化”的提法也顺理成章地频频出现。

学界有研究者认为，马克思主义宗教观是不断随着实践的发展而不断发展的理论政策体系；马克思主义宗教观是有党性的。要科学地对待马克思列宁主义宗教观，既不能认为其内容句句是真理，也不能否定其基本的科学原理，应坚持马克思主义宗教观的指导。中国共产党将马克思主义宗教理论与中国革命和建设的实际相结合，形成了毛泽东思想的宗教观、邓小平理论的宗教观以及中共第三代中央领导集体的宗教观，实现了马克思主义宗教观的中国化。中国共产党在系统总结国内外处理社会主义时期宗教问题正、反两方面历史经验基础上提出的“积极引导宗教与社会主义社会相适应”的命题，是对马克思主义宗教观丰富和发展的集中体现。②

政界有论者明确提出“社会主义的宗教论”：宗教长期存在，是马克思主义宗教观的一个重要观点。观察世界宗教问题必须把握的主要特点中，最根本的是宗教存在的长期性。把宗教存在的长期性作为“根本性”问题来强调，就是要根治对待宗教问题上的“短视症”。在宗教问题的三个特点中，根本是长期性，所以要积极引导宗教与社会主义社会相适应；关键是群众性，所以要全面正确地贯彻执行宗教信仰自由政策；特殊的复

---

① 张新鹰：《引导宗教参与和谐社会建设的纲领性文件》，《马克思主义研究论丛——宗教观研究》，中央编译出版社2007年版。

② 龚学增：《马克思主义宗教观的与时俱进及中国化》，《当代宗教研究》2002年第3期；龚学增：《论马列主义宗教观的中国化》，《中共中央党校学报》2005年第5期。

杂性，所以要依法管理宗教事务，坚持独立自主自办的原则。这就是社会主义的宗教论的基本理论架构，坚持和发展马克思主义宗教观的与时俱进的创新理论。①

还有论者以“中国特色社会主义宗教观”概括中国共产党关于社会主义时期宗教问题的基本理论和基本政策，指出“积极引导宗教与社会主义社会相适应”是中国特色社会主义宗教观对马克思主义宗教观发展创新的集中表现：中国化的马克思主义宗教观的理论建构包括相互关联的两个部分：一是如何正确认识我国社会主义初级阶段的宗教问题，主要是三个特点（长期性、群众性、复杂性）和三个规律（政治面貌、社会作用、发展方向）；二是如何正确处理我国社会主义初级阶段的宗教问题，要讲方针、讲原则、讲要求。宗教工作的四条基本原则（政教分离、权利义务相统一、独立自主自办、引导适应），对宗教界统一战线的三项重点工作（爱国宗教力量建设、农村宗教工作、少数民族中的宗教工作），以及宗教工作的标准要求和保障措施，是中国特色社会主义宗教观在实践层面的主要内容。②

学界有研究者指出，中国化马克思主义宗教观包含着中国化的马克思主义宗教本质观、宗教价值观、宗教历史观、宗教适应观，从而构成了一个完整体系。③ 马克思主义宗教观中国化要与党在革命、建设和改革各个不同时期社会和宗教实际相结合，要与党的总任务、总路线、总方针和总政策相一致，必须体现时代性；要研究中国宗教的特点，找出其中带规律性的东西并采取相应的路线、方针、政策和措施，必须把握规律性；要从本国宗教的实际情况出发，在坚持马克思主义宗教观的基础上，在理论、制度、方针和政策上有所创新，必须富有创造性。④

新近有学者认为，“中国特色社会主义宗教理论体系”的内在逻辑包含两个基本层次：基础层次是反映宗教规律性的理论问题，应用层次是解决宗教问题的内在方针政策问题。这一体系标志着马列主义宗教观在当代中国发

---

① 秋石（叶小文）：《社会主义的宗教论》，《求是》2003 年第 9 期。

② 朱晓明：《论“中国特色社会主义宗教观”》，《中央社会主义学院学报》2005 年第 1 期。作者时任中央社会主义学院常务副院长。

③ 方立天：《论中国化马克思主义宗教观》，《中国社会科学》2005 年第 4 期。

④ 何虎生：《论马克思主义宗教观中国化的基本经验》，《宗教学研究》2006 年第 1 期。

展到了一个新阶段。[①]

在现有制度安排及主流意识形态保持不变的前提下，马克思主义宗教观的中国化进程无疑还会继续下去。考虑到2007年党的十七大关于“中国特色社会主义理论体系”的提法，将近些年马克思主义宗教观中国化的理论成果概括为“中国特色社会主义宗教理论”或“中国特色社会主义宗教观”，或许更为稳妥。

第三节　当代宗教研究的中国视域与国际视野

一　中国视域

中华民族拥有上下五千年独具特色的灿烂文明，中国的宗教或信仰形态也独具中国特色。如果说中国历代封建王朝以“神道设教”、怀柔羁縻并用的古典智慧因应宗教存在以柔性牧民、治国安邦无可厚非，封建帝制覆亡后战争与革命的壮阔波澜及其惯性洪流本能拒斥带有保守印记或侵略胎记的宗教以救亡图存、因应忧患可以理解的话，那么毋庸讳言的是，近些年旨在强国富民的社会变迁因矛盾丛生、信仰危机凸显而不得不正视和容忍宗教的存续与勃兴，尤其是在执政者始终不曾否弃唯物主义者和无神论者的自我身份认同的情况下。

由于“宗教问题从来就不是孤立存在的，它总是同政治、经济、文化、民族等方面历史和现实的矛盾相交错”[②]，“与一定社会的经济、政治、文化问题交织在一起，对社会的发展和稳定产生重大影响”[③]，因此“全面认识宗教问题同政治、经济、文化、民族等方面因素相交织的复杂状况”[④]就成为当代宗教研究的重要内容。

1. 宗教与政治

一方面，尽管中国政府明确宣布“我国实行政教分离的原则”[⑤]，中国宪法有关宗教的条款无“政教分离”之名而隐含“政教分离”之实，但宗

① 龚学增：《努力学习研究中国特色社会主义宗教理论体系》，《宗教与世界》2007年第7期。

② 江泽民：《论宗教问题》（2001年12月10日），《江泽民文选》第3卷，人民出版社2006年版，第373—374页。

③ 同上书，第375页。

④ 参见新华社北京2007年12月19日电。

⑤ 江泽民：《论宗教问题》（2001年12月10日），《江泽民文选》第3卷，人民出版社2006年版，第385页。

教团体被过度政治化的现象却不同程度存在，这一点时常引起学界的质疑或含蓄批评。另一方面，如果中国政教关系现状的正当性、合理性与中国独特的政教关系历史传统确实存在制度惯性意义上的某种关联，那么似乎也是可以理解的、无可厚非的。

政界有论者通过研究一些国家处理宗教问题的经验得出结论：政教分离虽然是现代国家的重要理念和基本原则，但任何国家都不会轻易放弃自己历史上千百年延续下来的传统，继续赋予传统宗教以优势地位。可以说，融洽的政教关系取决于特定宗教与特定社会的历史对应关系，在这种对应关系中，特定宗教与特定社会具有天然的适应关系，拥有共同的利益，宗教与政权、宗教与社会天然地相结合、相适应。换句话说，政权产生、生长于特定的宗教文化氛围，自然地扶持、利用这种宗教；特定宗教与政权、社会天然结合，支持政权并从政权的扶持政策中受益。这就是大多数国家处理问题的常态。也就是说，大多数国家的统治者都把传统宗教视为自己天然的盟友，是统治、治理的重要工具和手段。在经济基础发生深刻变革的情况下，包括宗教在内的上层建筑和意识形态不适应经济基础的变革需要，代表革命的力量就会对维护旧制度的宗教开战，“撕碎锁链上那些虚构的花朵”，但其根本目的是向旧制度开战。在社会形态相对稳定的时期，只有在极个别情况下，当社会风气过于崇尚宗教，造成大批社会资源流入宗教机构，阻碍社会的正常发展与进步，政权对宗教的压制才会发生。①

学界有研究者引经据典地指出：马克思主义创始人从来没有简单孤立地提出过“反宗教”的口号，他们反对的只是与不合理的社会制度相互依存的“政治化”宗教和违背信仰权利平等的“特权宗教”。而且，与我们曾经形成的印象不同，只要宗教不再与地主资产阶级专制政权结合在一起，他们并不是对宗教的自然发展耿耿于怀。马克思、恩格斯合著的《神圣家族》中写道：“宗教，正像市民生活的其他要素一样，只有自国家公布它们是非政治的因而让它们自行其是的时候起，才开始获得充分的存在。……伴随着宣布它们的政治死亡而来的，便是这些要素的生命蓬勃发展，这个生命从此便顺利无阻地服从于自身的规律并十分广泛地展现出来。”② 这样的观点，联系到

① 张训谋：《〈当代世界宗教问题〉绪论》，《宗教与世界》2007 年第 5 期。作者时任国家宗教局宗教研究中心主任。

② 《马克思恩格斯全集》第 2 卷，人民出版社 1957 年版，第 149—150 页。

他们对比同时代美国宗教的看法，不能说其中没有包含他们对“后资本主义”过渡时期理想宗教状况的某种憧憬。①

还有研究者指出：列宁关于彻底实行政教分离，公民不能因为性别、民族、宗教信仰而产生权利不平等的现象，宗教团体应当成为“完全自由的、与政权无关的志同道合的公民联合会”等观点，都是非常重要的思想资源。②宗教组织与非政府组织（NGO）有许多一致之处，但它不是严格意义上的非政府组织，因为它不具有开放性，也不具有非政府组织的透明度。宗教信仰的神秘性是可以理解的，宗教组织的神秘化却会引发社会各界的警惕，这既不利于在社会中形成宗教宽容的氛围，也不利于宗教组织自身的生存和发展。在这方面，列宁关于宗教团体应当成为“完全自由的、与政权无关的志同道合的公民联合会”的设想是非常有启发性的，虽然有些人已经呼吁要加以研究，教内的有识之士也在制度建设上有所尝试，但这毕竟是个渐进的过程，不仅不同的宗教有不同的情况，而且究竟要分几步走和怎样走、国内外有哪些经验教训等，都需要进一步调查和研究。③

有研究者指出，目前在民政部登记的全国性的宗教团体有8家，省级宗教团体有164家，县级宗教团体有2000多家，全国共有17000多名宗教人士在全国各级人大任职。从社会参与的角度看，虽然扩大和提高了政权的代表性，但这种参与机制的固定化也必须防范特权阶层和寡头体制的形成，不能因某些团体和个人对这种政治参与机会的垄断，而使原来所追求的扩大参与、提高认同、取得合法性的初衷大打折扣，而且还有可能在宗教团体之间造成一定程度的纷争，这又与获得社会安定的初衷发生一定程度的背离。宗教组织的特权化和科层化，与行政机构产生某种形式的同构，这并不是宗教组织所应有的特质，因此应防止宗教由此而政治化和行政化。宗教组织的行政化既不利于坚持政教分离原则，也不利于维护宗教信仰自由与结社自由。政教分离原则反对宗教团体因为自身是宗教团体或是某一宗教团体的领导人，而获取特殊的政治参与和瓜分公共资源的机会；公民和社会组织无论在宗教信仰方面存在何种差异，都应享有平等的政治参与机会和享受公共资源

① 张新鹰：《引导宗教参与和谐社会建设的纲领性文件》，《马克思主义研究论丛——宗教观研究》，中央编译出版社2007年版。

② 金泽：《积极推进宗教与法治的研究》，《世界宗教研究》2005年第2期。

③ 金泽：《全面研究宗教在文化发展战略中的地位与作用》，卓新平主编《宗教比较与对话》（第六辑），宗教文化出版社2005年版，第13—14页。

的机会。国家通过登记许可制度，赋予特定宗教团体以合法性，并给予其一定的政治资源配额以换取其政治上的效忠和拥戴。由于排斥竞争、禁止宗教市场由来已久的天然博弈，就有可能使国家与某些被定为“合法”的宗教团体之间事实上形成一种独特的利益关系，而其可能的利益共谋关系则会失去社会应有的各种宗教平等共存的“生态平衡”，出现对不同宗教的“扶持”或“压抑”，这不仅会导致与真正意义上的政教分离和宗教信仰自由背道而驰，而且还可能会对国家政策本身的合法性与正当性造成损害，从而引发潜在的对于国家的认同危机。①

2. 宗教与经济

国外有关宗教与经济相互关系的研究成果较多，而国内由于种种原因在这方面却乏善可陈。晚近也有为数不多的学者开始尝试从经济学视角来审视宗教问题，引起了有关各方的关注。

有研究者运用西方的宗教市场学说②研究当代中国的宗教问题，提出中国宗教的三色市场说：加强宗教管制并不能减低人们的宗教信仰和行为，而只会导致宗教市场的复杂化，出现宗教市场的三足鼎立或三色化：合法的红市，非法的黑市，以及既不合法也不非法或既合法又非法的灰市。只要宗教组织在数量和活动上受到政府限制，黑市就必然会出现；只要红市受到限制和黑市受到镇压，灰市就必然会出现；宗教管制越严，宗教灰市越大。需要引起注意的是，宗教灰色市场越大，新兴宗教就越有可能兴盛，从而带来社会的不稳定。灰色市场的存在及运作机制，显示宗教管制效果的局限并不以人们的主观努力为转移。不过，这种论述是否符合中国国情，对它质疑颇多。

还有研究者试图给出“宗教的经济学阐释”：①“经济人”特性是宗教产生的人性前提。人的本质是追求效用的最大化，而宗教为实现效用最大化提供了一种神圣的途径。如何追求效用的最大化，宗教主要提供了两种方式：一是通过转化；二是通过交换。宗教通过将人对物质世界的欲望转化为对精神世界的追求，对物质效用和精神效用重新进行配置，为人生实现效用的最大化提供了一种产品组合方式。宗教通过人自觉遵守神谕以换取神的满

① 刘培峰：《宗教团体登记的几个问题》，《宗教与法治国际学术研讨会论文集》（2004 年 10 月）。

② 罗德尼 · 斯达克、罗杰尔 · 芬克著《信仰的法则——解释宗教之人的方面》，中国人民大学出版社 2004 年版。

意和对自己所稀缺东西的恩赐，通过人祈祷和进贡以求得神对现实世界中不理想状况的干预和拯救，实现了人与神之间的交换。②资源有限性与欲望无限性的矛盾是宗教产生的现实根源。宗教通过设置一个虚拟的神圣世界将这一矛盾交给一个权威去解决，人自身将有限性留给了有限的现世，将无限性寄予了无限的来世，从而有效缓解了有限与无限矛盾的张力，减少了人在现世所面临的痛苦和不安，也实现了自身内心世界的基本平衡，这也客观增加了人生的效用水平。宗教的本质可视为人类为解决资源有限与欲望无限的矛盾而为自身设定的一种神圣手段。③知识的有限性和不确定性是宗教产生的知识前提。在某种意义上宗教也可以看成是人类应付不确定性的一种制度设定。宗教可以为不确定性的存在提供合理解释依据，可以减少人类在面对不确定性时所产生的恐惧感，可以通过将不确定性交给神圣世界而为人类自身寻求一种解脱，减轻人类自身寻求确定性的压力。④宗教为人类社会经济的运行提供一种秩序保证。因为宗教为公民的日常生活提供了一种意义，而有意义的生活为社会规则和秩序的产生提供了可能性。有秩序就有信任，从而就能减少合作的成本。当秩序占据主导地位时，社会交易成本减少，人们就可以更好地预期未来，从而产生更多的有效交易，提高资源配置的效率。⑤宗教有一种再分配功能。宗教慈善事业是一种社会财富的再分配，有助于消除社会不满情绪、化解社会矛盾，有助于缓解初次分配和再分配的不合理性，有助于增加社会的产出，有助于刺激社会的总消费（由于边际消费倾向递减，相比富人而言，对穷人的慈善将会增加更多的社会消费支出），有助于社会的秩序建设。[①]

3. 宗教与文化

宗教既是一种特殊的意识形态，也是一种源远流长的社会历史文化现象。以往由于政治原因和历史局限性，过于强调宗教的意识形态属性及其负面作用，近40年则更多地强调宗教的文化属性及其正面作用。

政界有论者认为，“宗教是文化”的理念，将淡化无谓的意识形态之争，使人们更全面地理解宗教的丰富内涵，为信仰者、研究者、管理者提供互相合作的舞台。[②] 学界有研究者认为，宗教在本质上就是文化，或宗教的本

---

① 参见宋圭武《宗教的经济学阐释》，http：//www. xschina. org/show. php？ id = 10562。

② 参见潘岳《我们应有怎样的宗教观——马克思主义宗教观必须与时俱进》，2001年12月15日《华夏时报》或2001年12月16日《深圳特区报》。作者时任国务院经济体制改革办公室副主任。

质是一种文化，在人类文化传承中起过重要作用，这是中国共产党人对马克思主义宗教本质观最大的创新，是中国化马克思主义宗教本质观的最大创新。①

政界有论者强调，我们并不认同将宗教完全等同于文化的观点，但也不否认若干宗教经典、教义、宗教道德、艺术中所积累着的人类生命繁衍的文化信息，所渗透着的历史积淀的体验和哲理，所孕育着的民族优秀文化因素，所镌刻着的人类精神文明发展的轨迹。我们要建设的“和谐文化”固然要牢牢把握社会主义先进文化的前进方向，建设社会主义核心价值体系，但其中就包括弘扬民族优秀文化传统，发扬民族和谐文化资源，借鉴人类有益文明成果。在这里，宗教就可以也应该有所作为和贡献。②

学界有研究者认为，“宗教是文化”这一观点的提出代表着中国大陆学术界正面、肯定性评价宗教的一个关键转折点。20 世纪 80 年代中期，针对学术界关于“宗教”与“鸦片”的论争，一些学者开始从“文化”“文明”的角度来看待宗教，从而出现将宗教视为“文化”并对之展开“文化研究”的学术思潮。在当时社会舆论大多仍对宗教持否定、消极看法的氛围中，“宗教是文化”命题的提出具有打破僵局、使宗教认知柳暗花明的历史意义。这种“宗教文化论”并不是要用“文化”概念来促成宗教认知的普泛化、一般化或常规化，更不是在“文化”中“化解”或“化掉”宗教；其旨归乃在于突破限于意识形态层面的宗教认识，从社会学层面的宗教分析上再往前深入，用宗教理解来为人类文化画龙点睛，并厘清宗教与人类文化的关系、宗教文化的内涵与外延，把握宗教文化学的体系、范围、意义和特点。③

还有学者从文化战略高度看待宗教问题：全面研究宗教在中国文化发展战略中的地位和作用，对于我国建构和谐社会、进一步在全球化进程中扩大对外开放、增强综合国力、巩固党的执政地位和维护国家的文化安全，具有重大意义。对于宗教的文化战略定位主要着眼于宗教作为一种文化体系，从物质文化、精神文化和政治文化等多个层面看待宗教的社会文化功能。宗教在历史传播的过程中，往往以信仰的形式负载着一个民族或一个群体的伦理

---

① 何虎生：《中国化马克思主义宗教本质观概述》，《当代宗教研究》2007 年第 1 期。

② 叶小文：《发挥宗教在促进社会和谐方面的积极作用》，2006 年 12 月 25 日《学习时报》。

③ 卓新平：《宗教学术研究对宗教理解的贡献》，卓新平主编《宗教比较与对话》第五辑，宗教文化出版社 2004 年版，第 7—8 页。

道德和价值追求，不仅可以为个人生活提供意义，而且为社会提供价值导向和行为规范等公共产品或社会资本。“冷战”结束后，宗教作为一种文化资源，作为一个群体的象征和话语系统的功能更加凸显。正如一位学者所说的：宗教“既可以作为沟通不同文明体系之间道德伦理观念的可能途径，为建构全球化秩序架桥修路，也可以作为族群内部凝聚力和文化认同的象征，甚至作为从战略上提出自身利益要求的天然理由”。宗教作为一种精神资源，过去和现在总是被怀有不同目标的人们所利用，这是不依人们承认不承认它而转移的。更有建设性的研究应当探讨在我们建构和谐社会的进程中，如何看待宗教这种精神资源，以及如何利用这种资源。但是我们目前的认识还过于笼统，实际上在这一方面有许多问题需要深究，特别是那些带有很强操作性的问题更需要加以关注。在中国社会的未来发展中，我们不仅要关注像“五大宗教”等制度化宗教间的“生态”平衡，还要关注诸如民间信仰（如关公崇拜、妈祖崇拜、祖先崇拜等）等非制度化宗教与制度化宗教间的“生态”平衡。我们在思考中国文化发展战略时，不能简单地把制度化宗教与非制度化宗教对立起来，看作高低阶梯上的两个环节并扬此抑彼，而是要把它们看作一个从零到一的频谱，将其中的每一个点看作组织形式多样性（其实，非制度化宗教也不是没有“制度”，只是相比较而言）的表现，各有各的功能与优劣。①

4. 宗教与民族

民族、宗教无小事。民族、宗教问题在中国特定的政治语境中一直属于统战范畴，具有高度的敏感性和复杂性。

政界比较权威的观点认为：宗教信仰对一个国家、一个民族往往意味着一种无形而巨大的感染力、向心力和凝聚力，容易获得社会成员的普遍认可，可以鼓舞人们的政治热情和斗争勇气，成为民族斗争中一种特殊的精神动力。民族与宗教的这种密切关系，使宗教在各民族的社会政治生活及其对外关系中发挥着重要作用。当宗教信仰与民族利益相一致的时候，它往往能促进全民族和国家内部的团结；在两者不一致的情况下，宗教又常常会影响民族的团结和国家的统一，触发民族之间或国家之间的纷争。特别是在一些经济社会不发达的国家和民族，这个问题表现得更加明显。宗教因素使民族

① 金泽：《全面研究宗教在文化发展战略中的地位与作用》，卓新平主编《宗教比较与对话》第六辑，宗教文化出版社2005年版。

问题更趋复杂。宗教往往使一个民族具有凝聚力，而民族又往往使某种宗教具有生命力。民族借助宗教张扬其个性，宗教利用民族扩大其影响。当一种宗教成为基本上是全民族信仰的宗教时，会出现特殊的两重作用：一方面是民族的神圣的旗帜，一方面容易被黑暗势力所利用。①

学界有研究者指出，中国宗教不仅在历史的进程中形成多元的格局，而且和多元一体的中国各民族形成互动关系。宗教运用它所具有的信仰体系、文化功能和社会生活方式，使之在共同地域、共同经济生活和共同语言的基础上，形成稳定而牢固的表现于共同文化上的共同心理素质，将一个特定的人群逐渐凝聚为一个民族。在中华民族的多元一体格局中，宗教往往成为特定群体与其他群体相区别的重要标志之一，成为民族间相互区别、民族内相互认同的重要标志之一。特别是对那些基本上全民信仰某一宗教的民族来说，这种标志更是显而易见。多种宗教同时并存的格局和信仰上较为宽容的态度，是中华民族在宗教上的特点和优势，有利于各民族的相互交往与融合。随着各民族接触和交往日益密切，在特定的历史条件下，某种共同的宗教信仰，甚至能把原本属于不同民族的人群凝聚为一个新的民族。中华各民族的原生性氏族——部落宗教在历史发展中得到较多的保存，并构成民族宗教的基质，增强了对中华各民族的认同感。各种后起的和外来的宗教都不得不在一定程度上调整自身，使之基本观念与行为方式和传统宗教的基本观念与行为规范相适应。中华各民族在宗教信仰上的宽容性及其对宗法性传统宗教的认同，并不意味着各民族自身的传统宗教丧失其个性与特色；相反，宗教信仰方面的宽容，宗教与政治始终保持一定程度分离的格局，有利于各民族和各宗教保持其文化传统。各宗教系统的多元性、各宗教系统对宗法性传统宗教的认同与兼容，与中华民族多元一体的格局具有结构上的“同构性”。宗教与民族能否良性互动，与民族群体和宗教群体的自我意识有关，与人们是营造和谐还是加剧仇恨或冲突的努力有关。以下几点应当纳入研究的视野：社会群体改善处境的愿望与自我感觉；社会控制与现实社会运动的影响；文化传统与自身条件对人们行动方式和走向的影响；宗教宽容的氛围。②

① 李德洙、叶小文、龚学增：《高度重视当代世界民族宗教问题》，《当代世界民族宗教》，中共中央党校出版社 2003 年版。李德洙时任国家民委主任。

② 金泽：《宗教与民族的互动关系》，2005 年 12 月 6 日《中国民族报》。

还有学者指出，民族是宗教的社会载体，宗教是民族的精神家园，两者有着内在的密切关系。民族的宗教性表现如下：原始氏族或部落发展为民族，宗教文化形态起了重大作用；民族与宗教的关系构成民族文化发展的主线之一；宗教既是沟通不同民族的桥梁、渠道，又常常成为民族冲突、民族侵略压迫和民族反抗运动的精神武器；民族的宗教性有强弱之分。宗教的民族性表现如下：原始宗教都是氏族的宗教，而后古代宗教便都是民族的宗教；民族宗教始终是宗教发展的重要形态；世界三大宗教佛教、基督教和伊斯兰教的形成与传播，是宗教普世性与民族性动态结合的产物，并不因其普世性而丧失其民族性。[①]

关于宗教与民族的相互作用，学界也有不同看法：一方面，在民族形成的过程中，共同的宗教信仰强化了民族构成的诸要素，发挥的主要是促进作用。但在各个民族的发展中，随着各民族接触和交往的日益密切和全面，宗教就不仅仅是促进这个群体同其他群体划清界限的过程，而常常是在逆转这个过程，即发挥负面作用了。换言之，在文明发展史上，固然有某些宗教（尤其是民族宗教）在加强民族的独特性及民族内部凝聚力方面发挥作用，从而对民族特性的保存和发展发挥促进作用，但是也有某些宗教（尤其是世界宗教）常常为不同的民族带入共同的特征，模糊或力求取消各民族之间的界限，减弱民族的独特性及内部凝聚力，从而促进着民族的消亡。另一方面，我们也要看到民族对于宗教的反作用，即宗教自身的发展和传播、交流和转变，也受到民族发展和民族之间相互关系的巨大作用。在极端的情况下，尤其是在宗教的普遍性不强并局限于某些民族的条件下，民族的衰落甚至直接造成宗教的消亡。[②]

5. 宗教与社会

一般而言，宗教是社会的产物，又反作用于社会。宗教与社会的双向互动，宗教在不同时空背景下、不同历史情境中的社会功能，一直是宗教学研究的焦点所在。

学界有研究者指出，宗教指人对“神圣”或“神圣者”的信仰，反映出人的灵性世界和精神生活。宗教作为一种人类社会的文化现象，在世界历

---

① 牟钟鉴：《试论民族的宗教性和宗教的民族性》，《中国宗教》2006年第1期。

② 张声作主编：《宗教与民族》，中国社会科学出版社1997年版，第2—7页。主编者曾任国家宗教局局长。

史发展进程中起到了重要的作用，有着广泛而深刻的影响。至于这种作用是正面还是负面、是积极还是消极，则需要从其历史实际发展和评论者所处地位及立场来看，不能绝对而言。宗教与社会的关系及对社会的作用，可以从其社会文化的侧面和它的历史演进的延伸上进行纵横的探讨。一方面，我们应该高度重视宗教所具有的文化、民族背景，以及受这种社会环境熏陶而构成的文化、民族因素；另一方面，也应该看到每一个宗教本身在历史发展过程中会出现变化。宗教与社会的相遇，始终是两个变动之中的主体的相遇，即社会在变，宗教也在变，是一个双向的互动。在当代及未来，宗教对中国社会的作用是开放性的、未知的，其走向关键在于我们党和政府对宗教的认识和政策，因此对其未来的把握是“事在人为”。统战工作应该从“社会”“政治”层面上升到“价值”“精神”层面，真正做到与宗教界“政治上团结合作，信仰上相互尊重”。在宗教问题上，我们必须有一种文化战略的眼光和国际竞争的睿智。①

有学者指出，建构和谐社会的过程，就是要加强统筹兼顾，使各种社会构成要素在结构上优化，不同利益群体在互动关系上形成良性循环的过程。这不仅会避免和减少结构失衡与利益冲突给社会改革与进步带来的摩擦阻力，降低社会成本；而且会形成一种被人们称为“软国力”的社会资本，并不断使这种社会资本在给社会各界带来福祉的同时，得到社会各界的反哺而不断增值。增强综合国力，不仅仅是 GDP 的增长，而且包括“软国力”这个十分重要的方面。宗教在我国社会将会长期存在。在漫长的历史演变中，宗教在社会各阶层间、国内各民族间、中国与周边国家和地区之间、中国与国际社会之间，形成了非常复杂的关联。既有丰厚辉煌的历史文化遗产，又有深广多面的精神资源，同时，还是民族融合的纽带。作为社会组织，宗教在中国历史舞台上扮演过诸多角色，既发挥过建构作用，也发挥过解构作用；既提供过正值的社会资本，也提供过负值的社会资本。宗教作为诸多社会力量之一，它在社会这个公共领域中的作用、它的社会动员能力以及它所提供的社会资本，不可低估。我们要研究在建构和谐社会与对外开放的过程中，宗教能为中国社会提供什么样的公共产品，以及这些产品具有何种性质与功能；研究如何使宗教成为社会各要素间与不同利益群体间的黏合剂，成

---

① 卓新平：《宗教对社会的作用》，国家图书馆编《部级领导干部历史文化讲座·2003》，北京图书馆出版社 2004 年版。

为社会资本增值的催化剂；研究在什么条件下宗教会变成社会和谐的异数，它的“自变量”是什么，它的“因变量”又是什么，从而使政府、社会和教界都有清醒的共识并形成共同确认的“游戏规则”。至少，通过各方的努力使之负面影响保持在最低限度内。①

还有研究者通过研究宗教在当代社会的蜕变后指出，“冷战”结束后宗教的发展不过是“二战”后发展的延续，主要表现在以下几个方面：其一，宗教日益重视社会参与和政治参与。其二，宗教日益发挥其文化的社会功能。其三，宗教国家化趋势的发展。其四，宗教与社会冲突、民族冲突的交织会日趋紧密。宗教政治化的基本特征是在宗教外衣的掩盖下、庇护下的思想和行为的政治化。宗教极端主义是宗教政治化过程中的极端形式，是宗教在社会领域中的活动的蜕变或质变，一般以阴谋团体或邪教的形式活动于世。②

还有论者从宗教的精神批判功能来看待宗教对社会的反作用：因为宗教从最初的产生时期起，就蕴含着对现实的某种“否定”因素。对现实的否定、批判和超越，构成宗教的本质特征之一，并成为宗教得以存在的最深刻的因由之一。积极发挥宗教的精神批判功能，引导社会不断走向自我超越，正是宗教作用于社会的最佳切入点，同时也为探索新型的政教关系开辟了富有创见性的思维模式。③

6. 宗教与法治

1991年执政党首次提出要“依法管理宗教事务”。④ 2004年《宗教事务条例》的出台是中国宗教法治化进程中的一块里程碑。“宗教与法治”问题，正在成为晚近学术界的热点和焦点问题。

学界有研究者指出，应当进一步解放思想，广泛开拓学术资源，推动“宗教与法治”问题的研究。目前至少有四种资源可以利用：第一种资源是中国本土的政教关系历史资源，包括中国古代封建王朝的宗教管理制度，不同朝代对于不同宗教或教派的区别对待政策，皇权大于教权的政教

---

① 金泽：《全面研究宗教在文化发展战略中的地位与作用》，卓新平主编《宗教比较与对话》（第六辑），宗教文化出版社2005年版，第3—5页。

② 金宜久：《宗教在当代社会的蜕变》，《世界宗教研究》2002年第2期。

③ 董江阳：《试论宗教在当代社会中的精神批判功能》，《世界宗教研究》2000年第3期。

④ 叶小文：《正确认识和处理社会主义社会的宗教关系》，《马克思主义研究论丛——宗教观研究》，中央编译出版社2007年版。

关系传统以及中国文化传统与民族精神所营造的社会氛围等。第二种资源是以马克思和列宁为代表的马列主义宗教观。这种宗教观认为不是宗教创造了人，而是人创造了宗教，虽然宗教是一种麻痹人和禁锢人的幻想，但只是“果”而不是“因”。而列宁关于彻底实行政教分离，公民不能因为性别、民族、宗教信仰而产生权利不平等的现象，宗教团体应当成为“完全自由的、与政权无关的志同道合的公民联合会”等观点，都是非常重要的思想资源。第三种资源是近现代西方国家的政教关系学说和处理政教关系的操作经验。其中的政教关系学说是西方思想家和政治家对于西方近代几百年来残酷的教派冲突和政教冲突进行理论思考的产物；而斗争双方在经历了无数的血雨腥风和两败俱伤之后，所形成的处理政教关系的操作经验和“游戏规则”以及相应的运作策略和制度安排，更值得我们重视。第四种资源是来自当代中国社会基层鲜活的生活现实。如福建民间信仰场所的财务管理问题所凸显的法制化走向，正是我们研究“宗教与法治”关系的源头活水。①

政界有论者强调，要坚持依法管理宗教事务。我们保护宗教信仰自由，并不是要提倡信教，也不是要人为扩大宗教影响，更不是说宗教活动可以不受法律约束。宗教活动是在社会中进行的，必然会涉及社会公共利益和国家利益，必须依法予以管理。我们的工作原则是，保护合法，制止非法，打击犯罪，确保宗教活动规范有序进行。宗教必须在宪法和法律的范围内活动，宗教活动不得干预行政、司法、教育等国家职能的实施，不得妨碍正常的社会秩序、工作秩序、生活秩序。②

还有学者提出“关于我国宗教管理模式改革的战略思考”：①加强依法管理宗教，健全和完善有关宗教的法律体系。②改变现行宗教管理模式，变行政管理为法律调节。这样将会使我国宗教走上“政教分离、法治管理”的健康发展之路，在极大地提高政府依照相关法律法规处理宗教问题的能力、降低管理成本、促进社会的稳定与和谐的同时，还将大大改善中国的国际形象，改变长期以来遭人诟病的政府“官办宗教”“控制宗教”的状况。③开放宗教市场，加强监督，依法管理。凡符合法律规定的宗教团体，应按照“各宗教在法律面前一律平等”的原则予以注册登记。国家不向任何与宗教

① 金泽：《积极推进宗教与法治的研究》，《世界宗教研究》2005 年第 2 期。

② 叶小文：《发挥宗教在促进社会和谐方面的积极作用》，2006 年 12 月 27 日《学习时报》。

有关的组织、团体、人员、活动提供任何政治、法律、财务方面的支持；也不介入任何宗教团体的内部事务（人事、财务、教务）；不对宗教团体的生存、发展、消亡负任何义务与责任。宗教团体的兴衰完全由其在宗教市场竞争中的表现而定。④鼓励宗教团体依法参与社会服务。在社会公共生活领域，承认宗教团体与宗教信仰者享有与其他非宗教团体、不信仰宗教的公民同等的权利，禁止一切形式的宗教与非宗教的歧视，鼓励宗教团体与宗教信仰者依照国家的法律、法规积极参与社会服务，兴办各种社会慈善、公益事业，让所有宗教团体把主要精力集中在为生存而奋斗的永远的竞争之中。⑤设立“宗教事务联络办公室”与“宗教团体联合会”。在中央、省、市、县四级政府设立的“宗教事务联络办公室”为政府办事与咨询机构，不负责宗教管理，不参与政府职能部门的行政执法活动，不介入任何宗教团体的内部事务。同时鼓励宗教团体在自愿的基础上，依法按行政区划设立“宗教团体联合会”，作为本行政区内跨宗教、跨教派的，代表所有宗教团体的行业自律与服务机构。由法律、政府、行业协会、媒体舆论、群众五大系统共同组成的对宗教团体的综合监管网由此形成。[①]

有学者就宗教信仰自由、宗教团体的性质、宗教法治的基础性法律等问题指出，宗教信仰自由不仅包括人内心的信仰自由，也包括人行为层面的信仰自由。只要遵守国家的法律和社会的公序良俗，公民就有结成宗教团体、参加宗教仪式、朗诵经文、从事神学研究等一系列活动的自主权利。对此，政府非但不应当限制和禁止，而且应当予以保护。宗教团体是民间性质的社团法人，与政府部门只存在执法与守法的关系，不存在领导与服从的关系。这样，政府宗教事务部门就应当转变观念，从执法者的角度而不是从领导者的角度去开展工作，去处理与宗教团体的关系。按照这种观念，政府只要严格执法就行了，没有权利也没有必要越过法律去干预属于宗教团体本分的事务。如果越过法律，那就要承担违法行政的责任了。同样地，宗教团体作为执法的相对人，只要严格守法、依照章程活动就行了。这样，政府与宗教团体之间就是一种泾渭分明的法治关系，而不是一种模糊不清的人治。宗教信仰是公民的自由，宗教团体是民间性质的社团法人，因而，宗教法治的基础性法律应当是民法而不是行政法。这样，许多由行政法规范的内容就可以交

① 参见刘澎《关于我国宗教管理模式改革的战略思考》，http：//www. tecn. cn/data/detail. php? id = 13874。

由民法去规范，许多由政府宗教事务部门做的工作就可以通过宗教团体内部的机制来解决。为此，要保护普通教徒在宗教团体内部的基本人权，并保证宗教团体的内部运行机制与社会相适应。①

7. 宗教与民间信仰

源远流长的民间信仰是中国特色的信仰形态的一部分，也是当代中国信仰多元化生态景观中的重要内容，其重要性由国家宗教局曾新增与民间信仰有关的职能部门即可见一斑。

学界有研究者就民间信仰的聚散及其与宗教的关系问题指出：民间信仰属于原生性宗教，而不属于创生性宗教。无论是由于外来民族的征服，还是在本民族的社会分化中由统治阶层采取“绝地天通”的政策，某些宗教特权的垄断，使一部分原生性宗教信仰及相关的宗教行为，随着占主导地位的氏族—部落宗教的分化演变为民间信仰，这就进入了可称之为“散”的路径。由于失去了原有的组织外壳，民间信仰虽然有时也依附于后来的家族组织和村社组织，但就社会生活和文化生活的整体而言，已不再具有意识形态的功能。随着时间的流逝和社会的发展，民间信仰进一步演变，其“宗教性”日益淡化，有些观念和行为慢慢地变成了民俗。民间信仰的“聚”则有着鲜明的有意识的或说自觉的创教特征。民间信仰是自发产生的，但却不是“自然地”存在的，它会受到来自“大传统”的影响，它会为某些宗教家在特定情境中开创新宗教时提供精神的土壤。天时地利人和乃是各种不同因素的特定组合，不同因素的互动造成民间信仰在聚合成新的民间宗教时有着不同的取向。民间信仰及民间宗教的“宗教取向”，指的是它们在信仰的层面上与正统宗教或意识形态是否兼容，兼容的空间有多大。民间信仰及民间宗教的“政治取向”，指的是它们在政治层面上与国家政权的逆顺态势，是顺从还是敌对，顺逆的程度有多大。国家政权总是按照统治集团所认可的意识形态影响整个社会，并在整体上控制着社会利益的分配。由于宗教涉及社会生活与个人生活的基本模式与价值准则，势必与国家政权发生这样那样的关联，这就形成了所谓的政教关系。民间信仰及民间宗教的“整合取向”，指的是它们在文化层面上与主流宗教的散聚关系，是分化还是整合，整合的程度有多深。从民间信仰到民间宗教，有能否整合与是否整合的问题；从民间宗教再到主流宗教（或说与主流宗教的关联），依然有能否整合、是否整合与整合

① 魏宏：《宗教法制建设初探》，2007 年 8 月 14 日《中国民族报》。

的程度等问题。[①]

有学者以“大宗教”视野看待民间信仰问题：“民间信仰”中的那些“迷信”行为和“宗教”中的某些仪式法术并没有本质上的截然不同，对“宗教”的“信仰自由”政策和对“民间信仰”的“压抑为主”政策主要是在某种约定俗成的认识支配下人为制定的。中国历史上没有长期的宗教压迫和宗教战争，其原因除以儒家文化为主的中国传统文化的“宽容性”“包容性”之外，实际上主要是历代政权基本宗教政策连续性的产物。这个政策的概括表述就是“神道设教”。“神道设教”政策注重社会控制与管理，回避了陷入观念形态矛盾的误区，作为一种功能鉴别基准，高悬于不同信仰形态之上，而不是周旋于它们之间，充分显示了我们前人的政治智慧。一个推崇政治集权和思想划一的封建国家，却比西方更早地实行相对而言“信仰自由”的实际政策，使普通百姓满足自己以世俗功利目的为主而以诸多“迷信”行为表现出来的宗教需求能够同衣食日用一般平常无奇，这也反映了中国高度的文化自信和特有的社会发展道路。民间信仰是相对于制度化宗教的非制度化宗教形态，具有与制度化宗教同样乃至更胜一筹的长期性、群众性，而其复杂性却不如有异质文化背景的某些制度化宗教那样特殊，造成社会隐患的概率远比那些具有坚硬组织外壳的制度化宗教形态低；不必讳言民间信仰的“宗教性”，而应努力保持和运用其宗教性中蕴含的“神圣性”及“文化正统意识”，从中国文化发展战略的高度使之进入“宗教生态平衡系统”建设。在“大宗教”政策的框架下，“宗教信仰自由”中“宗教”的内涵可以得到重新诠释，“民间信仰”的“信仰”成分可以得到应有的重视，从而使民间信仰在社会功能、文化功能以及促进祖国和平统一的政治功能方面的积极意义得到开掘和发挥；中国民间信仰将可以名正言顺地参与和谐社会与和谐世界的构建。对所谓“迷信”的行政性冲击将会缩小在严格依法办事的范围，相应的法律法规也将进一步完善、健全。在法律允许的范围内，“宗教”和“民间信仰”中的“迷信”表现形式有其存在的余地（以“宗教”“信仰”的名义和以“迷信”活动的方式破坏社会公序良俗乃至危害国家安全的行为当然不在此列），学术界和舆论监督力量也有提出理性批评的权利（而现在他们对宗教内部的弊病基本上是不能公开批评的，即使这种批评有助于宗教信仰

---

① 金泽：《民间信仰的聚散现象初探》，《西北民族研究》2002 年第 2 期。

素质的建设）。在“大宗教”政策的框架下，对“宗教事务”的管理将跳出某种“准危机管理”的怪圈，成为服务型、辅导型的社会常态管理的一部分，大幅度降低其敏感性、神秘性和随意性，进入理想的法制化、规范化、集约化的轨道。①

关于“与民间信仰相关的文化发展战略与社会控制策略”问题，有学者指出，民间信仰在成因、性质和组织规模上的特点，决定了它在新时期中国社会的文化发展战略中占有不同于制度化宗教的地位和作用，亦决定了国家必须对其采取不同于制度化宗教的社会控制策略。应该充分发挥民间信仰“祖有功，崇有德”的教化功能，努力在民间信仰的管理模式上探索出一条新路，并通过调查研究民间信仰的生存状态与组织模式，在宗教学理论上有所创新。从社会控制的角度说，民间信仰能否与社会发展相适应，能否在社会和谐中扮演积极的角色，重要的问题或许不在于人们是信仰妈祖，还是崇拜吴真人，而在于领袖的素质以及信徒与领袖结成怎样的关系（会不会形成新的人身依附）；财务管理是否符合现代民主监督机制；游戏规则是否与社会发展、文明建设相适应。通过探讨最终要形成（或促成）什么样的文化格局、形成什么样的（游戏）规则、我们能做什么和怎么做等问题，最终对中国的民间信仰与社会发展的互动关系有一个比较全面的认识。政府、学界和教界都应关注这三点并在这三个方面探索。②

也有研究者针对民间信仰研究中的某些倾向提出异议：作为弥散性和历时性均至深至巨的强大惯性力量，民间信仰与民俗文化对当代社会生态与社会心态影响极大。以“存在的就是合理的”为遁词，拒斥应有的理性探究和价值判断，良莠不分地为一切曾经、正在和将要发生的民俗事象做正当化与合理性辩护，恐难免思想懒汉、学术单面人甚或文化乡愿之讥。③

8. 宗教与新兴宗教

世界范围方兴未艾的新兴宗教现象，使当代中国的信仰多元化生态景观更趋复杂，也为当代宗教研究增添了新的内容。

学界有研究者认为，当代新兴宗教是一些随着世界现代化进程而出现的，脱离传统宗教的常规并提出了某些新的教义或礼仪的宗教运动和宗教团

① 辛之声（张新鹰）：《中国民间信仰事象随想》，2006 年 5 月 23 日《中国民族报》。
② 金泽：《民间信仰面临的挑战和选择》，2007 年 3 月 20 日《中国民族报》。
③ 黄奎：《民间信仰与民俗文化浅谈》，2006 年 1 月 26 日《中国社会科学院院报》。

体。其特点有三：一是可满足现代社会世俗化进程中传统价值观崩溃所引发的新的精神需求；二是可强化团体成员间的密切联系，发挥情感补偿和心理调适功能；三是强调“反文化”、反工具理性，张扬自我认同。新兴宗教的未来有两种可能性：一是继续反对世俗化，与现代社会不相容，其极端者可能会触犯法律，演变为邪教；二是与社会妥协，与世俗化采取一种互动的关系。①

关于现代化与新兴宗教的关系，有研究者认为，现代化引起的社会变迁集中反映在都市化、社会地位、家庭、人口与健康、教育与文化、生态环境、科学技术与经济、价值标准和生活态度九个方面，并为新兴宗教提供了生存的空间、源源不断的信众后备军、教义和布道的内容以及迅速扩张、广泛传播的渠道。②

关于新兴宗教中传播最快最广、倡导“上帝独一、人类一家、宗教同源”的巴哈伊教，有研究者指出，巴哈伊教之所以强调世界主义，与其奠基者所处的社会生活环境、阶级出身和个人经历密不可分。巴哈伊教的思想渊源是波斯伊斯兰教十叶派内的异端思想的引申和发展。③ 有研究者提出，巴哈伊教所具有的现代性、开放性、超越性、世俗性、宽容性、融合性、务实性、灵活性、创造性九大特征，是1844年创教至今不到二百年历史的巴哈伊教跃升为世界九大宗教之一的重要原因。此外，尚有巴哈伊教人士积极主动的传教、欧美社会对精神力量的需求、巴哈伊教的团结统一对教外人士的吸引、男女平等和消除极端贫富思想的吸引力等原因。④还有研究者认为，巴哈伊信仰仍然存在矛盾，如它强调宗教与科学的和谐，却不承认进化论；奉行世界主义，主张建立世界政府，却禁止竞选活动。由此可见巴哈伊信仰现代性的有限性。⑤ 但无论如何，巴哈伊信仰的现代化对传统宗教的现代化、对思考宗教在21世纪的发展趋势，也有一定的借鉴作用。⑥

关于日本的新兴宗教，有研究者指出，日本新兴宗教概指19世纪中叶

① 戴康生主编：《当代新兴宗教》，东方出版社1999年版，第2—24页，第374—379页。

② 高师宁：《新兴宗教初探》，香港道风书社2001年版，第81—107页。

③ 金宜久：《巴哈教的世界主义》，《世界宗教研究》1997年第2期。

④ 蔡德贵：《当代新兴巴哈伊教研究》（修订本），人民出版社2006年版，第85—126页。

⑤ 李维建：《巴哈伊信仰与现代性》，《文史哲》2004年第1期。

⑥ 王俊荣：《从巴哈伊信仰看新世纪宗教的发展》，中国社科院宗教所巴哈伊研究中心编《巴哈伊教研究论文集》。

至20世纪后半叶即德川幕府末期至“二战”后创建发展起来的教团，可基本梳理为佛教、神道教、基督教以及独立于三教之外的“诸教”四大体系。其共性在于：产生并活跃于社会转型的变动时期；植根于社会的中下层群众；适应了特殊时代大众在思想、心理和精神上的需求；不同程度地脱离了传统宗教的常轨，追求教义和仪礼的创新。日本作为世界新兴宗教主要发源地之一，其发展之快、数量之多、人员之众、影响之广、活跃程度之高都是首屈一指的。①

关于20世纪70年代至90年代在日本出现的所谓“新新宗教”，有研究者指出，这一时期正是日本成长为经济大国，民众生活水平和文化教育水平大幅提高，国际化、全球化、信息化向日本民众提出新挑战的时期。日本民众在旧有的社会、生活秩序中很难寻找到新的人生目标，于是变化了的社会生活环境赋予了新宗教以“新”或“新新”。新新宗教的基本特征是：后现代意识急剧高涨；信息化程度普遍较高；不少教团（如奥姆真理教）具有可疑的有可能危害社会的邪教倾向；大多具有所谓“宇宙意识”；顺应年青一代精神生活的需求，但并非完全针对年轻人；教团教祖类似传统萨满，一般具有卡里斯玛，富有极敏锐的时代触角和强有力的组织能力。②

关于日本新宗教中具有国际影响的创价学会，有研究者指出，创价学会作为护弘日莲正法的在家信徒团体，以镰仓时代的著名高僧为宗祖，以日莲的高足日兴为派祖，以《法华经》为信奉的最高教典，以日莲的法华思想为根本教义。创价学会的一切宗教活动是法华信仰在现代的展开，旨在将日莲的教义推广到整个世界，以期建成日莲所追求的立正安国为标志的和平乐土。③ 创价学会通过1964年组建公明党、倡导“中道政治”对日本政局及社会施加政治影响力，通过积极向海外传教尤其是1975年创建国际创价学会、倡导国际文化交流和世界和平而逐渐赢得国际声誉。

关于东南亚华人社会的德教，有研究者指出，“德教”者，以儒家道德理想教化于人之谓也。儒家道德理想中“彼岸”指向的不足，由于道教神仙为主的各路特选神明的被引入而在德教范畴得到了克服。德教1939年创立

---

① 张大柘：《论日本新兴宗教与社会变迁的应对》，《日本学刊》2002年第5期。

② 金勋：《现代日本的新宗教》，宗教文化出版社2003年版，第59—65页。

③ 何劲松：《创价学会的理念与实践》，中国社会科学出版社1995年版。

于中国广东潮汕，抗日战争胜利后，国家经济凋敝，民不聊生，侨乡潮州掀起又一波“下南洋热”，德教的关键人物纷纷移居海外经商、传教，德教由此迎来了走出国门的新契机，奠定了如今在东南亚的雄厚基础。德教团体大量地承担了民族文化教育和社会慈善救济的功用，也附带地发挥了促进当地华人工商业业内友谊的效能。德教与华人其他的国有信仰一起形成和保持了强大的文化凝聚力，在与当地多种族文化长期共存而又面对西方强势语言文化同化挑战的条件下，起着供给炎黄子孙个人归属感、延续海外华人生命共同体的重要作用。①

9. 宗教与邪教或膜拜团体

无论是政治语境中的邪教，还是学术语境中的膜拜团体，事实上都可以视为当代中国信仰多元化生态景观的一部分，尽管是很可疑甚至很危险的一部分。能否及如何对其作无害化处理甚或“化腐朽为神奇”、化敌为友，在理论上和实践上都是难题。

关于邪教研究，有研究者指出，“邪教”是汉语文化的特有名词，在中华民族泛宗教文化的历史渊源中主要是政治学概念，意指反对社会正统体制的极端教派，即利用迷信邪说、旁门左道传徒敛钱、聚众结党，甚至图谋颠覆政权的民间秘密教派。中文语境中的“邪教”与欧美语境中的 cult（膜拜团体）、sect（教派）、heresy（异端）含义不尽相同，主张使用 destructive cult 以突出邪教的犯罪性质的学者越来越多。当代世界邪教是新宗教运动的极端产物，是侵犯人权、危害社会的非法组织，其主要特征是教主膜拜与精神控制、宣扬末日与暴力行为、秘密结社与非法敛财。可以确立宗教、准宗教、伪似宗教、邪教的系列类型，将当代中国主流社会的“邪教不是宗教”命题淡化出研究领域。鉴于伪似宗教是邪教滋生的直接土壤，因此在实际工作中可以将许多具有某些邪教性质的有害组织分类为伪似宗教，加以清理、教育、管束。②

关于膜拜团体研究，有研究者指出，“膜拜团体”一词源于西方的基督教文化，由于含有明显的贬义，近些年来逐渐被欧美社会边缘化。国际学术界大多数学者认为，新生宗教栖息在现代社会里，以其批判现实和对

---

① 张新鹰:《生于中国、长于海外的德教》，《中国宗教学》第二辑，宗教文化出版社2004年版。

② 习五一:《邪教释义》,《世界宗教研究》2001年第3期。

抗主流文化的姿态，向现代文明提出各种质疑和挑战，其中只有极少数显露出破坏性并已对人类社会造成实际危害的膜拜团体，才能称之为邪教。以新宗教运动代替膜拜团体一词的做法，正在成为国际学术界的主流。考虑到中国丰富的人文主义理念和多元兼容传统、政权始终支配教权传统、强烈的世俗性与功利性传统和根基深厚的巫术文化传统，应当努力开拓中国特色的宗教类型学，积极探索中国特色的学术研究范式。[①] 还有研究者指出，膜拜团体不是一般的社会或世俗组织，而是具有狂热的信仰追求和严密纪律的宗教组织，其信仰中非理性成分很大。膜拜团体的社会张力取决于膜拜团体对社会的态度，以及主流社会对膜拜团体的容忍度。如果我们把膜拜团体的产生发展看作正常的社会现象，以更理性的态度来对待膜拜团体，既给以一定的信仰自由，又以法律严加管理，将会有利于化解膜拜团体与社会的张力。[②]

10. 宗教与科学[③]

宗教与科学如影随形，共生共在，绵延至今。中国语境中对于宗教与科学的关系问题主要有三种不同看法：一为“宗教与科学对立”说，二为“宗教与科学属不同范畴”说，三为“对宗教与科学的整体认知”论。

“宗教与科学对立”说，主要是从强调二者在认识论、世界观上的“虚”与“实”、“幻”与“真”的对立来展开，即科学为“人类对世界发展着的认识”，基于“事实”而有实证意义；宗教则为世人“信神”的一种社会现象，基于“想象”而有空虚特征，主要是“借助非现实的力量或者用非现实的手段来解决现实问题”[④]。在认识论意义上，持宗教与科学对立说的中国学者认为科学对人与世界的认识是一种“自然”性质的认识，从而构成发现事物本质及其客观规律的知识体系；而宗教则对人与世界进行了一种具有“灵性”意义的审视和认知，以“神”的本质创造、界定人与世界的本质，从而发展出论证神、人、世界三者关系的神学认知体系。人类初始的宗教与科学是交融互渗的原始宗教与原始科学，当时的人类文化堪称宗教涵

---

① 习五一：《解析膜拜团体——一种跨文化的研究视角》，《膜拜团体国际学术研讨会论文集》（2007 年 12 月）。

② 罗伟虹：《膜拜团体的社会张力》，《膜拜团体国际学术研讨会论文集》（2007 年 12 月）。

③ 本目内容主要参考卓新平《中国知识界对宗教与科学关系之论》，江丕盛等主编《桥：科学与宗教》，中国社会科学出版社 2007 年版，第 237—253 页。

④ 李申主编：《高科技与宗教》，天津科学技术出版社 2000 年版，第 2—4 页。

盖一切的宗教文化，宗教与科学杂糅共生、混沌不清，属于人类的前科学时代。随着人类文明的演进和科学的日渐发达，原来由宗教加以解释的认知领域逐渐摆脱宗教影响，纷纷成为独立的科学门类，从而形成科学领域日趋扩大、宗教地盘日益减少的局面和态势。于是逻辑上的最终结论必然是科学认知将最终取代宗教认知。在世界观意义上，“科学属于唯物主义、无神论的思想体系，宗教信仰则属于唯心主义、有神论的思想体系”，二者针锋相对、水火不容，因为“宗教观念是对客观世界的歪曲了的反映，宗教有关神灵的基本信仰永远也不可能具有科学性”①。

“宗教与科学属不同范畴”说，认为宗教与科学相分隔，二者属于平行、并列的不同范畴。这种观点试图通过强调宗教的世界观意义、价值信仰功能与科学的认识论功能之不同，来缓和宗教与科学的矛盾对立，以互设边界、各自独立来避免冲突。其中持宗教与科学毫不相干论者，认为科学涉及事实及事物陈述，探究客观外在的物质世界，可达致大众公认的绝对真理，其终极实在是自然；而宗教则关涉价值及信念表达，关注主观内在的心灵世界，只能是归属个人的相对体验，其终极实在是道德。宗教与科学不能证伪对方，只能二元并存。而持宗教与科学可二元一体论者，则认为宗教与科学分工不同，分别涉及客体思维与主体思维、已知世界与未知世界、实证把握与模糊预测之对比，完全可以互为补充、平分秋色，因为“对于科学可知的东西，宗教不再加以反对和干涉；而在科学的范围和限度之外，宗教则提倡信仰的审视和把握”②。科学擅长对于事物局部的精细探究和准确认知，而宗教则擅长对于宇宙整体的模糊把握和神秘预测。“在科学家中间，越是从事宏观世界和微观世界领域科学研究的科学家，越是需要经常深入思考宇宙的本原、世界的本质、生命的意义以及运动的原动力等无法用科学实验解决的根本问题，信教者的比例也比较高。”③

“对宗教与科学的整体认知”论，认为宗教与科学在世界观和认识论上的认知对象同为人及其赖以存在的宇宙。人类在认识宇宙和人生上既需要科学的维度，也离不开宗教的参照；“宗教符号赋予人们生命的意义。科学模式赋予人们改造环境的能力”；“科学没有宗教就像瘸子，宗教没有科学就像

① 李申主编：《高科技与宗教》，天津科学技术出版社2000年版，第Ⅷ页。

② 卓新平：《宗教与文化》，人民出版社1988年版，第211页。

③ 《纪念爱因斯坦译文集》，上海科学技术出版社1979年版，第50页。

瞎子”。虽然宗教与科学的认知对象同为人及其赖以存在的宇宙，但二者的认知视野、角度、路径和手段截然不同：科学基本上借助于实验和理性逻辑推理，宗教则多采用象征和比喻形式。宗教与科学作为同一个整体认知的不同侧面，应该可以找到共同点和沟通彼此的中介，以避免相互对立或隔绝。科学理性的精确和严密虽然有利于局部的分析和研究，但却拙于对宇宙宏观整体和微观瞬间的把握。因此，科学有必要关注宗教信仰的认知进路，因其特质在于希图从有限达致无限、从局部把握整体、从相对追寻绝对、从短暂憧憬永恒。宗教信仰的惊奇情感、形象手法、象征符号等，在表达对无限整体的把握时可曲径通幽，其前瞻性和模糊性也可给科学思维带来启迪和补充。

11. 宗教与无神论

在当代中国的特定语境中，由于主流意识形态以无神论为基础，因此信仰多元化生态景观中的宗教与无神论之间的话语张力始终存在，尽管人们都不希望这种张力影响和谐社会的构建。

学界有研究者指出，鬼神迷信的沉渣正在假借科学和民族文化的旗帜重新泛起，新的鬼神信仰主要表现为：①违背科学常识，公开宣扬新的有神论。如有人公开宣扬在人类居住的这个“正”宇宙之外，存在着一个由我们的亡灵组成的“负”宇宙。②宣扬超物质、超自然的意念能力。如鼓吹心灵感应、意念取物等。③贩卖伪科学，宣扬真巫术。如宣称能远距离发功，所发外气能改变导弹航向，破坏正常的通信系统，凭借外气可以透视物体、探矿找矿，甚至可以呼风唤雨。④以弘扬民族文化为幌子，大搞封建迷信活动。如在研究《周易》的名义下，进行占卜算命，并且把这种腐朽的算命术叫做预测科学。上述鬼神信仰活动最重要的特征，就是伪科学和新鬼神说的结合，其理论伪装在于利用错觉、幻觉及魔术师表演等所谓“眼见为实”欺世盗名，自诩为最新、更高的科学，可以解释当代科学无法解释的“事实”。因此，我们在努力脱贫的同时，必须努力脱愚。只有整个民族摆脱愚昧，才能真正脱贫。摆脱愚昧的重要举措之一，就是进行科学无神论世界观的宣传和教育，反对新的有神论和种种貌似宗教、实为迷信的活动；如此也才能真正维护公民宗教信仰自由的权利。[①]

---

① 任继愈：《不仅要脱贫，而且要脱愚——谈科学无神论宣传的必要性和意义》，1999 年 6 月 24 日《人民日报》。

政界有论者指出：与利用宗教进行非法违法活动、迷信愚昧活动泛滥、邪教滋生坐大成势形成鲜明对照的是，科学唯物论、无神论宣传教育软弱无力。一些人甚至认为，宣传科学唯物论、无神论就是在坚持“极左”错误，违背宗教信仰自由政策。宗教问题成了一个十分敏感的问题，一般人不敢轻易涉足。虽然人们口头上也在讲坚持马克思主义宗教观，然而反迷信的宣传、科学唯物论、无神论教育几乎成了一个禁区。①

无神论有时甚至被描述为和谐社会语境中的不和谐因素：相当多的无神论者没有任何崇高理想，是纯粹的物质主义者、金钱拜物教徒，对社会没有好处；“战斗的无神论者”在苏联实践了70余年，它给社会主义苏联造成的损害及其最后的失败是有目共睹的；而所谓“科学无神论者”夸大无神论与有神论做斗争的重要性，把思想信仰上的差别上纲为“谁战胜谁”的大是大非之争，加剧宗教界与社会的紧张，妨碍民族团结与宗教和睦，给政府帮倒忙。中国的社会主义者应当淡化意识形态上的分歧，冲破“宗教鸦片基石论”的教条主义旧框架，在信仰上采取温和宽容的态度，善于同占世界人口多数的宗教信徒交往、沟通、合作，做“温和的无神论者”。②

政界有论者试图全面看待宗教与无神论的关系：有神论与无神论都是人类生产力和人的思维能力发展到一定阶段的产物。有神论虽然是从原始人类对他们自身和外部自然界的错误认识中产生的，但它的出现也是人类认识进步的表现。无神论是在有神论一统天下的条件下，作为其对立面逐步生长发展起来的人类文明的积极成果。宗教与有神论是有区别的，不能把两者完全等同起来。有神论是一种理论学说，它的表现形式主要是宗教思想，但还有其他一些巫术迷信的观念和思想。宗教不仅是一种观念形态，还是一种社会实体。宗教是由思想和观念、情感和体验、行为和活动、组织和制度等多种要素组成的复杂体系。仅仅从无神论的角度看待宗教问题至少是不够的，要运用辩证唯物主义和历史唯物主义的基本原理，把宗教放到广阔的社会历史背景中，进行多学科、多层面的分析，从而达

---

①　段启明：《消除宗教信仰自由的某些误区》，载《宗教、教派与邪教》，广西人民出版社2004年版，第128页。作者曾任国家宗教局政策法规司司长。

②　牟钟鉴：《中国的社会主义者应当是温和的无神论者》，2007年1月16日《中国民族报》。该文可商榷之处在于其有神无神非此即彼的二分法，将无神论者与所谓“纯粹的物质主义者”混为一谈。

到整体上的准确把握。宣传无神论与贯彻宗教信仰自由政策，都是从辩证唯物主义和历史唯物主义中得出的必然结论，都是代表最广大人民群众的根本利益的必然要求。在大力发展社会生产力的同时，要加强对人民群众特别是青少年的科学世界观包括无神论的宣传教育，不断提高全民族的思想道德素质和科学文化素质，这是关系我国未来发展的大事，也是代表最广大人民群众根本利益的重要体现。无神论宣传要善于运用唯物主义观点来说明群众中的信仰宗教的根源，加强有关自然现象、社会进化和人的生老病死、吉凶祸福的科学文化知识的宣传，并要特别注意把握好政策，讲求方式方法，避免伤害信教群众的宗教感情。①

二　国际视野

中国的发展离不开世界。以世界眼光和国际视野来看待全球化背景下的宗教问题，深入剖析宗教与国际政治之间的复杂纠葛，是当代宗教研究中重要的学术生长点，也是当代宗教研究者的职业责任所在。

1. 宗教与国际政治

随着持续半个世纪的两极格局的瓦解，一些国家和地区的民族分裂势力和宗教极端势力获得了前所未有的活动空间，纷纷打着民族复兴和宗教复兴的旗号走上国际政治舞台。不少国家和地区的民族矛盾、领土争端和宗教纷争突出，甚至酿成流血冲突和局部战争。宗教常常与现实的国际斗争和冲突相交织，成为国际关系和世界政治中的一个重要因素。

有论者指出，“冷战”后，民族宗教问题凸显，因民族宗教矛盾引发的地区冲突愈演愈烈。今天，基督教仍是以美国为首的西方对内凝聚人心，对外主导国际关系、施加影响力的价值观基础，是美国反恐与谋霸背后的信仰支撑，是全球化进程中欧美推行文化霸权并进而实现美式民主的重要工具；而伊斯兰教则是伊斯兰国家对内凝聚人心、谋求民族复兴，对外应对基督教强势文化、对抗美国用基督教文化“改造伊斯兰世界”的神圣旗帜。当代许多地区冲突和国际争端多以宗教为背景。以基督教和伊斯兰教为主线的冲突此起彼伏。以宗教为背景的冲突对国际安全局势产生了深刻影响。一方面，局部冲突产生国际性的连带影响。世界上的很多民族都具有跨国而居的特点

---

① 王作安：《正确处理宣传无神论与贯彻宗教信仰自由政策的关系》，《中国宗教》2002 年第 2 期。作者时任国家宗教局副局长。

和信仰某一宗教的共性，使其产生国际性的连带影响，加上宗教普世主义和全球化的影响而升级为能够左右大国关系，足以影响世界安全格局、严重制约世界和平与发展进程的全球性的因素。另一方面，民族、宗教等非传统安全因素与以国家安全为核心的传统安全因素并存交叉，宗教矛盾与民族矛盾、领土争端、政治分歧、经济利害以及军事冲突等问题相交织，对国际安全局势和世界和平产生了深刻影响。①

关于中国的南亚近邻印度，有研究者在研究其世俗化进程后指出，印度的世俗化进程不仅反驳了世俗化就是科学和理性取代宗教的陈旧理论，印度社会在 20 世纪 80 年代以后的变化更向世俗化是现代化的必然结果这一世俗化理论提出了挑战。印度世俗化的复杂性及其启示意义，还在于向我们提出了许多需要深入探讨的问题，如世俗社会的发展是否必须以牺牲宗教为代价，民主的多元化的社会如何平等对待不同的世界观和不同的宗教信仰，世俗世界与宗教世界如何平等对话等。“冷战”结束后的种种冲突提醒人们，对于“自己”以外的社会的全面了解是十分必要和重要的，因为对于“我们”和“他们”的界限加以武断地划分和对于“我们”以外的世界的无知常常会给人类造成巨大的灾难。②

关于当代日本的神道教，有学者指出，日本神道教的发展经历原始神道、神佛融合、神儒融合和国家神道四个阶段，迄今已有 1000 余年。明治维新后形成的神道与国家权力相结合的国家神道，作为带有强制性的祭政一致的国家宗教，是日本皇室权力在宗教上的反映。从明治维新至“二战”结束，国家神道作为宗教性的政治制度，对内控制了国民生活、思想意识的每一角落，起到禁锢思想、排除异己、压制民众的作用；对外则为日本军国主义势力的侵略扩张提供了理论依据，成为军国主义的思想发源地。“二战”结束后国家神道被美国占领当局废除，神社神道重新回归民间宗教。战后特定的历史环境为新兴宗教的崛起提供了空前有利的条件，新兴宗教迎来了发展的鼎盛时期。70 年代以后，神道系新兴宗教发展平稳，同时也出现了一些新的动向，其中对超自然“灵能”“灵力”的强烈崇拜、入教动机的嬗变、创教者和信徒高学历化和教团微型闭塞化尤其值

① 张训谋：《〈当代世界宗教问题〉绪论》，《宗教与世界》2007 年第 5 期。
② 邱永辉：《印度世俗化研究》，巴蜀书社 2003 年版，《前言》第 4—5 页。

得注意。①

关于当代犹太教，有研究者指出，在当今世界上，犹太教虽然教众不多，却是一个跨国界的宗教，这使之成为国际关系和世界政治、经济中的一个重要因素，突出体现在对美国总统大选、阿以冲突、国际金融趋势等方面不可低估的影响，经常起到推波助澜的作用。因此，研究当今世界的犹太教问题，可以为国家的有关战略决策提供重要的信息资源和理论依据。②

关于宗教极端主义，有学者早在“9·11事件”发生前就明确指出，尽管世界各种宗教中都存在有宗教极端主义，但从在世界各地的实际影响看，当前以与伊斯兰教中极端的保守主义相联系的宗教极端主义破坏力最强，也更加引人注目。宗教极端主义的显著特征之一是通过对某些教义思想作片面的解释来煽动宗教狂热，以达到某种政治目的。这有三方面的实例最为典型。一是在宗教与政治关系问题上大做文章，宣称伊斯兰教“既是宗教也是国家”，鼓吹建立以“真主主权”为基础的真正的、政教合一的“伊斯兰国家”。二是在宗教与民族关系问题上制造混乱。宗教极端主义鼓吹用伊斯兰教来代替民族认同，穆斯林必须有独立的家园。这种论调的危害，在穆斯林占多数地位的多民族国家，往往表现为对非穆斯林少数民族群体的歧视；而在穆斯林占少数地位的多民族宗教国家，则会成为民族分裂主义的“理论根据”。近些年来在巴尔干的波黑、科索沃，北高加索的达吉斯坦、车臣，中亚五国，以及在我国新疆地区，宗教极端主义和民族分裂主义势力鼓吹的正是这样一种歪理。三是以“圣战”之名从事各种暴力恐怖活动。③

“9·11事件”的发生，印证了研究者对于宗教极端主义的分析和担忧。进一步的研究指出，在“伊斯兰威胁论”和“文明冲突论”广为流行的美国和西方大国的传媒舆论中，多年来在和平与安全问题上的主流话语之一就是经常把各种暴力恐怖活动与伊斯兰原教旨主义和宗教极端主义联系起来，视为对美国和西方安全与战略利益的巨大威胁。国内外多年来的研究成果表明，抵制、反对西方的意识形态、发展道路和非伊斯兰的价值观是原教旨主

① 张大柘：《当代神道教》，东方出版社1999年版，第1页，第27—29页，第277—279页。

② 黄陵渝：《当代犹太教》，东方出版社2004年版，第1页。

③ 吴云贵：《应当重视对宗教极端主义的研究》，曹中建主编《中国宗教研究年鉴》（1999—2000），宗教文化出版社2001年版，第62—68页。

义兴起的最重要的思想根源。可以认为，伊斯兰原教旨主义是与宗教的现代改革主义和世俗的民族主义相对立的一种思潮和派别组织，其原教旨主义宗教价值观是一种企图通过曲解历史来实现教权主义政治目的、以文化保守主义为特征的价值观。伊斯兰原教旨主义与宗教极端主义有密切的思想联系，但二者之间也有一个重要区别：主流的原教旨主义主张开展合法的伊斯兰运动，反对暴力恐怖主义，而极端的原教旨主义不仅在思想观点上是极端的，在行为上也是极端的，为了达到政治功利主义目的（建立宗教至上的教权主义国家）可以不择手段，不顾后果。至于国际恐怖主义与宗教极端主义的关系，由于宗教极端主义曲解宗教信仰体系，把一切问题都解释、简化为宗教问题，狂热鼓吹"圣战"，将"圣战"观念泛化、极化，企图用神圣的宗教来证明暴力恐怖的合法性和正义性，使得当今世界各地的所谓"圣战"实际上已成为国际恐怖主义的代名词。①

2. 宗教与全球化

全球化在改变当代人类的生存状态，也在改变宗教的存在形态。当代中国的信仰多元化生态景观在势不可当的全球化浪潮的冲击下变得更加斑斓复杂。

有学者认为，在全球化进程加快的背景下，在相当长的时期内，中国宗教的表层格局在短期内不会发生重大的改变，仍然会维持佛、道、伊、天、基五大教为主的基本格局。其根本原因在于，日益加深的国际交往和方便迅捷的信息化网络对中国宗教的影响将主要表现在思想、文化及活动方式上，并不会直接表现在组织的层面上，因为独立自主自办是中国开展宗教方面的国际交流必须恪守的底线，而中国深厚的文化传统也极大地增加了外国宗教影响力渗入中国社会的难度。但全球化已经并将进一步改变中国的教态平衡：基督教在近期内还会有较快发展，佛教密宗在内地的影响会进一步扩大，道教内丹派会有一定发展。同时，新的宗教现象会不断出现，宗教纷争正日益成为影响社会安定、民族团结和国家统一的重要因素。全球化背景下，宗教在不同的情况下对不同的人而言，既可以是精神的寄托，也可以是追求自我实现的手段，还可以是身份认同的标志，不可一概而论。执政党在贯彻政教分离的宪法精神、切实保障公民的信教自由的时候，既不要试图利

① 吴云贵：《伊斯兰原教旨主义、宗教极端主义与国际恐怖主义辨析》，《国外社会科学》2002年第1期。

用宗教直接为政治目的服务，也要坚决反对敌对势力利用宗教破坏民族团结、社会稳定、国家安全和祖国统一。①

学界集大成的研究指出，在全球化进程中，①当代世界宗教发展出现世俗化、公民化、现代化趋势：世俗化趋势指传统神圣观念“祛魅”、神圣象征退隐和神圣符号破解的“非神圣化”以及宗教的现实关切和积极入世，公民化趋势指宗教的建制性功能日趋弱化、宗教日趋社会化和私人化，现代化趋势指宗教的“现代”意识和社会现代进程的积极适应。②当代世界宗教出现多元化、本土化、普世化走向：多元化走向表现在基督宗教虽已影响到世界上绝大多数地区，但却教派林立、分化不断、风格多样，而佛教、伊斯兰教等东方宗教传入西方则使世界宗教格局更加复杂多元；本土化走向涉及历史处境、社会场景、文化背景、经济环境、政治情景等内容，包括表层形似的文化披戴和深层神似的文化融入，而宗教本身的政治背景的强弱程度将影响其在某地本土化的深浅程度；普世化走向指世界各大宗教试图通过加大同宗联合力度、加快相互协调步伐，来增强其社会存在的整体实力。③世界宗教出现极端主义、原教旨主义、价值干涉和反主流文化等动向：宗教极端主义在教义信条上与保守主义、原教旨主义相关联，主张信仰回归本原和正统，在社会政治层面可能会与民族分裂主义、国际恐怖主义发生关联；宗教价值干涉指西方发达国家利用宗教自由、宗教人权、宗教宽容等口号干涉一些发展中国家的内政；宗教反主流文化动向指新兴宗教的大量涌现和迅速发展，其特点是扬弃或反对传统信仰，抵制或脱离主流文化，挑战或怀疑社会权威，强调个人体验并回归神秘主义，反主流文化的新兴信仰和膜拜团体一般鼓吹教主崇拜，远离主流社会，希冀通过修行或膜拜创造生命奇迹，表现出与世界宗教“祛魅”潮流截然相反的“复魅”企图。由于全球化大变革可能造成各民族国家国界的淡化和主权的弱化，全球性传教活动将会更加容易、更为深入。我国宗教未来的走向可前瞻如下：我国宗教的“全球意识”将会增强，跨越国度的“信仰联盟”的出现将会对我国宗教主权和独立办教原则构成威胁；我国宗教会进入一种全方位的多元发展之中，教派意识复苏，宗教分布和发展多元不定，信仰形式和活动方式多元分化，现有宗教格局面临新的宗教类别挑战；我国宗教会以更积极的姿态与主流意识形态对话、融入当代社会。鉴

① 曾传辉：《关于全球化影响我国宗教发展的思考》，《宗教与世界》2002 年第 5 期。

于世界宗教的发展趋势和我国宗教的未来走向，扩大宗教工作和研究的视域，与国际宗教界人士广交朋友，建立最广泛的国际统一战线，将会有助于我们与当今世界各种宗教展开全方位对话，在宗教信仰自由和宗教人权问题上达成更多共识，并揭露国际敌对势力在话语霸权后掩藏的政治图谋；有助于我们团结最广大的人民群众，促进宗教正面功能发挥，防止宗教负面功能出现；有助于维护我国法律尊严，使我国宗教独立自主自办原则受到广泛尊重，并借此加快宗教法治建设；有助于恪守政教分离原则，妥善处理宗教与政治的关系；有助于避免“文明的冲突”，建设多元文化和谐并存的国际社会，最大限度地孤立宗教极端主义或宗教霸权主义，制止宗教卷入敌对势力对我国的政治干涉和文化渗透，减少宗教被民族分裂势力和国际恐怖势力所利用的可能性和危险性。①

第四节　当代宗教研究（2009—2018）

本节是对当代宗教研究近10年的发展梳理，着重于对当代宗教研究的宏观描述和对全球化、人类命运共同体、宗教治理、“一带一路”、各大宗教当代意义的挖掘等重点问题的探寻，以望展现近10年当代宗教研究的一角。近10年来当代宗教学研究成果丰硕，田野调研报告覆盖地域颇为广阔，除国内以外，还涉及美国、俄罗斯、新加坡、马来西亚、埃及、印度尼西亚、缅甸以及中亚等国。其中，宗教发展态势的研究对象涵括了大学生、青少年、流动人口、少数民族、农村和乡镇人口以及老年人等群体，中国当代宗教信仰版图更加趋于完整。其中，涌现了多元的方法论以及重要当代性的研究议题，诸如修行人类学、调研数据和建模分析、“一带一路”倡议、宗教风险、互联网宗教、宗教与大数据/人工智能、宗教法人制度、宗教商业化、宗教身份认同与建构、民间信仰的复兴、宗教与心理咨询、宗教与知识图谱、文献的数字化建设、文献计量学等。

本节笔者基于有限的阅读，从近10年来国内和海外当代宗教发展态势研究、多元方法论、当代性研究议题和重要研究议题等维度铺展开对近10年当代宗教发展态势中冰山一角的概述。其中一些研究成果涵括了多元方法论与当代性研究议题等多个维度，为行文之便故依重点勉为分类，待后续修

① 卓新平：《全球化与当代宗教》，《世界宗教研究》2002年第3期。

正、补充。本节首先概要性地爬梳了《中国宗教报告（2010）》到《中国宗教报告（2016）》所描述的近10年当代宗教发展态势掠影，以及《宗教人类学（第一辑）》到《宗教人类学（第七辑）》发展历程中的创刊本心、纲领，以及核心概念之一“修行”一词的提出，及相应的研究对象与路径的逐步成熟。最后梳理了其他国内当代宗教发展态势研究报告。继而从“海外华人宗教信仰发展态势”和“海外地域范畴内多元宗教的态势”两个维度，综述了海外当代宗教发展态势的研究成果。最后，逐步梳理了近10年中国当代宗教研究中的当代性研究议题和重要的研究议题，并涵括了当代宗教研究所引入的多元方法论，讨论并反思了新范式和新方法、调研数据及模型分析等议题。

一　近10年当代宗教发展态势研究成果

该部分所针对的研究群体涵盖多类，可从国内、国外当代宗教发展态势两个维度分别阐述。其中，针对国内的当代宗教发展态势研究一方面梳理了2010—2016年的《中国宗教报告》成果；另一方面聚焦于国内其他当代宗教发展态势研究比较。

1.《中国宗教报告》（2010—2016）

《中国宗教报告（2010）》[①] 综述了2009年中国各大宗教的健康有序的发展态势及其面临的挑战。“各大宗教报告”中概述了佛教在商业大潮中面临的困境；道教界应对全球化挑战的努力；中国伊斯兰门宦的徘徊与选择（包括概况、分布格局与人口规模、内核、宗教表征、门宦制度、伊斯兰教与中国传统文化两种文明背景下的伊斯兰门宦在多种矛盾中的探索与选择）；天主教所面临的在政治正确性、世俗法律上的合法性以及宗教合法性的全面妥善与调整等；基督教对牧养水平的提高及对异端邪说的抵制；儒教研究中对儒教在民间的存在形态的问题研究，以及民间信仰研究领域所提出的“传统复兴与信仰自觉”的议题并提出以文化中国的视角看待“中国民间信仰”的问题等。

“热点报告”概要介绍了中国社会科学院世界宗教研究所课题组的《中国基督教入户问卷调查报告》于2008—2009年间对我国基督教信徒人数和信仰状况进行的全国性抽样调查，介绍了我国基督徒的总体情况及我国基督

① 邱永辉、金泽主编：《中国宗教报告（2010）》，社会科学文献出版社2010年版。

教现状（开始信教的年龄、开始信教的年份、信教的个人归因、接触宗教信仰的渠道、参加宗教活动的频率、参加宗教活动的场所、对其他宗教的看法、对清明扫墓的看法）。“专题报告”中卓新平、郑筱筠和王爱国分别阐述了当代云南民族和谐和宗教和谐发展、宗教传播及发展的云南模式、云南多元宗教生态平衡的报告。

《中国宗教报告（2011）》[①] 重点关注了：改革开放以来所经历的一场规模空前的宗教文化复兴运动；宗教的多种功能与公民的多重身份；中国的新兴宗教理论从“介绍”到研究的历程三方面内容。王志远在《积极稳健的 2010 年中国佛教》中，从中国佛教协会第八次全国代表会议，与中国佛教有关的新政策、新法规，佛教界与佛学界共同关注的学术研究热点，中国佛教的慈善事业、教育事业、文化艺术事业，中国佛教权益保护的积极推进，中国佛教走向世界八个方面评述了中国佛教 2010 年的积极稳健的发展状况。李志鸿在《2010 年中国道教的发展与思考》中，一方面概述了中国道教的组织建设、制度建设、文化建设、人才培养、宫观建设、社会参与、对外交流等方面的成就。另一方面通过梳理 2010 年发生的“李一事件”的由来、社会各界对此事件的讨论，进而阐发了对道教文化的学术思考。马景、敏俊卿的《2010 年中国伊斯兰教概况及当代穆斯林的宗教慈善事业分析》中呈现了中国伊斯兰教协会和省、市、县伊斯兰教协会的主要活动，概述了地方清真寺和穆斯林民间团体活动，并梳理了学术界相关的学术会议和学术出版物。从伊斯兰教的慈善理念、当代中国穆斯林的宗教慈善实践、当代中国穆斯林宗教慈善事业的总体特点和意义及存在的问题与举措四个方面，着重分析了当代中国穆斯林的宗教慈善事业。王美秀的《2010 年中国天主教观察与分析》介绍了 2010 年中国天主教重要事件，其中着重介绍了中国天主教第八次全国代表会议的筹备与召开，分析了中国天主教“八大”的意义，并爬梳了 2010 年年底的中梵冲突深远的历史背景和复杂成因。

黄海波的《走向建构中的公民社会——2010 年中国基督教的责任与反思》简要回顾了 2010 年中国基督教界各项主要事工，继而从建设中的公民社会与中国基督教的功能定位，走向公民社会的具体路径、根基、所具有的国际视野、持久动力等方面，来理解当前中国基督教界走向正在建构中的公民社会的努力。肖雁的《2010 年儒教研究的理论与实践》鉴于 2010 年儒教

① 邱永辉、金泽主编：《中国宗教报告（2011）》，社会科学文献出版社 2011 年版。

研究引入社会学、人类学视角后，将过去较为注重的纯粹理论阐释的研究转为考察儒教在民间存在形态研究的转型新路径的突出表现，作者从儒教研究的理论进展、儒教存在形态的考察、儒教载体发展的新特点、儒教在当代的发展路径四个方面概述了 2010 年中国儒教的存在和发展状况。叶涛的《龙牌会的变迁》从范庄龙牌会概况、组织形态的变化、庙会仪式的变化、信仰空间的转换四个维度考察了作为民间信仰的龙牌会的变迁，进而对当代华北地区民间信仰状况予以思考。“热点报告”中金泽在《新兴宗教研究——理论问题与社会挑战》中关注了国内外新兴宗教的存在状态、发展趋势与经验教训，并探讨了新兴宗教在发展与演变中的组织能力、动员能力和宣传能力，进而梳理新兴宗教的嬗变模式，最后基于此反思对新兴宗教的研究与评估，并探讨中国新兴宗教研究的未来。

“地区报告”的主题是“台湾宗教报告”，含两篇报告。卢云峰、李丁的《台湾地区宗教的格局、现状及发展趋势》中首先讨论了台湾地区宗教格局，继而基于台湾社会变迁调查数据说明了宗教现状，最后从宗教治理“多元化”、新兴宗教“平常化”、民间信仰“去污名化”、教派“教会化”、佛教“教团化”、儒教“民间化”、基督宗教“稳态化”七个方面重点讨论了近 20 年来台湾的宗教发展趋势及特点。杨德睿的《两岸宗教交流的历史回顾和近期趋势》简述了历来两岸宗教交流所采用的六种模式及近年来的结构变化迹象，并对未来两岸宗教交流的发展方向做了预判，即“整合个别优势，共同面向全球”。

《中国宗教报告（2012）》[①] 聚焦建构“中国话语”及宗教现状，尝试展示出观察宗教的新视域、分析宗教的新思路和研究宗教的新方法。“各大宗教报告”除了梳理了各大宗教的大事记外，还着重阐述了佛教的困扰，道教信仰的层次性和“大道教”概念的提出，伊斯兰教与民间新思潮的涌动，城市化对中国基督教教会的影响，并从“宗教实体面”建设和“文化主体性”建设聚焦中国天主教现状，直面青年神职人员与修女的“过劳死”和“健康透支”现象及挑战，还讨论了儒教在民间的存在状态、中国民间信仰及其现代价值等主题。“热点报告”中着重提出了宗教与中国的对话战略关系，其中，“地区报告”——甘肃报告，梳理了当代中国甘肃地区社会转型中宗教“活性”、伊斯兰教与社会和谐、宗教融合与宗教和谐等问题。

---

① 邱永辉、金泽主编：《中国宗教报告（2012）》，社会科学文献出版社 2012 年版。

《中国宗教报告（2013）》① 是学术界对中国宗教文化定位问题进行有益探索后形成的成果集。周齐在《2012年中国佛教及其经济问题报告》中概述了2012年九大佛教热点问题，并探讨了佛教资源上市、承包等佛教经济问题引发的公众舆论反应和相关分析，以及所引发社会反响的意义等。詹石窗在《2012年道教发展与养生问题考察》中概述了2012年中国道教在学院教育、人才培训、慈善工作、科仪法会、文化节和国际交流中的活动概况。并着重对2012年道教养生问题进行了讨论，梳理了道教内丹养生理论研究的新著作，报纸杂志中对道教养生的讨论，学术会议、电影故事片对道教养生问题的关注，以及道教养生场所的规划建设等。潘世杰在《2012年中国伊斯兰教发展向度》中概述了2012年中国伊斯兰教协会及各地伊斯兰教协会重要活动，梳理了中国伊斯兰教的学术动态、文化教育、慈善活动、突发事件及其应对与处理等领域的发展推进，思考了2012年中国伊斯兰教发展向度及其所面临的突出问题。段琦和唐晓峰在《2012年中国基督教概览和"全能神教"问题报告》中一方面回顾了2012年中国基督教概况，另一方面阐述了由"东方闪电"（全能神教）引发的思考。从近年来异端邪教发展的角度梳理了中国基督教面临的挑战，并针对如何防止基督教出现邪教进行了探讨。刘国鹏在《2012年中国天主教发展及欧洲天主教的影响》中分别从"2012年中国天主教现状考察""欧洲当代宗教形势及其对中国的影响""欧洲各国对中国天主教会发展的观察与评价"（以梵蒂冈为例）三个维度对中西欧各国宗教发展现状及政教关系对我国现行宗教治理的影响、中西欧各国对中国天主教会的评价予以聚焦。并对2013年教宗本笃十六世辞职事件对中国天主教会未来面貌的影响和中梵关系的走向等做以关注。赵法生在《兴亡继绝，返本开新——2012年儒教的发展与书院复兴报告》中梳理了2012年儒教发展历程中的大事件回顾，密切关注儒家在校园的发展、社区儒学的兴起和书院的勃兴，并着重论述了书院的复兴、类型和当代发展所面临的困扰。陈进国在《中华信仰版图的建构与民间信仰形态的发展》中以"核心区"（中国大陆与港澳台地区）和"辐射区"（海外华人社会，涵括中国国籍和外国国际）考察了民间信仰谱系的最近走势，并介绍了2012年核心区和辐射区民间信仰庙宇的主要动向，并通过对这三个信仰版图发展态势和互动格局的研究尝试填补对中国民间信仰版图的整体分析研究的空缺。"热点

① 邱永辉、金泽主编:《中国宗教报告（2013）》，社会科学文献出版社2013年版。

报告”中，张训谋在《2012年中国宗教治理综述报告》中从国家宗教事务局2012年的主要工作回顾、全年宗教治理中宗教工作的新理念和基本原则及年度工作中存在的问题（地方政党认识、政教关系、宗教事务部门建设、宗教团体和宗教活动场所治理）和未来走向三个维度综述性地总结了2012年国家宗教事务局的宗教治理工作。“专题报告”是基于中国社会科学院世界宗教研究所“河南开封南洋宗教生态格局比较研究”课题组在河南开封和南阳的调查所形成的三篇报告，尝试论述了开封和南阳两地宗教格局的异同处及其原因、宗教生态论在开封宗教格局的适用性及基督教与民间信仰的互动关系、南阳市各大宗教生态及发展状况、南阳不均衡的宗教生态关系格局及其表现、当代宗教政策在宗教生态失衡中的作用以及南阳宗教政策的微调与宗教生态的多维建构等。

《中国宗教报告（2014）》[①] 以中国宗教改革及其相关问题为主线，探讨了中国宗教在思想观念、行动仪轨和组织制度等层面的改革，并尝试指出中国宗教改革的出路。“各大宗教报告”议题多样，其中周齐的《2013年中国佛教发展形势及其热点事件评析报告》一方面对2013年中国佛教发展形势进行了概述，另一方面评析了2013年中国佛教热点事件——戏谑佛教歌曲事件、西安兴教寺事件、福州瑞云寺事件及其突出问题——言论自由与尊重宗教信仰的关系、不同群体的自我主体意识的边界问题和社会普遍缺乏基本宗教认识的问题、宗教法律法规有待出台政策问题等。汪桂平在《2013年道教发展与走向世界》一文中从宫观建设、组织建设、道风建设、道教文化建设、人才培养、公益慈善、对外交流七个方面系统地梳理了2013年中国道教发展状况，从不同方面体现了道教发展的活力、管理的日益全面化和细致化、忧患意识和创新意识，以及其主动走出国门、走向世界的尝试。马景在《2013年伊斯兰教发展态势及清真食品问题报告》中一方面回顾了2013年中国伊斯兰教的基本发展态势，并集中梳理了中国伊斯兰界在公益慈善、经学思想建设、经学院教育、穆斯林文化建设等方面情况。唐晓峰、段琦的《2013年中国基督教概况及基督教的民间化报告》阐述了2013年中国基督教概况、基督教的民间化表现及特点，其中教界和学界愈发关注基督教中国议题。刘国鹏的《2013年中国天主教现状及分析》从中国天主教会的组织及制度建设，中国天主教会的重大建设与活动，中国天主教会的海外交流活

① 邱永辉主编：《中国宗教报告（2014）》，社会科学文献出版社2015年版。

动，福传及神职人员队伍建设，以“信德年”为例的教会发展与神学建设，以及中梵关系六个方面尝试呈现2013年内中国天主教会的基本面向、重大特征和焦点问题。韩星的《与时偕行续脉命，承前启后开新篇——2013年度儒教发展报告》中梳理了2013年的儒教（儒学、儒家）的大事记，之后重点阐述了经典教育的普及、深化、问题与思考。陈进国、陈静的《民间信仰事务治理模式的探索与反思——以福建省为例》糅合了20多年来关于福建省民间信仰的各类调研报告、政府档案资料和大量的实地观察，进而总结出中国民间信仰事务治理的基本走势和最佳方案的选择。“热点报告”中高占福、郭承真、敏俊卿在《中国伊斯兰教门宦现状调查报告》中一方面梳理了门宦的产生、发展及其演变，并总结了改革开放以来门宦的状况、特点及存在的主要问题，之后阐述了现阶段对门宦的定位与认识，并对处理门宦问题提出了对策建议。“专题报告”以“中国古老宗教的复兴”为主线汇聚了云南东巴教与东巴文化现状为例的东巴教报告、广西壮族的人神和谐为例的师公教报告、甘肃境内苯教寺院的分布与现状调查研究的苯教报告和探讨萨满教在当代中国的复兴与发展的中国萨满教报告。其中色音在《中国萨满教报告》结语中认为“萨满教”（shamanism）这一国际上通用的学术用语比“巫教”这一学术用语更为恰当。

《中国宗教报告（2015）》[①] 以中国宗教组织的自治为主轴，提出了“宗教治理”的理念与模式。“各大宗教报告”栏目的7篇报告，着重讨论了2014年最突出的问题，涵括了中国佛教、道教、伊斯兰教、基督教、天主教、儒教、民间信仰等多元主体，研究议题有中国佛教的法制化管理、传统文化复兴背景下的道教发展、伊斯兰教育西部发展、基督教的关注点、天主教的发展状况、当代文庙的重建与复兴现状、浙江省民间信仰“社会治理”转型的反思。“热点报告”着重讨论了基督教中国的相关议题，最后的“专题报告”主题是中国宗教活动场所调查，即中国人民大学“中国宗教调查报告（2015）”，进而对当代中国宗教活动场所的历史及其形成、组织性、现代性和社会参与等作简要描述。

《中国宗教报告（2016）》[②] 着眼“一带一路”倡议，制定中国宗教文化“走出去”倡议，以助益“一带一路”建设中的人文交流。《中国宗教报告

① 邱永辉主编：《中国宗教报告（2015）》，社会科学文献出版社2016年版。

② 邱永辉主编：《中国宗教报告（2016）》，社会科学文献出版社2017年版。

(2016)》收录了当代宗教发展态势主题的原创论文10余篇，分别从总报告、各大宗教报告、热点报告和专题报告四个方面，希望给出当代宗教发展态势的概览。其中，“总报告”总结了2015年中国各大宗教的发展情况，对“一带一路”倡议下，中国宗教团体的发展趋势，以及“一带一路”智库中宗教文化研究的三个重要着力方向进行概览。“各大宗教报告”通过7篇报告描绘了中国宗教2016年的发展现状及热点问题，涵盖了中国佛教、道教、伊斯兰教、基督教、天主教、儒教和民间信仰。7篇报告中，不同宗教的讨论主题各有侧重，并涵盖了多样化的研究议题，涵盖网络宗教、医学养生、流动信众、大学生信仰状况、社会关怀、当下的复兴问题以及宗教的地域性发展状况等。“热点报告”从自身性问题、关系型问题和对立性问题三个方面，涉及了民族社会的变迁、与传统文化的适应、宗教渗透和邪教传播等多样议题，以及中国少数民族基督教信仰的趋势、现状及现存问题，并针对性地对少数民族基督教的发展提出了本土化、理性化、社区化、公益化的建议。“专题报告”讨论了广东潮汕地区的宗教现状和所面临的问题，进而提出了相应的政策建议。

2.《宗教人类学》

10年来当代宗教发展研究中所呈现的交叉研究中比较突出的一支就是宗教人类学研究，其中人类学在宗教学研究中渐趋成熟，其中尤为突出的是中国社会科学院世界宗教研究所金泽、陈进国主编的《宗教人类学》。2009年，中国社会科学院世界宗教研究所的“宗教人类学”学科（金泽、陈进国主持）获得中国社会科学院的特殊学科建设五年规划项目支持，学科平台《宗教人类学》第一辑在2009年正式出版。从2009年的《宗教人类学》第一辑到2017年的第七辑，一方面第一辑和第二辑所提出的“走进宗教现场”“灵性反观”等主线始终贯穿其中，另一方面第七辑中“修行”人类学的核心概念及研究路径逐步清晰。

从2009年创刊至2017年，《宗教人类学》第一辑到第七辑关注的热点议题有宗教人类学田野调研的方法论探讨、民间信仰研究的学术取向及研究路径探讨、族群认同、日本和阿拉伯世界等伊斯兰教研究、日常生活中的宗教、济度宗教、具身认知/身体经验与宗教修行、文献计量学等。下面概略介绍《宗教人类学（第一辑）》到《宗教人类学（第七辑）》的相关成果，并梳理了宗教人类学相关的部分学术会议。

（1）《宗教人类学》第一辑至第七辑

《宗教人类学（第一辑）》[1] 以“走进宗教现场”为主线，从田野现场、本土眼光、域外视野、学术交谈、学术书评五个维度统摄对中国宗教气质之变等相关议题的反思和探索，期待对理解当下中国宗教的整体生态和文明融合格局有所助益。其中，陈进国在《走进宗教现场》的报告中阐述了走进宗教现场的内涵：“‘走进宗教现场’来思考中国的存在方式，也是思考天下的存在方式。我们所谓的‘走进宗教现场’，是指研究者在运用人类学方法研究宗教事实时，必须兼顾两个现场的文化反观，从而穿越时空，走进宗教传统自身的生存真实及宗教实践者的生活真实。一是复归宗教文本（历史）的现场，将文本作为田野，从中智地直觉（或心性的体会）出宗教的内在体质和多重变奏，从而‘原’出宗教人在历史场景中的真实‘声音’，并‘道’出宗教作为文明传统的一以贯之的‘道’；二是直面宗教田野的现场，以田野作为文本，从中直观宗教在‘地方（大地方和小地方）’的存在方式和变迁过程，同情地理解‘当下’的宗教实践和‘日常’的信仰生活。”同时，第一辑中编者用传统的“熟”与“生”的范畴，来尝试寻找中国境域中的“宗教气质之变”。

《宗教人类学（第二辑）》[2] 以宗教生活世界的“灵性反观”的主线，从域外视野、本土眼光、历史向度、思想交谈、书评综述五个方面“观示”了生活世界的宗教和宗教的生活世界，望突破“宗教进化论”和“一神教”的判教偏见，以期达至“和而不同”的文化自觉和“美人之美”的人文胸怀。《宗教人类学（第三辑）》[3] 从历史向度、田野现场、名家特约、思想交谈、学术书评五个维度上聚焦探讨了救度宗教、伊斯兰教研究（马来西亚回族的殡葬与祭祖、义乌穆斯林社区的构建、鲁西南回民的伊斯兰想象、阿拉伯世界伊斯兰和中国穆斯林研究）、中国民间宗教的动力、在日常生活中发现和理解宗教等多元议题。《宗教人类学（第四辑）》[4] 从名家特约、田野现场、本土眼光、域外视野、思想交谈、学术评论六个部分着重探讨了中国的本土宗教研究、重建中的社会与宗教体系、政教关系、日本宗教人类学、基

---

① 金泽、陈进国主编：《宗教人类学（第一辑）》，民族出版社 2009 年版。
② 金泽、陈进国主编：《宗教人类学（第二辑）》，社会科学文献出版社 2010 年版。
③ 金泽、陈进国主编：《宗教人类学（第三辑）》，社会科学文献出版社 2012 年版。
④ 金泽、陈进国主编：《宗教人类学（第四辑）》，社会科学文献出版社 2013 年版。

督教人类学等多元议题。《宗教人类学（第五辑）》[①] 从名家约谈、田野现场、本土眼光、域外视野、思想交谈、学术评论六个维度，涵括了山西北缘东纳藏人的山神信仰、格萨尔王、苯教、南海观音像、香港全真派、济度道教、广州划龙舟仪式、云南昆明回族社区、中国穆斯林精英等多元研究对象。《宗教人类学（第六辑）》[②] 仍坚守从名家特约、思想交谈、本土眼光、田野现场、域外视野、学术评论六个维度，探讨了泛灵论、善恶界限、文化遗产、神圣之地——宗教场所、宗教的日常实践、宗教实践与意识、论杨庆堃对“民间信仰”与“弥散型宗教”的探讨、新型宗教、国外（韩国、日本、美国、俄罗斯等）多元宗教等议题，本辑也涉及了文献计量学分析的研究方法。

《宗教人类学（第七辑）》[③] 爬梳了“修行”的核心概念，并以之统摄了修行人类学导论、修行与日常生活、修行与身心实践、修行与学习过程、田野报告五个维度，探究了修行人类学的研究缘起、研究主题、研究路径，进行了核心概念梳理、跨学科的研究探微，重视宗教实践者的经验、言说和超越性诉求。

（2）宗教人类学会议

“宗教人类学”的学科建设中，也举办了多次会议，将同行学者聚集会议中推动了学科的发展。从2009年到2015年中国社会科学院世界宗教研究所分别与中山大学、兰州大学、吉首大学合办了四届中国宗教人类学论坛。2010年3月13日至14日，中国社会科学院世界宗教研究所与中山大学人类学系在中山大学合办了“中国宗教人类学的回顾与前瞻——首届宗教人类学学术论坛”。2012年5月11日至12日，中国社会科学院世界宗教研究所在京主办了“宗教的动力研究：第二届宗教人类学学术论坛”。2013年9月19日至22日，中国社会科学院世界宗教研究所与兰州大学西北少数民族研究中心/民族学研究院在甘肃兰州共同举办了“多元宗教与地方经验暨第三届中国宗教人类学论坛”。2015年9月8日至11日，在湖南湘西土家族苗族自治州吉首大学举办了“茶马古道上的文明与宗教——第四届中国宗教人类学论坛”。

---

① 陈进国主编：《宗教人类学（第五辑）》，社会科学文献出版社2014年版。
② 陈进国主编：《宗教人类学（第六辑）》，社会科学文献出版社2015年版。
③ 陈进国主编：《宗教人类学（第七辑）》，社会科学文献出版社2017年版。

从2015年到2018年，由南京大学人类学研究所杨德睿教授、中国社会科学院世界宗教研究所陈进国教授、华东师范大学人类学研究所黄剑波教授发起的“宗教人类学工作坊”，迄今已举办了四届。此工作坊意在回应目前中国社会研究较少关注的制度、结构、框架以外的“内在世界”的现状，从“修”“文”“化”等内涵丰富的概念出发，探寻宗教学和人类学领域里新的研究进路。

2015年6月20日至21日，“首届中国宗教人类学工作坊：世俗时代的修行”在海南定安文笔峰举行。2016年9月24日至25日，在江苏金坛茅山乾元观，金坛茅山乾元观、中国社会科学院世界宗教研究所、南京大学人类学研究所和华东师范大学人类学研究所四家单位联合主办了“修行人类学视野下的宗教与社会暨第二届宗教人类学工作坊”。2017年5月12日至15日，在浙江宁波金峨寺，中国宗教学会、中国社会科学院世界宗教研究所、南京大学社会人类学研究所、华东师范大学人类学研究所主办了“修行与精神性生活暨第三届宗教人类学工作坊”。会议的议程涵括了十个单元，包括七场主题研讨会、两场书法及古琴文化交流分享会和圆桌总结会，其中七场研讨会的主题涉及了“修行人类学的学理反思”“修行与精神体验”“修行与尘世生活”“修行与日常经验”“修行与身体实践”“声音感知与视觉”“佛教居士的修行”等。2018年6月29日至7月1日，在福建泉州，中国宗教学会、中国社会科学院世界宗教研究所、南京大学人类学研究所、华东师范大学人类学研究所、中国闽台缘博物馆主办，中国闽台缘博物馆研究部和泉州市闽南文化交流中心承办了“修行方式与指向——第四届宗教人类学工作坊”。工作坊分六组主题研讨，议题涵括了当代中国社会的佛教寺院及互联网下的民间信徒的修行模式、藏区及内蒙古的修行者、基督徒的主观性与语言意识形态、儒道与读经活动，以及当下中外宗教参与城市生活的种种实践。

3. 国内其他当代宗教发展态势研究

国内其他当代宗教发展态势研究涉及了佛教、道教、基督教、天主教、伊斯兰教及民间信仰的发展态势和信仰状况调查，另外对大学生的信仰状况的调研成果也颇为突出。

10年来佛教当代宗教发展态势研究范围较广，涉及了当代佛教的都市佛教群体考察、组织模式的现代建构、南传佛教的“阶序”逻辑、藏传佛教的供养关系和临终关怀等信仰体系、台湾佛教与文学等主题。中国学术界10

年来的期刊发表的相关学术成果包括郑筱筠的《南传佛教与佤族社会生活的“阶序”逻辑——以云南临沧佤族为例》[①]，金易明的《都市佛教之特性及城市居士佛教考察》[②]，徐祖祥、林邦誉的《都市城郊佛教丛林组织模式的现代建构——基于昆明市宝华寺的实证分析》[③]，蒙小莺、蒙小燕的《当代藏传佛教“部落寺院”与教众供养关系初探——以西仓寺院与西仓藏族调查分析为例》[④]，张晶晶、魏圆源的《佛教临终关怀服务的实践与传播——基于南京市玄武湖喇嘛庙的个案研究》[⑤]，王佳的《当代东北地区藏传佛教信仰状况调查研究》[⑥]，宗喀益西丹佛的《河湟地区藏传佛教信仰的结构特征与现代变迁——以青海省西宁市湟中县群加藏族乡为个案》[⑦]，德吉卓玛的《当代藏区尼众道场的经营与变迁——以个案调查为例》[⑧]，白玛措的《当代藏族尼众新教育体系的调查研究》[⑨]，白玛措的《当代藏族女尼的角色与认同——以康区亚青寺为例》[⑩]，丁敏的《当代台湾佛教文学研究的诠释建构者群像及其相关论述》[⑪]。

道教当代宗教发展态势研究主要集中在当代宗教发展态势的评议、对义工群体的考察和对道教宗教活动场所现状的调研。相关成果包括谭德贵的《关于济南市 d 观义工群体的考察与反思》[⑫]，陈文龙的《陕西 Y 市六县一区

① 郑筱筠：《南传佛教与佤族社会生活的“阶序”逻辑——以云南临沧佤族为例》，《世界宗教文化》2013 年第 1 期。

② 金易明：《都市佛教之特性及城市居士佛教考察》，《世界宗教文化》2011 年第 3 期。

③ 徐祖祥、林邦誉：《都市城郊佛教丛林组织模式的现代建构——基于昆明市宝华寺的实证分析》，《世界宗教文化》2010 年第 6 期。

④ 蒙小莺、蒙小燕：《当代藏传佛教“部落寺院”与教众供养关系初探——以西仓寺院与西仓藏族调查分析为例》，《世界宗教研究》2010 年第 2 期。

⑤ 张晶晶、魏圆源：《佛教临终关怀服务的实践与传播——基于南京市玄武湖喇嘛庙的个案研究》，《世界宗教文化》2018 年第 1 期。

⑥ 王佳：《当代东北地区藏传佛教信仰状况调查研究》，《世界宗教文化》2015 年第 1 期。

⑦ 宗喀益西丹佛：《河湟地区藏传佛教信仰的结构特征与现代变迁——以青海省西宁市湟中县群加藏族乡为个案》，《世界宗教文化》2014 年第 3 期。

⑧ 德吉卓玛：《当代藏区尼众道场的经营与变迁——以个案调查为例》，《世界宗教文化》2010 年第 3 期。

⑨ 白玛措：《当代藏族尼众新教育体系的调查研究》，《宗教学研究》2015 年第 3 期。

⑩ 白玛措：《当代藏族女尼的角色与认同——以康区亚青寺为例》，《宗教学研究》2011 年第 3 期。

⑪ 丁敏：《当代台湾佛教文学研究的诠释建构者群像及其相关论述》，《世界宗教文化》2013 年第 3 期。

⑫ 谭德贵：《关于济南市 d 观义工群体的考察与反思》，《世界宗教研究》2018 年第 1 期。

道教场所现状的调研与思考》[①]，黄永锋的《当代道教发展态势管见》[②]。

10年来基督教的当代发展态势跨越的地域范围很广，诸如京郊南口、河北、河南、山东、广东、闽南地区、云南西双版纳等地域范围。中国学术界10年来的期刊发表的相关学术成果包括黄杰的《对当前我国基督教问题的思考和认识——从基督教四次传入中国谈起》[③]，王潇楠的《京郊南口基督教会的历史与现状概述》[④]，刘海涛的《转型时期河北基督教现状研究》[⑤]，郑红娥、王伟的《中国乡村基督徒疾病观与就医行为：以山东某村庄为例》[⑥]，韩恒的《传播模式与农村基督教群体特征的演变——基于河南省14个调查点的分析》[⑦]，范正义的《当前基督教与民间信仰共处情况的调查与分析——以闽南H县J镇为例》[⑧]，刘昭瑞的《乡村基督宗教的走向与思考——以广东地区乡村教会的田野观察为例》[⑨]，艾菊红的《身份的政治学——西双版纳傣族基督徒的身份研究》[⑩]。

10年来伊斯兰教当代发展态势研究涵括的主题丰富，涉及了中国伊斯兰教都市化、都市穆斯林、义务穆斯林、“尔麦里”仪式、伊斯兰文化与社会网络、海上丝绸之路等多元主题。中国学术界10年来的期刊发表的相关学术成果包括米寿江的《中国伊斯兰教都市化的过程及其发展趋势》[⑪]，马强的《都市穆斯林宗教问题田野调查研究》[⑫]，季芳桐的《义乌穆斯林宗教信

---

① 陈文龙：《陕西Y市六县一区道教场所现状的调研与思考》，《世界宗教文化》2014年第6期。

② 黄永锋：《当代道教发展态势管见》，《世界宗教文化》2010年第4期。

③ 黄杰：《对当前我国基督教问题的思考和认识——从基督教四次传入中国谈起》，《世界宗教文化》2013年第4期。

④ 王潇楠：《京郊南口基督教会的历史与现状概述》，《世界宗教研究》2017年第2期。

⑤ 刘海涛：《转型时期河北基督教现状研究》，《世界宗教文化》2010年第5期。

⑥ 郑红娥、王伟：《中国乡村基督徒疾病观与就医行为：以山东某村庄为例》，《世界宗教文化》2014年第1期。

⑦ 韩恒：《传播模式与农村基督教群体特征的演变——基于河南省14个调查点的分析》，《世界宗教文化》2012年第5期。

⑧ 范正义：《当前基督教与民间信仰共处情况的调查与分析——以闽南H县J镇为例》，《世界宗教文化》2011年第1期。

⑨ 刘昭瑞：《乡村基督宗教的走向与思考——以广东地区乡村教会的田野观察为例》，《世界宗教研究》2011年第2期。

⑩ 艾菊红：《身份的政治学——西双版纳傣族基督徒的身份研究》，《世界宗教研究》2014年第5期。

⑪ 米寿江：《中国伊斯兰教都市化的过程及其发展趋势》，《世界宗教文化》2010年第1期。

⑫ 马强：《都市穆斯林宗教问题田野调查研究》，《世界宗教文化》2011年第6期。

仰现状研究》[①]，马桂芬、赵国军的《“尔麦里”仪式中的穆斯林妇女——基于甘肃省广河县胡门拱北“尔麦里”仪式的人类学考察》[②]，王平的《西北回族社会伊斯兰文化与社会网络——以甘肃临夏八坊回族聚居区为例》[③]，田德毅的《海南宝岛：海上丝绸之路的重要中转地——海南三亚、陵水、万宁等地穆斯林文化田野报告》[④]。

10 年来天主教的当代发展态势囊括的地域范围也较广，诸如山西、浙江、湖北、广西、台湾等。中国学术界 10 年来的期刊发表的相关学术成果包括王美秀的《天主教对中国祭祖的认识——过去与现在》[⑤]，王美秀、刘安荣的《浅谈山西省天主教的现状、问题与趋势——从经验观察的视角看》[⑥]，姜裕富的《宗教嵌入、社会认同与农村治理——衢州 MP 村天主教的实践与表达》[⑦]，向丽的《鄂西南天主教传播及其现代变迁》[⑧]，曾志辉、庞乐培的《天主教在广西民族山区的传播历史与现状》[⑨]，黄怀秋的《当代台湾天主教的宗教交谈：历史—现况—展望》[⑩]。

10 年来民间信仰的当代发展态势研究成果中无论从调研地域、相关的社会学议题、信仰对象、仪式和庙宇等维度都呈现出民间信仰研究复兴的趋势。中国学术界 10 年来的期刊发表的相关学术成果包括杨德睿的《华北乡居民众的宗教偏好：对河北蠡县弘阳教三派的比较研究》[⑪]，彭尚青、李向平

---

① 季芳桐：《义乌穆斯林宗教信仰现状研究》，《世界宗教文化》2011 年第 4 期。

② 马桂芬、赵国军：《“尔麦里”仪式中的穆斯林妇女——基于甘肃省广河县胡门拱北“尔麦里”仪式的人类学考察》，《世界宗教研究》2012 年第 5 期。

③ 王平：《西北回族社会伊斯兰文化与社会网络——以甘肃临夏八坊回族聚居区为例》，《世界宗教研究》2010 年第 6 期。

④ 田德毅：《海南宝岛：海上丝绸之路的重要中转地——海南三亚、陵水、万宁等地穆斯林文化田野报告》，《世界宗教研究》2014 年第 2 期。

⑤ 王美秀：《天主教对中国祭祖的认识——过去与现在》，《世界宗教文化》2010 年第 5 期。

⑥ 王美秀、刘安荣：《浅谈山西省天主教的现状、问题与趋势——从经验观察的视角看》，《世界宗教文化》2016 年第 6 期。

⑦ 姜裕富：《宗教嵌入、社会认同与农村治理——衢州 MP 村天主教的实践与表达》，《世界宗教文化》2015 年第 5 期。

⑧ 向丽：《鄂西南天主教传播及其现代变迁》，《世界宗教文化》2010 年第 5 期。

⑨ 曾志辉、庞乐培：《天主教在广西民族山区的传播历史与现状》，《世界宗教文化》2010 年第 5 期。

⑩ 黄怀秋：《当代台湾天主教的宗教交谈：历史—现况—展望》，《世界宗教文化》2013 年第 5 期。

⑪ 杨德睿：《华北乡居民众的宗教偏好：对河北蠡县弘阳教三派的比较研究》，《世界宗教文化》2014 年第 1 期。

的《民间信仰精英的权威建构与实践逻辑——以陕北黑龙庙王氏父子为例》[1]，李建宗的《地方性知识体系中的民间信仰——以甘肃中部地区M镇为个案》[2]，王彦龙的《乡民艺术的历史记忆与宗教呈现——基于甘肃临潭太平社火的田野调查》[3]，何倩倩、桂华的《民间宗教的公共性及其变迁——基于甘肃中部的田野考察》[4]，曾传辉的《青海省贵德县文昌神和二郎神信仰考察报告》[5]，吴新锋的《湖北武当山地区"活判子"信仰现状考察》[6]，龙飞俊的《上海龙王庙的"太太"们——当代上海龙王庙道教地方祭祀体系调查》[7]，魏程琳的《"祖荫"与"神佑"：村落社会的文化与秩序——赣南客家民间信仰的实践》[8]，郑衡泌的《调适与重建：城市化进程中民间信仰庙宇的道教化与规范化——以福州九案十三堂为例》[9]，俞黎媛的《传统神灵信仰在当代的变迁与适应——以福建闽清金沙堂张圣君信仰为例》[10]，刘东旭的《民间力量与乡村庙宇重建——基于贵州北部两座庙宇的研究》[11]，张跃、李霞的《"混生"的文化：傣族社会中的祭"寨心"仪式——基于双江县公很村的田野研究》[12]，宋光宇的《寺庙经营与社会变

---

① 彭尚青、李向平：《民间信仰精英的权威建构与实践逻辑——以陕北黑龙庙王氏父子为例》，《世界宗教文化》2015年第5期。

② 李建宗：《地方性知识体系中的民间信仰——以甘肃中部地区M镇为个案》，《世界宗教文化》2013年第6期。

③ 王彦龙：《乡民艺术的历史记忆与宗教呈现——基于甘肃临潭太平社火的田野调查》，《世界宗教文化》2017年第1期。

④ 何倩倩、桂华：《民间宗教的公共性及其变迁——基于甘肃中部的田野考察》，《世界宗教研究》2015年第3期。

⑤ 曾传辉：《青海省贵德县文昌神和二郎神信仰考察报告》，《世界宗教研究》2018年第1期。

⑥ 吴新锋：《湖北武当山地区"活判子"信仰现状考察》，《世界宗教文化》2011年第3期。

⑦ 龙飞俊：《上海龙王庙的"太太"们——当代上海龙王庙道教地方祭祀体系调查》，《宗教学研究》2014年第3期。

⑧ 魏程琳：《"祖荫"与"神佑"：村落社会的文化与秩序——赣南客家民间信仰的实践》，《世界宗教文化》2013年第6期。

⑨ 郑衡泌：《调适与重建：城市化进程中民间信仰庙宇的道教化与规范化——以福州九案十三堂为例》，《世界宗教文化》2014年第6期。

⑩ 俞黎媛：《传统神灵信仰在当代的变迁与适应——以福建闽清金沙堂张圣君信仰为例》，《世界宗教文化》2012年第2期。

⑪ 刘东旭：《民间力量与乡村庙宇重建——基于贵州北部两座庙宇的研究》，《世界宗教文化》2015年第2期。

⑫ 张跃、李霞：《"混生"的文化：傣族社会中的祭"寨心"仪式——基于双江县公很村的田野研究》，《世界宗教文化》2014年第5期。

迁——以台北市碧山岩开漳圣王庙为例》[①]。

10年来跨地域的当代宗教发展动态在针对具体地域的宗教生态的报告方面成果丰硕，宗教学成果与社会学有颇多交叉。中国学术界10年来的期刊发表的相关学术成果包括王佳、司徒剑萍的《当代中国社会的宗教信仰和人际信任》[②]，肖云泽、李向平的《制度变迁与传统再造——兼论当代西南民族民间信仰的复兴或重组》[③]，赵翠翠的《宗教信仰交往及其私人化特征——基于福建海滨社区信仰关系的研究》[④]，蒋净柳的《当代后藏农区的宗教实践：以日喀则白朗县为例》[⑤]，郭泰山、董西彩的《对当前新疆宗教工作和政策选择的评析》[⑥]，王永智、王金燕、王郡的《丝路沿线民族地区青少年宗教信仰现状及特殊性分析——以甘肃天祝藏族自治县的调查为例》[⑦]，张若琳、常晶的《城市少数民族聚居社区治理的制度分析——以长治市城区回族社区为例》[⑧]，李守雷的《移民社会融合的宗教适应研究——基于西双版纳一个移民村寨的调查》[⑨]，尕藏加的《宗教信仰与各民族和谐相处——以青海省贵德地区为例》[⑩]，陈焱的《民族文化中宗教和谐与整合的隐喻——以四川硗碛嘉绒藏族乡为研究个案》[⑪]，周易、唐轲、孟全省的

① 宋光宇：《寺庙经营与社会变迁——以台北市碧山岩开漳圣王庙为例》，《世界宗教文化》2012年第5期。

② 王佳、司徒剑萍：《当代中国社会的宗教信仰和人际信任》，《世界宗教文化》2010年第4期。

③ 肖云泽、李向平：《制度变迁与传统再造——兼论当代西南民族民间信仰的复兴或重组》，《世界宗教文化》2016年第4期。

④ 赵翠翠：《宗教信仰交往及其私人化特征——基于福建海滨社区信仰关系的研究》，《世界宗教研究》2018年第1期。

⑤ 蒋净柳：《当代后藏农区的宗教实践：以日喀则白朗县为例》，《世界宗教研究》2016年第1期。

⑥ 郭泰山、董西彩：《对当前新疆宗教工作和政策选择的评析》，《世界宗教研究》2012年第6期。

⑦ 王永智、王金燕、王郡：《丝路沿线民族地区青少年宗教信仰现状及特殊性分析——以甘肃天祝藏族自治县的调查为例》，《世界宗教文化》2015年第4期。

⑧ 张若琳、常晶：《城市少数民族聚居社区治理的制度分析——以长治市城区回族社区为例》，《世界宗教文化》2015年第4期。

⑨ 李守雷：《移民社会融合的宗教适应研究——基于西双版纳一个移民村寨的调查》，《世界宗教文化》2015年第1期。

⑩ 尕藏加：《宗教信仰与各民族和谐相处——以青海省贵德地区为例》，《世界宗教文化》2014年第6期。

⑪ 陈焱：《民族文化中宗教和谐与整合的隐喻——以四川硗碛嘉绒藏族乡为研究个案》，《世界宗教文化》2012年第3期。

《宗教对农民婚姻质量的影响——基于陕西杨凌区农户调查的经验研究》[①]，曲比阿果的《当代凉山城镇彝族毕摩、苏尼现状调查——以美姑、喜德县城为例》[②]，丁莉霞的《甘南藏传佛教信仰以及寺院经济的现状考察》[③]。

近10年来，当代宗教发展动态在研究对象的选择上，非常关注中国在校大学生和少数民族的信仰状况，其中，中国学术界10年来与大学生信仰状况相关的研究成果包括王康的《论社会转型与当代大学生的宗教皈依》[④]，陈思的《比较视野下的大学生宗教信仰现状及其政治参与研究》[⑤]，王康、诸英、陈剑的《当代大学生宗教认同的现状调查》[⑥]，宋兴川和张艺的《大学生宗教经验归因的现状研究——以福州大学生为例》[⑦]，刘影的《近十年我国大学生基督教信仰研究现状述评——以CNKI收录的论文为例》[⑧]，李丁的《基督教在中国高校的发展情况及大学生的态度》[⑨]，包胜勇、姜婷婷的《大学生基督徒信仰历程研究——以北京市大学生基督徒个案研究为例》[⑩]，王康、冯群的《大学本科生基督新教信仰状况调查》[⑪]。

二　海外当代宗教发展态势研究

当代宗教的海外发展态势研究，主要聚焦于两个维度：海外华人的宗教信仰动态发展态势、全球视野下具体地理区域内的宗教发展态势。下文分别从这两个方面梳理近10年的研究成果。

---

① 周易、唐轲、孟全省:《宗教对农民婚姻质量的影响——基于陕西杨凌区农户调查的经验研究》,《世界宗教文化》2012年第2期。

② 曲比阿果:《当代凉山城镇彝族毕摩、苏尼现状调查——以美姑、喜德县城为例》,《宗教学研究》2015年第2期。

③ 丁莉霞:《甘南藏传佛教信仰以及寺院经济的现状考察》,《世界宗教文化》2010年第3期。

④ 王康:《论社会转型与当代大学生的宗教皈依》,《世界宗教研究》2012年第2期。

⑤ 陈思:《比较视野下的大学生宗教信仰现状及其政治参与研究》,《世界宗教文化》2017年第4期。

⑥ 王康、诸英、陈剑:《当代大学生宗教认同的现状调查》,《世界宗教文化》2017年第3期。

⑦ 宋兴川、张艺:《大学生宗教经验归因的现状研究——以福州大学生为例》,《世界宗教文化》2015年第5期。

⑧ 刘影:《近十年我国大学生基督教信仰研究现状述评——以CNKI收录的论文为例》,《世界宗教文化》2016年第4期。

⑨ 李丁:《基督教在中国高校的发展情况及大学生的态度》,《世界宗教文化》2016年第1期。

⑩ 包胜勇、姜婷婷:《大学生基督徒信仰历程研究——以北京市大学生基督徒个案研究为例》,《世界宗教文化》2016年第1期。

⑪ 王康、冯群:《大学本科生基督新教信仰状况调查》,《世界宗教文化》2010年第4期。

1. 海外华人的宗教信仰动态发展态势的成果

10 年来海外华人的宗教信仰动态发展态势研究中涵括的地域较为广阔，诸如印尼华裔、马来西亚华人、欧洲华人、新加坡华人、东南亚华人、马来西亚海南籍华人、缅甸华人等；并且研究议题跨度较大，诸如“一带一路”、族群意识、家国观念、经济全球化背景、基督徒数量的估算、信仰习惯、民间信仰、宗教建构与身份认同等。中国学术界 10 年来的期刊发表的相关学术成果包括蔡明宏的《“一带一路”视阈下印尼华裔族群意识与家国观念实证调研》①，张禹东的《海外华人传统宗教的现代演化》②，陈爱梅的《谁是佛教徒？佛教徒是谁？——马来西亚华人佛教信仰探析》③，曹南来、林黎君的《经济全球化背景下的华人移民基督教：欧洲的案例》④，张晶盈的《新加坡华人基督教的发展现状、原因及趋势》⑤，张钟鑫的《当代东南亚华人基督徒数量的估算与评析——兼统计东南亚、世界基督徒与东南亚华人数量》⑥，石沧金的《马来西亚海南籍华人的民间信仰考察》⑦，李向振的《“信仰惯习”：一个分析海外华人民间信仰的视角——基于新加坡中元祭鬼习俗的田野考察》⑧，陈景熙的《华南民间信仰的建构与海外传播——新加坡蔡府王爷信仰的案例》⑨，白志红、钟小鑫的《无权者的权力“游戏”——缅甸华人民间信仰者的宗教建构及其身份认同》⑩，范正义的《当

① 蔡明宏：《“一带一路”视阈下印尼华裔族群意识与家国观念实证调研》，《世界宗教文化》2017 年第5 期。

② 张禹东：《海外华人传统宗教的现代演化》，《世界宗教文化》2013 年第 1 期。

③ 陈爱梅：《谁是佛教徒？佛教徒是谁？——马来西亚华人佛教信仰探析》，《世界宗教文化》2015 年第 2 期。

④ 曹南来、林黎君：《经济全球化背景下的华人移民基督教：欧洲的案例》，《世界宗教研究》2016 年第 4 期。

⑤ 张晶盈：《新加坡华人基督教的发展现状、原因及趋势》，《世界宗教文化》2015 年第 4 期。

⑥ 张钟鑫：《当代东南亚华人基督徒数量的估算与评析——兼统计东南亚、世界基督徒与东南亚华人数量》，《世界宗教研究》2018 年第 1 期。

⑦ 石沧金：《马来西亚海南籍华人的民间信仰考察》，《世界宗教研究》2014 年第 2 期。

⑧ 李向振：《“信仰惯习”：一个分析海外华人民间信仰的视角——基于新加坡中元祭鬼习俗的田野考察》，《世界宗教研究》2018 年第 1 期。

⑨ 陈景熙：《华南民间信仰的建构与海外传播——新加坡蔡府王爷信仰的案例》，《世界宗教文化》2015 年第 5 期。

⑩ 白志红、钟小鑫：《无权者的权力“游戏”——缅甸华人民间信仰者的宗教建构及其身份认同》，《世界宗教文化》2014 年第 5 期。

前海外华人民间信仰跨地区交往和结盟现象研究》[①]。

2. 全球视野下具体地理区域内的宗教发展态势

10年来全球视野下特定区域内的当代宗教发展态势研究中，首先，在地域上涉及了世界信仰版图及东南亚、南亚、非洲、美国、英国、意大利、俄罗斯、日本、新加坡、埃及、泰国、缅甸、越南、印度尼西亚等地区和国家；其次，相关研究聚焦的宗教也非常多样，诸如儒教（儒家）、佛教、基督教、伊斯兰教、天主教、东正教、神道教等；最后，研究议题也范围非常广，诸如宗派探讨、媒体与宗教关系探讨、宗教团体探讨，管理机构探析、研究路径、信仰模式、公民—文化身份重构、跨境流动、仪式等。中国学术界10年来的期刊发表的相关学术成果包括谢荣谦、雷春芳的《2010年世界主要宗教群体规模和分布报告（一）》[②]，朱峰的《当代东南亚华人基督教浅析》[③]，马景的《伊斯兰教宣教团体在东南亚的传播与发展》[④]，邱永辉的《南亚宗教发展态势研究》[⑤]，李维建的《当代非洲宗教生态》[⑥]，李维建的《当代非洲苏非主义——挑战与出路》[⑦]，周海金的《伊斯兰教在当代非洲社会的传播与影响》[⑧]，王恩铭的《试论当代美国基督教保守派》[⑨]，夏昌奇的《当代美国社会中的大众媒体与宗教》[⑩]，徐以骅的《宗教与2012年美国大选及当前中美关系》[⑪]，孙艳燕的《当代英国基督宗教世俗化的形成原因》[⑫]，孙艳燕的《当代英美两国宗教活力差异的形成原因》[⑬]，刘国鹏的《当代意大利天主教“圣·艾智德”团体探析》[⑭]，刘超的《当代俄罗斯东正教文化

① 范正义:《当前海外华人民间信仰跨地区交往和结盟现象研究》,《世界宗教文化》2014年第1期。

② 谢荣谦、雷春芳:《2010年世界主要宗教群体规模和分布报告（一）》,《世界宗教文化》2013年第4期。

③ 朱峰:《当代东南亚华人基督教浅析》,《世界宗教文化》2011年第1期。

④ 马景:《伊斯兰教宣教团体在东南亚的传播与发展》,《世界宗教文化》2015年第3期。

⑤ 邱永辉:《南亚宗教发展态势研究》,《世界宗教研究》2015年第2期。

⑥ 李维建:《当代非洲宗教生态》,《世界宗教文化》2017年第3期。

⑦ 李维建:《当代非洲苏非主义——挑战与出路》,《世界宗教研究》2016年第3期。

⑧ 周海金:《伊斯兰教在当代非洲社会的传播与影响》,《世界宗教研究》2014年第4期。

⑨ 王恩铭:《试论当代美国基督教保守派》,《世界宗教文化》2014年第1期。

⑩ 夏昌奇:《当代美国社会中的大众媒体与宗教》,《世界宗教文化》2011年第4期。

⑪ 徐以骅:《宗教与2012年美国大选及当前中美关系》,《世界宗教研究》2013年第6期。

⑫ 孙艳燕:《当代英国基督宗教世俗化的形成原因》,《世界宗教文化》2012年第5期。

⑬ 孙艳燕:《当代英美两国宗教活力差异的形成原因》,《世界宗教文化》2013年第6期。

⑭ 刘国鹏:《当代意大利天主教“圣·艾智德”团体探析》,《世界宗教文化》2010年第3期。

教育发展状况论析》[1]，张百春的《当代俄罗斯东正教会最高管理机构》[2]，张熙的《当代俄罗斯宗教学研究的路径与特色》[3]，丽平的《今日俄罗斯“东正教热”》[4]，色音的《日本神道教的历史与现状》[5]，李栋材的《新加坡联合宫信仰模式探究》[6]，尤梅的《当代埃及社会穆斯林与基督徒关系浅析》[7]，龚浩群的《佛教与社会：佛使比丘与当代泰国公民—文化身份的重构》[8]，饶睿颖的《迁移境外傣泐人南传佛教文化观研究——以泰北南王村寨为例》[9]，孔建勋、张晓倩的《当前缅甸不同宗教群体之间的社会距离及其影响因素》[10]，白志红、钟小鑫的《缅甸僧侣的社会网络与资本累积——一个村落寺庙住持的人类学研究》[11]，高志英、沙丽娜的《宗教诉求与跨境流动——以中缅边境地区信仰基督教跨境民族为个案》[12]，阮氏锦的《越南北传佛教戒律的传承与当代弘扬概述》[13]，吴清心、黑颖、杨莉的《近年来越南北部苗族新教皈依者的民族性和跨国性》[14]，王爱平的《印度尼西亚孔教的祭天仪式》[15]，徐以骅的《当代国际传教运动研究的“四个跨越”》[16]。

① 刘超：《当代俄罗斯东正教文化教育发展状况论析》，《世界宗教文化》2012 年第 6 期。

② 张百春：《当代俄罗斯东正教会最高管理机构》，《世界宗教文化》2017 年第 2 期。

③ 张熙：《当代俄罗斯宗教学研究的路径与特色》，《世界宗教文化》2017 年第 2 期。

④ 丽平：《今日俄罗斯“东正教热”》，《世界宗教文化》2009 年第 2 期。

⑤ 色音：《日本神道教的历史与现状》，《世界宗教文化》2014 年第 6 期。

⑥ 李栋材：《新加坡联合宫信仰模式探究》，《世界宗教文化》2013 年第 1 期。

⑦ 尤梅：《当代埃及社会穆斯林与基督徒关系浅析》，《世界宗教文化》2011 年第 6 期。

⑧ 龚浩群：《佛教与社会：佛使比丘与当代泰国公民—文化身份的重构》，《世界宗教文化》2011 年第 1 期。

⑨ 饶睿颖：《迁移境外傣泐人南传佛教文化观研究——以泰北南王村寨为例》，《世界宗教文化》2016 年第 5 期。

⑩ 孔建勋、张晓倩：《当前缅甸不同宗教群体之间的社会距离及其影响因素》，《世界宗教文化》2017 年第 1 期。

⑪ 白志红、钟小鑫：《缅甸僧侣的社会网络与资本累积——一个村落寺庙住持的人类学研究》，《世界宗教文化》2015 年第 5 期。

⑫ 高志英、沙丽娜：《宗教诉求与跨境流动——以中缅边境地区信仰基督教跨境民族为个案》，《世界宗教研究》2014 年第 6 期。

⑬ 阮氏锦：《越南北传佛教戒律的传承与当代弘扬概述》，《世界宗教文化》2015 年第 6 期。

⑭ 吴清心、黑颖、杨莉：《近年来越南北部苗族新教皈依者的民族性和跨国性》，《世界宗教文化》2013 年第 2 期。

⑮ 王爱平：《印度尼西亚孔教的祭天仪式》，《世界宗教研究》2011 年第 4 期。

⑯ 徐以骅：《当代国际传教运动研究的“四个跨越”》，《世界宗教文化》2010 年第 1 期。

三　当代特色的研究议题

10 年来当代宗教发展研究中呈现出当代特色的研究议题，诸如“一带一路”倡议和宗教风险、互联网宗教等。下面择选“一带一路”倡议与互联网宗教两个议题以略观当代特色的研究成果。

1. “一带一路”倡议及宗教风险

中国学术界 10 年来“一带一路”倡议相关的研究成果包括章远的《“一带一路”愿景下跨欧亚大陆的反极端主义中欧合作——一种可能性的分析》[①]，张世均的《“一带一路”倡议下青藏高原地区宗教文化对外传播的路径与对策——以西藏自治区藏传佛教与印度佛教交流为例》[②]，郑松的《发挥新疆在“一带一路”建设中的区位支点作用》[③]，吕昂的《“一带一路”与中印佛教文化的交融互鉴》[④]，吴云贵的《“一带一路”倡议构想中的宗教文化因素》[⑤]，吴云贵的《“一带一路”建设与文明对话互鉴》[⑥]，卓新平、刘金光、方光华、郑筱筠的《对话宗教与“一带一路”战略》[⑦]。

“一带一路”倡议主题相关的成果中有大量学者在集中关注“一带一路”倡议与宗教风险主题的研究，相关的研究成果包括郑筱筠的《“一带一路”倡议与宗教风险研究——基于可能性和必要性视角》[⑧]，马蓓的《“一带一路”框架下中国—巴基斯坦安全风险防范研究》[⑨]，李政阳的《“一带一

---

① 章远：《“一带一路”愿景下跨欧亚大陆的反极端主义中欧合作——一种可能性的分析》，《世界宗教研究》2016 年第 1 期。

② 张世均：《“一带一路”倡议下青藏高原地区宗教文化对外传播的路径与对策——以西藏自治区藏传佛教与印度佛教交流为例》，《世界宗教文化》2018 年第 2 期。

③ 郑松：《发挥新疆在“一带一路”建设中的区位支点作用》，《世界宗教文化》2017 年第 5 期。

④ 吕昂：《“一带一路”与中印佛教文化的交融互鉴》，《世界宗教文化》2017 年第 4 期。

⑤ 吴云贵：《“一带一路”倡议构想中的宗教文化因素》，《世界宗教文化》2017 年第 1 期。

⑥ 吴云贵：《“一带一路”建设与文明对话互鉴》，《世界宗教文化》2016 年第 3 期。

⑦ 卓新平、刘金光、方光华、郑筱筠：《对话宗教与“一带一路”倡议》，《世界宗教文化》2015 年第 2 期。

⑧ 郑筱筠：《“一带一路”倡议与宗教风险研究——基于可能性和必要性视角》，《世界宗教研究》2016 年第 6 期。

⑨ 马蓓：《“一带一路”框架下中国—巴基斯坦安全风险防范研究》，《世界宗教文化》2018 年第 3 期。

路”倡议实施中的越南宗教风险研究》①，马丽蓉的《“一带一路”沿线伊斯兰支点国家建设及其安全风险防范研究》②，苏闻宇的《“一带一路”倡议下中国—土耳其安全风险防范研究》③，王畅的《“一带一路”倡议下中国—伊朗安全风险防范研究》④，严天钦的《“一带一路”倡议实施中的乌克兰宗教风险研究》⑤，涂东的《“一带一路”倡议实施中的波兰宗教风险研究》⑥，陈昕彤的《“一带一路”倡议实施中的意大利宗教风险研究》⑦，潘文的《“一带一路”倡议实施中的荷兰宗教风险研究》⑧，肖习的《“一带一路”倡议实施中的法国宗教风险研究》⑨，嘉木扬·凯朝的《“一带一路”视野下蒙古地区佛教的区位优势》⑩，刘义的《“一带一路”背景下土耳其的宗教风险研究》⑪，乌云格日勒的《“一带一路”视野下的中蒙宗教文化交流》⑫，杨莉的《“一带一路”倡议实施中的哈萨克斯坦宗教风险研究》⑬，王皓月的《“一带一路”倡议实施中的蒙古国宗教风险研究》⑭。

---

① 李政阳：《“一带一路”倡议实施中的越南宗教风险研究》，《世界宗教文化》2018 年第 2 期。

② 马丽蓉：《“一带一路”沿线伊斯兰支点国家建设及其安全风险防范研究》，《世界宗教文化》2018 年第 1 期。

③ 苏闻宇：《“一带一路”倡议下中国—土耳其安全风险防范研究》，《世界宗教文化》2018 年第 1 期。

④ 王畅：《“一带一路”倡议下中国—伊朗安全风险防范研究》，《世界宗教文化》2018 年第 1 期。

⑤ 严天钦：《“一带一路”倡议实施中的乌克兰宗教风险研究》，《世界宗教文化》2017 年第 6 期。

⑥ 涂东：《“一带一路”倡议实施中的波兰宗教风险研究》，《世界宗教文化》2017 年第 6 期。

⑦ 陈昕彤：《“一带一路”倡议实施中的意大利宗教风险研究》，《世界宗教文化》2017 年第 6 期。

⑧ 潘文：《“一带一路”倡议实施中的荷兰宗教风险研究》，《世界宗教文化》2017 年第 6 期。

⑨ 肖习：《“一带一路”倡议实施中的法国宗教风险研究》，《世界宗教文化》2017 年第 6 期。

⑩ 嘉木扬·凯朝：《“一带一路”视野下蒙古地区佛教的区位优势》，《世界宗教文化》2017 年第 6 期。

⑪ 刘义：《“一带一路”背景下土耳其的宗教风险研究》，《世界宗教文化》2017 年第 4 期。

⑫ 乌云格日勒：《“一带一路”视野下的中蒙宗教文化交流》，《世界宗教文化》2017 年第 2 期。

⑬ 杨莉：《“一带一路”倡议实施中的哈萨克斯坦宗教风险研究》，《世界宗教文化》2017 年第 2 期。

⑭ 王皓月：《“一带一路”倡议实施中的蒙古国宗教风险研究》，《世界宗教文化》2017 年第 2 期。

2. 互联网宗教

在20世纪90年代学界已关注到了互联网对宗教的改变，互联网时代世界宗教的新形态、中国宗教互联网状况简析、宗教网站研究、网络视域中的宗教传播以及互联网宗教舆情事件年度报告、佛教互联网舆情指标体系的构建、互联网+时代宗教新形态、“网络传教”行为分析、大数据分析等多元研究议题呈现良好的发展态势。2017年的互联网宗教研究中互联网宗教与人类命运共同体、宗教治理、大数据、人工智能、商业化、搜索引擎、舆情演化动态机制等主题的交叉研究成为热点，尤为突出的热点议题是“人工智能”主题研究。中国学术界10年来的期刊发表的相关学术成果包括郑筱筠的《互联网宗教与人类命运共同体》①，金勋的《互联网、人工智能与新宗教》②，黄绿萍的《日本宗教团体的O2O模式探索——以金光教桃山教会为例》③，赵冰的《互联网传播环境下的“基督教中国化”论析》④，向宁的《佛教互联网舆情观点演化机制的行动者中心模型研究》⑤，王利涛的《论大数据对我国宗教的影响及应对策略》⑥，董栋的《关于我国网络宗教事务管理问题的思考》⑦，石丽的《网络宗教、网络社会与社会治理研究——以S市调研为例》⑧，吴越的《网络的宗教使用和宗教的网络复兴——国外宗教与网络研究综述》⑨，向宁、王于鹤的《佛教互联网舆情指数的构建与互联网舆情评估》⑩，张华、张志鹏的《互联网+时代的宗教新形态》⑪，赵冰的

① 郑筱筠:《互联网宗教与人类命运共同体》,《世界宗教文化》2018年第1期。

② 金勋:《互联网、人工智能与新宗教》,《世界宗教文化》2018年第1期。

③ 黄绿萍:《日本宗教团体的O2O模式探索——以金光教桃山教会为例》,《世界宗教文化》2018年第1期。

④ 赵冰:《互联网传播环境下的“基督教中国化”论析》,《世界宗教文化》2018年第1期。

⑤ 向宁:《佛教互联网舆情观点演化机制的行动者中心模型研究》,《世界宗教文化》2017年第5期。

⑥ 王利涛:《论大数据对我国宗教的影响及应对策略》,《世界宗教文化》2017年第1期。

⑦ 董栋:《关于我国网络宗教事务管理问题的思考》,《世界宗教文化》2016年第5期。

⑧ 石丽:《网络宗教、网络社会与社会治理研究——以S市调研为例》,《世界宗教文化》2016年第5期。

⑨ 吴越:《网络的宗教使用和宗教的网络复兴——国外宗教与网络研究综述》,《世界宗教文化》2016年第5期。

⑩ 向宁、王于鹤:《佛教互联网舆情指数的构建与互联网舆情评估》,《世界宗教文化》2016年第4期。

⑪ 张华、张志鹏:《互联网+时代的宗教新形态》,《世界宗教文化》2016年第4期。

《“四全媒体”与“神圣网络”：当代西方基督教会“网络传教”行为分析》[1]，王伟的《互联网时代萨满教的公众关注及存在形态研究》[2]，王术的《公众如何关注基督教和天主教？——基于关键词采集技术的大数据分析》[3]，赵冰的《“网上宗教”现象在中国的现状、特征与影响》[4]，李一苇的《信息时代下的佛教传播——新媒体与中国当代佛教传播之道》[5]，张世辉的《民族宗教领域：有待开发和规范的信息宝库——以中国民族宗教网为例》[6]。

互联网宗教发展历程中，有两个最新动态与中国当代互联网宗教研究未来走势相关：一是2018年2月1日起开始施行的修订后的《宗教事务条例》；二是2018年9月10日原国家宗教事务局在中国政府法制信息网所发布的《互联网宗教信息服务管理办法（征求意见稿）》。下面简述下这两个最新动态相关内容以观未来走势。

第一个动态是2004年11月30日中华人民共和国国务院令第426号公布《宗教事务条例》[7]，之后2017年6月14日国务院第176次常务会议修订，2018年2月1日起施行。其中，互联网宗教管理在新颁布的《宗教事务条例》中也有明确规定。2018年2月1日起施行《宗教事务条例》中与互联网宗教有关的内容有“第四十七条：从事互联网宗教信息服务，应当经省级以上人民政府宗教事务部门审核同意后，按照国家互联网信息服务管理有关规定办理。第四十八条：互联网宗教信息服务的内容应当符合有关法律、法规、规章和宗教事务管理的相关规定。互联网宗教信息服务的内容，不得违反本条例第四十五条第二款的规定。第六十八条：涉及宗教内容的出版物或

---

① 赵冰：《“四全媒体”与“神圣网络”：当代西方基督教会“网络传教”行为分析》，《世界宗教文化》2016年第4期。

② 王伟：《互联网时代萨满教的公众关注及存在形态研究》，《世界宗教文化》2016年第4期。

③ 王术：《公众如何关注基督教和天主教？——基于关键词采集技术的大数据分析》，《世界宗教文化》2016年第4期。

④ 赵冰：《“网上宗教”现象在中国的现状、特征与影响》，《世界宗教文化》2015年第1期。

⑤ 李一苇：《信息时代下的佛教传播——新媒体与中国当代佛教传播之道》，《世界宗教文化》2013年第5期。

⑥ 张世辉：《民族宗教领域：有待开发和规范的信息宝库——以中国民族宗教网为例》，《世界宗教文化》2013年第2期。

⑦ 参见《宗教事务条例》，https：//baike. baidu. com/item/宗教事务条例/4403987？fr = aladdin。阅读时间为2018年8月。

者互联网宗教信息服务有本条例第四十五条第二款禁止内容的，由有关部门对相关责任单位及人员依法给予行政处罚；构成犯罪的，依法追究刑事责任。擅自从事互联网宗教信息服务或者超出批准或备案项目提供服务的，由有关部门根据相关法律、法规处理”。

第二个动态是 2018 年 9 月 10 日，原国家宗教事务局在中国政府法制信息网上发布了《互联网宗教信息服务管理办法（征求意见稿）》[①]，这是我国首次制定的互联网宗教信息服务相关规定，《互联网宗教信息服务管理办法（征求意见稿）》分为总则、互联网宗教信息服务审批、互联网宗教信息服务管理、法律责任、附则五部分，共三十五条。

四　重要议题

近 10 年的当代宗教发展态势研究中，还有一些重要的研究议题，诸如多元方法论、中国当代宗教政策解读、宗教与法律等。

10 年来当代宗教发展研究中呈现出多元的方法论在新范式的探讨与反思、调研数据及模型分析两个方面，其中新范式的探讨与反思领域同时呈现出一些特色议题，诸如佛教文献数字库、知识图谱、新范式道教史等。中国学术界 10 年来新范式的探讨与反思相关的研究成果包括方广锠的《谈汉文佛教文献数字化总库建设》[②]，汪玉兰、邓国民的《国外宗教社会学研究知识图谱》[③]，姜守诚的《新范式道教史给道教研究带来的新思考——小林正美〈新范式道教史的构建〉评述》[④]，金泽、梁恒豪的《困惑的症结——反思宗教学方法论》[⑤]，高师宁、郑筱筠、魏德东、李向平、卢云峰的《当代中国宗教社会学的“聚”与“散”》[⑥]，林本炫的《当代台湾宗教社会学的开创者：瞿海源的研究特色及其方法学的相关检讨》[⑦]。在调研数据及模型分析

① 参见《互联网宗教信息服务管理办法（征求意见稿）》，http：//www.zgfj.cn/zcfg/2018－09－11/10520.html。阅读时间为 2018 年 9 月。

② 方广锠：《谈汉文佛教文献数字化总库建设》，《世界宗教研究》2016 年第 1 期。

③ 汪玉兰、邓国民：《国外宗教社会学研究知识图谱》，《世界宗教文化》2016 年第 5 期。

④ 姜守诚：《新范式道教史给道教研究带来的新思考——小林正美〈新范式道教史的构建〉评述》，《世界宗教研究》2016 年第 2 期。

⑤ 金泽、梁恒豪：《困惑的症结——反思宗教学方法论》，《世界宗教文化》2013 年第 1 期。

⑥ 高师宁、郑筱筠、魏德东、李向平、卢云峰：《当代中国宗教社会学的“聚”与“散”》，《世界宗教文化》2010 年第 2 期。

⑦ 林本炫：《当代台湾宗教社会学的开创者：瞿海源的研究特色及其方法学的相关检讨》，《世界宗教文化》2013 年第 3 期。

领域，数据的分析集中在 CGSS、CFPS 等数据基础及行动者中心建模方法的引入，相关的研究成果包括北京大学宗教文化研究院课题组卢云峰执笔的《当代中国宗教状况报告——基于 CFPS（2012）调查数据》[①]，李峰的《宗教信仰影响生育意愿吗？基于 CGSS2010 年数据的分析》[②]，李峰的《科学主义、文化民族主义与民众对佛道耶之信任：以长三角数据为例》[③]，韩彦超的《策略信任视角下的宗教与一般信任——基于 2012 中国综合社会调查的实证研究》[④]，卢云峰、张春泥的《当代中国基督教现状管窥：基于 CGSS 和 CF-PS 调查数据》[⑤] 和向宁的《佛教互联网舆情观点演化机制的行动者中心模型研究》[⑥]。

其中，中国当代宗教政策解读的相关研究成果包括徐以骅、刘骞的《安全与统战——新中国宗教政策的双重解读》[⑦]，董栋的《关于新修订〈宗教事务条例〉部分条款的理论分析》[⑧]，董栋的《关于我国网络宗教事务管理问题的思考》[⑨]，黄奎的《改革开放以来涉及宗教政策的重要文献片断及其意义略论》[⑩]；宗教与法律/法治化相关的研究成果包括刘金光、梁恒豪的《宗教事务管理法治化：成就、挑战与展望》[⑪]，张建文的《寺院在僧人侵权

---

① 北京大学宗教文化研究院课题组，卢云峰执笔：《当代中国宗教状况报告——基于 CFPS（2012）调查数据》，《世界宗教文化》2014 年第 1 期。

② 李峰：《宗教信仰影响生育意愿吗？基于 CGSS2010 年数据的分析》，《世界宗教研究》2017 年第 3 期。

③ 李峰：《科学主义、文化民族主义与民众对佛道耶之信任：以长三角数据为例》，《世界宗教研究》2015 年第 3 期。

④ 韩彦超：《策略信任视角下的宗教与一般信任——基于 2012 中国综合社会调查的实证研究》，《世界宗教文化》2017 年第 4 期。

⑤ 卢云峰、张春泥：《当代中国基督教现状管窥：基于 CGSS 和 CFPS 调查数据》，《世界宗教文化》2016 年第 1 期。

⑥ 向宁：《佛教互联网舆情观点演化机制的行动者中心模型研究》，《世界宗教文化》2017 年第 5 期。

⑦ 徐以骅、刘骞：《安全与统战——新中国宗教政策的双重解读》，《世界宗教研究》2011 年第 6 期。

⑧ 董栋：《关于新修订〈宗教事务条例〉部分条款的理论分析》，《世界宗教文化》2018 年第 1 期。

⑨ 董栋：《关于我国网络宗教事务管理问题的思考》，《世界宗教文化》2016 年第 5 期。

⑩ 黄奎：《改革开放以来涉及宗教政策的重要文献片断及其意义略论》，《世界宗教文化》2014 年第 6 期。

⑪ 刘金光、梁恒豪：《宗教事务管理法治化：成就、挑战与展望》，《世界宗教文化》2013 年第 1 期。

案件中能否成为补充责任主体》[①]，汪燕的《当代中国宗教活动管理的理论与实践——以宗教行政法的建构为例》[②]，姜裕富的《私人性与公共性：民间信仰管理法治化的一个分析框架》[③]，黄奎的《当代中国反邪教立法问题简析》[④]，陈晓林、杜海蓉的《当代中国宗教管理创新的法治化路径——以青海的调查研究为例》[⑤]，宋明军的《简析各国对宗教团体的登记管理》[⑥]。

五　小结

近 10 年，中国学界对当代宗教研究紧扣时代脉络、密切关注当代的热点议题和重点议题，取得了丰硕的研究成果，在研究议题上提出了当代特色的研究议题。当代宗教研究近 10 年的发展直面当代宗教现实，带有明确的问题意识，并注重资料的整理和收集，整体研究态势呈现出对各大宗教现状及发展态势的密切关注，并对热点和重点问题进行系统分析，具备全球视野，铺展了对国家治理、国法和教法关系、宗教对比研究、全球化、人类命运共同体、宗教治理、"一带一路"、各大宗教当代意义的挖掘、宗教公共性、民族与宗教等多种视角的研究，融合了数据分析、文献数字化、史学新范式、计量学、人类学和社会学等多元研究方法。当代宗教研究呈现出持续、稳定的发展态势，在中国国内多元宗教发展态势和全球各国各大宗教的描述研究渐趋丰富，概要言，当代宗教研究在空间、不同宗教及多样研究议题的坐标系中呈现出立体、渐趋完整的图景。

结　语

40 年过去，弹指一挥间。当代中国晚近 40 年在器物层面的日新月异、

① 张建文：《寺院在僧人侵权案件中能否成为补充责任主体》，《世界宗教研究》2010 年第 6 期。

② 汪燕：《当代中国宗教活动管理的理论与实践——以宗教行政法的建构为例》，《世界宗教文化》2016 年第 4 期。

③ 姜裕富：《私人性与公共性：民间信仰管理法治化的一个分析框架》，《世界宗教文化》2016 年第 1 期。

④ 黄奎：《当代中国反邪教立法问题简析》，《世界宗教文化》2015 年第 6 期。

⑤ 陈晓林、杜海蓉：《当代中国宗教管理创新的法治化路径——以青海的调查研究为例》，《世界宗教文化》2015 年第 2 期。

⑥ 宋明军：《简析各国对宗教团体的登记管理》，《世界宗教文化》2013 年第 5 期。

制度层面的“穷则思变”、观念层面的沧海桑田、信仰层面的多元杂缠，使我们可以“平常心”回眸中华民族五千年灿烂文明的盛极而衰、百多年前鸦片战争的屈辱记忆、若干年前“宗教鸦片”公案的欲说还休，可以“非常眼”前瞻和谐社会图景的指日可待、民族复兴远景的隐隐在望、和谐世界愿景的遥遥无期。

宗教变迁是社会变迁的反映和产物，并反作用于社会变迁。生活于全球化进程日甚一日的年代，面对“苟日新，日日新，又日新”的社会变迁和信仰多元化生态景观，身为当代宗教研究者，我们除了“见异思迁”、与时俱进、只争朝夕之外，或许只能选择“别无选择”。

附录：当代宗教研究参考文献举要

（按发表时间先后为序）

赵朴初：《对宗教方面的一些理论和实践问题的认识与体会》，中央党校《理论动态》1981 年 1 月第 1 期。

吕大吉：《试论宗教在历史上的作用》，《世界宗教研究》1982 年第 4 期。

赵复三：《究竟怎样认识宗教的本质?》，《中国社会科学》1986 年第 3 期。

江平：《认真学习马克思主义宗教理论和党的宗教政策》，《红旗》1986 年第 9 期。

罗竹风：《中国社会主义时期的宗教问题》，上海社会科学出版社 1987 年版。

任继愈：《关于宗教与无神论问题》，《宗教·道德·文化》，宁夏人民出版社 1988 年版。

卓新平：《宗教与文化》，人民出版社 1988 年版。

萧志恬：《当代中国宗教问题的思考》，上海社会科学院印本，1994 年 9 月。

戴康生、彭耀：《社会主义与中国宗教》，江西人民出版社 1994 年版。

中共中央文献研究室综合研究组、国务院宗教事务局政策法规司编：《新时期宗教工作文献选编》，宗教文化出版社 1995 年版。

何劲松：《创价学会的理念与实践》，中国社会科学出版社 1995 年版。

彭耀：《“宗教与社会主义社会相适应”断想》，《世界宗教研究》1996 年第 1 期。

金宜久：《巴哈教的世界主义》，《世界宗教研究》1997 年第 2 期。

张声作主编：《宗教与民族》，中国社会科学出版社 1997 年版。

牟钟鉴：《关于宗教与社会主义社会相互关系的思考》，《中央民族大学学报》（社会科学版）1999 年第 5 期。

戴康生主编：《当代新兴宗教》，东方出版社 1999 年版。

赵朴初：《与社会主义社会相适应始终是我国宗教的主流》，《人民政协报》1999 年

3月28日。

任继愈:《不仅要脱贫，而且要脱愚——谈科学无神论宣传的必要性和意义》，《人民日报》1999年6月24日。

张大柘:《当代神道教》，东方出版社1999年版。

李申主编:《高科技与宗教》，天津科学技术出版社2000年版。

董江阳:《试论宗教在当代社会中的精神批判功能》，《世界宗教研究》2000年第3期。

习五一:《邪教释义》,《世界宗教研究》2001年第3期。

高师宁:《新兴宗教初探》，香港道风书社2001年版。

吴云贵:《应当重视对宗教极端主义的研究》，载曹中建主编《中国宗教研究年鉴·1999—2000》，宗教文化出版社2001年版。

江泽民:《论宗教问题》(2001年12月10日),《江泽民文选》第三卷，人民出版社2006年版。

潘岳:《我们应有怎样的宗教观——马克思主义宗教观必须与时俱进》,《华夏时报》2001年12月15日或《深圳特区报》2001年12月16日。

宋书声、丁世俊、李其庆、翟民刚:《对潘岳同志〈我们应有怎样的宗教观〉一文的意见》，参见 http://www.cctb.net/xszm/200502240228.htm。

冯今源、胡安:《改革开放新形势下中国宗教现状及我们的理论思考》,《当代宗教研究》2002年第1期。

吴云贵:《伊斯兰原教旨主义、宗教极端主义与国际恐怖主义辨析》,《国外社会科学》2002年第1期。

王作安:《正确处理宣传无神论与贯彻宗教信仰自由政策的关系》，《中国宗教》2002年第2期。

金宜久:《宗教在当代社会的蜕变》,《世界宗教研究》2002年第2期。

金泽:《民间信仰的聚散现象初探》,《西北民族研究》2002年第2期。

张大柘:《论日本新兴宗教与社会变迁的应对》,《日本学刊》2002年第5期。

龚学增:《马克思主义宗教观的与时俱进及中国化》，《当代宗教研究》2002年第3期。

王兆国:《积极引导宗教与社会主义社会相适应》,《求是》2002年第10期。

曾传辉:《关于全球化影响我国宗教发展的思考》,《宗教与世界》2002年第5期。

卓新平:《全球化与当代宗教》,《世界宗教研究》2002年第3期。

丁光训:《中国基督教的未来》,《中国宗教》2003年第1期。

卓新平:《讲透“社会主义的宗教论”需要新思想》,《中国宗教》2003年第5期。

邱永辉:《印度世俗化研究》，巴蜀书社2003年版。

金勋:《现代日本的新宗教》，宗教文化出版社2003年版。

李德洙、叶小文、龚学增：《高度重视当代世界民族宗教问题》，《当代世界民族宗教》，中共中央党校出版社 2003 年版。

秋石（叶小文）：《社会主义的宗教论》，《求是》2003 年第 9 期。

林炎志：《积极引导宗教与社会主义市场经济相适应》，《新长征》2004 年第 19 期。

卓新平：《宗教对社会的作用》，国家图书馆编《部级领导干部历史文化讲座·2003》，北京图书馆出版社 2004 年版。

卓新平：《宗教学术研究对宗教理解的贡献》，载卓新平主编《宗教比较与对话》第五辑，宗教文化出版社 2004 年版。

张新鹰：《生于中国、长于海外的德教》，《中国宗教学》第二辑，宗教文化出版社 2004 年版。

段启明：《消除宗教信仰自由的某些误区》，《宗教、教派与邪教》，广西人民出版社 2004 年版。

黄陵渝：《当代犹太教》，东方出版社 2004 年版。

朱晓明：《论"中国特色社会主义宗教观"》，《中央社会主义学院学报》2005 年第 1 期。

金泽：《积极推进宗教与法治的研究》，《世界宗教研究》2005 年第 2 期。

龚学增：《论马列主义宗教观的中国化》，《中共中央党校学报》2005 年第 5 期。

方立天：《论中国化马克思主义宗教观》，《中国社会科学》2005 年第 4 期。

冯今源：《试论宗教为构建和谐社会服务的途径与方法》，《世界宗教研究》2005 年第 3 期。

金泽：《全面研究宗教在文化发展战略中的地位与作用》，载卓新平主编《宗教比较与对话》第六辑，宗教文化出版社 2005 年版。

金泽：《宗教与民族的互动关系》，《中国民族报》2005 年 12 月 6 日。

牟钟鉴：《试论民族的宗教性和宗教的民族性》，《中国宗教》2006 年第 1 期。

何虎生：《论马克思主义宗教观中国化的基本经验》，《宗教学研究》2006 年第 1 期。

辛之声（张新鹰）：《中国民间信仰事象随想》，2006 年 5 月 23 日《中国民族报》。

蔡德贵：《当代新兴巴哈伊教研究》（修订本），人民出版社 2006 年版。

叶小文：《正确认识和处理社会主义社会的宗教关系》，《求是》2006 年第 16 期。

叶小文：《发挥宗教在促进社会和谐方面的积极作用》，《学习时报》2006 年 12 月 25 日。

牟钟鉴：《中国的社会主义者应当是温和的无神论者》，《中国民族报》2007 年 1 月 16 日。

陈荣富：《〈黑格尔法哲学批判导言〉不是马克思主义宗教观的奠基之作》，《世界宗教研究》2007 年第 2 期。

张训谋：《〈当代世界宗教问题〉绪论》，《宗教与世界》2007 年第 5 期。

龚学增:《努力学习研究中国特色社会主义宗教理论体系》,《宗教与世界》2007 年第 7 期。

金泽:《民间信仰面临的挑战和选择》,《中国民族报》2007 年 3 月 20 日。

魏宏:《宗教法制建设初探》,《中国民族报》2007 年 8 月 14 日。

卓新平:《中国知识界对宗教与科学关系之论》,江丕盛等主编《桥:科学与宗教》,中国社会科学出版社 2007 年版。

加润国:《关于宗教工作理论创新的思考》,《马克思主义研究论丛——宗教观研究》,中央编译出版社 2007 年版。

张新鹰:《引导宗教参与和谐社会建设的纲领性文件》,《马克思主义研究论丛——宗教观研究》,中央编译出版社 2007 年版。

卓新平:《马克思主义关于宗教社会作用的论述及其当代意义》,《马克思主义研究论丛——宗教观研究》,中央编译出版社 2007 年版。

第三章

佛教研究

自两汉之际佛教初传中土一直到21世纪的今天，中国佛学已经走过了2000多个年头。2000多年来，中国佛学研究经历了漫长曲折的发展过程，取得了辉煌的成就，并成为中国学术史的重要组成部分。迄今为止，在宗教学的各个分支学科中，我国佛教学科的科研工作者人数最多、基础最为雄厚、所出版的成果也最为丰富。自改革开放以来，特别是20世纪90年代中期以来，伴随着改革开放的日趋深入和我国宗教自由政策的逐步落实，佛教学科呈现出迅猛发展的良好态势，为构建和谐社会、建设社会主义先进文化贡献出智慧和力量。本文拟对改革开放以来的中国大陆佛学研究状况、发展历程、主要成就、热点与前沿问题、存在的不足及发展前景等进行简要的评述。这里所说的“佛学”，主要是指现代意义的学术研究活动。内容主要以介绍大陆汉语系佛学研究的情况为主，旁涉南传佛教和藏传佛教二系。由于笔者水平有限，难免挂一漏万，不足之处，敬请方家指正。

第一节　20世纪我国佛教学科发展的历史回顾

20世纪之前的佛学研究，更多的是“在教言教”，即佛教界自身基于信仰而展开的研究；或者是“反教言教”，即站在正统的儒家或中国自生自长的道教等立场上，为了达到反对佛教的目的而进行的研究。这两种研究，前者“一般被教外人士视为宗教界的自我意识、自我认知和自我表述”；后者则自始至终都怀着敌意和偏见。“摆脱护教、阐教为中心的信仰主义的宗教史研究，大约是从上个世纪（指十九世纪）末才逐渐开始的，而真正现代意义的宗教史写作，则要在本世纪（指二十世纪）末成型。”① 这里所说的宗教史研究实际上主要指的是佛教史研究。因此，若谈到真正现代意义上的学术性的佛学研究，大概应该从20世纪初算起。19世纪下半叶，麦克斯·缪勒（Friedrich Max Muller）在其《宗教学导论》（1873）中率先使用“宗教学”（science of religion）一词，被公认为开启了作为人文社会科学领域的一门独立学科的“宗教学”之先河。20世纪以来，随着现代意义上的宗教学理论传入中国，中国的佛学研究逐渐摆脱了以护教、阐教为中心的信仰主义研究形态，开始走上了现代意义的佛学研究之路，逐渐发展成为一门有理论、有方法、有体系的独立学科，并对中国现、当代社会的佛教认知和佛教理解产生了重大的积极影响。

回顾100年来中国佛学研究的发展过程，可以大体分为几个阶段：从20世纪初到1949年中华人民共和国成立，为第一阶段；从1949年中华人民共和国成立到1978年中国共产党十一届三中全会召开，为第二阶段；从1978年十一届三中全会之后到现在，为第三阶段。

在第一阶段中，特别是20世纪二三十年代，中国佛学研究取得了突破性的进展，造就了20世纪佛学研究的第一个繁荣期。这一繁荣局面的形成，有多方面的原因。就外部环境来说，西风东渐引发了国人对传统文化的反思，面对民族危亡，一些仁人志士试图从佛学中寻求救国救民之道，等等。就内部原因来说，可以举出下面几个：一是文献方面，中国亡佚已久的许多佛教典籍从日本传回，激发了业已衰微的佛教义学的复兴，敦煌佛教文献的发现，为佛学研究提供了很多宝贵的资料，特别是《坛经》等禅宗文献的发现，使清理传统旧说及回答禅宗史上的一些争论的问题成为可能。二是方法方面，随着西方和日本等近代科学的研究方法的传入，中国佛教研究逐渐摆脱了单纯的信仰主义的“教内言教”的研究状况，开始吸收并采用以文献学和历史学为主的研究方法进行佛学研究，从外部观察和分析、评价佛教的“教外言教”的研究成为佛学研究的主流。三是研究者的职业化和学院化，使他们既能系统地学习掌握新知识与新方法，又能在研究中保持价值中立，他们并不需要承担任何宣传或批判的实用性责任。这一时期在佛学研究上卓有成就的，有僧伽界的释太虚、释印顺等，有居士界的杨文会、欧阳竟无

① 葛兆光：《中国（大陆）宗教史研究的百年回顾》，载曹中建主编《中国宗教研究年鉴·1997—1998》，宗教文化出版社2000年版，第100页。

（欧阳渐）、吕澂、唐大圆、王恩洋等，有学术界的梁启超、胡适、陈寅恪、汤用彤、黄忏华等，“他们在20世纪中国宗教学发展史上有着筚路蓝缕之功”。[①] 这一阶段佛学研究的主要研究方法，是在继承传统的考据学方法的基础上，结合文献学与历史学的方法，对佛教的方方面面进行系统的研究，特别突出了佛学理论的探究和佛教史料的挖掘。“理论和史料的并重，强调研究方法和考证功底，是中国宗教学形成以来一直凸显并得以保持的一大特色。这不仅反映了传统学术上哲学与史学的两大进路，而且更多地体现在二者的交织互渗、有机共构，由此使宗教学自奠立起就具有跨学科意义，构成其开放体系。”[②] 这段话虽然是针对中国宗教学整体而言的，但用以表征佛教学，显然也是恰如其分的。而且，从这一时期撑起佛学研究大旗的人员构成来看，更彰显了僧伽界、居士界和学术界之间的分工合作、互动互利和相辅相成的密切关系。这种学术进路和各界互动的传统，对后来乃至今天中国佛学研究机构的学术特色和多元共构格局的形成，有着深远的影响。

具体言之，杨文会被称为“近代中国佛教复兴运动之父”，对近现代佛教研究风气的形成，有首倡之功。有感于近代禅宗末流导致义学不振，以及僧徒安于固陋，不学无术的状况，杨文会首倡创办释氏学堂培养人才，创立“祇园精舍”讲授佛学，组建“佛学研究会”，鼓励弟子研究唯识、因明。太虚、欧阳竟无、谭嗣同、梅光羲、李证刚、章太炎、谢无量等近代佛学名家都是在他影响下走向佛学研究之路的。杨文会之后，其弟子欧阳竟无、太虚分别以支那内学院、武昌佛学院为阵地，在佛学研究领域各擅胜场。支那内学院聚集了诸如吕澂、王恩洋、梁启超、梁漱溟、熊十力、汤用彤、黄忏华、虞愚等近现代佛学研究的名流，他们在瑜伽唯识学、佛教史、佛教哲学、佛教因明研究方面取得了卓异的成就，使近现代居士佛学获得极大的发展，并渗透到学术研究的多个领域。该院所办《内学年刊》《内学杂刊》，是当时学术品位最高的刊物。武昌佛学院方面，则有法尊、芝峰、大勇、持松、印顺等缁众名流，他们代表僧众佛学发展的新潮流，在佛教戒律、佛教教育、佛教伦理和佛教哲学方面革新求变，使佛教焕发出新的生命力。除以欧阳竟无、太虚为核心的两大阵营外，以韩清净为代表的三时学会在法相唯

① 卓新平、曹中建：《20世纪的中国宗教学发展（代前言）》，载中国社会科学院世界宗教研究所编《宗教学研究四十年》上册，宗教文化出版社2004年版，第2页。

② 同上。

识方面亦有较大的影响。

就中国近代佛教研究而言，梁启超[①]、胡适是最早提倡运用科学方法研究佛教的学者。自1918年至1925年，梁启超共发表了30余篇佛学论文。这些论文分别从史学、文学、目录学、心理学等角度，对佛教的兴衰与沿革、西域佛教与中印文化交流、佛教经典与翻译文学、佛经目录在中国目录学中的地位等方面作了原创性的研究，提出了许多富有启发意义的观点，在中国近现代佛学研究领域产生了较大影响。胡适自1925年发表《从译本里研究佛教的禅法》始，在很长一段时间内从事禅宗史的研究，先后撰写了《菩提达摩考》《论禅宗史的纲领》《禅学古史考》《〈坛经〉考之一》等考证性文章，后来又整理出版了《神会和尚遗集》，其成果主要集中于对初期禅宗史的考证与新史料的发掘。

梁启超、胡适开时代风气之先，成为近现代佛学研究的开拓者与先行者，但限于当时佛学研究尚处于初始阶段，立论与材料的甄别都不无商榷之处。继他们之后，汤用彤与吕澂的佛学研究则表现了一种更为深入与成熟的境地。汤用彤留学美国，于哈佛大学攻读哲学，同时学习梵文和巴利文。回国后，曾与吕澂、梁漱溟等人追随欧阳渐研治佛学，对印度哲学、中印佛学、魏晋玄学以及西洋哲学都有深入的研究。在研究方法上，既注意掌握丰富的第一手材料，又能把中国传统的考据方法和西方近代的研究方法结合起来，吸收中外学者的研究成果而又不囿于成说，精心考证而不流于烦琐。其《汉魏两晋南北朝佛教史》[②] 至今仍是佛学研究，尤其是佛教史研究方面无法超越的经典之作。吕澂精通英、日、梵、巴、藏多种文字，通过批判地吸收古今中外佛学研究成果，在印度佛学、中国汉地佛学和西藏佛学的研究中都取得丰硕的成果，建立起自己的佛学体系，是近现代佛学研究领域的奇才。

在近现代佛学研究中，陈垣、陈寅恪是以历史学家的态度和立场来从事佛学研究的。陈垣治学以严谨扎实、博通淹贯著称，对佛教、道教、天主教、祆教、摩尼教等宗教都有深入的研究与成就，其《释氏疑年录》《佛教史籍概论》《明季滇黔佛教考》《清初僧诤记》是他从事佛学研究的代表性成果，尤其是后面的两部著作，是他以历史考据方法研治佛教史的代表作。

① 梁启超：《佛学研究十八篇》，中华书局1985年版。

② 汤用彤：《汉魏两晋南北朝佛教史》，中华书局1983年版。

陈寅恪通过敦煌文献及中国历史上多种文字版本的佛教经典比较研究，通过探讨佛教与汉语文史体裁的关系，梵呗转读与汉语音韵学的关系，南北朝隋唐时期佛教问题的探讨，提出了许多独到的见解，对后来的研究者颇富启发性。这一阶段是20世纪中国佛学研究的第一个阶段，是具有开创性和奠基性的阶段，从研究方法上说主要是文献学和历史学研究的阶段。

1949年中国大陆的社会性质发生了巨大的变化，这种变化对学术研究特别是对包括佛学研究在内的宗教学研究影响深刻。从1949年中华人民共和国成立到1978年十一届三中全会召开，中国大陆佛教经历了曲折的发展过程。这一时期又以“文革”的爆发为标志分为前后两个时期。据统计，“文革”前从1949年到1966年的17年间，中国大陆共发表佛学文章1003篇；而“文革”后，从1967年到1974年，整个中国大陆没有发表一篇宗教研究的文章，“十年动乱”时期的佛学研究基本上处于停滞状态。

伴随着中华人民共和国的成立，中国佛教从此走上了一条崭新的现代化道路。新中国成立后，中国佛教界面临的首要问题是适应新的政治、经济、文化形势，于是，革除传统痼疾，进行思想改造，清除封建主义残余，倡导佛教改革，推动佛教的现代化进程，是当务之急。1953年6月，中国佛教协会宣告成立，实现了三大语系四众弟子的大团结，是中国佛教进入新的历史发展时期的标志。其宗旨是“团结全国佛教徒，在人民政府领导下，参加爱护祖国、保卫世界和平运动，协助人民政府贯彻宗教信仰自由政策，并联系各地佛教徒发扬佛教优良传统”①。中国佛教协会成立后，首先致力于指导并推动全国佛教徒进行关于爱护祖国及保卫世界和平的学习。作为副会长兼秘书长的赵朴初在1953年8月15日发表了《佛教徒必须重视学习，努力学习》的文章，要求全国佛教徒认真学习政治、国家政策和时事等。“通过学习，使广大佛教徒提高了认识，增强了爱国主义的精神；通过学习，使佛教四众弟子明辨了是非，分清了邪正，团结一致，以保持佛教的纯洁。广大佛教徒在提高了对于新时代，对于自己今天应负的责任的认识的基础上，改变了过去不问世事的态度，以‘庄严国土，利乐有情’为己任，积极参加各项爱国运动、政治运动和社会生产活动，使新中国佛教界成为建设事业中一支积极的力量。”② 在这一时期，伴随着中华人民共和国的成立，新的社会制度

① 《中国佛教协会章程》，《现代佛学》1953年第6期，第16页。

② 张琪：《当代中国佛教史纲要》，《研究动态》1998年第6期（总第50期），第27页。

的确立，中国佛教界经历了思想上的改造、组织上的革新和行动上的转变，积极投身社会主义建设，面向现实人间，报国土恩，报众生恩，成为中国佛教的主旋律。“建国至‘文革’爆发，是中国大陆佛教发展的十分关键的一个时期，在这一时期，中国佛教经过改革适应了新社会，太虚大师所提出的人间佛教思想得以继承和弘扬，从而确立了中国大陆佛教发展的人间化导向，为 80 年代大陆人间佛教的倡导与实践奠定了坚实的思想理论与实践基础。”①

在佛学研究方面，佛教协会创办的会刊《现代佛学》，成为僧俗两界探讨佛学问题的主要园地，吕澂、巨赞、周叔迦、法尊等人都发表了一些颇有分量的文章。50 年代中期，应斯里兰卡佛教界的邀请，中国佛教协会组织、聘请国内著名佛教学者为斯里兰卡英文佛教百科全书撰写条目，共完成文稿 330 篇并翻译成英文，其质量堪称上乘。其中英文稿早已在斯里兰卡出版，汉文稿《中国佛教》（4 册）则从 1980 年起由知识出版社陆续出版。学术界所面临的是以马克思主义理论和方法指导佛学研究，侯外庐主编的《中国思想通史》，1962 年任继愈的《汉唐佛教思想论集》（人民出版社）首版发行，都是中国学术界以马克思主义、历史唯物主义指导下研究佛学的有益尝试。毛泽东于 1963 年 12 月 30 日在一份文件中批示，称“国内没有一个由马克思主义领导的研究机构，没有一本可看的这方面的书”，并且说，“用历史唯物主义写的文章也很少，例如任继愈发表的几篇谈佛学的文章，已如凤毛麟角……”② 1964 年，在毛泽东主席的指示下，原中国科学院哲学社会科学部成立了世界宗教研究所，所内设有佛教研究室，学术界从此诞生了正式的佛学研究组织。

在研究方法上，虽然在 20 世纪上半叶被普遍运用的文献学与历史学的研究方法，仍然在一些学者那里被延续下来（如汤用彤、吕澂等人的研究），但是从整体上看，这一时期的佛学研究基本上局限在意识形态的影响之下，表现为佛学研究被放置于哲学的研究中，唯物与唯心的二元对立以及马克思主义的历史唯物论成为评价或批判佛教的唯一标准，阶级斗争史观在对宗教社会作用的评价中居主导地位，真正学术意义上的佛学研究明显退隐。如修订过的冯友兰的著作，任继愈的《中国哲学史》第二、三册（人民出版社，1979）和《汉唐佛教思想论集》（人民出版社，1962，1973），特别是任继

① 河北省佛教协会:《人间佛教》2000 年第 5 期，第 277 页。

② 参见《文汇读书周报》1992 年 10 月 17 日。

愈主编的多卷本《中国佛教史》（中国社会科学出版社，1981）第一卷《序》中，关于哲学史与佛教史的关系、佛教的社会基础、佛教唯心主义体系与马克思主义真理的论述，明确地将佛教史放在哲学史中加以讨论，而且运用马克思的历史唯物主义和唯物、唯心二元对立论作为评价佛教的标准。在中国传统历史上占据主导地位的儒家的宗教批判观念，如儒家一直宣称的佛教“经济蛀虫论”“佛教消极避世论”等，在新的历史著作中又以新的形式出现，马克思的历史唯物主义与儒家思想在反对佛教上取得一致，最明显的例子就是范文澜的《隋唐佛教》（人民出版社，1979）一书。这本书是范文澜从《中国通史简编》中抽取出来的，书中对佛教进行了严厉的批评，认为“佛教在唐代是社会的大祸害”，但其理论出发点也没有超出南朝范缜、唐代傅奕和韩愈的旧樊篱，似乎仍在上演着一场千年前的儒佛论争，或者反过来说，是千年以后儒佛论争余音不绝。这一阶段的佛教研究，属于意识形态影响下以哲学史和政治史形式出现的阶段。这种研究思路实际上在20世纪三四十年代就已经有相当的影响，不过，它真正成为一种具有垄断性的研究范式与叙述话语，却要依靠权力的支持与教育的灌输，所以直到20世纪五六十年代，当这种“迷信”与“科学”、“唯心”与“唯物”、“维护封建统治”与“反抗封建压迫”等分析框架及其背后的观念与思路，通过学科的建制（宗教学属于哲学系）、教科书的传递（大学关于宗教的一些知识是通过哲学史教科书传授的）、考试制度（有规定性的价值确认与是非判断），深入到后来的研究者之中时，它才成了一种拥有不容置疑的真理范式。在中国20世纪五六十年代那种一统化的教育系统中，充当主宰的是国家意识形态，于是这种一致性意见也就顺理成章，并且相当深地影响着后来成为宗教史研究的那一代学者①。

1978年十一届三中全会的召开，标志着中国进入了一个崭新的时代。改革开放的春风吹遍了祖国大地，也带动了佛学研究的复苏。政治制度与意识形态的变化对于学术的影响，常常比单纯学术思路内部转换的影响深刻，作为学术研究思路的支持背景与思考依据，政治制度与意识形态的任何微妙变化都必然刺激学术。在改革开放之初的80年代里，中国学术界又经历了一次思路的大变化，在日渐松动与自由的环境下观察世界、回顾历史，中国落

① 葛兆光：《中国（大陆）宗教史研究的百年回顾》，载曹中建主编《中国宗教研究年鉴·1997—1998》，宗教文化出版社2000年版，第103页。

后的现状对于重新思考的中国人尤其是文化人的刺激，怎么估计也不过分，而希望以文化问题来解决社会问题的习惯，则使得中国学术界再次出现了20世纪初痛心疾首批评中国文化与探讨中国民族性的潮流，所谓的“文化热”就是这一学术变化的标志[①]。这一阶段中国的佛学研究可以称之为“文化研究”。其主要特点是热衷于讨论佛教与文化的关系，出版了有关佛教与传统文化、佛教与文学、禅宗与中国文化等一批著作，如葛兆光的《禅宗与中国文化》[②]、方立天的《佛教与中国传统文化》[③] 等。当然，这些文化研究虽然发掘了过去不太注意的新资料，讨论了一些过去不太涉及的新领域，但是，“他们探讨的目的性过于强烈，总是试图说明中国人的集体心理及其对古代历史与现代社会的影响，因此在资料的选择上、评价上都有极其浓烈的主观色彩”。[④]

当然，学术思路的转变并不是截然和绝对的，80年代出版的由老一辈学者主编的大型著作，如任继愈主编的多卷本《中国佛教史》、郭朋撰写的《中国佛教思想史》等，仍然延续了20世纪早期严谨的历史文献学研究理路，显示出了深厚的历史文献学功底，同时，在评价标准上依然遵循着20世纪五六十年代笼罩一切的唯物史观。

20世纪90年代以来，佛学研究逐渐进入了多元化的开放时代。陈旧的观念和方法不断地遭到质疑和清理，人们试图重新寻找新的学术思路和治学方法，80年代风靡一时的文化史研究，也由于其过于空洞而被学术界怀疑，文献挖掘和整理等基础性研究重新受到重视，佛教的专题研究越来越多，取材也日益广泛，一些原本被忽略的问题如佛教仪式、寺院经济、佛教戒律、佛教伦理、佛教的本土化、宗教对话等问题，吸引了众多的研究者，出版了一批很有分量的专题著作和博士论文。比较宗教学、宗教人类学、宗教社会学等研究方法逐渐被翻译介绍过来，并为一些学者采用，拓宽了研究的视角和思路。

总之，自改革开放以后，中国大陆的佛学研究在相对宽松和自由的环境

---

① 葛兆光：《中国（大陆）宗教史研究的百年回顾》，载曹中建主编《中国宗教研究年鉴·1997—1998》，宗教文化出版社2000年版，第105页。

② 葛兆光：《禅宗与中国文化》，上海人民出版社1986年版。

③ 方立天：《佛教与中国传统文化》，中国人民大学出版社1989年版。

④ 葛兆光：《中国（大陆）宗教史研究的百年回顾》，载曹中建主编《中国宗教研究年鉴·1997—1998》，宗教文化出版社2000年版，第106页。

下取得了实质性的进展。这一进展是全方位的、迅猛的，佛学研究也再次焕发出生机勃勃的生命力。这种变化的发生，主要归因于整体政治与社会环境的改善，在经历了“宗教是否是鸦片”的大讨论、对宗教社会功能的辨析和对宗教是文化的肯定等阶段，逐步端正了对马列主义宗教观的全面理解，克服了佛教研究工作中“左”的干扰和影响，加强了对宗教研究工作的宏观指导和协调，并引导和促进社会各界对佛教的评价和认知由否定性向肯定性或中立性的重大转变。

第二节　佛学研究的主要成就

1979 年“全国宗教学研究规划会议”之后，宗教学成为单列的规划学科，并首次成立了中国宗教学会，陆续召开了一系列地区性的规划会议，就学科建设问题作出规划，提出了一批有代表性的研究课题，从而极大地推进了宗教研究。在这样的形势下，作为宗教学之下的二级分支学科的佛学，因其研究基础坚实，研究热度高，涉及范围宽，从而取得了远较其他宗教分支学科更大的发展，佛学研究的成果甚至超过了宗教其余各分支学科的总和。

改革开放以来，佛学研究的发展及其所取得的成就，主要表现为下几个方面。

一　科研队伍壮大，研究人才辈出

目前大陆的佛学研究队伍基本上分属四个系统：一是社会科学院系统，如中国社会科学院世界宗教研究所，亚太研究所（前南亚研究所），上海、陕西、浙江、新疆、西藏等地方社科院等。二是高校系统，如北京大学、中国人民大学、南京大学、复旦大学、中山大学、武汉大学、四川大学、中央民族大学等老牌大学，在原有哲学、历史、文学研究的基础上加强了佛学学科教学与科研的力量，许多大学纷纷成立了宗教系或宗教研究所或佛教研究中心。如中国人民大学继成立宗教研究所后，又于 2002 年成为教育部重点研究基地，名称为“中国人民大学佛教与宗教学理论研究所”；北京大学哲学系于 1982 年就招收了第一届宗教专业的本科生，后相继成立了宗教研究所、北大禅学社等。三是政府的宗教管理部门的研究机构，如国务院宗教事务管理局宗教研究中心，主要侧重于中外宗教现状、宗教政策、法规和宗教事务管理的研究。另外，统战部下属的研究部门以及藏学研究中心等单位也有一些人在从事佛教历史、现状的调查研究工作。四是佛教界包括在家和出家四众的研究力量，包括各级佛教协会及其下属的佛教研究所和佛学院，各大寺院以及居士佛学组织等。如成立于1987年隶属于中国佛教协会的中国佛教文化研究所是教界的学术力量之一。其他的佛教寺院或名山也有一批研究单位，如普陀山的佛教文化研究所、河北柏林寺的禅文化研究所、苏州西园寺的戒幢研究所等。此外，以中国佛学院为首的全国各地的佛学院，以及一些散居在全国各地的僧人和居士也在从事这方面的研究工作。

在人才方面，老一代佛教研究者如任继愈、吕澂、郭朋、季羡林、黄心川等，不断推出一批批新的研究成果，为新时期的佛学研究奠定了厚实的基础、指明了新的发展方向。当时一批20世纪五六十年代毕业的中年学者，如杜继文、方立天、楼宇烈、杨曾文、高振农等，在"文革"中积累的佛学修养也像火山一般喷发出来，化为一部部厚重扎实的学术著作，成为新时期继往开来的学术中坚力量。与此同时，随着我国研究生教育制度的恢复，中国社会科学院世界宗教研究所、南亚研究所先后招收佛教方面的硕士、博士研究生。这些研究生毕业后又充实到各科研机构与高校，成为本单位科研教学骨干。稍后，北京大学、中国人民大学、南京大学、武汉大学、清华大学等高等院校也开始招收佛学研究方面的研究生，一大批从事佛教研究的新生力量迅猛成长，把我国的佛学研究推向全面繁荣的新时代。进入20世纪90年代后期到21世纪的这些年，全国各地许多高校都相继成立了宗教学专业，有许多历史专业、文学专业甚至外语等专业的硕士、博士研究生纷纷选择了佛教方面的选题撰写自己的毕业论文，或者选择佛学研究专题作为博士后研究课题。

二　学术交流频繁，佛学研讨会众多

在学术交流方面，在20世纪80年代以前，大陆学术界几乎没有举行过佛学讨论会，学术交流渠道不畅。1980年9月由刚成立的中国宗教学会、中国南亚学会、陕西省社会科学院及西北大学在西安联合召开了中华人民共和国成立以来的第一次全国性的佛教学术会议，出席会议的有老、中、青学者32人，提交论文26篇。会议期间，日本著名佛教学者中村元教授率领东洋思想学术交流团一行8人与中国代表团举行了学术座谈会。这次会议的举行标志着中国佛学研究进入了一个新的时期，在中国佛学研究史上具有极其重要的开拓意义。从此以后，全国每年都要举办多次各种议题的国内或国际佛学研讨会，据不全完统计，从1980年到1995年，全国共召开各种佛学研讨会40余次；从1996年到2005年，共召开佛教学术会议100多次；自2005年到2007年的3年间，几乎每年的佛教学术会议（包括国内的和国际的）都有十多次甚至20多次。下面将30年来我国召开的一些重要的佛教学术会议做一简要的介绍。

1980年9月17日，由刚成立的中国宗教学会、中国南亚学会和陕西省社会科学院、西北大学联合在古都西安召开了中华人民共和国成立以来的第一次全国性佛教学术会议。32人出席了会议，收到论文26篇。会议成果收入《中国佛学论文集》（陕西人民出版社，1984）。

1982年10月26日，四川大足石刻研究会成立大会在大足召开，50余人参加了会议，收到论文十余篇。论文收入《大足石刻通讯》。同年11月23日至27日，“上座部佛教传入中国”学术讨论会在高原名城昆明召开，有20多位研究、教学人员参加了会议。

1984年8月27日至30日，中国社会科学院与联合国教科文组织在京召开“国际佛教艺术专家咨询会议”，30余人与会。会议期间世界宗教研究所还举办了“中国佛教艺术图片”小型展览会。

1985年4月11日至17日，中国社会科学院世界宗教研究所和河南洛阳龙门文物保管所在龙门联合举办了“魏晋南北朝佛教史及佛教艺术学术讨论会”。近70名代表出席了会议，收到论文近30篇。会议论文以1985年《中原文物》特刊的形式发表。

1985年11月9日至10日，日本《中外日报》社为纪念创刊90周年，倡议在日本京都举行“首届中日佛教学术会议”，中心议题是“中日两国佛教的特点和古代中日佛教文化的交流”，双方各出5名正式代表。两国代表和发表论文是：

任继愈（北京图书馆馆长、世界宗教研究所名誉所长）《中国佛教的特点》、杜继文（当时任世界宗教研究所所长）《中国佛教和中国文化》、方立天（中国人民大学教授）《华严宗哲学范畴体系简论》、楼宇烈（北京大学教授）《中国近代佛学的振兴者——杨文会》、杨曾文（世界宗教研究所佛教研究室主任）《隋唐时期的中日佛教文化交流》；中村元（东方学院院长、东京大学名誉教授）《日本佛教的服务精神》、道端良秀（光华女子大学名誉教授、日中友好佛教协会会长，现已去世）《中国的净土宗和玄中寺》、牧田谛亮（京都大学名誉教授）《在日中文化交流史中〈参天台五台山记〉的意义》、盐入良道（大正大学教授，现已去世）《日中佛教寺院形态的相异点》、镰田茂雄（东京大学东洋文化研究所教授）《在中国撰写碑文的日本僧——邵元的伟业》。本次会议被日本学者赞为“历史的盛会”。

1986年4月17日至21日，四川大足石刻研究会第二次年会在大足举行，参会者100余人，收到论文33篇。会议论文大多选载在《大足石刻通讯》第二、三期上。同年9月3日至10日，在日本京都佛教大学召开了“第一届中日佛教学术交流会议”。这是由中国佛教协会与日本佛教大学共同举办的。会议的主题是“中日佛教交流史”，中国方面有藏汉佛教学者7人与会。同年11月3日至7日，中国社会科学院世界宗教研究所、南亚研究所和陕西省社会科学院长安佛教小组共同在西安举办了“隋唐佛教学术讨论会”，近60名代表参加了会议，提交论文33篇。会议论文最后收入《隋唐佛教会议论文集》（三秦出版社，1990）。

1987年10月6日至8日“第二次中日佛教学术会议”移至北京举行，会议中心议题是“佛教和中日两国的文化”，来自日本和北京、上海、江苏、安徽、陕西、山西的部分佛教研究者出席了会议。已经召开的二次会议论文，由中国社会科学出版社于1989年出版，书名为《中日佛教研究》。

1988年9月18日至20日，“全国印度宗教与中国佛教学术讨论会”在江苏省常熟市召开。这次会议是由中国社会科学院南亚研究所、世界宗教研究所、哲学研究所、中国佛教文化研究所、北京大学哲学系、复旦大学哲学系和常熟市佛教协会共同举办的。来自全国11省（市）30个单位的代表53名（其中列席代表8名）参加了会议，收到论文25篇。会议大部分论文收入在论文集《印度宗教与中国佛教》（中国社会科学出版社，1988）一书中。同年10月6日到8日，中国佛教协会在北京举办了“第二届中日佛教学术交流会议”，主题是“中国佛教之研究”。中日两国佛教学者和佛教界人士100多人出席了会议，有10名学者宣读了论文。会议的论文摘要刊登在《法音》·学术版第2期上。

1989年3月27日至31日，北京大学哲学系和日本驹泽大学共同在京召开“中日禅学研究研讨会”，主题是“中日禅宗研究”，50余人参加了会议。同年11月20日至22日，“第三次中日佛教学术会议”在日本东京举行。会议的所有论文登载在《世界宗教研究》1990年第2期上。12月2日，四川省乐山市史学会和乐山大佛乌尤文管局在乐山市召开了“大佛文化研究”学术讨论会，有35人参加了会议，送交论文18篇。会议论文收录在《乐山师专学报》（社会科学版）1990年第1期上。

1990年7月24日至28日，“首届五台山中日佛教学术会议”在佛教圣地五台山举行。中日双方共60余人参加了会议，收到论文29篇。会议主题是“探讨五台山佛教文化的奥秘”。同年9月2日至4日，在新疆乌鲁木齐市召开了“西域佛教与文化”学术讨论会。会议是由中国社会科学院亚洲太平洋研究所暨南亚文化研究中心、世界宗教研究所、北京大学哲学系、中国佛教文化研究所、上海社会科学院宗教研究所、上海佛教协会、长安佛教研究中心、新疆维吾尔自治区佛教协会等9家单位联合召开的。40名代表出席了会议，收到论文30篇。9月9日至13日，陕西省社科联与法门寺博物馆在法门寺召开了“首届国际法门寺历史文化学术研讨会”，来自中、日、法、美等国共100多位学者出席了会议，提交论文60多篇。会后成立了“法门寺文化研究会”，出版了《首届国际法门寺历史文化学术研讨会论文集》。10月23日至24日，“第三届中日佛教学术交流会议”在日本京都举行，主题是“中日净土教之研究”。会议论文刊登在1990年的《佛教文化》年刊上。

1991年9月20日至21日和11月26日至28日，南京艺术学院等佛教考古艺术界人士和日本龙谷大学的学者，分别在成都和南京召开了以“早期佛教造像南传系统”为主题的中日学术研讨会。参会代表80余人，提交论文30多篇，会议论文分期刊载于《东南文化》。10月14日至16日“中日第四次佛教学术会议”于北京举行，来自中日两国的佛教研究者近100人出席了会议，收到论文11篇。会议的主题是“十至十四世纪中日佛教”。会议论文刊登于《世界宗教研究》1992年第2期。

1992年5月10日至13日，国际法门寺佛教学术会议在陕西省扶风县法门镇举行，来自美国、日本和国内各地的代表约60人参加了会议，收到论文22篇。会议论文集以《人文》杂志1993年增刊的形式出版。7月12日至18日，山西大学在太原召开了“中国佛教思想与文化国际研讨会”，来自美国、英国、俄罗斯、韩国、新加坡及中国大陆、中国港台地区的代表60余人出席了会议，收到论文46篇，会议论文集由人民出版社于1992年12月出版，书名为《中国佛教思想与文化》。10月6日至10日，“峨眉山与巴蜀佛教文化学术讨论会”在四川峨眉山举行，参会代表共120余人，收到论文64篇。会议论文集《峨嵋山与巴蜀佛教》于12年后由宗教文化出版社出版（2004年6月）。11月5日至9日，由重庆市文化局和大足石刻博物馆、四川省社会科学院等单位举办的第三届大足石刻研究会年会在四川大足举行。

100 余人出席了会议，收到论文、资料 36 篇。会议论文收入《四川石窟艺术研究会暨重庆大足研究会第三届年会专集——大足石刻研究会文选》。11 月 9 日至 11 日，“第四届中日佛教学术交流会议”移至北京举行，主题是“中国佛教的传统与创造”，会议论文刊登于《佛学研究》1992 年刊。

1993 年 6 月 3 日至 6 日，由浙江台州地区地区文化局、天台县人民政府、天台山文化研究会、中国社会科学院世界宗教研究所、亚洲太平洋研究所、中国佛教文化研究所联合发起的“首届中国天台山文化学术研讨会”于天台山召开。会议的主题是“天台山文化在国内外的传播及其影响”。近 80 名学者参加了会议，收到论文 53 篇。会议论文刊登于《东南文化》1994 年增刊。9 月 25 日至 27 日，“圆瑛佛学思想讨论会”在上海召开，本次会议由上海佛教协会、中国宗教学会上海分会、上海社会科学院宗教研究所、中国佛教文化研究所共同发起，参会学者 50 余人，收到论文 37 篇，收入《圆瑛大师圆寂四十周年纪念文集》。11 月 9 日，由中国社会科学院世界宗教研究所和中国佛教文化研究所联合举办的“佛教文化景点发展现状研讨会”在北京举行。11 月 23 日至 29 日，“早期佛教初传中国南方之路”中日学术讨论会在日本京都龙谷大学举行。会议集中讨论了“中国南方早期佛像性质和年代分期”“中国南北方早期佛教和佛像的区别”“中国南方早期佛像的起源及传播途径”。

1994 年 4 月 16 日至 22 日，中国玄奘国际讨论会在河南偃师与西安两地举行。主办单位是中国社会科学院南亚文化研究中心、玄奘研究中心、陕西长安佛教研究中心。中国代表 80 余人、外国代表 23 人参加了会议，收到论文 60 余篇。会议论文集《玄奘研究文集》于 1995 年由中州古籍出版社出版。8 月 8 日至 9 月 12 日，纪念鸠摩罗什诞生 1650 周年学术讨论会在新疆克孜尔研究石窟举行，主题是“鸠摩罗什与中国民族文化”，中外学者共 140 余人参加了会议，收到论文 38 篇。11 月 2 日至 15 日，由武汉大学、中国文化书院、中国佛教文化研究所、《禅学研究》编辑部、湖北大学、湖北省佛教协会、湖北省哲学史学会、湖北省社会科学联合会、黄梅县人民政府联合召开的“禅宗与中国学术文化学术研讨会”在湖北黄梅县召开。参会代表 100 余人，收到论文 70 余篇。论文集《东山法门与禅宗》由武汉出版社于 1996 年出版。12 月 14 日，由中国佛教文化研究所、上海市宗教局研究室、上海社会科学院宗教研究所、上海静安古寺共同举办的“持松法师佛学思想研讨会”在静安寺举行，来自中日两国的僧俗两界人士和学术界人士

150 余人参加了会议。

1995 年 3 月 2 日，由中国社会科学院世界宗教研究所、中国佛教协会中国佛教文化研究所、陕西省考古研究所和法门寺博物馆发起，邀请首都学术界、佛教界专家学者在北京中山公园举行了“法门寺地宫唐密曼荼罗学术讨论会”，会上由学者介绍了有关唐密曼荼罗的研究情况。9 月 4 日至6 日，在河南嵩山脚下的登封市内举行了“少林寺与禅文化国际研讨会”，来自韩国、日本和国内佛教僧俗二界及学术界人士近百人出席了会议。大会收到论文（含论文提要）共 70 余篇。论文集《中国嵩山少林寺建寺 1500 周年国际学术研讨会论文集》于 1996 年由宗教文化出版社出版。9 月 7 日至 10 日，重庆大足石刻研究会第四届年会举行。全国各地的学者 120 余人参加了会议，收到论文 43 篇。会议修订通过了《重庆大足石刻研究会章程》。10 月 7 日至 8 日，中日第六次佛教学术会议在北京举行。本次会议的中心议题是“佛教与儒、道二教的关系”。会议论文刊于《世界宗教研究》1996 年第 2 期。11 月 9 日至 11 日，“佛教文化与现代社会”两岸学术研讨会在北京大学现代管理中心召开。这次会议是由北京大学哲学系、宗教系和台湾佛光山大学筹备处联合举行的，收到论文 23 篇。11 月 13 日，“应慈法师佛学思想研讨会”在上海沉香阁召开，150 余人出席了会议。会议由上海市佛教协会、中国佛教文化研究所、上海市沉香阁、上海市宗教事务局研究室、上海市宗教学会、上海社会科学院宗教研究所等单位联合举办。百家出版社出版了《应慈法师圆寂三十周年纪念论文集》一书。10 月 31 日，弘一大师诞辰 115 周年纪念暨学术研讨会在福建泉州鲤城宾馆大礼堂举行。会议由泉州市佛教协会和弘一大师学术研究会共同举办。来自全国各地的学者 200 余人出席了会议，收到论文 69 篇。12 月 18 日，第四届国际佛教学术奖颁奖仪式在北京举行，来自北京的佛学研究专家和学者任继愈、郭朋、方立天、巫白慧等 60 余人出席了仪式。任继愈先生主持了颁奖仪式。获奖者黄心川先生的论文是发表于 1986 年西安隋唐佛教讨论会上的《隋唐时期中国与朝鲜佛教的交流——新罗来华佛教僧侣考》（《隋唐佛教论文集》，三秦出版社）一文。此为目前我国佛学界唯一荣获的国外学术奖。

1996 年 4 月 8 日至 9 日，大藏经编纂及电脑化座谈会在北京召开，会议由国务院宗教事务局主办。有关论文和发言发表于《藏外佛教文献》第 2 辑。8 月 20 日至 25 日，“首届中原宗教学术研讨会”在河南开封大相国寺举行。会议由河南省宗教文化研究会主办，主题是“佛教与二十一世纪”。

参会代表 50 余人，收到论文近 30 篇。1997 年河南宗教文化研究会出版了论文集。8 月 30 日至 9 月 4 日，“大乘与东亚文化学术研讨会”在北京和西安两地举行，会议由中国社会科学院哲学研究所、陕西省社会科学院长安佛教中心与日本学术界共同组办。会议采取了在北京和西安两地接站举办的方式，第一站于 8 月 30 日在北京中国社会科学院举行，会议的主题是“中日佛教哲学”。第二站于 9 月 3 日至 4 日在西安陕西社会科学院举行，主题是“长安佛教与日本”。10 月 22 日至 23 日，第六届中日佛教学术交流会在北京新万寿宾馆举行，主题是“中外佛教交流”，中外学者近 100 人参加了会议，发表论文十余篇，刊于《佛学研究》1996 年刊。11 月 12 日至 15 日，“石头希迁与曹洞禅学术研讨会”在湖南长沙举行，62 位专家学者参加了会议，收到论文 36 篇。这次会议是由湖南省佛教协会、南岳佛教协会、中国佛教文化研究所和湖南佛教文化研究会共同发起的。论文集于 1997 年由岳麓书社出版。11 月 12 日至 16 日，释指空暨云南楚雄州发展旅游业全国学术研讨会在昆明举行，会议由云南省武定县政府、狮子山风景名胜区管理处和云南社会科学院共同举办，云南、四川、江苏、河南、山东等地的专家学者 30 余人参加了会议，提交论文 16 篇，主要发表于《云南宗教研究》。

1997 年 1 月 3 日至 8 日，由澳门大学、澳门佛教出版委员会、《学术研究》杂志社和广东历史学会等单位组办的“慧能与岭南文化”国际学术讨论会，先后在澳门特别行政区、肇庆市、新兴县三地举行，50 余位学者出席了会议，收到论文 40 余篇。会议论文集由《学术月刊》杂志社出版。3 月 5 日至 8 日，由中国宗教协会主办、无锡市中诚广告公司协办的“佛教文化艺术与社会经济发展学术研讨会”在江苏无锡马山举行，佛学界、文博界、美术界、企业家等 60 余人参加了会议，收到论文 31 篇。5 月 14 日至 16 日“金陵刻经处创办 130 周年”学术研讨会在南京金陵刻经处举办，主题是“金陵刻经处与当代佛教”。50 余人参加了会议，收到论文 38 篇。5 月 16 日至 20 日，由四川省乐山市大佛节宗教部主办的“巴蜀暨名山文化讨论会”在乐山市举行，参加本次会议的代表，主要是四川佛学界人士，会议收到论文近 20 篇。8 月 9 日至 12 日，“指空在中国、韩国传播佛教文化学术研讨会”于云南昆明举行，会议由云南社会科学院和韩国精神文化研究院等单位主办，参会代表 40 余人。9 月 16 日至 18 日由中国社会科学院世界宗教研究所、天台县人民政府和天台山文化研究会联合发起的第二届中国天台山文化学术研讨会于天台县举行，80 余名专家学者与会。会议主题是“天台宗与东亚文化”，收到论文51篇。会议论文集刊登在《东南文化》1997年增刊上。11月23日，由湖北省当阳市人民政府、湖北省佛教协会联合举办的“中国佛教天台宗文化研究座谈会”于当阳市玉泉山庄举行，主题是“论述智者大师天台宗思想、理论在玉泉寺的形成”，近40人出席了会议，会议收到论文18篇。12月5日至9日，由中国东方文化研究会、中国老教授协会、中国文化书院共同发起举办的“‘佛教文化与现代社会’97北京国际学术研讨会”于北京大学光华管理学院举行，50余人出席了会议，收到论文25篇。

1998年9月6日至7日，由中国社会科学院世界宗教研究所、台湾法鼓山中华佛学研究所主办，法鼓大学协办的“佛教与东方文化——纪念佛教传入中国二千年”学术研讨会在北京召开，有70余人出席了会议。会议主题是“佛教与东方文化”，收到论文30篇。论文最后发表于台湾《中华佛学研究所学报》。10月21日至22日由纪念中国佛教二千年组委会主办、无锡祥符禅寺承办的“回顾与展望——纪念中国佛教二千年国际学术研讨会”在江苏无锡灵山大佛脚下隆重举行，近百人出席了会议。会议收到论文提要76篇，实收论文54篇。11月19日至23日，“98法门寺唐文化国际学术讨论会”在古城西安隆重召开，参加会议的代表有300余人，会议收到论文168篇，以法门寺历史和法门寺佛教为探讨重点。12月23日至24日“纪念中国佛教二千年”在广州市举行，会议由广东省佛教协会举办，70余人参加了会议，收到论文近30篇。

1999年3月22日至25日，由中国玄奘研究中心、中国佛教文化研究所、上海大学东亚佛教中心和陕西铜川市政府共同举办的“第二届国际玄奘学术研讨会”在陕西铜川举行，共137人出席了会议，会议收到论文66篇。8月26日至31日，“五台山与文殊菩萨讨论会”在山西五台山举行，会议由中国社会科学院佛教文化中心和山西佛教文化研究所共同举办，参会代表30余人，收到论文16篇。11月9日至10日，“中日第八次佛教学术会议”在北京举行，来自中国和日本的佛教学者100多人参加了会议。

进入21世纪以后，中国大陆召开的各种佛教学术会议日益增多，2000年10次，2001年11次，2002年8次，2003年14次，2004年18次，2005—2007年的三年间每年举办的学术会议都在十多次。

佛教学术会议的召开，不仅促进了学术交流和合作，而且推动了各地佛教研究和佛教文化的蓬勃发展，例如五台山、少林寺、玉佛寺、灵隐寺、乐山、法门寺、峨眉山等地凭借召开佛教学术会议的东风，使当地的佛教研究进一步深入，佛教文化活动日益丰富。同时，佛教学术会议还搭建了两岸四地学界和教界交流、合作与友谊的桥梁，促进了中国大陆和台湾、香港、澳门等地的佛教文化活动和相互了解，对维护祖国统一和宣传“一国两制”的基本国策起到了积极的作用，有着极其重要的现实意义。通过频繁的中外佛教学术交流活动，推动了中国佛学界、佛教界与外国同行的交流与合作，建立了友谊，交流了信息，实现了合作，培养了人才，学到了新的知识和方法，也扩大了影响，使世界上更多的人士通过佛教和佛学了解了中国，中国佛教研究也由此走向了世界。

三　佛教刊物和出版工作取得了长足的进步

据王雷泉主编的《中国大陆宗教文章索引》① 一书统计，从1949—1966年的17年间，大陆共发表佛学文章1003篇，其中最少的年份是1966年，仅发表3篇；最多的年份是1953年，共发表99篇。平均每年发表58.1篇。这些文章绝大部分刊登在《现代佛学》上，仅有极少数个别文章发表在《哲学研究》《文史哲》《新建设》等社会科学理论刊物上。所以《现代佛学》成为了解中国大陆20世纪50年代至60年代佛学研究情况的主要窗口。

1967—1974年，整个中国大陆没有发表过一篇宗教学文章。1974年发表佛学文章一篇。1978年以后，发表的佛学文章逐年增多，到1992年时，中国大陆全年共发表佛学文章达1125篇，一年发表的文章数量，超过了前17年的总和。据不完全统计，1996—1998年的3年间，大陆各种报纸杂志发表的有关佛教研究的文章共计3300余篇，出版的各类佛教著作近400种，平均每年发表的研究成果相当于中华人民共和国成立之初至“文革”前的总和。自20世纪90年代中期以来到现在，全国每年发表的佛教研究论文千余篇，每年出版的佛教研究著作数以百计。

现今中国大陆创办的各种有关佛教的刊物有60多种，如《世界宗教研究》、《世界宗教文化》（前身是《世界宗教资料》）、《敦煌研究》、《中国藏学》、《禅学研究》、《法音》、《宗教学研究》、《五台山研究》、《宗教》、《当代宗教研究》、《佛教文化》、《佛学研究》、《上海佛教》、《上海佛学院院刊》、《台州佛教》、《净业》、《中国藏学》、《西藏研究》（藏文）、《广东佛

---

①　王雷泉：《中国大陆宗教文章索引》，台湾东初出版社1995年版。以下的统计数字仍出于此书，不另说明。

教》、《禅》、《闽南佛学院院报》、《九华山》、《甘露》、《江西佛教通讯》、《洛阳佛教》、《南亚研究》、《云南宗教研究》、《无神论・宗教》、《佛教知识》、《净土》、《浙江佛教》、《宁波佛教》、《四川宗教》、《法源》、《玄奘研究》、《禅露》、《普陀山佛教》、《正法眼》、《显密》、《人海灯》、《重庆佛教》、《福建佛教》、《福建宗教》、《中国西藏》、《菩提心》、《佛教文摘》、《广西佛教》、《宗教与世界》、《东北佛教》、《丛林》、《杭州佛教》、《中国宗教》、《中国禅学》、《菩提道》、《觉群》、《报恩》、《弘法》、《慈缘》、《妙莲华》、《鸡鸣》、《晋阳佛教》、《金陵佛教》、《正觉》（以上刊物有的停办或改名）等。其中，佛教界创办的各类刊物就有四五十种。还有众多的佛教文章刊登在其他人文社科类刊物上。但是，“从量上来看，佛教界主办的佛教刊物已占据中国大陆同类杂志的首位，成为佛教文化建设中一支举足轻重的力量；从质上来看，近几年随着佛教教团的重建，其水准也不低于海外华人地区的同类刊物”①。佛教界创办的这些刊物不仅弥补了政府、学术机构和大学出版的不足，而且已经成为佛教出版的有生力量，为众多佛学成果提供了出版的园地。

在当今众多佛教界创办的佛教刊物中，大多属于教内知识性和弘法性的，最近几年，侧重学术性的刊物也有所增加，如《佛学研究》、《藏外佛教文献》（以书代刊）、《觉群・学术版》（以书代刊）、《曹溪禅研究》（以书代刊）、《禅学研究》（以书代刊）、《法源》、《中国禅学》（以书代刊）等。其中，《佛学研究》很有代表性。王雷泉认为，《佛学研究》是从“《法音》这一母体先后分离出来”②，“1987 年，中国佛教文化研究所成立，是年以《法音》（学术版）名义出版学报，每年一期，刊载佛学研究论文，由净慧法师兼任主编。1990 年改名《佛教文化》，仍为年刊”③。1992 年改为《佛学研究》年刊，现设有“佛学指南”“佛教思想”“佛教人物”“经典研究”“宗派研究”“佛教文学”“佛教艺术”“中外佛教”“研究综述”“会议动态”“书刊评论”“学术资料”等栏目，而且每年有一个鲜明的主题。1995 年的主题是“佛教现代化专题”、1997 年是“佛教考古与艺术”、1998 年是“佛教人物”、1999 年是“百年佛教回顾”，这些主题都是围绕当前佛

① 王雷泉：《中国大陆佛教刊物简述》，《佛教文化》，1993 年第 4 期。
② 同上。
③ 同上。

学比较热门的话题进行讨论，撰文的作者来自社会各界，发表的文章有观点、有创新，学术性强，受到了读者的欢迎和喜爱。中国社会科学院世界宗教研究所主办的《世界宗教研究》属于国内宗教学界品位最高的纯学术性刊物，是我国最早出版的宗教学理论刊物，迄今已有20余年的历史。该刊以“学术性、理论性、科学性”为宗旨，辟有“佛教研究”专栏，所发文章学术品位高，理论性强，具有前瞻性，代表了我国宗教学研究的最新成就，有极高的参考性和重要的收藏价值。许多国内外学有成就的学者都在该刊发表过大量高质量的文章，现已被全国各大学列入中文文科“核心期刊”，国外学术界也将其推选为中国社会科学界的“十大刊物”之一。与此相似的还有四川大学宗教研究所主办的《宗教学研究》、上海社会科学院宗教研究所主办的《当代宗教研究》，以及山西社会科学院的《五台山研究》等刊物。[①]《藏外佛教文献》“赓续古代佛教文献学的优良传统，进一步建设与发展佛教文献学，是今天佛教文献研究者的任务，也是《藏外佛教文献》愿为之奋斗的目标之一”[②]。该书以整理尚未入藏的敦煌佛教文献为主，但同时也刊出一些与藏经有关的研究文章。《中国禅学》是江苏古籍出版社出版的不定期的刊物，主要刊登有关与禅学有关的研究文章，是学术界在南方出版的一份重要的佛学刊物。而在佛教界办的一些出版物中，中国佛教协会主办的《法音》、厦门南普陀的《闽南佛学院院报》、岭东佛学院的《人海灯》和河北柏林寺办的《禅》和《禅学研究》杂志更多地刊出一些学术性文章。“从《法音》到《法音》（学术版）和《佛教文化》年刊，再到今天的《佛教文化》季刊和《佛学研究》年刊，以及众多以刊登佛教学术文章为主的年刊和以书代刊类刊物，中国佛教文化事业从一片废墟中走出，为下个世纪重新走向世界佛学研究前列聚集了队伍，奠下了基础。”[③]

进入21世纪以来，随着国家对教育、科研投入的加大，科研经费大幅度提高，一批批重大科研项目立项，有的已经结项并出版。佛教界也资助出版了一大批学术书籍和论文集，佛学成果的出版难问题得到了初步的缓解。

---

① 王雷泉:《国内佛教刊物管窥》,《佛学研究》创刊号；黄夏年:《我国新时期佛教读物的出版》,《中国出版》1996年第6期；《一九九五年中国大陆佛教读物出版综述——兼谈有关佛教读物的出版和评论》,《台州佛教》1996年第9期、第10期；《近期佛教研究著作扫描》,《出版广角》1996年第6期。

② 《藏外佛教文献》第一辑，宗教文化出版社1995年版，第2页。

③ 王雷泉:《中国大陆佛教刊物简述》,《佛教文化》1993年第4期。

如由佛光山文教基金会出版的“法藏文库”《中国佛教学术论典》将近年来大陆有关佛学研究的硕士、博士论文结集出版，还有由宁波宝庆讲寺资助的宝庆讲寺丛书、由上海真如寺资助的真如丛书、上海玉佛寺资助的觉群小丛书、觉群佛学博士文库等，几年间已经蔚为壮观，对佛学著作的出版事业作出了贡献。

四　科研成果丰硕，研究范围扩大

40 年来，大陆佛学研究所取得的成果有目共睹，发表了数以万计的佛学著作和文章，范围涉及经典文献，佛教的历史、宗派、义理、人物，佛教哲学，区域佛教，佛教经济、文化、艺术等各个方面。其中佛教史的研究尤为突出，既有通史、简史、断代史、地方史，又有文化史、思想史、宗派史等。

1. 佛教史研究取得重大进展

佛教史研究一直是佛学研究的基础与重点，40 年来，佛教史研究的成果在佛教研究领域中可谓首屈一指，在多个方面获得新进展。主要表现为以下两个方面。

第一，通史、断代史的研究成果显著。

以 20 世纪 30 年代出版的汤用彤《汉魏两晋南北朝佛教史》为代表，这一时期我国的佛教史研究已经取得了巨大的成绩，但还缺少一部上下通贯的通史。1979 年，吕澂先生的《中国佛学源流略讲》（中华书局，1979）和《印度佛学源流略讲》（上海人民出版社，1979）两部书出版，这是根据吕先生 60 年代初受原中国科学院哲学社会科学部的委托举办的佛学研究班的讲稿整理而成，代表了他中年以后的成熟观点，是大陆佛学通史的代表著作。两书篇幅虽然不大，但内容精审丰富，对中印佛教史上各学派与宗派的思想特征、学术渊源与流变作了细致的辨析。1982 年，汤用彤先生 30 年代的授课讲义《隋唐佛教史稿》，由汤一介整理，在中华书局出版。该书虽然是未完稿本，但凝聚了作者对隋唐佛教的诸多思考，有重要的参考价值。应该说，汤著和吕著成为新时期佛教史研究的奠基性著作，为后来的佛教研究树立了典范。正是在前人的基础上，由任继愈主编，杜继文、杨曾文等人执笔的《中国佛教史》作为国内有史以来最大的佛教史研究项目开始启动，该书拟写 8 卷，1981 年起由中国社会科学出版社陆续出版了 3 卷（共 136 万字），内容包括从佛教初传中土到南北朝的佛教。该书以唯物史观为指导，全面贯彻用历史说明宗教，而不是用宗教说明历史的方针，无论在资料的考订使用，还是观点的论证阐述，都给人耳目一新的感觉，在国际、国内都产生了较大影响，成为佛教研究者必读的参考书。从已出版的几卷内容来看，本书在历史和思想教义方面均有自己的特色。作者不迷信过去的历史记载，对已有的历史资料都重新做了考证，并在前人研究的基础上再次做了挖掘。作者认为，佛教在中国的传播和发展，与中国社会政治、经济和固有文化环境密不可分。并指出，佛教虽然属于唯心主义宗教体系，但“它的逻辑分析、心理分析相当细微，辩证法思想也相当丰富”。该书可以说代表了改革开放以来中国学术界佛教史研究的最高水平。可惜的是，计划中的后面 5 卷（隋、唐、宋、元、明、清及近现代）一直没有面世，“通史”实际上变成了“断代史”。方立天的《魏晋南北朝佛教论丛》（中华书局，1982）则汇集了作者 20 世纪六七十年代发表在《新建设》《哲学研究》等刊物上的多篇论文，重点从哲学史的角度研究早期中国佛教的人物及其佛学思想。

由杜继文主编，杨曾文、魏道儒等执笔的《佛教史》，1991 年由中国社会科学出版社出版，全书 51 万字。该书可以称得上是一部简明的世界佛教通史，从世界视角按历史发展顺序为纲，系统介绍了世界范围内佛教的产生与发展，对全世界各国佛教进行综合性的叙述与研究。它不但体现了佛教在古代世界的全貌，而且突出反映了中国佛教在整个佛教世界的地位。该书资料丰富、翔实，立论平实，但又综合了学术界的最新研究成果，成为佛教史著作中的佼佼者，出版以后成为高校教学与科研的主要参考书。

孙昌武的《中国佛教文化史》（中华书局，2009），全书分上、中、下三编，180 万字，是一部全面、细致描述中国佛教文化发展历史，阐发中国佛教文化成就，总结中国佛教文化发展规律的著作。作者把中国佛教文化的历史发展划分为四个阶段：两汉至两晋为中国佛教草创阶段，南北朝为佛教逐步实现“中国化”的时期，隋唐两宋为佛教“中国化”的完成期，元明清为中国佛教发展的第四期。本书全面总结了中国佛教文化的成就、价值和意义，对于中国佛教史、一般的宗教史、思想史以及诸多相关学科的教学、研究都具有参考价值。

潘桂明的《中国佛教思想史稿》（江苏人民出版社，2009），全书共 3 卷 6 册，全面论述了中国佛教思想的发展历程。从时间上看，包含了自佛教传入至近代 2000 年的时间跨度，从内容上讲，涵盖了佛教思想史上的主要人物、学派、宗派及其相关的重要哲学范畴和命题；同时，阐述分析了这些范畴、命题的演变过程，揭示了在这个过程中体现的文化内涵、思维特征和知识取向。本书既为学术界提供佛教思想研究的必备知识，又为深化中国思想史、哲学史的研究提供新视角、新思路。

赖永海主编的《中国佛教通史》（江苏人民出版社，2010），全书 15 卷 650 万字。该丛书的撰写历时 5 年，集中了全国众多高校和研究所的 22 位专家。全书洋洋大观，内容丰赡，梳理出佛教从两汉初到 1949 年近 2000 年的历史脉络，将中国佛教史分为汉魏两晋南北朝、隋唐五代、宋辽夏金元、明清民国四个时段加以叙述。“通史”各卷在论述特定历史时期佛教时，不仅详细梳理该时期佛教的历史与理论，分析制约佛教发展演变的各种社会要素，而且对佛教文学艺术、仪轨制度、传播流布等方面的问题也都予以关注，尽量描绘出有立体感的、动态感的佛教全景图。应当说，这部《中国佛教通史》的出版，无论在内容上还是形式上，都填补了我国佛学研究的空白。

由季羡林、汤一介担任总主编，并会聚一大批佛教研究的专家学者共同编纂的《中华佛教史》（山西教育出版社，2014）历时 15 年完成。全书共 11 卷，上起汉魏，下及近代，涵盖了佛教在我国多民族的传播，以及汉传佛教在日本、朝鲜等国的发展，而且对佛教文学、艺术等方面进行了专题论述。

魏道儒主编，国内外 20 多位老中青年佛教研究学者参与撰写的《世界佛教通史》（中国社会科学出版社，2015）共 800 多万字，历时 8 年完成，是中国社会科学院创新工程重大科研成果，论述佛教从起源到 20 世纪在世界范围内的兴衰演变主要过程，在国内外学术界属于首创。本部书由 14 卷 15 册构成：第一卷，印度佛教（从佛教起源到公元 7 世纪），周贵华著；第二卷，印度佛教（公元 7 世纪至公元 20 世纪），周广荣著；第三卷，中国汉传佛教（从佛教传入至公元 6 世纪），魏道儒、李利安著；第四卷，中国汉传佛教（公元 7 世纪至公元 10 世纪），魏道儒等著；第五卷，中国汉传佛教（公元 10 世纪至公元 19 世纪中叶），魏道儒等著；第六卷，中国汉传佛教（公元 19 世纪中叶至公元 20 世纪），纪华传著；第七卷，中国藏传佛教（上、下）（从佛教传入至公元 20 世纪），尕藏加著；第八卷，中国南传佛教（从佛教传入至公元 20 世纪），郑筱筠、梁晓芬著；第九卷，日本佛教（从佛教传入至公元 20 世纪），王颂著；第十卷，韩国佛教（从佛教传入至公元 20 世纪），何劲松著；第十一卷，越南佛教（从佛教传入至公元 20 世纪），［越］释清决等著；第十二卷，斯里兰卡与东南亚佛教（从佛教传入至公元 20 世纪），郑筱筠著；第十三卷，亚洲之外佛教（从佛教传入至公元 20 世纪），杨健著；第十四卷，世界佛教大事年表，夏德美编著。

《世界佛教通史》以辩证唯物主义和历史唯物主义为指导，坚持历史与逻辑相统一的原则，以史学和哲学方法为主，并且借鉴考古学、文献学、宗教社会学、宗教人类学、宗教心理学、宗教比较学、文化传播学等相关学科的理论和方法，全方位、多角度对世界范围内的佛教进行深入研究。全书各卷本着“原始察终，见盛观衰”的史学原则，对每一研究对象既进行梳理脉络的纵向贯通，又进行考察制约该对象变化的多种因素的横向贯通。在论述不同国家和地区的佛教时，始终联系制约佛教兴衰变化的政治、经济、民族、科学技术和思想文化等因素，始终将宏观把握和微观探索结合起来，系统阐述众多的佛教思潮、派系、典籍、人物、事件、制度等，并且兼及礼俗、典故、圣地、建筑、文学、艺术等。在绝大多数卷中，都不同程度涉及佛教和平传播问题，佛教本土化问题，佛教教义体系、礼仪制度和文化艺术的关系问题，中国佛教在世界佛教中的地位等问题。本部书所取得的具有原创性、基础性、创新性成果更为丰富多彩，不仅对于以后的佛教研究有重要价值，对于研究其他宗教、对于研究宗教学基本理论也有重要启发和借鉴意义。本部书所采用的资料文本主要来自汉文、梵文、巴利文、藏文、西夏文、傣文、日文、英文、法文、越南文等语种，有些分卷在运用田野调查资料、实物资料方面做了比较多的工作。全书的所有叙述、说明、分析和评论都建立在经过考证、辨析可靠资料的基础上，切实做到把资料的权威性、可靠性和多样性结合起来、统一起来。

自 1980 年开始，郭朋以个人之力，撰成《隋唐佛教》《宋元佛教》《明清佛教》等一系列佛教断代史专著。1994 年又将上述几本著作修订汇总为三卷本《中国佛教思想史》，由福建人民出版社出版，全书共 3 卷约 139 万字。该书是新时期由个人独立完成的篇幅最大的佛教通史性著作，也是用马列主义观点研究佛教史的又一重要成果。全书资料翔实，观点鲜明，对学术界有较大影响。

蓝吉富的《隋代佛教史述论》则是研究隋朝佛教的重要著作。顾吉辰《宋代佛教史稿》从正史、文集中汇集了大量佛教资料，具有较高的文献价值。史金波的《西夏佛教史》具有填补空白的作用。杨曾文的《隋唐佛教史》（中国社会科学出版社，2014）分隋朝佛教、唐朝佛教两编。隋朝编有两章：首章为隋朝社会和佛教，介绍隋朝社会及佛教政策、佛教概况、僧官制度等；次章为隋代佛教宗派，介绍天台宗、三论宗和三阶教。唐朝编也有两章：首章是唐朝社会和佛教；次章是唐代佛教宗派。魏道儒的《唐宋佛学》（中国社会科学出版社，2017）一书集中收录了作者近年来研究中国唐宋时期天台宗和禅宗的论文，是一部致力于佛教哲学和中国佛教宗派研究的著作。［美］斯坦利·威斯坦因著，张煜译《唐代佛教》（上海古籍出版社，2015）广泛利用各种世俗与佛教文献，对佛教的兴衰演变进行了编年式的研究。佛教界与唐王朝不断变化的关系是《唐代佛教》关注的焦点，具体讨论的议题包括为了裁抑佛寺权力所进行的各种尝试，对教界的行政管理，利用佛教来获得实际的政治利益，以及武宗的灭佛与唐末帝王对佛教的复兴。

属于中国佛教通史类的还有方立天主编，华方田副主编的《中国佛教简史》（宗教文化出版社，2001），潘桂明的《中国的佛教》，方广锠的《佛教志》，洪修平的《中国佛教文化历程》，高振农的《中国佛教源流》（九州出版社，2006）等一些篇幅较小的简史性、普及性著作。其中《中国佛教简史》内容包括了从佛教初传中国一直到当代佛教的全部历史，分为佛法东来、融汇发展、创造繁荣、融合渗透和现代转型五个阶段，论述了不同阶段的佛教发展状况、主要活动及特点。该书篇幅适中，内容简练，被许多佛学院和大学列为教学参考书。《佛教志》主张不按中国王朝更迭，而以佛教本身的发展阶段对中国佛教进行分期，可供参考。潘桂明的《中国居士佛教史》则对2000年来中国佛教居士的发展历史，进行了深入、客观的研究，是一部专题性的通史。《中国佛教文化历程》一书则从儒、释、道三教关系入手，从佛教中国化的角度，系统论述了中国佛教的历史演进及其与中国传统思想文化的密切关系。

上述通史、断代史著作尽管立场不同、视角不同、研究方法不同，引起的评价也不同，但对普及佛教知识及佛教研究方法论，深化佛教史的研究都起到积极的推动作用。

第二，佛教史的研究领域大大拓展，出现一批填补空白的著作。

以往我国的佛教史研究主要局限在中国佛教领域，而在中国佛教领域又以唐之前的佛教史为主，在唐以前佛教史的研究中又以汉传佛教为主。此外，把中国佛教作为一个整体来研究的较多，注目区域性佛教的较少。40年来，尤其近20年来，这一格局已经被打破，大大拓展了佛教史的研究领域。

（1）外国佛教研究成果丰硕。

佛教由印度传入中国，但以往我国对印度佛教的研究较为薄弱。吕澂的《印度佛学源流略讲》与印顺的《印度佛教思想史》力图改变这一局面。这两本书，前者原为讲义，偏重于论述作者的研究心得；后者则较为全面地论述了印度佛教思想的全貌。印度佛教是在与印度其他各宗教哲学派别的斗争中成长起来的，从这个角度讲，不了解印度哲学，无法真正了解印度佛教。黄心川的《印度佛教哲学》（见任继愈主编《中国佛教史》第一卷附录四）是一本简明的印度佛教哲学读本，从原始佛教、部派佛教、大乘佛教和密教四个时期论述了印度佛教哲学的发展历史。黄心川的《印度哲学史》（商务印书馆，1989）与《印度近现代哲学》（商务印书馆，1989）全面地论述了印度哲学的发展历史，包括印度佛教哲学，成为佛教研究者必备的基本参考书。季羡林的《中印文化关系史论文集》（生活·读书·新知三联书店，1982）和《佛教与中印文化交流》（江西人民出版社，1990）汇集了作者关于中印文化、佛教等方面的一些论文。巫白慧的《印度哲学与佛教》（中国佛教文化研究所，1991），则是一本用英文发表的著作。李志夫的《中印佛学之比较研究》是从事中印佛教比较的第一部重要的研究专著。《印度宗教与中国佛教》（中国社会科学出版社，1988）是 1988 年 10 月在常熟召开的第一次"全国印度宗教与中国佛教学术讨论会"论文集，从不同角度反映了 20 世纪 80 年代中国佛教研究的状况。崔连仲的《从佛陀到阿育王》（辽宁大学出版社，1991），主要从历史的角度探讨了佛陀时代到阿育王时代的印度历史和思潮。方广锠的《渊源与流变——印度初期佛教研究》（中国社会科学出版社，2004），对印度古代文化、初期佛教的年代、分期、佛教起源、思想等作了系统的阐述。郭良鋆的《佛陀和原始佛教思想》（中国社会科学出版社，1997）是一部直接利用南传佛教史料研究印度佛教的高水平著作。吴汝钧的《印度佛学研究》（台湾学生书局，1995）对中观学的理论与方法有深入的阐述。

杨曾文的《日本佛教史》（浙江人民出版社，1995），杨曾文主编的《日本近现代佛教史》（浙江人民出版社，1996），高洪的《日本当代佛教与政治》（东方出版社，1995），何劲松的《韩国佛教史》（上、下册，宗教文化出版社，1997，1999），陈景富的《中韩佛教关系一千年》（宗教文化出版社，1999），黄有富、陈景富的《中朝佛教文化交流史》，何劲松的《近代东亚佛教》以及黄心川关于中朝佛教的一系列论文对日本佛教、朝鲜佛教、中朝佛教往来等作了深入的研究。张文良的《日本当代佛教》（宗教文化出版社，2015）从历史和社会两个维度，对日本当代的传统佛教宗派、新佛教团体以及日本佛教的民间信仰和学术研究等进行了全方位的考察。梁明霞的《近代日本新佛教运动研究》（宗教文化出版社，2015）以明治政府新政下的宗教社会状况为背景，集中考察了明治中期兴起的由新佛教徒同志会发起的新佛教运动。

印度佛教是中国佛教之源，而日本、朝鲜等国的佛教是在中国佛教的影响下产生与发展的。上述研究，使我们对中国佛教在世界历史中的地位有了更加深刻的认识。南传佛教是佛教的三大派别之一，至今流传在南亚、东南亚及我国云南地区。对南传佛教的研究是佛教研究不可或缺的重要组成部分。

（2）唐以后佛教史的研究取得一定的突破

唐以后佛教的研究向来是我国佛教研究的薄弱环节，这些年则取得一定的突破。郭朋的《宋元佛教》《明清佛教》等著作首先填补了这方面的空白。上述著作虽然篇幅不大，但勾勒了这一时期佛教的大体轮廓。史金波的《西夏佛教史略》（宁夏人民出版社，1988）为西夏佛教的研究填补了空白。张锡禄、蓝吉富、侯冲、李东红等人对云南阿吒力教的研究为探讨宋元明佛教的演变及我国信仰性佛教的展开提供了线索。魏道儒承担的社科基金课题《宋元明清佛教史》已经完成并正在结项。周齐的《明代佛教与政治文化》（人民出版社，2005）从佛教与政治的角度探讨了明代佛教发展的历史及其特点。陈永革的《晚明佛教思想研究》（宗教文化出版社，2007）结合晚明社会时代的变迁，提出现实圆融与历史还原为晚明佛教思想的基本主题，并据此诠释晚明佛教丛林改革、佛教复兴的演进过程。台湾江灿腾的新著《晚明佛教改革史》（广西师范大学出版社，2006），是作者以现代管理学的思维和新文化史多元的书写方式撰写的关于明清新禅宗社会文化史研究的精心作品。其中有关当时佛教禅宗社会问题意识的提出、著名丛林改革个案的细腻透视和各家禅思观点互相争辩等的分析，表现了作者迥异于传统佛教史的书写方式和表现（参见本书《增补新编内地版自序》）。台湾地区学者陈玉女所著的《明代的佛教与社会》（北京大学出版社，2011）是一本论文集，收录了作者近年来研究明代佛教的多篇论文，对明代佛教与政治权力的关系，佛教与地方经济环境的相互影响，佛教因应政治、社会的需求而发生的变化，佛教信仰所反映的明代女性的精神生活与社会地位，以及佛教医学的发展等多个论题进行了深入讨论。《明代的佛教与社会》不仅是研究明代佛教的力作，也是一部研究明史、明代社会史的佳作。

周齐的《清代佛教与政治文化》（人民出版社，2015）是一部以政治文化为考察视角来系统研究清代佛教的学术专著。作者依据历史史料和佛教典籍文本，不仅对清前期的顺、康、雍、乾四朝帝王包括朝廷提出的佛教政策与佛教的关系进行了梳理和探讨，而且对清代佛教与清代社会政治文化诸因素相互交织的诸问题进行了归纳和综合分析，并通过一些典型个案，具体分析了处于清代君主极权和文化专制体制下的士人对于佛教的认识态度及其影响，特别是对清代佛教日益世俗化的趋势中佛门高僧所表现的处世之道做介绍和阐释，从而比较丰满地探讨了清代佛教以及佛教与社会主要因素间的关系，也在一定程度上揭示和展现了中国佛教与传统政治文化的密切关系。

一直以来少有问津的近现代佛教的研究近年来成为学术界的一个热点，取得的成绩较为突出，连续出版了一系列研究著作。1989年巴蜀书社出版了郭朋的《中国近代佛学思想史稿》，1992年上海出版社出版了高振农的《佛教文化与近代中国》，几乎同时，台北的文津出版社在“大陆地区博士论文丛刊”中出版了麻天祥的《晚清佛学与近代社会思潮》，1993年上海出版社出版了李向平的《救世与救心——中国近代佛教复兴思潮研究》，1995年宗教文化出版社出版了台湾学者于凌波的《中国近现代佛教人物志》，1996年华东师范大学出版社出版了邓子美的《传统佛教与中国近代化》，2001年湖南教育出版社出版了麻天祥的《20世纪中国佛学问题》，1995年12月中国社会科学出版社出版了由黄夏年主编的“近现代著名学者佛学文集”，包括如《巨赞集》《印顺集》《太虚集》等十余本。这套文集的出版为人们研究了解近现代佛教提供了非常重要的资料，成为当时研究者经常引用的版本。2006年、2008年中国书店又出版了由黄夏年主编的《民国佛教期刊文献集成》和《民国佛教期刊文献集成·补编》，两书共收集民国时期佛教期刊233种，其中154种收齐了所有期刊。这些难得的期刊，对研究民国佛教和近现代佛教提供了非常珍贵的历史资料。

另外，有关近代佛教的著作还有郭朋、廖自力、张新鹰著的《印顺佛学思想研究》（中国社会科学出版社，1991），郭朋的《太虚思想研究》（中国社会科学出版社，1997），陈兵、邓子美著的《20世纪中国佛教》（民族出版社，2000），何建明的《佛法观念的近代调适》（广东人民出版社，1998），徐荪铭的《世纪佛缘》（中国社会科学出版社，1998），阚正宗的《台湾佛教年》（东大图书公司，1999），高振农的《近现代中国佛教论》（中国社会科学出版社，2002）等。

姚彬彬的《现代文化思潮与中国佛学的转型》（宗教文化出版社，2015）把中国近现代佛教的发展史归纳为从宗派佛教向学派佛教的转型历史，并从这个角度出发认识整个中国近现代佛教，认为20世纪中国佛教开展的思想背景是启蒙文化思潮。存德的《印光法师佛学思想研究》（宗教文化出版社，2015）系统研究了近代净土宗大师印光的佛学思想，展现了近代中国佛教和中国文化的艰难转折和开展。

这些有关近现代中国佛教的著作对于从杨文会开始的近代中国佛教自身的复兴运动，以及近代以来僧俗两界的佛学研究和佛学思潮做了全面的梳理，并对近代佛学复兴的背景、动机和原因进行了系统的分析。值得省思的是，大多论著在这种全面和系统的描述中，研究者事先已经不自觉地接受了过去社会史与政治史对“近代史”的预设，并把这些预设当作叙述近代佛教史不言而喻的起点或背景，并在此前提下讨论近代佛教的历史。例如，在讨论近代佛教复兴的原因时，郭朋在著作中只有简单的两句话：一是志士仁人想从佛学中寻求救国救民之道，一是西风东渐和西学影响。麻天祥认为，晚清佛学的复兴，沿着当时的经世致用和哲学思辨两路而来，是士人对嘉、道年代国势危急、人心惶惑的反应，并且具体论述了晚清佛学复兴的源头：启迪近代佛学中经世致用一支的魏源和启迪哲学一支的龚自珍。这种背景分析的思路来自现代关于近代史的习惯思路，即所有问题的背景都归之于人们对政治和社会的反应，因此佛学复兴的心理契机就是为了拯救民族的危亡。这种以政治史和社会史为基本线索的背景分析当然有一定的道理，尤其是面对政治和社会变化特别引人注目的近代社会的时候，西方的冲击和中国的回应自然构成了历史书的主线。问题是，关于近代中国佛教史的研究是否一定要依托政治史和社会史作为自己的基础和背景？佛教史毕竟有其自己另外的理路，它不必一定与政治或社会同步。在这一点上，台湾学者的成果值得借鉴。1996年11月，中国社会科学出版社又出版了台湾学者江灿腾的《明清民国佛教思想史论》，这部著作的一些内容早在1990年作者出版的《现代中国佛教思想论集》和1994年的《现代中国佛教史新论》中已经收录，1998年经过作者的修订和增补，由台湾的南天书局以“中国近代佛教思想的诤辩与发展”为题，出版了厚厚一巨册。由于台湾学者的知识背景，使他很容易地从大陆学者很难解脱的“近代”一词及其意识形态规定的时间表中脱身，把他讨论近代佛教思想的起点提到了明代。于是，从明初道衍开始，晚明的丛林衰微，《物不迁论》的争论，憨山德清的中兴，庙产兴学以后的佛教改革，印光的净土思想，“五四”时代的太虚以及他的整理僧伽制度，一直到胡适的禅学研究、欧阳竟无的天台批评以及吕澂与熊十力的争辩，都被纳入他的“近代”。他的这部并不系统的近代佛教史著作，恰恰使人重新思索佛教在近代的延续与变化时，可以摆脱“近代”一词的意识形态梦魇，上溯明代，下及民国，对探求近代佛教复兴提供了新的线索和启发。2006 年上海古籍出版社出版的葛兆光的《西潮又东风——晚清民初思想、宗教与学术十讲》是一本论文集，书中从思想史、学术史和宗教史的角度，对近代中国在西洋潮的冲击下何以自处、在东洋风的鼓吹下又如何变化，做了深入的思考。

这些著作的出版，改变了中国佛教史研究中头重脚轻的弊病，使原本几乎被遗忘的近代佛教历史一时成为了热点问题，特别是在 20 世纪和 21 世纪之交的时候，回顾百年历史的习惯与展望新世纪的期盼交织在一起，人们从对近代佛教史的陈述中时时又透露着对现实的关切，其中所包含的学术价值和现实意义是不言而喻的。

（3）佛教史学史的研究

近年来，不仅佛教史的撰作有重大成果出现，佛教史学史的研究也渐受学界青睐，关于佛教史学史的研究既有论文也有专著。宋道发的《佛教史观研究》（宗教文化出版社，2009）对以往学界不太重视的佛教史观进行了研究。作者采用从内入手，以佛解佛的方法，将佛教史观概括为“一本六支”，即以“缘起论”为本，以本迹史观、感应史观、神通史观、业报史观、末法史观、正统史观为六支，以自己独特的眼光比较全面地论述佛教史观。

纪赟的《慧皎〈高僧传〉研究》（上海古籍出版社，2009）以梁慧皎《高僧传》为研究对象，分别论述了《高僧传》的作者、成书背景、版本、分科、史源等，并将《高僧传》与正史、笔记、史地作品进行了比较，最后对《高僧传》所描写的神异、法术，《高僧传》的文学、史学风格进行了深入探讨。其中对梁传史源的分析、与史地作品的比较等方面多有创获。

（4）藏传佛教与密教的研究逐渐成为热点

20世纪的藏传佛教研究得力于法尊和吕澂等前辈的推动。1978年至今，藏传佛教与密教研究逐渐成为佛教研究的一大热点，形成了由汉、藏族研究者组成的科研队伍，发表或出版了大量的科研成果。首先是各民族院校的部分著名教授，诸如东噶·洛桑赤列、王尧、王辅仁、才旦夏茸和夏尔东等，还有社科院系统的牙含章等老专家等，发表一批有关论著，带动了藏传佛教及密教研究的全面复兴。其中东噶·洛桑赤列教授的《论西藏政教合一制度》一书，第一次突破藏族传统的经院式的研究方法，运用马克思主义的唯物史观，对藏族地区的政教合一制度进行了全面剖析，在藏学界引起强烈反响。

此后，西藏社会科学院、中国藏学研究中心先后成立，全国不少地区也相继设立了涉及藏传佛教研究的机构。如青海社科院民族宗教研究所、青海民院民族研究所、西北民院民族研究所、甘肃藏学研究所、中央民族大学藏学研究院、四川大学藏学研究所等。从而使藏传佛教研究进入全面的发展时期，无论在藏传佛教的历史、考古、教义、人物、哲学、艺术、典籍、仪轨、建筑，还是在寺院经济、僧侣生活、宗教组织、宗教现状等各个领域均取得可喜的研究成果。

藏传佛教研究热潮的兴起，首先要归功于藏文文献的汉译，法尊法师翻译的系列著作如《人中论》《现观庄严论》等，为人们学习研究提供了基本的资料支持。1982年中国社会科学出版社出版了法尊编译的《〈集量论〉略释》，1988年四川民族出版社出版了张建木翻译的多罗那它的《印度佛教史》，1986年民族出版社出版了郭和卿翻译的《佛教史大宝藏论》。

在研究著作中，1987年中国社会科学出版社出版了王森的《西藏佛教发展史略》，该书利用汉藏文资料，吸收了前人和国外的相关研究成果，对藏传佛教的许多历史问题作出了严谨的考辨和梳理，影响很大。1982年青海人民出版社出版了王辅仁的《西藏佛教史略》，该书是以马克思主义的立场、观点和方法研究藏传佛教发展历史的著作。吕建福的《中国密教史》（中国社会科学出版社，1995）；索南才让的《西藏密教史》（中国社会科学出版社，1998）；班班多杰的《藏传佛教思想史纲》（上海三联书店，1992）和《拈花微笑——藏传佛教哲学撞界》（青海人民出版社，1996）；吴立民、韩金科的《法门寺地宫唐密曼荼罗之研究》（香港·中国佛教文化出版有限公司，1998）；尕藏加的《吐蕃佛教》（宗教文化出版社，2002）；《雪域的宗教》（上、下册，宗教文化出版社，2003）；《藏传佛教与青藏高原》（江苏教育出版社，西藏人民出版社，2004）；德吉卓玛的《藏传佛教出家女性研究》（社会科学文献出版社，2003）；赛仓·罗桑华著，王世镇译的《藏传佛教格鲁派史略》（宗教文化出版社，2002）；措如·次朗著，王世镇译的《藏传佛教噶举派史略》（宗教文化出版社，2002）等著作也引起了学术界普遍的关注。

近10年来，藏传佛教研究所涉及的研究领域和研究范围得到了极大的拓展，所运用的研究方法也进一步丰富和多样化，无论是藏文佛教文献的整理、出版，还是藏传佛教哲学、教义的探究，乃至藏汉佛学文化的比较，藏传佛教现代文化价值的发掘和弘扬等方面都越来越成为当代佛教研究的热点。《青史（足本）》（中国社会科学出版社，2012）成书于明成化十二年至十四年（1476—1478），详述藏族史及藏传佛教传播史，是藏族最重要的历史宗教文化经典之一。国内之前的汉译本有不少缺陷，学术界对新的更为完整的足本翻译期盼已久。王启龙教授等以四川民族出版社出版的藏文本为蓝本，在参考海外英译本的基础上，完整重译了这部史学名著。乔根锁、魏冬、徐东明所著的《藏汉佛教哲学思想比较研究》（上海古籍出版社，2012）通过对藏、汉佛教的哲学思想、宗派、教义等内容的探究，及其形成因素、发展特征和修行实践等方面的考察、梳理和对比研究，论述了藏、汉佛学的共性和差异及差异形成的原因。王尧、王启龙、邓小咏著的《中国藏学史（1949年前）》（修订版）（中国社会科学出版社，2013）是关于中国藏学研究史的首部学术史专著。该书在大量文献搜集、整理和分析研究的基础上，对传统藏学的相关文献以及1949年前藏学研究各个阶段的成果作了系统整理，分门别类地加以评价，全面总结了1949年前中国藏学研究的学术成果。王启龙、阴海燕著的《中国藏学史（1950—2005）》（中国社会科学出版社，2013）是首部全面介绍中华人民共和国成立以来藏学发展的史书。它将中华人民共和国成立以来的藏学分为五个时期分别介绍。西藏人民出版社2013年11月出版的《吉祥萨迦文库》共20种23册，对西藏萨迦地方政权的历史、重要人物、社会文化、宗教教义及萨迦寺的建寺历史、制度、仪轨、法事等做了详细的叙述。

《西藏宗教历史文化丛书》（西藏人民出版社，2013）是在西藏宗教研究领域具有权威的人员撰写的一部全面综合性的西藏宗教丛书。丛书共8册，即《本教》《宁玛派》《噶举派》《噶当派》《希杰派》《觉囊派》《萨迦派》《格鲁派》。该丛书以客观的视角、还原主义的研究方法，对西藏的原始宗教苯教以及藏传佛教各教派的教法起源、发展和现状，以及它们对藏族传统文化的意义和影响进行了简单明了的阐述。

德吉卓玛的《藏传佛教觉域派通论》（中国藏学出版社，2014）对觉域派的开宗立教、流派传承、教义思想体系、修行理念与特点、仪轨的表述与象征等进行深入的探讨。她的《藏传佛教觉域流派探究》对觉域派教法在宁玛、噶举、萨迦、觉囊、格鲁各派中的流传进行了梳理，并探讨了觉域派教法的苯教传统及其民间表达与实践。沈卫荣主编的《他空见与如来藏：觉囊派人物、教法、艺术和历史研究》（北京大学出版社，2014）是研究觉囊派教法、历史的具有代表性的学术论文集。尕藏加的《清代藏传佛教研究》（中国社会科学出版社，2014）根据丰富的藏文和汉文资料，系统论述了清王朝统治时期中国藏传佛教的发展、流布与演变，对清代藏传佛教的仪轨制度、政教合一制度、活佛转世制度、金瓶掣签制度、册封赏赐制度、度牒制度、僧团管理方式等进行了较为细致的阐述，还原了各教派重要人物活动的历史舞台背景。该书新见迭出，资料翔实，不仅是对前人研究的补充，也纠正了过去一些因史料不足带来的错误判断。因此，该书不仅对藏传佛教研究具有重要意义，对于地方史、政治学、民族学等的研究都具有重要意义。

侯慧明的《胎藏曼荼罗研究》（中国社会科学出版社，2014）对《大日经》各品之“大悲胎藏大曼荼罗”作了比较研究，阐释了“胎藏曼荼罗”的特点，同时对《大日经疏》以及善无畏所传“大悲胎藏大曼荼罗”及四大仪轨、日本流布之各种“大悲胎藏大曼荼罗”作了较为全面而细致的考察。尕藏加的《文化时空与信仰人生》（西藏人民出版社，2014）运用多种学科的理论与方法，对我国藏族地区的传统文化与生态环境、多元共荣之区域文化传承、多元共存之宗教文化历史、多元文化中的宗教信仰生态、大众僧尼与宗教生活、当代僧侣与宗教职业、寺院教育与文化传承、高僧大德与宗教人生、宗教信仰与文化理念、宗教信仰与生活模式等作了全方位、多角度的研究、解析和归纳，并提出了许多具有创新意义的学术观点。

秦萌的《民国时期真言宗回传中的显密之争》（宗教文化出版社，2015）在清末民初以杨文会为代表向日本求法及真言宗回传的历史背景下，以真言宗自日本回传过程中的显密之争为研究对象，梳理争论的缘起，整理、分析、评价争论的主要内容，探讨发生原因，并总结了这些争论对现代中国佛教发展的影响和启示。

沈卫荣、侯浩然著的《文本与历史：藏传佛教历史叙事的形成和汉藏佛学研究的建构》（中国藏学出版社、北京大学出版社，2016）从对藏文文献的介绍和研究入手，通过对各种类型的藏传佛教文献分别在不同时期的出现、形成和发展的描述，来讨论藏传佛教之各种历史叙事的内容，及其建构和变化的过程，从而说明藏传佛教文本的形成与藏传佛教历史的建构之间的紧密关系。同时从对源自西夏、元、明时代的汉译藏传密教文本的研究出发，运用以通过多语种佛教文本的对勘和分析来构建历史的学术方法（History Through Textual Criticism），成功地构建了藏传密教于西夏、元、明三代传播的历史，并为汉藏佛学研究这一新学科的建构建立了一个可以效仿的榜样。此外，本书还对国际藏学界于近二三十年来对藏文文献和藏传佛教历史的研究及其成果，做了全面的介绍和评论，可以为相关从事藏学研究的学者开展研究提供一个翔实的参考和明确的起点。

尕藏加《西藏宗教》（五洲传播出版社，2017）一书从整体上对西藏宗教状况进行了梳理。从苯教开始，以藏传佛教为重点，并对伊斯兰教和基督教进行介绍，以体现中华传统文化“和”“合”的统一性。本书对西藏宗教概况的阐述深入浅出，在宏观视野下对藏传佛教各宗派起源、形成、发展历程介绍的基础上，特别对相关寺院具体情况作了详细的叙述。本书亦有朱建廷、李莉、王丽所译的英文版本，由五洲传播出版社出版发行。

值得注意的是，社会上流行的藏传佛教及密教的著作中，属于所谓传授修持法的较多，其质量也高下不一，其中夹杂不少人云亦云、以说传说乃至猎奇和迷信的成分，应当引起重视和加以分辨。

（5）南传佛教研究愈发成为佛教研究中的显学

伴随着国家“一带一路”经济与文化战略的提出与实施，东南亚与南亚各国的宗教尤其是南传佛教也受到越来越多的关注。发挥南传佛教的独特优势，增进中国与南亚、东南亚的文化交流合作，助推“一带一路”建设，也就成了这些年来佛教研究中的重要议题。

宋立道的《传统与现代——变化中的南传佛教世界》（中国社会科学出版社，2002）、《神圣与世俗》、《从印度佛教到泰国佛教》（东大图书公司，2002）、净海的《南传佛教史》（宗教文化出版社，2002）等专著研究了南传佛教在当代的种种情况。［泰］梵智长老的《法王论：佛教法王观念的历史考证》（宗教文化出版社，2015）从社会背景方面着手，探究王、法王、素可泰法王这三个名词的来源，以及在不同时代，其含义扩展的情况。郑筱筠《跨界与融合：佛教与民族文化的云南叙事》（中国社会科学出版社，2015）指出，在长期的历史发展过程中，佛教与民族文化都以不同方式参与了云南民族文化体系的建构。佛教经由不同的路线和地点传入，与云南固有的民族文化冲突、斗争、融合，最终沉淀下来，与民族文化融为一体。作为介绍南传佛教的普及性著作则有邓殿臣的《南传佛教史简编》。

围绕南传佛教这一主题，2015 年来召开了数次重要的学术会议，出版、发表的著作和论文等学术成果也颇为可观。2016 年 2 月 18 日，由中国社会科学院世界宗教研究所、云南省佛教协会主办，西双版纳傣族自治州民族宗教事务委员会、西双版纳傣族自治州佛教协会、西双版纳总佛寺承办的“首届南传佛教高峰论坛”在云南西双版纳傣族自治州举行。论坛以“慈悲济世，和平共荣”为主题，来自中国、泰国、缅甸、斯里兰卡、美国、德国、澳大利亚等国家的僧侣与专家学者围绕南传佛教发展与文化交流、南传佛教与社会发展、南传佛教理论研究和南传佛教传播与教育等议题展开讨论。与会人士一致认为，应积极探讨开展中国与南亚、东南亚佛教文化合作途径，通过文化合作来深化经济合作，发挥好南传佛教所具有的“民间外交功能”，促进中国与南亚、东南亚国家的合作与和谐发展。郑筱筠、康南山主编的《首届南传佛教高峰论坛文集》汇集了该论坛的学术研讨成果，于 2017 年 3 月由中国社会科学出版社出版。

《世界宗教文化》2016 年第 2 期发表了一组南传佛教的研究文章，集中探讨南传佛教的历史地位、现实意义与社会功能。宋立道的《南传佛教的历史地位与现实社会意义》主要讨论南传佛教在佛教史上的重要理论与实践价值、南传佛教的社会政治功能，以及南传佛教对现代化潮流的适应等三个方面的内容。黄夏年在其《重视云南南传佛教工作，更好地为我国经济文化发展服务》中指出，南传佛教是中国佛教重要的组成部分，与东南亚泰国、缅甸的佛教有着相同的法脉关联。让云南南传佛教背靠世界佛教中心的中国佛教，最终形成北传佛教与南传佛教两条黄金纽带，将亚洲佛教南北打通，为中国经济与文化发展做好现实的服务，实现中国佛教崛起的理想。郑筱筠在《试论南传佛教的区位优势及其战略支点作用》一文中提出，在亚洲命运共同体的建构中，南传佛教具有鲜明的区位优势。在与“一带一路”沿线各国的交往过程中，要发挥南传佛教的宗教正能量，发挥南传佛教的文化战略支点作用，依托南传佛教的宗教网络组织，以世界文明之间的平等、宽容理解和交流互鉴，为文化合作机制的前提，在世界文明交流对话的平台上，打造南传佛教的文化“软实力”，建立深层次的世界文化交流合作机制，形成平等包容的国际对话模式。同时，努力以相关宗教的区位优势来持续打造文化区位优势，补充经济区位动力的不足，形成文化与经济区位优势互补的交流机制。

（6）地方性佛教的研究越来越引起研究者的兴趣

20世纪90年代以来，随着佛教研究的深入，全国各地对当地佛教资源的开发越来越重视，陆续召开过若干专题的学术研讨会，并出版了一批成果。如地方佛教史的著作有冷晓的《杭州佛教史》（杭州佛教协会，1993）、《近代杭州佛教史》（杭州佛教协会，1995），韩丽霞、董允的《云南佛教》，崔正森的《五台山佛教史》（山西人民出版社，2000），严耀中的《江南佛教史》（上海人民出版社，2000），王荣国的《福建佛教史》（厦门大学出版社，1997），韩溥的《江西佛教史》（光明日报出版社，1995），何建明的《澳门佛教》（宗教文化出版社，1999），王海涛的《云南宗教史》（云南美术出版社，2001），《西域佛教史》，陈荣富的《浙江佛教史》（华夏出版社，2001），蒲文成的《青海佛教史》（青海人民出版社，2001），昆明宗教局和昆明市佛教协会编写的《昆明佛教史》（云南民族出版社，2001），王路平的《贵州佛教史》（贵州人民出版社，2001），胡恩厚的《甘肃佛教简史》（甘肃民族出版社，1993），徐荪铭、王传宗主编的《湖南佛教史》（湖南人民出版社，2002）等。另外，还有《上海宗教史》《近代江苏宗教》《长安佛教史》等。地方专题研究的有蔡鸿生的《清初岭南佛门事略》（广东高等教育出版社，1997），《陕西·中国汉传佛教祖庭研究》（陕西人民出版社，2006），《新疆宗教》等。

杜斗城的《河西佛教史》（中国社会科学出版社，2009）对于古称河西，今指甘肃、宁夏、青海等地的佛教进行了全面而深细的研究。全书自两晋叙起，直至明清，对河西佛教的经典、人物、石窟、写经、义学进行了论述。赖建成的《吴越佛教之发展》（花木兰文化事业有限公司，2010），从吴越的佛教政策、佛教宗派、寺院、吴越佛教对文化的贡献等方面，对吴越佛教的发展进行了全面的考察与论述，填补了吴越佛教研究的空白。崔红芬的《西夏河西佛教研究》（民族出版社，2010），对河西地区留存的西夏时期的石窟、碑刻、出土佛教文献等进行了系统梳理。本书还利用黑水城、凉州和敦煌等地出土佛教文献探讨了河西地区高僧及其相关佛事活动，并对西夏僧尼管理机构、僧官设置、僧人师号和赐衣体系等进行了研究。于洪的《北京藏传佛教史》（宗教文化出版社，2011）是北京宗教史系列丛书中的一部，作者在查阅大量文献、档案资料，参考前人著述和实地调查的基础上，以藏传佛教在北京地区的传播、发展为主线，较为深入地探索了元、明、清、民国时期对藏传佛教的政策，介绍了不同时期的名僧和名寺、经书刻印、佛事活动和造像艺术，展现了不同时代北京藏传佛教的发展脉络、作用和文化特点。

受正统史学的影响，以往学界往往重视正统王朝和统一王朝佛教史实的梳理，而对分裂时代、非正统王朝佛教史的研究相对薄弱，尤其是以往较少关注的辽金佛教已引起广泛关注。2011 年以来相继召开了三次有关辽金佛教的专题研讨会。2011 年 5 月，释迦塔佛教文化与辽金佛教研讨会在山西应县举行，被历史尘封的辽金佛教开始进入学人研究的视野。2012 年 4 月结集出版了会议论文集《释迦塔辽金佛教与舍利文化》（宗教文化出版社）。2011 年 10 月，在北京广化寺举行了“辽金佛教学术研讨会”。2012 年 5 月，“第二届河北禅宗文化论坛”在邢台举行，论坛的主题是“辽金元时期的华北佛教”。辽金佛教学术研讨会的论文集《辽金佛教研究》于 2012 年结集出版（金城出版社）。

邓家宙的《香港佛教史》（中华书局，2015）介绍了香港佛教如何由山林郊野步入繁华都市，由隐居自修到深入社会，由扎根本地到连接国际，具体展现了香港佛教由出世到应世的发展情态。郑群辉的《潮汕佛教研究》（暨南大学出版社，2015）围绕“佛教与潮汕社会文化建构的关系”这一中心论题，对潮汕佛教历史文化作了全景式描述，凸显了佛教对潮汕历史文化的深远影响。李利安主编的《中国汉传佛教八大宗派其祖庭丛书》（西安电子科技大学出版社，2016）由 8 册组成，每册约 15 万字，共计约 120 万字，分别从域外渊源、传入与初期流播、创宗立派、历代传承、祖庭历史沿革、祖庭现状与当代价值等 6 个方面展开论述，既注重历史与现实的统一，也照顾时间和空间的不同维度，形成内涵饱满、客观准确、图文并茂、通俗有趣、富含哲理的宗派及其祖庭丛书。此外，区域佛教研究的著作还有包世轩的《北京佛教史地考》（金城出版社，2015），任颖卮、王东升的《青岛佛教研究》（中央编译出版社，2015），刘正刚的《佛教与佛山文化》（齐鲁书社，2015），吴道军、纳光舜、马虹的《贵州佛教文化史》（贵州人民出版社，2015），赵伟的《崂山道教与佛教研究》（人民出版社，2015）等。这些研究促使中国佛教的研究更加深化和细化，表明我国的地方佛教研究已经进入一个新的阶段。可以预见，在将来的一个时期中，地方性佛教的研究将仍然是佛教研究中的一个热点。

（7）僧官制度、佛教寺院、僧人生活等领域的研究也取得一定的成果

在僧官制度方面，谢重光、白文固著的《中国僧官制度史》（青海人民出版社，1990）对中国僧官制度的产生与演变作了较为详尽的论述。在佛教寺院方面，张弓的《汉唐佛寺文化史》（上、下册，中国社会科学出版社，1997）以佛寺为切入点，研究了以寺庙为载体的佛教文化怎样逐步中国化与怎样在中国文化的大背景下发挥其文化功能。郝春文的《唐后期五代宋初敦煌僧尼的社会生活》（中国社会科学出版社，1998）则以敦煌僧团为标本，详细解剖了佛教僧团的行为规范，对于研究中国其他地区的佛教僧团的活动都有相当的借鉴意义。白文固、赵春娥著的《中国古代僧尼制度》（青海人民出版社，2002）是国内外第一部研究僧尼名籍管理制度的专著，系统探讨了历代政府对僧团及寺院的管理办法。在佛教寺院考古和佛教民众信仰方面，宿白的《中国石窟寺研究》《藏传佛教寺院考古》是佛教考古研究的经典之作，李芳民的《唐五代佛寺辑考》（商务印书馆，2006）、侯旭东的《五、六世纪北方民众佛教信仰》（中国社会科学出版社，1998）、何孝荣的《明代南京寺院研究》（中国社会科学出版社，2001）、圣凯的《中国汉传佛教礼仪》（宗教文化出版社，2001）等也各有特色。

2. 佛教哲学研究取得里程碑式的成果

佛教哲学研究始终是佛教研究另一个重要的领域。以往，在佛教哲学的研究领域中，以经解经的方法论比较突出。研究佛教哲学时，较为注意范畴的自我演化。侯外庐、任继愈等开始将辩证唯物主义、历史唯物主义的观点与方法引入佛教哲学研究，取得较大的成就，被誉为凤毛麟角。任继愈的《汉唐佛教思想论集》出版后，一再增补再版，并译为外文，成为佛教研究者必读的重要著作。30年来，佛教哲学研究的专著与论文数量甚多，其中较为重要的专著有方立天的《佛教哲学》、赖永海的《中国佛性论》（上海人民出版社，1988）、姚卫群的《佛教般若思想发展源流》（北京大学出版社，1996）与《佛学概论》等。

1986年方立天的《佛教哲学》出版（中国人民大学出版社，1986年初版，1991年增订版），这本以介绍佛教基本思想为主题的著作，在当时以佛教史和断代史为主的佛学研究领域，吹起了一股清新之风。该书从宇宙论和

人生论入手，对佛教哲学的基本内涵作了准确而精要的概括。此书出版后，受到专家学者和社会大众乃至佛教界的共同推崇。北京大学周一良教授称赞说，中国自此有了“一本真正的佛教入门书”。与此同时，该书在非专业读者中也产生了广泛的影响，它是20世纪80年代中国内地流行最广的一部佛教入门书，许多那一年代成长起来的佛教学者和高僧都不讳言该书的入门之功。1986年该书获得中国图书奖荣誉奖，1988年获中国人民大学图书优秀奖，1995年获国家教委首届人文社会科学优秀成果一等奖，1993年被翻译成韩文在韩国出版。

佛教哲学研究方面的最新成果是方立天的《中国佛教哲学要义》（上、下卷，中国人民大学出版社，2002年初版，91万字）。该书以中国哲学思想及印度佛教哲学思想的发展为参照系，以哲学观念和范畴的研究为核心，追寻了中国佛教哲学的全部体系结构，说明中国佛教哲学不同于中国传统哲学及印度佛教哲学的特点。主张中国佛教哲学的思想体系可以分解为人生论、宇宙论和实践论三大部分。探讨了组成这三大部分的不同思想元素，分析了这些元素在佛教哲学体系内部的相互联系与作用方式，以及与外部的儒道等传统思想的相互联系与作用的方式。研究了中国佛教哲学体系在整个中国佛教及其文化体系中的地位与作用，在整个中国哲学及其思想文化体系乃至社会政治领域的地位与作用。首次从总体上构建起中国佛教哲学的完整体系。这一哲学体系的建构得到了学术界的高度评价：第一，这一体系摆脱了半个多世纪以来在中国佛教思想研究中拘泥于唯物主义和唯心主义两军对垒的传统，从中国佛教哲学的实际出发，将西方哲学、中国哲学与佛教哲学真正汇融起来，达到了一个新的高度，具有示范意义（参见《中国佛教哲学研究的重大进展》，《光明日报》2003年4月3日）。第二，这一体系从人学的角度入手，抓住了佛教哲学乃至所有宗教哲学的核心，具有重要的现实意义。从这一点上讲，《中国佛教哲学要义》的出版，标志着中国佛教哲学研究一个旧时代的结束与一个新时代的开始，具有里程碑的意义。学术界评论为“这是中国佛教哲学的集大成之作，标志着我国佛教哲学研究达到了的高度”（《光明日报》2003年3月25日）。

姚为群的《印度婆罗门教哲学与佛教哲学比较研究》（中国大百科全书出版社，2015）是对婆罗门教哲学和佛教哲学中的主要思想进行的系列专题比较研究，主要包括发展线索与远古圣典，事物根本与基本构成，思维方法与逻辑推理，伦理观念与修行理论，恒常变化与轮回解脱以及思想交锋与文献记述等。研究中涉及的婆罗门教哲学的主要文献是吠陀奥义书、婆罗门教六派哲学中的根本经典及古代的相关注释等。研究中涉及的佛教哲学的主要文献是印度早期佛教、部派佛教、大乘佛教和后期佛教中的有关经论等。本书对两教中的这些文献的主要哲学思想进行了认真梳理，选择了其中一些相对有代表性或较为重要的思想观念进行对比研究。谈锡永的《佛典密意系列：龙树二论密意》（复旦大学出版社，2015）选出龙树论师的《六正理聚》中《六十如理论》及《七十空性论》两篇，加以疏释，用以表达龙树说“缘起”、说“性空”、说“真实义”、说“法智”，以至说“无生”的密意。刘正平的《如来藏与本觉思想比较研究》（宗教文化出版社，2015）从譬喻的角度、从语言的结构性上把握如来藏概念的梯度和广度，以摄受诸法的因果时间序列来阐述如来藏，使得如来藏哲学的大乘意义更加清晰化和条理化。

3. 佛教宗派研究出现群芳争艳的势头

20世纪上半叶，由于“南欧（欧阳竟无）北韩（韩清净）”的倡导，对唯识的研究曾经风靡一时，对近代佛教的振兴起到积极的作用。中经几十年的沉寂，近年来，唯识研究重新获得新的发展势头。华严、三论、律宗、天台宗方面均有新的研究专著问世，并出现一批有分量的论文。

比较而言，在佛教宗派研究方面，最为人们关注、成果最为丰厚的还是禅宗研究。在中国佛教诸宗派中，禅宗被认为是中国化佛教的典型，因此，禅宗研究在中国佛教研究中具有特殊的意义。研究的深度与广度也超出对其他佛教派别的研究。在禅宗典籍的整理方面，有诸种敦煌本《坛经》录校本问世。郭朋的《坛经校释》（中华书局，1983）是较早出版的本子。周绍良的《敦煌写本坛经原本》（文物出版社，1997）主张敦煌本的《坛经》就是慧能的原本，引起广泛的注意，但目前赞成者不多。杨曾文的《敦煌新本六祖坛经》（上海古籍出版社，1995）出版后受到广泛关注。中华书局推出的“中国佛教典籍选刊”陆续出版了《五灯会元》《古尊宿语录》等禅宗灯录。中州古籍出版社最近出版了一套“中国禅宗典籍丛书”，收录了中国禅宗部分重要史书、语录和清规等文献，如《赵州录》《临济录禅》《祖堂集》《禅苑清规》《马祖语录》《禅源诸诠集都序》等，并做了精心的分段、校勘和注释。

在禅宗史方面较为重要的研究著作则有杜继文、魏道儒撰写的《中国禅宗通史》（江苏古籍出版社，1993）、杨曾文的《唐五代禅宗史》（中国社会科学出版社，1999）和《宋元禅宗史》（中国社会科学出版社，2006），吴立民、徐荪铭等撰写的《禅宗宗派源流》（中国社会科学出版社，1998），高令印的《中国禅学通史》（宗教文化出版社，2004），潘桂明的《中国禅宗思想历程》（今日中国出版社，1992），洪修平的《禅宗思想的形成与发展》（江苏古籍出版社，1992），葛兆光的《中国禅学，思想史》（北京大学出版社，1998），麻天祥的《中国禅宗思想发展史》（湖南教育出版社，1997），江泓的《真妄之间：作为史传家的禅师惠洪研究》（宗教文化出版社，2013 年 8 月），韩传强的《禅宗北宗研究》（宗教文化出版社，2013），白光的《〈坛经〉版本谱系及其思想流变研究》（宗教文化出版社，2013）等。

除了上述对禅宗通史和断代史的研究外，诸如方广锠的《印度禅》（浙江人民出版社，1998），洪修平、孙亦平著的《如来禅》（浙江人民出版社，1997），董群的《祖师禅》（浙江人民出版社，1997），苏树华的《洪州禅》（宗教文化出版社，2005），梁晓虹的《日本禅》（浙江人民出版社，1997），《六祖慧能思想研究》，洪修平等的《惠能评传》（南京大学出版社，1998），《东山法门与禅宗》（武汉出版社，1996），邢东风的《禅悟之道南宗禅学研究》（中国人民大学出版社，1992），《石头希迁与曹洞宗》（岳麓书社，1997）等论著，或追根溯源，或一门深入，对禅宗前史及其发展的各个阶段或派别都作了认真的探讨。此外《禅学与玄学》（洪修平、吴永和著，浙江人民出版社，1992）、《禅学与老庄》（徐小跃著，浙江人民出版社，1992）、《佛道诗禅》（赖永海著，中国青年出版社，1990）、《禅宗与中国文学》（谢思炜著，中国社会科学出版社，1993）、《禅与中国艺术精神的嬗变》（黄河涛著，商务印书馆，1994）、《禅与东方文化》（季羡林等著，商务印书馆，1996）、《禅思与诗情》（孙昌武著，中华书局，1997）、《寻觅性灵——从文化到禅宗》（方立天著，北京师范大学出版社，2007）等一批论著，则从不同视点探讨了禅宗与中国文化的关系，在更广泛的领域里将禅宗研究引向深入。

邢东风的论文集《禅宗与禅学热》（宗教文化出版社，2006）汇集了作者 20 多年来发表的有关禅宗和禅学的论文。其中，有对当代禅学热现象的分析，有对"安详禅""现代禅"等活跃在当代的禅宗流派的个案研究，特别是他对南宗禅地方性的探讨和对马祖行迹的考证颇有见地。吴言生的"禅学三书"——《禅宗哲学象征》《禅宗诗歌境界》《禅宗思想渊源》（中华书局，2001），分别从宗教、哲学、文学等角度将禅宗研究带入一个新的境界。2004年年初出版的徐文明博士的《中土前期禅学思想史》一书，选取自后汉以来传入中土的几部最重要的禅经，进行了十分细致的分析，揭示出由小乘禅到大乘禅，再到禅宗最上乘禅的发展线索。特别值得注意的是，此书对中土前期禅学思想发展的理论特点和内在规律作了相当精辟的概括，是近年来禅宗研究的一部相当重要的著作。龚隽的《禅史钩沉——以问题史为中心的论述》（生活·读书·新知三联书店，2006），针对20世纪80年代以来的汉语禅学界的禅史写作匮乏无趣和研究方法陈旧，援引当代西方禅学研究的观点，展开了新的讨论，显示出作者相当广阔的理论视野和理论自觉，其处理禅宗历史与思想的思路和方法颇值得注意。评论者认为本书“对禅宗史提出了一些与国内学术界相当不同的看法，给重新书写禅史提供了一个新的脉络。这些新见解对于相对比较沉闷的佛教学界，会有一定的冲击力量”（参见该书封底）。

天台宗研究也取得了重大进展，并涌现出了一批高水平的中青年专家。潘桂明的《智觊评传》以翔实丰富的原始资料为依据，通过智觊时代的佛学背景、他的生平与著作以及他的止观学说，对智觊及其天台学说的历史地位作出全面的评价。潘桂明、吴忠伟著的《中国天台宗通史》（江苏古籍出版社，2001）是目前最全面、最系统的通史类著作。李四龙的《天台智者研究——兼论宗派佛教的兴起》（北京大学出版社，2003）是根据作者的博士论文《智觊思想与宗派佛教的兴起》修改而成的。作者通过剖析南北朝佛教的问题意识、僧人处境，试图将智者大师还原到当时的社会环境中，探讨其与其他学派的思想辩驳、融合不同佛学，以及适应大一统的政治格局完善僧戒规、创设忏仪行法等佛教实践，认为这两个方面构成了隋唐宗派佛教兴起的理论根源和历史动力。俞学明的《湛然研究——以唐代天台宗中兴问题为线索》（中国社会科学出版社，2006）一书，围绕着唐代天台宗的“中兴问题”，从唐代佛教的发展状况和生存基态、天台宗的发展史和宗派特点、天台宗宗派体系和思想体系的发展和变迁、佛教宗派间的斗争和融合等多个方面和角度，探讨了湛然的佛学思想特点及其在天台宗历史中的作用和地位。黄心川主编的《光山净居寺与天台宗研究》（天马图书有限公司，2001）收集了中日学者有关论文44篇，附录15篇，围绕着光山净居寺和天台宗的有关问题作了深入的研究。另外，张风雷的《智觊评传》（京华出版社，1995），董平的《天台宗研究》（上海古籍出版社，2002），朱封鳌的《天台宗史迹考察与典籍研究》（上海辞书出版社，2002）和《中华天台宗通史》（宗教文化出版社，2001），台湾陈英善的《天台缘起中道实相论》（台湾东初出版社，1995），净慧的《圆顿止观行法述略：以智者大师在当阳玉泉寺所述〈摩诃止观〉为中心》（湖北人民出版社，2015）都是较有分量的专著。

在唯识学研究方面，黄心川主编的《玄奘研究》（陕西师范大学出版社，1999）和《玄奘精神与西部文化》（三秦出版社，2002）是两部论文集，汇集了国内外100多篇研究玄奘与唯识宗的学术论文。“三时学会”创办人韩清净居士精研法相唯识的系列著作，如《大乘阿毗达磨集论科文》《大乘阿毗达磨集论别释》《缘起三经科释》《摄大乘论科文》等，于1998年由中国佛教文化研究所重新编辑，并由香港中国佛教文化出版有限公司出版。杨廷福的《玄奘论集》（齐鲁书社，1986）和《玄奘年谱》（中华书局，1988），田光烈的《玄奘哲学研究》（学林出版社，1986）等是20世纪80年代的成果。周贵华的《唯识心性与如来藏》（宗教文化出版社，2006）是探讨唯识学与如来藏关系的新著。作者认为，唯识学的无为依唯识思想结合唯心意义上的心性说，将法性如来藏说改造为心性如来藏说，构建了印度晚期如来藏思想的思想模式。再经过《大乘起信论》的发挥，形成了中国化佛教的核心思想形态。周贵华的《唯心与了别——根本唯识思想研究》（中国社会科学出版社，2004），也是研究唯识思想的专门著作。释正刚的《唯识学讲义》（宗教文化出版社，2006）对唯识的法相给予了清晰的训释，并对《大乘百法明门论》这部法相著作进行了结构科判和文句篡释，是唯识学基础研究的力作。张利文的《〈成唯识论〉识变问题研究》（宗教文化出版社，2013）以唯识今学“八识现行”与唯识古学“一种七现”分别为基础，对唯识今学中一些晦涩难解的术语进行了卓有成效的解释，诸如把“因能变”与“果能变”还原为“因变”与“果变”；将种子的新熏放入种子流交中进行解读；对“影像相分”与“本质相分”作出界定；由相分的判定而厘清三类境。这些梳理扩大了概念知识范围，对推进唯识学研究具有积极意义。[美]托马斯·伍德著，晏可佳、罗黄海波译《万法唯识——唯识论的哲学与教理分析》（上海古籍出版社，2015）是对唯识宗哲学、逻辑的分析。

在净土宗研究方面，通史性的有陈扬炯的《中国净土宗通史》（江苏古籍出版社，2000），魏磊的《净土宗教程》，吴信如的《净土奥义》（中国藏学出版社，2004），对净土宗作了较为全面的介绍。有关净土经典注释的有黄念祖《佛说大乘无量寿经》（中州古籍出版社，1994），于凌波的《净土与唯识》（佛陀教育基金会，1997），道坚的《净土宗概论》（宗教文化出版社，2015）等。魏道儒的《中国华严宗通史》（江苏古籍出版社，1998）是近年在华严宗研究方面的力作，全面研究了我国的华严经学与华严宗学，具有较高的学术价值。李玲的《华严十地修行体系》（宗教文化出版社，2012）一书首次把华严十地的起源、基本内容、主要特点和在大乘佛教中的运行状况结合起来进行贯通性研究，并对"华严十地"修行学说的起源、修行体系方面提出了新观点。张文良《东亚佛教视野下的华严思想研究》（国际文化出版公司，2017）着重从"东亚佛教"的视野出发，对近年在日本、韩国新发掘的思想史料进行考辨。围绕华严学的核心概念"心""性""法界""缘起""一乘""圆融"等展开论述，通过考察这些概念的内涵及嬗变，透视东亚华严思想的结构特征及内在逻辑。还有台湾蔼亭法师的《华严一乘教义章集解》（华严莲社，1996 年初版），贤度法师的《华严学讲义》（华严莲社，2001 年再版）和《华严学专题研究》（华严莲社，1998 年初版）等。在律宗研究方面，劳政武的《佛教戒律学》从世俗法律学的角度考察佛教戒律，具有独特的意义。在三论宗方面，则有杨永泉的《三论宗源流考》（江苏古籍出版社，1998），华方田的《吉藏评传》（京华出版社，1995）和《中国佛教与般若中观学说》（宗教文化出版社，2005），李勇的《三论宗佛学思想研究》（宗教文化出版社，2007）等出版。值得注意的是，近年来出现了对三阶教研究的成果，填补了该领域的空白。张总的《中国三阶教史》（社会科学文献出版社，2013）论述了中国三阶教的创立、发展、被禁，最后湮灭的史实。长期以来，由于资料缺乏等原因，中国佛教史领域关于三阶教的研究比较薄弱，系统全面的研究成果更是没有出现。本书在已有研究基础上，充分利用敦煌遗书中的相关文献资料，并结合近年来新发现的有关考古资料和作者本人田野调查搜集到的资料对三阶教进行了比较系统的研究。全书从历史梳理到思想分析，从修行实践到社会影响，对三阶教作了较好的研究，是三阶教研究方面的"开荒之作"。

4. 佛教文化研究方兴未艾

20 世纪 80 年代中期以来，把宗教看作一种重大社会文化现象的观点日益盛行。越来越多的研究者认识到，中国的传统文化是多元的汇合，在展开中国传统文化诸元之分析时，必须重视佛教的文化品位，从而重视佛教对中国文化的巨大影响。这一观点与当时流行的对中国文化的反思相结合，形成对佛教文化的研究高潮，一批从文化的角度看待并研究佛教的著作相继推出。方立天的《中国佛教与传统文化》（上海人民出版社，1988 年初版，1992 年再版，1997 年三版）是这一高潮中较早出现的论述佛教与中国文化关系的专著，从哲学、伦理、文学、艺术等多个方面，论述了佛教与中国文化的关系。陈兵的《佛教禅学与东方文明》（上海人民出版社，1992）详细介绍了佛教的禅法理论及其与气功养身、现代医学心理学的关系。孙昌武的《佛教与中国文学》（上海人民出版社，1988），对汉译佛典的文学性质以及六朝以来佛教的文本形式与思想观念对中国文学发展的影响作了深入的研究。1989 年，中国社会科学院世界宗教研究所佛教室编写了一部《佛教文化面面观》（齐鲁书社），是一本介绍佛教一般知识的普及性读物，内容包括佛教的基本教义、重要的历史人物、佛教在中国的传播简史、以中国为中心的北传佛教重要派别、佛教基本典籍、佛教艺术等方面。孙昌武的《禅思与诗情》，张伯伟的《禅与诗学》，普慧的《南朝佛教与文学》则是佛教与文学研究的精审之作。朱庆之的《佛典与中古汉语词汇研究》，董志翘的《入唐求法巡礼行记》，梁晓虹的《汉魏六朝佛经意译词研究》则是佛教与语言研究方面影响较大的著作。

此外，汤一介的《佛教与中国文化》，洪修平的《中国佛教文化历程》，邓子美的《吴地佛教文化》，赖永海的《中国佛教文化论》，方广锠主编的《中国佛教文化大观》，张曼涛主编的《佛教与中国文化》（上海书店影印出版，1987），薛克翘的《佛教与中国文化》（中国华侨出版社，1994），葛兆光的《禅宗与中国文化》（上海人民出版社，1986），文史知识编辑部编的《佛教与中国文化》（中华书局，1988），魏道儒的《宋代禅宗文化》（中州古籍出版社，1993），以及王志远主编的《宗教文化丛书》（今日中国出版社，1990），杨曾文和方广锠主编的《佛教与历史文化》（宗教文化出版社，2001），魏道儒主编的《普贤与中国文化》（中华书局，2006），中国佛教文化研究所编写的《佛教文化期刊》等著作，都从各自的角度进一步深化了这一方面的研究。

佛教和佛学的文化性特点，还突出表现在佛教界的认同和提倡。赵朴初在《佛教与中国文化》等文章中，多次谈到了佛教文化与社会主义物质文明及精神文明的关系，认为佛教文化是传统文化的重要组成部分，在当今建设有中国特色的社会主义，特别是社会主义精神文明建设中，仍然具有旺盛的生命力和特殊的积极作用。

佛教在本土化的过程中不断吸收中国传统文化以充实自身，同时佛教也深刻地影响着历史上各个时期的雕刻、音乐、舞蹈、绘画等各方面的文化艺术。越来越多的学者从不同的学科领域出发，研究了历史上佛教与传统的文化艺术交流和相互影响。2011—2012 年这方面出现了许多新的专著。刘晓英的《佛教道教传播与中国文化》（学苑出版社，2012）一书陈述了佛、道两教在中国本土的传播和发展的过程，重点探讨了佛教文化在传播过程中逐渐中国化的历程。书中选取了一些典型案例，如贾平凹、戴厚英以及部分娱乐明星的信佛热现象，从中国信仰文化大传统和小传统两个方面切入，由浅入深地探讨与分析了佛、道教传播对中国文化以及中国人的信仰方式和生活方式的影响，为人们理解中国传统信仰文化提供了一个独特的新视角。韩焕忠的《佛教四书学》（人民出版社，2015）既给出了佛教四书学基本的历史线索和学术内容，还具体展示了儒、佛两种不同思想文化传统间互动的历程，对中国佛学史研究具有充实和深化的重要意义，对中国儒学史研究也具有积极推进作用。有关这些问题的论文也有不少。洪修平的《儒佛道三教关系与隋唐佛教宗派》（《佛教文化研究》，江苏人民出版社，2015）指出隋唐佛教宗派是隋唐多元文化格局中与儒、佛、道三教关系下中国佛教发展的新成果。中国佛教宗派的理论具有儒学化、道学化的特色，但并不能由此而否认或不承认其对印度佛教的继承及与之根本上的一致。孙昌武的《北方民族与佛教：文化交流与民族融合》（中华书局，2015）集中讨论了曾南下汉地并创建起政权的信仰佛教的民族的活动。全书共九个章节，论述了十六国时期、北魏、西夏、金、元、清这些少数民族政权领导下的佛教政策、佛教发展状况，以及佛教在文化交流、民族融合方面所起的作用。［美］柯嘉豪的《佛教对中国物质文化的影响》（中西书局，2015）从与佛教相关的器物入手考察它们在印度的起源以及流传到中国的过程，尤其注重它们传入中国以后产生的变化，在流传、发展过程中本身意义的变化，以及它们与中国文化之间所产生的互动影响。从文化传播和文化交流的角度审视佛教中的器物，描绘出了一幅佛教中主要器物发展史的历史图景。

魏道儒、纪华传主编的《佛教护国思想与实践》（社会科学文献出版社，2012）是在“佛教护国思想与实践”研讨会基础上修订编纂而成，收录论文 28 篇，涉及内容广泛，研究视野开阔，提出了不少有价值的新观点，具有较高的学术价值。佛教的护国思想和实践内容丰富，源远流长，不仅有重要的学术价值，也有积极的现实意义。本书收录的论文涉及面广，关于佛教护国思想的起源、发展过程、主要内容、经典依据、基本特点、历史地位、社会影响、现实意义以及和中国传统文化的关系等问题均有涉及。

此外，佛教信仰方面的研究也受到越来越多的关注。邵育欣的《宋代妇女的佛教信仰与生活空间》（中国社会科学出版社，2015）结合宋代佛教信仰的时代特色与宋代家庭生活状况和相关秩序理念，站在女性的立场，以“生活空间”作为观察视角，分析宋代佛教女信徒在现实生活中的活动空间及想象与思维的精神空间，进而探讨佛教信仰对妇女物质、精神生活带来的影响。刘淑芬的《慈悲清净：佛教与中古社会生活》（商务印书馆，2017）对中国中古时期（3—10 世纪）在佛教强烈影响之下，人民生活的各个层面予以研究。在讲述中古时期中国佛教信仰组织、佛教团体所参与的社会事业和社会救济的同时，还对唐代实施“年三月十”（佛教的三长斋月和每个月的十斋日）、天下普断屠杀问题进行讨论，分析了宦官的佛教信仰及其对佛教发展的影响。

2016 年 7 月 21 日至 22 日，“普陀山观音文化学术研讨会”在中国佛学院普陀山学院国际会议中心召开。本次学术研讨会由普陀山佛教协会主办，中国佛学院普陀山学院承办，华东师范大学中国佛学院普陀山学院教研实践基地、华东师范大学宗教文化研究中心、中国佛学院普陀山学院国际观音文化研究中心协办，国内外近 30 名高校的专家学者参与，内容涉及观音文化的现代诠释，观音信仰方式与观音学体系，民间观音信仰及其在文学艺术中的表现，观音信仰的民族化与地域化，域外的观世音信仰等。同年 12 月 13 日至 14 日，“观音文化：从信仰到生活——第四届中国观音文化”研讨会在河南平顶山召开，200 多位专家、学者和法师参加了会议，共收到论文近百篇。本次会议分为三个方面的议题：一是观音信仰的历史与思想，内容主要包括观音信仰的感应与传说；观音信仰与平顶山文化及旅游开发；观音信仰的特点与演变；观音信仰的研究角度与方法；观音信仰的价值与现实意义。二是观音文化题材的文学与艺术，内容主要包括对观音文化的研究与宣传；千手观音的文化定位，如善、孝、爱、仁等；观音题材的文学与创作；观音文化的代沟与传承。三是观音文化的保护与利用，内容主要涉及观音文化旅游产业化、平顶山观音文化的价值、观音文化与和谐社会、香山寺观音文化等，主要突出观音文化的保护与旅游开发价值，发言内容有较强的地域性与指导性。

王雪梅的《弥勒信仰研究》(上海古籍出版社,2016)系国内首部研究弥勒信仰的专著,主要从汉译佛教文献入手,结合弥勒图像及其历史遗迹,同时借鉴民间传说资料,通过分析、比较、归纳,探讨弥勒信仰的形成、发展与演变,既有对弥勒信仰形态的纵向发展分析,也有对弥勒信仰特质的探讨以及与佛教其他思想信仰关系的横向比较研究。通过弥勒信仰在本土的变迁历程来解读弥勒信仰的内涵与特征,为理解弥勒信仰的中国化历程及当代弥勒信仰的流行提供了一个广阔的背景。2016年12月10日至11日"2016义乌双林佛教文化论坛"在浙江省义乌市举行,来自中国社会科学院世界宗教研究所、清华大学、中央美术学院、浙江师范大学等院所的20余名专家学者共同探讨义乌弥勒信仰的源流演变和现代意义,尤其是对作为弥勒化身的义乌籍佛教居士——傅大士的思想内涵、佛学成就与价值作了多方面探讨,如魏道儒对华严经典与华严宗中的弥勒信仰作了深入而清晰的阐发,纪华传对傅大士与儒、释、道三教关系逐一论列,颇具启发性。

"宗教是文化"、佛教文化是传统文化的重要内容等说法,虽然不是新的创见,但是,在特定的社会环境下,这种观点突破了以往视宗教为反动迷信的片面僵化的格局,有助于人们从更广阔的角度去看待和评价佛教,对推动佛学研究的繁荣和发展,提高对佛学研究重要性的认识,有着非常巨大的积极作用。同时,这一观点还大大拓宽了佛学研究的领域,为佛学研究增加了新的视角。学术界对这一现象的评价,多数是持肯定意见的,卓新平认为:"在当时大陆社会舆论太多仍对宗教持否定、消极看法的氛围中,'宗教是文化'命题的提出乃具有打破僵局、使宗教认知柳暗花明的历史意义","意味着当代中国大陆学者在系统研究宗教上迈出了关键之步,标志着大陆宗教学术研究已走向成熟,开始了与全球范围的宗教学发展之真正接轨"。① 但也有人在肯定的同时,又提出了自己的更深层的反思。葛兆光认为,20世纪80年代以来文化史的研究虽然出现过一些很不错的著作,但是那种总是从外缘切入的视角和过分关心中国现实的心情又遭到了很多批评,因为这种研究要说明的不是宗教而是文化,关心的焦点不是宗教而是现实。他们探讨的目

① 卓新平:《宗教学术研究对宗教理解的贡献》,《全球化进程中的宗教文化与宗教研究》海峡两岸学术研讨会会议论文,2004年8月,北京,中国社会科学院,第12—13页。

的性过于强烈，总是试图说明中国人的集体心理及其对古代历史与现代社会的影响，因此在资料选择上、评价上都有极其浓烈的主观色彩。① 何光沪在《中国社会科学院院报》上撰文指出，宗教虽然从有形方面看构成了文化形式之一，但从无形方面看则构成了文化的内在精神而非文化本身。②

5. 佛教典籍的整理和佛教文献学引起重视

佛教典籍的整理工作在改革开放之初就显示出了它的空前的必要性，并得到了普遍的重视。20 世纪 80 年代初中华书局就组织全国的佛学专家进行佛教经典的整理、校释工作，并陆续出版了一批重要的佛典注释书，以“中国佛教典籍选刊”的名义出版。如郭朋的《坛经校释》，方立天的《华严金师子章校释》，汤用彤的《高僧传》，苏晋仁的《出三藏记集》，周叔迦、苏晋仁校注的《法苑珠林校注》，韩廷杰的《三论玄义校释》和《成唯识论校释》，高振农的《大乘起信论校释》等。这批著作的出版一定程度上缓解了当时佛学研究基本资料的缺乏问题，并带动了相关基础研究的发展。由石峻、楼宇烈、方立天等编辑的《中国佛教思想资料选编》（4 卷，12 册），自 1983 年开始由中华书局陆续出版。该书编辑的初衷主要是“为当时中国哲学史专业工作者研究或讲授中国哲学史，提供一部比较系统而简要的中国佛教思想的参考资料。同时，也可供中国思想史、文学史、艺术史专业工作者参考”（该书编辑说明），实际上，该书成为 20 世纪八九十年代以来国内高校和科研机构最为流行和通用的佛教思想参考资料。

佛教文献学包括佛教文献学本身的理论建设与学科建设，经录、藏经的研究以及佛教典籍的收集整理，大藏经的编纂及其电子化。目前，我国佛教文献学的工作主要还是后二者。

就经录与藏经的研究而言，由于敦煌遗书的出现，为我们提供了许多珍贵的资料，大大开拓了传统的研究领域。在经录研究方面，主要成果有方广锠的《敦煌佛教经录辑校》。在写本藏经方面，主要成果有方广锠的《八—十世纪佛教大藏经史》（2006 年第二次增补修订本名为《中国写本大藏经研究》，上海古籍出版社，2006）。在刻本藏经方面，先后出版的有李际宁的《佛经版本》，李富华、何梅的《汉文佛教大藏经研究》，李际宁的《佛教大藏经研究论稿》（宗教文化出版社，2007）。由于新的藏经不断被发现，研究

① 《中国宗教研究年鉴（1997—1998）》，中国社会科学出版社 2000 年版，第 106—107 页。

② 同上书，第 85 页。

也不断深入，人们的知识也不断丰富。总体来看，在经录、藏经研究方面，还有许多工作要做。曹仕邦的《中国佛教译经史论集》对古代佛教典籍的翻译、译场等问题，作了开创性的研究。蓝吉富的《佛教史料学》是一本对初学者极其有用的导航书。

就佛教典籍的整理而言，经过13年的努力，由任继愈主持的《中华大藏经》（汉文部分）共106册已经于1997年全部出齐。这是目前收罗最为宏富、校勘最为精良的藏经版本。同时，梵、巴、藏文佛教典籍的汉译有一定的进展；传统大藏经之外的汉文佛教文献的收集、整理工作也在逐步展开，并汇集为《藏外佛教文献》逐步出版。整理敦煌遗书中佛教文献的意义已经越来越凸显，整理工作也已经展开。

由任继愈任主编、杜继文任副主编的《佛教大辞典》的编纂与出版，也是近年我国佛教研究的重大成果。该辞典是中华人民共和国成立以来我国学术界推出的第一部大型佛教工具书。注重全面反映学术研究新成果以弥补同类辞书的不足，强调释义内容的创新以突出自身的个性特征，是这部辞典的两个显著特点。它有针对性地弥补了以往同类辞书的不足，收罗辞目的范围涉及古今中外世界佛教的各个方面。对于改革开放以来研究工作有所深入的领域，例如，我国一些少数民族地区佛教、我国佛教的一些宗派和教理、东南亚佛教、欧美佛教等，都加强了词条的收集，从而使这部辞典能够尽量多吸收新成果，全面体现佛教学术研究的新进展。其次，对于所有类别的词条，即使是佛教的专有名词、概念、范畴和命题，都避免只使用古代典籍中的原文作解释，而是尽量使用准确、规范的现代语文诠释，把专业术语在理解词条释义上的阻碍作用降到最低程度。尽管参与撰写的学者人数众多，但整部大辞典的语言风格是一致的。它注重释义内容的创新，依据撰写者的研究领域和特长分配辞目，是《佛教大辞典》参与者的分工原则。撰稿者所具有的学问功底和研究能力，为确保辞书质量奠定了坚实的学术基础。

近些年来，佛教典籍的电子化和电脑网络的普及对佛学研究产生了重大的影响。佛典的电子化为佛教研究者提供了大量的原典资料，查询便利，引用方便。特别是被广泛使用的《大正藏》《续藏经》的电子本，以及越来越多的佛学数据库的建立，佛学研究已经迎来了网络化的时代。浙江大学于2016年3月成立的佛教资源与研究中心，以及该中心着力打造的“佛教通用数字档案馆”（Buddhist Universal Digital Archive，“BUDA”）将结合浙江大学的佛教学术研究、综合学科优势与国际文献保护基金会以及哈佛大学多位教授30多年来保存、编目的大量数据与丰富经验，建设百科全书式的佛教电子图书馆，致力于保存和共享承载佛教思想与文化的多语种文献、多形态文物。其工作主要有将佛教典籍与文物数字化以长久保存，将数字资料编目并整理为现代电子图书馆模式，建构佛教文献与文物的全方位互通检索，研发数字资源的综合运用，积极找寻稀有典籍与文物，通过网络分享与硬盘拷贝，让世界各地的人们都能够便捷地使用各种佛教资料。

2009年以来，佛教文献特别是汉文佛教文献的整理撰集成果丰硕，形式上、内容上、涵盖面等都取得了进一步的突破，既有原有藏经的翻印，又有新的佛教文献丛书的撰集；整理撰集者既有学界的专家学者，更有教界的高僧宿德。而对于汉文佛教文献的理论，学界也有一些讨论。

《开宝藏》为我国最早的雕版大藏，然而世变时异，《开宝藏》全藏基本亡佚，所存零卷又分藏各地，难得一见。2010年11月文物出版社出版了由方广锠、李际宁搜集主编的《开宝遗珍》，为我们了解《开宝藏》提供了最为详细而可信的资料。《开宝遗珍》为卷轴装，共12卷，将分别珍藏于中国、日本、美国等三国八个单位收藏的12卷《开宝藏》汇为一编，原样影印，这无疑是一件造福学界教界的盛事。

除了影印原藏外，这两年教界学界重新编撰的佛教丛书蔚为大观。由中佛协会长传印法师主编的《中华律藏》2009年1月由中国书店出版。全藏共60巨册，集戒律文献之大成，涵盖了历代律部文献及相关著述。主要包括：各大藏经律部、律宗藏外文献（包括敦煌遗书、黑水城文献、应县木塔辽代秘藏中所出之律书与著作）、清规类文献、近现代高僧学者讲律文献及戒律实用文献。并附百年佛教戒律相关大事年表。此书的出版为研究佛教戒律的发展演变提供了丰富的资料。传印长老尚编有《中国佛教护国文献集成》（中国书店，2010），全书共8册，全面收录了与佛教有关的护国文献。主要包括三部分内容：第一是佛教经典中的护国经论。如《仁王护国般若波罗蜜多经》《金光明最胜王经》等。第二是中国古代的佛教护国史料。主要从古代史传、专著及方志中辑出。第三是近现代佛教界护国史料。这些史料为我们了解佛教界的爱国、护国的热情与事迹提供了珍贵的史料。

与《中华律藏》相呼应的是净慧长老编撰的《历代禅林清规集成》（中国书店，2009），全书共8册，收录了自宋迄今的禅宗清规，是佛教界有史以来第一次对历代禅林清规的结集。全书包括以下几部分：第一是单行本的清规，第二是各种地方志、佛寺志中所载录的禅门清规，第三是民国期刊文献中收录的清规。这些清规文献的结集，一方面可为教内道风建设提供资鉴，同时，也为禅宗史的研究提供了不可或缺的史料。

延藏法师主编的《古今图书集成：佛道教文献汇编》，全62册，由中国书店2009年11月出版。此书将《古今图书集成》中关于佛教、道教的文献分类辑出，内容涵盖了佛经、道教典籍、佛道教建筑、佛道教人物以及佛道教其他相关内容。在正文顺序的排列上依照原书次序，始于《神异典二氏部》，终于《神异典异境部》。本书的出版对于搜集世典外书及佛藏中的佛教史料具有一定的参考价值。翁连溪主编的《中国佛教版画全集》（中国书店，2010），全书共40册，收集各类佛教版画近万幅。分为各大藏经版画、佛教专题版画、佛经版画、单幅佛教版刻、佛教民俗版画等数编。此书的出版为研究中国版刻史、佛教艺术史提供了不可多得的资料。

田奇的《民国时期佛学资料丛编》（国家图书馆，2010），全书30册，收录了民国时期与佛教有关的文献50种，内容涉及佛学图书目录、佛教语言工具书、法会记录、佛教仪轨、高僧文集、佛教组织章程、佛教特刊、报告、佛教院刊、论文集、诗集、高僧传记、年谱等，对于了解和研究民国时期的佛教状况有一定的参考价值。

宿白的《汉文佛籍目录》（文物出版社，2009）一书对汉文佛教典籍进行了总体介绍，主要讲述了汉文佛教典籍的版本问题、目录问题以及汉文佛籍目录以外的工具书。此书对于了解、检索、使用汉文佛教典籍有非常重要的指导作用。

王志远主编的《百年佛教高僧大德丛书》（华夏出版社，2012）是近年来规模最大的一次文化典籍整理工作的优秀成果，集佛学、哲学、史学内容于一身，强调佛教文化是中国传统文化的重要内容，本着“取其精华，去其糟粕”的原则挖掘和保护佛教文化遗产。此书的出版，对促进两岸统一、团结海外华人、增加民族凝聚力有着十分重要的意义。全书共22册，包含了百年来佛教名僧及著名居士、佛教学者共22人的文汇。

杨旭主编的《宜春禅宗祖师语录》（宗教文化出版社，2012）整理汇编了宜春境内佛教祖庭历代高僧大德的语录，时间跨越唐、宋、元几个朝代，人物涵盖马祖、百丈、希运、义玄、灵祐以及五家七宗20多位重要的祖师，内容丰富，校读精准，为人们了解宜春丰厚的禅文化底蕴和研究区域佛教史提供了可靠的资料。

梁建楼整理编撰的《法舫文集》（金城出版社，2011）收录了近代杰出高僧法舫法师的论著约200万字。全书以《海潮音》月刊、《正信》半月刊等佛学杂志，以及有关法舫法师的各种著述编集而成。

谯达摩、姚天恩编著的《慧远大师文集》于2011年1月由九州出版社出版。

高力宝的《蒙古文佛教文献研究》（人民出版社，2012）用文献学理论和版本学研究方法详尽地考证了蒙古文佛教文献的起源、发展、版本类型和载体特点、收藏以及研究概况；重点剖析了蒙古文《甘珠尔》和《丹珠尔》的起源、翻译、雕版刊行和版本流行；阐述了蒙古文佛教文献对蒙古史以及蒙古文学的影响。

2013年3月，国家图书馆出版社出版了《中国地方志佛道教文献汇纂》。该丛书分为三大系列，是迄今为止对中国地方志进行的最大规模的专题文献选编和整理。全书分寺观卷、人物卷和诗文碑刻卷三大系列，涉及包括港澳台地区在内的全国各地历代地方志中的各种佛教文化和道教文化文献。

何梅的《历代汉文大藏经目录新考》（社会科学文献出版社，2014）分校释、校勘记、对照表、附录及经目索引五大部分。它在收录汉文大藏经的种数上，做到尽可能周全，既包括中国古代至清朝的诸版大藏经，又涵盖了近代以来以至近期中外学者编辑的新版大藏经，其总数达31种。作者将已收录于大藏经的内容全部作为考释的对象，收经总数包括附目达到5495部，超越了之前同类著作所收经目的数量。该书是同类著作中规模最大的一部，收录的佛教经籍最多，考释也最为详尽，倾注了作者10余年的心血。基本完整的佛教典籍的信息资源必将裨益于佛教及相关学科的研究者，其学术价值与资料价值不言而喻。

纪华传的《明清鼓山曹洞宗文献研究》（社会科学文献出版社，2014）整理、收录了明清时期极具版本价值和文献价值的鼓山刻经。此类刻经中，不少内容未被传世大藏经收录，本身即可归入善本之列，有的文献未收藏于国内外图书馆，属于孤本。此外，以永觉元贤、为霖道霈为代表的曹洞宗鼓山法系在明清佛教史上极具研究价值。该书利用鼓山刊刻的珍稀文献以及其他传世文献，对鼓山涌泉禅寺的历史沿革及明清曹洞宗传承进行了梳理，并重点对明清鼓山刊刻文献进行了系统研究。此成果具有填补空白的学术价值，推动了明清佛教史的研究。

释源博的《敦煌遗书二十卷本〈佛说佛名经〉录校研究》（宗教文化出版社，2015）分三大部分进行论述：第一部分阐述二十卷本《佛说佛名经》产生的由来；第二部分论证二十卷本《佛说佛名经》产生的历史年代，介绍此经的内容和结构；第三部分主要就十八卷本问题，以及二十卷本在《佛名经》体系演化中的历史地位进行探讨。熊娟的《汉文佛典疑伪经研究》（上海古籍出版社，2015）依据存现状态、语料性质对疑伪经进行分类，梳理了疑伪经在汉语史上的价值。同年，整理出版的佛教文献还有于海波点校的《净土十要》（中华书局，2015）、富世平的《大宋僧史略校注》（中华书局，2015）、王孺童的《〈瑜伽师地论〉注疏三种》（宗教文化出版社，2015）、杨之峰点校的《阅藏知津》（中华书局，2015）、俞信芳的《四明尊者教行录校注》（浙江大学出版社，2015）等。

方广锠主编的《国家图书馆藏敦煌遗书》于2016年全部出版。这套书以中国国家图书馆收藏的16000多件敦煌遗书为底本影印出版，是迄今为止披露该馆敦煌遗书藏品最大最全的一部大型图录。整套书分为146册，其内容分为四个部分：一是目录，依编号次序列于册首。二是图版，上、下两栏，黑白影印，这是全书的主体，每幅图版下标明馆藏编号、文献名称、图版序号。三是条记目录，对本册所收内容逐号详细解说。四是对照号，对馆藏历史上使用过的各种编号与"北敦号"（全称"北京图书馆藏敦煌遗书编号"，汉语拼音简称"BD"）互检对照。

在藏文佛教文献的整理与研究方面，西北民族大学才让编著的《菩提遗珠——敦煌藏文佛教文献的整理与解读》（上海古籍出版社，2016）堪为近年来的代表性成果。本书是作者在其编纂的《法国国家图书馆藏敦煌藏文文献》《英藏敦煌西域藏文文献》基础上，对其中的敦煌藏文佛教经典进行的系统整理与研究，涉及的多半佛教文献目前尚未被学界所触及。全书分为前言、五辑十七个章节，各章均以流通最广、最典型的佛教文献为入手点，对于文献现存版本卷子进行整理比较，并将其全文全部录文汉译，呈现藏文原文、转写、汉译完整的语文学研究成果。此外，作者又进一步对于各文献的内容、性质、版本源流、译者、流通情况以及其反映的藏族历史与人物、藏传佛教信仰、社会生活等领域的内容进行深度解读。

释真定的《〈金光明经玄义〉译解》（上海古籍出版社，2017）对智𫖮大师《金光明经玄义》进行解读，通过题解介绍全书内容、版本源流、历代注疏等问题，译解部分为全书主体，逐段解读经文。王招国的《佛教文献论稿》（广西师范大学出版社，2017）收录了作者近年来撰写的14篇论文，所研究的文献种类有敦煌遗书、日本古写经以及一些珍稀刻本。每篇论文均从文献学的角度进行论述，涉及内容包括考订文献作者、追溯版本源流、分析文本系统、评述文献价值等方面。

6. 其他方面的佛教研究成果

佛教作为中国传统文化的核心要素之一，对其他文化形态的影响与渗透是深远而细微的，因而作为新时期佛教研究繁荣的标志性内容之一，佛教与其他文化形态的交叉研究也取得了令人欣喜的成绩，佛教专题研究成果显著。

近10年来，佛教文学的研究颇为繁荣，参与佛教文学的研究者既有学界前辈，更多新进后学；既探讨佛典本身的文学性，又关注佛教对中国文学的影响。陈允吉先生多年从事佛教文学的研究，2010年将其多年研究心得结集为《佛教与中国文学论稿》（上海古籍出版社）。全书除自序、附录外，共收文章40篇。所选论文涉及佛学对中国文学影响的诸多方面，如佛经行文结构对文学体制的影响，佛经故事、寓言对中国文学的影响，佛经翻译对中国文学风格的影响，佛教人物、古印度神话人物对中国文学的影响，佛传文学、佛教叙事诗对中国文学的影响以及佛典本身文学性的探究。此书不仅是作者研究成果的展示，对佛教与中国文学研究更具方法论意义。佛教文体的研究方向为佛教文学研究的薄弱环节，李小荣的《汉译佛典文体及其影响研究》（上海古籍出版社，2010）的出版，填补了这方面研究的空白。全书共十一章，全面地论述了汉译佛典的各类文体及其对中国文学的影响。吴光正等编的《异质文化的碰撞：二十世纪“佛教与古代文学”论丛》（黑龙江人民出版社，2010）收录二十世纪研究佛教与中国古代文学的论文90余篇，略按时代为序分为四编，比较全面地展示了二十世纪佛教与中国古代文学研究的重要成果。陈引驰的《文学传统与中古道家佛教》（复旦大学出版社，2015）以中国古代文学史及其中的大家、名作为研究对象，分析其中的佛道元素，展示佛道思想在中国文学发展中所起到的重要作用。其他同类的专著尚有张培锋的《宋诗与禅：禅的智慧》（中华书局，2009）、谭洁的《南朝佛学与文学：以竟陵“八友”为中心》（宗教文化出版社，2009）、刘晓珍的《宋词与禅》（人民文学出版社，2010）、吴正荣的《佛教文学概论》（云南大学出版社，2010）、宝力高的《蒙古文佛教文学研究》（人民出版社，2012）等。

在佛教与音乐、佛教与艺术、佛教与舞蹈、佛教与饮食等方面也有相应的著述问世。如李涛的《佛教与佛教艺术》（西安交通大学出版社，1989），吴焯的《佛教东传与中国佛教艺术》（浙江人民出版社，1991），马书田的《中国佛教诸神》（团结出版社，1994），张锡坤主编的《佛教与东方艺术》（吉林教育出版社，1989），宁云龙编著的《古代佛造像真伪鉴别与价值评估》（经济日报出版社，2007），桑德诺瓦、巩海蒂编著的《云南藏传佛教音乐文化》（宗教文化出版社，2013），新疆龟兹研究院主编的《龟兹佛教艺术史》（上海文化出版社，2013），王敏庆的《北周佛教美术研究：以长安造像为中心》（社会科学文献出版社，2016），王贵祥的《中国汉传佛教建筑史：佛寺的建造、分布与寺院格局、建筑类型及其变迁》（清华大学出版社，2016），以及中国宗教文化出版社出版的《中国梵呗传承法要》（2016）等。

因明研究也有新的突破，召开过多次专门的学术讨论会，出版了《因明研究佛家逻辑》《因明论集》《因明新探》《因明新论》等多本论文集，翻译了不少梵藏因明名著，并出版不少研究专著。其中影响较大的有石村的《因明述要》，沈剑英的《因明学研究》（中国大百科全书出版社，1985），杨化群的《藏传因明学》（西藏人民出版社，1990），巫寿康的《〈因明正理门论〉研究》（三联书店，1994），林崇安的《佛教因明的探讨》，刚晓的《佛教因明论》，郑伟宏的《佛教逻辑通论》，沈剑英主编的《中国佛教逻辑史》等。

除了传统的领域外，近年出现对伦理学、美学、社会学等方面的研究专著。如业露华的《中国佛教伦理思想》，董群的《禅宗伦理》，王月清的《中国佛教伦理研究》，台湾释昭慧的《佛教规范伦理学》，邓子美的《超越与顺应——现代宗教社会学观照下的佛教》，祁志祥的《佛教美学》，王志敏的《佛教与美学》，王海林的《佛教美学》等。可以预期，这方面的研究将进一步深入，取得更多的成果。

在佛教专题研究方面，还有郭绍林的《唐代士大夫与佛教》（河南大学出版社，1987），圣凯的《摄论学派研究》（宗教文化出版社，2006）。宗教文化出版社每年出版多部“宝庆讲寺丛书”——中国佛教学者文集，如业露华的《法海一得》，道坚的《中国佛教与社会探论》，董群的《佛教伦理与中国禅学》，严耀中的《佛教与三至十三世纪中国史》等。中国社会科学出版社也每年出版“真如丛书”多部，如黄夏年的《西来东去——中外古代佛教史论集》，冯焕珍的《回归本觉——净影寺慧远的真识心缘起思想研究》，李向平的《佛教信仰与社会变迁》（宗教文化出版社，2007），刘淑芬的《慈悲清净：佛教与中古社会生活》（商务印书馆，2017），李四龙的《欧美佛教学术史：西方的佛教形象与学术源流》（北京大学出版社，2009），王鹰的《试析艾香德的耶佛对话观——基督教与佛教的相遇和互动》（宗教文化出版社，2015），王松、宣立品著的《雍正皇帝与迦陵禅师》（北京燕山出版社，2015），侯冲的《汉传佛教、宗教仪式与经典文献之研究：侯冲自选集》（台北：博扬文化事业有限公司，2016）等。

近年来，佛教人物研究受到了学界的广泛关注。方瑾的《中国佛教里程碑：道安法师贡献之研究》（湖北人民出版社，2015）从中国佛教在道安之前的状况、道安在他的时代所做的工作，以及道安对其后中国佛教发展的影响三个方面展开论述，使道安作为中国佛教构建者的地位一目了然。王亚荣的《道宣评传》（宗教文化出版社，2017）全面研究介绍道宣的生平事迹。全书以时代变迁和佛教发展为双重背景，以道宣的著作作为主要的资料依据，分十章评述，书末附有道宣年谱。林有能的《禅宗六祖慧能迹址探真》（商务印书馆，2017）以考察慧能一生求法、弘法的行迹和现存遗址为重点，力求“厘清六祖慧能迹址的来龙去脉和变化”。

高质量的佛教基础知识普及读本的出版，对普及佛学基本知识、提倡正信破除迷信起到了积极的作用。重要的如赵朴初的《佛教常识答问》，世界宗教研究所佛教研究室编写的《中国佛教基础知识》（宗教文化出版社，1999），杨曾文著的《佛教知识读本》（宗教文化出版社，2000），由中国社会科学院世界宗教研究所、全国政协民族和宗教委员会、国家宗教事务局宗教研究中心主编的《中国五大宗教知识读本》（社会科学文献出版社，2007），黄夏年主编的《佛教三百题》（建安出版社，1996），黄夏年、俞学明等著的《佛光普照》（世界知识出版社，1999），李富华等著的《佛教学》（当代世界出版社，2000）等，还有前面提到的《佛教文化面面观》（齐鲁书社，1989）。此外，一系列佛经注释书、白话佛经、佛教故事、禅宗公案等著作的出版，也推动了佛教知识的普及和佛教文化的广泛传播。

在世界佛学著作的翻译方面，亦有所进展。如李荣熙翻译的《印度教与佛教史纲》（商务印书馆，1982），蒋忠新翻译的印度经典名著《摩奴法论》，台湾佛光出版社组织翻译的日本镰田茂雄著的《中国佛教通史》（全8

卷，已经翻译出版 5 卷），朱谦之先生晚年翻译的忽滑谷快天著的《中国禅学思想史》，1994 年由上海古籍出版社出版发行，立人翻译的舍尔巴茨基的名著《大乘佛学》《小乘佛学》（中国社会科学出版社，1994），宋立道、舒晓炜翻译的《佛教逻辑》（商务印书馆，1997），王世安翻译的渥德尔著的《印度佛教史》等。近几年翻译的有上海古籍出版社出版的觉群佛学译丛《印度和锡兰佛教哲学》《中国 5—10 世纪的寺院经济》《隋唐佛教文化》《修剪菩提树》等。中国人民大学出版社还出版了“宗教学译丛”，主要翻译介绍国外的经典学术名著，如《缘起与空——如来藏思想批判》《藏传佛教中观哲学》，还有李四龙和裴勇翻译的《佛教征服中国》（江苏人民出版社，2003）等。

第三节　我国佛学研究存在的问题和未来展望

一　问题与不足

自 1978 年以来，伴随着改革开放的深入发展，新时期的佛学研究事业也已经走过了 40 年的历程。40 年中，在佛学研究领域所发生的根本性变化和取得的巨大成就是有目共睹的。但是我们也应看到，目前大陆的佛学研究仍然存在许多不足和问题，亟待社会各界特别是佛教界、佛学界等的共同努力。

第一，科研体制亟待改革，人才培养仍需加强，科研经费严重不足。现有的科研体制，由于缺乏内部竞争机制和明确的奖惩制度，难以发挥科研人员的积极性，不利于人才的成长、培养和合理流动。佛学专业人才短缺，研究人员年龄结构不合理，呈“倒金字塔”形状，青年科研人才严重不足，加上资金的短缺和编制的限制，好不容易培养出来的佛学硕士生和博士生不能（或不愿）得到充分发挥自己专长的职位，造成人才的浪费。

第二，弥漫的浮躁心态，严重制约着佛学研究的深入、健康发展。这种浮躁的心态，反映在研究者个体上，突出的表现为急功近利的功利追求太过迫切，以至于人们难以静下心来对学术研究孜孜以求。以往倾毕生心血撰写一部专著的情况，在现今社会将不可避免地遭遇前所未有的尴尬和困境，职称、住房以及赖以补贴生计的稿酬都将没有着落，代之而起的是几年出一本书，甚或一年出几本书，这就必然造成每年佛学著作出版的种类和数量越来越多，而真正有分量、有突破的传世之作越来越少的怪现象。

第三，研究领域和研究成果分配不均衡，造成热的越热、冷的越冷的情况。如持续多年的禅学热、史学热，而对佛教的礼仪、戒律等方面着力较少，对佛教现状的社会调查和现实应用理论研究，更显苍白，形成“厚古薄今”的局面，汉传佛教研究投入较多，而藏传、南传和外国佛教研究则相对薄弱。虽然近些年这种状况有所缓解，但还没有发生实质性的改观。

第四，研究方法仍需丰富，新的研究思路尚待建立。虽然说传统的历史学研究方法、文献学方法和佛教哲学的研究方法依然有着很强的生命力，佛教文献学和考古学的研究方法也越来越受到重视，且业已取得了丰富的成果。文化学的研究在20世纪80年代末90年代初盛极一时，比较宗教学、宗教社会学、宗教人类学、民俗学、心理学、文化学等的研究方法也渐渐为人们所了解。但是，与国际学术界相比，目前大陆的佛教学术研究在方法上还相对落后和单一，制约了佛学研究领域的开拓和整体研究水平的提高。

第五，现行教学体制在对佛学专业这样的特殊学科的课程设置上，缺乏针对性，缺少佛学研究中非常需要的佛教语言训练，如梵文、巴利文、藏文、古汉语及现代的日、英、德、法语等（哪怕只精一门），以及佛教研究者需要的语言学、文献学、目录学、考古学等基本知识等，在现行教学体系中不能完全得到满足，影响了佛学后备人才的培养。

第六，在研究工作中缺少必要的分工合作，信息交流还需加强。佛学博大精深，佛教典籍浩若烟海，古今中外佛教学者的研究成果更是汗牛充栋，以每个人有限的精力不可能穷尽，只能根据自己的兴趣、能力与志向，选取其中的某一个或几个领域，狠下功夫，才可能有所成就。这就需要各有所专、各有所长的研究者合理分工、加强合作、取长补短、互通信息、相互尊重。在这方面，课题的重复设置是其中最为突出的表现。由于经费来源不一，隶属单位和系统不同，兼之信息交流不畅，课题的重复设置问题时有发生，造成原本极为匮乏的科研经费和人才的浪费。

我们说40年来我国的佛学研究，是20世纪以来最繁荣的时期之一，但这种说法是相对于前30年的萧条和停滞而言的。如果就目前大陆佛学研究的真实状况而言，我们的佛学研究仅仅处在恢复和起步阶段；如果同我们的邻国日本相比，我们的研究应该说还有不小的差距。承认这种差距，并不是妄自菲薄，而是要迎头赶上。我们还说到了那么多目前佛学研究中所存在的不足和问题，不足是显而易见的，问题也是实际存在的，急需大家共同努力去弥补和解决。但应该看到，这些不足和问题，是快速发展中的问题，是前进中的问题。不能因此而抹杀或掩盖改革开放以来我国佛学研究所取得的巨大成绩和飞速发展的事实。有人预言，在政治经济改革和文化重建的过程中，佛教将是21世纪的第一显教。不管这一预言有多少科学的理论依据，或者说在多大程度上能变成现实，但有一点是毋庸置疑的，那就是只要有社会各界的重视和支持，有科学的管理，加上佛学界、佛教界等的携手努力，佛学研究事业将会迎来一个更加明媚的春天。

二　未来发展

从总体来看，目前我国的佛教研究的方向日益多样化，新的领域不断开拓，许多专题性研究成果不断涌现，呈现出一派蓬勃兴旺的局面。佛教研究的多样化固然是佛教研究蓬勃发展的标志，但也反映出目前佛教研究还没有形成问题点，还没有找到下一步突破的方向。不过，经过一段时间的酝酿，佛教研究将会出现新的突破点。这些突破点有可能出现在信仰性佛教的研究，对西夏、辽、金、清代佛教及近现代佛教的研究方面。

佛教本来就是一种信仰，所以“信仰性佛教”一词，似乎有同义反复之嫌。但佛教作为一种宗教，既有比较精细、高深的哲学形态，也有比较朴实、通俗的信仰形态，所以它能够适应不同层次人们的不同需求乃至同一个人的不同心理需求。前一种形态是所谓“义理性佛教”，后一种形态即所谓“信仰性佛教”。义理性佛教以探究诸法实相与自我证悟为特征；而信仰性佛教则以功德思想与他力拯救为基础。义理性佛教在我国佛教史上处于主导地位，为佛教提供了高水平的骨干与活泼的灵魂，它的兴衰决定了中国佛教的兴衰；但信仰性佛教为中国佛教奠定了雄厚的群众基础与坚强的躯体，是中国佛教绵长生命力的基本保证。所以，所谓“信仰性佛教”是与“义理性佛教”相比较而存在的、一种相对来说诚信成分较浓的宗教形态，有各自不同的特征，都是佛教必不可少的形态。两者看来似乎截然不同，甚至尖锐对立，实际又相互渗透、互为依存，很难把它们分开。如同一枚钱币的正反两面，密切结合。对于某一种具体的理论或某一个具体的人物，必须具体分析。当然，我们也必须看到，历史的逻辑并不使“信仰性佛教”与“义理性佛教”始终保持紧密结合、平衡发展的状态。而两者如发生偏离，佛教的发展便面临问题。只有对信仰性佛教研究的突破，才能使我们重新审视唐以前的佛教，并更好地完成唐以下佛教的研究，也才可以使我们正确认识与处理当前佛教的种种信仰形态。

改革开放以来，经过 40 年的恢复发展，目前我国佛教也已经进入一个重要的转型期。虽然教团领袖的新老交替已经完成，但整个佛教的转型仍在进行。未来的发展详情现在还无法完全预测，不过就目前表现而言，其基本形态已经初露端倪。如信仰性形态有所抑制，义理性形态有所加强；信仰得到纯化，戒律有所整肃；学理的研究、人才的培养日益受到重视，公益性事业、慈善性事业逐步开展；某些以寺院为依托的地方性教团越来越成为佛教活动的主体，并有可能出现若干各有特色的教团与教团领袖。虽然我们必须看到在这个过程中若干消极的东西会进一步加剧，如商业行为的进一步介入，某些无序行为的增加，乃至部分僧人修道理想的退堕并由此引发的一系列消极因素进一步泛滥等。但从总体来看，发展的方向是积极的。佛教界正在更加自觉地与我国社会日益深化的改革相适应。佛教转型与改革的主要动力来自佛教界内部，但学术界、政府部门两支力量也将不同程度地介入这一过程，使这一过程更加健康地发展。

随着改革开放的不断深入，我国社会正在进入一个深刻的社会转型期，我国佛教也正在迎来发展的新阶段。因此，对当代佛教及其发展趋势的研究引起学者的关注。其中王雷泉的一系列论文较为引人注目。他在列举学术界和宗教界关于宗教与社会关系的诸种理论模型后，主张世俗社会与宗教都是在历史中形成的，相互不可取代，各自有待完善。在肯定宗教与人类共存亡的前提下，主张宗教与世俗社会应该是一种相互制约、监控、促进的良性制衡关系。从历史和现实来看，佛教的世俗化不仅造成自身腐败，而且在宗教生态上会导致道门和秘密宗教泛滥，从而破坏社会稳定并祸及自身。他提出，比较理想的制衡关系将在政治、宗教与学术三极格局的互动中产生。

总体上说，今后若干年内，我国佛教界的研究方向将主要体现在以下几个方面：（1）探讨如何在保持佛教“不共世间”的宗教主体性的同时，进一步与社会主义社会相适应，并探讨其实现的模式；（2）在目前百花齐放的诸种教理中进行择别会融与提高创新，使适合目前社会需要的理论逐步成长并进一步凸显；（3）探索宗教修持的方法与道路，创立、完善与新的宗教修持方法相适应的宗教理论；（4）进一步探讨佛教“农禅一致”的传统及其在新条件下的实现方式，以完善佛教的经济基础；（5）进一步探讨佛教的戒律体系与完善新的戒规戒条，使其适合当代社会的新情况；（6）进一步研究探讨佛教的道德资源，吸收其优秀部分以为今天所用并向社会推广；（7）探讨利用佛教的传统理论，参与社会上呼声日益高涨的环境保护运动。至于中国佛教是否会出现僧人佛教与居士佛教并存的多元化倾向，前此已有讨论。虽然就目前情况而言，这种讨论还不会凸显到引人注目的程度，但“二宝居士”已经是一种社会存在，在某些地区甚至较为严重，值得注意其发展动向。

传统的佛教学术研究将继续深入，研究领域将大大拓宽。由于体制的原因，学术界的佛教研究主要受各级课题的引导与制约。课题制保证了学科发展自身的逻辑需要与学科发展的均衡性、全面性。但目前课题的设置与管理方法使得一些费时较久的重大基础性项目较难得到支持，从而削弱了学科基础建设。此外，从某种程度上说，也使学术界研究与上述佛教界正在进行的改革相比显得有所滞后。虽则如此，传统的学术研究对当前的佛教改革而言，也绝非可有可无的象牙塔中之物，它将同佛教界力图提高自己学理层次的努力相适应，为佛教界的改革提供必要的思想武器与理论基础。加强学科基础建设，正确处理学术界与佛教界的关系，是今后相当长一段时间内必须认真注意的。

以往对西夏、辽、金佛教的研究甚为薄弱，有的甚至是空白。而近来随着考古工作的发展与国际交流的兴盛，有关资料大量涌现，为我们从事这方面研究提供了难得的条件。可以预期，在上述佛教专题研究方面，将会出现一批新的引人注目的成果。

随着多种综合性的大型项目的实施，将会带动相关研究的深入和人才的培养。国家大型研究工程“清史”的上马，可以预期，与之配套的清代佛教的研究也将展开。该项目有经费的保证、有社会的需求，也有相关学科的必要互动，一定能够取得重大成果。中国社会科学院重大项目《世界佛教通史》于 2007 年开始启动，现已顺利完成。相信该项目的实施，对于以前相对薄弱的研究领域如印度佛教（特别是 12 世纪之后的印度佛教）、南传佛教、亚洲之外的佛教、宋元明清及近现代佛教的研究，将有所加强和推动。

就传统的佛教学术研究而言，对佛教各派别的研究将会进一步深入，其中禅宗、唯识宗研究仍将继续升温，而天台宗、华严宗、三论宗的研究将会日益引起重视，其中天台宗的研究可能将产生新的高潮。在汉传佛教的诸多宗派中，天台宗向来以止观并重受到人们的称道，同样属于中国化色彩较浓的宗派。在新时期，它的修持理论与体系可能成为当代追寻修持僧人的思想宝库。藏传佛教的研究将继续成为热点，专题研究受到重视，地域佛教及中国各少数民族的佛教中的历史、文献研究成果显著。唐以后佛教的研究，宋元明清尤其是近现代佛教的研究会更加引起人们的关注。

随着以“和谐世界，从心开始”为主题的“世界佛教论坛”系列会议的顺利召开，佛教与社会和谐成为热点论题，近两年各地召开的相关学术研讨会就有数十次之多。人间佛教的研究在以往的基础上将会更加深入，佛教的本土化问题、宗教冲突与对话问题引起了人们的广泛关注，现当代佛教研究、田野调查等应用研究越来越受到重视。

从全局看，目前我国的佛教研究不是出大师的时代，而是积累资料的时代，是培养人才的时代。因此，扎扎实实地做好基本资料的翻译、收集、整理工作显得格外重要，基础研究仍需加强。新的工具书编纂及文献整理，文献学以及运用文献学手段以推进研究的方法，将进一步受到人们的重视。但由于目前学风的普遍浮躁，又对这一工作的顺利开展造成极大的障碍。上述因素的交互作用，将决定今后若干年我国佛教文献学发展的水平。在这个过程中，《中华大藏经》（下编）的编纂及敦煌遗书等各类出土佛教文献的整理，将把我国的佛教文献学推向高潮。随着世界范围内学术交流的日益频繁，新的学术思潮和新的研究方法将会更多更快地被人们所接受，进而带来学术思路的根本性转换。随着网络时代的来临，研究者的研究方法也将有相应的改变。各种佛教信息网站的建设，将为我国的佛教研究迈入网络时代奠定良好的基础。

第四节 中国社会科学院世界宗教研究所佛教研究概况

由于中国社会科学院世界宗教研究所佛教学科在国内这一领域具有一定代表性，故辟专节予以介绍。

世界宗教研究所成立于 1964 年。建所之初，老一代著名学者任继愈、郭朋、黄心川、杜继文、杨曾文、李富华等，为佛教学科的发展奠定了良好的基础。1980 年，佛教研究室正式成立，由所长任继愈兼任主任。其后，杨曾文、方广锠、魏道儒先后担任主任，现任主任是纪华传。本学科以佛教研究室为主，包括所内其他从事佛教研究的人员，以研究中国佛教历史、思想、宗派、典籍、艺术、语言文学等为主，包括亚洲、欧美等许多国家的佛教。其研究范围涵盖之广、科研力量之强、成果数量的丰富，都居于国内领先地位。本学科自创立起，就高举新中国佛学研究的大旗，成为国内佛教研究的核心力量与主要阵地，40 年来，在佛教研究的各个领域都作出了辉煌的成绩，取得了丰硕的成果。具体而言，主要表现在以下几个方面。

其一，佛教史研究始终处于国内领先地位。佛教史研究是本学科佛教研究的基础与重点，40 年来，本学科在佛教史研究领域取得一系列骄人的成绩。由任继愈主编，杜继文、杨曾文、丁明夷等人参与撰写的《中国佛教史》是一部以马克思唯物史观为指导，全面贯彻用历史说明宗教的佛教通史。全书共 8 卷，现已完成 5 卷，出版 3 卷。就已经出版的 3 卷来看，该书在资料的考订与使用、观点的论证与阐述方面，都给人耳目一新之感，在国内外都产生了较大的影响，成为佛教研究者不可缺少的参考书。杜继文主编的《佛教史》则以历史发展顺序为纲，系统介绍了世界范围内佛教的产生与发展，该书资料翔实、立论公允，且综合学界的最新成果，故出版以来就受到学界较多的关注。郭朋以个人之力，先后推出《汉魏两晋南北朝佛教》《隋唐佛教》《宋元佛教》《明清佛教》《中国近代佛教思想史稿》等著作，后来作者又把它们浓缩为三卷本的《中国佛教思想史》，是用马克思主义观点和方法分析佛教思想的又一尝试，并在佛教思想的理论思维及其对中国思想史的影响方面提出了一些富有启迪性的见解。以这些成果为根基，本学科又在佛教宗派史、国别史方面推出一系列成果，如杜继文、魏道儒的《中国禅宗通史》，杨曾文的《唐五代禅宗史》《宋元禅宗史》，魏道儒的《中国华严宗通史》都堪称国内佛教宗派史研究的力作，具有相当高的学术价值，自出版以来就在学界引起较多的关注。如魏道儒的《中国华严宗通史》全面研究了我国的华严经学与华严宗学，对其中的每一种重要学说都探原穷委、条分缕析。该书所揭示的某些方面，对于深入认识华严宗，进而深入认识整个佛教，再进而深入认识全部宗教的本质，都有相当重要的理论意义，因而本书被学界誉为“一部具有特殊价值的上乘佳作”。杨曾文的《日本佛教史》以及他主编的《日本近现代佛教史》，何劲松的《韩国佛教史》《近代东亚佛教史》则代表了本学科在佛教国别史研究方面的新成就。目前，本学科的这一传统与优势得到进一步延续，宋立道的南传佛教史研究等已经立项，正按计划进行。魏道儒承担的国家社科基金项目《宋元明清佛教史》已经顺利完成结项。魏道儒等承担的国家重点项目国家清史编纂工程《清史・宗教志・佛教篇》和《清史・人物传・佛教人物》正在顺利进行。特别需要指出的是，2007 年由魏道儒主编的《世界佛教通史》（14 卷 15 册，约 800 万字）

已经顺利完成，成为中国社会科学院重大成果。这是一项前无古人的重大工程，这一项目的完成，标志着佛教研究室的人才配备渐趋合理，综合研究力量已经达到了一个新的高度，相信随着《世界佛教通史》项目的完成，必定会大大提高全体编写人员的整体水平，使本学科的研究走上一个新的台阶。

其二，佛教专题研究受到重视，标志着佛学研究的深入和提高。魏道儒主编的《普贤与中国文化》，华方田的《中国佛教与般若中观学说》，黄夏年的《中外佛教人物论》，周齐的《明代佛教与政治文化》，尕藏加的《藏传佛教与青藏高原》，周广荣的《梵语悉昙章在中国的传播与影响》纪华传的《江南古佛——中峰明本与元代禅宗》等，都具有很高的学术价值。

其三，佛教文献学与佛教辞书的编写方兴未艾，并取得一系列可喜的成绩。重视佛典文献的收集整理、注录考辨一直是传统佛学研究的重要内容，也是佛学长盛不衰的根本保证。本学科自建立起，即把积累资料作为工作重心之一，先后取得了一系列在国内居于领先地位的成果。由任继愈主编的《中华大藏经》上编，合 106 册，1997 年已全部出齐。这部藏经是目前收罗最为宏富、校勘最为精良的一种大藏经版本，代表了大陆佛教学者在佛教文献整理方面的最高成就。由方广锠主编，华方田等副主编的《藏外佛教文献》主要发表经过整理的、未为历代大藏经所收的佛教文献以及佛教文献学方面的研究论文，目前业已出版 9 辑，在学界引起良好的反响。方广锠对写本佛教文献的研究引起了国内外同行学者的瞩目，其《佛教大藏经史》、《敦煌学佛教学论丛》、《敦煌佛教经录辑考》、《英国图书馆藏敦煌遗书目录(斯 698 号—斯 8400 号)》等是他从事佛教文献研究的部分成果。近年来，李富华、何梅致力于刻本藏经的研究，他们合著的《汉文佛教大藏经研究》论述了汉文大藏经形成的历史及其文化价值。另外，张新鹰也曾致力于中国佛教文献目录学和刻本大藏经版本研究，发表论文、资料多篇。在佛教辞书的编纂方面，本学科充分利用自身的人员优势，推出了一批高质量的佛教辞书。任继愈主编的《宗教辞典·佛教部分》与方广锠主编的《中国佛教文化大观》都是佛学研究者重要的工具书。而近期出版的由任继愈主编、杜继文副主编的《佛教大辞典》，堪称中华人民共和国成立以来我国学界推出的第一部大型佛教工具书，鲜明的时代性与学术性是它最显著的特点。宋立道、华方田等还承担并完成了《中国大百科全书》（第二版）佛教条目的编写工作。

其四，对国内外现代佛教及与佛教有关的宗教研究逐渐形成自己的特色。近年来，本学科在这一领域也取得了令人欣喜的成绩，并彰显出自己的特色。在现代南传佛教方面，宋立道先后出版了《神圣与世俗：南传佛教国家的宗教与政治》《从印度佛教到泰国佛教》《传统与现代：变化中的南传佛教世界》三部著作。它们不仅是作者本人从事南传佛教研究的最新成果，同时也标志着国内的南传佛教研究已进入了一个比较成熟的境地，其最明显的特征是以原始材料及国内外最新研究成果为基础的理性分析代替了过去通俗浅显的介绍。另外，华方田还撰有《世界佛教》一书，探讨佛教在全球范围内的发展与传播状况。张大柘撰写的《当代神道教》与《当代新兴宗教》显示出作者对日本当代宗教研究的扎实功底。何劲松的《日莲论》《创价学会的理念与实践》也是现当代日本佛教宗派研究的力作。近年来，黄夏年专力从事佛教学科的动态追踪研究，发表一批有影响的综述性论文，在为佛教研究者提供方便的同时，更为深化当前的佛学研究提供了有益的启发。张新鹰近年间从事台湾宗教现状及新兴宗教的研究，撰有《台湾宗教》《台湾的新兴宗教》等专文和一批学术资料、内部研究报告。郑筱筠的《历史上中国南传上座部佛教组织制度与社会组织制度之关系》《中国南传上座部佛教的民族性特征》等文章是对中国云南南传佛教研究的最新成果。

其五，藏传佛教研究引起学界的关注。世界宗教研究所对藏传佛教方面研究起步较早，先有老一代著名佛学者韩镜清在藏传唯识学的研究与经典翻译方面完成一系列高深的著作，编成240万字的《成唯识论疏翼》，同时从藏文大藏中翻译有关慈氏学及因明等方面重要典籍60余种。20世纪80年代以来，又有李冀诚、罗炤等人继续从事藏传佛教的研究，李冀诚著有《西藏佛教密宗艺术》《西藏佛教密宗》《藏传佛教》《西藏佛教诸派宗义》（合著）等。目前，宗教所从事藏传佛教研究的是尕藏加，他充分发挥自身的优势，深入藏区调查研究，近年间完成了一系列新成果，使本学科的藏传佛教显示出新的生长点与生命力。尕藏加的《吐蕃佛教——宁玛派前史与密宗传承研究》《西藏佛教神秘文化——密宗》《西藏宗教》《藏传佛教与雪域高原》都是利用第一手的原始资料，对藏传佛教尤其是密宗所作的多方位研究。他近期刚刚完成的《雪域的宗教》（上、下）一书，是他通过实地考察，精选各类图片500余幅，同时利用第一手原始资料，对藏传佛教所作的全面阐释。

其六，佛教文化与艺术研究渐具规模。丁明夷、张总等人从艺术考古角度对国内佛教造像艺术进行研究，丁明夷著有《中国美术全集·云冈石窟》

《中国石窟·克孜尔石窟》《中国石窟·伯孜克里克石窟》《中国美术分类全集·北方石窟》《中国美术分类全集·南方石窟》《佛教艺术百问》等。张总近年撰有《中华名寺》、《永恒的寺庙——石窟艺术》、《青州龙兴寺佛教造像艺术》(主撰稿)、《引经、据典、图说——说不尽的观世音》等，其新近出版的《地藏信仰研究》在充分占有、分析原始材料的基础上，努力将文献考据与艺术考古结合起来，对汉传佛教系统中的地藏信仰作出全面、翔实的描述与研究。方广锠、魏道儒等人则把佛教或佛教宗派放在大的文化背景下，审视佛教存在、发展与传播的文化形态，揭示它在构建传统文化中所发挥的作用。方广锠的《中华文化通志·佛教志》与《印度禅》是在中国与印度文化背景下，对佛教与禅学的文化形态所作的探讨。魏道儒的《宋代禅宗文化》考察禅宗在宋代的传播和发展，研究"文字禅"的形成和代表人物、文字禅的表现形式等，多有新见。周齐对明、清两代佛教与政治文化用力颇多，著有《明代佛教与政治文化》一书，并发表多篇论文，其《清代佛教与政治文化》作为所级重点课题，正顺利进行。华方田、纪华传近年以传统佛教文化与现当代佛教文化中的某些问题为研究对象，发表了不少文章，他们在三论宗与禅宗方面的一些成果引起人们的关注。

除上述所列六个方面外，社科院宗教所还非常关注国外学者的佛学研究成果，译介了不少学术价值较高的研究论著。如杨曾文翻译的《日本佛教史纲》、《印度佛教史概说》(与姚长寿合译)，张大柘翻译的《宗教与日本现代化》等都是日本学者对佛教与当代宗教的研究成果。宋立道翻译的《大乘佛教》《小乘佛教》《佛教逻辑》则全是俄国著名学者舍尔巴茨基的著作，他还译有《印度和锡兰佛教哲学》等。韩廷杰自巴利文译出的《大史》《岛史》是关于南传佛教的重要历史文献。柳雪峰译有《韩国佛教史概说》《韩国宗教史》等。

中国社会科学院世界宗教研究所是我国最早设立佛教专业硕士点与博士学位点的单位，在推动本学科迅猛发展的同时，亦培养了一大批具有较强科研能力的硕士、博士。目前，这批硕士、博士研究生活跃在全国各地高等院校与科研机构，成为佛学研究的中坚力量。从总体来看，目前社科院宗教所在中国佛教史、藏传佛教、佛教文献、部分佛教宗派的研究上处在世界的前列，部分成果处在领先地位，得到国内外学者的瞩目与承认。更加可喜的是，我国当前的佛学研究正逐步繁荣，朝着多元化趋势发展，许多高校、地方社科院、佛学院相继成立了与佛教研究有关的科研机构，它们拥有厚实的经费支持，在课题设置、人才培养、职工待遇等方面都相对灵活，具有较强的吸引力，发展迅速。

主要参考资料：

中国社会科学院世界宗教研究所编：《宗教研究四十年》（上、下册），宗教文化出版社2004年版。

曹中建主编:《中国宗教研究年鉴·1996》，中国社会科学出版社1998年版。

曹中建主编:《中国宗教研究年鉴·1997—1998》，宗教文化出版社2000年版。

曹中建主编:《中国宗教研究年鉴·1999—2000》，宗教文化出版社2001年版。

曹中建主编:《中国宗教研究年鉴·2003—2004》，宗教文化出版社2006年版。

方广锠:《佛教研究四十年综述》，载《宗教研究四十年》。

葛兆光:《西潮又东风——晚清民初思想、宗教与学术十讲》，上海古籍出版社2006年版。

黄夏年:《四十年汉传佛教研究》，载《佛学研究》创刊号。

黄夏年:《二十世纪的中国佛学研究》，载《中国宗教研究年鉴·1996》，中国社会科学出版社1998年版。

第四章

道教研究

道教是中华民族独立生长的传统宗教，从产生至今已经历了2000多年漫长的发展进程。它对中国古代社会的政治、经济和文化发展，以及中华民族的生活习俗，都曾产生过重大的影响。因此，要想全面了解中国的历史和传统文化，就不能不对道教的神仙信仰、教义思想、修炼方术、斋醮仪式等各方面，有所研究和认识。

近现代中国学术界和道教界对道教的研究，从20世纪初至今已近百年。近百年的学科史大致可分为两个时期。从清末、民国直至1978年，为道教研究的初期。此一时期又可分为1949年中华人民共和国前的初创阶段，以及20世纪50年代至70年代的寂寞阶段。自1978年以来的改革开放时期，则是道教研究蓬勃发展，达到繁荣兴盛的新阶段。今年恰逢国家实施改革开放40周年之际。回顾40年来的研究成果和经验，展望未来研究的发展趋向，对道教学界是一件很有意义的事。

道教研究或称道教学，原本是中国传统文化研究的一个分支。它与传统的国学（国外称汉学）中对老庄及道家思想的研究没有严格的区分，与研究中国本土非正统民间信仰的学科也难分开。改革开放以来的新时期，道教学才成为相对独立的专业研究领域，纳入了人文社会学科的宗教学范围。回顾过去近百年的道教研究，无论中国大陆、港台的学者，或是日本、欧美诸国的汉学家，其研究范式大多属于“文史学研究”。《道藏》及藏外经书、敦煌道经抄本、道教碑文资料等，是学者们研读和取证的三大基本文献群。中古、近古时段（东汉末至明代前期）的道教典籍及历史是重点研究课题。取得的主要成果，大多也在道教文献的整理考订和历史源流的论述方面。最近10多年来，利用考古发现的新资料（如解注文、墓志、造像）和田野调查资料（如民间道士使用的劝善书及科仪文本），着重研究“实践中的道教”活动，开始成为新的研究范式。但这种从文史学转向宗教社会学，从注重考证古代经典传统转而研究民间礼仪习俗的新趣向，在中国大陆的道教学界尚处于初始阶段。当此新旧范式交替的时候，我们也有必要回顾过去取得的成果和经验，探索利用新资料研究新问题的途径。下面谨就中国大陆地区的道教研究，尤其是改革开放以来的道教研究，略作介绍和评述。

第一节　改革开放之前的道教研究

早在20世纪初，已有前辈学者开始在道教研究的园地拓荒耕耘。1911年刘师培先生在《国粹学报》第7卷发表的《读道藏记》，1914年黄季刚先生在《雅言》第1卷发表的《仙道平论》，以及1921—1922年《亚洲学术杂志》发表的陈教友的《长春道教源流考》，可以看作近现代道教学术研究最早的成果。在20世纪三四十年代，道教研究呈现上升趋势，出现了许多学术价值较高的论文和专著。胡适之的《陶弘景的真诰考》，汤用彤的《读太平经书所见》，王维诚的《老子化胡说考证》，翁独健的《道藏子目引得》，蒋维乔的《道教思想的由来及其哲学》，吕思勉的《道教起源杂考》，许地山的《道家思想与道教》及《道教史》（上编），傅勤家的《中国道教史》，陈寅恪的《天师道与滨海地域之关系》，陈垣的《南宋初河北新道教考》，刘鉴泉的《道教征略》，蒙文通的《陈碧虚与陈抟学派》等。这些前辈学者们的研究成果，至今仍是道教研究必不可少的参考文献。

近代道教界著名学者陈撄宁先生（1880—1969），在三四十年代创建中华仙学院，主编《扬善》半月刊、《仙学》月刊等，宣扬道教义理，研究修持方法。他从事道教学术研究数十年，尤精于内丹炼养方术，撰有《黄庭经讲义》、《孙不二女丹诗注》及《灵源大道歌白话解》等著作，主张继承发扬中华仙学传统，在道教界颇有影响。

中华人民共和国成立前的道教研究，大多是从事历史和哲学史研究的学者，在自己的专业领域外附带对道教的某些方面进行研究。课题主要集中在对道教经书和历史的考证方面，也有部分学者对道教的神仙信仰、内外丹法术、宫观制度等方面作了初步研究。据不完全统计，在近40年时间里，发表的论文约200篇，专著10多部。无论从研究力量和成果来看，都显得薄弱。

中华人民共和国成立以后，政府遵循社会主义时期的宗教政策，保障公民个人的信教自由。中国道教协会于1957年成立，1961年道协又建立了道教研究室，是国内成立最早的道教研究机构。陈撄宁会长亲自制订研究计划，指导研究人员收集整理道教文献资料，并举办道教知识进修班，培养道教研究人才。在陈先生指导下，一些学术水平较高的研究论文和资料，陆续在《道协会刊》第1—4期上发表，推动了道教研究的进展。

在学术界，一些前辈学者继续从事道教研究，取得很有价值的成果。如汤用彤先生的《康复札记》四则、《读道藏札记》等文章（见《汤用彤学术论文集》），袁翰青先生关于外丹术的研究文章（见《中国化学史论文集》），王明先生关于《太平经》《阴符经》的研究论文（见《道家与道教思想研究》），唐长孺先生的《范长生与巴氏据蜀的关系》《史籍与道经中所见的李弘》（见《魏晋南北朝史论丛》及《论丛拾遗》），陈寅恪的《崔浩与寇谦之》（见《金明馆论稿初编》），蒙文通先生的《道教史琐谈》（见《蒙文通文集》），王奎克先生的《中国炼丹术中的金液和华池》（见《科学史集刊》1964年）等。这些都是不可忽视的名家之作。

王明先生和陈国符先生是新中国以道教研究著名的专业学者。王明先生《太平经合校》《抱朴子内篇校释》等著作，对道教文献的整理作出了前所未有的贡献，并推动了大陆学者对太平道、五斗米道等原始道教与农民起义关系的探讨热潮。陈国符先生《道藏源流考》［中华书局，1963（增订版）］及其新作《道藏源流续考》（香港里仁书局，1984）等，对道教历史、经典和内外丹方术有卓越地研究考证，显示了前辈学者扎实的学术功力。

中华人民共和国成立以后的道教研究虽然取得了上述一些成果，但是由于极“左”思潮的干扰，研究的进展受到影响。“文化大革命”前17年发表的论文，不过50多篇，有价值的论著寥寥可数。从事研究的人很少，主要是从中华人民共和国成立前过来的老学者，新生力量后继乏人。10年“文化大革命”动乱期间，道教与其他宗教一起受到严重冲击。中国道教协会停止活动，道教信徒被迫还俗，宫观封闭，文物典籍遭破坏，道教研究工作完全停顿。

与此相对照，国际汉学界（尤其是日本及法国学者）和港台地区学者的道教研究，却在20世纪50—70年代取得了较大成果。他们不仅发表了大批高质量的论文和专著，还成立了以道教研究为主的一些学术机构，出版了相关的学术刊物。作为道教主要传播地区的中国大陆，其学术研究的水准已明显落后于境外的学术界。1968 年 9 月在意大利佩鲁贾、1972 年在日本长野县召开的两次国际道教研究学术会议，竟然都没有中国大陆的学者参加，确实令人遗憾。

第二节　改革开放时期道教研究概况

1978 年中国共产党十一届三中全会后，随着社会生活全面恢复正常，宗教信仰自由政策逐步贯彻落实。中国道教协会于 1980 年重新恢复活动，各地道教宫观陆续开放，道教信徒逐步恢复正常的宗教生活。改革开放的春风带来了学术研究的繁荣，道教研究从此进入新的时期，取得前所未有的成绩。与以往相比，新时期中国大陆道教研究的主要特点表现在以下几个方面。

1. 专门人才的培养和研究队伍年轻化

1978 年以来，中国社会科学院研究生院、北京大学哲学系（后建立宗教研究所）、四川大学宗教研究所，上海华东师范大学、福建厦门大学等高等院校，招收攻读宗教专业的大学生、硕士研究生和博士生，培养出大批专门从事道教研究的优秀人才。上海、四川、陕西等省（市）的社会科学研究机构通过公开招聘，也从社会上吸收了许多中青年道教研究人员。中国道教协会从 1980 年初开始举办道教知识专修班、进修班，随后成立了中国道教学院，招收有较高文化程度的年轻道教徒入学，学习有关道教的基础知识和宗教礼仪。其中许多学员毕业后成为各地宫观的主持和道教研究人才。目前在全国各地学术界、道教界及宗教事务部门，从事道教研究的中青年专业学者已有数百人，非宗教专业学者研究道教的也不少。在老一辈学者近年来陆续去世之后，许多中青年学者已成为道教研究领域新的学科带头人。

2. 道教学科及研究机构的建立

改革开放前的道教研究，只是在少数学者中分散地进行，很少有组织、有计划地展开。进入 20 世纪 80 年代后，这种状况有所改变。从国家“六五”发展规划开始，直至目前正在实施的“十一五”规划中，道教研究的许多重点课题，都正式列入了哲学社会科学发展的规划项目，由国家社会科学基金会拨款资助。《中国道教史》《道家与道教通论》等诸多国家资助项目已完成出版。国家古籍整理出版规划、国家教委及部分省（市）的社科研究规划，一些科研单位、高等院校和出版社的研究出版计划中，也列入了有关道教研究的课题和项目。“道教学”作为一项专业的学科研究门类，已得到学术界的认可。一些专门的道教研究机构和群众性的道教研究会已建立起来，并出版发行了本专业的刊物。目前，以北京、上海、成都为中心，旁及天津、河北、山西、山东、吉林、陕西、湖北、湖南、四川、云南、江苏、浙江、福建、广东等省（市），都有从事道教研究的机构。在学术界、道教界已形成了两支老中青结合，并且合作良好的专业研究队伍。

3. 研究课题的深入和拓展

近年来道教研究的重点，主要在道教的教义、经典、历史、教派、人物、科仪、方术，以及道教对中国传统文化的影响等课题。一些高水平的学术专著和大型资料汇编，如《道藏提要》《中国道教史》《道教通论》《道家金石略》《藏外道书》《中华道藏》等纷纷问世。除学术性的课题外，与社会上的传统文化热相呼应，近年来还拓展了前人研究不多或未曾涉及的领域。如道教斋醮仪式及音乐、道教符咒法术、道教与中国传统医药科技、文学艺术及民间习俗的关系、道教与民间宗教的关系、道教与地方历史及少数民族的关系、道教伦理与环境保护等。这些新课题填补了学术研究的空白，受到国内外学者的重视。世界宗教研究所主办的国家核心期刊《世界宗教研究》，几乎每期都刊登道教研究的论文。此外，四川大学宗教研究所创办的《宗教学研究》、福建厦门大学创办的《道韵》、陈鼓应先生主编的《道家文化研究》等刊物，也以刊登道教研究论文为主。道教界创办的刊物主要有中国道教协会的会刊《中国道教》、上海市道协的《上海道教》、陕西省道协的《三秦道教》、福建省道协的《福建道教》、河北省道协的《河北道教》等。据不完全统计，自 1979 年以来发表的道教研究论文已千余篇，出版各种学术专著、译著、资料集、工具书，以及道教知识普及读物等，多达数百种，数量远远超过改革开放以前。中国道协等单位开办的道教学术网站也在近年来纷纷出现。

4. 国内外学术交流的开展

道教作为中华民族自生自长的传统宗教和文化，早已引起国外学者的关注和兴趣，在欧洲、北美、日本、韩国、澳大利亚、俄罗斯，以及中国港台地区，都有从事道教研究的学者和学术团体。20 世纪 50 年代以来，国际学术界对道教的研究取得了很大的进展。外国学者（尤其是日本、法国学者）发表了数以百计的研究论文，出版了各种学术专著、专刊、论文集，并先后召开了多次国际道教研究学术会议。由于历史原因，大陆学者在改革开放以前与国外同行的交流甚少，几乎不了解国外和港台学者的研究情况，更无从参考借鉴他们的研究成果。这种自我封闭的状况，随着国家改革开放政策的实施而有了根本转变。1979 年 9 月，中国学者陈国符、王明出席在瑞士举行的第三次国际道教研究会议，受到各国学者的欢迎。此后中外道教学者之间的交流互访日趋频繁。一些国际知名的道教研究专家，如英国学者李约瑟，法国学者施舟人，澳大利亚学者柳存仁，日本学者福永光司、窪德忠、蜂屋邦夫、小林正美，美国学者席文、萨梭、柏夷等人，都曾多次来华做学术访问或短期研究考察。国外青年学者来华学习进修，中国学者出国研修考察，中外学者的频繁交流增进了相互了解。大批外国学术著作的引进和翻译介绍，对近年来中国道教研究水平的提高产生了重要影响。（关于中国港台地区、日本及欧美学者 20 世纪以来研究道教的学术成果及近年来的译介情况，涉及的资料甚多，本篇不拟详述）。

近 10 多年来，中国大陆及港台地区道教界出资举办的道教文化研讨会越来越频繁。西安八仙宫，湖北武当山，江西庐山，广东罗浮山，江苏茅山，四川瓦屋山、青城山，福建泉州，湖南衡山以及香港青松观等地，均多次举办过研讨会。这些研讨会已成为学术界与道教界相互沟通了解、国内外学术交流的重要场所。研讨会的主题也从纯学术的传统课题，逐渐转向讨论道教如何适应现代社会，反映了道教研究切入实际的新趋向。

总之，新时期的道教研究在人才培养、学科建设、研究领域的拓展，以及国内外学术交流等方面，都取得了前所未有的进展。目前中国的道教研究正处于蓬勃发展的繁荣时期，新的研究成果不断问世，难以一一细数。下面仅对几个主要研究课题中的重要成果，略作介绍。

第三节　新时期道教研究的重要成果

1. 道教典籍的整理与研究

道教典籍包括《道藏》及藏外经书，是研究道教的基本资料群。此外，与道教相关的其他古籍文献和田野调查资料，也有重要的学术研究价值。对这两部分典籍的整理和研究，历来都是道教学研究中的主要课题。改革开放以来在这方面也取得不少重要成果。首先我们看《道藏》及藏外经书的整理编纂成果。

《道藏》是汇聚道教一切经书的总集，自唐代编修成书后，宋、金、元、明历代皆有整理重编。现存明代《正统道藏》的编成，距今也有400多年。清末因八国联军入侵，明《道藏》经板悉遭焚毁。原北京白云观所藏明刊本《道藏》，成为唯一保存较完整的孤本。20世纪出版的几种《道藏》影印本，如1923—1926年上海涵芬楼书馆影印的线装本、1977年台湾新文丰出版公司的影印本、1988年北京文物出版社等三家出版社联合影印本，都是以白云观的《道藏》为底本。这些影印本将历来秘藏于宫观的道教经书公之于世，方便了近现代学者的研究。但影印本还未能按照现代学术规范，对《道藏》进行整理和学术研究。

近现代国内外学者的道教研究，大多从研读《道藏》入手，在道教典籍的整理和研究方面先取得成果。“文革”以前出版的陈国符先生的《道藏源流考》，王明先生的《太平经合校》，是中国学者在这方面的主要成就。翁独健主编的《道藏子目引得》，初步解决了查阅《道藏》的困难。改革开放以来，中国道教学界在这方面也有不少建树，其中最大的成果有两项。20世纪80年代初，中国社会科学院世界宗教研究所道教室集体编写的《道藏提要》（任继愈主编，中国社会科学出版社，1991），扼要介绍明《道藏》所收1476种经书的成书年代、作者和内容，帮助读者了解《道藏》的庞杂内容，并附录《索引》以便读者检索经书。这是一部重要的工具书。由于当时的研究水平和条件所限，书中也有些错误和不足，主要问题是未能充分吸取日本及欧美学者的研究成果。朱越利所撰《道经总论》（辽宁教育出版社，1992），胡孚琛主编的《中华道教大辞典》（中国社会科学出版社，1995），对《道藏提要》的讹漏有所补正。

1996年由中国道教协会、中国社会科学院道家与道教文化研究中心、华夏出版社联合发起的《中华道藏》编修工程，是近年来道教学界完成的一项更大的基础项目。该项目被列入“十五”国家重点图书出版规划，先后有全国各地研究机构和高等院校的100多位专家学者参加编纂，历时10年最终完成。新编《中华道藏》（张继禹主编，华夏出版社，2003—2007），首先整理明代《道藏》所收全部经书，对原本错漏衍讹文字作了校补，重新分类编排，并增补近百种明以前所出古佚道经。全藏共收入经书1526种，分为49册，约6000万字。按现代古籍整理规范，全部加以新式标点，并设计三种文本格式，重新排版印制。对原书中数以万计的符图，都用电脑重新录制和处理。后附新编目录索引，以方便查阅。总起来看，虽然在标点、分类上难免有些错误或争议，但《中华道藏》是一部精心设计制作且方便适用的大型古籍。此书的出版，是新时期道教古籍整理方面取得的最大成果。

关于藏外道教经书的整理。自明代编修《道藏》后数百年间，没有官方组织续编《道藏》，但民间搜集编撰的道书丛刊仍有不少。如清末成都二仙庵编刻的《道藏辑要》，增补明《道藏》未收道书 114 种。民国年间丁福保编辑的《道藏精华录》、台湾学者萧天石主编的《道藏精华》、美国学者苏海涵（Michael Saso）编辑的《庄林续道藏》等丛书中，也有明《道藏》未收的道书古本和手抄秘籍。此外，清朝至民国间编成的道教丛书，还有《方壶外史》《道言五种》《道书十二种》《古书隐楼丛书》《济一子证道秘书》《楞园仙书》《道书全集》《道贯真源》《道经秘集》《道统大成》《仙术秘库》《道藏续编》等，数量庞杂。

改革开放以来，中国大陆学者对《道藏》未收经书的搜集整理，取得一些重要成果。1989—1994 年，胡道静、陈耀庭等编集的大型《藏外道书》（四川巴蜀书社），收录各类道书 1042 种的影印本。这些道书均为明清晚出道经秘籍、近代考古发现的古佚道书、民间秘本、抄本，以及部分近现代学者的研究著作。1999 年，北京九洲图书出版社出版汤一介主编的《道书集成》60 册。2006 年，安徽黄山书社出版王卡、汪桂萍主编的《三洞拾遗》20 册。其中收入的道书，也有部分不见于明《道藏》。这些藏外道书的搜集出版，不仅为研究清朝及近现代道教补充了资料，也为将来规划编修《中华续道藏》奠定了基础。

除上述《道藏》及藏外道书之外，与道教研究有关的文献典籍还有许多。近年来对这些文献资料的搜集整理和研究，取得了一些重要成果。这部分文献大致有以下几个类别。

（1）古佚道书及考古资料。最近数十年考古发现许多道家及道教的古籍。20 世纪 50 年代中国书店从废纸中发现的《太清风露经》，据考证是元代《道藏》的残留。1973 年长沙马王堆汉墓出土帛书及竹简书中，有不少汉初黄老道家的哲学和养生学著作，如帛书《老子》、《导引图》、《养生方》、竹简《房中术》等（已收入文物出版社编辑的《马王堆汉墓帛书》）。80 年代湖北张家山汉墓出土了竹简《引书》及《养生书》（已收入《江陵张家山汉墓竹简》，文物出版社，2001）。90 年代荆门市郭店楚墓出土竹简本《老子》（已收入《郭店楚墓竹简》，文物出版社，1998）。这些黄老道家的佚籍，是研究道教起源前期的珍贵资料。30 年来相关的研究论著已有不少，尤以对帛书本及楚简本《老子》的研究论著最多，难以细数。目前整理和研究这些资料的，大多为中国哲学、古文字及文献学等学科的学者，道教学者还不是主流，暂不赘述。

20 世纪 50 年代以来，考古工作者在各地古墓群中，还发现大批古代方士为民众解罪除过的镇墓文、碑文、墓志及器物等。这些考古资料对研究道教的经书、仪式和符咒法术有重要价值，已经引起学术界的重视，成为近年来道教研究的新热点，开创了道教图像学、器物艺术等新的研究领域。2006 年北京线装书局出版的张勋燎、白彬所著的《道教考古》六册，尽管书中存在一些错误缺漏，但在搜集和研究道教考古资料方面，不失为近年来一部力作。刘屹的《敬天与崇道》（中华书局，2005），以及王育成、刘昭瑞等学者的论文，也对道教考古资料有细致的研究。张泽珣的《北魏道教造像碑艺术》（明石文化国际出版有限公司，2003），王育成的《明代彩绘全真宗祖图研究》（中国社会科学出版社，2003）等，则从道教与艺术史结合的视角，取得了研究成果。

（2）敦煌道教文献。清光绪二十六年（1900）在敦煌莫高窟藏经洞发现大批古代经卷文书的抄本，其中道经抄本有 800 多件，抄写年代多在南北朝末至唐代。其内容包括道家诸子书、道教经书、科仪、类书、诗文等。其中许多抄本都可弥补明《道藏》的缺佚，是研究汉唐道教必不可少的资料。自敦煌道经发现以来，中外学者已发表许多相关研究论著。20 世纪 50—80 年代，日本及法国学者对敦煌道经的研究取得较多成果，尤以日本大渊忍尔教授的《敦煌道经目录编》（福武书店，1978）最著名。该书著录了世界各地所藏敦煌道经抄本 496 件，考订其书名、卷幅、纸质、书写年代及行格款式。1979 年大渊忍尔又编辑出版《敦煌道经图录篇》，刊出敦煌道经影写图版。近年来中国学者的研究也大有进步，相关的新论著数以百计。王卡撰写的《敦煌道教文献研究》（中国社会科学出版社，2004），著录的敦煌道教文献增至 800 多件，不仅数量超过大渊目录，在文献分类、经名考订、内容提要、缀合残片、核查《道藏》文本等方面，也较以往更为完善。王承闻的《敦煌古灵宝经及晋唐道教》（巴蜀书社，2002），朱大星的《敦煌本老子研究》（中华书局，2007）也是近年的新成果。姜伯勤、刘屹、强昱、万毅、刘永明等，都有相关论文或著作。

（3）金石碑文。历代金石铭文中，有许多与道教有关的珍贵资料。民国时期陈垣先生搜集整理道教碑刻，编成《道家金石略》稿本。20世纪80年代陈智超先生又对稿本作了较多增补校勘，编成《道家金石略》（文物出版社，1988）。该书收录从汉魏六朝至明代有关道教的碑文1538篇，是迄今最完备的道教金石资料集。90年代巴蜀书社出版龙显昭、黄海德编写的《巴蜀道教碑文集成》。2005年王宗昱出版的《金元全真道石刻新编》。有些重要的道教名山宫观，如茅山、武当山、青城山、楼观台等地，也搜集整理并出版了本地的碑刻资料。近年来学术界出现了收集整理道教碑文的热潮，一些综合性、地方性或专题性道教碑文的辑录，正在编纂和规划中，相关的论文也逐渐增多。

4）道教史资料。历代编撰的各种史书、方志、类书、档案、野史，以及士人文集、笔记、小说、戏曲等书中，保存有大量关于道教历史、人物、科仪、文献目录、宫观名山、神话传说等方面的资料。这些史料散见于浩如烟海的古籍中，翻检不易，急需编辑整理。陈撄宁先生曾依据二十四史和《资治通鉴》，组织中国道协研究室编成《道教史资料》（上海古籍出版社，1991）。这样的史料搜集汇编工作，仍有待继续进行。

（5）民间道书。明清以来，民间秘传的各种道经抄本、科仪文本及乐谱、神像纸马、内丹养生功法秘诀、乩书及劝善书等，数量甚多。这些来自田野调查的资料，对研究中国民间道教和乡土礼俗活动极有价值，近年来已引起境外道教学者的重视。据说荷兰学者施舟人（Kristofer Schipper）搜集的民间道书抄本数以千计。台湾学者王秋桂搜集的部分民间科仪文本也已经出版。大陆青年学者陈进国的《风水信仰与福建乡土社会》（中国社会科学出版社，2005），较多利用田野资料。但今后还应加紧民间道书的搜集和研究。

与道教研究相关的资料，还有少数民族文书、国外所藏道教典籍、佛典中的相关资料，清代及民国、伪满时期档案资料等。有些外国学者已开始关注和利用这些资料，但大陆道教学者尚未触及。总起来看，改革开放以来中国学者在道教文献的整理、编集和研究方面，已有了重要的进展。尤其在整理和研究《道藏》、藏外道书、敦煌道经、道教碑文、出土文献等方面，取得的成果较为显著。但还存在一些学术空白和薄弱之处，有待今后改进。

2. 道教历史及教义思想研究

道教史研究是道教学界的另一个重要方面，在改革开放前已有较好基础，改革开放以来更成为道教研究的重点项目，取得的成果也最显著。近30

年来，国内学术机构和学者除发表大量的论文外，还编撰了各种道教通史、断代史、当代史、教派史、地方史、简史、史纲、史论、史话、人物传记、宫观山志等著作，数量种类甚多，呈现一派繁荣景象。有两部集体撰写的通史型著作影响较大。其一是任继愈主编的《中国道教史》（上海人民出版社，1990）。该书由中国社会科学院宗教研究所道教室编撰，全书60多万字，分五编十九章，介绍了道教从东汉至近代的发展历程，道教的教义、方术和科仪等内容，以及道教与民间宗教的关系，是国内第一部比较完整的道教通史。中国社会科学出版社2001年新版的任继愈主编的《中国道教史》，对原书有所增补。其二是卿希泰主编的《中国道教史》（四川人民出版社，1988—1995）。该书由四川大学宗教研究所集体编写，全书约200万字，分四卷十四章，论述汉代至中华人民共和国成立前的道教历史、宗派、教义思想及方术仪式等内容。其篇幅更大，网罗的史料也更丰富。该书被列入国家“六五”至“八五”规划重点社科研究项目。四川人民出版社2001年出版的卿希泰的《简明中国道教史》，是此书的缩改本。除上述两书外，牟钟鉴、胡孚琛主编的《道教通论——兼论道家学说》（齐鲁书社，1991），潘禹廷的《道教史发微》（上海社会科学院出版社，2003）等书，也是较好的通史型论著。

断代史方面，李斌诚的《试论唐代道教》（《山东师院学报》1978年第6期），钟国发的《前期天师道史论略》（《中国史研究》1983年第2期），汤一介的《魏晋南北朝时期的道教》（陕西师范大学出版社，1988），胡孚琛的《魏晋神仙道教》（人民出版社，1989），詹石窗的《南宋金元的道教》（上海古籍出版社，1989），李养正的《当代中国道教》（中国社会科学出版社，1993）等，都是改革开放以来较有影响的论著。教派史及地方道教史方面的专著有郭树森主编的《天师道》（上海社会科学院出版社，1990），王士伟的《楼观源流考》（陕西人民出版社，1993），王光德、杨立志的《武当道教史略》（华文出版社，1993），王纯五的《天师道二十四治考》（四川大学出版社，1996），樊光春的《长安终南山道教史略》（陕西人民出版社，1998），王志忠的《明清全真教论稿》（巴蜀书社，2000），李大华、李刚著的《隋唐道家与道教》（广东人民出版社，2003），郭武的《道教与云南文化》（云南大学出版社，2000），《净明忠孝全书研究》（中国社会科学出版社，2005），黎志添的《广东地方道教研究》（香港中文大学出版社，2007），以及福建省道教协会编写的《福建道教史》（2003），湖南道教文化研究中心编写的《道教与南岳》(2003)等。有关道教重要宫观历史,以及著名历史人物,乃至当代高道的著作也不少。

总起来看,新时期在道教史方面的论著相当丰富。后出的著作在研究深度和资料翔实方面更胜一筹,学者个人的著作往往比集体合作的在结构上更紧密。存在的问题是研究成果比较集中于论述道教历史传统,教派史的研究集中在正一道、全真道、净明道等少数道派。而道教史研究的薄弱环节,如明清及当代道教方面,仍缺少得力之作。单纯考证史料和叙述史实的研究方法,也难有大的进展。今后的道教史研究,应该开辟一些新领域,如比较宗教史、史学史、现状调研等。要对道教史多作批判性思考和评议,从中发掘出具有现代性的经验和意义。

关于道教教义及哲学思想的研究,在改革开放前也有一些成果。但当时的研究往往与中国哲学思想史,尤其是老庄、玄学及道家思想的研究混而不分。虽然也有些论文对道教的宗教性义理和政治伦理思想做过初步探讨,但是论题主要集中在对少数早期道经(如《太平经》《阴符经》《参同契》)及道教人物(如葛洪、寇谦之、陶弘景)的思想进行论述。不仅论题狭窄,研究方法也粗浅,总是以唯物/唯心、进步/落后二分法去批评古人,缺乏对道教教义和哲学思想进行系统深入分析的研究论著。

改革开放以来,对道教哲学思想史的研究成为国内道教学界的另一热点,出版了不少专著。卿希泰所著《中国道教思想史纲》两卷(四川人民出版社,1980,1985),分别对汉魏晋南北朝、唐宋两段时期的道教重要经典和人物的思想做了较为系统的介绍。这是新时期国内较早出现的重要成果。此外,在前述20世纪80年代的许多道教通史和断代史著作中,都有关于道教经书和人物思想的分析论述。论及的经书及人物,超出了改革开放前的范围。进入90年代以后,新的论著开始大批涌现,如卢国龙的《中国重玄学》(人民中国出版社,1993)、《道教哲学》(华夏出版社,1997),李刚的《汉代道教哲学》(巴蜀书社,1994),李养正的《道教经史论稿》(华夏出版社,1995),李大华的《道教思想》(广东人民出版社,1996),姜生的《汉魏两晋南北朝道教伦理论稿》(四川大学出版社,1995),张继禹的《道法自然与环境保护》(华夏出版社,1995)等。进入21世纪后,仍有大批专著出现。如周立升的《两汉易学与道家思想》(上海文化出版社,2001),王宗昱的《道教义枢研究》(上海文化出版社,2001),强昱的《从魏晋玄学到初唐重玄学》(上海文化出版社,2002),葛兆光的《屈服史——六朝隋唐道教的思想史研究》（三联书店，2003），李刚的《重玄之道开启众妙之门——道教哲学论稿》（巴蜀书社，2005），孙亦平的《杜光庭思想与唐宋道教的转型》（南京大学出版社，2004），刘固盛的《宋元老学研究》（巴蜀书社，2001），章伟文的《宋元道教易学初探》（巴蜀书社，2005），陈少峰的《宋明理学与道家哲学》（上海文化出版社，2001），刘宁的《刘一明道教思想研究》（巴蜀书社，2001），郑开的《道家形而上学研究》（宗教文化出版社，2003），李大华的《生命存在与境界超越》（上海文化出版社，2001），胡孚琛、吕锡琛的《道学通论》（社会科学文献出版社，2004），王卡的《道教经史论丛》（巴蜀书社，2007）等。

上述著作不包括中国哲学史界大量关于老庄及道家思想的论著，仅以道教学界的研究成果为主。这些著作主要论述了道家哲学思想在汉代黄老学、魏晋玄学之后，从早期道教仙学转向内丹学、从玄学本体论转向心性论的理路。除早期学者较为重视的汉魏六朝道教哲学本体论外，隋唐宋元时期道教重玄学及全真道派的心性论思想，是改革开放以来道教思想史研究和论述的新重点。有些著作通过与儒家易学和佛学的比较研究，探讨了儒、释、道三教思想的通用范畴和中国哲学的特色。有些学者还试图通过中西哲学的比较研究，引入生命哲学、人文精神、生态伦理等现代性概念，重新诠释和建构道教哲学的理论体系。

近年来在许多道教学术研讨会上，道教界对自身如何适应现代社会而继续生存发展的问题，已成为探讨的热点。围绕这一主题讨论了道教的教义信仰、伦理道德、全球化与世俗化等诸多问题。有些讨论结集成书，如郭武主编的《道教教义与现代社会论文集》（上海古籍出版社，2003），陈鼓应主编的《道家与道教文化研究》（第 21 辑）（三联书店，2006）等。这方面的理论研究仍会继续。

3. 内外丹修炼及养生术的研究

这是改革开放以来国内道教研究的新热点。由于社会上气功热、养生热的影响，20 世纪 80 年代以来出版的相关文章和书籍多到难计其数，但质量良莠不齐，有学术价值的论著不多。

内丹学方面，周士一、潘启明的《周易参同契新探》（湖南人民出版社，1981）是新时期较早出现的成果。此后研究《参同契》成为 20 世纪末易学和道教学界的热门课题，进入 21 世纪仍有不少新著。潘雨廷、孟乃昌的《周易参同契考证》（中国道教协会，1987），萧汉明、郭东升的《周易参同契研究》（上海文化出版社，2001）等书，对《参同契》的年代、作者及其丹道思想有些新论证。曾传辉的《元代参同学》（宗教文化出版社，2004），研究了《周易参同契》及元代道教内丹学理论。

王沐先生是当代道教界内丹学权威，改革开放以来发表许多论著。其《道教内丹五派丹法精选》（中医古籍出版社，1989）、《悟真篇浅解》（中华书局1990年）、《内丹功法指要》（东方出版社，1990）等书，在道教界及学术界都颇有影响。徐兆仁的《全真秘要》（中国人民大学出版社，1988），搜集整理了宋元金丹派南北宗的部分重要经典。王庆余的《秘传道家易筋经内丹功》（人民体育出版社，1990），郝勤的《龙虎丹道》（四川人民出版社，1994），以及陈兵、李远国、胡孚琛等人的许多论著，对道教各派内丹的历史源流和功法都有论述。张广保的《金元全真道内丹心性学》，探讨了钟吕金丹派的心性修炼理论，后又发表《唐宋内丹道教》（上海文化出版社，2001），探讨内丹派的心性修炼理论。戈国龙的《道教内丹学探微》（巴蜀书社，2001）、《道教内丹学溯源》（宗教文化出版社，2004）等论著，诠释道教内丹学的内在精神，并与佛教禅学和密宗作比较研究。

医药养生方面，李远国的《中国道教养生长寿术》（四川人民出版社，1992）、《道教炼养法》（北京燕山出版社，1993），陈耀庭等人合编的《道家养生术》（复旦大学出版社，1992），盖建民的《道教医学》（宗教文化出版社，2001）等书，论述了道教养生术的源流、理论、各种功法，以及道教养生术与中医学理论和疗法的关系。总起来看，内丹及养生学论著虽多，但大多流于浅表性的功法介绍，或梳理诸家丹派的历史源流，缺少对内丹养生的哲理、心理和科学基础的深入研究，用现代生命科学及心理治疗作为研究方法的更稀少。

外丹术在改革开放前曾有不少专家研究。如陈国符、张子高、袁翰青、赵匡华、孟乃昌等前辈，在这方面都作出了重要贡献。他们不仅在炼丹术史料考订、理论分析方面成果显著，而且注重以科学实验作为依据。改革开放以来这方面的研究者很少。金正耀从事外丹研究，出版过《道教与科学》（中国社会科学出版社，1991）等论著。由于缺少技术实验条件，除在某些丹经考证上提出新见解外，大体上未能超出前辈的贡献。外丹是新时期国内道教研究中唯一呈现衰落的课题，应该引起重视。

4. 符咒法术及斋醮科仪的研究

符咒法术在改革开放之前被学术界当作巫术迷信，除在少数文章及著作中加以批判外，几乎没有真正学术性的研究。改革开放初期这种状况仍未改变。实际上这些法术对了解人类信仰发展史，以及中国传统文化中的许多具体问题，都具有重要的学术价值。国外宗教史及社会学、人类学家，包括部分研究道教的汉学家，都对此类问题很有兴趣，并取得一些研究成果。20 世纪 90 年代，国内道教学、历史学界的一些学者，开始对道教符咒法术进行学术研究。胡孚琛主编的《中国道教大辞典》（中国社会科学出版社，1995）书中的《符箓法术及占验术数》，总字数约 70 万字，分道法、符箓、灵图印篆、禁咒、掐诀步罡及杂术六小类，对道教法术的类别、源流及行持方法，做了系统介绍。这部代表当时国内研究水准的集体成果，为道教法术研究奠定了初步框架。此后相关论著越来越多。刘仲宇、李远国、王育成、刘昭瑞、刘晓明等学者，相继发表多篇论文和专著。刘仲宇的《中国精怪文化》（上海人民出版社，1997），对道教降妖伏魔法术及相关文化现象作了论述。其《道教的内秘世界》（台北文津出版社，1997）、《道教法术》（上海文化出版社，2002）等书，对道教符咒法术的源流及门派、特点作了深入探讨。刘晓明的《中国符咒文化大观》，对道教符文的起源、种类和结构作了解析。王育成的《道教法令印牌探奥》（宗教文化出版社，2000），对道教仪式中使用的法印和令牌的源流作了梳理，并刊出大量法印令牌的图片。任宗权的《道教手印研究》（宗教文化出版社，2002），专题论述道教法师在法术中所掐指诀。李远国的《神霄雷法》（四川人民出版社，2003），专题论述宋元时期著名道法派神霄派的历史及其符咒法术，并附录长篇《符箓学讲义》。上述学者的研究，不仅促进了道教学界对符咒法术的研究，对弄清某些重大历史疑案（如证明李自成葬于湖南石门夹山之伪），提供了关键证据。符咒法术研究已经成为国内道教学界的新热点，参与研究的人逐渐增加。但在此领域中尚有许多学术空白有待填补。

道教斋醮法事（俗称做道场）及相关仪轨，与中国传统社会的丧葬、祭祀等诸多礼仪习俗关系密切，许多科仪至今仍在乡村民间流行。国外学者早已重视对道教科仪的研究，并且重视运用文献资料与田野调查相结合的方法。国内在改革开放前，将科仪视为道士谋取衣食的迷信手段，因此只有极少数学者（如陈国符）利用文献资料研究道教科仪。改革开放后，较早研究道教科仪的道教学者陈耀庭，自 1985 年起发表了一些相关论文，如《上海道教斋醮和进表科仪概括》《论先天斛食济炼幽科仪》《论炼度仪的形成和内容》《道教科仪与易理》等。这些论文中开始尝试以文献考证与宗教学原理结合，分析道教科仪的要素和结构、社会功能等。陈耀庭的《道教礼仪》一书（宗教文化出版社，2003），是其多年研究的结集。张泽洪也专功道教科仪，其《步罡踏斗——道教祭礼仪典》（四川人民出版社，1994），是改革开放后较早研究道教科仪的学术专著，不仅内容较完整系统，也采用了将历史文献与现状调查相结合的方法。张泽洪的《道教神仙信仰与祭祀仪式》（文津出版社，2003），对其旧著有补充发展。闵智亭道长的《道教仪范》一书，作为中国道教学院的教材，对培养中青年道教人才，恢复遭"文化大革命"破坏的道教科仪活动，起到重要作用。近年来国内对道教科仪的研究渐成热点，相关的社会调查也越来越多。包括部分在中国大陆活动的国外学者，也在积极调查研究道教仪式。

道教科仪活动涉及的文化内容比较丰富，从中可以产生许多新课题。改革开放以来最显著的事例是关于道教音乐的研究。自20世纪80年代中期起，中国各地音乐学院的一批学者加入到研究道教科仪音乐的行列。如武汉音乐学院周锡振教授等人，自1979年起对湖北武当山道教音乐全面调查，记录并整理出版了《中国武当山道教音乐》。1990年又与闵智亭合作，完成《全真正韵——玉溪道人闵智亭道谱》，将原收藏于《道藏辑要》中无法诵唱的《全真正韵》道乐谱，变成能够传唱的活谱。山东学者詹仁中整理崂山道乐，撰写《全真道经韵（崂山韵）概述》。四川学者甘绍成研究川西全真北韵及正一道乐。辽宁学者李玉珍搜集整理沈阳太清宫的全真东北新韵。南京师大蒲亨强教授多年来发表许多道乐专著，如《神圣礼乐——正统道教科仪音乐研究》（巴蜀书社，2000）、《道乐通论》（中央音乐学院出版社，2004）等。现居香港的曹本治、刘红博士等，也发表过许多道乐研究专著，如二人合著的《中国道教音乐史略》等。

与道教科仪相关的研究课题还有许多，如当代民间宗教活动仪式与道教醮仪的关系、道教对少数民族（如瑶族）宗教祭祀仪式的影响等，近年来也有不少学者进行调查研究。道教作为中国传统文化的载体，还开发出一系列有意思的研究课题，如道教与中国古典文学，道教与中国古代艺术（如绘画、造像、建筑）、宫观庙会与民俗活动（如灵签、风水）的关系等。这些方面自改革开放以来都有许多重要成果。随着国家改革开放的发展，道教在中国境外传播的课题也提上日程。例如近年来有关越南、新加坡等东南亚国家道教的研究论文已有多篇，不再一一赘述。

总之，改革开放以来是道教研究空前繁荣的时期。在文献整理、教史教义、法术仪式，以及道教与中国文化等各方面的学术研究，都取得了许多令人瞩目的成果，并开拓了许多新的课题领域。国内的道教研究队伍还在继续成长，整体的研究水平已不亚于港台地区及国外的同行。今后在继续深入进行基础性和历史课题研究的同时，道教研究不应停留在纯学术领域，还应对现存道教实体的生存发展和组织管理，提出有导向性的理论和方法。通过探讨道教追求自然和谐的价值观、生命伦理观、无为法治思想、和平发展及行善救世思想，发挥道教教义在现代社会中的积极功能。还要从现代科学及人文学的视角，重新诠释道教传统的修炼法术，揭示其重视理性的特点及人文关怀，纠正将道教法术等同于巫术迷信的谬误。要深入调查道教现状，研究如何改进道教传统的教团组织、宫观管理制度、传教方法及行道仪式等问题，探讨道教社团为信众服务、维护社会和谐稳定的新形式，以适应现代文明社会的需要。

第四节　2009—2018 年的道教研究综述

纵观道教百年研究历史，国内道教研究近年来取得的成果可谓突飞猛进。然而，道教研究似乎也到了一个“瓶颈”，如何有新的突破成了学者们关注的问题。本文结合近年的研究成果，阐述近年道教研究的几个新特点，探讨学者提出的“大道教”概念对道教研究的意义。同时，鉴于道教研究领域理论建设的薄弱，着重介绍几个对宗教研究领域影响较大的理论，希望引起道教研究学界的关注，加强自身理论建设的意识，让道教这个最有中国特色的宗教为宗教学理论研究作出应有的贡献。[①]

近年道教研究在继承前人研究基础的前提下，出现不少新的方法和视角，这些新兴的视野无疑为当代道教研究开辟了新的领域。[②]

中国社科院有关学者在《中华道教大辞典》[③] 和《中华文化通志·道教志》[④] 中所确定的道教定义最为全面，兹录如下：

所谓道教，是中国母系氏族社会自发的原始宗教在演变过程中，将各种

① 陈文龙、李志鸿：《西方宗教理论语境下近年道教研究进展的思考》，《中国宗教研究年鉴（2009—2010）》，中国社会科学出版社 2013 年版。

② 同上。

③ 胡孚琛：《中华道教大辞典》，中国社会科学出版社 1995 年版。

④ 汤一介主编：《中华文化通志·宗教民俗典》，上海人民出版社 1998 年版。

巫术、禁忌、方技术数、鬼神祭祀、民俗信仰、神话传说综合起来，以融汇道家和神仙家的黄老学说为旗帜和理论支柱，杂取儒家、墨家、阴阳家、五行家、医家、养生家等诸学派的修炼理论、伦理观念和宗教信仰成分，在劝世度人、长生成仙，进而追求与道合一的总目标下，神学化、方术化为多层次的宗教体系。它是以道教的信仰为核心，融汇传统文化的多种成分，不断汲取佛教的宗教形式，逐步发展而成的具有民众文化特色的宗教。[①]

上述内容主要是从道教来源及历史的角度来定义道教。这一定义是建立在中国传统历史研究的基础之上。因此，一直以来，在道教研究中道家思想研究、经典研究、历史研究是道教研究领域最重要也是分量最大的一块。这种状况一直持续到目前的道教研究，因为在道教思想、典籍、历史中仍有许多重要问题、空白领域等待发掘。但随着道教研究的不断深入，这个定义显然需要进一步修改。[②]

道教的定义反映道教研究奠基者们对该领域的基本界定。这一定义在20世纪几套道教史的出版中体现得较为突出。卿希泰主编的《中国道教史》[③]、任继愈主编的《中国道教史》[④] 等著作，都集中体现了道教研究基本以文献方法为主，以思想和历史为中心，以历史宏大叙事为主线。这些研究为道教研究奠定了扎实的基础。然而，近年来的道教研究在继承原有的研究范式的基础上已经有了很大的改变，上文从历史来源角度对道教的定义已经难以涵盖当代道教研究的新进展，本文试图从近年道教研究的几个特点，阐述道教研究范围的变化及学者对新研究范式的思考。[⑤]

一　道教研究重要问题及其方法论思考

1. 思想与历史并驾

对于中国这样一个有着悠久历史的国家，思想和历史研究一直处于人文研究的核心地位，道教历史和思想研究是道教研究的重要基础，这类研究主

---

① 汤一介主编:《中华文化通志·宗教民俗典》，上海人民出版社 1998 年版，第 2 页。

② 陈文龙、李志鸿:《西方宗教理论语境下近年道教研究进展的思考》，《中国宗教研究年鉴(2009—2010)》，中国社会科学出版社 2013 年版。

③ 卿希泰:《中国道教史》，四川人民出版社 1988 年、1992 年版。

④ 任继愈主编:《中国道教史》，上海人民出版社 1990 年版。

⑤ 陈文龙、李志鸿:《西方宗教理论语境下近年道教研究进展的思考》，《中国宗教研究年鉴 2009—2010》，中国社会科学出版社 2013 年版。

题在道教研究领域仍占重要地位。刘永海的《元代道教史籍研究》,[①] 通过对元代道教典籍的编纂、刊刻、传播过程的研究，揭示该时代道教经典编辑中对道教义理的扬弃过程。赵卫东的《金元全真道教史论》[②]，解决了全真派史中几个备受关注及有争议的问题。詹石窗编著的《老子道德经通解》[③]，在吸收前人注释成果的基础上，重新校订《道德经》文字。

但是，新生代学者往往在研究传统问题的同时注入时代的关注。姜生、汤伟侠主编的《中国道教科学技术史·南北朝隋唐五代卷》[④]，从科技史的角度关注道教从南北朝到唐五代对化学、医学、养生等领域的贡献。程乐松的《即神即心：真人之诰与陶弘景的信仰世界》[⑤]，借鉴西方学者的研究方法，通过对陶弘景思想世界的重新阐释，揭示道教上清派神启文本的经典化和体系化的过程。陈霞主编的《道教生态思想研究》[⑥] 从备受关注的生态问题切入，阐明道教的生态思想及其实践。

程乐松的《身体、不死与神秘主义——道教信仰的观念史视角》[⑦] 从观念史的视角入手，聚焦于神秘主义、身体、不死这三个核心概念，从中国传统思想观念及生活世界出发，诠释了道教在中国人的日常及信仰生活中的角色及其背后的理路。这种“同情理解”的研究视野有助于弥合历史与信仰之间的巨大鸿沟。

无论是思想还是历史，学者在关注传统问题的同时都渗入时代的意识与思考。历史与思想的研究带来几个问题。对古籍的解读到底是要抛弃自己的视域而进入别人的视域还是以自己的成见去领会同样的材料。[⑧] 理想的情况似乎是先理解前人的视域再自己去领会其中不同之处。这样能保证在不误读材料的前提下作出正确的解读，当然，是自己成见基础之上的解读。无论是陈霞的“生态观”还是程乐松的“神启经典化”似乎都是以自己的“成见”来解读材料。这种新的解读方式无疑挑战了旧有的历史经典研究方法。这种

① 刘永海：《元代道教史籍研究》，人民出版社 2010 年版。

② 赵卫东：《金元全真道教史论》，齐鲁书社，2010 年版。

③ 詹石窗：《老子道德经通解》，宗教文化出版社 2010 年版。

④ 姜生、汤伟侠主编：《中国道教科学技术史．南北朝隋唐五代卷》，科学出版社 2010 年版。

⑤ 程乐松：《即神即心：真人之诰与陶弘景的信仰世界》，中国人民大学出版社 2010 年版。

⑥ 陈霞主编：《道教生态思想研究》，巴蜀书社 2010 年版。

⑦ 程乐松：《身体、不死与神秘主义——道教信仰的观念史视角》，北京大学出版社，2017 年版。

⑧ 张汝伦：《现代西方哲学十五讲》，北京大学出版社 2003 年，第 364－365 页。

挑战值得关注，但目前还远不足以撼动以严谨著称的传统乾嘉之学的地位。

2. 文献与田野的互补

文献研究一直是道教研究的传统方向，最主要成就在于道教典籍考辨方面。今年的文献研究以灵宝经专题性与道教典籍的成书年代的考证为主。王皓月的三篇文章从不同的角度，对于灵宝经考据中一直颇有争议的“新经”“旧经”问题及其中载关于科仪的内容进行了研究。作者提出了自己独创的观点，推进了灵宝经研究的发展。《〈华夏赞〉考略》[①] 本文考据出华夏赞是作为道教科仪中所唱歌词的一种，出自在《洞玄灵宝长夜歌府九幽玉匮明真科经》，而非陈国符先生认为的华夏赞就是寇谦之的云中音诵。《再论〈灵宝经〉之中“元始旧经”的含义》从文学角度来看，《灵宝经》具有镶嵌式结构，基于此结构上的对于《灵宝经》之中有关元始旧经的成书和出世的传说分析，得出元始系《灵宝经》记录的是元始天尊等神格传授天界的“元始旧经”的经过和内容，即“元始旧经”为“经中之经”的说法。《早期道教醮祭与斋法相融合的考察——以“人鸟山醮祭”为例》[②] 中讨论了《玄览人鸟山经图》记载的人鸟山醮祭，它被认为是最早的醮祭与斋法相融合的实例。其来源有二：一是天师道的传统仪式，二是南方神仙道的仙术。而人鸟山醮祭与指教斋法和灵宝斋法的形成时期几乎相同，所以斋法所使用的仪式也出现在“人鸟山醮祭”之中。

有些研究就道教典籍的成书时间进行考证。韩吉绍《〈黄帝九鼎神丹经〉源流辨正》[③] 在对《九转流珠神仙九丹经》与《黄帝九鼎神丹经诀》两部九鼎丹经的溯源中提出：九转流珠神仙九丹经，撰于西魏时北方地区；《黄帝九鼎神丹经诀》卷1是一个包含多种《九鼎丹经》传本的综合文本，不完全是古本。《九鼎丹经》且包含有晚出内容；九鼎丹歌文撰于汉末三国时期；《九鼎丹经》在东汉时撰于北方滨海地域的齐地或近齐地区；葛洪所据《九鼎丹经》乃左慈所传古本等观点。关于《老子中经》的成书年代历来都有研究对此提出见解。何江涛《〈老子中经〉成书年代刍议》[④] 中提到《老子中经》作为一部详述存思修炼术的道教经典，现存有道藏《太上老君中经》和云笈七签《老子中经》两个版本，其成书年代前人多有考证，说

① 《中国道教》2014年。

② 《宗教学研究》2014年第1期。

③ 《宗教学研究》2014年第4期。

④ 同上。

法集中在六朝魏晋。而此文从其太一崇拜中黄信仰、八使观念、文本结构和内容构成及其文本来源推测《老子中经》。初成于存思术流行的东汉中后期，最终编成于三国时期。至迟在《抱朴子内篇》之前已成书。为关于《老子中经》的成书年代的讨论，提出了一种可能。樊波成《〈妙真经〉成书考》[①]以在六朝道教中占重要地位的《妙真经》为对象。在前人辑佚的基础上，通过讨论文本逸文的两种类型：带有道教经教色彩的“道曰”部分与主谈个人心性修炼“非道曰”部分。从而得出两个类型分别来自《西升经》与《老子指归》、鸠摩罗什译《法华经》不同文本的结论。赖萱萱《太上老君说常清静妙经成书略考》[②]中就《清静经》这部道教重要经典的成书问题进行考据。通过对材料的梳理，得到《清静经》从唐代便广为流传一直到宋代都颇有影响力。作者认为《清净经》在另一流传版本《清净心经》之前，基本认同《清净经》是六朝时期的作品。以往学者一贯容易忽视《内观经》与《清静经》的紧密关系，而从此作者考证判定《清静经》约为陶弘景至北周末年之间的作品。

其他方面关于文献学研究的集中在从文献角度入手探讨人物道派、典籍思想、道职设置。以王承文的《陆修静道教信仰从天师道向灵宝经转变论考上——以陆修静所撰〈道门科略〉》为起点，针对近代以来中外学术界对陆修静的道派归属有各种不同的说法。本文通过对明代《正统道藏》和《敦煌遗书》共保留有陆修静著作，特别是《道门科略》进行考察，认为陆修静的道教信仰经历了从最初的天师道向灵宝经转变的过程，而将陆修静在道教史上作为上清派宗师身份的出现归结于唐代李渤《真系传》人为塑造。这对于探讨中古道教经教体系的形成及其确立的历史过程有一定的学术意义。《〈老子想尔注〉治国思想论析》与以往从文献学的考据与哲学方面的思想讨论《老子想尔注》不同，本文从鲜少涉及的政治思想方面入手，提出以天神之“道”为核心的治国理念，构建新的天神“道”，用“道诫”治人理国，符合“政教合一”的主张，具有一定的历史意义。万钧的《江淮荆襄等处道教都提点所小考》在元代史籍、元人诗文和金石文字中，多见“江淮荆襄等处道教都提点”之称。虽可以据史料确定其为元代玄教一系的道官，但关于此道官及其道司的具体状况研究甚少。本文集诸关于元代玄教的正

---

① 《宗教学研究》2014 年第 2 期。

② 《宗教学研究》2014 年第 4 期。

史、别史、诗文、金石等材料，详细考察“江淮荆襄等处道教所”的设立年代在元大德十年之前，是领江北、淮东、淮西、荆襄等路的较大的提点所之一，也是唯一由玄教所掌领的提点。管领京城之外地区玄教，传播玄教、建造宫观、促进道教事业、协调政教关系等方面都发挥了积极的作用。张云江的《至元十八年焚毁道经事考辨》主要围绕元至元十八年发生“焚道藏伪经杂书”之事。陈垣、陈国符先生等认为当时决议焚毁的是除《道德经》外的整个“道藏”（道书），此说基本成为学界定论。作者据此提出了自己的观点，他认为当时焚毁的只是部分涉嫌“伪造”并“诋毁佛教”的经文、印板，不过 39 种。陈先生等人之所以误读，主要是因为没有将 1255—1281 年发生的五个相关事件视为一个连续的整体事件，因而忽略了文献中省略的相关背景知识。刘志的《中国古代道教写经》从道教写经在是中国古代写经中的地位，从历史发展过程几个阶段进行论述。写经肇始于先秦简帛，兴起于六朝符书，集藏于唐初写卷，自成“三洞四辅”经藏体系。道教教内写经在写本制作、写经功用等方面，具有独特的道教文化、仙道文化内涵；作为普通书籍制作的道教写经，则与中国古籍写本的一般发展规律和社会文化功能相符合。

文献的含义无须解释，这里的“田野”有多方面的意思。田野原指人类学、社会学调查所选定的某个区域，也有学者把文本看成田野的一种，本文所指田野兼有上述含义，但更指一般野外的调查工作，尤其是野外考察中发现的碑刻、文物、事情等。田野与文献的互补近年来越来越得到学者们的认可。

道教研究的田野资料中，碑刻是最接近文献的资料，影响也最为明显，一些重要碑刻解决了不少道教研究的难题。由于碑刻时有发现，因此这一领域一直为学者关注，老一辈学者陈垣先生的《道家金石略》早就为学者所推崇。近年来由于经费等问题的解决，大量不为人知的碑刻被发掘出来，为道教研究提供了不少的新资料。其中影响较大的有赵卫东的《山东道教碑刻集》[①]，该书通过田野调查收录了山东境内大量未曾公布的道教碑刻、墓志、塔铭、摩崖、经幢、题记等。这一成果无疑对山东道教乃至全国道教研究都有重要意义。碑刻等文字资料能直接提供信息，学者们利用碑刻资料大大推进研究进展。赵卫东著作的意义是集中提供一个区域大量的碑刻，这样对该

① 赵卫东：《山东道教碑刻集》，齐鲁书社 2010 年版。

地区的道教发展容易形成一个较为全面的了解。其著作《金元全真道教史论》就是在这一基础上的成果。樊光春的《西北道教史》[①] 则是另一个成功的例子。该书最难得之处在于它以一己之力完成西北部数省道教通史，贯通古今，这一地区的道教研究多为空白，原因在于文献记载极少，而大量的田野资料弥补了文献不足，皇皇巨著，得告功成。碑刻的资料不仅弥补了正史的不足，一定意义上甚至弥补了道教史上的空白，大大推动了研究的发展，如张广保研究员的《明代全真教的宗系分化与派字谱的形成——以石刻、方志材料为中心的考察》[②]，该文探讨了全真派发展中极重要的宗系分化与派字谱形成的时间问题，可谓全真派研究的一个里程碑之作。碑刻对道教，尤其是明清道教研究贡献良多，相信，以后仍会有不少此类佳作出现。

道教考古领域里的几部著作值得关注。张勋燎、白彬的《中国道教考古》[③]，刘昭瑞的《考古发现与早期道教研究》[④]，王育成的《道教法印令牌探奥》[⑤]。考古文物从实物的角度弥补了文献的不足，提供了实际存在状态的宗教物件。近年来，更多学者关注对道教考古的新发现，道教造像研究成果突出，其中李松在《雕塑》上发表的系列文章《中国道教雕塑述略》[⑥] 系统介绍了道教雕塑方面的成就。此外，道教音乐的研究也有不少成果，周振锡、史新民的《道教音乐》[⑦] 系统介绍了道教音乐的乐器、曲牌及演变等，是道教音乐研究集大成者。道教艺术在道教传播中起着重要的作用。

在道教研究中引入“田野”，开启了新资料的源泉，但当前的“田野”所带来的大多还只是对传统文献资料的补充，这显然把“田野”本身具备的丰富性大打了折扣，当前的道教田野遗弃了许多本该有的丰富性，这就要求我们关注新方法在道教研究领域的运用。在这方面，张泽洪的《文化传播与

---

① 樊光春：《西北道教史》，商务印书馆 2010 年版。早在 2008 年，樊光春《碑刻所见陕西佳县白云观全真龙门派传承》（载《道家文化研究》第 23 辑，三联书店 2008 年，第 261－279 页。）一文就以陕西佳县白云观保留的系列碑刻，完整整理出该观从明万历三十六年到公元 1995 年，共 385 年的历史，其成果令人惊叹。

② 张广保：《明代全真教的宗系分化与派字谱的形成——以石刻、方志材料为中心的考察》，载《“道教经典与义理”学术研讨会论文集》（2010）。

③ 张勋燎、白彬：《中国道教考古》，线装书局 2005 年版。

④ 刘昭瑞：《考古发现与早期道教研究》，文物出版社 2007 年版。

⑤ 王育成：《道教法印令牌探奥》，宗教文化出版社 2000 年版。

⑥ 李松：《中国道教雕塑略述》，载《雕塑》2009 第 1－4 期、2010 年第 1－2 期。

⑦ 周振锡、史新民：《道教音乐》北京燕山出版社 2009 年重版。

仪式象征——中国西部少数民族宗教与道教祭祀仪式比较研究》[1] 则是对田野丰富性回应的一个尝试。这里的“田野”则更接近人类学调查的田野，有其具体的社会历史语境，在具体情境中的存在更能体现真实的一面。

3. “大道教”观点的提出

综观当前道教研究的成果，最明显的特点就是理论的运用与建设极为缺乏，缺乏敏锐的问题意识。道教研究不需要理论是没有理论可言，还是道教研究难以产生理论成果？国内学者“大道教”观念的提出显然是对这一答案的否定，国外汉学家在研究中国传统宗教方面屡有建树。[2] 这表明对于理论建设，不是不需要也不是不能，而是学者对这方面的意识不够。面对各种各样的西方宗教研究理论，杨庆堃认为，中国社会有自己的内在逻辑，在借鉴西方理论的同时应注意其解释方式的不同，范丽珠提出应从整体上研究中国宗教，才可能突破目前中国宗教研究的困境。[3]

而从中国的宗教发展历史来看，道教无疑是一个古代各种思想延续的载体，也是各类民间宗教形成的渊源。从道教的形成过程可以看出，道教是中国各种思想、观念融合的结果，实际上代表中国宗教发展的模式。如金泽先生所言，信仰有聚与散的关系，对中国本土信仰而言，道教融合了传统中国的诸多观念，实际上是中国古代思想融合的一种表现，而各种民间信仰与民间宗教则或多或少吸收了其中的部分内容，彼此之间存在剪不断理还乱的关系，天生就有密切关系，后来者出于各种目的给予各种划分。由此，学者提出“大道教”的概念，力图涵盖道教和民间宗教，包括民间信仰在内，以期从更宏观的范围内研究中国宗教的发展，寻求中国宗教发展的特点，回应西方宗教的理论挑战。

从实际研究进展看，近年道教研究领域出现很大的变化。就研究对象而言，除了一直受关注的碑刻、出土文物之外，音乐、造像、建筑等艺术研究也纳入道教研究领域。其中碑刻的影响最大，弥补了许多道教文献的不足。新的研究对象带来新的研究方法。研究对象、方法的改变加上社会学人类学等

---

① 张泽洪：《文化传播与仪式象征——中国西部少数民族宗教与道教祭祀仪式比较研究》，巴蜀书社2008年版。

② 康豹：《西方学界研究中国社区宗教传统的主要动态》，载《文史哲》（济南）2009年第1期，第58－74页。萧放：《东岳庙与城市信仰空间的建构——以北京东岳庙为例》，载《华东师范大学学报》（人文社科版）2009年第1期，第92－97页。

③ 范丽珠：《西方宗教理论下中国宗教研究的困境》，载《南京大学学报》（哲学、人文、社科版），2009年第02期。

理论对道教研究的影响，道教学界要学习新的理论进路引领新的研究方向。

作为对道教研究新进展的回应，中国社科院世界宗教所道教室学者于2007年，组织在京相关学者展开研讨，以“资料认知与道教”为主题，从资料的编纂、经典文献与田野图像及道教及其资料的地域文化特征三个角度展开探讨，此次会议的最主要特点是，把田野图像、地方道教资料与经典研究并列，大大拓展了研究的视野与深度。此次会议还把民间宗教也纳入道教研究的范畴。

此后，道教室主任王卡先生提出“大道教”的概念，以此来区别传统道教研究，统括新的道教研究领域。该概念有以下几个方面的内涵：

第一，所谓“大道教”把道教研究从单纯的宗教扩大到文化，道教文化研究则包括与道教有关的艺术、习俗、器物等领域。很大程度上扩大了道教研究的范围，也是对近10多年来道教研究范围扩大的确认。

第二，“大道教”把传统的五大宗教中道教范围扩大到民间道教及与道教关系密切的民间宗教领域。鉴于民间宗教与传统佛道教关系密切，把部分民间宗教纳入道教研究领域有助于理清其思想来源。这一做法还有重要的现实意义。一直以来，民间宗教因为与反动会道门关系密切，对其研究一再受到限制。但是，随着社会主义建设事业的伟大成就以及中国在国际上地位的不断提高，原有在海外的部分民间宗教作为华侨信仰组织发挥着一定的积极作用。近年来，道教作为合法宗教，在国际宗教交流合作中也表现出积极的作用，把部分民间宗教纳入道教领域，显然有利于团结更多的信众。

第三，大道教也主张把民间信仰纳入道教范畴，这也针对解决民间信仰管理问题而言。民间信仰作为基层群众的信仰形式，广泛存在于各地，而其神灵大部分与道教有关，将其纳入道教，也有助于政府对民间信仰的管理。

大道教概念主要以传统道教为核心范畴，外延扩大到民间信仰及民间宗教领域，同时以文化的概念来扩大研究对象。大道教的概念具有很强的涵盖统合能力，它的提出有利于打破道教与民间宗教和民间宗教之间的藩篱，促进对中国本土宗教形成与演化的理解。

二　道教研究的相关专题

1. 区域道教与道教在海外研究

近年来区域道教的研究是一个热点问题。将道教研究与地区社会状态相关联，并与断代史结合，从时间与空间两个方面来考察特定时期特定区域道教的生存、发展及其影响，推动了道教研究的纵深发展。所用的文献来源具有一定的深度及广度，从传统文献《道藏》《藏外道藏》到地方上的地方志、档案、文人笔记小说、报纸杂志、乡邦文献、碑刻、宗谱、宫观（寺庙）山志等，可以看出在资料收集和采用上的一个进步。研究方法横贯历史学、人类学、社会学、宗教学。汪桂平研究员的《东北全真道研究》是第一部全面系统研究以全真道为主的东北道教的专著。基本厘清了金元明清至民国时期700年间东北全真道的概况。其中，对于金元时期全真道传入东北地区的考察，以及全真龙门派关东十四支传承谱系的考证，尤具开创性意义。对其他全真支派，如华山派、金山派、蓬莱派、金辉派、尹喜派的流传亦有探索。《民国时期新疆道教研究综述》① 以比较少被人关注的民国时期的新疆宗教的研究为主题。从研究历史、主要研究内容、研究现状及展望几方面对民国时期新疆道教研究发展做了相应的梳理。这有助于我们了解道教在西域地区的流变，也有助于推动西域史在宗教研究领域的发展。梅莉、张朗的《晚清武汉长春观的崛起》② 从历史发展角度，对湖北武汉长春观崛起进行探讨。长春观的历史目前可追溯至宋末元初，自清同治年间由何合春主持修复在太平天国时期焚毁的宫观后，历经数位监院的努力，使长春观一方面确立了作为武汉乃至中南地区一座主要的全真丛林的地位，另一方面也成为晚清以来一座颇具政治、文化影响力和经济实力的道教中心。同治年间，长春观的恢复与重建是在太平天国运动后“同治中兴”的大背景下产生的。它的崛起，得益于长春观的道教领袖们审时度势、道人的费心经营，地方当局的大力支持以及逐渐增强的经济势力。王岗《甘青民族地区道教考》③ 通过对甘肃西南部地区及青海省西宁市等地区的田野调查，对当地的全真道状况做一总结。通过对该地区主要的道观：万寿观、二圣宫、关帝庙、土楼观等的实地考察，对其建筑规模及门派传承一一作了梳理。并对在这些地区既有的伊斯兰教与佛教为主的宗教环境下，道教本身的发展进行了探讨。

道教在海外发展的研究同样受到了关注，特别是在东亚地区，包括日本、朝鲜、琉球等地。作为传统邻邦，东亚地区在文化习俗各方面都受到中华文明的影响。通过对东亚各国道教发展的研究，对各国文明的交流互动与

---

① 《世界宗教研究》2014年第4期。

② 《全真道研究》第3辑。

③ 同上。

文明对话也有一定的意义。孙亦平教授的《东亚道教研究》第一次提出了“东亚道教”的概念，书中探讨了中国道教文化以和平方式传播于朝鲜、日本、越南并与该国民族文化相结合的历史，分阶段地介绍了这些国家与道教的互动关系、固有的宗教信仰在涵化中国道教过程中发生的变化及新出现的新道派，阐释了东亚道教以得道成仙为核心、以太上老君为教祖、以三清/玉皇为至上神、由众多神仙组成仙界的多神崇拜特色，列述了东亚道教文献中的道书、老庄著作、诗词歌赋、神仙传记、文学小说及劝善书，厘清了东亚道教养生文化中的外丹、内丹、气功及其他修道之术，探索了东亚道教的医学成就，展示了东亚道教在宫观建筑、雕塑绘画、斋醮科仪、绿章青词等文化形式创作上的业绩。

孙教授又对朝鲜与日本的道教发展进行了进一步研究。《朝鲜王朝的皇家道观昭格署考论》① 中朝鲜王朝建立的时间在中国的明太宗时期，朱子取代佛学成为朝鲜王朝占统治地位的思想，儒学的职责同明朝一样，作为官方统治思想出现，符箓派的道教在朝鲜地区的流传，延续了高丽时期尊崇符箓派道教的作风。结合《李朝实录》等相关史料，将昭格署的费存作为道教在朝鲜朝的兴盛于否的缩影进行论述。《从日本佛教文化视域看道教与修验道》② 一文从日本佛教文化这一视域中看道教与修验道的关系，基于修验道“复合性宗教”的特性，通过对修验道教主役小角事迹的考辨、修验道“山岳性格”之形成，来研究修验道对道教的借鉴与吸收，由此来展现道教在日本的传播方式及影响。李学玲的《道教文化在琉球的传播》③ 中从隋唐到明清时期，琉球列岛一直与中华大地保持着非常密切的来往，深受中华文明的影响。梳理了在此文化传播中，道教文化在琉球的传播发展并与当地文化相互交融。文章以琉球当地供奉的道教诸神作为落脚点，梳理了整个道教文化传播的历史源流与表现形式。

宇汝松的《道教南传越南研究》④，紧扣中越文化交流、越南对中国道教的容受、中国道教文化对越南社会文化的影响等方面展开具体研究，同时横向比较越南道教与入越儒学、佛教之间的关系，以及道教对越南神灵信仰、民俗文化等诸多方面产生的广泛而深刻的影响，凸显入越道教的信仰功

① 《世界宗教文化》2014 年第 4 期。
② 《世界宗教研究》2014 年第 6 期。
③ 《世界宗教文化》2014 年第 3 期。
④ 宇汝松：《道教南传越南研究》，齐鲁书社 2017 年版。

能、文化魅力及与越南文化不断融合的本土化过程。

2. 斋醮科仪

道教科仪及其相关内容非常丰富，而且一直是研究的难点，特别是对于道教仪式和符箓、咒语的研究。在以刘仲宇先生的《道教符箓制度研究》为主的研究成果上，有了深远的进步。近年一些研究也将视角落在道教科仪与世俗生活的相互影响上，对研究道教对在下层民众生活中的传播与其对文化的影响上来看，是很好的突破口。

《道教符箓制度研究》是一部对道教符箓制度的研究补充性的著作。本书在文献解读的基础上，结合田野调查的观察，运用了比较宗教学的方法，对不同教派的符箓制度均有论述。从整体性上看，该书对符箓与授箓制度的来历、授箓制度在古代社会中的演变直至当代授箓仪的恢复与演变，涵盖了这一制度在中国历史进程中发展的全貌。从符箓的来历、授箓仪式的形成、制度的普及到当代授箓仪的恢复与演变做了周密的考察，并对授箓与道教的科仪法术、道教徒的修行等之间的关系进行了准确的解构和分析，使我们看到了一个纷繁宏大的宗教世界下神秘而又清晰的仪范图景。

李志鸿的《道教天心正法研究》,[①] 试图通过分析天心正法派的道派渊源与宗派分衍，来揭示天心正法派本身的教派演变；通过分析天心正法派的道法体系、斋醮仪式与民间社会的关系，来观照道教炼养术与符咒术结合的轨迹与规律，窥探在民众的信仰世界中天心正法派所处的实际位置；通过分析天心正法派与地方的神明信仰、咒术的关系，来解释天心正法派在区域的表现形态以及道教本身与区域社会的相互塑造。

李大华的《从宗教仪式与戒律看道教的两种倾向》[②] 从一些历史的和地方的斋醮科仪和戒律的案例，一方面谈从唐代仪式的同一性到当代道教的宗教仪式及其戒律开放的态度的问题；另一方面各地道教在宗教仪式和戒律方面"都出现了回归传统的倾向"，希望更传统地守持戒律、更懂得斋醮仪式的现状。冯渝杰的《道教法剑信仰衰落原因考》[③] 中讨论了道教法剑信仰的内在神学支撑，法剑信仰的潜在威胁特质及因此而招致的政府打压、佛教攻讦和被迫之自我"祛魅"，由此检视法剑信仰衰落的原因，发掘衰落现象背

---

① 李志鸿:《道教天心正法研究》，社会科学文献出版社2011年版。

② 《宗教学研究》2014年第4期。

③ 《宗教学研究》2014年第1期。

后牵绊、纠结的诸种权力，进而尝试揭示出“剑文化”中道教法剑一脉渐起渐灭的思想史蕴意。姜守诚的《汉代“血忌”观念对道教择日术之影响》[①]通过对“血忌”这种从汉代就开始流行的时日禁忌观念的溯源的讨论及其在道门中的应用，尤其在道门的房中、医学、摄生等领域的集中体现，据此可以对道教对世俗文化的融摄和吸收有所了解。李艳的《明清传奇戏曲中的道教斋醮科仪》[②]中斋法与醮仪作为道教具有不同特点的两种祀神仪式，在明清传奇戏曲中有大量的简化描写，表现在其中主要为度亡与祈禳这两种功能。这也是明清两代斋醮合一的趋势下，斋醮活动频繁，其对民间文学作品影响的一种投射。

三 交叉学科中的道教研究

1. 道教与医学

（1）道医关系。道教以羽化成仙为其终极修行成果。道医通常是一起称呼的，许多的道士也是当时著名的中医或养生家，道教同中医养生的关系一直是十分紧密的。裘梧在《道教与中医 中国文化滋养的连理枝》[③]中从医道同源、医道通仙、医中有道、道中有医、医道同归的角度梳理了道教与中医的关系，认为道教与中医同声相应、同气相求。[④]《道医集成》[⑤]是中国道教协会主持，中华中医药协会、山东中医药大学、南京中医药大学等单位共同承担的大型文化工程项目。《道教对中医药的影响 从本草与服食养生说起》[⑥]和《以身观身：对道教与中医学身体观的认识》[⑦]两篇作为其阶段性成果分别从本草服食和道教练养的角度对道医关系和道教养生进行论述。[⑧]孙亦平的《从〈东医宝鉴〉看道教养生论对东医学的影响》从朝鲜王朝时期编撰的《东医宝鉴》[⑨]入手，探讨了其中收录的与道教有关的身心修养、

① 《宗教学研究》2014 年第 1 期。
② 《宗教学研究》2014 年第 3 期。
③ 裘梧：《道教与中医 中国文化滋养的连理枝》，《中国宗教》2015 年第 7 期。
④ 张维祺：《2015 年度道教与民间宗教研究综述》，2016 年未刊稿。
⑤ 《道医集成》一书现还处于编纂阶段，并未出版。
⑥ 王振过、刘鹏：《道教对中医药的影响 从本草与服食养生说起》，《中国道教》2015 年第 4 期。
⑦ 刘鹏、王振过：《以身观身：对道教与中医学身体观的认识》，《中国道教》2015 年第 5 期。
⑧ 张维祺：《2015 年度道教与民间宗教研究综述》，2016 年未刊稿。
⑨ 孙亦平：《从〈东医宝鉴〉看道教养生论对东医学的影响》，《宗教学研究》2015 年第 3 期。

人体修炼和长生成仙的道教养生论，认为《东医宝鉴》提倡以道治心、以道疗病，追求“身道合一”的具有道教特点的理念，最终反映了道教在朝鲜半岛的传播状况和对整个朝鲜半岛东医学的影响。程雅群的《李时珍〈本草纲目〉与道教神仙方术》[①] 从《白茅堂集》中对李时珍“幼以神仙自命”和《本草纲目》中引据的道家道教文献以及对道教养生思想的吸收，还有《本草纲目》中额鬼神巫卜观念这几个方面入手，认为李时珍与道教的关系十分复杂，《本草纲目》对于道教内容的吸收也是采取扬弃的手段，且道教养生对于《本草纲目》乃至整个古代中医医学都具有特别重要的影响和意义。

（2）文献的研究。2015年10月，屠呦呦凭借其发现提取的青蒿素而获得诺贝尔医学奖，这在国内造成了巨大的反响，也因其研究原始材料来源于中国古代著名医学典籍《肘后备急方》而使整个学术界对于道教中的医学文献典籍更加重视。詹石窗的《重新认识道教医方的价值——从屠呦呦发现青蒿素获诺贝尔奖谈起》[②] 针对屠呦呦根据《肘后备急方》的记载最终提炼出有效治疗疟疾的青蒿素，对《肘后备急方》进行了介绍，最后指出在道藏典籍中还有着许多具有价值的医学文献应值得关注。[③] 刘珊、张其成等的《〈道藏〉中医药文献研究考略》[④] 中对于近年《道藏》中的中医药文献的研究进行了简单的梳理和分类，认为对于《道藏》中医药文献的研究很少，且多为整体性论述，缺少更为细致的研究。张青颖、沈艺等的《〈道藏·洞玄部〉中医药文献特点初探》[⑤] 对《道藏·洞玄部》中的中医药文献的具体分布进行了简要的介绍，认为洞玄部医药文献具有分布广泛且具特色和医药著作比例小于养生著作比例两个显著特点。这两篇文章均为“北京白云观所藏明《道藏》医药养生文献整理与利用研究”的阶段性成果。

（3）道教养生。道教养生是道教十分具有特色且在现今依然受到重视的体系。张崇富的《论道教叩齿养生的理论基础》[⑥] 对道教叩齿术进行了理论

---

① 程雅群：《李时珍〈本草纲目〉与道教神仙方术》，《宗教学研究》2015年第4期。

② 詹石窗：《重新认识道教医方的价值　从屠呦呦发现青蒿素获诺贝尔奖谈起》，《中国宗教》2015年第11期。

③ 张维祺：《2015年度道教与民间宗教研究综述》，2016年未刊稿。

④ 刘珊、张其成等：《〈道藏〉中医药文献研究考略〈道藏〉中医药文献研究考略》，《中医文献杂志》2015年第4期。

⑤ 张青颖、沈艺等：《〈道藏·洞玄部〉中医药文献特点初探》，《中医文献杂志》2015年第4期。

⑥ 张崇富：《论道教叩齿养生的理论基础》，《宗教学研究》2015年第1期。

性的讨论，通过对道教文献和医学文献的查阅，梳理了叩齿术的主要功能，并深入分析了叩齿术的医学理论基础。章原的《丘处机〈摄生消息论〉中的养生理念》[①] 对丘处机《摄生消息论》中的养生理念进行了梳理分析，将其分为四时养生之道、脏器养生与脏病防治两个主要方面。其认为《摄生消息论》广泛地吸收了之前养生典籍的重要理论，并结合了历代养生家的实践，使其成为道教养生理论中的大成之作。

2. 道教与文化艺术

（1）道教与文学。李刚的《道教神仙鬼怪所激发的中国人的想象力和创造力》[②] 文中认为道教与中国古代文学艺术是一种双向互动关系，一方面文学艺术吸收道教神仙思想和神话故事作为素材，另一方面道教也借助文学艺术达到宣传自身、扩大社会影响力的目的，并在文章中通过对道教神仙鬼怪故事、道教“气”“神”概念的分析，认为在古代文艺作品中，充满活力的艺术想象力和创造力是来自道家、道教。中国最具代表性的古典文学作品莫过于四大名著，在中国古典四大名著中也有着许多与道教相关的内容，尹志华的《〈西游记〉里的四大天师》[③] 对《西游记》中多次出现的张、葛、许、邱四大天师从道教学术的角度进行了介绍和分析。阮海云、段海宝的《“红楼”遗梦与道教精神　从〈好了歌〉说开来》[④] 从《红楼梦》第一回中出现的《好了歌》入手，对《红楼梦》中出现的一些道教元素和道教思想进行了简要梳理。[⑤]

（2）道教与音乐。道教科仪音乐是道教中主要的音乐形式，也是道教对于中国音乐发展作出的重要贡献之一。蒲亨强、陈芳的《南北朝道教斋乐传承之研究》[⑥] 从音乐史的角度对南北朝道乐的传承进行梳理，认为北朝与南朝道乐区别较大，北朝乐主要承袭天师道统和一些佛教戒律，南朝乐主要承自灵宝法，且兼收天师、上清、佛教等诸多因素，并确立了较为系统的传承体系，最后一次推测南朝道乐在历史发展中占据了主流地位。蒲亨强的《南

① 章原：《丘处机〈摄生消息论〉中的养生理念》，《中国道教》2015 年第 1 期。

② 李刚：《道教神仙鬼怪所激发的中国人的想象力和创造力》，《世界宗教文化》2015 年第 2 期。

③ 尹志华：《〈西游记〉里的四大天师》，《中国道教》2015 年第 4 期。

④ 阮海云、段海宝：《“红楼”遗梦与道教精神　从〈好了歌〉说开来》，《中国道教》2015 年第 5 期。

⑤ 张维祺：《2015 年度道教与民间宗教研究综述》，2016 年未刊稿。

⑥ 蒲亨强、陈芳：《南北朝道教斋乐传承之研究》，《中国音乐学》2015 年第 2 期。

朝道教仪式音乐初步研究》[1] 对南朝道乐中存在的天师道“上章仪”，灵宝派“投简仪”“度亡仪”“授度仪”的唱词、韵律、规矩等方面进行了讨论和分析。陈瑜的《晋北民间道教科仪音乐的历史源流与地域分布》[2] 通过田野考察所获得的第一手资料，从宗教音乐角度对晋北地区民间道教科仪音乐的历史源流、科仪传统、音乐特征、文化变迁等视角进行考察研究。[3]

① 蒲亨强:《南朝道教仪式音乐初步研究》,《音乐艺术》(上海音乐学院学报) 2015 年第 2 期
② 陈瑜:《晋北民间道教科仪音乐的历史源流与地域分布》,《中国音乐学》2015 年第 3 期。
③ 张维祺:《2015 年度道教与民间宗教研究综述》, 2016 年未刊稿。

第五章

儒教研究

儒教研究在今天已经成为显学，学界讨论得非常热烈，争论得也很激烈，不同意见之间的交锋成为当前儒教研究的基本特点，见仁见智，莫衷一是，至今对于儒教的一些基本问题未能形成一种普遍接受的论述。如果从任继愈先生发表在《中国社会科学》的那篇著名论文《论儒教的形成》（1980）算起，关于儒教问题的争论已有近40年的时间，恰好与我们国家改革开放的历史同步，这也提醒我们，学术界关于儒教问题的争论也必须放到这个大背景中来认识。事实上，如果不是改革开放以来提倡的解放思想、实事求是的路线，学术界就不可能出现这样空前繁荣的局面。就儒教的研究而言，没有改革开放，人们还停留在把儒家看成是传统文化中的糟粕，把宗教看成是鸦片这样的思想禁锢之中，怎么可能会出现今天关于儒教问题的空前争论？怎么会有这样一个空前繁荣的学术研究局面？这是不言而喻的。

40年来，围绕“儒教是宗教”这一论断，学术界的讨论逐渐深入，争论也越来越激烈，由此引发的问题也越来越多。关于儒教问题的研究，根据具体的情况，大致可以分成三个阶段：第一阶段是围绕着任继愈先生关于儒教问题的若干论文所展开的争论；第二阶段可以李申先生的大著《中国儒教史》的出版及其围绕着此著所展开的争论为标志；进入21世纪以来是儒教问题讨论的第三阶段。这三个不同的阶段，随着研究者关注的重点不同，各自具有不同的特点。在今天，关于儒教问题的争论，比之于任继愈先生40年前重提这个问题之时，涉及的内容与范围更为深入与广泛，引起的争论也更为尖锐。

第一节　80 年代前后“儒教是教”说提出及其引起的争论

“儒教是宗教”这一论断首先是由任继愈先生提出来的。1978 年年底，任继愈先生在南京中国无神论学会成立的会议上，提出“儒教是宗教”，随后于 1979 年在太原召开的中国哲学史年会上，并且在同年访问日本时，任先生也都谈到儒教是宗教的问题。根据这三次会议上的讲话，整理成文，以《论儒教的形成》为题发表在 1980 年第 1 期的《中国社会科学》上。

在《论儒教的形成》一文中，任继愈先生首先分析了中国封建社会的历史特点与历史过程，指出这样的历史特点与历史过程，“造成了以儒教为中心的封建意识形态，这种同封建宗法制度和君主专制的统一政权相适应的意识形态，对劳动人民起着极大的麻醉欺骗作用，因而它有效地稳定着封建社会秩序。为了使儒家更好地发挥巩固封建经济和政治制度的作用，历代封建统治者及其思想家们不断地对它加工改造，逐渐使它完备细密，并在一个很长时间内，进行了儒学的造神运动：把孔子偶像化，把儒家经典神圣化，又吸收佛教、道教的思想，将儒学搞成了神学。这种神学化的儒家，把政治、哲学和伦理三者融合为一体，形成了一个庞大的儒教体系，一直在意识形态领域占据着正统地位，对于巩固封建制度和延长其寿命，起了十分巨大的作用”。[①] 不难看出，这样一段话无疑是对于儒教的形成、性质与作用作了经典的说明。

接下来，任继愈先生从历史发展的高度，叙述了从孔子创建儒学到儒教的形成这一过程。他指出，春秋时期孔子创立的儒家学说本身就是直接继承了殷周奴隶制时期的天命神学和祖宗崇拜的宗教思想发展而来的，认为这种思想的核心就是强调尊尊、亲亲，维护君父的绝对统治地位，巩固专制宗法的等级制度。在任继愈先生看来，孔子所创立的儒家，尽管稍加改造就可以适应封建统治者的需要，本身就具有再发展成为宗教的可能性，但是对于孔子的儒学而言，在先秦时期还不是宗教，它本身只是一种政治伦理学说。这种学说演变成为宗教，即所谓的儒教，经过了长达千年的发展，其中特别重

---

① 任继愈：《论儒教的形成》，载任继愈主编《儒教问题争论集》，宗教文化出版社 2000 年版，第 2 页。

要的是在汉代与宋代经过了两次大的改造。“第一次改造在汉代，它是由汉武帝支持，由董仲舒推行的，这就是中国历史上所谓‘罢黜百家，独尊儒术’的措施。汉代大一统的中央集权封建宗法专制国家需要一套在意识形态上和它紧密配合的宗教、哲学体系。孔子被推到了前台，董仲舒的《白虎通》借孔子的口，宣传适合汉代统治者要求的宗教思想。第二次改造在宋代，宋统治者集团利用机会从唐末五代分散割据的混乱局面中捞到了政权。他们鉴于前朝覆亡的教训，把政治、军事、财政、用人的权力全部集中在中央。宋朝对外宁可退让，对内则强化中央集权的封建宗法专制制度；思想文化领域里也要有与它相适应的意识形态相配合。汉唐与宋明都是中央集权的封建宗法专制制度的国家，但中央权力却是越来越集中，思想文化方面的统治方法也越来越周密。为了适应宋朝统治者的需要，产生了宋明理学，即儒教。”①

任继愈先生认为，儒教从汉代经过魏晋、南北朝、隋唐到两宋的发展，实际上就是从萌芽到完成的过程，在着重分析了这一长期发展过程以后，任继愈先生总结说：“从汉武帝独尊儒术起，儒家已具有宗教雏形。但是，宗教的某些特征，尚有待于完善。经过了隋唐佛教和道教的不断交融、互相影响，又加上封建帝王的有意识地推动，三教合一的条件已经成熟，以儒家封建伦理为中心，吸取了佛教、道教一些宗教修行方法，宋明理学的建立，标志着中国儒教的完成。它信奉的是‘天地君亲师’，把封建宗法制度与神秘的宗教世界观有机地结合起来。其中君亲是中国封建宗法制的核心。天是君权神授的神学依据，地是作为天的陪衬，师是代天地君亲立言的神职人员，拥有最高的解释权……看起来中国没有像欧洲中世纪那样宗教独霸绝对权威，但中国中世纪独霸的支配力量是不具宗教之名而有宗教之实的儒教。”②

这样一种具有宗教之实的儒教，虽然缺少一般宗教的外在特征，却具有宗教的一切本质属性，中世纪宗教所具有的内容，诸如僧侣主义、禁欲主义、“原罪”观念、蒙昧主义、偶像崇拜，注重心内反省的宗教修养方法，敌视科学，轻视生产，这样一些落后内容，儒教无不应有尽有。正是通过对于儒教这些所具有的宗教本质属性的分析，任继愈先生得出结论：“宋明理

① 任继愈：《论儒教的形成》，载任继愈主编《儒教问题争论集》，宗教文化出版社2000年版，第3页。

② 同上书，第9—10页。

学体系的建立，也就是中国儒学造神运动的完成……”这样一种儒教，它的“教主是孔子，其教义和崇奉的对象为‘天地君亲师’，其经典为儒家六经，教派及传法世系即儒家的道统论，有所谓十六字真传”。[①] 这样的认识也表现在《儒家与儒教》一文中，并且说得更为具体，不妨引录于下：“宋明理学体系的建立，也就是中国的儒教的完成，它中间经过了漫长的过程。儒教的教主是孔子，其教义和崇奉的对象为‘天地君亲师’，其宗教组织即中央的国学及地方的州学、府学、县学，学官即儒教的专职神职人员。僧侣主义、禁欲主义、蒙昧主义、注重心内反省的宗教修养方法，敌视科学，轻视生产，这些中世纪经院哲学所具备的落后东西，儒教（唯心主义理学）也应有尽有。”[②] 两相比较，后一段话提出了儒教的组织结构，把它与教学机构合而为一。

任继愈先生提出“儒教是宗教”的论断时，正值我国结束“文化大革命”不久，一方面，需要对十年“文革”的动乱进行反思，进而对中国传统文化进行反思，正确认识中国传统文化的本来面目；另一方面，通过拨乱反正、实事求是、解放思想，我国进入到改革开放的新时期，进行现代化建设成为一切工作的重中之重，在此之时，任继愈先生提出这一论断，应该是希望引起人们关注以儒教为基本内容的中国传统文化对于现代化建设的影响，从这一点来看，其意义是不言而喻的。就任继愈先生本人的认识来看，儒教当然对于现代化建设起到了阻碍作用。任继愈先生从历史与现实两个方面论述了这一点。他说：“儒教本身就是宗教，它给中国历史带来了具有中国封建宗法社会的特点的宗教神权统治的灾难。”[③] 任继愈先生还说：“儒教的建立标志着儒家的消亡……说孔子必须打倒，这是不对的；如果说儒教应当废除，这是应该的，它已成为阻碍我国现代化的极大思想障碍。”[④] 基于这样的理解，那么，我们对于任继愈先生在《论儒教的形成》文章的结尾处所说的话，是完全可以理解的：“总之，历史事实已经告诉人们，儒教带给我们的是灾难、是桎梏、是毒瘤，而不是优良传统。它是封建宗法专制主义的精神支柱，它是使中国人民长期愚昧落后、思想僵化的总根源。有了儒教的

① 任继愈：《论儒教的形成》，载任继愈主编《儒教问题争论集》，宗教文化出版社2000年版，第14页。

② 同上书，第30—31页。

③ 同上书，第16页。

④ 同上书，第34页。

地位，就没有现代化的地位。为了中华民族的生存，就要让儒教早日消亡。"① 顺便指出，任继愈先生在《论儒教的形成》一文中所提出的这样一种认识，与最近几年儒教倡导者们的观点大相径庭。

除了《论儒教的形成》一文外，在20世纪80年代初，任继愈发表了若干篇论文，来论证"儒教是宗教"的论断，其中包括《儒家与儒教》（《中国哲学》第3辑，三联书店1980），《儒教的再评价》（《中国社会科学》1982年第2期），《朱熹与宗教》（《中国社会科学》1982年第5期）等。这些文章的核心就是阐发"儒教是宗教"的思想，反复论证宋明理学的建立就是作为宗教形态的儒教的完成。

在20世纪80年代的最初几年，自提出"儒教是宗教"以后，根本没有赞同者，任继愈先生就像一个独行客，在论证"儒教是宗教"的道路上独自跋涉。可以说，当时认为"儒教是宗教"说的学者，只有任继愈一人。从这一现象可以看出，所谓的"儒教是宗教"说在当时的学术界并没有得到大家的认同。

不仅没有赞同者，就是批评、质疑之声也很少，仅仅有不多的几篇文章提出了不同的意见，主要有李国权、何克让的《儒教质疑》（《哲学研究》1981年第7期），张岱年的《论宋明理学的基本性质》（《哲学研究》1981年第10期），冯友兰的《略论道学的特点、名称和性质》（《社会科学战线》1982年第3期），崔大华的《"儒教"辨》（《哲学研究》1982年第6期），林金水的《儒教不是宗教》（《福建师范大学学报》1983年第2期），李锦全的《是吸收宗教的哲理，还是儒学的宗教化?》（《中国社会科学》1983年第3期）等。这与今天有关儒教的研究与争论成为显学不同，这一现象说明，在当时，关于儒教的研究与争论，对于"儒教是不是宗教"，甚至中国历史上有没有一个作为宗教的所谓儒教等问题，都还没有引起人们足够的重视，成为学术界关注的课题。其实，就是这几篇提出不同观点的文章，其中的一些也只是正面论述，缺少不同观点之间的交锋，如张岱年先生的《论宋明理学的基本性质》一文就是如此，根本看不出论战的样子。

就这几篇文章来看，讨论的问题主要集中在两个方面。

其一，关于宋明理学的性质问题。

---

① 任继愈：《论儒教的形成》，载任继愈主编《儒教问题争论集》，宗教文化出版社2000年版，第21页。

所谓宋明理学（或道学）的性质问题，其关注的焦点在于宋明理学（或道学）的建立是否标志着儒教的完成？宋明理学（或道学）是否就是一种作为宗教形态的儒教体系？简单地说宋明理学（或道学）是否就是宗教？与任继愈先生作出的肯定答复不同，学术界对于这样一些问题作出了否定的答复，集中体现在张岱年先生的《论宋明理学的基本性质》与冯友兰先生的《略论道学的特点、名称和性质》两篇论文中。

张岱年先生首先在分析了理学的三个派别以后，紧接着指出，理学虽然可以分为三派，但是这三个理学的不同派别具有一些共同的特征，他们主要表现在三个方面：“（1）理学为先秦儒家孔丘、孟轲的伦理道德学说提供了本体论的基础。（2）理学把封建地主阶级的道德原则看作永恒的绝对的最高原则，这样来为封建等级秩序提供理论辩护。（3）理学认为在现实生活中提高一定觉悟即可达到崇高的精神境界，而不需要承认灵魂不死，不需要承认有意志的上帝。”张岱年先生认为，这三个特点是统一的、不可分割的。而他们基本的精神就是“理学强调在‘人伦日用’中体现‘至理’，在平时‘履践’中‘尽性至命’。所谓‘日用’即日常生活，所谓‘履践’即实际活动，所谓‘尽性至命’即实现最高理想。理学不信仰有意志的上帝，不肯定有不灭的灵魂，反对‘三世轮回’之说，主张在现实生活中达到崇高的精神境界”。①

在对于宋明理学的基本特点作了这样的论断以后，张岱年先生探讨了宋明理学的一些代表人物与道教、佛教的关系问题，指出他们都或多或少地研究过道教、佛教的经典，受过它们的影响，这是事实，理学家在建立本体论时，参照了道教、佛教的一些思想，但他们是有所择取、有所批判，并非完全接受，而且最终都离开了道教、佛教，归本于孔孟的学说。所以吕大临的《横渠先生行状》说：“先生……于是又访诸释老之书，累年尽究其说，知无所得，反而求之六经。”程颐的《明道先生行状》说：“……泛滥于诸家，出入于老释者几十年，返求诸六经而后得之。”② 张载、程颢二位的经历，其实反映了宋明理学诸大家一般的心路历程。张岱年先生指出，宋明理学的代表人物接受过佛老的一些影响，但中心思想确实来自于先秦儒家，这更是必

① 张岱年：《论宋明理学的基本性质》，载任继愈主编《儒教问题争论集》，宗教文化出版社2000年版，第52页。

② 同上书，第53—54页。

须承认的。他认为，实际上，理学是先秦儒家孔孟学说的进一步发展，虽然探讨了佛老提出的一些问题，吸取了佛老的一些思想观点，而其基本倾向是与先秦儒家一致的。

张岱年先生通过具体的比较分析，认为宋明理学不是宗教。如他说："佛教是出世的宗教，而理学则反对出世，要求既能'穷神知化'、'穷深极微'，也能'开物成务'、实现'伦理'。"① 还说："宋儒不信来世，不信鬼神，表现了无神论的倾向，至少在这一方面，理学包含了一些真理。"② 就生死问题而言，儒学与佛教也有着根本的区别，张岱年先生说："佛教以生死问题为出发点，儒家根本不重视生死问题。这是儒、佛的一个根本区别，也是宗教与非宗教的一个根本区别。如果把不重视生死问题、不讲来世彼岸的理学也看作宗教，那就混淆了宗教与非宗教的界限。"③ 总之，在张岱年先生看来，佛教是宗教，而理学只是哲学，不是宗教。"理学不信仰有意志的上帝，不信灵魂不死，不信三世报应，没有宗教仪式，更不做祈祷，所以理学不是宗教。"④

冯友兰先生的《略论道学的特点、名称和性质》一文，可以说是直接针对任继愈先生关于宋明理学的建立是儒教的完成这一观点而来的，有学术争鸣的意义。

冯友兰先生针对任继愈先生儒教就是宗教的标准及其所作的论证，认为就"教"字而言，中国古代所谓的"儒、释、道三教"之"教"，释、道显然是宗教，这是毫无疑义的，由此任继愈先生认为，与之并驾齐驱、鼎立而三的儒家，似乎也一定是宗教了，这个论证是值得商榷的。在他看来，所谓三教的那个"教"，指的是三种不同的指导人生的思想体系，这个"教"字，与"宗教"这个名词意义不同。不能因为在文中见到一个"教"字就认定为是"宗教"之"教"，那样的话，会闹出笑话的，如教育，因为有一个"教"字也就看作是"宗教"，这显然是错误的。

任继愈先生在《儒家与儒教》一文中，曾提出了一些宗教的特点，他说："宗教都主张有一个精神世界或称为天国、西方净土；宗教都有教主、

---

① 张岱年：《论宋明理学的基本性质》，载任继愈主编《儒教问题争论集》，宗教文化出版社2000年版，第53页。

② 同上书，第54页。

③ 同上书，第55页。

④ 同上。

教义、教规、经典。随着宗教的发展形成教派，在宗教内部还会产生横逸旁出的邪说，谓之‘异端’。这种状况，佛教、道教都具备。儒家则不讲出世，不主张有一个来世的天国。这是人们通常指出的儒家不同于宗教的根据。”①任继愈先生在《论儒教的形成》与《儒家与儒教》等文中论证了儒教也具有宗教的这些特征。针对任继愈先生的观点与论证，冯友兰先生提出了不同的看法，他首先指出，在任继愈先生提出的特点中，有些似乎不是宗教所特有的。在冯友兰看来，宗教都有一个教主，就是任继愈先生也承认教主必须具有半人半神的地位。但是一个思想流派也可以有它自己的思想体系，自己的经典。每一个思想流派也是可以分成许多流派的，并且每一个流派也都可以认为自己是正统，这与宗教有相同的情况，但是不能因为这种相同的情况，就认为这个思想、那个流派就是宗教了。至于说到精神世界，这也是一种哲学所应该有的，不能因为主张精神世界的就是宗教，如果讲精神世界的都划入宗教的范围，那么古今中外的大多数哲学派别都可以称为宗教了。冯友兰先生认为，问题不在于讲不讲精神世界，而在于如何讲精神世界。如果认为所谓精神世界是一个具体的世界，存在于人的这个世界以外，那倒是宗教的特点。而在冯友兰看来，道学所讲的儒家思想，不同于基督教的天国，也区别于佛教的西方净土，也就是说，任继愈先生所说的宗教的那些特点，不是宗教所特有的，依此来分析儒学，像天国、西方净土这些宗教的特点，它也不具备，因此它不是宗教。正如冯友兰先生所说：“道学不承认孔子是一个半人半神地位的教主，也不承认存在于人的这个世界以外的或是将要存在于未来的极乐世界。”他反问道：“道学，反对这些宗教特点，也就是不要这些特点，怎么倒反而成了宗教了呢?”②

任继愈先生在《儒家与儒教》一文中，有一段文字可以说是对于儒教所以是宗教作了概括，对此，冯友兰先生也提出了不同的看法，认为任继愈先生其实使用所要证明的结论作为前提，以证明那个结论。任继愈先生的那段话，我们在叙述他的观点时已经引录过了，为了便于了解与比较两位先生的不同观点，我们再次引录在这里：“宋明理学体系的建立，也就是中国的儒教的完成，它中间经过了漫长的过程。儒教的教主是孔子，其教义和崇奉的

---

① 任继愈：《儒家与儒教》，载任继愈主编《儒教问题争论集》，宗教文化出版社2000年版，第28页。

② 冯友兰：《略论道学的特点、名称和性质》，载任继愈主编《儒教问题争论集》，宗教文化出版社2000年版，第89页。

对象为‘天地君亲师’，其宗教组织即中央的国学及地方的州学、府学、县学，学官即儒教的专职神职人员。僧侣主义、禁欲主义、蒙昧主义，注重心内反省的宗教修养方法，敌视科学，轻视生产，这些中世纪经院哲学所具备的落后东西，儒教（唯心主义理学）也应有尽有。”[①] 冯友兰先生首先指出，宗教必须有一个神，作为崇拜的对象；有一个教主，作为全教的首领，这是前提。而任继愈先生的论证，认为“天地君亲师”是儒教崇拜的对象，那就首先应该证明“天地君亲师”是神，有这样的性质；孔子是半人半神的人物，有这样的资格；不能首先肯定“天地君亲师”有这样的性质，孔子有这样的资格，然后以这样的肯定，证明儒家道学是宗教。在冯友兰先生看来，“天地君亲师”是由荀子首先提出的，而荀子是唯物主义者，他不可能把这五者看成是神。而且，这五者之中，“君亲师”显然是人，不是神。就是孔子，他的祖先世系，历史资料中都有详细的记载，无论后世的皇帝给他什么封号，他也只是人，而不是神，没有什么神秘之处，也没有什么怀疑之处。至于说到儒家的五经四书，都有来源可考，并不是出于什么神的启示，这样的书当然不能说成是宗教的经典。冯友兰先生说“如果说道学是宗教，那就是一无崇拜的神，二无教主，三无圣经的宗教”，他同样反问：“能有这样的宗教吗?”[②] 冯友兰当然认为不能把道学看成是这样的宗教，因为如果把道学说成了宗教，那么，就与中国历史，特别是中国哲学史的发展不相符合了。

总之，关于宋明理学（或道学），张岱年与冯友兰两位先生都认为它是哲学，而不是宗教，根本否定了任继愈先生关于宋明理学的建立是儒教的完成这种观点，从而为准确理解宋明理学（或道学）的性质、特点、作用等问题，更为广义地说是为准确理解中国文化的性质、特点、作用等问题提供了认识论基础，也许张岱年与冯友兰两位先生并没有完全意识到任继愈先生关于宋明理学的建立是儒教的完成这种观点对于研究传统儒学来说所具有的突破性，但是不能否认这样的争论却是对于深入研究宋明理学（或道学）、深入研究传统中国文化是有意义的。

其二，关于儒教是不是宗教的问题上之分歧。

---

① 任继愈：《儒家与儒教》，载任继愈主编《儒教问题争论集》，宗教文化出版社 2000 年版，第 30—31 页。

② 冯友兰：《略论道学的特点、名称和性质》，载任继愈主编《儒教问题争论集》，宗教文化出版社 2000 年版，第 91 页。

针对任继愈先生提出儒教是宗教这样的论断，除了张岱年、冯友兰两位先生专门针对宋明理学（或道学）提出不同看法之外，其他的几位学者就儒教是不是宗教这个论断也提出了批评意见，他们不再局限于宋明理学这一儒学发展的特定阶段上，而是针对儒学的性质进行广义的讨论，当然有些学者也涉及宋明理学问题。

李国权、何克让两位先生于 1981 年在《哲学研究》第 7 期上，发表了《儒教质疑》一文，李、何的论文首先从儒家的天命观说起，认为任继愈先生所说的儒家的天命观是从殷周奴隶制时期的天命神学发展而来，这样的说法是不确切的，与此相反，他们认为，儒家天命观的精髓有两个方面，一方面，孔子之天不是上帝的天，不是虚幻的精神世界，在孔子的思想中，天是不断运行的自然界；另一方面，凡信天者，都笃信冥冥之中神的支配力量，而孔子十分强调人的主观努力，尊重人的意志，尤其结合孔子对于鬼神的存疑，绝口不谈鬼神问题，由此看到儒家的天命观是对于殷周祖先崇拜、天命神学的否定。而他以仁学为中心的思想体系，提出仁者爱人等命题，是要摆脱宗法制度的羁绊，如果再结合孟子民贵君轻思想，那么，仁学实际上是对于尊尊的改造，可见不是什么祖先崇拜的宗教思想的发展，不是用来维护君父的绝对统治地位，巩固专制宗法的等级制度的东西。[①] 针对任继愈先生关于儒学发展成为儒教过程中的两次改造问题，李、何两人在分析后认为，汉、宋两代对于儒学的改造，不是把儒学改造成为儒教，尤其是宋明理学的建立并不是标志着儒教的完成。在论文的最后部分，李、何两人具体区别了宗教与儒学。他们认为，宗教宣扬彼岸世界，总是伴之以“三世论”进行的。而儒家自始至终反对“前世、今世、后世”说。宗教经典主要记录宗教活动情况和教义、教规，不仅内容芜杂，而且非常粗俗。而儒家六经内容极其丰富，不能等同于宗教的经典、教义。孔子是儒家的创始人，因其学说普遍流传，被尊为至圣先师，但他不是教主。宗教徒都有比较严格的入教方式，宗教有准确的教徒人数，有一定的神职人员管理教务。而儒教则根本没有什么入教手续或仪式，上下几千年读儒家之书的人无法统计，儒家学派更没有什么组织形式，也无从谈起有一批什么神职人员了。李、何两位得出结论，儒家不是儒教（宗教）。

① 李国权、何克让：《儒教质疑》，载任继愈主编《儒教问题争论集》，宗教文化出版社 2000 年版，第 36—37 页。

继李国权、何克让《儒教质疑》之后不久，崔大华也于 1982 年在《哲学研究》第 6 期上发表了《“儒教”辨》一文，对任继愈先生儒教是宗教的观点提出反对意见。首先，崔大华提出了对于儒教之“教”字的三种不同意义，第一，早期儒家学者把“教”字理解为儒家的教育内容与教育方法，如《中庸》所谓“修道之谓教”，《孟子·告子下》所说的“教亦多术矣”，无不是这种意思。这也就是司马迁所说的“鲁人皆以儒教”之“教”的意思。第二，魏晋以后，随着佛教、道教逐步取得了与儒家鼎足而立的地位，文人学者于是常把儒、释、道并称为“三教”，这里的“教”字其实就是指三家整个的学说内容或思想体系。崔大华举宋元之际刘谧的《三教平心论》为例，指出按照刘谧的说法，自魏晋以来的相当长的时期内，一般学者确实是把“三教”作为三种思想学说来加以比较认识的。第三，就是现代的某些学者，认为儒家学说发展到宋明理学阶段，在理论本质与形式上，以及在社会作用上，都成了和基督教、佛教等宗教完全一样的意识形态，所以称之为“儒教”，这个“教”字专指某个阶段的儒家的本质。崔大华认为任继愈先生对此作了很周密的论述。

针对任继愈先生所说，儒家学说是从殷周宗教思想发展而来，从汉代到宋代相当长的时间内，儒学的发展过程是一个造神运动的过程，崔大华先生认为这是不符合思想史实际的。崔大华先生从两个方面来说明。一方面，儒家思想不是从殷周宗教思想发展而来，而是从西周的伦理道德思想发展而来。尽管在西周的伦理思想中包含了很重要的宗教思想内容，但是，它与殷商的宗教思想既有联系也有区别。主要是在殷周之际，中国古代宗教思想与伦理思想发生了换位，此后伦理思想逐渐成为中国思想的主导成分，而宗教思想只是伦理思想的附属与补充。孔子所创立的儒家学说，就进一步巩固了殷周之际已经开始形成的那个中国古代文化的发展方向，即伦理的而非宗教的。另一方面，从先秦儒家到宋明理学的儒学发展过程，也不是儒教的造神运动的完成过程，而主要是对儒家所主张的伦理道德的根源及其修养方法不断提出新的论证的过程。崔大华先生在对这个过程进行了简单的梳理以后指出，儒学在异己思想的影响之下，理论形式不断发生变化，但伦理的理论核心与本质始终没有变化，基于这样的认识，他认为，理学完成的不是造神运动，而是对儒家伦理道德根源的哲学论证和对儒学中宗教神学的哲学改造。

至于任继愈先生断定儒教（宋明理学）具有宗教的一切本质属性，崔大华先生提出了两点商榷意见。首先他认为，任继愈先生在这里所举的宗教本质属性，实际上并不是一般宗教的思想本质，而是任何一种唯心主义思想体系都可能具有的思想特征。对此，崔大华先生进行了具体的叙述，表明宋明理学是一个没有人格神的伦理哲学体系，它主张格物穷理、明理等，而且宋明理学本身缺乏并且反对彼岸的观念。其次，就任继愈先生所说的，教主、经典，是宋明理学类似于宗教的外在特征，崔大华先生认为，就儒学而言，孔子的圣人地位，与五经的经典地位，在宋明理学（儒教）形成以前就确立了。在经过了这样的叙述以后，崔大华先生说："宋明理学虽然受到佛家、道教或道家思想的深刻的影响，但理论核心仍然是儒家传统的伦理观念，而不是作为宗教思想本质特征的'神'和'彼岸'的观念。理学的基本论题是论证儒家提倡的伦理道德的最后根源，阐明完成儒家道德修养的方法与途径，而不是论证'上帝'、'佛性'，不是阐扬'解脱'或达到'天国'的修持方法，所以理学不是宗教，也不具有宗教属性。"①

就宋明理学的危害性是一种什么样的性质问题，崔大华先生也提出了不同于任继愈先生的看法，基于宋明理学不是宗教，而是伦理哲学，所以在崔大华先生看来，它的危害的实质并不是像任继愈先生所说的那样是宗教神学统治的灾难，而是具有中国历史特点的宗法道德教条统治的灾难。他在从三个方面进行了分析后指出，宋明理学是作为一种具有统治地位的、唯心主义的伦理哲学，而不是作为一般宗教来发挥其社会作用的。

中山大学哲学系李锦全先生也于1983年在《中国社会科学》第3期上发表了《是吸取宗教的哲理，还是儒学的宗教化?》的长文，对任继愈先生的关于儒教的观点从四个方面提出不同意见，指出"儒家虽然主张神道设教，但它本身只是讲道德伦理的教化作用，并没有形成宗教信仰。汉代的谶纬神学，虽然一度想将儒学宗教化，奉孔子为教主，但没有成功。朱熹的理学虽有不少佛老的思想，但主要是吸取其中的哲理为儒家的伦理哲学作论证。他要人们在世俗生活中达到一种超世俗的精神修养境界，却形成不了宗教性的精神王国。总的趋势，他不是把儒学引向宗教化，而是吸取宗教的哲理，从而把儒家的伦理教义导向哲理化。朱熹宣扬的虽然是精巧形态的信仰主义，但毕竟不是世俗的宗教"②。

---

① 崔大华:《"儒教"辨》，载任继愈主编《儒教问题争论集》，宗教文化出版社2000年版，第127页。

② 李锦全:《是吸取宗教的哲理，还是儒学的宗教化?》，载任继愈主编《儒教问题争论集》，宗教文化出版社2000年版，第132页。

林金水的论文否定儒教是宗教的说法，其题目就明确无误地表达了这一思想——《儒教不是宗教》。林金水主要从事中外关系史、中国基督教史的研究，对于明清时期在华传教士的研究颇有心得。出于这样的学术背景，作为一个研究在华传教士的专家，在关于儒教是否是宗教的争论中，主要介绍了耶稣会传教士利玛窦关于儒教不是宗教的思想，无疑林金水的论文对于讨论儒教是不是宗教的问题，提供了一个较为新颖的视角，是有意义的，开阔了人们的思路。他认为，关于“儒教的宗教属性问题，并不是今天才开始引起人们的关注，早在明朝万历年间意大利人耶稣会士利玛窦来华时就已经加以注意了，当时他就提出了儒教不是宗教的看法”①。利玛窦在华有28年时间，形迹由南到北，几乎走遍了半个中国，为了传教，需要制定一套适当的策略，其中结合儒教思想来宣传天主教教义便是一项最重要的策略。无疑，在制定这项策略前必须对于儒教要有一个基本的了解，尤其要注意到儒教的所谓宗教属性问题，因为以天主教那种具有强烈排他性的宗教，绝不允许教徒有任何的异端思想，只有在确认儒家不是宗教的前提下，才有可能提出天主教与儒家思想相结合的问题。而且，利玛窦也是在经过了长时间的接触，严肃的思考，与士大夫的广泛的交流之后，才敢于确认儒教不是宗教的。林金水从三个方面介绍了利玛窦的观点：第一，利玛窦认为儒教不是一个宗教派别，而是一个学派；第二，利玛窦论证了儒教不具有一般宗教的基本属性；第三，利玛窦认为儒教没有偶像崇拜。在介绍了这三个方面的内容以后，林金水说：“利玛窦作为一个宗教家、天主教神学家，对于如何区分宗教，是有其一套识别标准的。这一点比我们一般世俗人站在室外而论室内之事，会更深刻些，有一般世俗人未能考虑到或已经考虑到但尚未详及的地方。……基于利玛窦从当时在中国传教的直接实践活动，而得出儒教不是宗教的结论，诚然要比我们今天人们通过分析史料的间接实践而得出的结论，更接近于认识的客观真理。所以我们说，利玛窦关于儒教不是宗教的看法，对于当前哲学界讨论这个问题，是有一定的参考价值的。”②

---

① 林金水：《儒教不是宗教》，载任继愈主编《儒教问题争论集》，宗教文化出版社2000年版，第164页。

② 同上书，第170页。

第二节　自80年代末至2000年儒教研究的深入展开

如果说，前一阶段关于儒教是宗教论题的提出及其争论在学术界只是起了一些涟漪，那么20世纪80年代中期至2000年，关于儒教的研究及其争论则出现了波涛，甚至是滔天大浪。与前一阶段只有任继愈先生一个人站在儒教研究与争论的第一线，独撑局面不同，这一阶段，儒教研究出现了新的局面。首先，尽管对于如何界定儒教有不同的理解，但是主张或者同意儒教是宗教的学者逐渐增多，“儒教是教”说在何光沪、李申等中青年学者加盟的情况下，取得了重大进展，构筑了理论体系。赞同的学者尽管人数有限，但由于在学术界产生了相当的影响，形成了所谓的“儒教宗教论派”；研究的领域也不断拓宽，范围扩大，从哲学界扩展到宗教学和历史学、文学界等；同时，关于儒教的争论也在进行下去，并且越来越激烈，呈现出多元化的趋势，各种观点层出不穷，如“准宗教”“传统宗法性宗教”“非学非教、亦学亦教”“原生宗教”“政治宗教”等；核心问题仍是“儒教是否宗教”，尤其是对于李申先生《中国儒教史》，学术界的一些学者提出了尖锐的批评。值得一提的是，与先前零零散散只有寥寥数篇文章不同，这个时期，围绕儒教问题所进行的讨论与争论，成果丰硕，出版了一批论著，除了下面需要重点介绍的几位先生的论著外，还包括郝逸今的《儒家·儒教·儒学》（《内蒙古大学学报》1988年第1期），周黎民、皮庆侯的《儒学非宗教论——与任继愈先生商榷》（《湘潭大学学报》1988年第2期），朱春的《儒教是社会化、世俗化的特殊宗教》（《西南民族学院学报》1989年第3期），朱法贞的《儒教形成之原因考略》（《东岳论丛》1991年第2期），侯玉臣的《论儒家思想的原始宗教文化特质》（《甘肃社会科学》1991年第6期），张坦的《敬祖与敬主——儒教与基督教的一种文化功能比较》（《贵州社会科学》1993年第1期），何崇明的《儒教宗教形态述略》（《安庆师范学院学报》1993年第3期），史建群的《帝王——儒教的至上神》（《中州学刊》1993年第3期），唐占杰、陈风华的《儒学非宗教》（《宁夏社会科学》1994年第3期），邹昌林的《儒学与宗教的关系》（《世界宗教资料》1994年第4期），郑家栋的《儒家思想的宗教性问题》（上、下）（《孔子研究》1996年第2、3期），郭豫适的《论儒教是否为宗教及中国古代小说与宗教的关系》（《华东师范大学学报》1996年第3期），张允熠的《论儒学的宗教精神》（《求索》1996年第4期），谢谦的《儒教：中国历代王朝的国家宗教》（《传统文化与现代化》1996年第5期），陈东的《儒教是关于死的宗教》（《中国哲学史》1997年第1期），姜广辉的《儒学是一种意义的信仰》（《传统文化与现代化》1997年第3期），陈赟的《与鬼神结心：儒教的祭祀精神》（《孔子研究》1998年第3期），张岱年、季羡林、蔡尚思、郭齐勇、张立文、李申的《“儒学是否宗教”笔谈》（《文史哲》1998年第3期），任文利的《儒家哲学中关于“教”的学说》（《中国哲学史》1998年第4期），苗润田、陈燕的《儒学：宗教与非宗教之争——一个学术史的检讨》（《中国哲学史》1999年第1期），郭齐勇的《当代新儒家对儒学宗教性问题的反思》（《中国哲学史》1999年第1期），卢钟锋的《世纪之交的儒学泛宗教化问题》（《中华文化论坛》1999年第2期），唐文明的《顺天休命：孔子儒家的宗教性根源》（《孔子研究》1999年第4期），段德智的《从存有的层次性看儒学的宗教性》（《哲学动态》1999年第7期），胡凡的《儒教与明初宫廷祭祀礼制》（《齐鲁学刊》1999年第6期），李存山的《评儒家的“以神道设教”的思想》（《光明日报》1999年2月24日），刘平的《儒教对民众、对清代秘密社会的影响》（《江苏教育学院学报》2000年第1期），解光宇的《关于儒教的思考》（《世界宗教研究》2000年第1期），王军风的《研究儒学宗教性的概念体系的建构：〈论儒学的宗教性〉一书评价》（《武汉大学学报》2000年第2期），陈晓龙的《论宗教及儒学的超越性》（《西北师范大学学报》2000年第3期），黄俊杰的《试论儒学的宗教性内涵》（《原道》第6辑，贵州人民出版社，2000）。这个阶段其他有关儒教问题的著述还有加润国的《中国儒教史话》（河北大学出版社，1999），张荣明的《权力的谎言——中国传统的政治宗教》（浙江人民出版社，2000），杨阳的《王权的图腾化——政教合一与中国社会》（浙江人民出版社，2000）等。①

当然这个时期，任继愈先生仍然是“儒教是宗教”论者的主角，所以我们首先来看任继愈先生的论述。在1978年前后提出儒教是宗教的论断，并受到学术界的质疑、反对之后，任继愈先生并没有表现出退让的迹象，而是继续撰文，论述儒教是宗教的观点，这些文章有《论朱熹的〈四书集注〉》（原为岳麓书社版《四书集注序》，1987）；《具有中国民族形式的宗教——

① 以上论著目录主要转引自《儒教问题争论集》附录二《儒教有关论著存目》。

儒教》(《文史知识》1988年第6期);《论白鹿洞书院学规》(《任继愈学术论著自选集》,北京师范学院出版社,1991);《从程门立雪看儒教》(《群言》1993年第2期);《朱熹的宗教感情》(《群言》1993年第8期);《从佛教到儒教——唐宋思潮的变迁》(《任继愈学术文化随笔》,中国青年出版社,1996)。这些文章对于《论儒教的形成》与《儒家与儒教》两文中的思想,从不同的层面加以论述,特别集中于宋明理学的儒教特征的论述上,对前一阶段任继愈先生自己提出的观点充实了十分具体的资料,这些文章篇幅都不是很大,而且文笔优美,读来朗朗上口,具有很强的感染力,抛开儒教是不是宗教这个引发争论的话题不说,就对于宋明理学的研究本身看,也是很见功力的。

具体来看,《论朱熹的〈四书集注〉》是为岳麓书社出版的《四书集注》所作的序,此文从历史演变的角度,对于《四书集注》作为儒教经典的形成、性质与作用作了说明。任继愈先生指出:“汉以后,社会政治不断变化,为不同时代的政治服务的经学也跟着变化,因而经学具有时代特征。汉人解经,受天人感应思潮的影响,以天道附会人事,是为‘神学经学’。”[①] 随着时代的发展,儒家的经典由五经转为四书,到了宋代,四书的地位有了极大的提高,经过二程、朱熹等的理学家们的表彰,四书成为科举考试的必读教科书,而朱熹用毕生的精力于四书上,撰写了《四书章句集注》一书,其在朱熹思想体系中的地位是不言而喻的。因为任继愈先生把宋明理学的建立看成是儒教的完成,那么这样一部具有重要分量的《四书章句集注》,任继愈先生通过为之作序,阐发宋明理学的儒教思想,对于理解朱熹的儒教体系,也同样对于理解任继愈先生的观点是具有重要的意义的。举例来说,关于《大学》的“格物”,朱熹补写了一章《格物补传》,这一举动,历来受到学者们的质疑,但任继愈先生却给予了充分的肯定,他说:“像‘格物’一词,在《大学》原著中,还算不上哲学范畴,经过朱熹的注释,‘格物’成了后来儒教体系的中心构件,后来王守仁与朱熹的理论分歧,也发端于对‘格物’的理解。朱熹的‘格物’说的意义,不在于解释《大学》,而在于建立自己的儒教新体系。”[②] 这样的儒教新体系当然不仅体现在对于“格物”

---

① 任继愈:《论朱熹的〈四书集注〉》,载任继愈主编《儒教问题争论集》,宗教文化出版社2000年版,第153页。

② 同上书,第156—157页。

的解释上，在任继愈先生的叙述中，也反映在隋唐两宋之际，中国思想文化的演变之中，就是佛教心性论对于宋明理学的极大影响。任继愈先生说："封建社会后期的哲学体系，特别强调了心、性，宗教内心修养中忏悔、禁欲、反省、自责的思想感情训练。这种训练是汉唐佛教、道教流行以后出现的，正像汉代经学必须吸收天人感应思潮才能具有生命力一样。宋代儒教经学的特点在于用心性论来解释儒家经典，特别是《四书集注》，它强调了为人处世的道理，主要教人如何修身养性、涵养性情、正心诚意。"[①]（关于佛教对于儒教的影响以及从佛教向儒教的演变，任继愈先生专门有一篇《从佛教到儒教》的文章，讨论唐宋之际思想文化的演变，其核心就是讲佛教心性论对于儒教的形成的影响。）至于《四书集注》的地位与作用，任继愈先生提出了四点，其中第一与第二两点，就是从儒教作为宗教的角度来论述的，它们分别是："《四书集注》吸收了唐宋以来的文化积累，达到了当时可能达到的理论高度，建立了完整的儒教体系，它把各等级的人安排到一个被认为适当的位置上，建立了封建社会成员的全方位的岗位教育，对安定社会起着极为重要的作用。""《四书集注》是一部强化内心修养，涤除心灵杂念的儒教经典。把'正心诚意'、'主敬'、'守一'、'格物致知'、'存诚'作为人性修养的内容，最终目的在于教人成圣贤，使人们在社会生活、人伦日用之中得到精神解脱。'极高明而道中庸'，贯彻'内圣外王'之道。"[②] 在《论朱熹的〈四书集注〉》一文中，任继愈先生在结尾处，同样比较了汉宋儒教的不同，指出"如果汉代的经学称为前一时期的神学经学，后一时期的经学可称为'儒教经学'。前一时期的经学以宇宙论的形式出现，后一时期的经学（儒教经学）以心性论的形式出现。中间经过魏晋南北朝佛教经学的补充，使儒教经学增加了体现时代特点的新内容。它超越了宇宙论和本体论，上升到心性论的理论高度，达到了封建社会经学的高峰"[③]。

在这一阶段，任继愈先生还有一篇文章值得重视，即《论白鹿洞书院学规》，此文的核心不在于解释朱熹所立学规的内容，而是深入分析这一学规的宗教内涵："白鹿洞书院学规所涉及的……还有更深一层社会含义，值得引起人们的注意。这个学规与其说它是朱熹的办学方针，不如说它是朱熹的

---

① 任继愈：《论朱熹的〈四书集注〉》，载任继愈主编《儒教问题争论集》，宗教文化出版社2000年版，第158页。

② 同上书，第160—161页。

③ 同上书，第162页。

施政方针；与其说它是朱熹的哲学思想，不如说它是朱熹的宗教思想；与其说它是朱熹的政治学的大纲，不如说它是朱熹的政教合一的体现。”[①] 有这样的论述，就让我们想起任继愈先生在《论儒教的形成》与《儒家与儒教》两文中对于儒教的概括，前面已经两次引录，其中有这样一句话“其宗教组织即中央的国学及地方的州学、府学、县学，学官即儒教的专职神职人员”，但在任继愈先生先前的文章中，只是提出了这一问题，并没有就此讨论过，而《论白鹿洞书院学规》中，任继愈先生对此从政教合一的角度作了一些说明，尽管还是十分的简单，远没有达到令人信服地说明为什么“其宗教组织即中央的国学及地方的州学、府学、县学，学官即儒教的专职神职人员”，而且缺乏具体的叙述，但毕竟在此作了尝试。任继愈先生简要分析了中国古代政教合一制度的形成与发展，指出汉代的神学经学已经是政教合一的雏形；而到了宋代朱熹成为政教合一的集大成者。正是从这个角度看，白鹿洞书院的学规所反映的恰恰是政教合一的宗教思想。对于儒教来说，这样的政教合一体制是有着重要意义的。对此，任继愈先生指出：“中国的政教合一，继承中国传统宗教信仰（可以上溯到西周），敬天法祖、王权神授思想（王者天命所归，受命于天），对稳定中央集权起了推动作用，儒教的专职传播者儒者（士大夫）形成了一个特殊阶层，他们以道自重，为王者师，不充当最高领导者，而是给政府及皇帝出主意、定规划，提供指导思想。宗教与教育相结合，制定教育制度，用科举制度培养儒教的接班人，不断向中央输送后备力量，加强中央政权。以经典指导政法措施，用经典解释法律条文，引经决狱。经典解释权归儒者专享。从中央到地方设有儒教组织系统，中央有太学，地方有府学、县学。教育者享有崇高的社会地位，不同于一般行政官吏。从中央到地方有一系列组织保证，如地方上官绅共治，乡里有乡规民约，内容贯彻了封建三纲、五常的原则。”[②] 通过讨论白鹿洞书院学规，其实具体提出了一个有关儒教组织架构的个案，说明了儒教组织的特点、性质与作用，因此讨论白鹿洞书院学规的意义就在于此。

任继愈先生在1978年年底提出儒教问题，并且撰写了一系列的文章来阐述这个问题，也引起了学术界的争论。但平实说来，任继愈先生对于所谓

---

① 任继愈:《论白鹿洞书院学规》，载任继愈主编《儒教问题争论集》，宗教文化出版社2000年版，第279—280页。

② 同上书，第281页。

的儒教问题缺乏系统的阐述，除了《论儒教的形成》与《儒家与儒教》等文章较有分量外，另一些文章都是点到为止，这样对于被其倡导者及追随者看作中国文化中最重要的问题之一的儒教来说，任继愈先生论述固然具有开创之功，但显然是远远不够的，儒教研究需要有足够说服力的论著来为“儒教是宗教”说提供学术上的论证，包括对于儒教史的梳理与儒教研究理论体系的建构。对于儒教问题进行深入分析与系统论述的是任继愈先生的高足李申先生。在儒教研究中，李申先生不仅撰写了一系列的文章来回答对于儒教是宗教论的批评，而且出版了一部150余万字的《中国儒教史》，这是学术界第一部明确把儒教作为一种宗教形态来研究的专书，重点在于对中国儒教史的梳理（在2005年，李申先生出版了另一部儒教研究论著《中国儒教论》，这部书可以看作李申先生尝试构建儒教研究的理论框架）。在这一时期，李申先生撰述论著，对于倡导儒教是宗教说可谓不遗余力，成为主张儒教是宗教的中坚力量。也许这里有一个不尽恰当的比喻，在倡导儒教是宗教的学者之中，任继愈先生有点像倡导进化论的达尔文，而李申先生当然是赫胥黎了。这样说当然不是无根之论，李申先生自己说过：“人们常说，‘著书立说’。其实，著书者往往未必立说。所以古今中外，情况相仿，都是著书者多，立说者少。就这部书而言，虽然著者是我，但建立‘儒教是教’说的，则是任继愈先生。是任继愈先生，在众口一词地认为中国古代是‘无宗教国’的情势之下，以他对于中国文化和中国宗教的丰厚素养所铸成的敏感，于1978年底提出了儒教是教说。此后，又在众口一词地批驳、反对儒教是教说的声浪中，以他那基于对现实和历史深刻理解所造就的自信，孤身一人，坚持着他的儒教是教说。今天有人著文，说坚持儒教是教说的，已经形成了一个学派，我就是这个学派的成员之一。这部著作，就是我对这个学派所做的奉献。”① 说得十分明白，李申先生撰写论著，论述儒教是宗教，是为任继愈先生的儒教是宗教说提供论证，立说者是任继愈先生，李书是为立说者作论证。

这一时期，李申先生关于儒教研究的论文主要有《关于儒教的几个问题》（《世界宗教研究》1995年第2期），《儒教是宗教》（《文汇报》1996年9月18日第10版），《儒教、儒学和儒者》（《中国社会科学院研究生院学报》1997年第1期），《朱熹的儒教新纲领》（参加中日韩儒、释、道三教关

① 李申：《中国儒教史·后记》，上海人民出版社2000年版，第1096页。

系讨论会提供的论文，1997年8月)，《儒教研究史料补》(《中国哲学史》1999年第1期）等。除此之外，李申先生还在一些学术讨论会、座谈会、笔谈等的一切可能的场合论述儒教是宗教的观点。可以列举的，在1996年就有三次，中国社会科学院世界宗教研究所儒教研究室召开"儒教问题讨论会"；1996年6月，美国夏威夷大学成中英教授与中国社会科学院历史研究所、宗教研究所部分专家对谈，对谈纪要经过吴锐整理发表在《现代传播》1996年第6期上；同年9月，在北京大学宗教学系成立时召开的学术会议上，李申先生发表了《中国有一个儒教》的学术论文，这些场合李申先生都谈了儒教是宗教的观点，并且常常引起争论。当然这个时期，对于李申先生来说，最重要的学术成果是他的上、下两卷本《中国儒教史》一书。

自任继愈先生提出儒教是宗教的观点，受到学术界一些学者的批评，而他本人对于这些批评意见并没有作出回应。如何来看待这些批评意见，其实应该是倡导儒教是宗教的学者必须来说明的，李申先生于1995年发表在《世界宗教研究》第2期上的《关于儒教的几个问题》可以说是对于这些批评意见较为系统的回应。全文从"孔子与鬼神""儒教的上帝与神灵""儒教的彼岸世界""儒教的组织与祭仪"几个方面，阐述了儒教是宗教的观点，针对那些批评意见，一一作出回答。(1) 关于孔子的鬼神观。批评儒教是宗教说的学者提出的第一个问题就是孔子的鬼神观，认为孔子不信鬼神，至少不笃信鬼神。对此，李申先生认为，关于孔子的信不信鬼神的问题，不能局限于《论语》一书，因为《论语》不是孔子的全部思想，而必须和六经联系起来才能看出孔子思想的全貌。李申先生经过引述六经中的具体材料，加以分析论证之后得出结论，认为"孔子不是不信鬼神，而是虔诚地相信天命鬼神，并且为维护传统的宗教礼仪制度，进行了顽强的努力"①。(2) 关于儒教的上帝与神灵问题，李申先生分成两个部分来加以说明，前一部分通过引录古代典籍，指出儒教的上帝与神灵系统，并具体作了说明。"在汉武帝采纳董仲舒对策，决定独尊儒术之后，即采纳亳人谬忌建议，以太一为至上神，五帝降为太一的辅佐。从此以后，上帝的名号及其意义，就完全由儒者据儒经加以规定和进行解释了。""西汉末年，王莽执政，据儒经，将上帝称作'昊天上帝太一'。东汉承王莽，称'皇天上帝'。其后或称'皇皇

---

① 李申：《关于儒教的几个问题》，载任继愈主编《儒教问题争论集》，宗教文化出版社2000年版，第337页。

帝天'（曹魏），或称'皇皇后帝'（孙吴），或称'昊天上帝'（晋），或称'天皇大帝'（南朝梁）。隋唐时代，据《周礼》，将上帝定名为'皇天上帝'，遂为后代沿用。宋真宗曾向上帝献尊号'玉帝大天帝'，未能延续下来，由儒者制定的国家祀典，仍称皇天上帝，直到清末。"① 事实上，在李申先生看来，后来的儒者们普遍接受了神人不同形的意见，并把它正式写入了国家祀典，他引《宋史·礼志》中的一段话加以说明。不仅如此，到了北宋中期，程颐又从气中体贴出理来，这样，"天、帝、鬼神，虽异名，却同实。所谓形体，就是那浩大元气。理主宰气，所说那个上帝，就是那浩大元气中的理。俗而言之，也就是说，浩大元气是上帝的形体，气中之理是上帝的灵魂，或者说，是上帝本身"②。在经过了这样的分析以后，针对批评儒教是宗教说的学者所提出的，所谓宋明以后的儒者倡导的"主敬"原则，只是一种道德伦理的东西，李申先生认为，它不仅是一种道德心态，而首先是一种宗教心态。所谓的"主敬"之"敬"，就是敬畏上帝。在李申先生看来，既然存在着这样一个儒教的上帝与神灵系统，自孔子以后，作为一个儒者，不信上帝、否认上帝存在的儒者一个也没有，即便像荀子与王充也没有否认作为神灵的天的存在，不否认上帝的存在。关于儒教的上帝与神灵的后半部分，李申先生分析了儒教的上帝与神灵的作用。李申先生认为，儒者承认上帝的存在，并对上帝的作用作出了阐释。与一般的神灵一样，上帝作为至上神，其基本的功能自然是主宰一切，赏善罚恶。这样一种思想，到了董仲舒，发展成为完备的神学体系。这样说来，儒教的上帝与神灵具有一般宗教神灵的功能。但在李申先生看来，还不只如此，儒教的上帝与神灵具有自己的特点，就是在上帝之外，还有君与师。李申先生说："作为儒教特点的是，儒者们认为，上帝给人类指派了君和师，让他们来教化、治理上帝的子民。"③ 李申先生通过引录具体史料的分析，进行了说明。把君与师看作儒教神灵系统的特点，就让我们想起任继愈先生在《论儒教的形成》与《儒家与儒教》两文中对于儒教的概括中所说的儒教的教主是孔子，其教义和崇奉的对象为"天地君亲师"，李申先生在此的论述可以看作是对于任继愈先生的呼应，并提出了一些具体的史料与论证。（3）通常认为，此岸与彼岸，入世与出世，

① 李申：《关于儒教的几个问题》，载任继愈主编《儒教问题争论集》，宗教文化出版社 2000 年版，第 337 页。

② 同上书，第 338 页。

③ 同上书，第 341 页。

是区别宗教与非宗教的主要标志之一。反对儒教是宗教说的学者们，其中一个重要的论点是，儒家不主张出世，没有彼岸世界。李申先生是承认儒教这种特点的，他说："和其他宗教似乎不同的是，儒教不是主张人们死后要进入另一世界，因而也不主张生前脱离世俗生活，而是主张把现实的事情办好。简而言之，也就是说儒教是入世的，而不是出世的。"[①] 尽管如此，在李申先生看来，儒教也具有宗教的一般特征，具体就所谓的入世与出世而言，儒教也有彼岸世界，"上帝和神灵们的世界，就是儒教的彼岸世界"[②]。李申先生认为所谓的出世与入世，不是教与非教的区别，而只是教义的不同。就儒教而言，"依儒经，上帝'作之君、作之师'，教给君师的任务，不是让他们带领人们到上帝的世界里去，而是要他们'克相上帝，宠绥四方'，即辅佐上帝，把天下治理好"[③]。在作了这样的说明以后，李申先生指出，宗教其实并不一定主张出世，主张出世，往往是一种不得已。他以基督教为例，认为所谓基督，其任务不是超度人们升入天国，而是秉承上帝的旨意，解救人们的苦难，让人们获得幸福。这样一种认识，在李申先生看来，基督教所源于的犹太教，始终不渝追求的是一个尘世的天国。以此来观照儒教，儒教所盼望的一个圣帝明王，实现"治国、平天下"的目标，同样是宗教的追求，因为这是在天或上帝的名义下进行的，为实现上帝的意旨。尤其是受到了禅宗的影响，在两宋以后，"儒者虽然没有放弃'治国平天下'、'克相上帝，宠绥四方'的现实理想，同时也在自己心里，为自己保存了一个上帝、一方净土、一个天国、一个彼岸世界"[④]。（4）任继愈先生认为中国古代各级教育机构担负着宗教组织的职能，并在《论白鹿洞书院学规》一文中有所论列。在这一点上，似乎李申先生的观点有所不同，在他看来，不仅是教育机构，包括整个的政权组织，也就是儒教的宗教组织。他说："儒教没有在政权组织以外建立自己的组织，政权组织同时也是儒教的宗教组织。在这个组织中任职的官员，同时也是一种教职，执行宗教的职能。"[⑤] 正是基于如此理解，那么中国古代的各级官吏，既有行政的职能，也有宗教的职能，

① 李申：《关于儒教的几个问题》，载任继愈主编《儒教问题争论集》，宗教文化出版社2000年版，第343页。

② 同上。

③ 同上。

④ 同上书，第345页。

⑤ 同上。

如皇帝，不仅是最高的国家元首，同时也是最高的教职，在隆重的祭天大典上担任主祭。我们不厌其烦地大量引录李申先生在《关于儒教的几个问题》中的论述，是出于这样的考虑，此文是自任继愈先生重新提出儒教是宗教的论点，并受到学界的质疑以后，第一篇较为系统地论述儒教问题的文章，回答了质疑者的批评意见，同时也是对于任继愈先生的论点在一定的程度上的展开，对于儒教研究及其围绕着儒教问题的争论来说，这是一篇重要的论文。

在这个时期，如前所述，李申先生还有其他一些文章，来阐述儒教问题，如《儒教、儒学和儒者》《朱熹的儒教新纲领》等。对于儒教研究来说，这同样是两篇重要的论文，就前者而言，正是论文提要所说的那样："儒教不仅存在，而且有相应的设施。儒教是儒学和传统的宗教信仰相结合的产物，汉武帝独尊儒术，标志着儒教的诞生。儒学是释经之学，是对儒经的直接注释或间接发挥，儒学是儒教的灵魂。儒者的目的是行政教，死后以入孔庙陪同孔子享受祭祀为最高荣誉。"① 值得注意的是，李申先生在此处所论有一个与任继愈先生的重大的不同。任继愈先生认为宋明理学的建立是儒教的完成，而李申先生则把汉武帝的独尊儒术看作儒教诞生的标志，这一观点在其所著《中国儒教史》一书中有深入的论述。就后者而言，我们可以引用李申先生在此文的结尾处的一段话："从唐末开始推崇《大学》等书，到朱熹的《四书集注》，经过几百年的努力，《四书》逐渐成为儒经中最重要的经。而《四书》之中，《大学》又是最重要者，是朱熹用力最多的书。《大学章句序》集中阐述了朱熹对儒教基本问题的看法，是他为学的纲领。由于朱学后来成为儒学，即儒教之学的正宗，《大学章句序》也就成为此后整个儒教的新纲领。"② 不难看出，李申先生此文与任继愈先生的《论朱熹的〈四书集注〉》所表述的观点是一脉相承的。

当然，李申先生对于儒教的研究成果，最主要的是《中国儒教史》一书，此书是国家社会科学基金资助项目，作者通过对中国古代儒、释、道三教和哲学、科学的综合考察，确认并接受了任继愈的观点。在经过多年深入研究并撰写了一系列论文的基础上，完成了这部 150 万字的学术专著。该书

① 李申：《儒教、儒学和儒者》，载任继愈主编《儒教问题争论集》，宗教文化出版社 2000 年版，第 385 页。

② 李申：《朱熹的儒教新纲领》，载任继愈主编《儒教问题争论集》，宗教文化出版社 2000 年版，第 437 页。

阐明了中国儒教发生、发展和消亡的全部历史，这是第一部站在“儒教是教”立场上研究儒教的专书，任继愈先生在论到这部书时，曾说：“这部书稿为研究中国文化史、思想史、哲学史打开了一堵墙。这堵墙曾在很长一段时期内挡住了我们的视野。”还说：“这部书稿的出版，必将为中国宗教史的研究、中国文化史的研究提供一条新思路。”① 对于《中国儒教史》的撰写目的，李申先生自己曾作了具体说明：“中国古代文化的各个方面，乃是一个相互关联的整体。这个整体，有统有宗，儒教，就是中国古代文化的统和宗。儒教，不仅总统着一切方面，而且把它的精神贯彻到这各个方面之中，构成了中国古代文化的大背景，其他一切文化建树，都须以儒教精神为出发点，也以儒教精神为归宿。儒教，就像一棵大树的主干，其他方面就像是枝叶花果。儒教主干一面生长着自己，一面也把营养汁液输送给枝叶花果；自然，一面也从枝叶花果那里接受滋养。因此，用任继愈先生的话说，不弄清儒教问题，其他问题就说不清楚。只有弄清了儒教问题，当我们在研究枝叶花果的时候，才好弄清其中所贯彻的精神，也才能正确确定儒教在中国古代文化这棵大树上的地位，从而更加深刻地理解中国古代文化。”② 这部洋洋150万字的《中国儒教史》，论述了儒教发生、发展以至于消亡的历史，揭示了儒教的神灵系统、祭祀制度、教义教理等从创立发展到衰落的过程，阐述了儒者如何把“修齐治平”看作实现上帝旨意的内容。由于这样一个论题与学术界对于儒学的传统看法大相径庭，而且又是处在儒教是教非教这样一个争论的大背景下，具有高度的敏感性，显然李申先生在撰写此稿时，固然一方面是儒教史的梳理与阐述，同样也是试图通过此稿来回答对于儒教是宗教论者的质疑与批评。所以，在其《自序》中，李申先生站在与传统观点相对立的立场上来讨论中国儒教史的问题。他说：“由于过去的传统文化研究是以儒教非教立论，而本书是以儒教是教立论，可以想见，几乎在一切重大问题上，都可以碰到和传统见解的差异。依传统见解，儒家重人事；本书则要说明，儒家之所以重人事，乃是要履行辅助上帝的义务。依传统见解，儒家是讲伦理道德的；本书则要说明，在儒者们看来，他们所讲的仁义礼智、三纲五常，正是天即是上帝的意志。传统认为，儒家是反对鬼神信仰的；本书则要说明，儒者们可以反对礼制以外的淫祀，可以反对神人同形，但是不

① 任继愈：《中国儒教史·序》，载李申著《中国儒教史》，上海人民出版社1999年版。

② 李申：《中国儒教史·自序》，载李申著《中国儒教史》，上海人民出版社1999年版。

反对鬼神的存在，特别是不反对上帝的存在和它对世界的主宰、对人的赏善罚恶。依传统结论，天人感应之学是汉代经学的外道；本书将要说明，天人感应之学正是汉代经学的主导。传统认为，魏晋玄学讲天道自然，否定上帝；本书将要说明，天道自然并没有否认上帝的存在，更没有取消对上帝的信仰，不过他们认为的上帝是个清静无为的上帝，不是一个事事干涉的上帝罢了，就像他们希望人世的君主是一个清静无为的君主，而不是一个多欲的君主一样。因此被学术界长期讨论的天人关系，从我们现代的眼光看来，它实质上可以是什么什么关系，然而在古人的心目中，它本来乃是神与人的关系，那物质的、元气浩大的苍苍之天，就是被儒者尊而君之的上帝、皇天。至于孔子，人们祭祀他，就像祭祀天地日月、山川社稷一样，就是把他当成了一尊神，是和老君、释迦一样的神。所谓圣人，就是人神的中介，是天意的传达者。”①

《中国儒教史》分成上、下两册，共十三章，从论述三代秦汉的思想宗教文化作为儒教前史开始，到辛亥革命后儒教余波及其儒教是教转为儒教非教结束，对于中国儒教史进行了梳理。作为一部论述儒教历史的著作来说，李申先生认为，这十三章可以分成前、后两个阶段，以《开元礼》的修成为标志，是儒教主要从事礼仪制度的建设，并大体完成的阶段；以韩愈及其弟子们的活动为标志，是儒教把重心转向内心修养的开始。② 该书的最后两章，论述了儒教的末路。第十二章：清代后期风雨飘摇中的儒教。这一章讨论了儒教面临灭亡时期的情况，包括下列内容：儒教与自强，上帝教——儒教与基督教融合的产物，儒学的回光，儒教对西学的容纳，戊戌变法和儒教改革，儒教的灭亡和灭亡前的挣扎。第十三章：儒教余波与科学的胜利。如这一章的题目所示，它分为儒教余波与科学的胜利两个部分。《中国儒教史》出版后，引起了很大的争议，一些学者对之赞赏有加，另一些学者则提出了尖锐的批评。

当任继愈先生独自一人撰文论述儒教是宗教的时候，在一段时间内，没有一个学者追随上来。只是到了 1988 年，何光沪先生也开始撰文讨论儒教问题，认为中国古代有一个儒教，随后又于 1994 年与 1995 年两度撰文讨论

---

① 李申：《中国儒教史·自序》，载李申著《中国儒教史》（上卷），上海人民出版社 1999 年版。

② 李申：《中国儒教史》，上海人民出版社 1999 年版，第 906 页。

与儒教相关的问题，这三篇文章分别是《论中国历史上的政教合一》（《文化·中国与世界》，生活·读书·新知三联书店，1988），《中国宗教改革论纲》（《东方》1994年第4期），《中国文化的根与花》（《原道》第2辑，团结出版社，1995），尤其是《论中国历史上的政教合一》与《中国文化的根与花》两文，对于有关儒教问题的研究及其争论来说是很重要的文章，常常为学界所引用。《论中国历史上的政教合一》论述了所谓的国教问题，何光沪先生认为，中国古代有国教统治，“殷商以来的祖先崇拜和上帝崇拜，汉代以后的儒教，实质上就是我国古代的国教”①。至于说到儒学与儒教，认为在表述上对于两者有一个区别，并且从儒学到儒教有一个演变的过程。“儒家学派创立之初，只是诸子百家之一，并非宗教。但它在宗教方面并不否认天命，在政治伦理方面鼓吹孝弟仁义，维护周礼和宗法制（我们知道宗法制是与祖先崇拜这种宗教形式密切相关的），并把两方面结合起来，主张由矢志‘克己复礼’而又‘知天命’的‘君子’来治理天下。这种宗教方面的态度为它以后的宗教化提供了内在根据，而其政治主张又为它以后的国教化准备了条件。”② 在何光沪先生看来，尽管孔子所创立的作为诸子百家之一的儒家学派本身还不是宗教，但由于儒学在建立过程中所承继的内容及其中国古代社会的政治文化背景，由儒学到儒教的演变，并且使儒教成为国教，成为顺理成章的事。何光沪先生说：“后世的儒学既继承了中国古代传统宗教的祭天祭祖内容，又阐扬了以宗法制度为基础的礼制，再加上一套作为自身特征的仁义孝悌伦理说教，所以特别适合于上借神权、下靠父权、骨子里集权专制、外表上仁义道德的统治者的需要。它在汉武帝以后演变为专制国家实质上的国教，实在是顺理成章的事情。”③ 而儒学在汉代定于一尊，在结合了阴阳五行学说与以敬天祭祖为核心的传统宗教，完成了宗教化，就确立了它的国教地位。何光沪先生接着叙述了作为国教的儒教在汉代的表现，最主要的当然是在教育领域，从此太学设立五经博士，教育专以儒经为内容，除此之外，儒教的国教化还表现在其他的方面，如施政往往以“经义断事”；选举官吏也以儒经为标准；天子亲于教义的制定。这样一来，儒教经典一直成为统治阶级的最高教条。“从两汉时期的经学和谶纬之学，到魏晋时期以

① 何光沪：《论中国历史上的政教合一》，载任继愈主编《儒教问题争论集》，宗教文化出版社2000年版，第184页。

② 同上书，第186页。

③ 同上书，第187页。

老庄解释儒经的玄学，从唐代排佛的‘道统说’，到宋明兼融佛道的理学和心学，儒学的宗教特征在每一个阶段都有所发展，其理论也益发系统而完整，孔子更被推崇为圣人与教主。”① 因此，“对照前述每一项国教的特征与功能，儒教都是当国教之称而无愧的”②。何光沪先生在论述儒教时，讨论了它与中国古代社会的封建国家的特征相适应的问题，认为儒教的重农观念、伦理纲常正是与君主专制的政治特征、自给自足的小农经济这样的经济特征及其以家族为单位的宗法制这样的社会特征相适应，这样在中国古代社会中就形成了政教合一的现象。何光沪先生从政治指导思想、统治集团的构成、教育制度、法律制度、基层统治五个方面，分别加以说明。就政治指导思想来看，中国历代封建统治者都以儒教为正统思想，从帝王到大小臣僚无不自幼诵读儒经，熟习纲常名教，以为治国之本。因为儒教神化封建政治，有利于他们的统治。董仲舒、朱熹都把封建政权、封建法律和封建的政治伦理规范说成是“天意”或者“天理”的结果，类似的君权神授的说法在儒教理论中不胜枚举。所以，何光沪先生认为，儒教所倡导的“礼”，在统治者的心目中，不只有道德的意味，而且也有宗教的色彩；不只具有宗教的功能，而且也具有政治的作用。从统治集团的构成方面来看，早在汉武帝采用董仲舒的天人三策，定儒教于一尊，就把仕途与学儒相结合，之后，这种结构体制就大致定了下来。汉代的儒教以经学的形式出现，政府从在太学学经的儒生中选拔官吏自不必说，更由于经学以师法家法相传授，这种体制就形成了由“累世经学”而“累世公卿”，由“士人”而“士族”，从朋比标榜、乡党品题，发展出汉魏的豪强高门，又发展为两晋的门阀士族，形成了隋唐之前统治阶级的主要部分。而在隋唐时期实行科举取士制度以后，中小地主阶级的入仕使得统治集团在经济等级上多样化了，但在意识形态上却更加单一化了。教育与宗教的结合，两者之间的密切与稳定的程度在中国是举世罕见的。汉武帝、董仲舒定儒教于一尊，其目的就是用思想上的统一，来巩固政治上的统一。从此，各级学校都以儒经为主要教育内容。而科举制度更把儒教对教育的控制推向登峰造极的地步，由于科举是入仕的必经之途，因而科举的科目就成了封建教育这辆马车的驾驭者，使之永不离经叛道，而成为封

① 何光沪：《论中国历史上的政教合一》，载任继愈主编《儒教问题争论集》，宗教文化出版社2000年版，第188—189页。

② 同上书，第189页。

建统治者得心应手的工具。同样在法律的层面上，以纲常名教为核心的礼治原则，是中国古代立法与司法的指导思想。定儒教于一尊之后，儒教不但成为封建法律的理论基础，而且渗透到了法律运用与司法过程之中。隋唐之前，“引经决狱”、引经注律之风一度盛行，随着儒教经义的法典化，出现了如马融、郑玄、杜预那样经学家兼而为刑法学家者。特别值得注意的是，儒教的宗法精神浸透了以家族为本位的中国封建社会的习惯法，形形色色的家法族规在社会上得以流行，它们不仅对于家族成员具有约束力，而且得到国家的承认，成为国法的重要补充。总而言之，宗法观念、君臣等级与重德轻刑的儒教精神，指导了封建立法达 2000 年之久，构成了中国法系的重要特征。

何光沪先生是研究宗教思想尤其是研究西方基督教思想的专家，他的宗教学方面的知识与素养，对于关注儒教问题的讨论来说，当然是有意义的，他的意见也是值得重视的。也正是由于像何光沪先生这样的宗教学者的加入，对于儒教是宗教与不是宗教的论述及其争论，提供了一个宗教学的视野，尤其是西方宗教主要是基督教的视野，因而，也能够将论述及其争论向广度与深度方面发展。可以看出，何光沪先生在《论中国历史上的政教合一》一文中，对于儒教是宗教这样的观点给予了充分的论证，特别对于儒教的广泛影响有许多独到的分析，这些对于儒教是宗教的倡导者来说是一种强有力的支持。实际上，何光沪先生常常被称为支持儒教是宗教的观点的第一个人。但是，其实何光沪先生的儒教概念及其功能与影响的分析论述，与任继愈先生的观点是有着很大的不同的。这就要来解读何光沪先生另一篇讨论儒教问题的重要文章《中国文化的根与花》，先来看他对于儒教的界定：“我所谓儒教，非指儒学或儒家之整体，而是指殷周以来绵延三千年的中国原生宗教，即以天帝信仰为核心，包括‘上帝’观念、‘天命’体验、祭祀活动和相应制度，以儒生为社会中坚，以儒学中相关内容为理论表现的那么一种宗教体系。”① 从这样一种界定中，可以看出，何光沪先生并没有把儒教与儒学完全等同起来，把儒教看成是儒学体系的全部。这是因为提出了这样一种不同于学术界一般公认的关于儒教的界定，就有必要对于他所谓的儒教作出一些澄清。何光沪先生首先指出了一个十分有意思的现象，即为什么一

① 何光沪：《中国文化的根与花》，载任继愈主编《儒教问题争论集》，宗教文化出版社 2000 年版，第 309—310 页。

种远在孔子之前的宗教可以称为儒教的问题，认为这个问题对于汉语学术界来说，相比于西语学术界，很容易理解：“因为在汉语中，‘儒’不等于‘孔’。‘儒’，本来就指从巫、史、祝、卜中分化出来的有具体宗教功能的人（《说文·人部》释‘儒’曰：‘儒，术士之称’）。他们所擅长并用以‘教民’（据郑玄《周礼·天官·太宰》）的诗书礼乐具有很明显的宗教性质，尤其是贵族行‘礼’。……而且，我也认为把这种宗教称为‘孔教’是不恰当的，因为‘孔教’之称易使人认为孔子是它的创立者。”① 这里其实有两点可以提出来，其一，在何光沪先生看来，儒教承继了巫、史、祝、卜的传统，它在孔子以前就存在了。其二，孔子不是儒教的创立者，既然不是创立者，合理的解释当然他不可能是教主。何光沪先生对于儒教所作的澄清有三点，（1）以现代才有的“宗教”与“哲学”概念来看儒学的教化成分或者儒学的教化功能，它是宗教与哲学兼而有之，而且既是“教化”而非“学术”，既称“儒教”而非“儒学”，则其宗教成分就多于哲学成分，则其宗教功能就大于哲学功能，这种宗教成分正是儒教的理论表现，而这种宗教功能也是同儒教的祭祀活动（祭天、祭祖、祭礼）和组织制度分不开的。（2）“儒教”之名常与“释、道”二教并用，既然用同样含有哲学和其他成分的“释、道”在并用时被理解为宗教，则“儒”至少也主要从宗教方面来理解。（3）“儒教”是在历史上形成并长期习惯的，对它的解释虽不完全切合它的原意，但在对它作了明确定义之后，是完全可以用作这种中国宗教的名称的。在作了这样的澄清以后，何光沪先生对于儒学与儒教的关系有了不同于其他提倡儒教是宗教论者的理解，他说“儒教是源，儒学是流；儒教是根，儒学是花；儒教的理论在儒学，儒学的精神在儒教；儒教在人民的下意识里，儒学在学者的意识之中；儒教在民众的生活里，儒学在文人的著述中。由于儒教的本质，就是‘天帝’观念，所以儒学同‘天帝’观有一种内在的关联（实际上儒学的‘天理’、‘天道’学说，就是天帝观的哲学发展）”②。注意何光沪先生在括弧中的这句话，他提到了儒学的天理、天道观念是对于天帝观念的哲学发展。所谓发展，应该包括两个方面，一方面是继承性，另一方面是变革与转换，也就是说，儒学的天道、天理观念，并不完

① 何光沪：《中国文化的根与花》，载任继愈主编《儒教问题争论集》，宗教文化出版社 2000 年版，第 310 页。

② 同上书，第 312 页。

全是三代宗教中的天帝观念，而是发展与转换，发展的方向在于它的哲学层面，而不是宗教层面，是给予三代宗教天帝观念以哲学的解释，因而这样的发展也就是消解了原始之儒教的宗教性。

严格说来，何光沪先生所说的儒教，是为他在当代的文化背景下来重建儒家思想文化体系服务的，其现实的针对性是十分强烈的，我们在读他的论著中也可以强烈地感受到这一点。我们在前面已经指出了任继愈先生在《论儒教的形成》与《儒家与儒教》等文章中对于儒教的社会作用基本上是一种否定评价，他反复说："儒教的建立标志着儒家的消亡……说孔子必须打倒，这是不对的；如果说儒教应当废除，这是应该的，它已成为阻碍我国现代化的极大思想障碍。""总之，历史事实已经告诉我们，儒教带给我们的是灾难、是桎梏、是毒瘤，而不是优良传统。它是封建宗法专制主义的精神支柱，它是使中国人民长期愚昧落后、思想僵化的总根源。有了儒教的地位，就没有现代化的地位。为了中华民族的生存，就要让儒教早日消亡。"而且任继愈先生（也包括李申先生）认为，随着清帝国的灭亡，儒教失去了它的物质载体，儒教也就走向衰落或者灭亡了，这是不难理解的，因为按照任继愈先生对于儒教的界定，其结论必然如此。而何光沪先生与此完全不同，由于他尝试重建儒教的努力，提出要从儒学之花，返归到儒教之根，也就是从儒学对于天理天道的哲学解释返归到儒教所继承的三代宗教之天帝观念，这是现代儒学所应该取的思想进路。换句话说，现代儒学的复兴或者重建，就是要使它返归或者重新获得原先就有的但后来失去了的它的宗教性，认为这是复兴儒教的关键。事实上，何光沪先生对于复兴儒教有着很大的期待。正因为如此，我们看到，在《中国文化的根与花》中，他推崇唐君毅、刘述先、余英时诸先生对于儒学的超越性所作的阐释。而且作为一个对于西方宗教思想文化有着深厚学养的宗教学者，他看到了儒教与基督教的相通之处，如他就认为，先秦的天帝观念就与西方的上帝观念颇为接近，因而，儒教的复兴，可以从基督教那里获得某种启示，这些认识确实是具有启发性的。至于如何从儒学之花返归儒教之根，何光沪先生提出了自己的具体思路："儒学何处'返本'？一向上，返归春秋以前的天帝观或天道观；二向下，返归民心深处的宗教性或超越性。儒学如何'开新'？一对外，对基督教神学和西方传统思想开放；二对内，对民众心智和社会生活开放。”① 其实，何光沪先生这样的思想进路确实是应该被重视的，但儒学之重建或者复兴采用返归于其所谓的原始儒教的天帝观念这样一种宗教之根，其现实性与可行性是可以讨论的。

由何光沪先生关于儒教问题的观点，再来看牟钟鉴与张践两位先生的论著，似乎是顺理成章的事，这样说的理由在于，何光沪先生曾对“中国宗法性传统宗教”这一提法存有疑义，认为它无法成为一种实存宗教的指代性名称。他说：“有些学者主张称这种中国宗教为‘中国宗法性传统宗教’或‘中国原生性宗教’。这两个名称确实描述了这种宗教的某些特性。但是，第一，这种宗教可能还有其他特性；第二，其他宗教完全可能具有这些特性；所以，若以特性描述作为宗教名称，那么一种宗教就会具有太多的名称，而且一个名称就可以指称太多的宗教。因此，这类‘名称’可以用于学术讨论，却无法成为一种实存宗教的指代性名称……”② 而首先提出所谓的“中国宗法性传统宗教”的就是牟钟鉴先生，张践先生也紧随其后，撰文论述“中国宗法性传统宗教”问题。对此提法存有疑义是一个方面；另一个方面，“中国宗法性传统宗教”所包含的内容与儒教是什么样的关系，对此李申先生提出了自己的看法，他认为“该文对‘正宗大教’的描述，正是儒教的重要内容”。在《儒教、儒学和儒者》一文的开头，李申先生述说任继愈先生重提儒教说以来，在传统文化研究领域绝大多数学者难以接受，但在宗教学研究领域，得到了越来越多的支持或者半支持，其中提到了牟钟鉴先生撰写的《中国宗法性传统宗教试探》（《世界宗教研究》1990 年第 1 期）一文，说：“该文认为中国古代，在佛、道二教之外，还存在着一个‘正宗大教’，并大致描述了这个‘正宗大教’的神灵系统与礼仪制度。该文批评研究中国传统文化的学者眼里只有佛、道二教，认为不研究这个‘正宗大教’乃是‘主导线索的丧失’、‘根本性’的‘失误’。该文虽不承认儒教说，但该文对‘正宗大教’的描述，正是儒教的重要内容。”③

① 何光沪：《中国文化的根与花》，载任继愈主编《儒教问题争论集》，宗教文化出版社 2000 年版，第 332 页。

② 何光沪：《中国文化的根与花》，载任继愈主编《儒教问题争论集》，宗教文化出版社 2000 年版，第 311 页。

③ 李申：《儒教、儒学和儒者》，载任继愈主编《儒教问题争论集》，宗教文化出版社 2000 年版，第 386 页。

把牟钟鉴所提的“中国宗法性传统宗教”放到儒教研究及其争论中来讨论似乎有点牵强，在牟钟鉴先生撰写的《中国宗法性传统宗教试探》，张践先生撰写的《儒学与宗法性传统宗教》（《世界宗教研究》1991 年第 1 期），以及在两人合著的《中国宗教通史》（上、下册）（社会科学文献出版社，2000）的论著中，他们都论述了中国古代的宗法性传统宗教问题，富有创见。但是他们所谓的“中国宗法性传统宗教”，并不是指儒教，从严格意义上来说，至少不是任继愈先生所界定的那个儒教。事实上，他们都不同意儒教是宗教的提法，试图把中国宗法性传统宗教与儒教区别开来，反对把中国宗法性传统宗教与儒教相混同的做法。同时，就两位先生对于中国宗法性传统宗教的论述来看，其思想观点是完全一致的，张践先生自己就说，他之所以撰写《儒学与宗法性传统宗教》一文，就是受到了牟钟鉴先生文章的启发，而且正是因为思想观点的一致，他们两位先生才会合作撰写《中国宗教通史》一书，并在中国宗教史研究上第一次把中国宗法性传统宗教列入其中，加以论述。但就他们各自发表在《世界宗教研究》上的论文来看，侧重点是有所不同的，我们先来看看他们两位先生是如何论述这个问题的。

关于这种中国宗法性传统宗教与儒学的关系，在《中国宗法性传统宗教试探》一文中，有三处专门谈了这个问题，我们把这些内容全部印录于此，可以从中看出，牟钟鉴先生试图去厘清两者之间的关系，也是试图厘清学术界在讨论与争论这一问题时所出现的误解。在承认两者之间关系密切，内容也有交叉的同时，主要对它们在学理上加以区分。牟钟鉴先生说：“儒学算不算宗教？儒学在中国中世纪思想文化中占主导地位，佛、道为之辅翼，其他宗教的影响更无法与它相比。假如儒学是宗教，它便是中国历史上最大的宗教。史家习称‘儒、释、道三教’，然而这里的‘教’乃是教化之义，非宗教之称。宗教的基本特性是出世性，构造出一个超人间的世界，认为它能拯救人间的苦难，使人得到解脱。儒家的天命鬼神思想确实包含着某种宗教性，但其基本倾向是入世的，以修身为出发点，以平治天下为最后归宿，所以它不是宗教。”① 对于儒学与宗法性传统宗教作出这样的区分是有意义的，它充分意识到了儒学与宗教之关系的复杂性，并且至少可以避免以儒教取代儒学，从而把儒学的历史与理论完全改写成儒教的历史与理论所产生的片面性。他还说：“宗法性传统宗教与儒学确有交渗的地方，例如儒家经学中的

① 牟钟鉴：《中国宗法性传统宗教试探》，《世界宗教研究》1990 年第 1 期。

礼学，有很大一部分就是研究祭礼和丧礼的，它是传统宗教的理论基础；一批儒家学者热心于宗教祭祀，不同程度地参与了祭丧之礼的修订和实行；儒学中的天命论和鬼神思想是传统宗教神学的重要内容。但儒学不等于宗教：儒学只是有一定的宗教性，但又有更多的非宗教性，它的轴心不在宗教祭祀，而在修身治国，所以主流派重人事、轻鬼神，出现过一批主张无神论的儒者。传统宗教有确定的典章制度，有独立的前后相继的历史传统，为官方所掌握，基本上不受儒学学派分化和儒学思想起伏的影响。也就是说，儒学有自己的学统，宗教有自己的教统，彼此影响但保持着相对独立的地位。”①在论文的结尾处，对宗法性传统宗教的主要内容特质及其历史命运和作用，有五个方面的概括，其中的第四方面，牟钟鉴先生再一次谈到了宗法性传统宗教与儒学的关系，他说：“宗法性传统宗教同儒家的礼学关系密切，或者说儒家的天命鬼神思想和关于吉礼凶礼的论述正是传统宗教的神学理论，因此两者有所交叉。但儒学毕竟是理论形态的学术文化，而传统宗教是以祭祀活动为中心的实体化和实践化了的社会事物；儒学以理性为基础，追求成圣成贤、安民济世，传统宗教以信仰为基础，期望神鬼护佑，两者不可混为一谈。儒学中有宗教的成分，有些儒者热衷于宗教祭祀，但敬鬼神而远之者居多，并且只是看重宗教的德性教化功能，并不真信鬼神，宗教祭祀并非儒学题中应有之义，儒家主流派的兴趣仍在现实人生与社会伦理上面。由于得不到儒家学者强有力的支持又受到中国传统文化重现实、轻彼岸的影响，宗法性传统宗教的理论便发达不起来，未能形成博大严整的神学体系。”② 总之，在牟钟鉴先生的论述中，儒学与宗教的关系具有两面性，不是简单地将儒学说成是宗教就能够解释清楚这种复杂性的。

在对于中国宗法性传统宗教的研究中，牟钟鉴先生主要论述了中国宗法性传统宗教的特征及其祭祀活动等一些问题，重在揭示这一宗教形态存在的事实，并着重分析其功能，也兼顾到了与儒学的关系，具体来说，牟钟鉴先生认为，在中国历史上，在佛、道二教之外，存在着一种大的宗教，这种宗教一直作为正宗信仰而为社会上下普遍接受，并且延绵了数千年而不绝，他把这种宗教称为“宗法性传统宗教”。他是这样来定义这种宗教的：“中国宗法性传统宗教以天神崇拜和祖先崇拜为核心，以社稷、日月、山川等自然

① 牟钟鉴：《中国宗法性传统宗教试探》，《世界宗教研究》1990 年第 1 期。

② 同上。

崇拜为翼羽，以其他多种鬼神崇拜为补充，形成相对稳定的郊社制度、宗庙制度以及其他祭祀制度，成为中国宗法等级社会礼俗的重要组成部分，是维系社会秩序和家庭体系的精神力量，是慰藉中国人心灵的精神源泉。"[①] 说到这种宗教的特点，牟钟鉴先生举出了下列几点：（1）来源的古老性；（2）发展的连续性；（3）仪规的宗法性；（4）功用的教化性；（5）神界的农业性。然而就牟钟鉴先生对于中国宗法性传统宗教的论述来看，主要集中在宗教祭祀活动方面，他用了很大的篇幅来叙述从敬天祭天、祭祖丧葬到社稷日月与其他方面的祭祀活动，对于这些祭祀活动的意义与方式都有详细的描述，着重于分析其功能与意义。尤其值得注意的是，牟钟鉴先生关于传统宗教与礼俗关系的辨析，指出在中国古代的一个十分重要的现象是传统宗教与礼俗的融为一体，对于这一现象加以描述，揭示其过程，分析其原因，解释传统宗教之所以能够长期兴盛而不衰落，就在于具有民间风俗这样一种深厚的社会基础，他是这样来说明的："由于古人多从礼教的角度处理宗教祭祀，因此特重祭坛建制、仪规仪注，比较忽视宗教信仰与宗教理论的建设和深化，满足于关于天命鬼神的一般性观念。这样，宗教性常被世俗礼教的形式所淹没。从礼与俗的关系上说，上层贵族的宗教礼仪，逐渐影响到下层民间风俗，如祭祖、祭社、蜡祭等；而有些民间宗教习俗也被贵族所吸收，变成国家的正式祭典，如祭灶、祭户、祭关帝等；形成上下交流，使得传统国家宗教具有民间风俗的社会基础，因而能够盛行不替。"[②]

张践先生着眼于儒学与中国宗法性传统宗教的关系，一方面论述了儒学与中国宗法性传统宗教有着明显的差别；另一方面又指出了两者之间关系密切、互相影响。在张践先生看来，中国宗法性传统宗教为儒学稳定价值，儒家为中国宗法性传统宗教厘定礼仪。张践先生认为，如果将儒学与宗法性传统宗教加以区别，就能解决儒学是不是宗教的问题，他撰写的《儒学与宗法性传统宗教》通篇就是围绕这一主题展开的，也是希望通过辨析儒学与宗法性传统宗教的关系，来解决儒学是不是宗教的问题，从而为学术界讨论或者争论这个问题提供了一个思路。具体来说，首先他认为，宗法性传统宗教是在三代创立的一种正统国家宗教，它有一套完整的宗教理论与礼仪体系，在三代是古代国家唯一的社会意识形态。在三代，一方面原始先民的自然崇拜

① 牟钟鉴：《中国宗法性传统宗教试探》，《世界宗教研究》1990年第1期。

② 同上。

逐渐演化为古代宗教中的天神崇拜，天神是百神之长，统领着日月星辰、江河山川、鬼魅物灵，构成了相对于人间的彼岸世界；另一方面，祖先崇拜发生于氏族社会，而中国古代社会是从氏族社会制度中脱胎而来，非但没有抛弃氏族血缘组织的外壳，还把宗法血缘网络改造成为社会的组织机构，所以在中国古代宗教中，以父系血缘为基础的祖先崇拜特别发达，形成了严格明细的祭祀制度，依宗法血缘的亲疏等级来规定祭祀意识则是中国古代宗教的特性。张践先生说，正是由于宗法性在古代宗教中占有特殊地位，所以他与牟钟鉴先生把这种宗教称为宗法性传统宗教。孔子儒家学派的创立，是基于对周礼中所包含的宗教以及世俗内容进行了深刻的理论思考，创立了自己的宗教观。张践先生说："孔子的宗教观服务于他'治国平天下'，'老安少怀'的政治理想，并决定了儒学与宗法性宗教在中世纪各自的发展方向。"[①] 这样一种宗教观表现在两个方面对于传统文化的继承、改造与转化上，一个是天人关系，孔子并没有完全否认主宰之天的存在，但在孔子的观念中，对于天的认识，与古代宗教相比，人格性的东西减少了，哲理性增强了，天有时被看作是一种自然之身，是人类无法认识、无法控制的各种异己力量，孔子不突出天的意志性、情感性，而是强调更具有规律性色彩的天命这一概念。因此，在张践先生看来，孔子其实是将古代宗教中的天神哲学化了，活生生的上帝变成了一条看不见、摸不着的法则——天命。另一个是形神关系，灵魂观念是宗教的重要基石，有了灵魂，才有神灵鬼怪，才有彼岸世界，也才有个人精神的轮回与解脱，无疑这正是宗教最吸引人的地方，也是宗教与人的关系最紧密的地方。在孔子的时代，传统宗教势力还十分强大，但是他不仅怀疑鬼神的存在，而且对于死后的世界给予了不可知的回答，这样实际上关闭了通往彼岸世界的大门。孔子对于传统文化所作的这样的改造与转化确实是有意义的，这是张践先生论述孔子宗教观时，就思想内容方面所作的分析。但是任何一种宗教除了思想内容外，还有所谓的礼仪活动等一些外在的表现，从宗教学的角度看，宗教观念是宗教的核心，宗教礼仪活动是宗教观念的外化和表现。在这一方面，张践认为孔子却出现了一种极为矛盾的现象。尽管孔子对于宗教观念有着一种存疑的态度，但对于宗教礼仪与祭祀活动，却倾注了巨大的热情。怎样来看待孔子的这种态度，张践先生认为，孔子之所以对于宗教祭祀活动中的礼仪如此认真，因为他是从这种祭祀

---

① 张践：《儒学与宗法性传统宗教》，《世界宗教研究》1991 年第 1 期。

活动的社会功用这一角度来看待宗教的，而且这也是与他的政治主张相一致的。在政治上，孔子主张巩固宗法制度，维系血缘家族的团结，而在宗教上，祭祀礼仪活动正是宣扬孝道，培养人们宗法等级观念的好机会。这一切就使得孔子其实处于一种两难的困境，为了摆脱这种困境，孔子提出一方面以虔敬的态度去从事宗教祭祀活动，另一方面不要深究鬼神到底是否存在。张践先生显然充分认识到了孔子所说"敬鬼神而远之"的深远意义及其影响，认为这表现出了儒家在以后的发展中，在处理与宗教问题的关系上，既不反对，又保持距离，使得儒学走上了一条独立发展的学术之路。他说："'敬鬼神而远之'构成了儒家宗教观的核心，后世儒家既不反对宗法性宗教，又与其保持了相当的距离，走上了一条独立发展的学术文化道路。"[①] 接下来他从五个方面具体进行了分析：(1)"敬鬼神而远之"消除了人们对天神的亲近感、依赖感，这些情感正是宗教生成的基础；(2)孔子对鬼神、来世"存而不论"的方式，把人们的注意力引向了现实的人生问题；(3)儒家有圣贤崇拜的倾向，但儒家的圣贤崇拜与教徒们对神的顶礼膜拜有着本质的不同；(4)孔子对鬼神的态度，使得无神论也成为儒学的重要传统；(5)《易传》从孔子"敬鬼神而远之"等思想中，发展出了"神道设教"这样一个命题，不仅为后世儒家所遵奉，而且成为国家宗教政策的基石。就张践先生《儒学与宗法性传统宗教》一文来看，尤其值得重视的是，它把中国宗法性传统宗教以春秋战国为界限，划分为前、后两个阶段，这两个阶段是由于儒学的产生及其独立发展造成的，并且各有其特点："前一阶段有教亦有学，具有比较完整的宗教形态，处于社会思想文化的核心地位。春秋以后，诸子百家纷纷从古代宗教的母体中挣脱了出来。但是宗法宗教本身却没有消亡，而是同世界上大多数宗教一样，进入世俗化的阶段。即逐步从包含着哲学信念、道德伦理、行为规范、治国方略的意识形态统一体，转化成一种纯粹的宗教礼俗。人们更多地关注宗教活动的礼仪和形式方面，对宗教理论和信仰的探讨反倒被忽略了，学教分离，有教而无学。"[②] 当然尽管秦汉以后的宗法性传统宗教是一种高度世俗化了的宗教，偏重于礼俗而缺乏理论，但它毕竟不同于一般的民俗礼仪，而是宗教礼俗，在礼仪的背后有着深刻而又完整的宗教世界作为背景，并且形成了前后相继的传统。在春秋战国以后，随着儒

① 张践：《儒学与宗法性传统宗教》，《世界宗教研究》1991年第1期。

② 同上。

学的创立，所导致的传统宗教的世俗化，就形成了儒学与传统宗教各自独立发展的道路，这样一来，在秦汉以后它们之间的关系就具有相当的复杂性，正是这样一种复杂性，导致学术界至今仍然在争论儒学到底是不是宗教，以及儒学与宗教的关系问题。张践先生对此进行了分析，简单说来，他认为，儒学与宗法性宗教有着明显的区别，但两者关系密切、相互影响，宗法性宗教为儒学稳定价值，儒家为宗法性宗教厘定礼仪。不仅如此，两者的价值取向一致，典籍文献合一。

如上所介绍的任继愈、李申、何光沪、牟钟鉴与张践诸先生的研究构成了这个阶段关于儒教或者围绕着儒教问题（不管承认还是否认儒学是不是宗教）进行的讨论与争论所取得的主要成果。关于这些成果的意义，陈明先生的一段评价作了较为中肯的说明。这一评价不再拘泥于儒教是宗教或者不是宗教这样比较狭隘的分歧与争论上，而是站在对于传统思想文化的理解进行深化，并且尝试在当代的背景下思考如何重建儒家文化这样的角度，来评述这几位先生的研究成果的，不妨引录在这里："虽然诸家观点差强人意且均有所本，旧事重提也极大地促进了当代对于儒学传统之理解的深化和有中国特色之宗教学理论体系的建设，就此而言任先生等可谓功不可没。因为'五四'以来中国思想界主流的看法是将其化约为哲学，参照西方学术范型进行研究解读。如此管中窥豹显然遮蔽甚多。而从宗教角度切入，一方面也凸显出了儒学在思维价值诸层面相对于西方的自身特点，另一方面强化了人们对儒学与民族生命生活之内部关系的关注，从而把问题的研究推向文化认同、政治建构等生活世界。我认为这才是作为文化研究的儒学之真正所属的广阔领域。同时必须指出，在探讨'儒教是不是教'的问题已经又有了20多年的时间之后，人们还在汲汲于谈论一些较早的立论中对宗教评价的历史痕迹和论述时对儒教理解表述的机械生硬，等等，表明直至目前的儒教研究尚处于初级阶段，在有的情况下甚至没有完全排除某些人为因素的影响。因此，我要强调何、牟的成果对这一研究所具有的推进作用：如果说何超越了对宗教评价的偏见，牟则超越了'对儒教理解表述的机械生硬'。不知他们是否意识到自己的工作客观上具有将儒教研究目的从批判性转换成为建设性的深层意义？可以说，从利玛窦到康有为，包括唐君毅、牟宗三，他们的努力给后人昭示的都是这样一条正轨。”①

如果把牟钟鉴与张践两位先生排除在外，因为无论是主观上，还是客观上，他们都不认为儒学是宗教，尽管承认两者之间有着密切的联系；任继愈、何光沪与李申三位先生关于儒教问题的研究确实是做了很多的工作，而且正如陈明先生所说的那样，他们功不可没。相比较而言，在这一阶段，否认儒学是宗教的这一面的成果较为有限，似乎与前一阶段的情况正好相反。必须指出的是，这一时期对于儒教是宗教论者的批评，并没有跟上倡导儒教是宗教论者的步伐，他们对于任继愈、李申先生等的最新论著关注不够，表现在他们的批评仍然针对的是任继愈先生在1980年前后所发表文章中的观点，如周黎民、皮庆侯两位先生的《儒学非宗教论——与任继愈先生商榷》就是这种情况。当然针对李申先生的《中国儒教史》一书的不同意见，以及围绕着《中国儒教史》所产生的争论是一个例外，而恰恰这个例外构成了这一阶段围绕儒教问题的争论之重点与热点，批评与反批评之声此起彼伏。有关这方面的论争，主战场是在网络上，在国家正式出版的刊物公开发表的文章不多。还有一点值得注意，一些学者在这一时期似乎修正了自己早些时候的观点，如张岱年先生，我们已经知道，他在《论宋明理学的基本性质》一文中，通过具体的比较分析，认为宋明理学不是宗教，这样的观点是直接针对任继愈先生关于宋明理学的建立是儒教的完成而来的。但到了1998年《文史哲》编辑部组织的笔谈中，张岱年先生有了另一种说法，他说：“假如对于宗教作广义的理解，虽不信鬼神、不讲来世，而对于人生有一定理解，提供了对于人生的一定信念，能起指导生活的作用，也可称为宗教，则以儒学为宗教，也是可以的。”② 如果说张岱年先生这里所说还有一个假设性的前提，那么，下一段话就是直言了，他说：“孔子提出的人生必须遵循的为人之道，使人民有坚定的生活信仰。在这一意义上，孔子学说又具有宗教的功用。可以说孔学是一种以人道为主要内容、以人为终极关怀的宗教。”③由此可见，儒学与儒教具有相当复杂的关系，而人们对于它是否是宗教的认识，也可以表现出相当复杂的情况。

---

① 陈明：《中国文化中的儒教问题：起源、现状与趋向》，载《宗教研究四十年》，宗教文化出版社2004年版。

② 《“儒学是否宗教”笔谈》，载任继愈主编《儒教问题争论集》，宗教文化出版社2000年版，第411页。

③ 同上。

第三节　2000年至今的儒教问题研究

进入21世纪，总体说来，对于儒教问题的研究，已经超越了儒教是宗教还是非宗教，并对此展开争论的狭隘模式，而呈现出多元化的趋势。当然这并不是说学界已经完全跳出了争论，不再论述儒教是宗教还是非宗教的问题，更确切地说，这个时期，关于儒教问题的研究，不是就此问题进行解构，而是重在建构，就是说，认为儒教是宗教论者，他们在这个时期的工作是要论述为什么说儒教是宗教，对此他们在建构儒教是宗教的理论体系；而认为儒学不是宗教的学者，同样在解释它为什么不是宗教，尝试从理论上加以说明，也同样在建构体系。因此这一时期，少了些喧闹与浮躁，多了些沉潜与理性，并且与1978年前后任继愈先生提出儒教是宗教说时，对儒教的性质之认定完全不同。在第三阶段，何光沪先生早先提出的重建儒教的构想似乎得到了一些儒教研究者的认同，尽管在具体的做法上有着明显的差异，因为何光沪先生是借助于基督教的模式，而这个时期倡导儒教的学者们主要是站在中国文化本位的立场上，而这种立场正是基于在全球化的大潮中，中国文化的定位及其如何参与到全球文化的建设之中这样的思考下，来建构儒教传统的。同时可以欣慰地指出的是，一批具有深厚儒学素养，并且具有当代文化视野的年轻学者给予儒教在当代学术氛围中的重建问题提供了许多很有价值的思考，这些思考或许不尽完善，但确实富有启发性，这些年轻的学者包括陈明、康晓光、彭永捷等先生。

在21世纪的儒教研究与争论中，首先要特别提到的是余敦康先生。严格说来，他并没有参与其中，他自己就说不参与这类讨论，没有为此写过文章，在公开的场合也很少谈论所谓的儒教问题。当然有例外，那是2002年年初，在“儒家与宗教”研讨会上，余敦康先生有一个发言，这个发言，正是横空出世，引起了轰动，也引起了新的争议。这个发言主要是说，“这个‘儒学与宗教’的问题，在我看来，在大陆学界是个假问题，是一个意识形态争论的问题，而不是一个真正的学术问题”①。为什么是个假问题？余敦康先生解释，“首先有一个意识形态的顽固性，这一点我极为不满。另外呢，事先设定儒学是个不好的东西，不好的东西，那就是宗教。宗教是什么呢？

① “儒家与宗教”研讨会现场录音（一），载www. confucius2000. com网站，2002年2月11日。

就是鸦片，就是维护那个专制王权，为那个而服务，一整套专制王权靠儒学来支撑了几千年，现在我们不要它。儒学在这里面，起了这么一个作用，所以把它定位为儒学是宗教”。如果针对1980年前后关于儒教问题的讨论与争论来说，余敦康先生的这个发言可谓一语中的，提醒人们注意引发这个争论的背景。① “儒学与宗教”的问题虽然是个假问题，余敦康先生认为只要不是从意识形态上来推定，把儒学是不是宗教作为一个政治原则，而是把它作为一个学术问题，进行学术上的争论，这种争论没有必要作出定论，完全可以长期争论下去。余敦康先生的这个思想，其实早在1994年发表在《世界宗教研究》上《关于儒教的研究》一篇短文中就说得十分清楚了。余敦康先生说："关于儒教能不能算作一种宗教，作为一个纯粹的学术问题，见仁见智，是可以长期争论下去的，一时半时恐怕难以作出定论，实际上也不必有什么定论。但是儒教（或称儒学）在中国传统文化中一直居于主流地位，并且从总体上规定了包括宗教文化在内的传统文化的面貌，却是一个不争的事实，许多有识之士对这一点都达成了共识。儒教的思想基调是入世的，关注的重点在于现实世界的人伦日用之常。这种世俗性的特点，对中国宗教文化的发展产生了极为深远的影响。佛教的中国化，道教与佛教抗衡之所以立于不败之地，伊斯兰教以及基督教在中国的传播、演变，都和接受儒教的影响有着十分密切的关系。如果不充分估计这种影响，忽视儒教的研究，便无从深入准确地把握中国宗教文化的特点。"② 余敦康先生对于儒教的研究之重要性看得十分透彻，不仅如此，他还提到了儒教研究参与到全球文化交流的问题，说："随着中国国力的增强，中国的文化走向世界，参与世界性的文化交流了。我觉得，关于儒教的研究应该提到议事日程上来并予以高度的重视。"③ 余敦康先生的观点，实际上已经超越了儒教是宗教还是非宗教的争议，站在世界文化的交流这个角度，为儒教研究提供了新的活力。只是在一段时间内，他的意见并没有受到重视，到了21世纪后，儒教研究与争论才有了一些新的思路与方向。

陈咏明先生的《儒学与中国宗教传统》，2003年在大陆与台湾同时出版，通过分析儒学与中国宗教传统的关系，解释儒学为什么不是宗教的问

① "儒家与宗教"研讨会现场录音（一），载www.confucius2000.com网站，2002年2月11日。

② 余敦康：《关于儒教的研究》，《世界宗教研究》1994年第4期。

③ 同上。

题，厘清了儒学与宗教的关系。应该说，就坚持儒学不是宗教的学术成果来说，这是一本重要的著作，可惜未能受到学术界的重视。孔繁先生在为此书所作的“序言”里有这样的评价：“这是一部很见功夫的著作，非深通哲理者和深通历史者，是不足以谈论功夫的。”[①] 孔繁先生进一步评说：“作者称他撰写本书主要探讨儒家的宗教观。儒家并非宗教，不相信有彼岸。它面向现实社会，追求的是世俗道德，而非神灵天堂。虽然儒家定性为非宗教，然而探讨儒家的宗教观，却是研究儒学的一个重要课题。宗教乃是上古历史文化的一个源头，儒家作为中国传统文化，亦是由宗教这一历史源头疏离出来的。儒家文化在继承传统形成自己的传统的过程中，不能不受到宗教文化的制约。因此，儒家虽非宗教，却在自身发展的源流上，与宗教有不解之缘。作者将儒家和宗教摆在同样的东方中国特殊的历史条件下加以考察，而认定古代中国宗教的特殊性影响到中国儒家之非宗教的特殊性。全书自始至终充满着辩证思维，在肯定评价儒家思想之合乎理性的同时，丝毫没有贬低宗教存在的合理性及其历史意义。”[②] 孔繁先生在这里对于陈咏明先生《儒学与中国宗教传统》一书的评价，事实上同样反映了他对于儒学与宗教及其两者之间关系的看法，这样的认识，显然是符合实际的，因而是十分重要的。

《儒学与中国宗教传统》是一部从宗教视角研究儒学的著作，探讨了儒学的宗教观。在此书中，陈咏明先生认为，儒学作为中国古代社会2000多年的正统思想，其实是缺乏我们在现代意义上所定义的“宗教”一些重要的属性与内涵。举例来说，它不以出世解脱为终极目标，也不存在严格意义上的、与世俗职务划清界限的那种专门的教会或者独立的神职人员团体，还有它缺乏如别的宗教那样所建构的宗教性宇宙结构论，在形态上也不存在超验与世俗的紧张对立。陈咏明先生认为，儒家的社会政治理想，明显地诉诸世俗的道德而不是宗教的权威。尤其重要的是儒家基本上否定灵魂、神灵和神性意义上的鬼神存在。正如人们所知的那样，灵魂观念是宗教的一般特性与理论基础，而儒家则以无神论的倾向和现实世界的定位，凸显出了鲜明的特性。这一观点，是贯穿于《儒学与中国宗教传统》一书的主题。围绕着这个主题，陈咏明先生从儒教之世俗性的确定、理性主义特征、无神论倾向三个方面展开论述。（1）陈咏明先生认为，儒教的世俗性的确定，是与商、周两

① 孔繁：《儒学与中国宗教传统·序言》，宗教文化出版社2003年版。

② 同上。

代的宗教传统的特殊性密切相关的。商代的宗教具有一个不同于一神教或者多神教的多元的上帝系统，这种系统缺乏确定的神话原型，在文明高度发展的阶段中，宗教祭祀与繁多的巫术形式并存。同时商民族作为中国上古的东方复合民族，他们富有热情奔放的浪漫主义精神，把更多的情感投入祭祀活动本身，而不十分关注所祭祀的对象。周代宗教的至上神或者天的信仰同样缺乏神话原始类型或原始意象，而又标出明显的自然化、规律化、抽象化的趋势。加之很少显示神迹或超自然能力的特征，造成上帝神性向代表社会秩序的自然法则转化。(2）关于儒教的理想主义特征，陈咏明先生是从分析春秋战国的社会历史中找到其根源的，这可以向上追溯到西周的宗法制，他认为这一制度本身，不断地使许多小宗的贵族子孙，在若干的时代之后，自然地遗落了他们祖上原有的贵族身份，而成为平民。同时宗法制作为化解内部矛盾、维持贵族团体利益的工具，又天然地制造并壮大最后瓦解自身的异端群体。到了春秋战国时期，战乱又进一步加速了宗法制的崩溃，失去了贵族身份而又掌握着一定文化知识的贵族后裔迅速增多，最终形成了一个具有政治主导力量的士民阶层。正是这个社会群体提供了包括儒家在内的参加百家争鸣的诸子学派，同时他们被抛离贵族阶层，或者从宗法制度的分裂瓦解中破壳而出的时候，本身即成为一种宗教权威的异己力量，与密切联系宗法制的宗教传统有一种天然的疏离感觉。在陈咏明先生看来，士民阶层在遗失了贵族身份的同时，也在一定程度上摆脱了神权的羁绊，而能从新的社会地位找到倾向于非宗教性的新的视角审视社会现实。(3）陈咏明先生认为，儒教的无神论传统这一特征，也是与它本身的矛盾与理论形态之特点有关。因为儒教的社会理想定位于现实社会政治的合理性，它的价值系统的核心是强调人与人之间的关系，进而推展为世俗道德体系，而不是基于宗教信仰和人与神之间关系上的宗教道德体系。而且儒家所追求的道德伦理目标的实现，是建立在人们对于行为规范的自我判断与自我修养的基础之上的，行为的合道德性，不是依靠神的意志和外在的他律约束。另外，儒家建立起《易传》那样符合经验世界的认知模式，使得其宇宙论和自然观方面停留在理智经验的范围之内，不越雷池一步。

以上三点可以说是此书的基本观点和主要的内容。但为便于了解，这里还是把它的纲目罗列如下。全书分成四个部分九章，第一部分：商代之“帝”与周代之“天”。这一部分包括两章，分别叙述了商、周两代的宗教形态。第一章讨论了商代之“帝”的多元性问题，其内容有儒家学说与三代传统，商代社会历史的特殊性，殷墟甲骨卜辞中“帝”的神性与地位，“帝”为商人先公先王的通称，多元的“帝”之群体，殷代之尊神事鬼的特征。第二章是关于周代的上帝与天命问题的，主要包括了下列内容，周克商之后文字与始祖两大疑案，殷周之际鬼治主义的延续，西周之天的多种属性，这些属性包括了所谓的语源学上的本义，即天是一个蕴含崇高美的抽象概念，天的宗教至上神意义，天的信仰与周代各族的神话原始类型的关系，“天命”之道德规律化，“天”的命运内涵，天之作为“体”而言的自然空间义。第二部分：儒家学说与宗教，这一部分分为三章。第三章叙述了春秋战国时的士民阶层与社会思潮，包括的内容有西周宗法制与士民群体，春秋战国时期民本思想的发展，巫觋政治之衰落的时限与过程。第四章论述了儒家的世俗道德学说和政治理想，包括孔子所建立的道德原则和人格理想，儒家的社会政治理想，孔子的历史理性，孔子的天命观，早期儒家对经书的态度。第五章讨论了战国诸子的宗教批判运动，重点叙述了儒、道、法、墨诸家在批判宗教过程中所提出的思想观点。第三部分：战国至两汉的儒学与宗教，也有三章。第六章叙述了秦汉之际的神秘主义思潮与儒学，主要内容有战国时期政治变法的世俗定位与道德缺失，阴阳五行思想与儒家，五帝传说与前代天命思想之裂隙，战国末流行的“三仙山”神话及其他民间通俗信仰。第七章讨论了董仲舒的思想体系的特色与神学外壳，内容有汉初儒生与政治，董仲舒“神学”中的理性与非理性，神学外壳及“大愚”之罪。第八章论述了汉代的经学问题，包括的内容有《易传》宇宙图式中的认知结构，关于“神道设教”问题，两汉经学与谶纬，谶纬之消亡。第四部分：儒教无鬼论，这一部分只有一章，叙述了儒学的祭祀之礼，“三代以下不闻有真鬼神”，鬼神为气说，尘埃落定的程朱鬼神论。

就坚持儒教是宗教的学者来看，在这一时期，李申先生依然唱着主角，他继续着儒教问题的研究，不断有新的论著问世，主要有四川大学出版社出版的《儒学与儒教》，河南人民出版社出版的《中国儒教论》等论著，尤其是《中国儒教论》一书，试图从儒教研究的理论体系的建构上来回答什么是儒教的问题，应该说这是倡导儒教是宗教论者又一项十分重要的工作；任继愈先生在为《中国儒教论》所作的序中称此书是对中国儒教的全面剖析，它以问题为中心，对儒教性质、理论价值、社会作用、思维方式各方面进行了横剖面的展示。在谈到《中国儒教论》一书的著述时，李申先生自己这样说道：“本人所著《中国儒教史》，其目的是通过史实向读者展示儒教发生发展的历史，以求读者在了解史实的基础上，弄清儒教的宗教性质。本书则企图在《中国儒教史》的基础上，展示儒教的各个方面，并通过与其他公认的宗教进行比较，通过进行这种比较所揭示的宗教本质，来阐明儒教的宗教性质。”①《中国儒教史》与《中国儒教论》具有一脉相承的关系，《中国儒教史》通过梳理历史来论述儒教是宗教的问题，而《中国儒教论》也是要论证儒教是宗教。对此，李申先生说得十分明白：“《中国儒教史》和这本《中国儒教论》，只是全面、系统和深入研究儒教问题的开始。它的任务，还主要集中于论证儒教是教，以回答世人对于儒教是教非教的疑问。”在李申先生看来，要回答儒教是教非教，还不能完全按照著者本人对于什么是宗教的理解来论述，必须首先回答当前学术界对于儒教是教非教所提出的一系列问题。这些问题包括儒者是否信神？孔子是人是神？孔子对待鬼神的态度如何？儒教有没有自己的彼岸世界？儒教有没有自己的组织？谁是教徒？此外还有出世、入世问题等。李申先生认为，要回答这些问题，就必须确立起以神的信仰为中心，他说：“以神的信仰为中心，派生出一系列的宗教观念和宗教设施。至于派生出哪些观念、什么样的设施，各种宗教并不一样，同一个宗教在不同时代也不相同。以对宗教这样的认识回头来看儒教问题，许多问题就比较以前清楚多了。”

既然是要来回答儒教是不是宗教的问题，当然首先碰到的问题是什么是宗教。李申先生在导论的第一部分就专门讨论了这个问题，在他看来，“当我们碰到一种社会现象，在此范围之内的人们都相信神祇的存在，并且乞求神祇的帮助来解决他们的问题。而当他们接到自认为是神的指示之后，原则上又认为必须按神的意志行事，那么，这样一种社会现象，就是宗教。”解决了什么是宗教的问题之后，紧接着要回答的就是什么是儒教的问题了，他首先引用何光沪教授在他《多元化的上帝观》导言中对英语 religion（宗教）一词的本义所作的分析，指出它源于拉丁文 religare 或 religio。“前者义为‘联结’，指人与神的联结；后者义为‘敬重’，指人对神的敬重”，李申先生认为，按照这种解释，那么所谓宗教，乃是人与神的关系。以此来观照儒教，李申先生说：“在儒教中，人与神的关系，集中表现为天人关系，即上帝与人的关系。”在儒教中上帝与人的关系如何呢，他进行了具体的分析，

① 笔者手头没有正式出版的李申先生所著《中国儒教论》一书，承蒙李申先生给了我此书的电子版文本，以下所引，就出自这一电子版文本。

首先是从儒家经典开始的。他说，儒教的经典，最后确定为十三部。孔子当时用来教授学生的，主要是诗、书、礼、乐。《诗经·文王之什·大明》道："维此文王，小心翼翼。昭事上帝，聿怀多福。"《礼记·表记》引用了这段话。郑玄注为："昭，明也。上帝，天也。"因此，昭事上帝就是事天，事天就是昭事上帝。这是古老的传统，也是孔子传授学生的基本内容。所以到了唐代，孔颖达为郑笺《毛诗传》作疏，将此句释为："明事上天之道。"依据古老的传统，事神的基本手段，就是向神祇献祭。献祭需要一定的仪式，这就是所谓礼。而祭礼，是儒教礼仪中最重要的内容："凡治人之道，莫急于礼。礼有五经，莫重于祭。"（《礼记·祭统》）学界普遍承认的、孔子所特别重视的礼，也就是这个有"五经"（五类）、以祭礼最为重要的礼。祭礼中，最重要的又是祭祀上帝。向上帝献祭，乃是事天最重要的手段，也是礼最重要的意义。而事天，就是把天当作太祖加以祭祀。在这些论述中，李申先生引录《荀子》、《礼记》与《史记》等典籍相关资料作为证据，得出的结论是，春秋战国直到汉代，儒者们都普遍认为，通过一定的礼仪向上帝献祭，乃是事天的重要手段。早期的情况如此，但是后来发生了变化。李申先生认为，然而至少在春秋、战国时代，传统的祭祀观念就受到了批判。人们认为，要使神祇高兴，最重要的不是祭品的丰盛、贵重，而是人的德行。在这一时期，对神祇的规格以及相应的祭品的数量，都作出了规定。而德行，日益成为取悦神祇的主要手段。到汉代，孝在各种德行中逐渐突出出来，成为最主要的德行，因而孝也就成为事天的最重要的内容。经过这样的分析，在李申先生看来，对于儒教是宗教应该是确定无疑的了，所以他说："认为有一个天，或者称为上帝，存在着，并且要用某种方式加以事奉，仅这一点，就足以说明儒教是一个和其他宗教性质完全一样的宗教。"

如何评价儒教在历史上的作用问题，一直是关于儒教是宗教还是非宗教的研究与争论中一个十分重要的问题，前面已经多次说到这个问题，至少可以确定在早期的讨论中，持否定的意见占据主要地位，不管是承认儒教是宗教，还是否认儒教是宗教的学者。而在《中国儒教论》中，李申先生的认识是对它进行二分法，一方面提出要充分认识到作为封建文化主体的消极性，指出它有不适应现代社会生活与社会制度的一面，同时也肯定了它所具有的历史意义的一面。具体来说，它的君臣父子之论、三纲五常之说，不适用于现代社会。因为现代社会没有君，也就无所谓臣。虽然父子关系无所逃于天地之间，夫妇关系也会仍然存在，但相互平等的原则是现代社会的标志，而无所谓纲常关系。至于儒教的天命鬼神信仰，以及与此相应的以祭礼为核心的礼仪制度，由于现代社会不信鬼神，也失去了立足之地。也就是说，儒教适应当时的社会生活所规定的人的言行规范和价值观念，已经不再为现代社会所需要，也不能与现代社会相适应了。李申先生认为，同时必须看到，尽管这些规范和是非美丑的价值观念不适用了，但是这些规范和价值观念由以出发的认识成果，却永远是我们的宝贵财富。就像当我们拆掉旧房盖新房的时候，我们所依据的盖房原理，是在旧房基础上发展起来的。这些原理，其中一部分在今天还能继续运用，即使那些过时的部分，也具有历史的意义。研究它们，会使我们明白前人认识世界的曲折道路，从而使我们尽量避免可以避免的曲折，用较少的付出获得较多的成果。这样的认识，对于倡导儒教是宗教的学者们来说，特别是在1980年前后这样的特殊背景下所提出的儒教是宗教这样的观点时，无疑是值得充分肯定的。

2005年中国社会科学院世界宗教研究所儒教研究中心成立，这是国内第一个开放式的国家级儒教研究基地，中心成立后，编辑出版了《中国儒教研究通讯》的内部刊物，此刊成为有关儒教研究与争论的主要阵地，刊载了儒教研究的文章。由这些论文可以看出这一阶段儒教研究与争论的一些新的信息与倾向，这也成为这时期儒教研究与争论的新的特色，即儒教研究试图超越儒教是宗教还是非宗教这一狭隘模式，从与世界其他文化的交流与在全球化的背景下中国文化的复兴或者重建这一高度来讨论儒教问题，对此提出了一些富有启发性的观点。罗列这些文章的题目，就可以略知其内容的梗概，它们是蒋庆的《关于重建中国儒教的构想》，韩星的《论大陆儒教派的学术理路》，陈勇的《关于儒教争论中的方法论问题》，田童心的《论儒家神学的二次重建》，唐文明的《中国语境中的儒教与世俗化问题》，阿里木的《儒家、儒教对中国伊斯兰教的影响》，陈明的《即用见体说儒教》，李向平的《儒教是教非教的再讨论》，牟钟鉴的《儒学是什么样的学问?》，陈勇的《儒教争论的最新发展》，李向平的《关系主义的儒教模式》，李强的《从宗教社会学角度看儒教》等。

在这些论文中，蒋庆先生的《关于重建中国儒教的构想》是篇重要的文章，引起了很大的争议。我们以这篇文章为例，来看看《中国儒教研究通讯》所刊发文章对于儒教研究提出了怎样的新思路。这篇论文首先对于儒学、儒家与儒教进行了辨析，关于儒学与儒教的关系，蒋庆先生认为，儒学是儒教的教义系统，其价值渊源则是儒经。儒学与儒教的关系相当于基督教神学与基督教的关系，儒学只是儒教的一个具体内容。儒教的历史长于儒家，儒教是一文明体，夏、商、周“三代”即有儒教，严格说来伏羲时代已有儒教，伏羲画卦即开创了中国文明。此外，“圣王合一”“政教合一”“道统政统合一”是儒教的本质特征，也是儒教的追求目标，伏羲时代即具备了这些特征，故伏羲时代即有了儒教。春秋、战国、秦汉之际儒教退出中国文化权力中心边缘化为儒家，汉武帝“独尊儒术”后儒家又回到中国文化权力中心的位置上升为儒教，一直到 1911 年儒教崩溃，儒教又退出中国文化权力中心的位置下降为儒家。基于对于儒学与儒教的关系有如此的认识，一方面，蒋庆先生指出，在当今面对西方文明的全方位挑战时，就必须全方位地复兴儒教。在他看来，只有以儒教文明回应西方文明，才能完成中国文化的全面复兴。当今中国儒家学派的建立、儒学体系的建构、儒家文化的回归都是为了复兴中国独特的儒教文明，以承续源自古圣人道统的中国文化的精神慧命。反过来说，如果离开儒教的重建来谈儒家与儒学的重建，将是放弃复兴中华文明的努力，把中华文明降到思想学派的位置与西方文明对话，这是中国文化的自我贬黜。这样看来，在蒋庆先生的观念中，复兴儒教是复兴中国文化重建中华文明的当务之急，对此应该是完全可以理解的了。另一方面，蒋庆先生指出儒教之教的宗教学含义，并进而肯定儒教是宗教，关于儒教的“教”字，他认为既有中国文化中“礼乐教化”与“道德教育”之义，又有西方文化中“神人交通”的“宗教”之义；既有信奉“天道性理”“良知心体”的超越信仰之义，又有实现“神道设教”的治世功能之义。因此，他说，如果不拘泥于西方的宗教概念，儒教肯定是一种宗教，只不过是一种与西方宗教不同的独特的中国宗教。儒教具有人类宗教的某些共同特征，如具有某种程度的人格神信仰、经典的教义系统、以超越神圣的价值转化世俗世界等，但儒教也有自己的独特特征，如信奉多神教、万物有灵论、没有国家之外的独立教会组织等。但这并不影响儒教是一种独特的宗教，不能因为儒教与西方宗教不同就否认儒教是宗教。

蒋庆认为，这样一种儒教在中国历史上其实就起着国教的功能，具体说来，儒教在中国的历史上有三大功能：（1）解决政治秩序的合法性问题，为政治权力确立超越神圣的价值基础；（2）解决社会的行为规范问题，以礼乐制度确立国人的日常生活规则；（3）解决国人的生命信仰问题，以上帝神祇天道性理安顿国人的精神生命。儒教的这三大功能在今天仍未过时，今天重建儒教的目的就是在新的历史时期用儒教来解决中国的政治问题、社会问题和人生问题。重建的路线分为"上行路线"与"下行路线",所谓的"上行路线"就是"通过士大夫的学术努力与政治活动,儒教义理价值进入到政治权力中心,改变了政治权力的性质,即儒教上升为'王官学'后儒教与政权合一,政治权力成为儒教价值的载体,然后儒教价值再从上到下影响到社会形成礼乐教化的'礼制''文制',通过'礼制''文制'起到安顿社会人心的作用。"这样的路线是传统的路线,是儒教形成的正途。在蒋庆看来,在今天,儒教崩溃,要重建儒教,首先必须走儒教形成的"上行路线"。但是,现代中国与古代中国不同,光靠"上行路线"复兴儒教很困难,所以,儒教复兴还必须辅之以"下行路线",因应时代开辟出另外一条民间社会重建儒教的道路,故"下行路线"即一"变通路线"。所谓"下行路线",就是在民间社会中建立儒教社团法人,成立类似于中国佛教协会的"中国儒教协会",以儒教协会的组织形式来从事儒教复兴的事业。"中国儒教协会"同中国佛教协会以及其他宗教协会一样,是一宗教社团组织,"中国儒教协会"既是复兴儒教的宗教组织形式,又是作为宗教的儒教本身。

关于中国儒教的复兴,蒋庆先生从儒教的政治形态、社会形态、生命形态、教育形态、慈善形态、财产形态、教义形态、传播形态、聚会形态和组织形态这十个方面加以详述,在蒋庆先生看来,完成了这十个方面,那么儒教就在社会层面得到了复兴,如果在"上行路线"与"下行路线"也都得到了复兴,就恢复了儒教治国的历史文化的自主性,这样中国就再度成为一个具有自我文明属性的文明国家。应该说,蒋庆先生的构想详尽具体而不可行,此构想一出,就引来了一片质疑之声,当在情理之中。

发表在《中国儒教研究通讯》上的其他各篇文章,也各具特性,提出了各自的看法,观点不尽相同,甚至互为对立,但有一个共同点,这些文章对于儒教的论述,不再局限于儒教是宗教还是非宗教这样狭隘的论题上,也不再把儒教看成是随着清王朝的覆灭而在体制形态上已经退出历史舞台的东西,当然也不再简单地把它看成在中国历史上起负面影响的东西,而是站在全球文化交流与中国文化重建的高度,试图把儒教看成是这一文化重建过程中的一个建设性因素,甚至是一个主要的因素,这是在21世纪儒教研究的一个重大突破。

除了在《中国儒教研究通讯》上发表的研究儒教的文章之外,在其他的刊物上,尤其是在网上,还有许多的文章来讨论儒教的复兴或者重建问题。

康晓光先生在2003年第2期《战略与管理》杂志上发表了题为《文化民族主义论纲》一文，这样一个民族文化主义论纲，其核心的内容就是提出了儒教复兴的构想，康晓光认为在当今重提“文化民族主义”，“不是要建立一种束之高阁的关于传统文化的理论，而是要建立一种强有力的意识形态，要发起一场广泛而持久的社会运动。通过继承传统、博采众长、古为今用、洋为中用、继往开来，确立新时代中华民族的理想、价值、道德。这是一场精英领导、国家支持、大众参与、始于本土、遍及全球的中华文化复兴运动。这一运动的核心目标是，把儒学重塑为与现代社会生活相适应的、遍及全球的现代宗教。这是支持中华民族复兴的最深厚的根基。”① 把儒学塑造成为适应现代社会的新宗教作为文化民族主义的核心内容，这是康晓光先生反复提倡的，他在此文的另一个地方，提到他所谓的文化民族主义，有三个层面，其中的第三点依然是讲儒教，他说：“提倡力行，反对空谈，提倡通过社会运动，建立一种渗透到日常社会生活之中的、与现代社会相适应的民族宗教，即新儒教。”② 之所以对于儒教这么重视，就在于他认为，在中国历史上，儒家不仅仅是一个学派，而是发挥着教化功能的、得到国家支持的全民宗教。此所谓“政教合一”。我们今天处于全球化的浪潮之中，在改革开放的旗帜下，对外交往，当然也要面临外来政治、文化、经济等各个方面的挑战，康晓光认为，就中国的历史来看，每当面临外来冲击的时刻，就会出现儒学宗教化的呼声。这不是偶然的。在外来冲击的作用下，儒学逐步宗教化是文化自卫的正常策略或自卫性反应。今天重提复兴儒教，绝不是为了重新挑起新一轮文化论战。他认为他所期待的是掀起一场社会运动，并借助这一运动实现中华文化复兴，进而实现中华民族复兴的目的，即建设一个超越民族国家的文化中国。正是在这样的背景下，康晓光提出了他的儒教复兴方案，这个方案要完成三大任务：首先要整理国故，根据时代精神重新阐释儒家经典；其次要进行广泛、深入的社会动员，在国内外推广儒家文化；最后要在全球范围内建立制度化的文化传播体系。在他看来，这种制度化的文化传播体系就是一个准宗教体系。在国内，这个准宗教体系要与国家政权达成某种形式的妥协与合作，也就是

① 康晓光：《文化民族主义论纲》，《战略与管理》2003年第2期。

② 同上。

说，要建立一种新型的“政教合一”体制。为了实现上述三大任务，应该采取四项必要措施：第一，儒学教育要进入正式学校教育体系；第二，国家要支持儒教，将儒教定为国教；第三，儒教要进入日常生活，要成为全民性宗教；第四，通过非政府组织向海外传播儒教。康晓光先生的这样一套方案，固然提出了任务与完成任务的措施，看起来似乎具有某种操作性，但实际上也没有现实的可行性，好在他自己也完全清楚地意识到这一点，他自己说：“在这个物欲横流的时代，我们需要想象力和想象的勇气，需要追求理想和追求理想的勇气。一句话，我们需要乌托邦。”① 对于复兴儒教来说，也许这才是最重要的。

彭永捷先生在中国社会科学院哲学研究所主办、东北师范大学历史文化学院协办，于 2004 年 3 月 27 日至 28 日召开的“儒教与东亚的近代国际学术研讨会”会议上发表了题为《论儒教的体制化和儒教的改新》的论文，提出了儒家改新的思路，他认为，从总体上看，已有的讨论主要集中在对历史中的儒学或儒教是否属于宗教这一性质上的判定。而《论儒教的体制化和儒教的改新》则将视角从学术史的考察转向当下的现实思考，关注当代儒教的重新体制化与儒教的改新。当然这种改新是与以前关于儒教的争论和儒教史研究一脉相承的。他认为，从迄今为止的儒教问题论争和儒教史研究中，“我们可以重新发现其对于当代文化建设的重要意义。儒教问题论争，在学术讨论中是一个纯粹的学术问题，在学术讨论之外却是一个当下的文化建设问题：论证儒教是中国传统儒、释、道三教之一，是一个具有高度发达成就的历史宗教，无疑在客观上就为帮助儒教在当代社会获得它的合法身份提供了证明；种种赞成与反对，则无疑是儒教获得这一合法身份的‘学术听证会’，是对儒教合法身份的学术审查”。他认为，面对当代中国人在文化认同、人生信仰、民族凝聚力等方面出现的危机，肯定和重视作为圣人的孔子在中国文化中的贡献和积极作用，给予儒教与道教、佛教同等的合法身份和权利，肯定和重视儒教在提供解决人生信仰和伦理教化方面的功能，应当是一个明智的文化选择，当然这只是一个方面；另一个方面，肯定儒教的作用，呼吁给予儒教合法身份入场，当然并不意味着在儒教与现代社会的契合性方面，儒教就是一个可以当下现成拿来亮相的，相反，儒教是一个需要经过改新的宗教。即使承认儒教是一个历史宗教，那么它也仍然需要大刀阔斧地自我完

① 康晓光：《文化民族主义论纲》，《战略与管理》2003 年第 2 期。

善和自我建设。这改新主要是从两个方面进行的，首先是儒教仪式的革新与创制。过往的儒教的仪式不仅形式上十分烦琐，而且其内容主要是重视祭礼，如祭天、祭祖、祭社稷、祭日月山川，与人们日常宗教生活关系不大。由于儒教在宋代理学出现以前主要和皇权政治结合在一起，所以和普通民众的关系较为疏远。从理学出现后，通过开办书院和民间讲学的方式，儒教和士人、民间结合得紧密起来。儒教应当有一套与人们的日常宗教活动拉近的宗教仪式，拉近和信众的距离，方便人们接受儒家教化。换句话说，在当代文化中“在场”的儒教，应当是一个从以皇权政治为中心的国家宗教，彻底向切乎百姓安身立命和人伦日用的民间化的宗教的转变，应当具备恰当的宗教仪式，把儒教和信众联系在一起。其次是儒教教义的研究和变革。儒教在历史中和皇权、族权、夫权结合在一起，和儒家的伦理纲常结合在一起，其中有的内容已被现代生活完全抛弃，有的内容虽然仍然可以在现代生活中发挥作用，但要经过改造。就思路而言，儒家强调由“内圣”开“外王”，现代的学者更强调由“外王”开“内圣”，或者说强调在现代化条件下，人们如何利用儒家资源来修身养性、安身立命，这其中当然就涉及儒教的教义如何和当代社会相适应的问题。儒教研究的课题应当关注现代人生存中的精神焦虑，关注人在社会、家庭、人与人之间的矛盾牵涉，关注人生的信念支柱、人的终极关切、人的精神生命质量的提升，总之，儒教在面对“外王”带来的种种心灵的问题而寻求“内圣”之路。儒教的宗教仪式和教义变革是儒教改新中最重要的问题，此外，诸如宗教设施、教职人员等问题也很重要。对这些问题的研究，还可以参考海外的儒教、孔教、德教成果。

在网上还有一篇彭永捷的题为《当代文化建设中的儒教问题》的文章，重点在于如何使儒教适应现代社会生活。他认为，讨论儒教问题，至少有两种切入的方式。一种是历史性的考察，追问儒教在中国历史上，究竟是不是宗教，以及是一种怎样的宗教或怎样的文化体系。另一种是现实性的构想，追问的是儒家文化，是否应当以儒教的方式进入当代文化，以及作为当代文化内容的儒教，究竟应当是一种怎样的形态。这两种追问的学术进路虽然不同，但学术探讨的背后关注点，都指归于当代文化建设，亦即试图明确，在当代文化建设中，曾作为中国文化主干或主流的儒家文化，究竟应当处于何种地位，扮演何种角色。在他把儒教与当代文化建设牵涉在一起时，不容丝毫乐观的当代文化现状，当即赋予儒教这一问题的讨论和解决以紧迫性：一方面是追逐利益的媒体工业所造就的文化快餐式的大众文化，一方面是充斥于整个社会的虚无和失落；一方面是人心收拾不住的无可奈何，另一方面是社会主流文化、主流宗教被长期地放逐和闲置。儒学与儒教的关系，儒学是儒教的核心义理，是为儒教作论证的，是儒教的一部分。儒学只是关心与儒教有关的话题。儒学的价值，在于其服务于儒教的能力。儒学的现代化，必须围绕着儒教现代化这一课题。同时，内圣不必要去开新外王。儒学所要解决的，恰恰是在外王条件下的“内圣”问题，即人们如何在现代条件下安心立命、整顿身心的问题。从儒教的视角来看问题，只不过是回归儒教本身本有的形态，从儒教的角度来看待儒家文化，那么它最主要的功能，是提供和传播最基本的生活价值观，发挥教化国民的功能，其义理部分的革新，虽然也是必要的，但却是服务于儒教发展的，这样，当我们探讨儒教的现代化问题时，这一问题就转变为探讨儒教如何与当代生活相适应，更好地发挥其自身功能和作用的问题。

在这一时期，一个有趣的现象是，儒教几乎成为研究中国文化的同义词，以儒教冠名的书籍在所多见，如《儒教中国》《儒教中国的形成》等，浏览一过，这里的儒教与40年来讨论与争论的儒教是宗教还是非宗教的问题完全无关，也许这样使用的儒教含义，真正回归到了传统中国文化语境中关于儒教的本来意义上了。

第四节　2009年以来的儒教研究

回顾2009年以来的儒教研究，当然首先要提到的依然是任继愈先生，在20世纪70年代末首先提出了儒教的问题，从而引发了关于儒教问题的讨论，推动了儒教研究的深入展开，由此取得了一系列的重大理论成果，使得儒教研究成为显学，对于推动当代中国宗教哲学学术研究有着重要的贡献，并因此为中国的宗教学学术研究体系的建构奠定了基础。正因为如此，在任继愈先生辞世之际，各方对于先生的学术贡献作了高度的评价，特别对于儒教研究来说，它被称之为先生最重要的学术成就之一，这确实是当之无愧的。在任继愈先生辞世之际，学术界召开了一系列的会议，发表了大量的文章，来纪念他、缅怀他，评说任先生在学术上的贡献，如张茂泽先生的《任继愈的儒教观及其宗教思想史意义》[①] 一文。哲人已辞，但先生开创的事业正有整个学术界的同行，后辈们在继续，或许正可以以此告慰先生于灵前。

自任继愈先生提出儒教是宗教以来，已有了40年的时间，这40年来，儒教研究经过激烈的争论，蔚为大观，已成显学，今天当研究家们面对中国社会的发展，并对之试图加以解释，寻找能够满足中国社会长期发展的精神文化的时候，儒教研究就显得特别具有意义。不过与前30年相比，2009年以来的儒教研究有了一些自身的特点，研究领域的不断拓展，学术水平不断提高，思想认识不断深入，研究的意义与价值不断凸显。总的说来，儒教研究的关注点在发生变化，学者的关切不再局限于儒学与宗教的关系，而是开出了更多的面向，从而拓展了儒教议题，深化了儒教研究，2009以来年的儒教研究状况很好地说明了这一点，这一切从这个10年所召开的会议、出版的专著、发表的学术论文上可以说明。

一　儒教研究的新成果

具体来说，相对于前30年有关“儒教是否宗教”的激烈争论而言，2009年以来有关儒教的讨论显得有些平和，“儒教是否宗教”不再是争论的重点，学者们更多地努力寻求新的诠释框架，试图对儒教问题进行重新反思，并在此基础上更多地关注“儒教是怎样的”和“儒教应当怎样”这一类问题。

当然这并不是说，学术界已经完全跳脱出“儒教是宗教”的界定，实际上一些学者还依然是从宗教学的意义上来界定儒教的。如陈明就认为，在中国历史上，儒教就是一个宗教存在。[②] 而黄进兴也毅然决然地肯定儒教是宗教。[③] 尽管如此，陈、黄二先生的儒教是宗教说，并不等同于任继愈先生的观点，陈明是站在公民宗教的立场上，认为中国文化需要一个宗教，而儒教正好满足了公民宗教的要义；黄进兴也论及了公共宗教的问题，但是从一个不同的角度来讨论的，尤其是专注孔庙上，认为孔庙的存在就是一个圣域，而任何宗教都需要一个圣域，这个观点其实早在其所著的《优入圣域》[④] 一

① 张茂泽：《任继愈的儒教观及其宗教思想史意义》，载《人文杂志》2009年第5期。

② 陈明：《儒教：作为一个宗教》，《哲学分析》2012年第4期。

③ 黄进兴：《孔庙研究表明儒教是宗教》，《中华读书报》2012年8月22日。

④ 黄进兴：《优入圣域》，中华书局2010年版。

书中就表明得淋漓尽致了。由此可见，尽管同样认定“儒教是宗教”，但各人的界定是不同的。尤其值得注意的是，这个时期对于儒教的界定，在一些学者的论著中，提出超脱欧洲宗教学理论研究体系的框架，尝试建构适应儒教自身存在的宗教学研究理论框架，这一点早在蒋庆的论著中就已经提出，在最近 10 年的儒教研究中也依然是一个重要课题，如彭永捷的《认识儒教》[①] 一文，就是这样的尝试。或许是基于西方宗教学研究的理论框架无法说明儒教的问题，所以提出建构儒教自身的宗教学研究的理论框架，这样的努力是非常有意义的。当然这样的努力一个重要的背景就在于最近 10 年以来中国文化的复兴已显然成为燎原之势，与这个大势是一致的。

实际上，这个时期的儒教研究，究其学术成果而言非常重要的一点是研究领域的拓展与深入，如陈明等人所提出的公民宗教问题，就是以儒教作为载体，认为儒教完全可以作为公民宗教的形态存在。另一个可以观察的情况是民间儒教研究问题也被纳入儒教研究的领域，如台湾的钟云莺，她是研究明清时期民间宗教的专家，在这个领域出版了较多的论著，《修心、修道、修炼：清末民初民间儒教的修行观》[②] 就是从这个角度切入的。在最近 10 年的儒教研究中，这样的成果越来越多，可见儒教研究的领域不断地被拓展与深入。

就这一时期对于儒教的认识与研究而言，与任继愈先生提出“儒教是教”时相比，不难看出，已经有了根本性的不同，在基本点上，这几年的认识与研究已不再认为“儒教”是一种消极、负面的，应该完全否定的意识形态，把它看成是现代化建设的障碍；而是从积极、正面的方面来看，认为是一种肯定的意识形态，“儒教”作为中国文化的主体，可以既在中华民族的伟大复兴中，也在全球化的过程中，起主导的作用。这是进入 21 世纪以来所谓“儒教”问题研究的最大转变，这样的转变也是根本性的，所具有的意义，一方面随着中国社会的发展，中华民族的复兴取得巨大的进展，另一方面随着对于以“儒教”为核心的中国传统文化在这种民族复兴中所起的巨大的作用之认识的深入，以及对于“儒教（儒学）”研究的深入，而会更加凸显出来。

① 《社会科学》2011 年第 11 期。

② 《世界宗教研究》2011 年第 1 期。

事实上，就最近的儒教研究来说，其着重点在于重建，而“儒教”的重建不在于仅仅停留在学术的层面，简单地作为一种理论层面的论述，而试图把“儒教”的重教与中国社会的发展方向有机地结合起来，指出“儒教”的重建对于当今与而后中国社会发展所能提供的有用资料，关于“儒教”的复兴与重建问题成为学界关注的焦点，其核心就在于指出儒教在中国和世界的发展中确实有可资利用的资源。对此，儒教的重建与复兴称为这一时期儒教研究的重要课题，学术界发表了大量的论著，召开了一系列的会议，无不围绕着儒教的重建与复兴问题展开。

“儒教”研究在最近的发展其实是与“儒教”能否以及如何复兴和重建，紧密结合在一起的，理论的探讨固然重要，提出如何来复兴与重建“儒教”也成为学界思考“儒教”问题的重点，由此推动了“儒教”问题研究向广度与深度的发展。具体说，“儒教”作为中国传统文化的主要表现形式，它是与广大的中国人的生活世界结合在一起的，它不仅是传统、是历史，而是实实在在的、活生生的生活世界，是广大的中国人的现实生活样态，因此，在学术界讨论“儒教”问题的理论方面的内容时，它的实存状态同样也引起了关注，事实上，研究“儒教”问题，复兴或者重建“儒教”，它的现实基础是什么？这必须进入学者的视野，因而展开社会调查，摸清“儒教”的实存状态，成为最近“儒教”问题研究的又一个领域。

同时，就学术层面来说，这40年来关于“儒教”问题研究与争论，其可资采用的学术资料是什么，有哪些？其实这一直是个没有解决的问题。作为一种研究对象，如果没有与之相应的、具有本学科特点的学术资料，又如何能够科学与合理地构建这一研究领域？长期以来这个问题确实被学界所忽略了，以至于我们看到在“儒教”方面的学术研究成果，其资料的可靠性与合理性会受到人们的质疑，对于有些资料的引用与解释存在着很大的争议。“儒教”有没有自身的资料？如果有，那又是什么样的？因此搜集与整理“儒教”问题研究资料应该成“儒教”研究的重要组成部分，可以说是“儒教”问题研究的基础性工作，事实上不解决这个问题就无法推动“儒教”研究进一步向前发展。由此可见，其重要性是不言而喻的，而且经过了30年的“儒教”问题研究与争论，它的重要性越来越为人们所认识。或许正是基于这样的考虑，从事“儒教”问题研究的学者已经开始了对中国历史上儒教资料的搜集与整理的工作，尤其是李申在这方面做了很大的努力。他编撰出版了相关的学术资料，嘉惠学界。他主持的工作，即编撰《中华大典·宗教典·儒教分典》《儒教资料类编》，据李申先生说，前者已经基本编就，后者共有30余册，已经陆续出版。在编辑这两部分资料的同时，还有一套可以影印的大型的资料丛书《儒教资料选汇》也已选定目录①。相信这些资料的编辑出版，能够为“儒教”问题研究提供有用的资料，从而推动“儒教”问题研究更上一层楼。

二　特点

这10年来的“儒教”问题研究，不难发现，与其他宗教学科的学术研究相比，具有一些突出之点，也正是这样一些突出之点，构成了当代“儒教”问题研究的特点。

第一，与其他学科的学术研究不同，当代“儒教”问题研究，其显著的特点是围绕着所谓“儒教”问题出现的争论与讨论展开的，这种争论与讨论是在两个方面进行的，其一是所谓的意识形态的层面，其二是所谓的学术层面。就其过程而言，当任继愈先生在20世纪70年代末重提“儒教是教”问题时，他的着眼点主要是基于意识形态的考虑，深刻地认识到了所谓的“儒教”是现代化建设的阻力，这样的认识与当时的两种认识论观点完全一致的，一方面，对于传统文化的认识，传统文化被看成主要是糟粕，是落后的东西；另一方面，宗教简单地看成是鸦片，具有欺骗与麻醉的作用，在当时这是两个被普遍接受的观点，而所谓的“儒教”正是兼具了传统文化与宗教两种要素，因而在任继愈先生的论述中被看成是完全负面的因素。其实不仅任继愈先生如是看待，那些不同于任继愈先生的观点，提出批评与反驳的学者，也是出于同样的认识，尤其在对于宗教的认知上，他们之间的观点其实没有质的区别，因而在所谓“儒教”是不是宗教，以及宋明理学是不是“儒教”的完成这两个问题上尽管有争论，而学术层面的争论不能说完全没有意义，但却居于次要的地位。最近10年的儒教研究，已经有学者从一个全新的角度来认识，他们不再把“儒教”看成是现代化建设的阻力，在他们看来“儒教”或许可以是中国现代化建设的推动力量，并可以给予中国的现代化建设一种文化上的解释，因而不是批判“儒教”，把它清除出历史的舞台，相反，他们主张要复兴“儒教”。

① 参见宗教蓝皮书《中国宗教报告》（2009），第156—157页。

同时这一时期就学术层面而言，有两个重要的特点可以提出，一方面，“儒教”研究的深入展开，认为“儒教”是宗教的学者们，从各个不同的方面来充分研究，从而对此加以论证。另一方面，“儒教”问题研究已经不再如前一阶段那样的零敲碎打，缺乏系统性，而是出现了对于“儒教”的系统性研究的专著，从而在学术层面上把“儒教”研究提高了一大步，也为关于“儒教”是宗教还是非宗教的争论，对于认为“儒教”是宗教这一方面的学者，提供了学术上的支撑。进入21世纪以来，“儒教”研究出现了新的趋向，这主要反映在对于“儒教”问题认识的意识形态层面上，这个时期的“儒教”研究，已经不是局限于“儒教”是宗教还是非宗教的问题上，而是试图去说明在现代化建设中“儒教”所应具有的意义与价值，指出中华民族的伟大复兴必须要有传统文化的复兴作为支撑，这一批学者同时试图就改革开放以来所取得的伟大成就作出不同于西方文化立场上的解释，因而可以看出这一时期关于“儒教”的讨论主要是就其意识形态方面而论的。当然这个时期对于儒教问题的研究与争论，也依然有着学术层面的意义。

第二，儒教的重建与复兴成为这10年来儒教研究的主题，其实早在前10年，就已经提出来了这个问题，但如何重建与复兴儒教，在学术界是有不同看法的，具有不同的思路。我们可以举何光沪先生与蒋庆先生为例，很有意思的是，他们都是复兴或者重建“儒教”的坚定支持者，可谓不遗余力。但他们的观点却是大相径庭的，何光沪以研究基督教的学者身份，主张以基督教作为参照角度来定义儒教，他的观点是众所周知的，作为一个对于西方宗教思想文化有着深厚学养的宗教学者，他看到了儒教与基督教的相通之处，如他就认为，先秦的天帝观念就与西方的上帝观念颇为接近，因而，“儒教”的复兴，可以从基督教那里获得某种启示，这些认识确实是具有启发性的。而蒋庆则完全相反，他反对从基督教的角度来看“儒教”，一方面，蒋庆先生指出，在当今面对西方文明的全方位挑战时，就必须全方位地复兴“儒教”，只有以“儒教”文明回应西方文明，才能完成中国文化的全面复兴。另一方面，指出“儒教”之教的宗教学含义，并进而肯定“儒教”是宗教，如果不拘泥于西方的宗教概念，“儒教”肯定是一种宗教，只不过是一种与西方宗教不同的独特的中国宗教，这并不影响“儒教”是一种独特的宗教，不能因为“儒教”与西方宗教不同就否认“儒教”是宗教。诚如前面已经提到，彭永捷在《认识儒教》一文中所提出的建构儒教研究自身的宗教学理论框架的问题，某种意义上可以看作对蒋庆的尝试的一种发展。在这个问题上，其实可以提出各种不同的进路，值得重视的是陈明等人提出的公民宗教问题，一个时期以来，声量很大，他们撰写了大量的著述，召开了各种会议，到处倡导。当然这样的努力是值得肯定的，其实真正的问题在于，把儒教作为一种公民宗教来倡导是否可行？能否落实？如何落实？这是倡导者们应该提出具体的方法与途径来加以说明的。还有的学者提出“礼失而求之野”尝试从民间儒教存在的事实或形态来重建儒教的问题，这种尝试当然也是应该肯定的，确实民间儒教存在着强大的生命力。但是，儒教在民间的存在主要表现在其存在形态上，而不是实质内容上，儒教毕竟不是民间宗教，因而“礼失而求之野”就有一个求什么、如何求的问题。还有儒教在民间的存在形态，就其功能而言是相当复杂的，有鉴于此，所谓“礼失而求之野”，对于民间的儒教需要有一个甄别、选择与提升的过程。这样来尝试重建儒教可能会更符合实际的需要。

第三，最近这10年来的儒教研究，对于儒教到底是不是宗教，虽然还是见仁见智，对于如何来界定儒教也是各有所见。显然一个很核心的问题依然存在，即儒学与儒教的关系问题。即便在这最近的10年，这个问题的重要性已经减少了，但还是有学者来讨论，如周桂钿的《儒学与儒教》[①]，陶武的《儒学与儒教问题初探——儒学如何实现与社会主义社会相适应浅论》[②]，谢桃枋的《儒家与宗教——论西方的儒教观念及相关的问题》[③] 从这几篇论文的题目中就可以看出，学术界气势依然纠结于儒学和儒教的问题，核心的议题在于儒学是否就是儒教？这些论文试图要来说明这个问题，给两者做一个区隔。如果说任继愈儒教宗教说，把一切关于儒学的问题都归之于儒教，那么最近这10年来的儒教研究，情形正与任继愈相反，把儒教纳入到整个大儒学的框架之中，因而在讨论这10年来的儒教研究问题时，实际上都把儒教研究归之于儒学研究，只要浏览从2009年以来《中国宗教研究年鉴》中有关《儒教研究》报告的部分，就可以看得一目了然，该报告的作者把这10年来的儒学研究的成果都写了进来，以至于根本就不分何谓儒学、何谓儒教？其界限消除了。对于这样界限的

---

① 《衡水学院学报》2013年第5期。

② 《学术界》2010年第2期。

③ 《西华大学学报》（哲学社会科学版）2010年第2期。

消除，如果说，任继愈所强调的是儒教的宗教性因素，而这10年来的儒教研究恰恰消解了儒教的宗教性，重新回归到了儒学本来的意义上，这一点显然是这10年来儒教研究的重要特点。正是因为这一特点，儒教研究不再局限于其作为一种宗教存在形态，而是从更为广泛的意义上来拓展与深入，范围扩大了，领域深入了，其思想性、文化价值以及固有的民族特性凸显了。也正因为这一点，其在民族复兴和文化重建中的意义就更伟大，也更有了说服力，体现在学术成果上，消解了宗教性的禁锢，在当今社会中的意义也就更为重要了。

第四，没有哪一种学术研究如同“儒教”问题研究这样，在短短40年的时间内成为显学，而且经过前30年的争论与讨论之后，最近这10年，对于“儒教”的认识有了如此根本性的转变。如前所述，任继愈先生在20世纪80年代提出“儒教”是宗教的认识，是基于这样两个认识前提，或者说是认识误区，由此决定了任继愈先生对于儒教的认识与态度，总的来说，他对于“儒教”是采用了否定与批判的态度，认为它是中国现代化的阻碍，我们读任继愈先生有关“儒教”问题的论述，如《论儒教的形成》《儒家与儒教》都能强烈地感受到这一点。对任继愈先生这样看待“儒教”问题，即便是赞同“儒教”是宗教者，其实也已有着根本不同的看法，如被称为第一个站起来支持“儒教”是宗教说的何光沪先生，他所说的“儒教”，是为他在当代的文化背景下来为重建儒家思想文化体系服务的，其现实的针对性是十分强力的，我们在读他的论著中也可以强力地感受到这一点。在他看来“儒教”不唯不是负面的，应该否定的东西，不唯不是现代化的阻碍，而能够对于中国的现代化建设提供强大的理论支撑；正因为如此，他才提倡要重建“儒教”，并以之与世界其他文化进行交流，只不过他是站在以基督教为参照的立场上来说的。而今天“儒教”的赞同者们，他们所提倡的复兴与重建“儒教”，是站在中国文化本位的立场上来说的，这不仅完全不同于任继愈先生的认识与看待“儒教”的态度，而且与何光沪先生有关“儒教”的认识也有着根本性的不同。在他们看来“儒教”可以成为中国现代化建设的推动力量。不仅如此，复兴与重建“儒教”并且可以参与到世界文化的交流之中去，为当今世界提供一种思想文化资源，由于包括“儒教”在内的中国文化自身的特点，相信这样一种文化资源可以促进世界的进步与文明的发展。总之，我们看到，学术界对于“儒教”的认识已经有了根本性的转变，“儒教”无论是对于学术界还是其他方面，它不再是一种负面的、否定的东西，不再是对于中国社会的发展只能起阻碍作用的消极的因素，而是一种正面的、积极的、肯定的力量，对于中国与世界的发展能够起到推动的作用。这样的认识与态度的转变确实是巨大的，也是有意义的。

三　意义

如果以任继愈先生在 20 世纪 80 年代前后提出“儒教”是宗教的观点，作为当代“儒教”问题研究的开端算起，至今已有了 40 年的历史，总结这 40 年来的儒教研究，尤其是围绕着儒教问题所进行的讨论与争论，其意义是不言而喻的。

中国古代文化中的所谓“儒教”问题是与一个广阔的社会背景紧密地联系在一起的，任继愈先生提出“儒教是教”的论断时，正值我国结束“文革”不久，一方面，需要对于“文革”的动乱进行反思，进而对于中国传统文化进行反思，正确认识中国传统文化的本来面目；另一方面，通过拨乱反正、实事求是、解放思想，我国进入改革开放的新时期，尽心于现代化建设成为一切工作的重中之重，在此之时，任继愈先生提出这一论断，应该是希望引起人们关注以“儒教”为基本内容的中国传统文化对于现代化建设的影响，从这一点来看，其意义是不言而喻的。就任继愈先生本人的认识来看，“儒教”当然对于现代化建设起到了阻碍作用。任继愈从历史与现实两个方面论述了这一点。任继愈先生说：“儒教本身就是宗教，它给中国历史带来了具有中国封建宗法社会的特点的宗教神权统治的灾难。”任继愈先生还说：“儒教的建立标志着儒家的消亡……说孔子必须打倒，这是不对的；如果说儒教应该付出，这是应该的，它已成为阻碍我国现代化的极大思想障碍。”基于这样的理解，那么，我们对于任继愈先生在文章的结尾处所说的话，是完全可以理解的了：“总之，历史事实已经告诉我们，儒教带给我们的是灾难、是桎梏、是毒瘤，而不是优良传统。它是封建宗法专制主义的精神支柱，它是使中国人民长期愚昧落后、思想僵化的总根源。有了儒教的地位，就没有现代化的地位。为了中华民族的生存，就要让儒教早日消亡。”

任继愈先生在 40 年前最先提出“儒教”是宗教，他的观点是很明确的，他坚持认为中国古代历史上就存在着作为宗教的“儒教”形态，认为“儒教”就是作为宗教学意义上的宗教，通过分析他的这种基本观点，我们可以看到其实是从两个方面来论述，其一是所谓历史的梳理，他的基本的观点就是孔子所创建的儒家学派，经过历史上的两次改造，到了宋明时期是作为宗教形态的儒教的完成。其二是对“儒教”在中国历史上的功能与作用进行了分析，指出“儒教”在中国历史上所起的消极作用，它阻碍了中国社会历史的发展，其实就是说“儒教”是宗教，因而它所起的作用也就是鸦片烟的作用。这就是任继愈先生提出“儒教”是宗教的这一基本论点的两个认识论前提。任继愈先生关于“儒教”是宗教的这两个基本的观点的提出，其实有着极为深刻的社会意义，就是说当中国社会走出“文革”的十年动乱，经过拨乱反正，进行现代化建设，在这样的历史背景下，支撑现代化建设的指导思想是什么？传统文化在当今的现代化建设中是否还能起作用？又能起什么样的作用？任继愈先生通过提出儒教是宗教，其实就是对这一系列问题所作的回答。

“儒教”问题由任继愈先生重新提出来加以讨论，事实上有着深刻的背景，是有其内在的动因的，这个内在的动因就是当结束了“文革”的十年动乱以后，中国社会需要把主要的精力放到经济建设的正确轨道上来，当时就是提出要进行现代化建设，而经济建设同样需要有正确的理论先导，即进入现代化建设后，支撑现代化建设的思想文化基础，或者意识形态的动因是什么？在当时的背景下，有两个认识论的前提，正是基于这样两个认识论前提，任继愈先生关于“儒教”是宗教这一具有石破天惊影响的思想的提出，其一所谓的传统文化的前提，在他看来中国的传统文化是现代化发展的阻碍；其二是宗教的前提，在任继愈先生看来，宗教是鸦片，它只能起所谓的欺骗、麻痹作用。基于这两个认识论前提，即对于传统文化的否定和认为宗教是鸦片，而任继愈先生所认知的“儒教”恰恰是综合了传统文化与宗教两个方面的内容，因而我们可以理解为什么任继愈先生在当时重新提出“儒教”是宗教问题时，完全是一种否定与批判的态度。提出这一点，是试图说明任继愈先生当时提出“儒教”是宗教的客观的历史背景，我们一方面不必为尊者讳，另一方面当然也不必苛求于任继愈先生，毕竟是谁都不可能脱离时代所提供的条件。当我们今天再重新来看待“儒教”问题，当然是以一种完全不同于任继愈先生当时的态度来认识与研究“儒教”问题，不管是赞同者抑或是反对者。

最近这 10 年来的儒教研究，其实兼具了学术与意识形态的双重意义。就儒教研究的学术意义而言，应该是不言而喻的，简单说来有两个方面可加以论述，其一，通过这 10 年来关于“儒教”问题的讨论与争论，无论是承认“儒教”是宗教还是否认“儒教”是宗教，人们加深了对于所谓“儒教”问题的认识，并且由此进一步加深了对中国文化的性质、价值与意义的认识，拓展了人们的认识视野，开阔了人对中国文化的认识空间，如此等等，我们可以说出很多来。其二，通过这 40 年来“儒教”问题的讨论与争论，在学术方面出了一大批论著，可谓成果丰硕，这是有目共睹的。然而，当今的“儒教”研究不仅仅只是一个学术问题，或者说主要不是学术问题。前一点我们已经说到了经过 40 年的“儒教”问题的讨论与争论，学术界对于“儒教”的认识与态度发生了根本性的转变，而这种转变其实是与学术界对于中国社会的发展过程中，复兴与重建“儒教”所具有的意义之认识分不开的。就当时任继愈先生重提“儒教”问题，就凸显了所谓的意识形态问题，而且确如余敦康先生所指出的那样，是建立在那种非常简单的逻辑之上的，这一点余敦康先生的论断是有根据的，也是符合当时的实际情况的。其实任继愈先生关于“儒教”问题的论述从来也不只是局限于学术问题上，而是有着更深层的意识形态方面的深刻思考，我们如果对任继愈先生的论著不作价值上的判断，就不难发现其实任继愈先生的观点就是要为推动中国社会的现代化建设提供理论指导，因为他的认知是传统文化是现代化的阻碍，宗教起着欺骗与麻痹作用，他的意识形态方面的意义是十分明显的，也是毋庸讳言的，这就同样说明了为什么当时像冯友兰、张岱年等诸位先生在批评任继愈先生的“儒教”是宗教的观点时就显得苍白乏力的缘故，因为他们没有认识到任继愈先生论述“儒教”是宗教这一基本观点时背后的深意。但是随着社会的发展，尤其是学术界对于传统文化与宗教这两个领域的认识发生了深刻的变化，对于“儒教”的意识形态方面的意义就有了完全不同于任继愈先生当时的认识，指出这一点对于当前“儒教”问题研究的深入发展是很重要的。而且随着中国经济政治文化的不断发展，传统文化本身所具有的意识形态方面的功能也就越来越为人们所认识，特别是在今天人们已经能够正面地、积极地肯定地来认识“儒教”的价值，因而它的意识形态方面的意义也就更加凸显出来了。不仅如此，今天的“儒教”研究，已经着眼于用包括“儒教”在内的中国文化参与到世界文化的交流之中，为中国与世界社会文化的发展提供有用的思想资源。更进一步来说，当前我们正在努力促使中华民族的伟大复兴，而抽象地说来民族是文化的载体，文化是民族的灵魂，中国民族的伟大复兴，首先必须是包括儒教在内的中国文化的复兴，没有文化的民族只是一个躯壳，世界上哪有只有民族的复兴而没有文化复兴之理？通过这样的复兴，使得“儒教”能够对于中国与世界的发展进步提供一种论述，这就是今天学界提倡复兴或者重建“儒教”的意识形态方面的意义之所在。

第六章

中国民间宗教研究

中国民间宗教是不同于正统佛教、道教等宗教形态的另一种宗教形式。民间宗教在中华文化中有特定的位置，在长期的流传中，民间宗教俨然成为民众信仰主义世界的重要领域，不仅构成了千千万万底层群众的笃诚信仰，而且也深刻地影响着各个地区的民风、民俗以及下层民众的思维方式、生活方式。从历时性的角度来看，民间宗教对中华民族性格的形成起过不可忽视的作用，对中世纪的宗教生活、政治生活发挥过重大影响。从共时性的层面来说，作为民众文化之一种的民间宗教，是高雅文化、正统神学的孕育之母。对民间宗教进行研究也就具有它应该有的意义，而对改革开放以来学界的民间宗教进行总结自然也十分重要。2004 年中国社会科学院世界宗教研究所成立 40 周年，马西沙先生作《中国民间宗教研究的四十年》一文，对 40 年的民间宗教研究已有精彩的评论。此文是在业师马西沙先生文章的基础上再以专题的形式写作而成的。笔者力有不逮，行文中必有不妥之处，还请方家斧正。

第一节　1978 年以前的中国民间宗教研究概况

在中国漫长的历史中，民间宗教始终存在，对中国的民间宗教进行研究不仅有重要的历史意义，而且具有重大的现实意义。荷兰的汉学家格鲁特（De Groot. J. J，1854—1927），是最早对中国的民间宗教进行现代意义上的学术研究的。其所著的《中国的教派宗教与宗教迫害》（*Sectarianism and Religious Persecution in China*：*a Page in the History of Religions*）完成于 1903 年，对龙华教和先天教的仪式活动进行了考察。其后，陈垣、郑振铎、吴晗等中国学者从历史学、文学的角度也对民间宗教进行了研究。陈垣先生先后著有

《火祆教入中国考》《摩尼教入中国考》《南宋初河北新道教考》。郑振铎先生则在1938年出版的《中国俗文学史》一书中，首先系统探讨了宝卷。明史专家吴晗于1940年12月发表《明教与大明帝国》，对明教与大明帝国关系进行考证，否定了白莲教起义推翻了元蒙政权之说。继以上三位学者之后，李世瑜先生也着手对中国民间宗教的研究。李氏的研究始于1947年夏天在河北万全县对黄天道进行的社会调查，此后调查还涉及一贯道、皈一道、一心天道龙华圣教会等教派。1948年年底，李氏将研究成果结集出版，即《现代华北秘密宗教》一书。对宝卷的收集及目录的整理是李世瑜研究的另一领域。1961年10月李世瑜《宝卷综录》一书由中华书局出版。该书不仅收集了李氏自身收集的宝卷，而且综合了《破邪详辨》《涌幢小品》等历史著作所载经文目录及从郑振铎到胡士莹等人藏书及藏目、书目。此外，还有一些学者的文章对一部分学者曾产生过长期影响，熊德基的《中国农民战争与宗教及其相关问题》一文即属此列，该文发表于1964年《历史论丛》第一辑，运用马克思主义观点分析了在农民战争中宗教的两重性作用。

第二节　1978年以后的中国民间宗教研究概况

改革开放以后，中国学术界开始了真正对民间宗教的研究。喻松青是在民间宗教研究开风气之先的学者，她于1981年在《清史研究集》第一辑发表了《明清时期的民间宗教信仰和秘密结社》，随后又有《明代黄天道新探》《清茶门教考析》《天理教探研》等文章发表。1987年喻松青的《明清白莲教研究》一书由四川人民出版社出版，该书是十二篇文章的结集。1994年喻松青在台湾出版了《民间秘密宗教经卷研究》。

马西沙于1982年3月完成了4万字的硕士论文《清前期八卦教初探》，此文发表于1983年出版的《中国人民大学1982届硕士论文选》。1982年后马西沙开始利用档案与宝卷研究罗教体系的斋教、青帮及民间道教体系的黄天道与弘阳教。1984年马西沙与程啸在《南开史学》第一期发表了《从罗教到青帮》，系统地考证了罗祖教的几大支流分布及形态。对青帮从宗教到水手行帮会社再到帮会的几个历史发展阶段作了考证钩沉及科学的分析。1984年马西沙在《世界宗教研究》第一期发表了《略论明清时代民间宗教的两种发展趋势》，从总体上把握民间宗教的家族统治及农民运动的两种不同形态及其之间宗教的相互关系，不赞成过分抬高民间宗教家族封建统治及宗法依附关系的历史地位。日本学者加治敏之对青帮一文及此文都有具体评论。1984年马西沙与韩秉芳（后改名“韩秉方”）在《世界宗教研究》第三期发表了《林兆恩三教合一思想与三一教》。1984年后马西沙又陆续发表《最早一部宝卷的研究》《黄天教源流考略》，用第一手资料进一步扩展研究成果。其后发表在《清史研究集》的《江南斋教研究》则是对罗祖教江南的发展与摩尼教融汇合流的深层次探讨。

1983年，韩秉芳与马西沙合作的文章《中国封建社会的民间宗教》在第九期的《百科知识》上发表。1985年韩秉芳先生在《世界宗教研究》第四期发表了《弘阳教考》。此文是第一次用清档案研究弘阳教的文章。此后韩秉方则于1986年在《世界宗教研究》第四期发表了《罗教五部六册宝卷思想研究》。这篇文章是在第一手资料基础上作出的有深度的研究。2004年，韩先生在《世界宗教研究》又发表了《观世音信仰与妙善的传说——兼及我国最早一部宝卷〈香山宝卷〉的诞生》，文章运用大量的文献史料和碑刻，阐明了观世音菩萨信仰中国化的过程。并且进一步论证了《香山宝卷》作为迄今所知最早的一部宝卷，是北宋杭州上天竺寺普明禅师在崇宁二年（1103）撰写完成的。

1989年马西沙在中国人民大学出版了专著《清代八卦教》。该书以大量的清代档案以及作者调查得来的八卦教经卷为主要史料，揭示了八卦教的起源、演变、内部组织，由此形成的世袭传教家族的兴衰。进而还分析了教义、仪式、教规与农民运动的关系。对八卦教与华北诸多的民间宗教教派的复杂关联也给以深入的关注。徐梵澄先生在1992年第八期《读书》以“专史·新研·集成”为题，评价此书，认为著者“在极难措手的专题理出了一个头绪，使人明确见到史实的真姿，这是深可赞扬的事”。1986年马西沙与韩秉方开始国家“七五”时期重点研究项目“中国民间宗教研究”课题的写作。1991年4月此书完稿。1992年12月《中国民间宗教史》由上海人民出版社出版。全书共计23章106万字，涉及从汉代至清代民间道教、民间佛教、摩尼教、罗教、黄天教、弘阳教、闻香教、江南斋教之大乘、龙华教、金幢教、青莲、先天灯花、金丹道、八卦教、九宫道、龙天教、一炷香教、收元教、混元教、刘门教、黄崖教、三一教等数十种宗教，凡此皆一一缜密钩沉考证，为中国民间宗教研究的开创性、里程碑式的作品。此书2004年由中国社会科学出版社再版。1998年马西沙独立完成《民间宗教志》，由上海人民出版社出版。该志书由于印刷数量极少，得见者几稀。2005 年该志书以“中国民间宗教简史”为名在上海人民出版社再版。再版时，收入马先生的新近文章两篇，以及后记一篇。简史对《中国民间宗教史》的不足和缺憾进行校正，系统研究了中国民间宗教史上弥勒教与摩尼教的融合，进而指出元末农民起义为白莲教起义这一观点，是对历史的误判，明清民间宗教世界也不存在一个“白莲教系统”；同时，简史也对从变文到宝卷的源流关系进行统观，对罗教的五部六册宝卷教义作了阐释：即由净入禅，再由禅入净，形成禅、净结合，心性即安身立命之净土，心性即本体。

林悟殊从 20 世纪 80 年代初开始即专攻摩尼教。他先后在《世界宗教研究》等杂志发表了《摩尼二宗三际论及其起源初探》《摩尼教入华年代质疑》《唐代摩尼教与中亚摩尼教团》《老子化胡经与摩尼教》《从考古发现看摩尼教在高昌回纥的封建化》等 10 余篇文章，翻译了柳存仁发表在 20 世纪 70 年代末的《唐前火祆教和摩尼教在中国之遗痕》[1]。林悟殊在摩尼教起源，摩尼教原始教义中融入了弥勒佛观念等问题上与柳存仁观点一致。柳存仁根据西文及道藏资料证明“在五世纪下半叶摩尼教经也已传入中国”。林悟殊则进一步指出“中国内地可能在四世纪初便已感受到摩尼教的信息”。1987 年林悟殊将过去成果集结整理成专著《摩尼教及其东渐》在中华书局出版。

杨讷则在宋元白莲教研究上取得重要成果。在元末农民起义与宗教之关系上，杨讷是白莲教起义的主要支持者。他的代表作《元代白莲教》发表于 1983 年《元史论丛》第二辑。1987 年在《文史哲》第四期上发表《天完红巾军与白莲教的关系考证》，在《元史论丛》第一辑上发表《天完大汉红巾军述论》。杨讷在白莲教研究上的另一贡献是，对白莲教史料的编辑，曾与陈高华共同编辑了《元代农民战争史料汇编》，又独编《元代白莲教资料汇编》，对广大学者进行白莲教研究提供了方便。2004 年 6 月杨讷的《元代白莲教研究》一书在上海古籍出版社出版。从 80 年代初至今对民间宗教集中作个案研究的还有李尚英。李尚英主要从事对天理教的研究，发表了《天理教新探》及其后的《论天理教起义》《论天理教起义的性质和目的》等 10 余篇文章。

80 年代中期天津学者濮文起专注于研究民间宗教，1991 年发表《中国民间秘密宗教》一书，介绍了十几种民间教派，对其组织、经卷、教义、仪

---

① 柳存仁：《唐前火祆教和摩尼教在中国之遗痕》，载《世界宗教研究》1981 年第 3 期。

式、修持进行了研究，带有秘密宗教简史性质。此后濮文起完成了《民间宗教词典》。2000年8月濮文起发表了《秘密教门：中国民间秘密宗教溯源》一书（江苏人民出版社）。濮文起对现实民间宗教的调查研究最为引人注目。他发表在台湾《民间宗教》的《天地门教调查与研究》，将历史学和人类学研究的方法论相结合，对历史资料进行考证，对现状活动进行考察。在近四万字的论文中，为学界呈现了一片人们未知的信仰世界。

改革开放以来，路遥与程啸把档案史料引入义和团运动的研究，研究民间宗教与义和团的关系。两人合著的《义和团运动史研究》于1988年出版。其后程啸开始注重民间宗教与乡土意识的关系，1990年出版了《晚清乡土意识》一书。作者眼光敏锐，视角独特。在书中探讨了乡土意识在晚清思想文化中的地位，以及乡土社会的政治意识、日常意识、宗教意识等，此书与1994年侯杰、范丽珠的《中国民间宗教意识》都对中国民众宗教意识产生的社会文化土壤进行了多层面的探讨。1989年起路遥及其弟子在山东开始了关于民间秘密教门的全方位的调查。此项调查涉及广泛，其中包括一炷香教、八卦教、圣贤道、九宫道、皈一教、一贯道、一心天道龙华圣教会及红枪会，调查长达11年之久，所到之处遍及70个县。2000年路遥完成45万字的《山东秘密教门》，此即长期调查的结晶。这部著作以历史资料与现状资料相参证，丰富的资料加上缜密的考证，多发前人所未发。

福建的林国平与连立昌先生在福建民间宗教研究卓有成就。福建师大的林国平在20世纪80年代先后发表了《论三一教的形成和演变》《论林兆恩的三教合一思想》《三一教与道教的关系》等6篇关于三一教的文章。此后，于1992年出版了就某一民间宗教研究的专著《林兆恩与三一教》。连立昌则是对福建地区民间宗教及会党结社有统观研究的学者，他的《福建秘密社会》与林国平著作互为补充，前者涉及面广阔，后者则专精于某一宗教。

近年仍有一些学者的新著作值得重视。如徐小跃著《罗教五部六册揭秘》，对罗教经典作了系统的研究，王熙远著《桂西民间秘密宗教》，李富华、冯佑哲著《中国民间宗教史》。至于论文部分亦有可观者。如80年代初沈平定著《明末十八子主神器考》，李济贤著《徐鸿儒起义新探》《明末京畿地区白莲教初探》，近年孟思维、陆仲伟著《晚清时代九宫道研究》，陆仲伟著《归根道调查研究》，孔思孟著《论八卦教历史神话——李廷玉故事》，林国平著《福建三一教现状调查》，连立昌著《九莲经考》，周绍良著《略论明万历间九莲菩萨编造的两部经》，李世瑜著《天津弘阳教调查研究》

《天津天理教调查研究》，于一著《四川梁平‘儒教’之考察》。周育民、秦宝琦以研究帮会见长，他们也有关于民间宗教研究的文章问世。如周育民著《一贯道前期历史初探：兼谈一贯道与义和团的关系》、秦宝琦著《清代青莲教源流考》等。

近年来，随着民间宗教学科建设的完善，中国社会科学院世界宗教研究所、中国人民大学历史系、北京师范大学等均设有民间宗教研究方向的博士招生点。一批博士生的博士论文也随之出版，成为民间宗教研究的新生力量。宋军是中国人民大学历史系的博士生，1995 年以来，相继发表了《红阳教经卷考》《论红阳教教祖“飘高”》等四篇文章。同时还赴日本研修，收集有关弘阳教的资料。宋军于 2002 年 2 月由社会科学文献出版社出版的《清代弘阳教研究》是又一部就专一民间教派研究的专著。该书在总结前人研究的基础上，收集了丰厚资料，对清代弘阳教的历史进行了缜密钩沉，是作者长期以来对弘阳教进行研究的系统成果。

2002 年刘平的《文化与叛乱》在商务印书馆出版发行。这是国内民间宗教专业博士生在民间宗教研究领域的又一部相关著作。刘平的这部著作与以往的研究不同，该书以清代秘密社会为对象，从文化的角度来研究农民叛乱。从构成民间宗教的文化土壤，即民间信仰、民间文化，以及清代民间宗教的文化内涵，清代秘密会党的文化内涵入手，分析导致此种文化与社会叛乱的关系。该书以巫术及其后的道教异端为重点，分析了民间文化与民间信仰对清代秘密社会及其叛乱所产生的影响。具体探讨清代民间宗教、秘密会党的文化内涵，借以说明民间宗教长期生存于传统社会并经常性发动叛乱的原因，并认为会党中“义”的观念有重要的作用，巫术、宗教因素也是会党的纽带，歃血为盟等社会习俗对会党的叛乱有深刻的影响。

梁景之是马西沙先生与日本学者浅井纪共同指导的博士生，1997 年至 2002 年梁苦读五年，终于完成《清代民间宗教研究——关于信仰、群体、修持及其乡土社会的关系》的论文。该论文不同于以往对清代民间宗教研究的历史学、宗教学方法论，不是具体研究某一派或几派的宗教史，而是把历史学与人类学的方法论结合起来，从众多具体、细小的史料所具有共性与差异性及其系统性入手，对信仰群体，对信仰者修持的方法、神秘体验，都仔细地进行了个案分析。同时也关注民间宗教的乡土性与民俗性，借鉴了主位和辩证的方法，关注史实的生态性，关注民间宗教的教义、经典与宗教实践，经卷教义与口传教义、宗教生活与世俗生活、共通性与多样性、超越性与区域性、要素与结构等方面的统一。

2003 年北京师范大学民俗学博士生尹虎彬完成其论文《河北民间后土信仰与口头叙事传统》，这篇论文运用了民俗学的方法论，对河北某一地区的乡土社会进行了两年时间的一以贯之的专题调查。他对该地区后土信仰分布状况，核心庙宇的信仰变迁，后土信仰与道教、民间宗教的关系进行了研究。同时，将宝卷作为心理的、行为的、仪式的传承文本，考察宝卷与口头叙事传统的互为文本的历史意义，这样《后土宝卷》的内涵及现实信仰的重要性也就凸显出来了。这些是该论文的独到之处。这篇论文是典型的小中见大，即看起来小，但是把握住这一课题的诸方面问题，反映了一种信仰及其文本的历史的、文化上的内在联系。

2005 年马西沙先生的韩国留学生李浩栽完成其博士论文《弘阳教研究》。该论文是将新近出现的六种弘阳教经卷的解读与对韩祖庙宗教现状的田野调查相结合的成果。此后，李浩栽相继发表《韩祖庙会中的宗教文化表现》《明末清初民间宗教的民族观析论——以〈冬明历〉为例》等文章。中国社会科学院世界宗教研究所的陈进国博士是马西沙先生指导的博士后，其著作《信仰、仪式与乡土社会：风水的历史人类学探索》业已出版。目前陈进国博士正从事东南亚华人华侨与民间宗教的调查研究，2007 年完成《困境与再生：泰国空道教（真空教、空中教）的历史及现状》一文，结合历史文献和田野考察，首次介绍了创立于江西赣州的空道教（空中大道）在泰国的传播史及当前的存在状态。

与大陆学界对民间宗教研究曾经出现过停滞不同，自从 20 世纪 50 年代以来，台湾学界对民间宗教的研究基本没有停步。戴玄之从 60 年代继承萧一山先生秘密社会研究，对白莲教系统之青莲、红莲、白阳、青阳、红阳等教派，八卦教系统之各支教派，以及红枪会及不同名称支派的研究作出重大贡献。戴先生去世后，经王尔敏整理，其著作《中国秘密宗教与秘密会社》（上、下）于 1990 年 12 月出版。此外，戴氏著作还有《义和团研究》《红枪会》。1995 年王见川、蒋竹山与戴玄之先生弟子王尔敏、王贤德诸君鼎力编纂《纪念戴玄之教授论文集》。中、日两国学者供稿，日本学者酒井忠夫作序，中国台湾学者王尔敏作传。大陆学者马西沙、韩秉方，中国台湾学者王见川、蒋竹山，日本学者浅井纪、野口铁郎、武内房司分别提供重要论文。两国学者共同用论文纪念集的方式悼念戴玄之先生。

庄吉发主要研究方向在会党、义和团，但也发表过数篇有价值的论文，如《清代民间宗教的宝卷及无生老母信仰》（《大陆杂志》第七十四卷的第四、五期）、《清代乾隆年间收元教及其支流》（《大陆杂志》第六十三卷第四期）、《清代青莲教的发展》（《大陆杂志》第五期）、《清代嘉庆年间的白莲教及其支派》（《历史学报》第八期）、《清代三阳教的起源及其思想信仰》（《大陆杂志》第六十三卷第五期）、《清代道光年间的秘密宗教》（《大陆杂志》第六十五卷第二期）。2002 年庄氏发表专著《真空家乡——清代民间秘密宗教史研究》。以上这些文章及专著的共同特点是以第一手的清档案史料为基础的写作。庄氏是台湾较早、最多应用档案史料的学者。

郑志明是一位涉猎甚广的研究者。其代表著作有《无生老母信仰溯源》（文史哲出版社，1985）、《中国善书与宗教》（学生书局，1988）、《明代三一教主研究》（学生书局，1988）、《台湾的鸾书》（正一善书出版社，1989）、《台湾新兴宗教现象——传统信仰篇》（南华管理学院，1999）等 20 余部专著。

林万传的代表作是《先天教研究》（1985）。这部著作是先天教教内经典，加上作者多年考据整理的关于先天教、一贯道、同善社的历史及经典、教义、仪规的一部先天教等的百科全书式的著作。林万传又与王见川一起编纂了《明清民间宗教经卷文献》，收集 150 余种民间宗教经典，共 12 册，其中不乏珍贵宝卷。王见川、林万传对学者研究的资料贡献是巨大的。

宋光宇的研究以对台湾一贯道现状的调查研究著称。其代表作是《天道钩沉》（1983）、《龙华宝经》（1985）及若干论文，如《从一贯道谈当前台湾的一些宗教文化》（《九州学刊》第二卷第一期）、1988 年《中国秘密宗教研究情形的介绍（一）》（《汉学研究通讯》第七卷第一期）。专著《天道传灯——一贯道与现代社会》（台北三阳印刷公司）。

王见川是台湾研究民间宗教的新锐，于 20 世纪 80 年代末开始研究摩尼教，1992 年王见川著《从摩尼教到明教》由新文丰出版公司出版。王见川在诸如方腊起义与明教、袄教与摩尼教、摩尼教与明教的异同诸问题上皆有考证和发明，可以和柳存仁、林悟殊有关论文著作并读。王见川研究范围广阔，他利用新发现的史料，对初期黄天道传教弟子及教团分布诸问题都有研究。此后王见川对台湾斋教进行细致及大量的调查，完成他第二部专著《台湾的斋教与鸾堂》（共 30 余万字，由南天书局 1996 年出版)。王见川还总结一贯道从历史到今日的整体研究史，完成《台湾一贯道研究的回顾与展望——增补〈从新史料看一贯道的历史〉》(见张珣、江灿腾《台湾本土宗教研究》)。最近，王见川发表的《普庵信仰的起源与流传：兼谈其与摩尼教、先天道之关系》，在对普庵信仰进行细致研究的基础上，指出先天道的关键人物极可能是普庵的信仰者，而不只是金丹道人士或大乘教教徒。①

近年台湾年轻学人研究民间宗教的尚有李世伟，作品有《香港孔教学院考察侧记》《澳门同善社之今昔》《“中国儒教会”与“大易教”》《苗栗客家地区的鸾堂调查》(见《台湾宗教研究通讯》及《民间宗教》)。香港学界研究民间宗教者有游子安，《清代善书研究》《善与人同》是游子安对宝卷、善书进行研究的专著。游子安的研究既有历史学细密扎实的考证，也涉及广阔、深入的调查研究，两者结合终于构筑扎实的作品。

1996年香港中文大学崇基学院与香港青松观道教学院联合召开了道教与民间宗教研讨会。与会者有香港本地学者黎志添、廖迪生，大陆学者马西沙、韩秉方、侯杰、范丽珠，台湾学者李丰茂、谢剑，加拿大学者欧大年(Overmyer Daniel)，法国学者劳格文(Lagerwey John)。会后由黎志添主编成《道教与民间宗教研究论集》(学峰文化事业公司出版，1999年，共集论文九篇)。

对东南亚华人社会民间宗教研究，也颇值得关注。前辈学者罗香林先生曾著《流行于赣闽粤及马来西亚之真空教》(中国学社，1962)。此书对创成于中国江西寻邬县的真空教的创成、创教人廖帝聘生平、创教经书四部经、气功功法以及在东南亚流行的现状、人员构成、教堂、传统与现代社会之关系均有深入研究。陈志明的《马新德教会之发展及其分布研究》是对泰国、马来西亚、新加坡华人社会中传播的德教的研究。全书对德教基本特征、在中国的发展、德教四大系统(紫系、济系、赞化系、振系)的发展及教会的分布作了细致的研究。

学界关于民间宗教研究杂志的出版与发行，以及关于民间宗教文献的编辑也值得关注。王见川与范纯武、柯若朴主编的《民间宗教》杂志已达数辑，对于民间宗教现状中国(大陆、中国台湾、东南亚)文章发表有大助

---

① 文见王见川撰《从僧侣到神明——定光古佛、法主公、普庵之研究》，圆光佛学研究所，2007年。

力，其中有些篇幅内容新颖、丰富，视角开阔，令人耳目一新。王见川其他工作亦很有意义，如合编纪念戴玄之论文集，合编宝卷经文的出版，都说明他的贡献。濮文起与宋军人经过长期艰巨的努力出版了40册的《宝卷》，收集了一部分相当珍贵的文献。这是民间宗教史研究以来第一次公开出版如此众多的宝卷经书，它给国内外研究者以重要的帮助。其后台湾王见川等人合编的《明清民间宗教经卷文献》初编和续编都已经出版，都为12册。2005年由周燮藩主编，濮文起任分卷主编的《中国宗教历史文献集成：民间宝卷》（共20册）由黄山书社出版发行。以上资料可以与40册的《宝卷》相互参照，以作研究之用。

第三节　“民间宗教”概念的界定：民间宗教、民间秘密宗教、教门、民间教派

对中国的民间宗教进行研究，首先遇到的问题就是对“民间宗教”这一概念的界定。中国的传统宗教具有复杂性与多样性。目前的学术界基于西方宗教学理论的考量尚未在“民间宗教”的概念上有统一的界说。

对于民间宗教概念的界说反映的是学者的研究立场、方法的差异。由于中国传统宗教的复杂性与多样性，对中国传统宗教的区分与界定殊为不易，这一点在对中国的“民间信仰”（folk belief）或曰“民间宗教”的概念的确定上体现得尤其明显。应该指出的是，真正意义上的宗教学诞生于西方，他所确立的一系列理论，是我们全方位审视宗教、分析宗教的极其有益的依托。然而，正因为其诞生于西方这样一个与东方不同的文化背景之下，对中国传统宗教的研究，还有赖于西方宗教学理论的本土化。也就是说，要建立合理的中国传统宗教研究理论，就必须要通过西方宗教学理论与中国宗教实态的有效结合来实现。

中国的正统宗教、民间宗教、民间信仰相互联系，而又互有区别。荷兰的汉学家格鲁特（De Groot. J. J.）在《中国的教派宗教与宗教迫害》（*Sectarianism and Religious Persecution in China*）一书中，将民间宗教称为“教派”（Sectarianism）。杨庆堃将中国宗教区分为“制度化宗教”（Institutional religion）与“普化宗教”（Diffused religion）两种。在他看来，前者有明显的组织、经典、教义，后者指没有明显的组织、经典、教义等的

宗教信仰形态，它的宗教成分渗透于社会生活的各个方面，成为民众日常生活的一个部分。杨庆堃的制度化宗教也涵括了格鲁特所指的民间教派(Sectarianism)。[①]

在社会、文化人类学者看来，“民间信仰”与“民间宗教”同义，也可以称之为“民俗宗教”或“普化宗教”。而在历史学家和汉学家的眼中，“民间宗教”这一概念则包括民间信仰和民间教派两个不同的类型。加拿大学者欧大年认为“中国民间教派在结构上类似于欧洲中世纪异端宗教结社”，具有世俗的、异端的、调和各种信仰的特征。在他那里，民间宗教有了“教派的民间宗教”和“非教派的民间宗教”之区分。[②]

在西方人类学家那里，所谓的“民间宗教”“民俗宗教”“普化宗教”意指“民间信仰”；而“民间宗教”或“民间秘密宗教”应该属于“制度化宗教”的范畴。这种区分，在概念的提法上不乏新颖之处，但并不能从发生学的角度，很好地把握作为民间宗教、正统宗教存在之共同基盘的民间信仰与民间宗教、正统宗教的相互关联。

在《民间宗教志》中，马西沙先生也明确地指出，“所谓民间宗教，是指流行于社会中下层、未经当局认可的多种宗教的统称”，民间宗教这一概念比秘密宗教、秘密社会或民间秘密结社“更具有包容性和普遍性。”[③]“民间宗教与正统宗教虽然存在质的不同，但差异更多地表现在政治领域，而不是宗教本身。……就宗教意义而言，民间宗教与正统宗教之间没有隔着不可逾越的壕沟”。[④]在马先生那里，道、释等正统宗教及儒学在民间的散布形态(如民间道教和佛教)理所当然地属于民间教派或民间宗教。他甚至还有如下观点：“在未来的社会，所谓民间宗教，所谓正统宗教的概念都会消失，将代之以传统宗教、新兴宗教的概念。”[⑤]

事实上，在中国历史上，民间信仰、民间宗教与正统宗教之间，历来都处于一种良性的互动关系。而且，所谓的“民间与官方”“小传统与大传统”“俗文化与雅文化”等二元对立的概念，就恰恰无视不同类型的文化之

---

① Y. C. K , *Religion in Chinese Sosciety*: *A Study of Contemporary Social Functions of Religion of Some of Their Historical Factors*, Berkeley, 1961. pp. 294 - 295.

② 欧大年:《中国民间宗教教派研究》，刘心勇、严耀中等译，上海古籍出版社1993年版，第2页。

③ 马西沙:《民间宗教志》，上海人民出版社1998年版，第1页。

④ 马西沙、韩秉方:《中国民间宗教史》，上海人民出版社1992年版，第2页。

⑤ 马西沙:《中国民间宗教简史》，上海人民出版社2005年版，第436页。

间的互动与交织。显然，正统宗教与地方信仰，即所谓“民间”与“正统”，这些约定俗成的称谓，并非截然的壁垒森严，它们之间往往是互动的。正统可以认同民间，民间也可以有正统的在场，二者同是传统文化的一分子。①

也就是说，只有将民间宗教、正统宗教与民间信仰置于相互关联的网络中进行考察，才能更准确地把握中国传统宗教的实态。

显然，由于中国宗教体系的复杂性，对民间宗教进行分析时，比较科学的理应是将民间宗教放在一个与其他不同的宗教类型相互关联的，互动的场景中来加以把握。金泽先生从发生学的角度，将宗教划分为“原生性宗教”和“创生性宗教”。他认为中国的宗法性传统宗教和民间信仰属于原生性宗教，而五大宗教及民间教派、新兴宗教等属于创生性宗教。更为关键的是，金先生很好地把握了民间宗教、民间信仰与正统宗教的关联，在更为广阔的纬度向我们展示了中国传统宗教的多样性。可以说，民间宗教是扎根于民间的另一种宗教形态，它与民间信仰相比较，有着比较“坚硬”的组织外壳。现今世界上的几大宗教，最初都是由民间教团发展起来的。民间宗教的社会地位可能会因天时、地利、人和的因素而有上升的变迁，但有些曾经是占统治地位的宗教也可能因为种种因缘际会而下降或分解为民间信仰。并非所有的民间宗教都能够进入主流宗教的行列，像明清之际的罗教、斋教、黄大教、弘阳教、八卦教等，虽然在民间曾有过相当的发展，但始终没有成为正统宗教。②

由于民间宗教在中国历史上大都秘密流传，因此国内还有些学者将中国民间宗教称为“秘密宗教”“民间秘密宗教”“民间秘密宗教结社”③。然而，并非所有的民间宗教在任何时代都遭受取缔，某些教派传教曾有相当的公开性，如元代初、中期的白莲教，明代中期的无为教、三一教等。因此“不能以秘密宗教加以概括，民间宗教这一概念，更具有包容性和普遍性。”④ 欧大年也指出，在研究中国民间宗教时，不能将民间宗教与一些自愿结社如

① 学者康豹（Paul R. Katz）通过对温元帅的个案研究，对道教与地方信仰之间相互塑造、彼此依赖的程度进行了研究。康豹（Paul R. Katz）：《道教与地方信仰——以温元帅信仰为个例》，《台湾宗教研究通讯》第四期第1—31页，台北兰台出版社2002年版）。

② 相关论述可参见金泽先生2001年由北京宗教文化出版社出版的《宗教人类学导论》一书。另可参见相关论文《民间信仰的聚散现象初探》，载《西北民族研究》2002年第2期。

③ 濮文起：《秘密教门：中国民间秘密宗教溯源》，江苏人民出版社2000年版。

④ 马西沙：《中国民间宗教简史》之《绪言》，上海人民出版社2005年版。

秘密会社以及不时爆发的农民起义混为一谈。应该对中国民间各种结社进行更为准确的分类，不仅要注意其政治功能，而且应该重视其内部的历史和宗旨，进而根据源流、教义和实践把各种不同的宗教运动形式区分开来。[①]

在当今中国宗教史的研究中，学界又往往将“教门”一词指称明清之际的民间宗教教派。马西沙先生认为，所谓教门是指下层民众以信仰为纽带的结社组织。溯其源流，东汉末年的太平道、五斗米道；南北朝佛教异端派生出的大乘教、弥勒教；南北朝时期从西域传入中原的摩尼教；隋唐时代摩尼教与弥勒教的融合；北宋的妖教；南宋初在江南问世的白莲教白云宗；金元时代在北方出现的被耶律楚材称为“老氏之邪”的全真道、混元道、太一道、真大道等“新道教”[②]；元代白莲教及弥勒教与摩尼教的混合教派即“香会”；其初始都是民众以信仰为纽带的结社组织，即教门无疑。进而，马先生认为就宗教本质而言，明清民间教门与正统宗教之间并无本质不同。[③]路遥先生亦以“教门”指称明清民间宗教教派。但是在路遥先生那里，“教门”是一中性的语汇，并不带有思维判断。[④]当然，国内还有一些学者将“教门”作贬义解，指出“把秘密教门归入宗教信仰，从而否定它是民间秘密结社，也是值得商榷的”[⑤]，这无疑是认为明清民间“教门”并非宗教。

事实上，“教门”一词的使用并非始于明清之际的民间宗教，更不是明清民间宗教的专称。“教门”一词乃是中国历史上多种宗教的称谓，尤以传统的释、儒、道三教为多。宋元之际的何梦桂在其文集中即已指出：“古今言教门者有三，曰儒，曰释，姚秦鸠摩罗什译《法华经》譬喻品。”[⑥]在姚秦鸠摩罗什译《法华经·譬喻品》中已经出现“教门”一词。唐末五代道教学者杜光庭也以“教门”指称道教。在中国宗教史上，不仅佛教、道教以

---

① 欧大年：《中国民间宗教教派研究》，刘心勇、严耀中等译，上海古籍出版社1993年版。

② 马西沙先生认为，全真道兴起于民间，乃是典型的民间宗教，其一反北宋道教的作为，明显带着宗教改革的性质。关于全真道的民间性请参看马西沙《论全真道的民间性》，以及李刚《全真道何以能成立》，载于《全真道传承与开创国际学术研讨会2003年论文集》，第91—96、56—66页。

③ 马西沙、韩秉方：《中国民间宗教史》，中国社会科学出版社2004年版；马西沙：《中国民间宗教简史》，上海人民出版社2005年版。

④ 路遥：《山东民间秘密教门》，当代中国出版社2000年版。

⑤ 秦宝琦：《中国地下社会》，学苑出版社1993年版，第6页。

⑥ 何梦桂：《潜斋集》卷八《南山天宁禅寺山门记》，《景印文渊阁四库全书》第1188册，上海古籍出版社1989年版，第474—475页。

"教门"自称，伊斯兰教也被称为"教门"。我们发现，就某一宗教具体的发展史而言，"教门"这一语汇的使用更与宗教教派的兴盛密切相关。"教门"这一词汇也不仅指称合法的宗教教派，而且还成为诸多宗教异端、邪法的称呼。如佛教中的三阶教，被正统宗教诬为"邪伪之门"的南宋道教新符箓派东华派等即属此列。明、清两朝，民间宗教蓬勃发展，成为中国民众信仰世界的重要内容。明中晚期，"教门"一词出现在宝卷之中。[①] 清初，官方也开始使用这一称谓。[②] 可见，我们可以说，"教门"一词并非始于明清之际的民间宗教，更不是明清民间宗教的专有名词。"教门"一词乃是中国历史上多种宗教的称谓。顺此思路，明清的民间宗教（民间教门、秘密教门）当为宗教无疑。[③]

显然，当今学界是从政治学层面对民间宗教进行定义的。这种定义方式虽然能比较确切地反映明清民间宗教与农民运动的紧密联系，但却隐含先入为主的价值判断。在这种定义下的民间宗教本质上是一种对抗正统政权的政治势力，而宗教只是一种形式而已。[④] 综观历史上出现的宗教异端，都与政权以及代表官方意志的正统宗教的打压有着密切关系。佛教中的三阶教即属此例。三阶教，又名第三阶宗、三阶宗、普法宗，是兴起于隋代的一个被视为"异端"的佛教宗派。三阶教为隋朝魏郡信行禅师所创，其教虽兴盛于隋代，然而三阶教教义中，对末法时代来临的宣传，提倡施予，立无尽藏等都可以追溯至北朝流行的信仰。[⑤] 信行创教之后，三阶教曾多次遭受当朝政权的重大打击。开皇二十年（600），隋文帝下令，禁断三阶教。[⑥] 唐武则天证圣元年（695），将三阶教著述定为伪经，武周时明佺等僧编定于天册万岁元年（695）的《大周刊定众经目录》卷十五收录三阶教典籍目录二十二部二十九卷，将之目为"伪经目录"。[⑦] 圣历二年（699），武则天再下敕令，严

---

① 明万历年间问世的弘阳教经典《弘阳苦功悟道经》第十品出现"元皇母，立教门，也度儿女"内容。崇祯间刊行的《销释悟明祖贯行觉宝卷》十七品等品有"吾教门，渡男女，不论贫富"，"众领袖，找卷宗，整理教门"，"报护法，监坛将，护持教门"等。

② 顺治三年（1646）六月十一日，吏科给事中林起龙奏称："如遇各色教门，即行严捕、处以重罪。"参见《清实录》第三册《世祖章皇帝实录》卷二六，中华书局 1985 年版，第 223 页。

③ 参见李志鸿《"教门"考》，2007 年未刊论文。

④ 王庆德：《中国民间宗教史研究百年回顾》，《文史哲》2001 年第 1 期。

⑤ 汤用彤：《汉魏两晋南北朝佛教史》，北京大学出版社 1997 年版，第 589—592 页。

⑥ 《开元释教录》卷十八。

⑦ 《大周刊定众经目录》卷十五之"伪经目录"。

格禁三阶教。[①] 不仅当朝者禁断三阶教，代表官方意志的一些高层僧侣，也激烈反对之，以三阶教为佛教之异端。唐代智升以为三阶教“即以信行为教主，别行异法，似同天授（即提婆达多），立邪三宝”[②]，又认为“信行所撰，虽引经文，皆党其偏见，妄生穿凿，既乖反宗旨，复冒真宗”。[③] 智升在详载历代对三阶教之禁断情形时，再次指出：“前件教门既违背佛意，别称异端，即是伪杂符录之限。”[④] 显然，无论是官方，还是佛教界都有将三阶教定为邪伪“教门”者，其实质即将三阶教视为佛教的一异端教派。会昌法难以后，三阶教亦日渐湮灭。当权者将三阶教判定为“异端”，源于三阶教对末法时代来临的宣传，但三阶教的宗教教派属性确实是不可磨灭的。

宋元时期，道教也涌现出了诸多的新道派。这些道派所实践的一些道法也曾经被正统的道派目之为“异端”“邪法”。这一时期，道教对正与邪、真与伪的高扬，在南宋高道金允中对新出灵宝大法的批评上体现得尤为明显。两宋之际出现的天心正法派、神霄派、净明派、清微派等新符箓派，促进了道教斋醮科仪的符咒化，变革了传统的灵宝斋法。新符箓派对斋醮科仪的创新，遭到了灵宝派中以维护经典与“古科”为己任者的批判。金允中在其著述中以“中原旧派”、灵宝正宗自居，认为天心正法、神霄雷法、净明道法行灵宝斋法是“越阶行事”，是对“法职当存箓阶”原则及“三洞”经教体系的背离，这些新兴灵宝派都是“教门之罪人”。[⑤]

道教史上，自六朝时代，“三洞”学说即已兴起，这充分显示了道教自身力图从汉魏以来教派分立散乱的局面，而走向以经典传授为核心的具有统一性的教会道教的努力。“三洞”学说不仅是中古道教文献的一种分类方法，而且也是中古道教自我整合意识的哲学基础与宗教神学依据。“三洞”学说也是早期的灵宝派具有强烈的包罗众经，整合道教各派，建立统一的道教经教体系意识的体现。[⑥] 两宋时期，道派林立，道法峰出，灵宝派统合各道派

① 《大周刊定众经目录》卷十五之“伪经目录”。

② 《开元释教录》卷十八。

③ 同上。

④ 同上。

⑤ 《上清灵宝大法》卷之十《箓阶法职品》之《论法职当存箓阶，次补本法之职，不宜僭妄》。

⑥ 关于“三洞”学说与灵宝派的关系，可参见王承文先生《敦煌古灵宝经与晋唐道教》中之第三章、第五章相关部分的研究（王承文：《敦煌古灵宝经与晋唐道教》，中华书局2002年版）。

的意识依然强烈。以金允中为代表的维护经典的灵宝派，仍然坚守自六朝以来形成的“三洞”经教体系，而对于“三洞”经教体系的坚守又集中体现在对“法职当存箓阶”的遵从。

根据金允中的描述，我们可以发现，当时的道士行灵宝法者着实颇夥。属于洞神部正一法的天心正法、神霄雷法，属于洞玄部灵宝法的天台东华派都广泛地参与了道教的斋醮仪式。在行文之中，金允中对天心正法、神霄雷法越阶行事之举也仅仅是作“不便”和“未当”的评价。而作为新出的灵宝派，天台东华派则被金允中认为是“用诈妄法衔，杂伪印篆”，可以说是灵宝派的异端与“邪伪之门”。[①] 金允中对于东华派的种种讥评，乃在于从宗派正统性的角度否定天台行灵宝法的合理性。面对三洞各部新出道法对斋醮仪式的深刻影响，金允中进而高扬“法职当存箓阶”的原则。[②] 虽然符法不一、众出纷纭，但是由于有了固定的受箓机制，道法成了“正法”，反之就是“邪法”。在这里，受箓与行法的一致性成了判定法术、教派的正与邪、真与伪的不二准则。金允中通过对行法与受箓一致性的强调，维护了自身“教门”的纯正，指出了天心正法派、灵宝东华派等新兴“教门”的“邪”与“伪”，否定了其合法性。这是道教内部对“教门”正、邪之判释。

与道教的正统派类似，宋政权亦以官方意志维护对道教“正教门”的权益。南宋理宗绍定三年（1230）张可大接任第三十五代天师，宝祐二年（1254）宋理宗敕封张可大“提举三山符箓兼御前诸宫观教门公事”[③]。此时，官方已经视张天师为合法的道教“教门”领袖，并且保障天师对于符箓的专卖权。[④] 张希说虽然是张可大之叔父，是天师的族属，具有尊贵的地位，但是却不具有出卖符箓的权利。官方为保障“嗣教”天师这一“正教门”的合法地位，将参与私印符箓出卖的“印匠”断治，并将印造符箓所用的雕版一律劈毁。可见，符箓不仅是判断道法真与伪的准则，也是判断道教“教门”正与邪的标尺。

可见，所谓“异端”是历代统治阶级、宗教界对一些新兴教派的指称，

---

① 金允中：《上清灵宝大法·总序》云“幸免陷身于邪伪之门”，所谓的“邪伪之门”即指天台东华派，即“天台四十九品”。

② 金允中：《上清灵宝大法》卷之十《箓阶法职品》之《论法职当存箓阶，次补本法之职，不宜僭妄》。

③ 赵道一：《历世真仙体道通鉴》卷十九《张可大》。关于张可大的研究可参见王见川《张天师之研究：以龙虎山一系为考察中心》，中正大学历史研究所博士论文 2003 年 1 月，第 50—54 页。

④ 《名公书判清明集》卷之十一《僧道》之《非嗣教天师虽尊属亦不当攙越出给符箓》。

其本质是基于政治上的一种判定。然而，就宗教本质而言，正统宗教与民间宗教之间没有不可逾越的鸿沟，二者的差别更多地表现在政治范畴而不是宗教层面。顺此思路，我们以为，中国民间宗教是中华民族漫长而纷繁复杂的文化体系的有机组成部分，是中国宗教信仰领域有机的组成部分。活泼泼的民间宗教主要不是活在国家政治里，而是活在民众的民俗文化中。① 随着时代的发展，今后所谓正统宗教、民间宗教、民间秘密宗教、教门、民间教派等概念都将代之以传统宗教和新兴宗教。

第四节 宝卷与中国民间宗教研究

中国民间宗教研究所涉及的史料众多，但凡历代官书、笔记、杂录、档案、宝卷皆在其列。其中，以清代档案和教派宝卷尤为重要。20 世纪 80 年代开始，马西沙先生通过对大量清代档案的爬梳，为世人呈现了一个鲜为人知的民间宗教王国，这是档案在民间宗教研究中的成功运用。相对于档案而言，宝卷是研究民间宗教的另一重要文献群。据统计，国内外公私收藏的宝卷有 1500 余种，5000 余种版本。

作为尚未被充分发掘、整理、研究的民间文献，宝卷与宋元以来的中国民间宗教有着重要的关联。宝卷，也称卷，事实上宝卷还有着多样的名称。其中渊源于佛、道教，用于道场仪式的宝卷往往称为“科仪”“宝忏”“科”。与此类科仪文书类似的是在仪式上使用的以“偈”“偈文”为名的宝卷。另一类宝卷承袭了佛道的经典传统，径直将宝卷名为“经”“真经”“妙经”“宝经”。用于神道人物传说或是记载教派祖师传记类的宝卷，则称作“宝传”“传”。近代江浙一带的宣卷活动中使用的宝卷往往称为“古典”“故典”“古迹”“妙典”。②

20 世纪二三十年代，顾颉刚、郑振铎、向达等学者开始搜集、研究宝卷。此时的研究主要是将宝卷作为民间俗文学来看待的。早期对宝卷的研究主要是进行文献学上的编目。1927 年，郑振铎在《中国文学研究》上发表《佛曲叙录》。40 年代，恽楚材先后发表《宝卷续录》《宝卷续志》。此后，傅惜华的《宝卷总目》、胡士莹的《弹词宝卷目》、李世瑜的《宝卷综录》

① 董晓萍：《田野民俗志》，北京师范大学出版社 2003 年版，第 578 页。

② 车锡伦：《中国宝卷总目》，北京燕山出版社 2000 年版，第 7—8 页。

也相继问世。李世瑜的《宝卷综录》著录国内公私19家收藏宝卷618种，共计1487种版本，还收藏有见诸文献著录不见传本的宝卷35种。日本学者泽田瑞穗著《增补宝卷的研究》，共收入作者以及日本公私收藏宝卷209种，是海外汉学界收集最丰者。综观学者对宝卷的整理，可以分为“叙录”和“编目”两类。在宝卷目录研究上，车锡伦堪称集大成者，其著《中国宝卷总目》共收入海内外公私104家收藏的宝卷1585种，5000余种版本，是目前收入最全的宝卷目录。

如前所述，中国的宝卷数量巨大，可以说是独立于佛经、道藏外的另一中国传统宗教的经典。这些为数不少的宝卷，包括了相当种类的劝善书，但作为民间宗教教义的宝卷亦有两三百种。

1. 宝卷的体裁与渊源

1925年顾颉刚在北京大学《歌谣周刊》上刊登《孟姜女宝卷》，并对之进行了考证研究。1934年在《歌谣周刊》上发表《苏州近代乐歌》，指出宝卷是宣扬佛法的歌曲。郑振铎则以“佛曲”来称宝卷，指出宝卷是变文的嫡派子孙。泽田瑞穗则指出，南宋和尚编写的《销释金刚科仪》是更早的宝卷类型的经文，据此，泽田瑞穗以为：宝卷直接继承忏法，模拟了唐宋以来传承的科仪。李世瑜在《宝卷新研》一文中，以为：唐五代俗讲“讲唱经文”以及演佛经故事的“变文”到了宋代成为“说经”，杂糅宋、金、元、明各代的鼓子词、诸宫调、散曲以及其他戏曲等形式，明正德年间出现了宝卷。车锡伦认为，宝卷这种演唱形式形成于南宋时期。宝卷的形成继承了佛教俗讲的传统，又受到佛教忏法演唱仪式化的影响。

马西沙先生则指出，宝卷之始，主要是由唐、五代变文以及讲经文孕育产生的一种传播宗教思想的艺术形式。它多由韵文、散文相间组成，有些卷子可讲可唱，引人视听。最初的宝卷是佛教向世人说法的通俗经文或带有浓厚宗教色彩的世俗故事的蓝本。僧侣借这类宝卷，宣扬因果轮回，以弘扬佛法。元版《佛说杨氏鬼绣红罗化仙哥宝卷》及郑振铎藏书《目莲宝卷》的发现是个证明，宝卷形成过程中，还受到道教的影响，南宋理宗为指陈善恶之报，“扶助正道，启发良心”，广泛推广劝善书《太上感应篇》，为以后《阴骘文》《功过格》的大力普及及宝卷类劝善书的兴起，开了先河。

2. 宝卷与明清民间宗教的宗教实践

现有大量的宝卷中，至少有两三百种是明清民间宗教的相关经典、科仪。马西沙先生认为，至少到了明初，宝卷已开始为民间宗教利用，作为教义的载体形式。现存大陆学者路工先生处的古本卷子《佛说皇极结果宝卷》，刻于明宣德五年（1430）孟春吉日。这部宝卷比无为教主罗梦鸿的《苦功悟道卷》等五部宝卷早80年刊行问世。马西沙先生曾经翻阅郑振铎先生藏书，于明版的《正信除疑无修证自在宝卷》《巍巍不动太山深根结果宝卷》中，发现“圆觉宝卷作证”“金刚宝卷作证”“弥陀宝卷作证”“圆觉宝卷云”“圆通宝卷云”等内容，这有力地说明在罗氏五部宝卷问世的正德四年（1509）以前曾有一批宝卷问世。其中《佛说圆觉宝卷》《销释圆通宝卷》都属于民间宗教的经典。

明代中晚期，是民间宗教兴起的时期，也是宝卷大量撰写刊行的时期。作为弥陀净土宗和天台宗影响下产生的白莲教，已不占据统治地位。而禅宗和道教内丹派影响的新型民间宗教大批涌现，成为那一时代民间宗教的特点。而几乎所有有实力的民间教派都以宝卷为名，撰写刊刻自己的经书。清代黄育楩说：“每立一会，必刊一经。”① 其实每立一会，便会刊印多种经卷。少则数部，多则数十部。现在能见到的明刊本民间宗教宝卷不下百部，多为大字折装本，印制精美，“经皮卷套，锦缎装饰”，与正统佛经无异②。这些无疑都说明了宝卷对于民间宗教研究的重要性。

宝卷包容的思想极为庞杂，兼杂儒、释、道等传统文化，又有历代积淀的各类民间宗教的思想资料，乃至民间神话、风俗、礼仪、道德规范等内容。就道教而言，影响也是多方面的。道教的哲学、炼养、斋醮、神话传说都深深渗透到多种宝卷之中，其中道教的内丹术及斋醮仪范对宝卷的影响最大。目前学界对道教的内丹、仪式与宝卷关系的研究尚属少见。只有马西沙先生对此进行了开拓性的研究。马西沙先生在《宝卷与道教的炼养思想》一文中指出，道教的内丹术对明清时期的民间宗教教派的宗教修持影响巨大。

马先生指出，形成于明初的《佛说皇极结果宝卷》，是现存最早的民间宗教经卷。虽然该经卷内容多晦涩难解，名词术语与道教颇有不同，但修炼内容明显受着内丹道的启示。此外，黄天道的经典也渗透着内丹的修持理念。黄天道流传有“九经八书”，现存中国、日本、俄罗斯通计六部，内含忏仪经文一部。除忏仪一部外，五部宝卷都以修炼内丹为宗旨，创教经典

① 黄育楩:《破邪详辩》卷一。

② 黄育楩:《破邪详辩·序》。

《普明如来无为了义宝卷》开宗明义，告诫信徒要“性命兼修”“昼夜功行”，借此结丹[①]。在黄天道看来，兼修性命是逆生命之旅行进的一个过程，是对衰老、死亡的一种抗争，是对生命本源——天真之性的不懈追求，这种追求的结果是结金丹。

《普静如来钥匙宝卷》告诫修行人要保持12个时辰的常清净。甚至认为人体这只鼎炉要以日、月、星三光之精气为药物：“采取日精月华，天地真宝”，“昼夜家，采取它，诸般精气。原不离，日月光，诸佛之根”[②]，“采先天混源一气，炼三光玄妙消息”。[③] 清初问世的《太阳开天立极亿化诸神宝卷》把上述内容更加夸张，认为“太阳乃天之阳魂，太阴乃地之阴魂也。天地为鸡卵，乾坤日月乃玄黄大道”。太阳、太阴“乃为灵父圣母，产群星如蛾布子”。“人自生之前，原来佛性，始乃太阳真火”。因此凡夫俗子欲成大道，需要“投圣接引太阳光中，才得长生”。黄天教内由是奉普明为太阳，其妻普光为太阴，普明夫妇死后葬地立塔13层，号日月塔或明光塔。随着日久年深，一种修炼的内容，逐渐演化成修炼兼崇拜教主的仪式。据颜元讲，从明代起黄天道就“唤日光叫爷爷，月亮叫奶奶”，“每日三次参拜”[④]。到清中期，直隶总督史贻直的奏折中记载，黄天道“以每日三次朝日叩头，名三时香；又越五日，将行道之事默祷天地，谓之五后愿”[⑤]。

马西沙先生指出，其实，这类修行内容在道教中亦可找出根据。早期道教便主张服气、宝精，炼养精气神。由服气，逐渐导引出服太阳、太阴、中和之气，以增寿考。故《太平经》云：“元气有三名，太阳、太阴、中和，形体有三名：天、地、人。”三气凝而形成三光，“凡物与三光相通，并力同心，共照明天地”。从哲学上讲，这是道教早期的天人合一思想；从内修上讲，则开了吸日精月华、天地三宝之先声。此后，《黄庭经》则有了在修炼时存思日月、服气引导的系统理论。唐代司马承祯《服气精义论》就以存思日月，存思脏腑，引导、运气，以治疗各类疾病。到了宋元时代，净明道、崇拜日月之风日盛，甚至认为太上受制于日月之君，传忠孝之道。道经中出现《高上月宫太阴元君孝道仙王灵宝净明黄素书》等经文，这类经文很可能

① 《普明如来无为了义宝卷》第一分、第二分。

② 《普明如来无为了义宝卷》第十九分。

③ 《普明如来无为了义宝卷》第十八分。

④ 颜元：《四存编·存人编》卷二。

⑤ 《军机处录副奏折》，乾隆八年四月初九日署直隶总督史贻直奏折。

是黄天道《太阴生光了义宝卷》等教义思想的直接来源之一。道教由于天人合一的哲学思想，究天地万物生成之理，比附人体的各种生命现象，必然导致其对天地日月崇拜并成为炼养思想的有机组成部分。黄天道亦不出此规矩。当然，崇拜天地日月是许多宗教的共通内容，如在中国流行了近千年的摩尼教，崇拜日月，崇尚光明，对中国本土的民间宗教亦产生过影响，但摩尼教毕竟缺乏深奥的炼养内容，这是其难于中土扎根的关键因素之一。与黄天教可能有直接授受关系的还有一种叫玄鼓教的教派。这个教派子时朝北，午时朝南，卯时朝西，酉时朝东，四时朝拜烧香。

八卦教的创教经书有《五圣传道》，从现存中、日两国不同版本的《五圣传道》可知，这是一部修炼内丹，追求长生不死的经书。经书中将观音、普贤、白衣、鱼蓝、文殊五位菩萨幻化成农村织布的妇女，并借用织布的道理，说出一番道教内丹派的玄妙道理来。

当然，民间宗教的内丹术与道教的内丹术是有区别的。其一，民间宗教中出现炼养思想，是内丹道成为道教主流以后的事。其二，宝卷的炼养思想庞杂、丰富，既有合于道教炼养真精神者，也因鱼龙混杂，导致怪弊丛生的现象。道家与某些民间宗教家在炼养上的根本不同之处在于：一个把落脚点放在贵清虚无为的自然之道上，一个则充满世俗欲望和追求。其三，在哲学观念上，宝卷与道教分殊异同，亦不可概论。道教合哲学、炼养于一炉，逆则归元，既体现出了人本身逆死求生的过程，其哲学的依据亦不出老子从人道向常道的复归。体现了人类、社会、自然的和谐，体现了从本体走向多元，再由多元归于本体的过程，部分民间宗教家及其撰写的宝卷，即循此思路。

但还有一部分民间宗教，有一种自成体系的天道观，这种天道观又与内丹炼养之术汇于一体，则演化成一种极有吸引力的社会政治观点、一种反传统的思潮，这就是“三教应劫”思想。三教应劫思想渊源于《弥勒下生经》等佛教经典，时在两晋、南北朝时期，后则有佛。

道交相影响，由民间宗教混而成之。但就现在资料来看，到了明代这种天道观才和民间宗教的炼养思想发生融合。三教应劫救世思想，就是如此与民间宗教修炼内丹之术接合起来了。这种教义成为黄天教、闻香教、八卦教、一贯道等多类教门的基本教理，对下层受苦受难者无疑颇具吸引力，成为部分民间宗教反传统思想的核心内容，也是与道教天人合一思想最具分歧之处。

3. 宝卷的调查与研究

20 世纪 50 年代开始，已经有学者开始对宝卷演唱活动的调查。这一时期，学者在对江苏南部戏曲调查中获得了一些宝卷曲目。[①] 1957 年张颔《山西民间流传的宝卷抄本》载于《火花》第 3 期。80 年代之后，宝卷的田野调查卓有成绩。1991 年，《酒泉宝卷》由甘肃人民出版社出版。江浙的宝卷调查也有成果问世。1992 年，段平《河西宝卷的调查研究》、方步和《河西宝卷真本校注研究》先后在兰州大学出版社出版。随着宝卷调查研究的深入，学者也对宝卷研究进行了反思[②]，对“宝卷学”[③] 也进行了阐述。

第五节 民间宗教的系统：白莲教及白莲教之外的多种民间宗教教派

明清民间宗教是否具有统一的系统？是否应该统称为白莲教？这是研究明清民间宗教的重要问题，对于这一问题的回答，不仅关乎中国民间宗教源流、传承与演变，更是学者研究立场、研究旨趣差异性的体现。20 世纪 70—80 年代，中外学术界曾经将明清时期民间宗教统称为白莲教。70 年代末 80 年代初，美国学者韩书瑞（Susan Naquin）在其著作中将中国的民间宗教以“白莲教”概括之，认为对无生老母的崇拜是其共同的信仰核心。虽然，韩书瑞指出白莲教由一些分散的小集团组成，但是仍然将之统称为白莲教，八卦教等民间宗教是白莲教的支派。在其著作《千年王国运动：1813 年八卦教起义》（*Millenarian Rebellion in China, the Eight Trigrams Uprising of 1813*）中，韩书瑞在第一章即探讨了白莲教的组织形态与教理教义。[④] 显然，韩书瑞已经把白莲教作为论述其他教派的总体框架。日本学者与此不同，他们将明、清两代的民间宗教分为白莲教和罗教两个系统。台湾的郑志明先生也认为罗教以无生老母为信仰核心，白莲教以弥勒佛为

① 《江苏南部民间戏曲说唱音乐集》，音乐出版社 1955 年版。

② 车锡伦：《中国宝卷研究的世纪回顾》，《东南大学学报》（哲学社会科学版）2001 年第 3 期。

③ 濮文起：《宝卷学发凡》，《天津社会科学》1999 年第 2 期。

④ Susan Naquin, *Millenarian Rebellion in China , the Eight Trigrams Uprising of 1813*. New Haven and London: Yale University Press, 1976; Naquin, Susan, Shantung Rebellion: *The Wang Lun Uprising of 1774*, New Haven: Yale and London University Press, 1981.

信仰核心，两教是不同系统的教派。[①] 喻松青则将明清民间宗教都名之曰“白莲教”，并指出明清的白莲教主要包括白莲教、罗教、黄天教、弘阳教、八卦教以及由此而衍生出的各种教派。这些教派的教理教义、信仰、仪式、经典、组织活动的形式都与白莲教大体相同。所以可以目之为白莲教。[②]

真正对明清的民间宗教进行系统梳理、考镜源流的是马西沙先生。马先生认为，明清时代民间宗教不应统称为白莲教。当然，作为一个曾经深刻影响时代的民间宗教，白莲教在明清时代仍然留下了某些历史痕迹。在黄天教中，创教祖师李宾，道号普明，继教业者则是普光、普净、普照、普慧等人。这种以普为号，明显地带着白莲教的印记。同样，在圆顿教中，也有“男普女妙”的记载。在江南斋教中，有一个异名同教——一字教，教徒皆以普字为教名。这些标志，无疑保留着白莲教的某些特点。但是，人们再也找不到一支以西方弥陀净土为信仰，以家庭寺院为组织，以普觉妙道为道号的白莲教了。宋元时代的白莲教，在漫长的历史演变中，已融进了波澜壮阔的民间宗教运动的大潮之中，已不占据主宰地位了。

元代末年以香会为主要领导的农民起义失败，弥勒信仰、明教、白莲教遭禁。此时的农民起义，多香军即红巾军余党，以崇弥勒下生者居多。明中期仍有“白莲教”活动，但这些“白莲教”并不信仰弥陀净土思想，而是崇拜弥勒佛。这种“白莲教”仅有白莲教之名而无白莲教之实，本质是弥勒教会的信仰了。这一时期，“白莲教”不但与南宋茅子元所倡白莲教迥然不同，与元代普度的白莲教也没有任何内在联系。

马西沙的研究显示，明清时代民间宗教有着多种形态。

1. 无为教产生之后，“白莲教”已无法包容复杂的民间宗教信仰世界

无为教，又称罗教，问世于明成化、正德间。罗教的出现，是新型民间宗教开始影响民间宗教信仰世界的标志。自此之后，中国民间宗教世界发生了一次深刻的变革。这支教派对禅宗思想大胆发挥，提出了对宇宙、万物、人生的看法，提出并力图解决一系列宗教命题。它的教义既不同于向往西方极乐世界的白莲教，也不同于单纯倡导弥勒下生的弥勒教。它否定以往的一

---

① 郑志明：《无生老母信仰溯源》，台北文史哲出版社1985年版；《中国社会与宗教》，台北学生书局1986年版。

② 喻松青：《明清白莲教研究》，四川人民出版社1987年版。

切修持方法，追求所谓的“无为法”。究其本质即由净入禅，再由禅入净，形成禅、净结合，心性即安身立命之净土，心性即本体。罗教的思想体系对明清时代民间宗教的影响巨大。罗教支派及再生教派遍布中国底层社会。罗教主要支派有无为教、大乘教、江南斋教、运河水系罗教支派（后来演化成青帮）、青莲教等。它对产生于近代的先天教、一贯道亦有影响。这些教派有的是无为教正宗流脉，有些是罗教与道教内丹派，或弥勒信仰、白莲教信仰、摩尼教信仰融会合流的产物。这种发展造成了一种蔚为壮观、流脉纷呈、复杂多变的民间宗教信仰世界，这种信仰世界决不是“白莲教”所能包容得了的。

2. 明清时期出现的以修炼内丹为宗旨的民间宗教也与白莲教不同

明清时代多种民间宗教还受到道教内丹道的启迪与滋养，众多的教派都以修炼内丹为宗旨，这种特点更与白莲教迥异。明嘉靖年间问世的黄天教、万历年间问世的弘阳教、龙天教、长生教、圆顿教，清初问世的一炷香教、八卦教，清中晚期问世的青莲教、金丹教、真空教、一贯道、先天道等，都是以修炼内丹为宗旨。这些教派把修炼内丹与三世应劫及无生老母信仰融为一体，形成迥异于正统宗教的教义体系，这套教义体系承袭了历史上的弥勒救世思想的传统，显然不同于白莲教的弥陀净土教义。简单地把明清民间宗教盛行的无生老母观念、三世应劫观念归附于白莲教的体系，无疑是对历史的误读。

3. 由学术社团演变而来的民间宗教亦迥异于白莲教

明嘉靖年间，三一教在福建莆田问世；清代中期，著名学者刘沅在四川成都创立了刘门教；与此同时，在山东的肥城，黄崖教也问世了。以上三教既不同于弥勒教、白莲教、摩尼教，也不同于明中期以后一系列新型教派。它们都是由知识分子的学术团社转化而成的民间教派，由于受到宋明理学，特别是王阳明心学的影响，这类学术团社把设帐讲学、宗教修炼、慈善事业、斋醮作会融为一体，而参加团社的成员也由知识分子逐渐扩展到其他社会阶层，最终发展演变成宗教实体。显然，将对这样的民间宗教称为白莲教是不符合历史真实的。

4. 明清民间宗教起义不能统称为白莲教起义

由于缺乏对明清民间宗教具体的了解和全盘的把握，有些学者把一些由民间宗教发动的农民起义，也一言以蔽之为白莲教起义。如把明末徐鸿儒起义、清中期川陕楚等五省农民起义和嘉庆十八年的八卦教起义都称作所谓的白莲教起义。这种论断都过于笼统而缺乏历史依据，或是对封建时代旧说的一种因袭。

明末天启二年（1622），山东省西南部爆发了徐鸿儒领导的闻香教起义（大成教起义）。闻香教并非白莲教，闻香教主要是罗教（无为教）和弥勒信仰两者融合的产物。事实是明清时代一些冠以白莲教名色的教派多信仰弥勒救世思想，这些"白莲教"，已完全不具备宋元时代白莲教的基本特征。由此证明，王森弟子徐鸿儒领导的闻香教（大成教）起义不能被称为白莲教起义。曾经导致清政权由盛至衰转折的川、陕等五省农民大起义，长期以来被部分学者称为白莲教起义，这也是一种误解。这次起义的骨干成员是混元教和收元教徒。而这支混元教和收元教的远渊是明末王森所创之闻香教。清代康熙中期一支闻香教传入山西，山西则有张进斗父子为其支脉。王森后裔所造《立天卷》四卷亦成为张氏父子传教的主要依据。张进斗所行教派名称是无为教，被当局称为"白莲教"。张进斗传徒冯进京、周隆庭、李彦稳、田金台，又分化为混元教、收元教。这两支教派辗转向直隶南部、河南北部发展。在乾隆中期向河南南部及安徽西部发展。最终在乾隆末期沿着不同的传承路线，分别进入湖北，成为嘉庆元年（1796）农民起义的主要宗教组织。因此，这次起义应称为混元教和收元教起义。

显然，随着民间宗教研究的不断深入，我们对明清民间宗教系统的认识应该有别于早期的研究者。如今的学者如果仍然将明清时代呈现多样化形态的各种民间宗教统称为白莲教，则违背了历史。

第六节　民间宗教与社会运动

在中国民间宗教史上，存在着民间宗教与农民运动相结合的现象。在一定历史条件下的民间宗教运动，在一定程度上冲击了历代王朝的统治秩序。对民间宗教与社会运动的探讨也成为中国民间宗教研究的重要命题。中外学界对民间宗教与社会运动方法与角度皆不同。

1. 千年王国运动与民间宗教运动

从格鲁特开始，西方的学者即认识到中国民间宗教与政治反抗运动的密切关系。杨庆堃指出，整个清王朝的军事行动包括两类，一为清朝初年远征边疆同非汉族作战，一为在王朝晚期镇压宗教起义。这显示出宗教力量和社会运动间的密切关系。在他看来，清王朝时期的宗教反抗运动都具有程度不同的政治性质。宗教反抗有着深刻的社会背景，是某个群体积怨的集体性爆发，目的在于通过和平或者非和平的手段，促使现存社会和政治秩序作某种变革。当已经确立的社会和政治秩序无法提供危机的解决方案，而人们又困惑于何去何从时，教派运动站出来允诺给人们救世的答案，这就导致了与政府紧张局面的产生。[①]

韩书瑞以王伦起义以及林清、李文成起义为切入口，将清朝民间宗教运动与西方基督教的异端信仰相比较，指出八卦教起义不是一场简单的农民起义，而是一场千年王国运动。在其著作《千年王国运动：1813 年八卦教起义》（*Millenarian Rebellion in China*，*The Eight Trigrams Uprising of 1813*）中，韩书瑞以为，民间宗教运动不是清代本身的社会危机引发的。民间宗教教派对千年王国的信仰，及其组织内部所具有的动力成为这次起义的内在动因。刘广京（Kwang-Ching Liu）和石汉椿（Richard Shek）也着力研究民间宗教信仰、宗教异端对王朝现行秩序的离心力，以及对反抗王朝运动所提供的动力。[②]

与此不同的是欧大年的研究，欧大年曾经指出，虽然一些学者早已经承认在中国存在民间宗教教派，但是他们往往将这些教派与一些自愿结社如秘密会社以及不时爆发的农民起义等混为一谈。所以，对于学者而言，应该对中国民间各种结社进行更为准确的分类，不仅要注意其政治功能，而且应该重视其内部的历史和宗旨。以此为基础还应该根据各民间宗教教派的源流、教义和实践把各种不同的宗教运动形式区分开来。[③]

中华人民共和国成立后，中国学界对民间宗教的关注实际上即源于对农民战争的研究。改革开放后，对于民间宗教与社会运动的研究仍然是学界热烈讨论的一个话题。

马西沙先生在《中国民间宗教史》序言中指出，民间宗教运动在特定的一些历史条件下，与农民革命运动相契合，遂从一种宗教力量转化成政治力

---

① Y. C. K，*Religion in Chinese Sosciety*：*A Study of Contemporary Social Functions of Religion of Some of Their Historical Factors*，Berkeley，1961，又见〔美〕杨庆堃著，范丽珠等译《中国社会中的宗教：宗教的现代社会功能与其历史因素之研究》，世纪出版集团、上海人民出版社 2007 年版，第 204、208、209 页。

② 刘广京：《从档案材料看 1776 年湖北省白莲教起义的宗教因素》，《明清档案与历史研究》，中华书局 1988 年版；*Heterodoxy in the Late Imperial China*，Edited by Kwang-Ching Liu and Richard Shek，Honolulu：University of Hawaii Press，2004，pp. 172－208.

③ 欧大年：《中国民间宗教教派研究》，刘心勇、严耀中等译，上海古籍出版社 1993 年版。

量、军事力量，形成极大的反抗现行秩序的潮流。特别是近千年来，这种不断涌起的大潮，冲击着宋、元、明、清几个大帝国的根基。这是中国封建专制统治造就的特殊的反作用力。

刘平《文化与叛乱》一书，则从文化的角度入手，试图探讨农民叛乱的文化因素和宗教因素。该书以民间文化和民间信仰入手，指出宗教迷信加上巫术符咒、五行八卦、气功武术等“文化因素”，为农民转变为叛乱者提供了桥梁，也使叛乱者在叛乱过程中迸发出巨大的勇气和力量。这种思路，是有其内在逻辑的。应该说叛乱与文化关系很大，但仅是其中一个因素，且绝不是根本因素。也与造反有理还是无理没有必然联系，具体的造反具体分析，陈胜、吴广的篝火孤鸣与王伦造反的劫变不可同日而语。没有草根文化就没有轴心文化，没有民间文化就没有儒、释、道。

2. 民间宗教的救世思想：摩尼教与弥勒教的融合

在中国民间宗教史上，弥勒教与摩尼教的融合是一个十分重要，而又有着重大争议的问题。

（1）弥勒教与摩尼教的早期融合以及历史上两教融合之史实

在中国大陆学术界，唐长孺、柳存仁诸位先生较早地重视了中国历史上弥勒信仰与摩尼教的关系。唐长孺先生尝发表《北朝弥勒信仰及其衰落》一文对这一关系进行了研究。[①] 随后，柳存仁发表的一系列成果引起了学术界的重视。1981 年，柳先生的文章《唐前火祆教和摩尼教在中国之遗痕》由林悟殊先生译出，在《世界宗教研究》上发表。[②] 该文，柳先生举证了公元 471—614 年间 13 件带有“宗教成分”的乱事，并指出“有些叛事和摩尼教的联系”还不能定论，但如果找到更有力理由佐证，“其中有些内容即可以说明问题”。柳先生以《道藏》及摩尼教残片为证据，指出弥勒教和摩尼教有联系，表面似乎是在中国的创新，其实在原始摩尼教教义中，已有其宗教根源。

在此基础上，马先生则在《民间宗教志》《历史上的弥勒教与摩尼教的融合》[③] 中，从摩尼教原始教义融入弥勒观念开始考证，继之隋、唐、五代

① 唐长孺：《北朝的弥勒信仰及其衰落》，文载氏著《魏晋南北朝史论拾遗》，中华书局 1983 年版。

② 柳存仁：《唐前火祆教和摩尼教在中国之遗痕》，《世界宗教研究》1981 年第 3 期。

③ 马西沙：《历史上的弥勒教与摩尼教的融合》，《宗教研究》2003 年号，中国人民大学出版社 2004 年版。

两教融合之史实。再继之钩沉北宋、元代之香会，而至元末之“香军”，“烧香之党”。指出，从宗教史的角度来看，弥勒教、摩尼教实为南北朝、隋唐及北宋时代两大民间教派，且相互交汇融合，形成民间救世思想的主流。

（2）关于弥勒教与摩尼教融合的争论

学术界在弥勒教与摩尼教融合问题上，有着一些不同的观点。2006年，芮传明发表《弥勒信仰与摩尼教关系考辨》一文[①]，对马西沙先生《历史上的弥勒教与摩尼教的融合》提出批评。在文章中，他分析了弥勒信仰与摩尼教貌似雷同的因素，指出弥勒信仰与摩尼教无论是其实质，还是其渊源，都有区别，不宜动辄称之为“互相融合”“互相借鉴”。

虽然芮传明先生作为两者关系的考辨者，花了几万字考辨《“正统”弥勒信仰概述》，分析弥勒信仰与摩尼教的相似因素，且辨析两者文化因素来源。但是却无视关键的历史证据。柳存仁先生早已经指出“弥勒教和摩尼教有联系”，“其实在原始摩尼教教义中，已有其宗教根源”，这可以说是早期两者的融合，而且是重要融合。正因如此，导致了隋、唐及以后两教融合的一系列影响历史的重大事件的发生。

对此柳文有多项举证，其中以下证据尤其应该关注：其一是公元730年沙门智升所撰《开元释教录》中“载有许多流行的涉及弥勒故事的佛教著作，其中有一伪经名为《金刚密（要论）经》，署有副题亦名（方）《明王缘起经》兼论弥勒下生事”。此经后来为沙门宗鉴列入《释门正统》中，与《大小明王出世》《二宗经》相提并论。柳文举此证，是说明一部摩尼教的经卷，却在兼论弥勒佛下生。显然，《明王缘起经》中摩尼教与弥勒佛观念及下生救世联系在一起了。[②]其二是“弥勒佛之被卷入原始摩尼教教义，可以由摩尼教残片M42帕提亚文赞美诗得到证实。……在这首诗里提出一神，也许是明使耶稣，在对年轻者（youth）讲话时，说道‘由于你从佛陀得到的本领和智慧，女神（Dibat）曾妒忌你。当佛陀涅槃时，他曾命令你：‘在这里等待弥勒佛。’”[③]上述无论是摩尼教残片，还是《明王缘起经》，都是柳先生论述弥勒佛观念与摩尼教关系的关键处，是两者早期融合的重要举证。

---

① 芮传明：《弥勒信仰与摩尼教关系考辨》，《传统中国研究集刊》第一辑，上海人民出版社2006年版，第1—30页。

② 柳存仁：《唐前火祆教和摩尼教在中国之遗痕》，《世界宗教研究》1981年第3期，第47页。

③ 同上。

除此之外，还有两者关联更大者。摩尼教最重要的原始教义是其创教观念：二宗三际观。其中的三际，最有可能受到佛教三世观之影响。所谓三世即过去、现在、未来。相对应的是，过去燃灯佛住世，现在由释迦佛住世，未来由弥勒佛住世。落脚点在弥勒佛及其下生救世观念上。摩尼教有三纪：初际、中际、后际。林悟殊先生在其《摩尼的二宗三际论及其起源》一文中说："三际的内容不过是二宗在过去、现在和未来三个时期的不同表现。"① 当然我们还不能据此就得出两者一致的观点。但说摩尼教的三际说"借鉴"了佛教三世观，大致是不错的。联系到前面柳文举证的摩尼教残片 M42 所云："当佛陀涅槃时，他曾命令你：'在这里等待弥勒佛。'"佛陀涅槃时即现在世将亡，未来世将至。这里所包含的宗教意义及佛教对摩尼教在创世观上的影响是不容轻视的。可见，摩尼教的三际观是在佛教影响下加之摩尼教的自身创造而形成的。

我们在考辨摩尼教与弥勒教两者的关系时，不应当回避重大历史事实。唐玄宗三年（715）下诏书，禁断摩尼教，② 开元二十年（732）又禁断摩尼教，③ 指出摩尼教"假托弥勒下生""诈云佛说""妄称佛教"。这两段重要史科，证明不但在摩尼教原始义中融入了弥勒佛观念，在唐（或唐之前的伪经如《明王缘起经》）有两教融合的事实。在实际的宗教活动中两者更是融为一体。此中"假托弥勒下生""诈云佛说""妄称佛教"，都是统治者或正统佛教的说法。对正常摩尼教信仰者来说，他们教义中就有佛说，就有弥勒下生，何来假托，何来妄称，何来诈云佛说？唐代中原大地风行景从的摩尼教信仰者，因影响太大，"触类实繁"，所以才引起统治者的禁断。

宋代庆历七年（1047），涿州人王则在贝州举行暴动。《宋史纪事本末》记载：王则及其信仰的宗教观念是"释迦佛谢世，弥勒佛当持世"。宣扬的是弥勒救世思想。然而这个弥勒教却"相与习为《五龙》、《滴泪》等经及诸图谶书"。据《佛祖统纪》卷三九所载，摩尼教有所谓《佛佛吐恋师》《佛说滴泪》《大小明王出世经》等"不根经文"，其中《佛说滴泪》是摩尼教经典无疑。可见王则这支信仰弥勒下生的教派，读的是摩尼教经典。显而

① 林悟殊：《摩尼教及其东渐》，中华书局 1987 年版，第 12 页。

② 《册府元龟》卷一百五十九《帝王部·革莽》。

③ 《通典》卷四十注。

易见弥勒教与摩尼教又在王则的教派中“融合”了。如果我们把摩尼教残片M42中的内容与王则的信仰比较一下，就可以明白两者的一致性，“佛陀涅槃时，命令你等待弥勒佛”显然就是“释迦佛谢世，弥勒佛当持世”。由此足见两者融合的历史渊源，及宗教教义渊源之深厚广远了。

芮文在逻辑上，尽量回避弥勒信仰对摩尼教的影响。但由于弥勒信仰对摩尼教影响是渗入骨髓的，不能完全否定或回避。在芮传明的行文中也不能不有所涉及。在芮文第10页，他也认为二者（摩尼教、弥勒信仰）皆以弥勒为救世主，并“多达五次以弥勒（Matreya）称呼摩尼”。事实上，这是弥勒佛观念与摩尼教融合的最佳例证。这可作柳存仁、吴晗、马西沙等先生关于两教融合的多个例证的又一证据或补充。

芮先生在文章中，又考析出基督教与摩尼的“弥勒——救世主”更有渊源的观点。应该指出的是，凡是治摩尼教史的人从不回避基督教救赎思想对摩尼教的影响。前面揭示柳存仁先生的举证，也透露了“耶稣的观念在原始摩尼教教义之中”。问题是，摩尼教受到基督教影响，或者如芮先生所云“更有渊源”，这并不影响弥勒信仰与摩尼教的融合。从中国的历史资料来看，弥勒佛与摩尼教有1000余年的渊源关系，涉及对社会生活的影响，几乎是治史者无法回避的，而摩尼教与基督教两者关系的影响却微乎其微。

芮传明在文章的第三部分《弥勒信仰与摩尼教的文化因素来源辨析》中，用了大量篇幅考析：①弥勒与“光明”之比较密切的关系。与其说是得自摩尼教的影响，还不如说是本于佛教的传承。……而非摩尼教的融合所致。[①] ②摩尼教与弥勒信仰的“白衣”分别源自琐罗亚斯德教。这个观点还是在否定“融合”的结果。③摩尼教与弥勒信仰素食观念不同。这三个方面的分析占了芮氏文章的一节，一万多字。此皆为证明两者不相融合的证据。然而，我们应该注意的是：虽二者在此三方面或有不同，但皆尚光明、皆尚白衣、皆食斋，又恰恰可以作为两者融合的基础。即使如芮文所云：两者在这三方面不相交涉，也无法回避两者在摩尼教原始教义的本质性的融合，也无关乎从隋唐至宋元两者融合而成的那些无法回避的重大历史事实。

① 芮传明：《弥勒信仰与摩尼教关系考辨》，《传统中国研究集刊》第一辑，上海人民出版社2006年版，第16页。

（3）关于“香会”问题

香会问题是摩尼教与弥勒教融合中的一个重要环节。该环节涉及对中国历史上元末农民战争的看法。

马西沙先生指出，“元末农民起义为白莲教起义”这一当今学界主流看法是对历史的误判。元末农民起义在酝酿和开始阶段与白莲教会关联不大，而是倡导弥勒下生的南北两方“香会”发动的。只是到了起义如火如荼的发展阶段，在江南，白莲教会大批成员才蜂拥而入，特别是加入了徐寿辉的天完红巾军。而天完红巾军并未因白莲教徒加入而改变信仰弥勒佛的初衷。

在马先生看来，由摩尼教与弥勒教融合而形成的“明王出世”“弥勒下生”救世思想与在地下潜行默运的宗教运动密不可分。因这种救世观念而形成的宗教及宗教运动，在特定时代就转化成政治行动、军事行动和改天换地的运动。元末的明教——烧香之党的出现就是这种融合的体现。吴晗先生在其《明教与大明帝国》一文中指出韩山童、韩林儿父子，“自号大、小明王出世”，而起义者以“弥勒降生”“明王出世”并举，“明其即以弥勒当明王”。[①] 马西沙先生则考证从宋元的香会，演化成元末的“烧香之党”即明教。朱元璋曾明确指出造反百姓“酷信弥勒之真有，冀其治世，以苏其苦，聚为烧香之党”。[②]

马西沙先生指出，集经社和香会都是摩尼教与弥勒信仰混合的宗教集会团体。而香会之“香”除上述史料指证的“烧香”“燃灯”之意，合于摩尼教追求光明的传统教义。尚有“以香为信”的内容。《佛祖统纪》卷三十九云：“其法不茹荤饮酒、昼寝夜兴、以香为信，阴阳交结、称为善友。”可知香会之香尚有第二个内容。需要指出的是，香会之名，出现在北宋，那时的白莲教尚未问世。

元代，弥勒教与摩尼教相融会之“香会”继续发展。元初耶律楚材再次指斥“香会”，以为佛教之“邪”。元末，农民军兴，香会成为组织纽带，香会之称亦变为香军，宗教组织转化为军事组织，烧香结会，礼弥勒佛，继而韩山童父子被奉为出世之明王，下生之弥勒佛。不甘现世苦难的民众聚拢在这面旗帜之下，揭竿造反；而南方的“妖僧”彭莹玉则倡弥勒下生之说，其徒众终附于徐寿辉，共拥寿辉为“世主”，倡议举事。轰轰烈烈的反元农

① 吴晗：《读史札记》，生活·读书·新知三联书店1979年版，第261页。

② 马西沙：《中国民间宗教简史》，上海人民出版社2005年版，第413—415页。

民大起义由是而成。“明王出世，弥勒下生”，反映了元末农民起义军的主要信仰。它极大地鼓舞了起义者的斗志，成为元末农民起义的信仰旗帜。

马西沙先生进而指出，事实是韩山童家族从来不是白莲教徒。白莲教有几个特点：①白莲教继承了弥陀净土宗信仰，崇拜阿弥陀佛、观世音等；②茅子元以及后继者以《无量寿经》为宗旨，口称念佛，并继承了天台宗四土信仰及智颉、慈云遵式的忏法；③白莲教徒都有道号，依普、觉、妙、道四字为号。元末有一批白莲教徒参加起义，皆冠以“普”字。这一点中、日学者都有专文论述。用这三个特点，反观韩山童、韩林儿、刘福通等领袖人物：①他们都不信仰弥陀净土宗，而是“烧香崇弥勒佛”；②不知所念何种经典；③没有白莲教徒必有的道号。由此可知，所谓“白莲教”在韩山童那里是根本不存在的。[①]

杨讷则指出，经社、香会不是摩尼教或摩尼教与弥勒教信仰的混合教派。经社是诵经结社，香会就是焚香聚会，没有更多的含义，不涉及念哪门经、向哪位仙佛敬香的问题，不同的宗教都可以采取经社和香会的集众方式。结社、诵经、烧香、设斋是中国历史上许多宗教共有的活动。[②] 同时，杨讷以为，白莲教本身“明王出世”中的“明王”与明教的明尊、明使均不相干，“明王”就是阿弥陀佛。其典出于《大阿弥陀经》，《大阿弥陀经》称阿弥陀佛为“诸佛光明之王”，“弥陀出世”自然就是“明王出世”。[③]

考茨基曾说过“没有宗教是没有矛盾的。没有一种宗教只由一种单纯的概念而产生，是一种纯粹逻辑的历程之结果”。[④] 如果我们把原始摩尼教教义融入弥勒观念，一直向下贯通，且从唐代始，至宋、元、元末，两者在一系列影响历史的大事件的相互关系缺成分，不难发现弥勒观念与摩尼教的融合是深入骨髓的，不可分割的。近 2000 年来，底层社会造反运动几乎很少有倡导弥陀信仰者，既没听说“弥陀出世”，也没听说“弥陀下生”这类口号，因为弥陀佛住持西方，如何下生尘世，与其教义根本不符。而带有摩尼教信仰色彩的“明王出世”则与“弥勒下生”同属救世思想，具有同样强

---

① 参见马西沙、韩秉方《中国民间宗教史》，上海人民出版社 1992 年版，第 50、51 页；马西沙《民间宗教志》第三章“白莲教”。

② 杨讷：《元代白莲教研究》，上海古籍出版社 2004 年版，第 168—169 页。

③ 同上书，第 176—183 页。

④ 考茨基著，叶启芳等译：《基督教之基础》，生活・读书・新知三联书店 1955 年版，第 369 页。

大的吸引力。正是两者的融合，表现了惊心动魄的力量，曾对中世纪的宗教生活和政治生活产生过重大影响。

第七节　民间宗教的传承与转化

民间宗教教派在流传过程中，由于诸多方面的原因，变异与转化在所难免。对这种变化的研究不仅是梳理民间宗教的“源”与“流”的关键，也是进一步认识民间宗教与政治、经济、地域性文化等因素存在着复杂关联的突破口，也才能更深入、更全面地认识民间宗教在社会变迁中的真实位置。

1. 罗教与青帮

青帮是中国近现代社会中最著名的帮会组织。但对青帮的渊源，学术界未有统一的意见。可以说，出现于明中期的罗教与产生于清代的青帮之间的渊源关系一度是中国民间宗教史研究以及清史研究中的重要问题。然而，关于此问题学术界形成了意见相左的两派。

马西沙先生从20世纪80年代初，即开始关注了这一问题。通过多年对清代档案的研究，马先生以为，青帮远渊于罗祖教，其初是以罗祖教为信仰，以运河漕运水手为主干的水手的行帮会社。清咸丰三年（1853），清当局废止河运，实行海运，十几万漕运水手、纤夫失业，流落江湖。其中一部分人，以两淮盐场为衣食之资，集聚苏北，贩运私盐，组成“安清道友”即青帮。进而，他认为青帮的形成是一部纷繁复杂的从宗教到水手行帮会社，再演变成秘密帮会的历史。

马西沙先生在占有大量史料，并进行了细密考证的前提下，发表了一系列的文章对这一问题进行了开创性的研究。1984年，《从罗教到青帮》一文，对罗教与青帮前身——水手行帮会社形成的关系做了明确阐述。① 在1992年出版的《中国民间宗教史》第六章中全面考证青帮与罗教的内在联系。②《罗教的演变与青帮的形成》则更加系统地考察了产生于明中期的罗教与产生于清代的青帮之间的渊源关系。③ 李世瑜先生则与马先生的论点相

① 参见马西沙、程啸《从罗教到青帮》，《南开史学》1984年第1期。

② 马西沙、韩秉方：《中国民间宗教史》第六章，上海人民出版社1992年版。

③ 马西沙：《罗教的演变与青帮的形成》，载王见川、蒋竹山编《明清以来民间宗教的探索——纪念戴玄之教授文集》，台北商鼎文化出版社1996年版。

对立。李先生在《青帮·天地会·白莲教》一文中，“辨析青帮非罗教支派”。[1] 在《青帮早期组织考略》中再次坚持了青帮与罗教无涉的观点。[2]

罗教本名无为教，因创教人姓罗而得名，又称为罗教、罗道教、罗祖教。明嘉靖六年，罗祖“还源结果”，罗祖的离世造成了教派的分裂和发展的多元化，罗教形成“经非一卷，教非一门”[3] 的复杂局面。随着历史的延续，罗教演化为无为教、东大乘教、老官斋教以及漕运水手、纤夫中的罗教等几个支派。其中漕运水手、纤夫中的罗教是青帮的前身。从明代中期起，部分漕运水手就信仰罗教，多为北直隶密云卫当军者。明末罗教传入杭州，并建有庙宇，遂有大量漕运水手皈依信奉。其后以罗教为信仰纽带，以罗教庵堂为依托，信仰者遍布运河领域，不下四五万众，并形成了派系众多的漕运水手的行帮会社。

罗教在水手中经过百余年的传播，其信仰已基本遍及浙江水手之中。水手以漕运为衣食之资，以罗教为基本信仰，结成行帮。运河的罗教组织，带有浓厚的行帮会社性质。出于对宗教本身的需求，也出于谋生的实际需要，漕运水手皈依罗教。漕运水手的罗教组织与其他罗教支派是不同的。罗教组织成分的逐渐单一化，宗教师承关系取代了以血缘为纽带的世袭传教关系，对教主的信仰也转变为对罗祖及翁祖、钱祖、潘祖的祖师崇拜，这些使罗教从宗教向手工业的行帮会社发生了转化。

罗教从宗教转化为手工业的行帮会社，是青帮形成过程中的第一阶段。“安清道友”的出现则是青帮形成的关键环节。关于“安清道友”的来历，学术界存在着三种不同的解释：（1）欧榘甲认为这个组织“睹满清之危阽而思安之”，故名安清道友。又讲“统中国私会无不以灭满兴汉为目的，惟此会最为特别”。[4]（2）有人认为该组织活动在安徽安庆一带，因此称为庆帮。这种说法更属牵强。因为安清道友最初活动地点并不在安徽安庆，而是在苏北一带。（3）还有人根据青帮秘籍有关记载，认为该组织有四十八字行辈，以“清”为首，故后人称为“清门”。

马西沙先生为“安清道友”名目的来历，花费了一个多月的时间遍搜各类档案，终于发现了卞宝弟奏片。据《同治元年十一月二十九日卞宝弟奏

① 李世瑜：《青帮早期组织考略》，载《近代中国帮会内幕》，群众出版社 1992 年版。
② 同上。
③ 《军机处录副奏折》，嘉庆十九年四月十三日浙江巡抚李奕畴奏折。
④ 欧榘甲：《新广东》，载《辛亥革命前十年间时论选集》第 1 卷上册，第 298 页。

折》所载，并参看《中国历史地图集》清代部分，可知“安清道友”是以其活动地理位置命名的，不具有任何政治内容和其他含义。奏折内之清河位于淮河与运河之交，安东则在清河之东，地处淮河北岸。

漕帮与“安清道友”均以地名命名。咸丰三年，漕帮解散，安清道友仍其旧惯，以安东、清河为基地，成立了“安清道友”。由此可知，青帮成立于安徽安庆的传统说法是不成立的。

2. 罗教与其他教派

1948年，李世瑜在其著作《现代华北秘密宗教》中披露了一贯道的“道统”传承。1985年台湾学者林万传著《先天教研究》，更系统全面地对这种口头传承进行了介绍。马西沙先生在《中国民间宗教史》一贯道源流的变迁一章中，用清代档案与《先天教研究》相对照考证，互相发明，即用教外史料与教内传说、记录、经典，从而构成了一部较真实的从罗祖教到大乘教、青莲教、灯花教、金丹道、一贯道的近200年的一贯道前史及历史。

台湾斋教的源流，也是广大学者在研究民间宗教传承与变化时争论的重要问题。王见川曾经对《中国民间宗教史》闻香教一章《附录一：福建、台湾金幢教》写了《金幢教三论》给予批评。马西沙则在金幢教创教人、传教经书、教派传承诸根本问题响应了王见川，发表了《台湾斋教：金幢教史实辩证》，韩秉方发表《罗教的教派发展及其演变——兼答王见川先生的质疑》。以上两文皆见江灿腾、王见川主编的《台湾斋教的历史观察与展望——首届台湾斋教学术研讨会论文集》。

第八节　法与派:民间宗教法术仪式的可能性研究

对于民间宗教的研究，还应该从其教义、仪式内涵入手，来解释民间宗教与正统宗教在宗教义理与实践方面的继承、嬗变关系。

李丰楙认为，道教与民间宗教同样产生于中国社会，都构建了“应劫救劫”观念，或曰“末世论”（eschatology）。这种观念都是建立在天人感应说、宇宙循环论的大背景下的。道教以种民象征众生中的奉道得救者，与民间宗教将遗失的原灵、原子、失乡儿女度回原乡本质相同。[①] 然而，道教对

① 李丰楙：《救劫与度劫：道教与明末民间宗教的末世性格》，载黎志添主编《道教与民间宗教研究论集》，香港：学峰文化事业公司1999年版。

于民间宗教的影响绝不仅仅限于教义教理方面，道教法术仪式对民间宗教教派的宗教实践也有着深刻的启示。关于道教的内丹术、斋醮仪式对民间宗教的影响，马西沙先生在《宝卷与道教的炼养思想》一文中已经有专门的探讨，我们在前面业已述及。然而，关于道教、佛教法术仪式对民间宗教的深层次的影响，目前学界还缺乏专论。而这种研究的展开，必须将民间宗教与道教、佛教统而观之。

1. 民间宗教对道教法术的继承

道教的符箓、咒术是道教法术最重要的组成部分。对于符箓与咒术的研究是理解道教的法术、科仪系统的关键所在，也是进而理解道教的宗教本质的关键所在。道教的符咒法术创始于东汉，魏晋南北朝为其发展时期，至隋唐之际则已经蔚为大观，大批符咒经书纷纷出现。隋唐至宋初是道教法术的转变时期，该时期的法术与早期道教法术迥然有别，是对早期天师道与上清派法术传统的融合。其中既有天师道的书符诵咒、治病收鬼之术，也有上清派踏罡步斗，祈祷北极诸星君，通灵召真之术。这一时期，新兴符箓派层出不穷。如唐代道士邓紫阳开创的北帝派即属此列，该派以江西抚州南城县麻姑山为活动中心。唐末五代北帝派仍然传续不绝，广为流传。进入宋代该派遂与其他道派合流。该派法术以北帝为尊，其法兼容上清、正一之特色，诵经、存神、服气与符箓咒术、召遣鬼神并重。据《三洞修道仪》记载，修此道者自称“上清北帝太玄弟子”，修习该法须传授《天蓬经》《伏魔经》《北帝箓》《北帝禁咒经》《北帝雷公法》《北帝三部符》《酆都要录》等经箓。流传于荆蜀一带的镇元派，肇始于唐代道士翟法言。该派属于天师道支派，徒众称“太玄部正一弟子”，世代传习《镇元策灵书》，其道法与北帝派相类，亦兼容上清与正一之法。

晚唐北宋以来，内丹炼养术风行一时，道教符箓派亦践行此术，遂产生出了一些新符箓派，如天心正法派、灵宝东华派、神霄派、清微派、净明派等。这些道派一则承袭了北帝派、镇元派的道法传统，兼行上清与正一之法术。[①] 以天心正法为例，其法即宣称崇奉北帝，并将北帝符、上清符纳入自己的符咒系统。此外，这些道派更援引内丹之法，出现了“内丹外符”的新

---

① 当然，两宋新符箓道派的形成亦有其深刻的社会文化背景。关于此方面的先行研究可以参看刘仲宇《两宋新符箓道派社会文化背景分析》，陈鼓应、冯达文主编《道家与道教第二届国际学术研讨会论文集·道教卷》，广东人民出版社 2001 年版，第 401—418 页。

气象。所谓的“内丹外符”或谓之“内修外法”，即将内炼神气与外施符咒术结合为一。[①] 这些道法统称为“雷法”。以天心正法为例，该派法术以日、月、星即“三光”作为其信仰的核心，并将之作为法力的来源，正法三符是其整个法术体系的基础。在天心正法的法术体系中，继承了上清派的存思术并发展之，借助高奔日月、升斗奔辰、正法三符、玉堂斋法将对三光的推崇落实到了具体的道法层面。高奔日月、升斗奔辰乃属“内修”，正法三符、玉堂斋法乃属“外法”，天心正法开启了宋元新符箓派“内丹外符”或曰“内修外法”之道。天心正法的三光之说、正法三符、内修外法的出现，不仅对后世诸多道派的炼养思想与符咒法术产生了深远的影响，其法术体系也被明清民间宗教所继承。

黄天道《普静如来钥匙宝忏》中，必须在内炼神气的基础上召请诸神下降临坛，而具有内炼根基的施法者往往能达到“风雨随我，日月照我，五雷听我”，也就是呼风唤雨的法力。这种法术的施展与宋元之后道教盛行的“内丹外符”的“雷法”一致。在明清民间宗教盛行“灵文合同”，并将之秘密传授，这种“合同”成为民间宗教收徒敛财的方式，表面看起来荒谬得很。但是，早在宋元之际的雷法道派的法术中，已经大量使用这种“合同”[②]。在宋元道法中，“合同”与“家书”一同使用，其实质都是通过与本派“祖师”签订神圣的契约而形成神圣的同盟，借助祖师的灵力，以具有神圣的法力，或躲避劫难。显然，民间宗教继承了道教法术的诸多因素。当然，对于此法术传承的研究，必须紧紧依托于对民间宗教宝卷的解读以及对当代民间宗教法术活动的调查。

2. 佛、道经忏活动对民间宗教的影响

道教对民间宗教的影响还不止炼养一途。道教的斋醮忏仪亦对这类宗教有启迪之功。例如，对黄天教、弘阳教、江南斋教诸教的忏仪都是如此。这一倾向，在弘阳教和一炷香教那里表现得最为明显。弘阳教，又称混元门，由直隶广平府人氏韩太湖创于明万历中叶。该教现存经卷及经目四十余种，居明清诸大民间宗教之首。其中忏仪类居多，与《道藏》威仪类经忏两相对照，则知其多取自道教。如果说黄天道主要接受内丹道的理论与实践，弘阳

① 参见王卡《道教符咒与中国文化》，2004 年未刊论文；《敦煌道教文献研究——综述 · 目录 · 索引》，中国社会科学出版社 2004 年版，第 52—62 页。

② 参见《道法会元》卷九十七、卷一三七、卷一七五等。

教则多受符箓派影响。

弘阳教大体不出此窠臼，黄天教忏仪亦循此路。弘阳教历明、清两朝，始终保持着自身的特点。教徒多活动在农村、集镇，被老百姓称为弘阳道人或红阳道人。他们部分人生活在道观，而其宗教活动则是“筑坛”“设道场”，为人斋醮，祈福驱祸。与弘阳教相类似的教派还有一炷香教，虽无成套经卷，便多有口口相授的类似道情的歌词。教徒多云游四方，“说唱好话”。或于农闲之时，带着干粮及道场乐器，集于一村。这类道场仪式简单，没有正规道场的森严肃穆的气氛。所歌唱内容多为《父母恩理应赞念》之类世俗化味道极浓的歌词，在木鱼、鼓板的击打声中，和而歌之，气氛轻松和谐。这类道场，带有抒发宗教感情，调节紧张生活，以及会同教友的目的。至今，此教仍在河北、山东流行，为百姓喜闻乐道。

明清民间宗教斋醮仪式当与宋元道教斋醮仪式大有关系。宋元之际是道教斋醮法术的转变时期。道教驱邪法术与度亡科仪的结合日益紧密。在实际的道法实践中，道教的三洞经教体系往往边界模糊，上清法、灵宝法、正一法往往相互借鉴、相互融摄。驱邪与济度兼行的道法特色对道教传统的鬼神观念产生了深刻的影响。早期天师道强调通过符咒之术袪治邪魅，使之不为害生人。这一时期的道教驱邪仪式则已经发生变化，主张驱邪与济度兼行。这一转变对后世道派影响深远。随着天心正法派、神霄派、净明派、清微派等新符箓派对传统灵宝斋法的继承与改造，以及炼度等度亡仪式的兴盛，道教界不再以杀伐为单一的手段来处置鬼祟，而转变为先建斋设醮、诵经追荐亡魂，再行杀伐。① 宋元以后道教驱邪与济度兼行的法术特色，也影响了明清民间宗教的宗教实践。清代的弘阳教道人就继承了这种做道场的传统。据清档案记录：“京东一带，向有红阳教为人治病，及民间丧葬，念经发送。”大凡“偶有丧葬之家，无力延请僧道”者大都延请弘阳道人，以其收资较少的缘故。清当局亦认为该教“打醮觅食，经卷虽多，尚无悖逆语句”②。

明清民间宗教斋醮仪式活动的另外一个来源是佛教的“瑜伽教”科仪。“瑜伽教”，首载于宋代道书《海琼白真人语录》卷一。南宋之际出现的

---

① 李志鸿：《天心正法与两宋道教的斋醮之变》，《世界宗教研究》2008 年第 1 期。

② 《军机处录副奏折》，嘉庆二十四年六月二十四日山东按察使温承惠奏折。

“瑜伽教”在明代受到了官方的注意，被当权者定为“异教”。明泰昌元年（1620）官修的《礼部志稿》卷一“清异教之训”，同书卷三十四“僧道禁例”①，《明会典》卷九十五“礼部五十四·僧道·事例”②，所载内容大体相类。明代时期的瑜伽教，以“善友”自称，打着张天师的名号，私自印制符箓以盈利，遭到了明政权的禁断。虽然当权者屡屡禁止，但是以“行瑜珈法称火居道士者”的瑜伽教仍然在民间流传。正统年间的广西道士邓清即属此类。③ 在云南、福建地区“瑜伽教”更是流传至今。明代，官方将佛教分为禅、讲、教。所谓的“教”即“瑜伽教”。据云南学者侯冲研究，“瑜伽教”是密教进入中国后，在唐宋时期与中国的传统文化包括道教文化，以及佛教显宗相结合的产物。“瑜伽教”法师是一些专门从事应世俗之请而进行法事活动的人，他们念诵真言密咒，演行瑜伽显密科仪，为广大老百姓提供各种宗教仪式活动。现今云南的瑜伽教法师还广泛使用《销释金刚经科仪》等科仪本。④《销释金刚经科仪》在明代曾为罗梦鸿所创的罗祖教法师大量使用。从此，我们可以发现，明清民间宗教所从事的法事、道场活动必然受到佛教科仪活动的影响，瑜伽教的科仪文本与明清民间宗教宝卷的出现也有着重要的关联。所以，对当代尚流传于云南、福建的瑜伽教进行调查研究，是研究民间宗教仪式活动的可突破之处。

第九节　民间宗教研究的方法：注重文献与田野的结合

1. 田野调查的艰难历程

长期以来，历史学研究法是中国民间宗教研究的主流倾向。在这种倾向之下，文献学方法的使用，对占有的史料进行考证、梳理是研究的旨趣所

① 《礼部志稿》卷三十四“僧道禁例”：“洪武二十年（1387），令民年二十以上者不许为僧。（洪武）二十四年（1391），令佛经翻译以定者不许增减词语。道士设醮亦不许拜奏青词，各遵颁降科仪。民有效瑜珈教，称为善友，假张真人名，私造符箓者，各治以重罪。”

② 《明会典》卷九十五“礼部五十四·僧道·事例”曰：“（洪武）二十四年（1391）令清理释道二教……及民有效瑜珈教，称为善友，假张真人名，私造符箓者，皆治以重罪。……”

③ 《广西通志》卷八十七“方技（仙释附）”载曰：“邓清，字子真，明正统间羽士也。居岑溪，习瑜珈教，得异传。一日雷击物遇秽堕地，清为咒洒水净之，雷遂飞升。迁居善村，常游聚仙峰顶，羽化之日，棺为风雨飘去，置石中。乡人立祠，祈祷辄应。”

④ 侯冲：《云南与巴蜀佛教研究论稿》，宗教文化出版社2006年版。

在。事实上，自从中国民间宗教研究进入学者的研究视野以来，田野调查历来是对民间宗教进行研究的重要途径之一。荷兰汉学家格鲁特，就是在对龙华教和先天教的仪式活动进行调查的基础上，完成其著作《中国的教派宗教与宗教迫害》（*Sectarianism and Religious Persecution in China*：*A Page in the History of Religions*）的。20 世纪 30 年代，中国的一些人类学家也开始介入对活跃于中国乡土社会的民间宗教的调查。1947 年，李世瑜在华北 62 个村庄进行了实地考察。其中包括在河北万全县对黄天道进行的社会调查，以及一贯道、皈一道、一心天道龙华圣教会等教派。1948 年年底，《现代华北秘密宗教》一书出版。李世瑜先生是第一个将西方的人类学方法引入中国民间宗教研究的。此后，人类学传统中断了。

改革开放后，中国大陆对民间宗教的实地调查恢复。这其中有马西沙先生对八卦教等华北教门，以及成都刘门教、福建三一教等的长期调查。还有福建师大的林国平先生对福建三一教的调查研究。更有山东大学路遥先生对山东大地民间秘密教门长达 11 年之久的深入调研。路遥先生对民间宗教的研究，始于 20 世纪 60 年代对义和团的调查。从 90 年代开始，路遥先生和其弟子走遍 70 多个县，对山东的民间教门进行了系统全面的，堪称 20 世纪中国规模最大的田野调查。此次调查，将口述史提升为科学分析的有效资料，力图通过访谈者与叙事人的合作来恢复历史的声音。① 2000 年路遥的《山东秘密教门》出版，全书 45 万字。该书将口述史料与民间文献、官方档案相印证，对清代山东各主要教门的发展脉络、组织体系、仪式活动、炼养丹功都进行了系统的阐述。该书以教门的发展脉络、各教门中的关键人物、影响教门发展的关键事件入手，借以廓清山东教门的史实。流传于当地知情人的口述史，不同于清代历史档案和当代政府档案馆、各级政协文史资料办公室提供的史料，重视发现什么，而不重视证明什么是口述史的特点。正是这个特点极有利于对教门历史的重塑。作者使用调查搜集来的教门故事、神话、口诀、拳术、气功功法等口头资料，真正复原了乡土社会的信仰世界。这种方法显然有别于原有的历史文献学的进路。

2. 民俗学的进路

如前所述，20 世纪二三十年代，顾颉刚、郑振铎、向达等学者开始搜

---

① 程啸、曹新宇：《20 世纪规模最大的中国民间教门田野调查——评路遥〈山东民间秘密教门〉》，《清史研究》2002 年第 4 期。

集、研究与民间宗教有着重大关系的宝卷。这种研究主要是将宝卷作为民间俗文学来看待的。不容否认，民间宗教的研究从其开始就与民俗学的发展息息相关。当今学界，民间宗教研究再次进入了民俗学者的视野。民间宗教研究中的这一民俗学倾向，充分体现了多学科交叉研究民间宗教的研究进路。①

当代民俗学者董晓萍先生在研究华北民间宗教时，指出以社会政治为背景来分析民间宗教活动，往往以为宋元以来的华北民间宗教活动大都是短命的。在华北社会内部动荡的时期，华北民间宗教活动呈现出流浪性、残疾性的特征，这源于国家政权为了控制民众的思想，经常性地与民间宗教发生严重的对立和冲突。当代民俗学学者则指出，探讨民间宗教应该充分关注民众自身的观点，"生性活泼的民间宗教，主要不是活在国家政治里，而是活在民众的民俗文化中"。华北社会是一个具有相当长的民俗文化历史的区域群体，在长期的民俗文化传承中，民间宗教应该是由道教、佛教和儒家思想等更多的因素结合而成的。华北民众对各种政治、文化和宗教意识的吸纳能力是很强的。这对于宋元以后流行于华北的民间道教、佛教派别来说，尤其如此。宋元以后，这些派别表面上看来是消失了，实际上却是被民俗给融合了。②

从民俗的角度来研究民间宗教，有助于我们对民间宗教的特殊性进行重新认识。比如，以政治为背景来看民间宗教的发展，往往认为遭受官方严厉打击的民间宗教消失了。然而，在民众的民俗生活中，民间宗教在转化之后，却得到了延续。华北的民间宗教在华北民众的群体实践中，被捏合，被"全体性"化，被转化成了口头讲唱经卷的形式，几百年以来一直在流传，从未消失。"可以说，对华北的民间宗教，从社会政治上看，是不稳定的；但从民俗上看，却是稳定的。"从清朝末年到民国初年，民间宗教的经卷文艺活动经常被记载于地方志的"民俗"部分。正是通过民俗活动的展演，民间宗教得以代代相续。

进入民俗生活的民间宗教其所具有的融合性，成为民间宗教深入民间信仰世界的有效方式。这种融合性体现在两点：将儒、释、道三教的思想融合一体；与基层社会组织结合。正如董晓萍先生所言，经卷文艺所反映的民间道教、佛教和儒家思想有差异但不矛盾，其原因在于三者没有根本的利益冲

① 关于民间宗教研究的民俗学倾向可参见陈进国《中国民间宗教研究的学术转向》，《中国社会科学院院报》2004年11月9日。

② 董晓萍：《田野民俗志》，北京师范大学出版社2003年版，第578页。

突。在民众的日常生活中，这种差异不仅是被允许的，而且是可以被再生产的。“差异可以面对社会差异的现实，差异也可以激励不同的宗教派别的发展，但不妨碍它们的彼此融合。”此外，华北的讲唱经卷具有流浪性，以口头文本为主，但是，从民俗来看，经卷的讲唱与一定的基层社会组织黏合在一起，附会了岁时风俗和民间纪念日等活动，全方位地融入了地方社会。①

与其他的学者不同，民俗学者在民间宗教研究上，侧重从民间叙事的角度去关注民间宗教教派与地方民俗的关系。董晓萍通过对河南马街书会的研究，对民间宗教被民众认识、实践的过程进行了探讨，并指出讲唱经卷成为了民众自我教育的方式。董晓萍和美国学者欧达伟运用主题分析的方法，对定县秧歌和民间宝卷互为文本的意义进行了研究。② 尹虎彬则认为，地方性的宝卷和民间叙事传统是在本地的信仰传统中发展起来的。宝卷的演唱是包括在民间神灵与祭祀的现场活动中，神灵与祭祀是民间叙事传统的原动力。③

改革开放30年以来，中国民间宗教研究已经取得了可喜的成果。《中国民间宗教史》等著作的出版，表明中国的民间宗教研究已经不再落后于西方学者。当今的学界，民间宗教研究出现了多学科交叉合作的新气象，田野与文献紧密结合，历史考证与关注现实并重。当然，民间宗教研究的空间仍然很开阔。马西沙、韩秉方先生的《中国民间宗教史》是对民间宗教进行通史性、体系性的经典研究。在这一通史性的专著之后，区域性的个案研究仍嫌不足。田野调查越来越引起学者们的注意，但是人类学的调查离不开扎实的历史考证，二者结合的完美作品值得期待。④ 事实上，即使是沿着传统的文献学、历史学的路子走，民间宗教教派研究、宝卷研究亦大有空间。凡此，皆可显示出中国民间宗教研究今后巨大的潜力与前景。

第十节　2009—2018年中国民间宗教研究综述

一　打破道教与民间宗教的学术概念

研究中国民间宗教的专家马西沙先生指出：所谓道教，尤其是“所谓正

---

① 董晓萍：《田野民俗志》，北京师范大学出版社2003年版，第578页。

② 董晓萍、欧达伟：《乡村戏曲表演与中国现代民众》，北京师范大学出版社2000年版。

③ 尹虎彬：《河北民间后土信仰与口头叙事传统》，北京师范大学2003年6月博士论文。

④ 新近翻译出版的《飞鸾——中国民间教派面面观》一书，作者尝试将历史学与田野调查的方法相结合进行中国民间宗教教派研究。参见焦大卫、欧大年著，周育民译，宋光宇校读《飞鸾——中国民间教派面面观》，香港中文大学出版社2005年版。

一派，其多数支派的存在状态实即民间宗教的存在状态，对其进行研究，则要打破道教与民间宗教的学术概念，从历史、社会、生活的原状出发，写出真面貌。此即所谓生活之树常青，而概念往往是灰色的”。在研究道教与民间宗教时，应该充分关注二者的“教法”问题，法术仪式是道教与民间宗教的核心，研究道教、民间宗教应该“注意教派与教法两者之异同，以教派与教法相配合，教派无法打通透，则以教法继之。这才是事物的本来面貌”。[①]

金泽先生把正统宗教、民间宗教、民间信仰、民间习俗分为四个层次，认为它们之间存在一个聚与散的关系。[②] 这四个层面内容互相影响，构成信仰实际的存在方式。正统宗教因其比较固定的教义、经典、仪式而形成较为稳固的存在方式，但正统宗教的思想文化资源在具体的社会历史情境中会发生各种变异，或被借用，或互相交融，形成新的宗教存在形式，如宋以后，道教把大量地方神灵吸收到自己的神谱中，罗祖教、三一教都吸收道教的修炼方式[③]。任继愈主编的《中国道教史》就把民间宗教收入其中。

二 2009—2018年民间宗教调查研究的进展

马西沙《一炷香教：世俗化道教教派》[④] 指出，一炷香教从董西海创教开始，流行于明末及整个清代。活动地域在山东北部、河北南部数十州县。其特点是跪一炷香、拜天地、孝父母，不参与任何政治活动。教派组织形态较为松散，与民众生活密切相关。它的出现和流传展现了道教形态的多样化。马西沙的《清代康、雍、乾三朝对民间宗教的政策及其后果》，运用大量的史料，针对清代康、雍、乾三朝对民间宗教的政策及其后果进行开创性的研究。清康熙时代对待民间宗教政策与康熙时代的其他政策基本一致，即全面实施与民休息的政策，造成了一种宽松的历史环境。面对蓬勃兴起的民间宗教运动，雍正王朝实行了比康熙时代严峻的禁断措施。但总体上说是宽严兼济，并有区别对待的政策。乾隆时代当局对民间宗教采取了残酷镇压的

① 李志鸿：《道教天心正法研究》，社会科学文献出版社2011年版。

② 金泽：《民间信仰的聚散现象初探》，载《西北民族研究》2002年第2期，第146—157页。

③ 马西沙、韩秉芳：《中国民间宗教史》，上海人民出版社1992年版。

④ 《宗教学研究》2014年第3期。

政策，造成了严重后果。乾隆中期以后，在要求变革现实的苦难的人群面前，一切民间宗教内部的各种政治势力都面临着抉择，然后由人民来决定他们的命运兴衰。①

最近在赣南、闽西、闽东所发现的民间宗教的最新资料值得关注。陈进国在闽东对新近发现的摩尼教珍贵材料进行了研究，为国际摩尼教研究界所瞩目。本文结合文献和田野，推证了福建霞浦县柏洋乡盖竹上万村“入明教门”的林瞪应该是宋代“地方化”的教派——明教门形成时期的一个关键性人物。霞浦资料佐证摩尼教是从“陆路”而非“海路”传入福建的。上万村乐山堂遗址是一座始建于北宋，具有一定规模的“脱夷化”的摩尼教寺院。明代上万村三佛塔座石刻和盐田乡暗井村飞路塔的明教楹联，柏洋乡木刻摩尼光佛像等文物，也佐证了明教一直在霞浦有着较大的影响。② 李志鸿通过对闽赣边界现存罗祖教的田野调查，发现大量珍贵资料，这些资料上续马西沙先生的《中国民间宗教史》，下接罗祖教在清末以及近现代的传承、演变，对理解台湾斋教的历史也有所补益。该文指出：该支罗祖教以罗梦鸿为初祖，罗梦鸿的异姓弟子李心安为二祖，江西的黄春雷为三祖，此支罗教不以“普”字为号，流传有 78 字字派，迥异于江南斋教，是闽赣边界地区流传的罗教正宗。③ 港台学者一般把民间宗教也列入道教研究领域，如危丁明的博士论文《先天道及其在港台与东南亚地区的发展》④。

梁景之《华北新见黄天道寺庙壁画初探》⑤ 以万全县赵家梁村重新发现的黄天道“传画”性质的寺庙壁画共 50 幅为主题，结合方志、宝卷等文献，探讨了早期黄天道中始祖李宾身世与经历，得出普明的出生地即为今怀安县第三堡乡的牛家堡和狮子口村，当生于 1508 年的结论。

李志鸿的《闽西罗祖教与佛教》⑥ 从晚清民国时期闽西高僧与罗祖教的复杂关系、晚清民国时罗祖教与佛教道场的重建和当代的闽西罗祖教与佛教

① 马西沙：《清代康、雍、乾三朝对民间宗教的政策及其后果》，《世界宗教研究》2016 年第 5 期。

② 参见陈进国《明教的再发现——福建霞浦县的摩尼教史迹辨析》，雷子人主编《不止于艺——中央美院“艺文课堂”名家讲演录》，北京大学出版社 2010 年版。

③ 李志鸿：《南传罗祖教初探》，《世界宗教研究》2010 年第 6 期。

④ 危丁明：《先天道及其在港台与东南亚地区的发展》，中国社会科学院研究生院 2010 年博士学位论文。

⑤ 《世界宗教文化》2014 年第 2 期。

⑥ 李志鸿：《闽西罗祖教与佛教》，《世界宗教研究》2015 年第 5 期。

的关系三个主要方面进行探讨，认为闽西罗祖教与佛教并非正教与邪教的关系，而是源与流的关系，并以此引申认为我们应该摒弃过去所谓正统与民间的概念，而代之以传统宗教与新兴宗教。

濮文起等的《“师傅林”：天地门教研究的新发现——河北省HH市NPH镇“师傅林”调查记》[①] 从对河北省HH市NPH镇两处天地门教（一炷香教）的“师傅林”调查入手，对天地门教的“师傅”和“师傅林”制度的形成、发展、特点和功能进行了考察研究，认为这种民间宗教的表现形式有其特定的历史成因和传播原因，不能盲目地予以取缔，也不应对此种文化形式不予理睬。

林国平的《从临水夫人信仰看福建民间信仰文化的特色》[②]，临水夫人是福建影响较大的民间信仰，其产生与发展与福建自然地理环境和社会文化息息相关。临水夫人信仰主要有巫术色彩浓厚、女神众多且影响大、融合儒道释三教、正统意识强烈、实用功利的多神信仰、对外辐射性强等特征，这些特征实际上也是福建民间信仰的基本特征。

濮文起、梁家贵的《挽劫救世：中国民间宗教的社会关怀》[③] 指出，在中国宗教中，民间宗教是一种具有强烈的社会关怀的下层民众信仰组织，它留给中国历史的记忆，是基于率真的“挽劫救世”的宣教和解脱民众于倒悬的信仰运动以及反抗封建暴政的斗争运动。“挽劫”是路径，“救世”才是目的，而“救世”则始于“救己”，中经“救人”，最后达致“救世”。

李志鸿的《罗祖教：禅宗民间宗教化的典型案例》[④] 指出，罗祖教本名无为教，简称罗教。创成于明成化至正德间，创教人罗梦鸿。本文以赣南闽西罗祖教为中心，指出罗祖教是佛教禅宗的民间宗教化。罗祖教教义体系的核心就是禅净结合思想。开展仪式活动、编修宗谱是罗祖教的重要宗教实践。罗祖教的辈分制与佛教临济宗字派关系密切。世代沿用本门的辈分制与字派，成为民间宗教加强自我组织的有效方式。

陈进国先生的新著《救劫——当代济度宗教的田野研究》[⑤] （社会科学

---

① 濮文起、莫振良、濮蕾：《“师傅林”：天地门教研究的新发现——河北省HH市NPH镇“师傅林”调查记》，《世界宗教文化》2015年第5期。

② 林国平：《从临水夫人信仰看福建民间信仰文化的特色》，《海峡教育研究》2016年第1期。

③ 濮文起、梁家贵：《挽劫救世：中国民间宗教的社会关怀》，《宗教学研究》2016年第1期。

④ 李志鸿：《罗祖教：禅宗民间宗教化的典型案例》，《云南师范大学学报》2016年第1期。

⑤ 陈进国：《救劫——当代济度宗教的田野研究》，社会科学文献出版社2017年版。

文献出版社，2017），是作者深入福建、广东、江西、港澳台及东南亚等地区，进行长期田野调查的反思成果。作者紧扣现当代“济度宗教”的“救劫”母题，“探讨了道（教）门运动勃兴、复兴之所以然、所当然，并紧扣济度宗教与地域崇拜、神启权威、神道设教、位育教育、区域网络等关系的向度，探讨了济度宗教谱系之连续存在和生长的动力、宗教内卷化困境及其去过密化的可能性”。作者认为，以“应世救劫”为内核的精神基因和神学秩序，是各类济度宗教得以持续成长的关键。近世济度宗教团体在地理和文化中国之不同地方的生长和存续，又总是伴随着信教的陌生人之不断“迁流”异乡的历史进程。侨人、侨士在侨居地进行“开荒引（阐）道”，随时随地构建起道（教）门的文明纲常（信仰体系、神道设教），将外境“过化”为吾境，将他乡“存神”为故乡，从而形成了一个不断生长的济度宗教世界。

钟晋兰教授的《宁化县的普庵教与地方宗教仪式》[①]，利用笔者2007—2013年在宁化所做的田野调查，即用人类学的方法，结合道士的科仪本、杂用本、族谱、碑记、寺庙张贴的许愿单、契单与念佛嬷嬷传承的小经等民间文献，对宁化普庵教的道坛、神图、法器、服饰等具体形态进行深描，指出了它与当地先天教、罗祖教等地方传统宗教仪式的区别与联系。此外，就接珠点佛仪式分析了当地社会的经济文化背景与价值观念、当地妇女的社会文化生活。

上述研究成果都依赖大量的田野调查，民间宗教的研究方法与传统道教研究方法有一定的区别。民间道教有两种情况：一种情况是指道教发展成正统宗教之前的地方道教，如五斗米道、早期天师道等。另一种情况则是正统道教形成后传播到各地，形成的地方道教或与地方信仰或巫术相融合产生的信仰形式，带有鲜明的地域特点。如闾山教、梅山教等，尤其以少数民族地区的民间道教影响较大。如豫南潢川民间道教在音乐的使用上就极具地方特色。[②] 张泽洪对梅山教的研究显示了道教在少数民族地区的巨大影响力[③]。

民间宗教与民间道教大大拓宽了道教的研究视野，它预示着一种研究模式的转换，本土宗教研究应该在典籍的高阁上呼吸田野的气息，注入现实社会的血液可能让本土宗教研究更为精彩。少数民族地区本土宗教的研究提醒

---

① 钟晋兰：《宁化县的普庵教与地方宗教仪式》，社会科学文献出版社2017年版。

② 金平：《潢川民间道教〈清微五湖破狱正科〉科仪音乐考查》，《黄钟：武汉音乐学院学报》2010年第3期，第149—154页。

③ 张泽洪：《中国西南少数民族梅山教研究的文化意义》，《宗教学研究》2010年第4期。

我们，儒家知识掌控的传统中国社会中，本土宗教在少数民族地区传播汉族文化的作用不容忽视。

三　中国民间宝卷的研究

所谓宝卷，其始，主要由唐、五代佛教变文、变相及讲经文孕育产生的一种传播宗教思想的艺术形式。它多由韵文、散文相间组成，多数宝卷可讲可唱，引人视听。相当多的宝卷图文并茂，继承了变文、变相的历史传统。宝卷的大量产生是为了“宣卷”，即向世人宣讲宝卷。最初的宝卷是佛教徒向世人说法的通俗经文或带有浓厚宗教色彩的世俗故事蓝本。僧尼借这类宝卷，宣扬因果轮回，以弘扬佛法。宝卷的发展过程还受到道教的影响。南宋理宗为指陈善恶之报，“扶助正道，启发良心”，广泛推广劝善书《太上感应篇》，为以后的《阴骘文》《功过格》的大力普及及宝卷类的劝善书的全方位兴起助力。[①]

最早的宝卷有人认为是北宋产生的《香山宝卷》。北宋真宗时代禁断变文，变文由是易名为宝卷，有逻辑上的合理性，还需佐证。宝卷的出现与发展是佛教、道教进一步世俗化的结果。佛经、道藏精深博大，非一般民众僧尼所能解。佛、道二氏欲向整个社会传播，必然有一个由深入浅、由雅入俗的历史过程。变文、变相、讲经文及其后的宝卷的出现都是必然的结果。[②]

据统计，国内外公私收藏的宝卷计有1500余种，5000余种版本。[③] 20世纪二三十年代，顾颉刚、郑振铎、向达等学者开始搜集、研究宝卷。此时的研究主要是将宝卷作为民俗文学来看待的，研究方式主要是进行文献学上的编目。[④] 日本学者泽田瑞穗著《增补宝卷的研究》，是海外汉学界收集最

---

① 马西沙主编:《中华珍本宝卷》(第一辑)，社会科学文献出版社2012年版。

② 同上。

③ 事实上宝卷还有着多样的名称，其中渊源于佛、道教，用于道场仪式的宝卷往往称为“科仪”“宝忏”“科”，与此类科仪文书类似的是在仪式上使用的以“偈”“偈文”为名的宝卷。另一类宝卷承袭了佛道的经典传统，径直将宝卷名为“经”“真经”“妙经”“宝经”。用于神道人物传说或是记载教派祖师传记类的宝卷，则称作“宝传”“传”。近代江浙一带的宣卷活动中使用的宝卷往往称为“古典”“故典”“古迹”“妙典”。参见车锡伦《中国宝卷总目》，北京燕山出版社2000年版。

④ 1927年，郑振铎在《中国文学研究》上发表《佛曲叙录》。40年代，恽楚材先后发表《宝卷续录》《宝卷续志》。此后，傅惜华的《宝卷总目》，胡士莹的《弹词宝卷目》，李世瑜的《宝卷综录》也相继问世。李世瑜的《宝卷综录》著录国内公私19家收藏宝卷618种，共计1487种版本，还收藏有见诸文献著录不见传本的宝卷35种。

丰者。在宝卷目录研究上，车锡伦堪称集大成者，其著作《中国宝卷总目》是目前收入最全的宝卷目录。20 世纪 50 年代开始，已经有学者对宝卷演唱活动进行调查。[1] 80 年代之后，宝卷的田野调查卓有成绩。[2] 随着宝卷调查研究的深入，学者对宝卷研究进行了反思，[3] 对“宝卷学”[4] 也进行了阐述。

宝卷走出变文、变相、讲经文的影响，独树一帜是在明代。明清时代，中国的正统佛教、道教走向衰落，数百年间没有出现伟大的宗教家、新的宗教教派和创新的宗教理论体系。新兴的民间宗教教派大批涌现，在信仰主义的领域中取而代之，成为那一时代民众信仰主体。它们影响着各个地区的民风、民俗、下层民众的思维方式和生活方式。这些教派以极大的精力、财力撰经写卷，其经义的载体形式则是宝卷。教派宝卷有二三百种，版式极为精美，类似佛教的大型折本，甚至梵箧本，版面多锦缎装饰，有些出自皇家内经厂，面料呈明黄色。还有相当的折本并非教派经卷，亦十分精美。最早的折本宝卷是明代宣德五年（1430）的《佛说皇极结果宝卷》。有人说它是黄天教宝卷是不对的。黄天教创教于明代嘉靖年间，在《佛说皇极结果宝卷》出现一个世纪后，才有了自己的创教经书。

明中晚期到底有多少民间教派，众说纷纭。据清顺治己亥年（1659）问世的《销释接续莲宗宝卷》记载有如下教派：老君教、达摩教、弘阳教、净空教、无为教、西大乘教、黄天教、南无教、南阳教、太阳教、还源教、金山教、金禅教、顿悟教、悟明教、辨因教、涅槃教、大乘教、天真教、还乡教、龙华教。这些大教派或是单独创教，如无为教、西大乘教、黄天教、弘阳教。多数则是从原创教派中分化演变而出，如东大乘教就是从无为教中分化而出，而圆顿教又是从东大乘教中派生出的新教派。《销释接续莲宗宝卷》就是圆顿教派宗教家编撰的。

明代教派宝卷较早出自西大乘教和无为教。学术界一般认为无为教的

---

① 《江苏南部民间戏曲说唱音乐集》，音乐出版社 1955 年版；张颔：《山西民间流传的宝卷抄本》，《火花》1957 年第 3 期。

② 1991 年，《酒泉宝卷》由甘肃人民出版社出版。江浙的宝卷调查也有成果问世。1992 年，段平《河西宝卷的调查研究》、方步和《河西宝卷真本校注研究》先后在兰州大学出版社出版。

③ 车锡伦：《中国宝卷研究的世纪回顾》，《东南大学学报》（哲学社会科学版）2001 年第 3 期。

④ 濮文起：《宝卷学发凡》，《天津社会科学》1999 年第 2 期。

《苦功悟道卷》等五部宝卷出自明正德间。但据研究，在无为教五部宝卷中记载了十余部宝卷名目，其中有《圆通卷》（《销释圆通宝卷》）、《圆觉卷》（即《销释圆觉宝卷》）。这两部宝卷都是西大乘教的教义经卷。当然无为教的五部宝卷，也是很早的教派宝卷，影响从明正德年间达于今日，版本20余种。①

2012年，著名学者马西沙先生主编的大型宗教文献资料集《中华珍本宝卷》（第一辑）由社会科学文献出版社出版发行。② 2014年《中华珍本宝卷》（第二辑）正式出版发行。③ 2015年《中华珍本宝卷》（第三辑）正式出版发行，④ 该书的出版必将引起中国学术界的广泛关注，对中国民间宗教、民间文学、佛教、道教、宗教艺术等研究将有重大的意义。此书诚可谓是"独具只眼、厚积薄发"之作。

20世纪70年代末，马西沙先生在中国人民大学清史研究所从事中国民间宗教研究，于明清档案中发现大量民间宗教教义，皆以宝卷为载体。马先生开始体悟到，欲写出第一流的宗教史，应包括两大部分内容资料：其一是明清档案及官书、方志、笔记杂录，这部分内容是用于撰写宗教教派史的；其二是宗教经卷，特别是明清宝卷，这部分资料要为解决不同教派的不同教法，即不同的宗教教义。这两大史料群要融为一体，才能写出合格的《中国民间宗教史》。马先生对明清档案下了十余年功夫，而从20世纪80年代初起，花费20余年收集宝卷。1989年，马先生的第一部专著《清代八卦教》出版，⑤ 它凝聚了先生抄录档案和收集宝卷的心血。1986年，先生承担了国家社科基金重大项目《中国民间宗教研究》。经过多年的努力，1992年，《中国民间宗教史》这部"划时代""里程碑式"的著作由上海人民出版社出版。⑥ 此书，对从汉到清末数十种大教派进行了深入研究，厘清了前人未解的多种谜团，还原了一部2000年的民间宗教史。该书引证分析明清宝卷200部左右，引证档案史料等两三千种，为先生主编《中华珍本宝卷》打下

① 马西沙主编：《中华珍本宝卷》（第一辑），社会科学文献出版社2012年版。

② 同上。

③ 马西沙主编：《中华珍本宝卷》（第二辑），社会科学文献出版社2014年版。

④ 马西沙主编：《中华珍本宝卷》（第三辑），社会科学文献出版社2015年版。

⑤ 马西沙：《清代八卦教》，中国人民大学出版社1989年版。此书已于2013年3月在中国社会科学出版社再版。

⑥ 《中国民间宗教史》于1992年由上海人民出版社首次出版，其后，于2004年由中国社会科学出版社再版。

了良好基础。

《中华珍本宝卷》囊括中国历代宝卷之精品。客观地说，在此之前，中国学界关于民间宗教文献也有数次编辑，值得关注。濮文起与宋军等人经过长期艰巨的努力出版了40册的《宝卷》，收集了一部分相当珍贵的文献。这是民间宗教史研究以来第一次公开出版如此众多的宝卷经书，它给国内外研究者以重要的帮助。[①] 其后台湾王见川等人合编的《明清民间宗教经卷文献》初编和续编都已经出版，都为12册。[②] 2005年由周燮藩主编，濮文起任分卷主编的《中国宗教历史文献集成：民间宝卷》（共20册）由黄山书社出版发行。[③] 2011年，王见川、侯冲、杨净麟等主编的《中国民间信仰民间文化资料汇编》由台湾博扬文化事业有限公司出版。[④]以上资料可以与40册的《宝卷》相互参照，以作研究之用。

与上述的宝卷文献集成相较，《中华珍本宝卷》可谓囊括中国历代宝卷之精品。

1. 收入的宝卷版本久远

现存最早的宝卷应是金代崇庆元年（1212）初刻，元代至元庚寅（1290）新刻，其后在明代改本的《佛说杨氏鬼绣红罗化仙哥宝卷》，以及南宋宝卷忏书《销释金刚科仪》，元至元脱脱所修之《目连救母出离地狱升天宝卷》。明代最早的宝卷是宣德五年（1430）问世的《佛说皇极结果宝卷》。尤其值得注意的是，通过研究我们可以发现，此次收入的藏于山西省博物馆的明版《佛说杨氏鬼绣红罗化仙哥宝卷》，曾经有过金代崇庆元年的版本及元代至元庚寅新刻本，此卷是最早的一部宝卷。[⑤]

2. 收入多种珍贵的明清民间宗教传教经书

如清代八卦教主要的传教经书《五女传道宝卷》，或曰《无圣宗宝卷》，虽为晚出刊本，但影响重大，不可或缺。此外，明代万历年间西大乘教的八部宝卷，如《销释圆通宝卷》《销释圆觉宝卷》《普度新声救苦宝卷》《销释

① 张希舜等主编：《宝卷初集》，山西人民出版社1994年版。

② 王见川、林万传主编：《明清民间宗教经卷文献》，新文丰出版公司1999年版；王见川、车锡伦、宋军、李世伟、范纯武：《明清民间宗教经卷文献续编》，新文丰出版公司2006年版。

③ 周燮藩主编，濮文起分卷主编：《中国宗教历史文献集成：民间宝卷》，黄山书社2005年版。

④ 王见川、侯冲、杨净麟等主编：《中国民间信仰民间文化资料汇编》，博扬文化事业有限公司2011年版。

⑤ 马西沙：《最早一部宝卷的研究》，《世界宗教研究》1986年第1期。

大乘宝卷》《销释显性宝卷》等，皆极为珍稀。黄天教大型宝卷，海内孤本《普静如来钥宝忏》四卷本，孤本《太阴生光了义宝卷》《虎眼禅师遗留唱经》等。

罗祖教的五部六册宝卷，也是很早的教派宝卷，影响从明正德年间达于今日，版本20余种。在以往学者所编辑的民间宗教文献中，亦曾收入多种五部六册宝卷，然而，所出版者，或有残损，或所出较晚，留有遗憾。以《宝卷初集》为例，其所收五部六册中，《苦功悟道卷》是康熙十七年重刊本,①《叹世无为卷》是民国八年重刊本,②《破邪显证钥匙卷》则仅注明姑苏陈子衡经房印行,③《正信除疑卷》以及《巍巍泰山卷》均为光绪壬午年重刊本。④ 周燮藩主编，濮文起任分卷主编的《中国宗教历史文献集成：民间宝卷》收入《苦功悟道卷》是康熙十七年重刊本,⑤《叹世无为卷》是据万历四十二年原版于康熙三十九年重刊本,⑥《破邪显证钥匙卷》亦仅注明姑苏陈子衡经房印行,⑦《正信除疑卷》以及《巍巍泰山卷》均为万历戊戌（万历二十六年）中秋重刊本。⑧ 王见川等人编写的《明清民间宗教经卷文献》初编收入五部六册两种，一为雍正七年合校本，二为道光二十七年重刊本。⑨

《中华珍本宝卷》收入的五部六册宝卷，全部为明万历十二年刊行大折装本，颇珍稀。此卷为闽西田野调查所得，无序、跋。此刊本每部宝卷卷首页刊印："泉下陆坊信士陆惟瑞室人张好佛刊印佛像愿赞颂"，卷后均刊印"大明万历十二年正月吉日积善堂重刊印行"。当代闽西罗祖教在宣卷仪式中仍然使用该卷。⑩

---

① 张希舜等主编:《宝卷初集》第一册，山西人民出版社1994年版。

② 同上。

③ 张希舜等主编:《宝卷初集》第二册，山西人民出版社1994年版。

④ 张希舜等主编:《宝卷初集》第三册，山西人民出版社1994年版。

⑤ 周燮藩主编，濮文起分卷主编：《中国宗教历史文献集成：民间宝卷》第一册，黄山书社2005年版。

⑥ 同上。

⑦ 同上。

⑧ 同上。

⑨ 王见川、林万传主编:《明清民间宗教经卷文献》第一册，新文丰出版公司1999年版。

⑩ 关于闽赣地区南传罗祖教的讨论可参看李志鸿《民国十三年〈大乘正教宗谱〉与闽赣边区罗祖教》，载《宗教文化青年论坛（2010）》，中国社会科学院世界宗教研究所编，社会科学文献出版社2010年版；《南传罗祖教初探》，载《世界宗教研究》2010年第6期；《罗祖教与闽西客家文化》，载苏庆华主编《汉学研究学刊》第三卷（2012），吉隆坡：马来亚大学中文系，2012年；《新见罗祖教〈五部六册〉宝卷及宣卷仪式》，《世界宗教研究》2013年第3期。

宝卷与中国民间宗教研究的新视角。中国民间宗教研究所涉及的史料众多，但凡历代官书、笔记、杂录、档案、宝卷皆在其列。其中，以清代档案和教派宝卷尤为重要。《中华珍本宝卷》的出版，必将引发学术界对中国民间宗教诸多问题的再探讨。

1. 宝卷与明清民间宗教的宗教实践

现有大量的宝卷中，至少有二三百种是明清民间宗教的相关经典、科仪。马西沙先生认为宝卷包融的思想极为庞杂，兼杂儒、释、道等传统文化，又有历代积淀的各类民间宗教的思想资料，乃至民间神话、风俗、礼仪、道德规范等内容。就道教而言，影响也是多方面的。道教的哲学、炼养、斋醮、神话传说都深深渗透到多种宝卷之中，其中道教的内丹术及斋醮仪范对宝卷的影响最大。还有一部分民间宗教，有一种自成体系的天道观，这种天道观又与内丹炼养之术汇于一体，则演化成一种极有吸引力的社会政治观点、一种反传统的思潮，这就是“三教应劫”思想。这种教义成为黄天教、闻香教、八卦教、一贯道等多类教门的基本教理，对下层受苦受难者无疑颇具吸引力，成为部分民间宗教反传统思想的核心内容，也是与道教天人合一思想最具分歧之处。①近年来，一些民族音乐学学者也涉及了宣卷仪式研究，对赣南“斋公”“做佛事”讲唱《五部六册》宝卷的仪式音乐进行了调查，但由于专业差异，仪式音乐研究并未触及历史上赣南民间教派传承、演变情况。②

2013 年 7 月，由中国人民大学清史研究所主办的“新发现黄天道帛书与写经”学术研讨会在京召开。此次公布的明清黄天道文献，是该所研究人员在田野调查中的最新发现，包括 9 种罕见的大型彩绘帛书手卷和 40 多种珍贵的明清刊本和精抄本，还有大量符箓疏表、零散抄本、家谱等稀见史料。与会者认为，新发现文献除了极大地丰富了学术界所知的明清华北黄天道资料，还有助于推进一批相关问题的研究：其一，大型彩绘帛书手卷，为研究宝卷学者所首见。其二，多种明前期教派经卷的发现。其三，《三教应劫总观通书》的发现。其四，这批文献还涉及学术界前所未知的明清时期各个教派的关系。其五，在图像史上，这批帛书、写经首次提供了明清秘密教派中

---

① 马西沙先生率先对宝卷中的丹道与斋醮仪式问题进行了研究，参见马西沙《宝卷与道教的炼养思想》，《世界宗教研究》1994 年第 3 期。

② 李希：《赣南民间信仰仪式中的宝卷讲唱研究——以于都县为例》，华中师范大学 2008 年硕士论文；李希：《于都县宝卷讲唱调查报告》，《戏剧之家（上半月）》2012 年第 1 期。

的“救劫银城”“陀罗尼符”“罗睺、计都、九曜”，以及“摘光祖”等信仰的大量视觉史料，为学界重新探讨明清秘密教派是否与晚唐、五代以来的摩尼教有关，提供了新的线索。①

2. 民间宗教宝卷的重新流传与文本转化

时至今日，在广大的农村社会，中国民间宗教各教派都出现了对传统经卷的整理与重新流传。在民间宗教历史上，罗祖教的五部六册宝卷对后世有着重大的影响。现今流行于福建闽西地区的罗祖教徒，仍然大量刊印罗祖五部经典。② 黄天教内传有“九经八书”之说。在现今河北易县一带，皇天教的《太阴生光普照了义宝卷》《太阳开天立极亿化诸神宝卷》仍然是民间音乐社的艺人们讲唱的文本，与《后土宝卷》一同流传。③弘阳教经典和忏文之多，居明清诸民间教门之首。这些弘阳教的传统经典在当代华北的弘阳教道场中时常出现，成为该教派传播教义、教理，为民众提供仪式服务的重要文本支持。流传于福建西部地区的归根道（或称儒门），改革开放以来也得到了复兴。近年以来，该教教徒创新整理、刊印了不少经卷。④ 流传于当今河北、天津地区的天地门教，也整理出不少的本教经典。如《董祖立道根源》《根源记》《老祖经》等⑤。

特别值得一提的是，弘阳教、金幢教、天地门教、大乘天真圆顿教中的当家师傅还编写了一批新经卷。如天地门教传人编写了《菩提道》《做人之道》《杂谈说道》《歌词讲日集》等。这些经卷通俗易懂，为民众所喜闻乐见。⑥ 除了重新刊印传统的教门经卷外，在当代活跃于民间的弘阳教徒还经常念诵《千佛歌》以及《人性图》。《千佛歌》是在韩祖庙庙会上信徒念诵得最多的经典，是弘阳教的教理总集，综合了五部经的基本内容，其念诵有一定的仪式。《人性图》则为弘阳教传法者代代相续的秘典，载有教内内丹

① 曹新宇：《中国社会科学报》2013年8月21日第5版；《明清民间教门的地方化：鲜为人知的黄天道历史》，《清史研究》2013年第2期。

② 李志鸿：《南传罗祖教初探》，《世界宗教研究》2010年第6期。

③ 尹虎彬：《河北民间后土信仰与口头叙事传统》，北京师范大学2003年博士论文。

④ 陈进国：《外儒内佛——新发现的皈根道（儒门）经卷及救劫劝善书概述》，《圆光佛学学报》2006年第10期。

⑤ 濮文起：《当代中国民间宗教活动的某些特点——以河北、天津民间宗教现实活动为例》，《理论与现代化》2009年第2期。

⑥ 同上。

修炼所需的方寸位置，不轻易示人。[①] 现在莆田民间的金幢教除了流传《九莲经》等历史上已见记载的文献外，亦传行一些新的经典，如《宝忏一藏白话问》《大忏解》等[②]，这些经卷不仅叙述了金幢教的本门发展史，而且是该教门为广大民众提供仪式服务的重要典籍。

正因为仪式生活的鲜活性，大量教门的新科仪本也正在不断地创造中。此堪为当代民间宗教复兴的一重要特征。同时，在活态的宣卷仪式中，许多传统的宝卷文本出现了新的形式，文本出现了转化的现象。作为文本的宝卷，其变异与转化也存在于华北的民间信仰中。当代民俗学者运用主题分析的方法，发现了定县秧歌和民间宝卷互为文本的现象，并对其意义进行了研究。[③] 另外一些学者指出，宝卷和民间叙事文本存在着相互借用、传递、标准化、地方化的动态影响过程。[④] 赣南闽西活跃的罗祖教，其《五部六册》宝卷衍生出了《大乘经开香本》《大乘经解经本》等一系列新文本，《销释金刚科仪》等宝卷也频繁地被采用。《大乘经开香本》《大乘经解经本》等新文本是《五部六册》宝卷仪式化、术数化的产物。宝卷不仅是书写的文本，更是活态的仪式文本。宣卷仪式倡导的是一种“吃斋”“念佛”的宗教生活。[⑤]

3. 宝卷与斋供体系

侯冲教授在《早期宝卷并非白莲教经卷——以〈五部六册〉征引宝卷为中心的考察》一文中指出，在民间宗教研究视角、文学研究视角无助于宝卷研究深入开展的情况下，将宝卷与变文、科仪等仪式文本一样放在斋供仪式的背景下研究，可能是一个值得尝试的新视角。[⑥]

---

① 李浩栽：《弘阳教研究》，中国社会科学院研究生院宗教系博士论文未刊稿，2005 年。

② 陈松青：《福建金幢教研究》，福建师范大学硕士论文，2006 年未刊稿。

③ 董晓萍、欧达伟：《乡村戏曲表演与中国现代民众》，北京师范大学出版社 2000 年版。

④ 尹虎彬：《河北民间后土信仰与口头叙事传统》，北京师范大学 2003 年博士论文。

⑤ 李志鸿：《新见罗祖教〈五部六册〉宝卷及宣卷仪式》，《世界宗教研究》2013 年第 3 期。

⑥ 侯冲：《早期宝卷并非白莲教经卷——以〈五部六册〉征引宝卷为中心的考察》，《清史研究》2015 年第 1 期。

第七章

基督教研究

基督教在中国学术界、宗教界和港澳台地区亦称基督宗教，包括天主教、东正教、新教（在中国现称“基督教”，曾称为“耶稣教”或“更正教”）。自1978年以来，中国大陆的基督教研究获得了巨大突破，取得了丰硕成果。

当前中国大陆研究基督教的学术机构大体可分为四个系统，一为从事基督教研究的专业研究所系统，包括中国社会科学院世界宗教研究所、上海社会科学院宗教研究所、河北社会科学院等研究机构，其中以中国社会科学院基督教研究中心和世界宗教研究所基督教研究室学术力量最强，其学术活动多、学术成果较为系统，影响亦较大。二为高校院系及其创立的宗教研究所和基督教研究中心，其中学术力量强、影响大的研究机构包括北京大学宗教学系、中国人民大学宗教研究基地和基督教文化研究所、清华大学道德与宗教研究中心、中央民族大学宗教学系、北京师范大学哲学系、北京外国语大学海外汉学研究中心、北京联合大学宗教研究所、上海复旦大学宗教学系和宗教与国际关系研究中心、上海大学历史系、上海师范大学哲学系、浙江大学基督教与跨文化研究基地、武汉大学宗教学系、华中师范大学中国教会大学史研究中心、南京大学宗教研究所、福建师范大学宗教研究所、山东大学哲学系、陕西师范大学基督教研究中心、湖北大学哲学所、河南大学圣经文学研究所、郑州大学宗教研究所、暨南大学古籍研究所、中山大学宗教文化研究所、四川大学宗教研究所、南开大学历史系、华侨大学哲学系、黑龙江大学哲学系、东北师范大学历史系、华南师范大学历史文化学院、山西大学哲学系等，其研究各有侧重，突出重点。三为政府职能部门的宗教研究机构，如国家宗教事务局宗教研究中心等，其研究以基督教现状和发展动态为主。四为教会系统的神哲学院和相关研究机构，如金陵协和神学院、燕京神学院、中国天主教神哲学院、北京天主教与文化研究所、上海佘山修院、天主教上海教区光启社、天主教河北信德社等。在上述机构的基督教研究中，最有特色、影响最大的是人文社会科学领域的学术研究，形成与海外以教内学者为主的基督教神学研究的明显不同，因而引起国际学术界的普遍关注。

在改革开放以来的这 40 年间，中国大陆的基督教学术研究涵括很广，在许多领域都有深入发掘和新的开拓。大体来看，这些研究涉及的领域包括世界基督教历史与现状研究、基督教神学与哲学研究、圣经研究、中国基督教研究、基督教文化比较及文献研究等。在改革开放初期，基督教研究主要在理论与历史两大领域展开，而且北方的学术界较多注重理论研究，南方的学术界则更加突出历史研究。随着研究的深入，其触及的领域则不断扩大，由历史、哲学方面而发展到文学、经典、社会学和社会学说等领域，并形成相应的重点研究课题。由此而论，40 年来的基督教研究有着跨学科、多学科这一科际整合的学术特色。此外，当代中国的基督教研究还体现为基础研究与应用研究的对应与呼应。基础性研究强调基督教研究学科的系统性、整体性，突出理论性研究和学科发展的健全及学术体系的规范。而应用性研究则关注现实，集中精力于现实基督教存在与发展的焦点、热点问题，旨在有针对性、有目的地发现并解决相关问题，以服务于现实社会及其政治。当然，这两种学术研究倾向虽有其不同立意和不同侧重，彼此之间仍有接触、参照和结合，形成某些必然交织，因而不可将之截然分开。应用研究切入了许多现实前沿发展，其视域故此已超出“纯学术”研究的范围，并有其对相关现实问题和社会选择的表态。

除了基督教研究本身各分支领域之间的协调、沟通及整合之外，这一研究还与历史学、政治学、社会学、文献学等有着复杂关联。而在宗教学研究领域之内，基督教研究与佛教、道教、伊斯兰教、新兴宗教、民族宗教等研究也有着呼应、对话、交流和沟通。所以说，这种基督教研究体现出宗教史学与比较宗教学研究的有机结合。在与其他宗教研究的合作上，基督教研究体现出更多的主动性和原创性。而且，在改革开放的形势下，基督教研究最为典型地体现了对外开放、对内沟通的特点，并成为宗教学众多研究领域中发展得最快的一个分支学科，其所受到的国际学术界的关注亦显然颇多。与中国改革开放之前基督教零星的学术研究相比较，这 40 年的基督教研究已越来越完备、越来越系统，其基础亦越来越牢，学术积淀也越来越厚实。目前，中国的基督教研究正以其独特的学术语言、独立的学术地位而走入国际学术界，并不断影响其学术构思和发展。

第一节　世界基督教历史与现状研究

一　世界基督教史研究

1978年以来，中国学者对世界基督教史有了比较系统的研究，主要体现在翻译相关外文著作和中国学者自己的研究这两个方面。但无论是翻译或著述，主要侧重在篇幅较小的基督教通史著作和相关专史著作，尚未有多卷本、颇为翔实的世界基督教通史著作问世，而在教会史略、史纲或简史方面则成果颇多。与之相关联，则是对基督教断代史、区域史、国别史、教派和修会史、传教史以及文化史等领域的研究。这些研究注重对基督教发展历史的纵向描述，以及其与相关民族、国家、区域的社会、经济、政治、文化联系，从中发现并分析基督教自身的演进、变迁。这种宏观整体把握的研究，展示了基督教的发展全貌和历史沿革，为深入研究基督教相关专题提供了时空背景和历史定位。

从中国学者对基督教历史著作的翻译来看，相关译著包括福建师大外语系组织翻译的穆尔著《基督教简史》（商务印书馆，1981），这一译著后来又于2000年由商务印书馆再版重印；沃尔克著，孙善玲、段琦和朱代强译《基督教会史》（中国社会科学出版社，1991），此书在1948年曾出版谢受灵译本，著作名被译为华尔克；新译本则是根据沃尔克（1860—1922）去世后理查森、保克和汉迪等人1970年修订版重新翻译而成，在基督教史学界有一定影响；麦克曼勒斯主编，张景龙等译《牛津基督教史》（贵州人民出版社，1995）；布鲁斯·雪莱著，刘平译《基督教会史》（北京大学出版社，2004）；法兰克·卡尔蒂尼编著，张海虹译《基督教历史》（广东人民出版社，2006）等。

中国学者自己撰写出版的基督教史著作，则包括杨真著《基督教史纲》（生活·读书·新知三联书店，1979），马超群编著《基督教二千年》（中国青年出版社，1988），赵志廉著《基督教简史》（中国基督教协会神学教育委员会，1989），张绥著《基督教会史》（上海三联书店，1992），唐逸主编《基督教史》（中国社会科学出版社，1993），此书后来亦修订再版（江苏人民出版社，2006）；罗衡林著《基督教会制度史》（湖南师范大学出版社，2000），陈钦庆著《基督教简史》（人民出版社，2004）等。这些通史类著作虽然多属简明史的范围，却表明中国学者已开始对基督教的历史进行整体、全面把握，尝试从宏观上对之加以描述和分析，并从中国学者的视野及立场对其展开评论、解说。在这种描述和诠释的进程中，中国学者的分析、评价亦经历了从主观性批评到比较客观的论述这一改变和提高。

二　早期基督教史研究

中国学术界探究早期基督教历史的译著包括罗伯逊著，宋桂煌译《基督教的起源》（生活·读书·新知三联书店，1984，初版1958年），朱利安·鲍尔迪著，谢世坚译《黑色上帝——犹太教、基督教和伊斯兰教的起源》（广西师范大学出版社，2004），罗德克·斯塔克著，黄剑波、高民贵译《基督教的兴起：一个社会学家对历史的再思》（上海古籍出版社，2005），Pierre-Marie Beaude著，周嫄译《早期基督教》（上海人民出版社，2005），布克哈特著，宋立宏等译《君士坦丁大帝时代》（上海三联书店，2006），沃格林著，谢华育译《希腊化、罗马和早期基督教》（华东师范大学出版社，2007）；专著有徐怀启著《古代基督教史》（华东师范大学出版社，1988），王晓朝著《基督教与帝国文化》（东方出版社，1997），章雪富、石敏敏著《早期基督教的演变及多元传统》（社会科学文献出版社，2003），池凤桐著《基督信仰的起源》（华东师范大学出版社，2006）等。这一研究成果还包括此间发表的大量学术论文。其探讨的主要问题有以下三个方面。

第一，关于基督教形成的社会历史背景及其思想文化渊源。从其社会历史背景来看，中国学者认为早期基督教诞生在古罗马帝国统治下的古代巴勒斯坦地区，最初乃古代犹太教的一个分支但被视为异端，与公元前2世纪至公元1世纪的犹太教艾赛尼派有着密切关联，而《死海古卷》所证实的库姆兰社团就反映出该派当时的存在状况。其嬗变为基督教的关键之处则在于突破了犹太教所持守的犹太民族对外的封闭性和排拒态度，不再是其内涵式、自足式发展而走向对各民族的开放，从而发展为一种全新的、独立的世界性宗教。从其思想文化渊源来看，早期基督教是“两希文明”即古代希伯来文明和古希腊文明的结晶，这种融合与共构发生在古代“希腊化时期”，以生活在古埃及亚历山大港的犹太人斐洛和古罗马时期哲学家塞涅卡为代表。早期基督教的基本文化因素主要来自古希伯来的宗教、古希腊的哲学和古罗马的律法，特别是其继承了犹太教的“绝对一神”论和“神人立约”的思想，扬弃了犹太人的“特殊神宠论”和“神之选民”的观念，吸收了古希腊哲学的智慧观念、“逻各斯”概念及神秘主义思想，以及反映了古罗马帝国时期的社会观、社团形式和对政教关系的处理方式。这样，基督教不再是犹太教所代表的其发源地古代巴勒斯坦的犹太民族文化，而成为古罗马帝国时期影响地中海周边地区的跨民族宗教，并开始向中世纪其作为“普世”或世界性宗教的过渡，由此与西方文化结下不解之缘。

第二，关于早期基督教的历史分期及其社会性质的发展变化。在其历史分期问题上，有的学者认为早期基督教的历史还应该进一步细分为“原始基督教”与“早期基督教”这两个时期，其中“原始基督教”指公元1世纪上半叶作为犹太教异端而出现的初期形态，即所谓“原始基督教社团”，而“早期基督教”则为此后至4世纪尼西亚会议召开之前的发展阶段。有的学者指出“早期基督教”只应该为2世纪初之前的基督教，而另有学者则强调这一“早期”可包括在西罗马帝国解体以前的长达400多年的早期教会历史。大部分学者同意将早期基督教历史分为三个发展阶段，但对之有不同的表述：杨真称“第一阶段”为公元1世纪上半叶“犹太民族争取解放斗争的高潮中出现的一个犹太教新宗派”，而这实际上就是“初期基督教”，可称为“初期基督教徒社团”；“第二阶段”则是1世纪70年代至2世纪中叶教会的发展时期，其特点是“基督教从没有自我意识的初期阶段发展为思想上、组织上具有独立形态的基督教会”，由此完成从“无自我意识”的犹太社团到有“自我”“独立”意识的全新基督教的转变；“第三阶段”指2世纪中叶至4世纪的发展，它始于教会“教阶制”的建立及其教会社会等级的形成，完成于古罗马帝国承认其为帝国官方的宗教即“国教”。[①] 郑继先根据受黑格尔辩证法影响的德国圣经批判学和杜宾根学派，尤其是其创始人费·克·鲍尔的观点而描述“彼得派”“保罗派”和“古代公教会”这三个阶段的发展：鲍尔“运用黑格尔关于矛盾、斗争和发展的理论”指出，“最初教会是由耶稣首批招选的，以彼得为首的‘十二使徒’所创立，当时他们还只是犹太教中的一个革新派别。这是‘正命题’”；其次“是以保罗为首的，主张突破犹太教老框框而走向世界化的保罗派”，这是“与之对立的‘反命题’”；最后是于2世纪“统一起来的‘古代公教会’”，即“综合两派积极因素、扬弃掉消极因素而成功

① 杨真:《基督教史纲》(上册)，生活·读书·新知三联书店1979年版，第35—110页。

的‘合命题’”。[①] 而颜昌友将早期基督教划分为“自发、从自发向人为过渡、人为”三个阶段，他按照“自发宗教”与“人为宗教”之区分来指出早期基督教的“自发时期”约“从公元1世纪上半叶到1世纪末2世纪初”，“过渡时期”即“第二个时期大致从公元2世纪初到公元4世纪初”，而“人为时期”即“第三个时期”则以“公元325年《尼西亚信经》的制订”为“标志”。[②] 在评价早期基督教的社会性质上，中国学者的见解各不相同；有的认为早期基督教具有“保守”“消极”性质，不是革命运动，代表着“妥协”“让步”“放弃”的倾向；而有的则认为早期基督教是被压迫群众的运动，并根据恩格斯的评价而强调“基督教同任何大的革命运动一样，是群众创造的”；[③] 早期基督教的历史与“现代工人运动”有“相同之点”，“在其产生时也是被压迫者的运动：它最初是奴隶和被释放的奴隶、穷人和无权者、被罗马征服或驱散的人们的宗教”，因而“代表着宗教发展的崭新阶段，即行将成为人类精神史中最革命因素之一的阶段”。[④] 只是在此后几百年的演变过程中，基督教才由被压迫民众的宗教变为古罗马帝国的官方宗教。

第三，关于基督教得以产生的核心人物耶稣的生平及其历史真伪问题。关涉这一问题的译著包括施特劳斯著，吴永泉译《耶稣传》（第一卷，商务印书馆，1981，第二卷，1993）；卡本特著，张晓明译《耶稣》（工人出版社，1985），幸德秋水著，马采译《基督何许人也——基督抹煞论》（商务印书馆，1986）；帕利坎著，杨德友译《历代耶稣形象》（香港汉语基督教文化研究所，1995）；勒南的《耶稣传》有两个中译本：一为勒内（Renan的另一中译名）著，朱旭文译《耶稣的故事》（江苏人民出版社，1997），二为勒南著，梁工译《耶稣的一生》（商务印书馆，1999）；克罗桑著，高师宁、段琦译《耶稣传，一部革命性的传记》（中国社会科学出版社，1997）；阿·诺兰著，宋兰友译《基督教之前的耶稣》（今日中国出版社，1997）；麦卡斯克著，立人译《被禁止的基督》（中国社会科学出版社，1999）；陈志平、活泉主编《耶稣：弥赛亚传》（中国文联出版公司，

① 郑继先：《黑格尔学派的解体在基督教神学动向中的表现》，《世界宗教研究》（第一集），1979年，第210页。

② 颜昌友：《关于早期基督教的历史分期问题》，《世界宗教研究》1985年第2期。

③ 恩格斯：《启示录》，《马克思恩格斯全集》第21卷，人民出版社1965年版，第11—12页。

④ 恩格斯：《论早期基督教的历史》，《马克思恩格斯全集》第22卷，人民出版社1965年版，第523—552页。

2000）；尼采著，陈君华译《反基督》（河北教育出版社，2003）；伊利斯著，李旭大译《耶稣——最后的法老》（陕西师范大学出版社，2003）；北京大陆桥文化传媒编译《耶稣的血印——圣者行进的印记》（重庆出版社，2007）等。而中国学者的相关著作则包括陈鼓应著《耶稣新画像》（生活·读书·新知三联书店，1987）；赵紫宸著《耶稣传》（上海社会科学院出版社，初版1935年，1988年再版）；文庸著《人间的耶稣》（今日中国出版社，1995）；孙善玲著《走向神圣——耶稣传》（中国社会科学出版社，2000）等。这一研究的焦点在于历史上有无耶稣其人，历史上的耶稣在基督教的诞生上扮演了什么样的真实角色，"历史上的耶稣"与"信仰中的基督"有何区别，"耶稣"是怎样"成为基督"的，等等。有的学者认为耶稣是"传说中的虚构人物"；有的指出"历史上的耶稣"与"信仰中的基督"区别较大，在其关联过程中有着"神化"的痕迹；还有的宣传耶稣最初不过是古代犹太人社会运动中的"革命者"和"改革者"，或是其宗教革新运动中的"先知"，只是随着基督教的建立，耶稣才由历史真实中的"人子"升华为其信仰中有着"基督"（"救主"）称号的"神子"。

三　中世纪教会史研究

中世纪教会史与西方文化的兴起和西欧社会的发展有着非常密切的关联，中国学者在过去30年对中世纪教会史的研究亦涉及许多方面。论及中世纪教会与西欧社会及其西方文化的著作包括布瓦松纳著《中世纪欧洲生活和劳动》（商务印书馆，1985）；皮朗著，乐文译《中世纪欧洲经济社会史》（上海人民出版社，1986）；张绥著《中世纪"上帝"的文化——中世纪基督教会史》（浙江人民出版社，1987）；霍利斯特著《欧洲中世纪简史》（商务印书馆，1988）；道森著，长川某译《宗教与西方文化的兴起》（四川人民出版社，1989）；安长春著《基督教笼罩下的西欧》（中央编译出版社，1995）；布赖斯著，孙秉莹、谢德风、赵世瑜译《神圣罗马帝国》（商务印书馆，1998）；赵林著《西文宗教文化》（长江文艺出版社，1999）；陈曦文著《基督教与中世纪西欧社会》（精粹世界史，中国青年出版社，1999）；杜兰著《世界文明史：信仰的时代》（上、中、下，东方出版社，1999）；杨昌栋著《基督教在中古欧洲的贡献》（社会科学文献出版社，1936年初版，2000年再版）；李秋零、田薇著《神光沐浴下的文化再生——文明在中世纪的艰难脚步》（华夏出版社，2000）；田薇著《信仰与理性，中世纪基督教文化的兴衰》（河北大学出版社，2001）；格茨著《欧洲中世纪生活》（东方出版社，2002）；施密特著，汪晓丹、赵巍译《基督教对文明的影响》（北京大学出版社，2004）；李伯庚著，赵复三译《欧洲文化史》（上、下，上海社会科学院出版社，2004）；薄洁萍著《上帝作证：中世纪基督教文化中的婚姻》（上海学林出版社，2005）；王萍丽著《营造上帝之城——中世纪的幽暗与冷艳》（北京大学出版社，2005）；埃文斯著，茆卫彤译《中世纪的信仰》（北京大学出版社，2005）；甘霖著，赵中辉译《基督教与西方文化》（北京大学出版社，2005）；基佐著，程洪逵、沅芷译《欧洲文明史》（商务印书馆，2005）；雅克·韦尔热著，王晓辉译《中世纪大学》（上海人民出版社，2007）。而与中世纪教会史相关的其他著作则还有论及罗马教廷及教皇的专著，如舍英曼著《梵蒂冈史》（黑龙江人民出版社，1979，1982）；朗克著，施子愉选译《教皇史》（商务印书馆，1962 年初版，1980 年再版）；孙庆芳编著《教皇史话》（商务印书馆，1985）；布尔著，郭文豹译《梵蒂冈内幕》（中国社会科学出版社，1988）；雅洛普著，丁启鹏译《教皇之死》（安徽文艺出版社，1990）；刘明翰著《罗马教皇列传》（东方出版社，1995）；波帕尔著，肖梅译《教皇》（商务印书馆，2000）；龙秀清著《西欧社会转型中的教廷财政》（济南出版社，2001）。论及中世纪宗教裁判所的著作有董进泉著《黑暗与愚昧的守护神——宗教裁判所》（浙江人民出版社，1988）和《西方文化与宗教裁判所》（上海社会科学院出版社，2004）。其他方面的著译还包括格雷戈里著，寿纪瑜、戚国淦译《法兰克人史》（商务印书馆，1983）；比德著，陈维振、周清民译《英吉利教会史》（商务印书馆，1991）；刘城著《英国中世纪教会研究》（首都师范大学出版社，1996）；王亚平著《修道院的变迁》（东方出版社，1998）；艾因哈德著，戚国淦译《查理大帝传》（商务印书馆，1999）；莫里松著，冯棠译《十字军东征》（商务印书馆，2000）；刘新利著《基督教与德意志民族》（商务印书馆，2000）等。对中世纪教会史及中世纪西欧社会评论的学术论文亦较多，表明了中国学术界对这一段历史的浓厚兴趣。

受西方近代史学家的影响，中国学者在改革开放初期对中世纪教会的评价持否定、批评态度的较多，即接受了流传已久的、认为西欧中世纪为“千年黑暗时期”的观点；随着学术探究的深入和对中世纪西欧社会变迁的深层次了解，特别是在接触到以美国学者哈斯金斯为代表的研究“12 世纪文化复兴”的学术成果之后，中国学术界亦开始对中世纪教会及其在中古西欧发展的意义与作用重新评价。这样，从“千年黑暗”之说的极端见解，已转向一种比较客观、中肯的认知，即虽然承认中世纪有“黑暗时代”之说，却进而指出这一“时代”较短，它始于 5 世纪西罗马帝国的灭亡，至 9 世纪前后加洛林王朝封建神权统治确立时则基本结束；这一过渡时期的三四百年乃是西欧社会从古罗马帝国走向中古欧洲的进程，它经历了所谓“蛮族”的入侵和对古代文明的破坏，而随着“加洛林王朝文化复兴”的到来，西欧又开始了其社会及文化重建。对于中世纪西欧文化的性质，不少中国学者认为它是一种“基督教文化”，即所谓“崇拜上帝”的文化，教会在其中发挥了主导和关键作用。此外，一些中国学者也指出，“加洛林王朝文化复兴”和“12 世纪文化复兴”正是为 14—16 世纪的欧洲“文艺复兴”打下了基础、准备了条件，尤其是中世纪欧洲大学的兴起为其社会革新奠立了必要的思想和知识结构；因此，西欧从中古到近代的发展并不是一种从古希腊罗马文化“跳跃”到近代西方文化的发展，而必须承认西欧中世纪这一重要和必然的“过渡”时期，如中世纪大学教育的兴起、实验科学的成熟和哲学思辨的发展，都是西方近代得以迅速发展的基本前提；在西方社会结构的变迁中，中世纪西欧社会亦为新的社会发展提供了“温床”和“土壤”。在西方文化性质及其宗教关联上，不少中国学者也认为正是在中古时期的复杂发展，基督教才成为西方文化的核心价值体系，与此后西方文化的发展形成根本交织，并为之提供了“可持续发展”的精神支撑和文化动力。

四　宗教改革史研究

中国当代学术界对基督教宗教改革论述较多，与之相关联的学术兴奋点包括对欧洲从中古到近代转型时期不同宗教改革运动的研究，对宗教改革家马丁·路德、加尔文等人的研究，以及对“德国农民战争”和“宗教战争”的研究。在宗教改革史的研究领域，相关著述包括李平晔著《人的发现——马丁·路德与宗教改革》（四川人民出版社，1987）；郭振铎主编《宗教改革史纲》（河南大学出版社，1989）；林赛著，孔祥民等译《宗教改革史》（上册，商务印书馆，1992）；孔祥民著《德国宗教改革与农民战争》（北京师范大学出版社，1992）；李平晔著《宗教改革与西方近代社会思潮》（今日中国出版社，1992）；柴惠庭著《英国清教》（上海社会科学院出版社，1994）；蔡骐著《英国宗教改革研究》（湖南师范大学出版社，1997）；杜兰著《世界文明史：宗教改革》（上、下，东方出版社，1999）；克利斯坦著，花绣林译《宗教改革：路德、加尔文和新教徒》（汉语大词典出版社，2003）。关于宗教改革家的评传包括马立臣编著《德国宗教改革家马丁·路德》（商务印书馆，1983）；兰德格拉夫著，周正安译《马丁·路德》（新华出版社，1988）；汉斯·李叶著，华君、舒柱译《路德传》（商务印书馆，1989）；罗伦培登著，陆中石、古乐人译《这是我的立场，改教先导马丁·路德传记》（译林出版社，1995）；梅列日科夫斯基著，杨德友译《宗教精神：路德与加尔文》（译林出版社，1999）；汤姆凌著，张之璐译《真理的教师，马丁·路德和他的世界》（北京大学出版社，2004）；茨威格著，赵台安等译《异端的权利：卡斯特利奥反对加尔文史实》（生活·读书·新知三联书店，1986）；凡赫尔斯玛著，珧丰译《加尔文传》（华夏出版社，2006）；肯尼著，周晓亮译《威克利夫》（中国社会科学出版社，1992）。而论及德国农民战争、宗教战争的著作则包括吴钧著《德国农民战争》（商务印书馆，1978）；刘明翰著《德国农民战争领袖闵采尔》（商务印书馆，1986）；马策克著，卢剑波译《捷克胡司派运动史》（商务印书馆，1989）；乔治·利维著，潘惠芳译《宗教战争（1559—1598）》（商务印书馆，2000）等。其相关论文亦主要涉及这三个方面，以研究路德的论述最为突出。

宗教改革标志着西方历史进入一个全新的发展，即近代西方历史的开启。对于处在中国改革开放大潮中的中国学者而言，研究欧洲宗教改革的历史亦有独特的意义，即通过历史借鉴而起到解放思想的作用。总体来看，中国学者对宗教改革运动评价颇高，以“人的发现”“大写的人”“人本主义”“自我的觉醒”“主体时代”等表述来正面肯定了这一历史发展。从社会发展史意义上，学者认为宗教改革运动意味着欧洲社会正告别中古封建主义而走向近代资本主义；从教会制度史视域，宗教改革表明以教阶制为基础的大一统天主教会出现了动摇和分化，传统的欧洲一体化教会转向民族教会的自立发展；从神学思想史的角度，马丁·路德提出的“圣经权威”“因信称义”则突出了人在信仰上的主体性和能动性，从而导致其教会思想从“神本主义”向“人本主义”、从“超然信仰”向“内在体验”、从注重外在“礼仪”向强调心灵“虔敬”的重大转变。不过，中国学者亦对路德和加尔文有着尖锐批评，如批评路德对德国农民运动的排斥和反对，以及批评加尔文排斥异己、对当时持不同意见的科学家之迫害等。另外，中国学者还系统探讨了加尔文宗的“预定论”思想对西方资本主义发展的影响，即关注并思考马克斯·韦伯著名的“新教伦理与资本主义精神”之命题。而与此同时，学者们也对天主教会的“反宗教改革运动”即天主教革新运动进行了深入探讨。

五　教派史、修会史及近代教会史研究

中国学者也对基督教会因历史分化而产生的天主教、东正教、新教三大教派，以及天主教相关修会的历史进行了研究，其研究著译包括帕里斯著，张茄萍等译《耶稣会士秘史》（中国社会科学出版社，1990）；金佩林著《基督新教史》（黑龙江人民出版社，1993）；克里木凯特著，林悟殊译《达·伽马以前中亚和东亚的基督教》（台北，淑馨出版社，1995）；刘泓著《欧洲天主教与文化》（中央民族大学出版社，1999）；王春来著《基督教在近代韩国》（中国社会科学出版社，2000）；哈特曼著，谷裕译《耶稣会简史》（宗教文化出版社，2003）；戚印平著《日本早期耶稣会史研究》（商务印书馆，2003）；《十七世纪东亚近世耶稣会史论集》（台北，国立台湾大学出版中心，2004）和《远东耶稣会史研究》（中华书局，2007）；施雪琴著《菲律宾天主教研究——天主教在菲律宾的殖民扩张与文化调适（1565—1898）》（厦门大学出版社，2007）等。

在这一领域的研究中，中国学者的学术成果尤其体现在对东正教的研究上，特别是以研究俄罗斯东正教为主，随之对拜占庭帝国及其东正教亦有某种程度的涉猎，其研究著作包括张绥著《东正教和东正教在中国》（学林出版社，1986）；冯嘉芳著《东方正教》（商务印书馆，1988）；乐峰著《东正教》（商务印书馆，1991）；刘祖熙著《斯拉夫文化》（浙江人民出版社，1993）；赫克著，高骅译《俄罗斯的宗教》（香港汉语基督教文化研究所，1994年初版，1999年学林出版社再版，书名为《俄国革命前后的宗教》）；姚海著《俄罗斯文化之路》（浙江人民出版社，1994）；孙成木著《俄罗斯文化1000年》（东方出版社，1995）；布尔加科夫著，董友译《东正教——东正教教义纲要》（香港三联书店，1995）；乐峰著《东正教史》（中国社会科学出版社，1999，修订本，2005）；张达明著《俄罗斯东正教与文化》（中央民族大学出版社，1999）；尼科利斯基著，丁士超等译《俄国教会史》（商务印书馆，2000）；傅树政、雷丽平著《俄国东正教会与国家（1917—1945）》（社会科学文献出版社，2001）；尼佐夫斯基编著，吴琪等译《俄罗斯最著名的教堂和修道院》（中国财政经济出版社，2001）；戴桂菊著《俄国东正教会改革（1861—1917）》（社会科学文献出版社，2002）；雷永生著

《东西文化碰撞中的人：东正教与俄罗斯人道主义》（华夏出版社，2007）；于沛、戴桂菊著《斯拉夫——东正教的风貌》（上海文艺出版社，2007）；乐峰主编《俄国宗教史》（上、下卷，社会科学文献出版社，2008）；陈志强著《拜占庭学研究》（人民出版社，2001）和《盛世余晖，拜占庭文明探秘》（云南人民出版社，2001）；坎宁安著，李志雨译《拜占庭的信仰》（北京大学出版社，2005）；以及徐家玲著《拜占庭文明》（人民出版社，2006）等。

中国学者在天主教研究中特别重视对耶稣会的探析，从耶稣会的历史进一步进入对远东耶稣会史的研究，由此形成其对耶稣会入华传教史的重点研究之呼应。在对日本早期耶稣会的研究上，中国学术界已取得一定突破，现正在将其研究视域向印度早期耶稣会史扩展。在研究东正教的相关问题上，对拜占庭东正教以研究其文化背景为主，由此探究东罗马帝国的发展及东西教会大分裂的社会、民族、文化和神学思想诸因素；但这些研究尚处于起步阶段，对拜占庭东正教仍缺乏深入、系统的专题研究。与之相比较，中国学术界对俄罗斯东正教的研究则颇有成就，推动较快。除了对俄罗斯的政教关系、俄罗斯东正教的文化传统、精神生活的全面研究之外，中国学者以系统翻译为基础，开始对俄罗斯东正教的神学、哲学等思想历史与现状进行全面而深入的研究，从而找出其独特之处，探索俄罗斯东正教与西方天主教的同异之处，以及在整个东正教文化和思想传统中的地位、意义、现实影响和社会作用。

六　基督教现状研究

对基督教现状的研究范围较广，涉及当代基督教会的概貌、基本体制、结构和教派组织，亦有对基督教在相关国家发展的论述，其中以美国和欧洲社会为重点。中国学术界 30 年来出版的相关学术著译包括舍英曼著，黑龙江大学俄语系翻译组译《梵蒂冈史，第二次世界大战时期》（黑龙江人民出版社，1979）和《梵蒂冈史，十九世纪末和二十世纪初时期》（黑龙江人民出版社，1982）；哈切森著，段琦、晓镛译《白宫中的上帝》（中国社会科学出版社，1992）；荣格著，江怡译《宗教与美国现代社会》（今日中国出版社，1992）；于可主编《当代基督新教》（东方出版社，1993）；雷雨田著《上帝与美国人——基督教与美国社会》（上海人民出版社，1994）；段琦著《美国宗教嬗变论》（今日中国出版社，1994）；傅乐安主编《当代天主教》

（东方出版社，1996）；张敏谦著《大觉醒——美国宗教与社会关系》（时事出版社，2001）；刘澎著《当代美国宗教》（社会科学文献出版社，2001）；董小川著《20世纪美国宗教与政治》（人民出版社，2002）；赫茨克著，徐以骅等译《在华盛顿代表上帝，宗教游说在美国政体中的作用》（上海人民出版社，2003）；卓新平、萨耶尔主编《基督宗教与当代社会》（宗教文化出版社，2003）；丛日云著《在上帝与恺撒之间：基督教二元政治观与近代自由主义》（生活·读书·新知三联书店，2003）；西美尔著，曹卫东等译《现代人与宗教》（中国人民大学出版社，2003）；贝格尔著，高师宁译《天使的传言：现代社会与超自然再发现》（中国人民大学出版社，2003）；卢克曼著，覃方明译《无形的宗教：现代社会中的宗教问题》（中国人民大学出版社，2003）；麦格拉斯著，董江阳译《福音派与基督教的未来》（中央编译出版社，2004）；马斯登著，宋继杰译《认识美国基要派与福音派》（中央编译出版社，2004）；特洛尔奇著，朱雁冰等译《基督教理论与现代》（华夏出版社，2004）；朱世达主编《美国市民社会研究》（中国社会科学出版社，2005）；王美秀著《当代基督宗教社会关怀：理论与实践》（上海三联书店，2006）；徐以骅主编：《宗教与美国社会：网络时代的宗教》（时事出版社，2006）；卓新平著《当代基督宗教教会发展》（上海三联书店，2007）；段琦著《当代西方社会与教会》（宗教文化出版社，2007）；土肥昭夫等著，查常平译《现代社会转型中的天皇制和基督教》（华夏出版社，2007）；尼特著，王志成译《全球责任与基督信仰》（宗教文化出版社，2007）等。此外，中国学者研究基督教现状的论文还涉及东正教与俄国和东欧社会、天主教会与波兰、南欧和拉丁美洲，基督教在当代亚洲如韩国、日本等地的相互关系及多元发展。其视域关注现代教会与政治的关系，基督教在当代社会中的世俗化、处境化、现代化和网络化，基督教在世界范围的传播及其趋势，以及基督教在不同国度、地区的本土化、民族化等问题。

中国学者指出，当代基督教的发展出现了许多新的动向。例如，天主教自20世纪60年代第二次梵蒂冈大公会议后开始改革，“跟上时代”，从此由传统历史的“封闭”之状走向“开放”和对外交流；东正教在东欧剧变、苏联解体后出现了大的变化，其内部的分裂和沟通都明显增加，东正教在俄罗斯社会中的影响凸显；当代教会由“普世合一”运动的教内对话扩展到各宗教之间的对话和与教外社会的对话，新教主流教会的社会影响力在减弱，而福音派、新基督教右翼、五旬节派和灵恩派却发展明显、人数增多。针对当代基督教“东传”“南下”的态势和南方基督徒人数的增强，西方有学者惊呼“下一个基督王国”将会以南半球为基础而崛起的说法，中国学者则分析指出，“尽管基督徒人数在世界的东方、南方会有明显增加，但想要超过或取代西方国家基督宗教的实力及影响，却并不是在一个短时期内所能达到的”。①

第二节　基督教神学与哲学研究

对基督教神学和哲学等理论思想的研究，是当代中国学术界基督教研究的重要领域之一。学者们对与之相关的基督教神学、基督教哲学和基督教思想等有不同的表述，但都体现出对基督教精神传统及其理论体系的捕捉、分析、描述和研究。大体来看，这一领域的研究可以分为四个方面，即基督教神学思想或宗教哲学的整体历史研究，古代基督教神学与哲学研究，中世纪神哲学研究，以及近现代基督教神学和哲学思想研究。在上述研究中还包括对基督教伦理思想、美学等方面的探讨，而对相关重要人物的分析研究亦颇为突出。与其他方面的研究相似，中国学者采取了翻译与著述并重的方式，而且在初期研究中翻译著作占有较大比重。随着相关研究的不断深入，中国学术界越来越多地有了自己的阐述、理解和创新。

一　基督教神学和哲学思想史研究通论

从宏观整体上对基督教神学和哲学的系统研究始于相关研究著作的翻译。在 1978 年之前，颇有影响的是香港基督教辅侨出版社（现改称基督教文艺出版社）从 1955 年至 1976 年出版发行的“基督教历代名著集成”译丛，共完成 32 卷基督教名著的出版。但这些译著的出版对中国内地学术界影响有限，且译文的表述方式与内地学术界的语言差别亦很大。1978 年以来，中国学术界对这一领域相关学术专著的翻译出版达到空前，而且规模也较大。其中颇值一提的研究丛书包括中国基督教界的“神学教育丛书”，中国天主教界的“光启神学丛书”，以及学术界组织翻译的由四川人民出版社出版发行的“宗教与世界译丛”，由上海人民出版社组织的“西术学术译丛”，由生活·读书·新知三联书店组织的“历代基督教学术文库”，由北

① 卓新平：《当代基督宗教教会发展》，上海三联书店 2007 年版，第 98 页。

京大学出版社出版的“基督教文化译丛”和“未名译丛”，由中国人民大学出版社组织的“历代基督教经典思想文库”，由中国致公出版社组织的“西方神秘主义哲学经典”文库，由中国社会科学出版社组织的“维真基督教文化丛书”“宗教学研究文库”，由宗教文化出版社组织的“第二轴心时代文丛”，由浙江人民出版社组织的“俄罗斯宗教哲学译丛”，由华夏出版社组织的“现代西方思想文库”，以及由上海三联书店组织发行的“20世纪思想家文库”“基督教学术研究文库”和“当代基督宗教译丛”等，这些丛书已推出上百种研究译著和专著。

在这些翻译工程中目前规模最大、范围最广、出版最多的丛书乃由香港汉语基督教文化研究所组织、道风书社出版的“历代基督教思想学术文库”。这套文库虽然初版在香港出版发行，而其译者和研究者则大多为中国大陆学者，不少译著及专著后来亦陆续在中国内地重新出版发行。随着香港1997年回归祖国，这种学术活动及其翻译出版已更为直接和便捷。该文库包括“古代系列”“现代系列”和“研究系列”三部分，目前已出版的译著或编著等在“古代系列”中有库萨著，李秋零译《论隐秘的上帝》（系列号101，以下同此系列编号，1994），翁绍军注释《汉语景教文典诠释》（102，1995），克莱门著，王来法译《劝勉希腊人》（103，1995）；阿贝拉尔等著，施皮茨莱编，李承言译《亲吻神学》（104，1996）；（托名）狄奥尼修斯著，包利民译《神秘神学》（105，1996）；斐洛著，王晓朝、戴伟清译《论〈创世纪〉——寓意的解释》（106，1998）；德尔图良著，涂世华译《护教篇》（107，1999）；罗宾逊、史密夫编，杨克勤译《灵知派经书》（卷上，108，2000）；西塞罗著，石敏敏译《论神性》（109，2001）；德尔图良著，王晓朝译《论灵魂和身体的复活》（110，2001）；奥利金著，石敏敏译《论首要原理》（111，2002）；苏索著，林克译《论真理，论永恒的智慧》（112，2003）；罗宾逊、史密夫编，杨克勤译《灵知派经书》（卷中，113，2002）；奥古斯丁著，王晓朝译《上帝之城》（上册，114，2003）；《上帝之城》（中册，115，2004）；《上帝之城》（下册，116，2004）；司各脱著，王路、王彤译《论第一原理》（117，2004）；罗宾逊、史密夫编，杨克勤译《灵知派经书》（卷下，118，2004）；奥古斯丁著，周伟驰译《论原罪与恩典，驳佩拉纠派》（119，2005）；拉克唐修著，王晓朝译《神圣原理》（120，2005）；阿诺庇乌著，王晓朝译《反异教徒》（121，2007）等。在“现代系列”中有莫尔特曼著，阮炜译《被钉十字架的上帝》（201，1994）；克利马科斯著

（基尔克果）；翁绍军译《哲学片断》（202，1994）；克利马科斯（基尔克果）著，陆兴华译《论怀疑者》（203，1995）；汉斯·昆著，包利民译《基督教大思想家》（204，1995）；林贝克著，王志成译《教义的本质，后自由主义时代中的宗教及神学》（205，1997）；托伦斯著，阮炜译《神学的科学》（206，1997）；康德著，李秋零译《单纯理性限度内的宗教》（207，1997）；麦奎利著，何光沪译《基督教神学原理》（208，1998）；舍勒著，孙周兴译《死、永生、上帝》（209，1996）；巴特著，魏育青译《〈罗马书〉释义》（210，1998）；海德格尔、奥特等著，刘小枫选编，孙周兴等译《海德格尔与神学》（211，1998）；薇依著，顾嘉琛、杜小真译《重负与神恩》（212，1998）；莫尔特曼著，隗仁莲等译《创造中的上帝——生态的创造论》（213，1999）；特洛尔奇著，刘小枫编，朱雁冰等译《基督教理论与现代》（214，1998）；朋霍费尔著，胡其鼎译《伦理学》（215，2000）；蒂利希著，尹大贻译《基督教思想史》（216，2000）；朋霍费尔著，王彤、朱雁冰译《第一亚当与第二亚当》（217，2001）；拉加茨著，朱雁冰、李承言译《上帝国的信息——成人教理问答》（218，2002）；莫尔特曼著，曾念粤译《来临中的上帝，基督教的终末论》（219，2002）；莱布尼茨著，朱雁冰译《神义论》（220，2003）；考夫曼著，黄勇译《面向奥妙，构造论神学》（221，2004）；谢列贝克斯著，朱晓红等译《信仰的理解，诠释与批判》（222，2004）；卡斯培著，罗选民译《耶稣基督的上帝》（223，2005）；潘能伯格著，李秋零译《神学与哲学，从它们共同的历史看它们的关系》（224，2006）；贝尔考韦尔著，刘宗坤、朱东华、黄应全译《罪》（225，2006）；莫尔特曼著，曾念粤译《盼望神学，基督教终末论的基础与意涵》（226，2007）；徐光启、李之藻、杨廷筠著，李天纲编注《明末天主教三柱石文笺注》（227，2007）；莫尔特曼著，周伟驰译《三一与上帝国，论上帝的教义》（228，2007）；洛斯基著，杨德友译《东正教神学导论》（309，1997）等。在“研究系列”中有赫克著，高骅译《俄罗斯的宗教》（1994）；卢克曼著，覃方明译《无形的宗教——现代社会中的宗教问题》（1995）；潘能伯格著，李秋零、田薇译《人是什么——从神学看当代人类学》（302，1994）；帕利坎著，杨德友译《历代耶稣形象，及其在文化史上的地位》（303，1995）；特雷西著，冯川译《诠释学、宗教、希望——多元性与含混性》（304，1995）；巴特、汉斯·昆著，朱雁冰、李承言译《莫扎特的自由与超验的踪迹》（305，1996）；贝格尔著，高师宁译《天使的传言——现代社会与超自然的再发现》（307，1996）；洛维特著，李秋零、田薇译《世界历史与救赎历史》（308，1997）；西美尔著，曹卫东等译《现代人与宗教》（310，1997）；卢曼著，刘锋、李秋零译《宗教教义与社会演化》（311，1998）；艾伯林著，李秋零译《神学研究——一种百科全书式的定位》（312，1999）；席林著，顾仁明译《天主教经济伦理学》（313，1999）；尼采、洛维特、沃格林等著，吴增定等译《尼采与基督教思想》（314，2001）；帕利坎著，翁绍军译《基督教传统，大公传统的形成》（315，2002）；费奥伦查著，刘锋译《基础神学，耶稣与教会》（316，2003）；约纳斯著，张新樟译《诺斯替宗教、异乡神的信息与基督教的开端》（317，2003）；萝特著，杨克勤、梁淑贞译《性别主义与言说上帝》（318，2004）；德里达、瓦蒂莫编，杜小真译《宗教》（319，2005）等。此外，香港汉语基督教文化研究所还编辑有"道风译丛"，已出版著作包括汉斯·昆著，张庆熊主译《世界伦理新探》（1，2001）；勒维纳斯著，并宝艳译《塔木德四讲》（2，2001）；汉斯·昆著，孙向晨译《上帝存在吗?》（卷上，3，2003）；汉斯·昆著，许国平译《上帝存在吗?》（卷下，4，2003）；诺瓦利斯著，林克译《夜颂中的基督，诺瓦利斯宗教诗文选》（5，2003）；莫尔特曼著，曾念粤译《神学思想的经验，基督教神学的进路与形式》（6，2004）；福特编，董江阳、陈佐人译《现代神学家，二十世纪基督教神学导论》（7，2005）；麦格夫著，董江阳译《基督教的未来》（8，2005）；安东尼·平著，周辉译《上帝，为什么？——黑人，苦难，恶》（9，2005）；奥特·奥托编，李秋零译《信仰的回答，系统神学五十题》（10，2005）等。

除了上述丛书所包括的专著之外，其他涉及基督教思想史全貌或通论的著作还有尹大贻著《基督教哲学》（四川人民出版社，1988）；蒂利希著，陈新权等译《文化神学》（工人出版社，1988）；里德著，蒋庆译《基督的人生观》（生活·读书·新知三联书店，1989）；阎国忠著《基督教与美学》（辽宁人民出版社，1989）；孙津著《基督教与美学》（重庆出版社，1990）；利奇蒙德著，朱代强等译《神学与形而上学》（四川人民出版社，1990）；麦奎利著，钟庆译《神学的语言与逻辑》（四川人民出版社，1992）；张志刚著《猫头鹰与上帝的对话——基督教哲学问题举要》（东方出版社，1993）；赵敦华著《基督教哲学1500年》（人民出版社，1994）；坎默著，王苏平译《基督教伦理学》（中国社会科学出版社，1994）；杨慧林著《追问上帝：信仰与理性的辩难》（北京教育出版社，1999）；段琦著《基督教学》（当代世界出版社，2000）；伯克富著，赵中辉译《基督教教义史》（宗教文化出版社，2000）；王亚平著《基督教的神秘主义》（东方出版社，2001）；许志伟著《基督教神学思想导论》（中国社会科学出版社，2001）；古屋安雄等著，陆水若、刘国鹏译《日本神学史》（上海三联书店，2002）；白舍客著，静也等译《基督宗教伦理学》（二卷，上海三联书店，2002）；拉辛格著，静也译《基督教导论》（上海三联书店，2002）；李钟声著，李宽淑译《基督教神学》（商务印书馆，2002）；冈察雷斯著，陈泽民等译《基督教思想史》（金陵协和神学院，2002）；田童心著《神学的觉悟》（宗教文化出版社，2003）；张庆熊著《基督教神学范畴——历史的和文化的比较的考察》（上海人民出版社，2003）；麦格拉思著，马树林、孙毅译《基督教概论》（北京大学出版社，2003）；奥尔森著，吴瑞诚、徐成德译《基督教神学思想史》（北京大学出版社，2003）；白石著《基督教要道阐释》和《基督教要义》（中国文史出版社，2004）；唐宣著《基督教信仰的反思》（中国文史出版社，2004）；普兰丁格著，邢滔滔等译《基督教信念的知识地位》（北京大学出版社，2004）；曹兴、刘海涛著《基督教在西方哲学中的浮沉》（民族出版社，2005）；布朗著，查常平译《基督教与西方思想，卷1，哲学家、思想与思潮的历史：从古代世界到启蒙运动时代》（北京大学出版社，2005）；威尔肯斯、帕杰特著，刘平译《基督教与西方思想，卷2，哲学家、思想与思潮的历史：19 世纪的信仰和理性》（北京大学出版社，2005）；斯温伯恩著，胡自信译《上帝是否存在?》（北京大学出版社，2005）；波尔金霍恩、韦尔克著，刘光耀译《关于上帝信仰的对话》（中国人民大学出版社，2005）；张宪著《启示的理性：欧洲哲学与基督宗教思想》（巴蜀书社，2006）；洛克著，王爱菊译《基督教的合理性》（武汉大学出版社，2006）；约翰·斯托得著，朱晓红译《基督教信仰》（中国基督教协会出版，上海，2006）；赵林著《基督教思想文化的演进》（人民出版社，2007）；弗格森著，刘光耀译《宇宙与创造主：创造神学引论》（上海三联书店，2007）等。

中国当代学者在这一领域的研究最初与西方哲学尤其是宗教哲学的研究密切关联，从对基督教哲学的关注和研究之切入，逐渐扩展到对整个基督教神学史、思想史的审视和探讨。基督教思想与西方哲学传统有着不解之缘，西方哲学史中的很大比重为基督教哲学内容，这在古罗马帝国时期和欧洲中世纪尤为明显，其哲学史与基督教神学思想史有着复杂交织。“基督教哲学”

这一术语本身就来自古代基督教思想家，最早乃见于克里索斯托（“金口约翰”）的布道文《论历书》（386—387）和奥古斯丁的论著《驳尤利安》（410），其观念经历了从泛指的基督教世界观到形成其系统哲学体系的发展。“神学”这一表述则可追溯到柏拉图，其理论突出阐明“神”的“完善”和“不变”这两大特性，亚里士多德进而将“神学”视为“对终极实体的沉思”，其立意体现出“元”神学的气质。“神学”的本意指“关于神的言论”，因此早期教会理论家曾避免使用“神学”一词，反而采用“知识”“智慧”或“默观”来表达“神学”现今的意蕴。自奥古斯丁起，在论及“神学”时多用“基督教义”“神圣教义”来表示，直至12世纪时阿贝拉尔才率先直接使用“神学”来表明对基督教义的理性、逻辑和辩证探讨，从而也使“神学”具有了“信仰神的论证”等内容。中国学者通过对基督教神学和哲学的研究来梳理基督教思想精神的核心观念及其理论体系传统，进而反思西方文化传统、宗教精神的意义、作用和影响。在其客观把握和叙述中，中国学者有着将基督教思想史与西方社会史、文化史结合来看的学术传统，因而体现出其立场、视角和观点的独特。在对基督教思想史发展的一些重要阶段的研究上，中国学者同样也注重宏观研究与微观研究的有机结合。

二　古代基督教神学与哲学研究

中国当代学术界对古代基督教神学与哲学的研究，指从基督教的思想渊源和信仰起源到神学家奥古斯丁这一“古典”时期的宗教思想研究。相关著述涉及其传统、体系、流派、人物等方面，包括奥古斯丁著，周士良译《忏悔录》（商务印书馆，1981）；蒙古马利著，于海等译《奥古斯丁》（中国社会科学出版社，1992）；范明生著《晚期希腊哲学和基督教神学》（上海人民出版社，1993）；奥古斯丁著，成官泯译《独语录》（上海社会科学出版社，1997）；王晓朝著《基督教与帝国文化》（东方出版社，1997）和《神秘与理性的交融——基督教神秘主义探源》（杭州大学出版社，1998）；翁绍军著《神性与人性：上帝观的早期演进》（上海人民出版社，1999）；章雪富著《基督教的柏拉图主义，亚历山大里亚学派的逻各斯基督论》（上海人民出版社，2001）；王晓朝主编《信仰与理性，古代基督教教父思想家评传》（东方出版社，2001）；洛思著，游冠辉译《神学的灵泉，基督教神秘主义传统的起源》（中国致公出版社，2001）；周伟驰著《记忆与光照——奥古斯丁神哲学研究》（社会科学文献出版社，2001）；张传有著《幸福就要珍惜生命——奥古斯丁论宗教与人生》（湖北人民出版社，2001）；雷立柏著《古希腊罗马与基督宗教》（社会科学文献出版社，2002）；王晓朝著《教父学研究——文化视野下的教父哲学》（河北大学出版社，2003）；章雪富著《圣经和希腊主义的双重视野，奥利金其人及神学思想》（中国社会科学出版社，2004）；利拉著，范明生等译《亚历山大的克雷芒》（华夏出版社，2004）；周伟驰著《奥古斯丁的基督教思想》（中国社会科学出版社，2005）；章雪富著《希腊哲学的 Being 和早期基督教的上帝观》（中国社会科学出版社，2005）；张新樟著《“诺斯”与拯救——古代诺斯替主义的神话哲学与精神修炼》（生活·读书·新知三联书店，2005）；谢大卫著，李毅译《圣书的子民——基督教的特质和文本传统》（中国人民大学出版社，2005）；奥古斯丁著，周伟驰译《论三位一体》（上海人民出版社，2005）；池凤桐著《基督信仰的起源》（华东师范大学出版社，2006）；约纳斯著，张新樟译《诺斯替宗教：异乡神的信息与基督教的开端》（上海三联书店，2006）；德尔图良著，涂世华译《护教篇》（上海三联书店，2007）、夏洞奇著《尘世的权威：奥古斯丁的社会政治观》（上海三联书店，2007）；哈纳克著，朱雁冰译《论马克安——陌生上帝的福音——大公教会奠定史研究》（生活·读书·新知三联书店，2007）；诺雷斯、潘克特著，李瑞萍译《奥古斯丁图传》（北京大学出版社，2007）；王晓朝著《希腊哲学简史，从荷马到奥古斯丁》（上海三联书店，2007）等。在研究早期基督教神学思想的形成及发展上，中国学者特别强调基督教思想之“自我意识”的实现上对古希腊罗马哲学传统的继承，以及与当时周边地区宗教、文化的沟通与对话。因此，基督教思想体系不是凭空而来，而是“两希文明”（古希腊与古希伯来文明）的有机结合。在对古代基督教思想家的探讨上，奥古斯丁则成为学者关注的焦点，相关著述甚丰；不仅有其译著，而且也有一些独立、深入的研究专著问世。

三　中世纪神哲学研究

中世纪基督教思想的特点，集中体现在其“经院哲学”的体系上。中世纪欧洲涌现出大批基督教哲学家，留下了大量学术著作。因此，中国宗教学对中世纪神哲学的研究与中国哲学界对西欧中世纪哲学的研究有着密切的关联和内容上的叠合。实际上，以“经院哲学”（亦译“士林哲学”）为标志的中世纪哲学就是指“基督教哲学”，而且其内容也基本上是中世纪基督教神学所关注、研究的问题。在中国宗教学发展的近40年中，对中世纪神哲学的研究取得了明显进展，形成了中国社会科学院哲学所、北京大学宗教学系、武汉大学宗教学系中的专门研究机构，涌现出傅乐安、唐逸、赵敦华、段德智等在这一领域的专家。目前，这些所系大多建立了研究中世纪神哲学的专门机构，其中尤为引人注目的是这些院校正联合组织中世纪名著的翻译工作，如阿奎那的《神学大全》《哲学大全》（反异教大全）等经典名著都在被汉译出版的过程之中。

研究中世纪神哲学的译著、专著在近些年内包括有车铭洲著《西欧中世纪哲学概论》（天津人民出版社，1982）；安东尼肯尼著，黄勇译《阿奎那》（中国社会科学出版社，1987）；库萨的尼古拉著，尹大贻、朱新民译《论有学识的无知》（商务印书馆，1988）；弗里曼特勒编著，程岩民等译《信仰的时代——中世纪哲学家》（光明日报出版社，1989）；傅乐安著《托马斯·阿奎那基督教哲学》（上海人民出版社，1990）；塔塔科维兹著，褚朔维等译《中世纪美学》（中国社会科学出版社，1991）；唐逸著《西方文化与中世纪神哲学思想》（台湾东大图书公司，1992）；李秋零著《上帝·宇宙·人》（中国人民大学出版社，1992）；赵敦华著《基督教哲学1500年》（人民出版社，1994）；尼古拉·库萨著，李秋零译《论隐秘的上帝》（香港汉语基督教文化研究所，1994）；阿贝拉尔等著，李承言译《亲吻神学》（香港汉语基督教文化研究所，1996）；（托名）狄奥尼修斯著，包利民译《神秘神学》（香港汉语基督教文化研究所，1996）；傅乐安著《托马斯·阿奎那传》（河北人民出版社，1997）；吉尔比著，王路译《经院辩证法》（上海三联书店，2000）；刘清平、汤澄莲编译《上帝没有激情——托马斯·阿奎那论宗教与人生》（湖北人民出版社，2001）；保罗·费尔代恩著，陈建洪译《与神在爱中相遇，吕斯布鲁克及其神秘主义》（中国致公出版社，2001）；张振东著《士林哲学讲义》（上、下册，宗教文化出版社，2002）；阎国忠著《美是上帝的名字——中世纪神学美学》（上海社会科学院出版社，2003）；波纳文图拉著，溥林译《中世纪的心灵之旅——波纳文图拉神哲学著作选》（华夏出版社，2003）；埃克哈特著，荣震华译《埃克哈特大师文集》（商务印书馆，2003）；唐逸著《理性与信仰：西方中世纪哲学思想》（广西师范大学出版社，2005）；杜丽燕著《爱的福音：中世纪基督教人道主义》（华夏出版社，2005）；德·伍尔夫著，庆泽彭译《中古哲学与文明》（1934年初版，华东师范大学出版社，2005）；安瑟伦著，溥林译《信仰寻求理解——安瑟伦著作选集》（中国人民大学出版社，2005）；马克·加利著，周明译《圣法兰西斯和他的世界》（北京大学出版社，2005）；奥卡姆著，王路译《逻辑大全》（商务印书馆，2006）；胡龙彪著《拉丁教父波爱修斯》（商务印书馆，2006）；溥林著《中世纪的信仰与理解——波拉文图拉神哲学导论》（香港道风书社，2006）；安瑟伦著，涂世华译《安瑟伦著作选》（宗教文化出版社，2006）；刘素民著《托马斯·阿奎那自然法思想研究》（人民出版社，2007）；翟志宏著《阿奎那自然神学思想研究》（人民出版社，2007）等。此外，这一研究领域的论文和相关文集、专辑等，在近年来亦有逐渐增多的趋势，说明中国学术界对中世纪基督教思想研究的高度重视。

在上述著作或译作中，可以看出中国学者在研究中世纪哲学上的侧重和独特兴趣。除了为数不多的中世纪哲学通史类专著之外，更多的学者将注意力集中在对中世纪重要思想家的专题研究上。例如，在研究中世纪早期神哲学思想上，中国学者的研究以有“古罗马帝国最后一位思想家，中世纪第一位思想家”之称的波爱修斯为主，不仅有胡龙彪的上述专著，而且还有许多研究波爱修斯的论文。此外，他的不少著作已被译为中文，尤其是其代表作《哲学的慰藉》在学术界和读者中影响较大。中世纪神哲学的奠基人物安瑟伦亦是中国学术界的研究重点，他的关于上帝存在的“三段论”论证，已成为人们反复讨论的热点。在译介和研究安瑟伦的思想上，涂世华、唐逸等学者都颇有建树。在研究中世纪鼎盛时期的神哲学上，对托马斯·阿奎那的研究最多，乃重中之重。这一深入研究始于傅乐安的上述两部专著，在赵敦华、段德智的开创性研究中得以继续和深化。不仅有越来越多的阿奎那原著汉译出版，而且对其专题研究的成果也越来越多。例如，上海世纪出版集团出版的《基督教思想评论》（第六辑，2007）推出了“托马斯·阿奎那研究大专辑”；而段德智主编的“经院哲学与宗教文化研究丛书”也基本上是以研究阿奎那为主。这种重视主要是因为阿奎那的思想著作成为天主教官方推崇的中世纪经院哲学之代表，阿奎那本人因而也成为在奥古斯丁之后基督教思想发展史上的重要代表人物之一，而且乃中世纪经院哲学最突出的象征人物。在中国学者看来，阿奎那的成功就在于他扬弃了传统柏拉图主义，却吸纳了中世纪早期“新发现”的亚里士多德主义，从而得以一种“温和实在论”的姿态来重构整个中世纪经院哲学，由此真正奠立起经院哲学的体系框架。与此相对比，对在历史上可以与阿奎那并立的另一著名思想家波纳文图拉则研究不多，除了溥林的相关翻译之外，尚缺乏比较深入、系统的专题研究。对中世纪后期神哲学的研究则以库萨的尼古拉为主，人们对他评价颇高，认为他乃代表着欧洲近代新思潮的先驱，故有“中世纪的最后一位哲学家，新时代第一位哲学家”的尊称。在这一领域，以尹大贻、李秋零的翻译和专著最为突出。中国学者认为，在库萨的尼古拉的思想上体现出一种超前意识，有着颇具前瞻意义的洞见。而且，库萨的尼古拉率先意识到宇宙的无限，这种无限宇宙观却正是近代宇宙观的开端，在思想史、哲学史、科技史上都具有里程碑式的意义。虽然在中世纪的晚期，库萨的尼古拉曾感受到因“和者甚寡”而带来的孤寂，而其跨时代、超时代的思想在今天仍得到承认，引起共鸣。此外，中国学者在探究阿贝拉尔、中世纪神秘主义思想上，也有了新的探讨和开拓。

四　近现代基督教神学和哲学思想研究

对近现代基督教神学和哲学思想的研究，应该说是改革开放 30 年来中国学术界在研究基督教思想中的重要领域，其探讨所蕴含的问题意识在一定程度上也与中国思想改革和社会现代化的进程相关联。因此，这种研究颇有中西对比、联想和启迪的意义，亦为中国当今的观念革新和思想解放提供了参考、警示和深层次思考。

西方近代的发展和社会的转型以三大事件为标志，即文化领域的“文艺复兴”、宗教领域的“宗教改革”和政治领域的“资产阶级革命”，由此才使西欧社会得以“走出中世纪”，进入其近现代发展。这三大事件都与基督教的革新发展和现实参与有着复杂的联系。虽然“文艺复兴”以再生“古典文化”、复兴“古代精神”为旗帜，其本身却反映了基督教精神世界的变革，由此带来的突破也并非真正回到古典的希腊罗马传统，而乃基督教文化的发展、演进。所以，中国学者在对“文艺复兴运动”所展开的大量研究中，也多少触及基督教思想精神的发展、革新。但这种探究仍显得深度不够，二者之间的复杂关系，尚需进一步的探究、论述。同理，对西方资产阶级革命的研究也不可能回避或忽略基督教思想观念的影响作用，但大多数讨论仍留存在其政治表层，故也有待于深入发掘。

研究近现代基督教思想的直接论述则始于宗教改革家的思想，延至今日神学的多元发展。中国学者在过去 30 年内推出的论及近现代基督教思想的翻译著作和研究专著在整个基督教思想史研究中所占比重最大，其中综合性的译著和专著包括薛华著《黑格尔对基督教的批判——论基督教的“实定性”》（中国社会科学出版社，1980）；艾略特著，杨民生等译《基督教与文化》（四川人民出版社，1989）；麦奎利著，高师宁、何光沪译《二十世纪宗教思想》（上海人民出版社，1989）；刘小枫著《走向十字架上的真理：二十世纪神学引论》（香港三联书店，1990）；弗姆著，赵月瑟译《当代美洲神学》（四川人民出版社，1990）；利文斯顿著，何光沪译《现代基督教思想》（上、下卷，四川人民出版社，1992）；坎默著，王苏平译《基督教伦理学》（中国社会科学出版社，1994）；温德尔著，刁承俊译《女性主义神学景观》（生活·读书·新知三联书店，1995）；卓新平著《当代西方新教神学》和《当代西方天主教神学》（上海三联书店，1998，2006 修订版）；白舍客著，静也等译《基督宗教伦理学》（二卷，上海三联书店，2002）；古屋安雄等著，陆水若、刘国鹏译《日本神学史》（上海三联书店，2002）；丛日云著《在上帝与恺撒之间：基督教二元政治观与近代自由主义》（生活·读书·新知三联书店，2003）；福特编，董江阳、陈佐人译《现代神学家，二十世纪基督教神学导论》（香港汉语基督教文化研究所，2005）；奥特·奥托编，李秋零译《信仰的回答，系统神学五十题》（香港汉语基督教文化研究所，2005）；刘宗坤著《原罪与正义》（华东师大出版社，2006）；霍西尔、克拉克著，李曦译《生物学与基督教伦理学》（北京大学出版社，2006）；科克利著，戴远方、宫睿译《权力与服从——女性主义神哲学论集》（中国人民大学出版社，2006）；拉加茨著，朱雁冰译《上帝国的信息》（华夏出版社，2006）；弗格森著，刘光耀译《宇宙与创造主，创造神学引论》（上海三联书店，2007）；卓新平著《当代亚非拉美神学》（上海三联书店，2007）等。这些研究为我们了解近现代基督教思想的发展提供了全景，亦为进一步探讨相关具体问题提供了重要思路。

此外，研究宗教改革思想的著述有开姆尼茨著，段琦译《基督的二性》（译林出版社，1996）；阿尔托依兹著，段琦等译《马丁·路德的神学》（译林出版社，1998）；肖安平著《互爱不仅是友谊——马丁·路德论宗教与人生》（湖北人民出版社，2001）；路德、梅兰希顿著，逮耘译《协同书——路德教会信仰与教义之总集》（译林出版社，2003）；马丁·路德著作翻译小组译《马丁·路德文选》（中国社会科学出版社，2003）；路德文集编委会编《路德文集》（上海三联书店，2005）等。从总体来看，研究路德等宗教改革家的传记和史实的历史研究较多，正如前面教会历史部分所论及的，说明中国大陆学术界对这段历史的重视。而在其神学思想研究上则主要为翻译介绍，以此为基础才开始展开中国学者自己的独立研究。

研究帕斯卡尔的著译包括帕斯卡尔著，何兆武译《思想录》（商务印书馆，1985）；何怀宏著《生命的沉思——帕斯卡尔漫述》（中国文联出版公司，1988）；莫里亚克编，尘若等译《帕斯卡尔〈文选〉》（北京三联书店，1991）；帕斯卡尔著，陈宣良、何怀宏等译《帕斯卡尔文选》（广西师范大学出版社，2002）；帕斯卡著，姚蓓琴译《致外省人信札》（上海社会科学院出版社，2002）等。中国学术界对帕斯卡尔的思想断想、随感、散论，以及其"心之理性""优雅精神"等表述都有着特别的兴趣，由此关注到基督教近代思想史上与理性进路不同的另一条发展线索，即对情感、意志和神秘精神的强调，并对其关于哲学与宗教之区分的观点进行了深入探讨。

研究克尔凯戈尔的著译有翁绍军著《人的存在——"存在主义之父"克尔凯戈尔述评》（北京文化艺术出版社，1989）；舍斯托夫著，方珊等译《旷野呼告——克尔凯郭尔与存在哲学》（华夏出版社，1991）；晏可佳等译《克尔凯戈尔日记选》（上海社会科学院出版社，1992）；基尔克果（克尔凯戈尔）著，翁绍军译《哲学片断》（香港汉语基督教文化研究所，1994）；基尔克果著，陆兴华译《论怀疑者》（香港汉语基督教文化研究所，1995）；杨大春著《沉沦与拯救——克尔凯戈尔的精神哲学研究》（人民出版社，1995）；克尔凯郭尔著，鲁路译《基督徒的激情》（中央编译出版社，1999）；孙毅著《个体的人：祁克果的基督教生存论思想》（中国社会科学出版社，2004）；基尔克果著，阎嘉译《或此或彼》（上、下卷，华夏出版社，2007）等，对其著作的系统翻译和对其思想的深入研究也正在全面展开。这种研究的意义主要是针对当代西方思潮尤其是其存在主义哲学之源的探究，找寻克尔凯戈尔与这种思想兴起及发展的内在关联。

研究近代其他基督教思想家的著译则包括卡岑巴赫著，任立译《施莱尔马赫》（中国社会科学出版社，1990）；康德著，李秋零译《单纯理性限度内的宗教》（香港汉语基督教文化研究所，1997）；爱德华兹著，杜丽燕译《信仰的深情：上帝面前的基督徒禀性》（中国致公出版社，2001）；夏多布里昂著，郭宏安译《墓中回忆录》（生活·读书·新知三联书店，2001）；夏多布里昂著、曹德明等译《从巴黎到耶路撒冷》（上海人民出版社，2002）；维赛尔著，贺志刚译《莱辛思想再释》（华夏出版社，2002）；洛维特、沃格林等著，田立年、吴增定等译《墙上的书写：尼采与基督教》（华夏出版社，2004）；洛维特著，李秋零译《从黑格尔到尼采——19 世纪思维中的革命性决裂》（生活 · 读书 · 新知三联书店，2006）；曹文丽译《爱德华滋传》（华夏出版社，2006）；廷得尔著，李斯译《基督教与创世同龄》（武汉大学出版社，2006）；洛克著，王爱菊译《基督教的合理性》（武汉大学出版社，2006）；赫伯特勋爵著，周玄毅译《论真理》（武汉大学出版社，2006）；朱东华著《从“神圣”到“努秘”——鲁道夫 · 奥托的宗教现象学抉微》（宗教文化出版社，2007）等。

现代或当代基督教神学研究一般会以巴特的神学新探为开端。研究巴特神学思想的著译有巴特、汉斯 · 昆著，朱雁冰等译《莫扎特的自由与超验的踪迹》（香港汉语基督教文化研究所，1996）；巴特著，魏育青译《〈罗书书〉释义》（香港汉语基督教文化研究所，1998）；巴特著，戈尔维策精选，何亚将、朱雁冰译《教会教义学》（精选本，北京三联书店，1998）；张旭著《卡尔 · 巴特神学研究》（上海人民出版社，2005）等。巴特的意义在中国学术界看来，就在于他实际上代表着当代新教神学的开端，而且他以“危机神学”的方式为这种新的开始定位，从而形成了当代西方基督教界的“危机意识”。

研究蒂利希神学思想的著译有蒂利希著，陈新权等译《文化神学》（工人出版社，1988）；蒂里希（蒂利希）著，徐钧光译《政治期望》（四川人民出版社，1989）；何光沪编《蒂里希选集》（上、下卷，上海三联书店，1999）；陈树林著《危机与拯救——蒂利希文化神学导论》（人民出版社，2004）等。中国学者不仅讨论了他的存在主义神学思想，而且还对他的“文化神学”观念有浓厚的兴趣，尤其对他的“终极关怀”之说引用颇多。

研究尼布尔神学思想的著译有卓新平著《尼布尔》（台湾东大图书公司，1992）；尼布尔著，蒋庆等译《道德的人与不道德的社会》（贵州人民出版社，1998）；刘时工著《爱与正义：尼布尔基督教伦理思想研究》（中国社会科学出版社，2004）等。这种研究的侧重点在于其现实主义神学思想，以及其新正统派理论对社会、政治现实的关注和实践。

研究存在主义神学，除了对蒂利希的上述探究之外，中国学者还特别关注海德格尔与神学的关联，以及布尔特曼和麦奎利的神学思想，相关著译有海德格尔、奥特等著，孙周兴等译《海德格尔与神学》（香港汉语基督教文化研究所，1998）；布尔特曼等著，李哲江、朱雁冰等译《生存神学与末世论》（上海三联书店，1995）；麦奎利著，高师宁、何光沪译《二十世纪宗教思想》（上海人民出版社，1989）；麦奎利著，钟庆译《神学的语言与逻辑》（四川人民出版社，1992）；麦奎利著，何光沪译《基督教神学原理》（香港汉语基督教文化研究所，1998）等。

研究朋霍费尔神学思想的著译有朋霍费尔著，高师宁译《狱中书简》（四川人民出版社，1992）；朋霍费尔著，胡其鼎译《伦理学》（香港汉语基督教文化研究所，2000）；朋霍费尔著，安希孟译《作门徒的代价》（四川人民出版社，2000）；蕾娜特・温德著，陈惠雅译《力阻狂轮——朋霍费尔传》（四川人民出版社，2006）；朋霍费尔著，朱雁冰、王彤译《第一亚当与第二亚当》（华夏出版社，2007）等。朋霍费尔对于社会世俗化的关注，其对基督教的"非宗教性解释"乃是中国学术界研究的重点。

研究怀特海及过程神学思想的著译有陈奎德著《怀特海哲学演化概论》（上海人民出版社，1988）；唐力权著《周易与怀特海——场有哲学序论》（辽宁大学出版社，1997）；科布、格里芬著，曲跃原译《过程神学》（中央编译出版社，1999）；怀特海著，周邦宪译《观念的冒险》（贵州人民出版社，2000）；怀特海著，杨富斌译《过程与实在》（中国城市出版社，2003）；黄铭著《过程与拯救：怀特海哲学及其宗教文化意蕴》（宗教文化出版社，2006）；怀特海著，周邦宪译《宗教的形成/符号的意义及效果》（贵州人民出版社，2007）等。

研究利科尔及神学解释学的著译有利科尔著，陶远华等译《解释学与人文科学》（河北人民出版社，1987）；云格尔著，林克译《死论》（上海三联书店，1995）；艾伯林著，李秋零译《神学研究》（香港汉语基督教文化研究所，1999）；里克尔著，公车译《恶的象征》（上海人民出版社，2003）；利科著，汪堂家译《活的隐喻》（上海译文出版社，2004）；利科著、姜志辉译《历史与真理》（上海译文出版社，2004）；韦斯特法尔著，郝长墀等译《解释学、现象学与宗教哲学》（中国社会科学出版社，2005）等。

研究莫尔特曼神学思想的著译有莫尔特曼著，阮炜译《被钉十字架的上帝》（香港汉语基督教文化研究所，1994）；莫尔特曼著，隗仁莲等译《创造中的上帝》（香港汉语基督教文化研究所，1999）；莫尔特曼著，曾念粤译《俗世中的上帝》（中国人民大学出版社，2003）；莫尔特曼著，曾念粤译《来临中的上帝：基督教的终末论》（上海三联书店，2006）；曹静著《一种生态时代的世界观——莫尔特曼与科布生态神学比较研究》（中国社会科学出版社，2007）等。在探究莫尔特曼的"希望神学"中，中国学术界特别注重其对未来学和生态学的运用及强调，并通过其访华学术交往而与之有着直接的对话和沟通。

研究当代新教福音派神学思潮的著译有董江阳著《“好消息”里的“更新”：现代基督教福音派思想研究》（中国社会科学出版社，2004）；麦格拉斯著，董江阳译《福音派与基督教的未来》（中央编译出版社，2004）；马斯登著，宋继杰译《认识美国基要派与福音派》（中央编译出版社，2004）；麦格夫著，董江阳译《基督教的未来》（香港汉语基督教文化研究所，2005）等。

研究当代新教神学的其他著译还有潘能伯格著，李秋零、田薇译《人是什么——从神学看当代人类学》（香港汉语基督教文化研究所，1994）；奥特著，林克等译《不可言说的言说》（生活·读书·新知三联书店，1994）；林贝克著，王志成译《教义的本质》（香港汉语基督教文化研究所，1997）；托伦斯著，阮炜译《神学的科学》（香港汉语基督教文化研究所，1997）；洛维特著，李秋零、田薇译《世界历史与救赎历史》（香港汉语基督教文化研究所，1997）；特洛尔奇著，朱雁冰等译《基督教理论与现代》（香港汉语基督教文化研究所，1998）；刘小枫编、蒋庆等译《当代政治神学文选》（吉林人民出版社，2002）；钟肇政编译《史怀泽传》（中国社会科学出版社，2004）；普兰丁格著，邢滔滔等译《基督教信念的知识地位》（北京大学出版社，2004）；陶伦斯著，唐文明、邬波涛译《上帝与理性》（中央编译出版社，2004）；斯温伯恩著，胡自信译《上帝是否存在?》（北京大学出版社，2005）；施韦泽著，陈泽环译《对生命的敬畏：阿尔贝特·施韦泽自述》（上海人民出版社，2007）等。

研究当代天主教神学的著译主要集中在舍勒、孔汉思（汉斯·昆）等人的思想上，对其他著名天主教学者的理论也有一定程度的涉及。其中研究舍勒的著译有舍勒著，李伯杰译《人在宇宙中的地位》（贵州人民出版社，1989）；舍勒著，林克等译《爱的秩序》（生活·读书·新知三联书店，1995）；舍勒著，孙周兴译《死、永生、上帝》（香港汉语基督教文化研究所，1996）；刘小枫编《舍勒选集》（上、下卷，上海三联书店，1999）；弗林斯著，王芃译《舍勒思想评述》（华夏出版社，2003）；弗林斯著，张志平、张任之译《舍勒的心灵》（上海三联书店，2006）等。

研究孔汉思（汉斯·昆）的著译有秦家懿、孔汉思著，吴华译《中国宗教与基督教》（生活·读书·新知三联书店，1990）；汉斯·昆著，包利民译《基督教大思想家》（香港汉语基督教文化研究所，1995）；汉斯·昆著，杨德友译《论基督徒》（上、下，生活·读书·新知三联书店，1995）；汉斯·昆、伯尔著，徐菲、刁承俊译《神学与当代文艺思潮》（上海三联书店，1995）；巴特、汉斯·昆著，朱雁冰等译《莫扎特的自由与超验的踪迹》（香港汉语基督教文化研究所，1996）；汉斯·昆著，周艺译《世界伦理构想》（香港三联书店，1996）；孔汉思、库舍尔著，何光沪译《全球伦理——世界宗教议会宣言》（四川人民出版社，1997）；汉斯·昆著，张庆熊主译《世界伦理新探》（道风书社，2001）；汉斯·昆著《上帝存在吗？近代以来上帝问题之回答》（道风书社，2003，卷上，孙向晨译；卷下，许国平译）等。

涉及其他天主教神学家的著译还包括对新托马斯主义神哲学家马里坦的研究，如马里坦著，龚同铮译《存在与存在者》（贵州人民出版社，1990）；多雅著，许崇山译《马利丹》（中国社会科学出版社，1992）；陈麟书、田海华著《神圣使命：重读马里坦》（四川人民出版社，1997）；对默茨、拉纳、拉辛格、谢列贝克斯、巴尔塔萨等人，以及解放神学等思潮的研究，如默茨著，朱雁冰译《历史与社会中的信仰——对一种实践的基本神学之研究》（香港三联书店，1994）；拉纳著，朱雁冰译《圣言的倾听者：论一种宗教哲学的基础》（生活·读书·新知三联书店，1994）；特雷西著，冯川译《诠释学、宗教、希望》（香港汉语基督教文化研究所，1995）；拉辛格著，静也译《基督教导论》（上海三联书店，2002）；谢列贝克斯著，朱晓红等译《信仰的理解——诠释与批判》（道风书社，2004）；巴尔塔萨著，刘小枫选编，曹卫东等译《神学美学导论》（生活·读书·新知三联书店，2002）；宋旭红著《巴尔塔萨神学美学思想研究》（宗教文化出版社，2007）；杨煌著《解放神学：当代拉美基督教社会主义思潮》（中国社会科学出版社，2006）等。

研究东正教神学则以研究俄罗斯东正教神学和哲学为主，以翻译著作为多，其中综合研究的著作包括洛斯基著，杨德友译《东正教神学导论》（香港汉语基督教文化研究所，1997；河北教育出版社，2002）；洛斯基著，贾泽林等译《俄国哲学史》（浙江人民出版社，1999）；叶夫多基莫夫著，杨德友译《俄罗斯思想中的基督》（学林出版社，1999）；张百春著《当代东正教神学思想：俄罗斯东正教神学》（上海三联书店，2000）；徐凤林著《俄罗斯宗教哲学》（北京大学出版社，2006）；弗洛罗夫斯基著，吴安迪等译《俄罗斯宗教哲学之路》（上海人民出版社，2006）等。

研究陀思妥耶夫斯基的著作有劳特著，沈真等译《陀思妥耶夫斯基哲学——系统论述》（东方出版社，1996）；罗赞诺夫著，张百春译《陀思妥耶夫斯基的“大法官”》（华夏出版社，2002）；海塞等著，斯人等译《陀思妥耶夫斯基的上帝》（社会科学文献出版社，1999）；何怀宏著《道德·上帝与人——陀思妥耶夫斯基的问题》（新华出版社，1999）等。

研究别尔嘉耶夫的著译有别尔嘉耶夫著，徐黎明译《人的奴役与自由——人格主义哲学的体认》（贵州人民出版社，1994）；别尔嘉耶夫著，雷永生、邱守娟译《俄罗斯思想》（生活·读书·新知三联书店，1995）；别尔嘉耶夫著，雷永生译《自我认识：思想自传》（上海三联书店，1997）；别尔嘉耶夫著，邱运华、吴学金译《俄罗斯思想的宗教阐释》（东方出版社，1998）；别尔嘉耶夫著，张百春译《论人的使命：悖论伦理学体验》（上海学林出版社，2000）；别尔嘉耶夫著，董友译《自由的哲学》（广西师范大学出版社，2001）；别尔嘉耶夫著，张百春译《精神与实在——神人精神性基础》（中国城市出版社，2002）；别尔嘉耶夫著，张雅平译《历史的意义》（上海学林出版社，2002）；别尔嘉耶夫著，张百春译《论人的奴役与自由——人格主义哲学体验》（中国城市出版社，2002，为同名著作的另一中译本）等。

研究索洛维约夫的著译有索洛维约夫著，张百春译《神人类讲座》（华夏出版社，2000）；索洛维约夫著，李树柏译《西方哲学的危机》（浙江人民出版社，2000）；索洛维约夫等著，贾泽林、李树柏译《俄罗斯思想》（浙江人民出版社，2000）；索洛维约夫著，钱一鹏等译《神权政治的历史和未来》（华夏出版社，2001）；徐凤林著《索洛维约夫哲学》（商务印书馆，2007）等。

研究舍斯托夫的译著有舍斯托夫著，董友等译《在约伯的天平上》（生活·读书·新知三联书店，1989）；舍斯托夫著，徐凤林译《雅典和耶路撒冷，宗教哲学论》（浙江人民出版社，2000）；舍斯托夫著，方珊、张百春等译《思辨与启示》（上海人民出版社，2005）。此外，还有基斯嘉柯夫斯基等著，彭甄等译《路标集》（云南人民出版社，1999）；布尔加科夫著，王志耕等译《亘古不灭之光——观察与思辩》（云南人民出版社，1999）；弗兰克著，李昭时译《实在与人，人的存在的形而上学》（浙江人民出版社，2000）等。但总体来看，对俄罗斯宗教思想家的深入和系统研究在中国大陆才刚开始起步。

而研究当代基督教多元对话的理论亦正成为中国学术界目前关注的又一

个重点，其中主要包括对希克、潘尼卡、尼特和库比特等人的翻译研究。其出版有希克著，何光沪译《宗教哲学》（生活·读书·新知三联书店，1988）；王志成著《解释与拯救——宗教多元哲学论》（上海学林出版社，1996）；希克著，王志成译《宗教之解释——人类对超越者的回应》（四川人民出版社，1998）；王志成著《宗教、解释与和平——对约翰·希克宗教多元论哲学的建设性研究》（四川人民出版社，1999）；希克著，王志成、思竹译《信仰的彩虹：与宗教多元主义批评者的对话》（江苏人民出版社，1999）；希克著，王志成、思竹译《上帝道成肉身的隐喻》（江苏人民出版社，2000）；希克著，王志成、思竹译《第五维度——灵性领域的探索》（四川人民出版社，2000）；希克著，陈志平、王志成译《理性与信仰——宗教多元论诸问题》（四川人民出版社，2003）；希克著，王志成译《多名的上帝》（中国人民大学出版社，2005）；潘尼卡著，思竹、王志成译《文化裁军——通向和平之路》（四川人民出版社，1999）；潘尼卡著，王志成、思竹译《智慧的居所》（江苏人民出版社，2000）；潘尼卡著，王志成、思竹译《宗教内对话》（宗教文化出版社，2001）；潘尼卡著，卡格斯编，王志成、思竹译《看不见的和谐》（江苏人民出版社，2001）；潘尼卡著，王志成、思竹译《印度教中未知的基督》（四川人民出版社，2003）；思竹著《巴别塔之后：雷蒙·潘尼卡回应时代挑战》（宗教文化出版社，2004）；潘尼卡著，王志成、思竹译《看不见的和谐——默观与责任文集》（宗教文化出版社，2005）；潘尼卡著，思竹译《宇宙—神—人共融的经验——正在涌现的宗教意识》（宗教文化出版社，2005）；潘尼卡著，王志成译《人的圆满》（宗教文化出版社，2006）；尼特著，王志成、思竹等译《一个地球，多种宗教：多信仰对话与全球责任》（宗教文化出版社，2003）；尼特著，王志成译《全球责任与基督信仰》（宗教文化出版社，2007）；库比特著，王志成、思竹译《上帝之后——宗教的未来》（宗教文化出版社，2002）；库比特著，王志成、何从高译《空与光明》（宗教文化出版社，2003）；库比特著，王志成、朱彩虹译《生活，生活——一种正在来临的生活宗教》（宗教文化出版社，2004）；库比特著，王志成、朱彩虹译《快乐之路》（浙江大学出版社，2006）；库比特著，王志成等译《我们的头顶是天空》（宗教文化出版社，2008）；库比特著，王志成等译《不可能的爱》和《人生大问题》（四川人民出版社，2008）等。

此外，研究近现代基督教思想的学术论文在整个基督教思想史研究中的比重也越来越大。其特点是深入某一专题展开较为系统、翔实的研究，并多有借鉴、观照的立意。

从总体来看，中国学者在过去 40 年来对近现代基督教神学和哲学思想的研究可以分为以下几个层次。

第一，对宗教改革神学思想研究。这一研究以马丁·路德的神学为重点，兼及加尔文等宗教改革家的思想理论，相关著译主要关注马丁·路德在 16 世纪发起的宗教改革运动对新教及其神学的兴起和发展所具有的奠基意义及深远影响。一般认为，路德神学的核心观念“因信称义”既有理论意义，亦有现实作用。在理论上，它突出了“信仰”的意义并引导信徒通过直接阅读《圣经》来为其信仰寻找依据和解答；这样，新教教义神学就与圣经神学有了更直接、更自然、更密切的关联。在现实上，路德神学以“信仰的权威”而突破了“对权威的信仰”，其直接表述就是对罗马教皇权威及其教阶体制的挑战。这种变革使新生的新教神学突破了经院哲学的问题意识及其自然神学的理论框架，迎来了更广阔的发展空间。此外，中国学者受西方社会学家马克斯·韦伯的影响而注重加尔文的“预定论”神学理论，并顺着韦伯的思想去探寻西方近代“具有伦理色彩的生活准则”与西方资本主义的兴起究竟有何关联。这一“新教伦理与资本主义精神”的话题至今仍很热门。

第二，对 17 世纪基督教理性主义思潮的研究。这一研究主要体现为与西方近代哲学史研究的结合和互补，其关注的焦点包括笛卡儿的“我思故我在”及其上帝存在的理性证明，以及此后理性主义神学、自然神论等理论思潮的发展，旨在准确把握西方“理性时代”的宗教观。

第三，对西方 18 世纪以来凸显的欧洲浪漫主义文艺思潮及其关联的浪漫主义神学以及启蒙运动宗教观的研究。与前一研究相呼应，中国学者密切观察西方思想史尤其是基督教神学史上理性与反理性这两种倾向，即两条思想主线的起伏变化、忽隐忽现和此消彼长，重点研究其在西方近代发展史上的表现和特色。这里，帕斯卡尔的“心之理性”或“优雅精神”，英、法、德三国的消极浪漫主义与基督教思想的复杂交织，以及从浪漫神学、非理性主义（或“超理性主义”）思潮到施莱尔马赫神学的发展等，都是中国学者研究的重要议题。这一层面的研究还包括启蒙运动思潮及其对近代基督教思想的影响，以及基督教神学关于人的“绝对依赖感”和“神圣”观念的思索对西方宗教学之形成的思想启迪和方法引导等。

第四，对19世纪西方思辨哲学在基督教神学中的意义与地位的研究。与之相关联的论题还包括康德“实践理性批判”等突出的“道德律”或“道德神学”在近代神学界引发的“哥白尼式的革命”，黑格尔论基督教的“实定性”及其“绝对宗教”的意义，青年黑格尔派及其杜宾根学派所发展的“圣经批判学”，以及自由主义神学的鼎盛、危机神学的思想萌芽和尼采对基督教的批判等。在此，中国学者开始梳理基督教思想史上“理性”与“超理性”(反理性、非理性)、“理智”与“情感”“思辨”与“神秘”“客体”与“主体”“外在”与“内在”“理论”与“实践”等关系，由此揭示近现代基督教思想发展的多样性和复杂性。

第五，对20世纪西方神学多元发展的捕捉、辨认、分析、梳理、研究和论述。这一领域的研究在中国当代研究基督教思想之范围内是影响最大、发展最快、成果最多的一个重要部分。它亦给中国学术界带来了研究基督教神学的现实意义和时代需求。在中国学者看来，20世纪的西方神学始于因第一次世界大战的爆发而带来的社会、文化震撼，以及由此引起的传统神学观念的崩塌和信仰精神的嬗变。这正如西方学者所描述的，它象征着“一个大堤决了口，一个时代结束”。这样，20世纪初的新教神学乃以危机神学对自由主义神学的冲击为开端，由此一方面带来了欧洲自由主义神学的解体和北美自由主义神学的转型，使之最终进入一种称为“后自由主义神学”的发展，另一方面则引发了众多的新兴神学思潮，其相继在西方神学舞台登场的有涵括危机神学、辩证神学、现实主义神学乃至存在主义神学的“新正统神学”思潮，“上帝之死”派神学或激进的世俗神学以及历史神学、人格主义神学等流派。两次世界大战结束后，东西方的对抗与“冷战”激发了试图打破僵局、放弃对峙的希望神学、普世神学和对话神学等。在随后世界范围内民族解放、谋求独立的浪潮中，基督教思想界也出现了解放神学、政治神学、本色神学、处境神学、革命神学、女权神学等激进运动或改革思潮。而在“冷战”结束后的社会变迁中，一种“回归传统”或“扬弃传统”的对抗则导致了后现代主义神学、新福音派神学、灵恩派神学以及激进正统派神学的复兴，现代传统意义上的主流教会神学被边缘化或受到质疑。针对这些现象，中国学者的结论是西方社会变迁引起了基督教神学思想的变化，而这种变化回过头又会影响到当代西方社会思潮的演变、更迭。

除了社会、政治变化带来的基督教思想波动之外，当代神学的变动也会对社会文化思潮产生直接作用，影响到西方哲学、人文精神的现代走向。在此，基督教神学显示出与哲学、科学的对话，重组或共构。除了上述与“政治”“社会”有关的“实践”神学论题及其“行动”特色之外，在文化语言上的侧重导致了神学解释学和叙述神学的兴起；在科学思维及方法上的考量促成了“过程神学”的哲理化以及现代神学与科学的对话；在深蕴心理学及其情感意义之强调下则导致了“灵修神学”的冲击，使“虔敬”“神秘”等意念得以“复魅”；而“全球化”本身的“信息”便捷、普遍联系，更是带来了现代神学与网络的复杂交织及其信仰观念的广远辐射，并启迪了“各宗教”或“跨宗教”神学的应运而生。这种“全球化”的“魔力”实际上已使“前现代”“现代”和“后现代”的神学同处一景，异彩纷呈。

中国学者对现代天主教神哲学的研究，则是从关注19世纪与20世纪之交以新托马斯主义为代表的新经院哲学的崛起来开始。尽管天主教神学哲学体系在20世纪上半叶相对保守，却也涌现出“现代派思潮”这类改革之探，其真正的、关键性突破得力于20世纪60年代天主教第二次梵蒂冈大公会议的召开，其“跟上时代”、革新开放之态使现代天主教神学打破了新经院哲学的一统天下，出现了其多元发展和体系构建。这里，中国学者对拉纳、巴尔塔萨、孔汉思（汉斯·昆）的研究最为集中，亦最有深度。人们从拉纳的思想感受到当代天主教神学的艰涩和深邃，从巴尔塔萨以神学伦理学、神学美学、神学逻辑学和神学戏剧学所构建的当代大全神学体系中领悟到其审美情趣和独到匠心，而从孔汉思的神学及“全球伦理”之中则看到其天主教神学的社会关怀和生态关怀。此外，中国学者对当代天主教“进化”神学、生态神学、治疗神学、伦理神学的追踪亦表明其对当代神学前沿的把握和了解。

中国学者对现代神学研究的一大特色，还体现在对亚、非、拉美即传统意义上“第三世界”的神学思想所展开的系统、深入研究。其重点在于由此揭示当代神学的社会、政治、民族、阶级关怀，看到神学在历史转型、社会革命、民族独立、文化自觉之过程中的意义和作用。此外，对苏联“十月革命”以来的现代东正教思想研究也取得了可喜进展。在上述这些研究方面，中国学术界已开始与国际学术界进行广泛而深入的交流、沟通，并正在从研究的视域上形成具有中国意识和中国自觉、自知、自有的“学术神学”构建。

第三节　圣经研究

中国改革开放以来的圣经研究始于其哲学、文学、历史范围及其经典诠释意义上的研究，尤以圣经文学为重点。随着一批中青年学者对古希伯来文、古希腊文和拉丁文的掌握，对圣经的研究进而深入到对其原典、原初语言形式和社会文化背景的整体研究。目前，中国大陆学者的圣经研究主要包括“旧约”研究、“新约”研究、“圣经后典”和“死海古卷”研究，以及圣经文学和艺术研究这些领域。而且，从经典原始语言意义上的探讨来看，在对《旧约圣经》的研究上，这种进展似乎更快一些，学术水准亦有明显提高。

由于语言掌握方面需要较长时间的积累，因此在过去40年来中文版《圣经》的重印虽然已超数千万册，却尚无系统、完备的新版中文《圣经》（重新用中文翻译的现代版《圣经》）问世。1979年起，中国基督教界新教学者在丁光训的倡导下曾由王神荫、陈泽民和骆振芳等人负责对“官话和合本”《圣经》的《旧约·诗篇》和《新约》部分进行修订，先后由中国基督教会发行《诗篇》《四福音书》《使徒行传》和《保罗书信》的修订稿，但整部《圣经》的修订没能完成。此外，中国天主教会在金鲁贤的支持下也曾部分重译《圣经》，也未能完成全书的汉译工作。此间海外华人和港澳台教会学者推出多种现代中文版《圣经》，不过这些新译本在中国大陆并不流行，亦不被中国大陆教会所普遍接受。

改革开放初期涉及《圣经》出版的主要是一些“圣经故事”的编辑和对“圣经诗歌”的初探，其中“故事”类包括张久宣编《圣经故事》（中国社会科学出版社，1981）；科西多夫斯基著，张会森等译《圣经故事集》（新华出版社，1981）；朱维之主编《圣经文学故事选》（北京出版社，1983）；陈而泰主编《绘画圣经文学故事全集》（厦门鹭江出版社，1990）；段琦编著《圣经故事》（译林出版社，1994）；房龙著，王少农译《圣经的故事》（中国社会科学出版社，2003）；霍克功编《圣经故事赏析》（中国文史出版社，2004）等。而“诗歌”类则有梁工编译《圣经诗歌》（天津百花文艺出版社，1989）；孙小平编译《圣经抒情诗选》（上海三联书店，1989）；田志康等选编《圣经诗歌全集》（北京学苑出版社，1990）；朱韵彬著《圣经诗人及其诗》（香港天马图书有限公司，2002）等。此外，与《圣经》研究相关联的，则是一批“耶稣传记”的重印、新译和编辑出版，其中较有影响的包括施特劳斯著，吴永泉译《耶稣传》（商务印书馆，1981）；凯斯顿著，赵振权等译《耶稣在印度》（北京国际文化出版公司，1987）和赵紫宸著《耶稣传》（上海社会科学院出版社，1988）等。

较早的圣经研究从“圣经文学”的探讨切入，并形成一种较为持续的发展，随之则有各种“圣经词典”“圣经导读”类著作出版。研究圣经文学及艺术的著作包括莱肯著、徐钟等译《圣经文学》（沈阳春风文艺出版社，1988）；朱韵彬著《圣经文学通论》（河南人民出版社，1989）；朱维之著《圣经文学十二讲》（人民文学出版社，1989）；梁工著《圣经文学导读》（桂林漓江出版社，1990）；加百尔等著，梁工等译《圣经中的犹太行迹》（原著名为《圣经文学导论》）（上海三联书店，1991）；弗莱著，郝振益等译《伟大的代码——圣经与文学》（北京大学出版社，1998）；梁工主编《圣经与欧美作家作品》（宗教文化出版社，2000）；梁工、卢龙光编选《圣经与文学阐释》（人民文学出版社，2003）；刘意青著《〈圣经〉的文学阐释：理论与实践》（北京大学出版社，2004）；张朝柯著《圣经与希伯来民间文学》（东方出版社，2004）；梁工著《圣经叙事艺术研究》（商务印书馆，2005）；梁工主编《莎士比亚与圣经》（上、下）（商务印书馆，2005）；杨彩霞著《20 世纪美国文学与圣经传统》（中国人民大学出版社，2007）；梁工等著《圣经视阈中的东西方文学》（中华书局，2007）；金丽著《圣经与西方文学》（民族出版社，2007）等。梁工及其河南大学圣经文学研究所在这一领域有特别的侧重，并取得了不少成果。

在圣经词典编纂出版上，有关著作则包括代彭康等主编的《圣经词典》（陕西人民出版社，1989）；白云晓编译的《圣经新约人名词典》（天津人民出版社，1989）和《圣经旧约人名词典》（天津人民出版社，1990）；卡沃科雷西著，仲掌生等译《圣经人物词典》（上海人民出版社，1990）；梁工主编《圣经百科辞典》（辽宁人民出版社，1990）；黄建华主编《圣经人物辞典》（花城出版社，1991）；彭圣佣编《圣经名词简介》（《天风》编辑部，1991）；谢金良等主编《圣经典故辞典》（复旦大学出版社，1992）；忠清编著的《圣经典故》（南京大学出版社，1992）；周行义等编著《标注原文希腊字的新约圣经经文汇编》（1993）；梁工编著的《圣经典故辞典》（辽宁人民出版社，1993）；中国基督教协会编《圣经简明词典》（南京爱德印刷有限公司，1996）；李传龙编《圣经文学词典》（北京大学出版社，1998）；陈惠荣主编《圣经百科全书》（中国基督教协会，1999）；马佳编著《圣经典故》（学林出版社，2000）；石坚等主编《圣经文学文化词典》（四川大学出版社，2003）；白云晓编《圣经语汇词典》（中央编译出版社，2004）和《圣经人民词典》（中央编译出版社，2004）；白云晓编《圣经地名词典》（中央编译出版社，2004）；梁天枢著《简明圣经史地图解》（上海人民出版社，2006）；罗庆才、黄锡木主编《圣经通识手册》（学林出版社，2007）；卢龙光主编《基督教圣经与神学词典》（宗教文化出版社，2007）等。

圣经导读类的著作和译作在这些出版中所占比重最大，相继问世的著译包括房龙著，施旅等译《漫话圣经》（生活·读书·新知三联书店，1988）；马子军、罗林平译《神迹·智慧·箴言：耶稣言行录》（上海三联书店，1988）；秀雄、茂飞编《圣经箴言录》（中国建设出版社，1989）；杨慧林等主编《圣经新语》（中国卓越出版公司，1989）；郭秀梅的英文著作《圣经探索》（*Venturing into the Bible*，1989）和《圣经之旅》（*Journeying through the Bible*，1990）及其专著《圣经探索》（南京大学出版社，1990）；骆振芳著《新约导论》和《圣经论丛》（中国基督教协会神学教育委员会，1990）；许鼎新著《希伯来民族简史》（1990）和《旧约导论》（中国基督教协会神学教育委员会，1991）；李志先编《圣经学发凡》（天主教上海光启社，1991）；科西多夫斯基著，张会森译《新约的传说》（黑龙江人民出版社，1992）；梁工编译《圣经珍言》（桂林漓江出版社，1991）；卓新平著《圣经鉴赏》（中国社会科学出版社，1992，宗教文化出版社，2000）；文庸等编《圣经蠡测》（今日中国出版社，1992）；涂宗涛点校《古新圣经问答》（天津社会科学出版社，1992）；蔡咏春著《新约导读》（今日中国出版社，1992）；山本七平著，天津编译中心译《圣经常识》（东方出版社，1992）；梁工编《圣经指南》（辽宁人民出版社，1993）；萧潇编著《爱的启示——〈圣经〉告诉我们》（中国社会科学出版社，1994）；段琦著《圣经知识宝典》（四川人民出版社，1995）；弘文主编《圣经精语及灵花》（云南人民出版社，1995）；徐思学著《旧约概论》（中国基督教协会神学教育委员会，1995）；萧潇编著《爱的成就——圣母玛丽亚传》（中国社会科学出版社，1997）和《爱的使者——基督圣徒传》（社会科学文献出版社，1998）；克勒尔著，林纪涛等译《圣经：一部历史》（生活·读书·新知三联书店，1998）；闻树国著《〈圣经旧约〉批判，挑剔经典——悼念上帝》（北京西苑出版社，2000）；雷立柏著《圣经的语言和思想》（宗教文化出版社，

2000)；王敬之著《圣经与中国古代经典——神学与国学对话录》(宗教文化出版社，2001)；傅和德著《旧约诠释》和《旧约背景》(宗教文化出版社，2002)；斯托得著，刘庆荣等编译《见证基督：探求〈圣经〉的本来面目》(内蒙古人民出版社，2003)；梁工等著《圣经解读》(宗教文化出版社，2003)；叶舒宪著《圣经比喻》(广西师范大学出版社，2003)；德雷恩著，许一新译《旧约概论》(北京大学出版社，2004)；肯·康诺利著，杨道译《圣经是怎样写成的》(世界知识出版社，2004)；孙毅著《〈圣经〉导读》(中国人民大学出版社，2005)；德雷恩著，胡青译《新约概论》(北京大学出版社，2005)；戈登·菲、斯图尔特著，魏启源等译《圣经导读(上)：解释原则》(北京大学出版社，2005)；戈登·菲、斯图尔特著，李瑞萍译《圣经导读(下)：按卷读经》(北京大学出版社，2005)；谢大卫著，李毅译《圣书的子民——基督教的特质和文本传统》(中国人民大学出版社，2005)；郝澎编著《基督教与圣经》(南海出版公司，2007)；刘锋著《〈圣经〉的文学诠释与希伯来精神的探求》(北京大学出版社，2007)；任东升著《圣经汉译文化研究》(湖北教育出版社，2007)等。

除了上述宏观整体的圣经研究之外，中国大陆学者自20世纪90年代以来亦逐渐进入对圣经的微观研究或专题研究，由此以提高其研究的深度。这方面的研究著述包括舍斯托夫著，董友等译《在约伯的天平上》(生活·读书·新知三联书店，1991)、周平著《走出伊甸园：〈圣经〉人学研究》(四川人民出版社，1999)、冯象著《创世纪：传说与译注》(江苏人民出版社，2004)、白石著《启示录问答》(中国文史出版社，2004)。梁工等主编出版的系列研究著作，如梁工、郭晓霞等著《诗歌书，智慧文学解读》(宗教文化出版社，2003)，梁工等著《律法书，叙事著作解读》(宗教文化出版社，2003)，刘光耀、孙善玲等著《四福音书解读》(宗教文化出版社，2004)，赵宁著《先知书，启示文学解读》(宗教文化出版社，2004)、卢龙光著《使徒行传和使徒书信解读》(宗教文化出版社，2005)，以及梁工主编《西方圣经批评引论》(商务印书馆，2005)等。其他著译还有巴特著，魏育青译《罗马书释义》(华东师范大学出版社，2005)、杨克勤著《末世与盼望——帖撒罗尼迦前后书的现代诠释：从保罗的末世神学至近代千禧年运动之修辞诠释》和《圣经修辞学——希罗文化与新约诠释》(宗教文化出版社，2007)等。此外，在《旧约》及相关希伯来历史文化研究方面，新近的研究成果还包括李炽易、游斌著《生命言说与社群认同，希伯来圣经五小卷研究》（中国社会科学出版社，2003）、游斌著《希伯来圣经的文学、历史与思想世界》（宗教文化出版社，2007）、斐洛著，石敏敏译《论摩西的生平》（中国社会科学出版社，2007）等。

在“圣经后典”和“死海古卷”研究上仍以翻译出版为主，相关著作以译著为主，包括张久宣译《圣经后典》（商务印书馆，1987）、斐华著，袁戎玉琴译《死海古卷与圣经》（香港种籽出版社，1978）、小克罗斯著，伍惠亚译《死海卷轴》（台湾新楼书房，1989）、加斯特英著，王神荫译《死海古卷》（商务印书馆，1995）等。

在出版众多译著、专著的同时，中国学者亦发表了研究《圣经》的大量论文。总体来看，这些著述论及对《圣经》的文本和历史理解，对《圣经》经文的诠释和章节的考证，对《圣经》具体卷篇的分析、详解，对《圣经》历史文化及思想精神背景的探析和论说，对《圣经》神话及神学意义的阐述，对《圣经》文本的形成及其发展演变的追溯和勾勒，对《圣经》版本的鉴别和剖析，对《圣经》语言特点及其翻译情况的梳理，对《圣经》相关主题如“女性”“生态”“罪”之观念、“拯救”“神明”等的分析和评论，对《圣经》思想及其神学命题的研究和阐释，对《圣经》文学艺术意义的描述和其对社会民风、民俗影响的展示，以及对《圣经》汉译的评说等。当然，上述研究仍是在《圣经》研究领域的起步阶段，尤其是对《圣经》之希伯来文、希腊文和拉丁文等多语种文本研究的重要性才刚刚意识到，从而开始走上一条以原典语言研究为起点的新路径。中国学术界在这一方面的深入探讨一是需要有现代中文的汉译《圣经》，二是需要有运用《圣经》原文（古希伯来文、古希腊文等）来进行的深入研究，三是需要加深、扩大对《圣经》本文及其历史文化结构的探究、诠释，四是需要在《圣经》研究上加强中西思想文化的比较对照。也就是说，神学意义上的《圣经》研究还必须与宗教学意义上的《圣经》研究双管齐下，共同发展，并且体现出跨学科、跨文化的学术意趣及精神。

第四节　中国基督教研究

中国基督教历史和思想文化研究是中国学术界研究整个基督教领域的最重要部分，也是中国大陆学者近40年来专注基督教研究的核心或焦点之所在。作为一种从“外”传入的宗教，基督教在中国的发展错综复杂，其在华的“自我意识”亦不十分明显，甚至在其名称的表述上都分有歧义，至今未达成共识。在传统的表述中，基督教的三大教派即天主教、新教和东正教的名称曾有多种称法，如天主教亦称“公教”，新教这一表述仅为学术界之用，在实际中新教的名称一般表述为“基督教”“耶稣教”或“更正教”，其中以“基督教”这一用法最为普遍，而东正教也有“正教”之说。1949 年以后，新教在中国成立“中国基督教协会”和“中国基督教三自爱国运动委员会”，“基督教”一名取代其他名称而成为中国新教的专用。但这样一来，“基督教”一词就有两层含义：一为三大教派的总称，二乃专指新教。为了防止这种混淆，港台华人用“基督宗教”这一表述来命名其三大教派的总称，由此以天主教、基督教和东正教来具体称其三大教派。不过，“基督宗教”这一表述尽管在中国大陆亦得以运用，却遇到理论和实践上两大难题，故而并未获得普遍承认和应用。其理论上的难题是在“宗教”表述规范化上，其他宗教均由表述其特征的形容词加“教”来定称，如“佛教”“道教”“儒教”“伊斯兰教”等，若仅以“基督宗教”在“教字”前加一“宗”字来定称，则会在这一层面的界定上出现不协调的现象，使其规范化受到破坏。其实践上的难题则是许多教界和学界人士并不同意或认可“基督宗教”之说，从而引起运用上的混乱。这一问题看似简单，却迄今仍未获得圆满解决。它从一个侧面反映出基督教在中国研究的复杂性和曲折性。

在对中国基督教的定位上，学术界有着两种不同立场或研究视域。一种从“世界”宗教、“普世”宗教对基督教的界定而主张从“基督教在中国”的角度来看待，突出“基督教”的自我意识而不是其“中国性”或“中国化”。另一种则从“中国的”基督教这一立场来看待，突出其“中国性”和“中国化”。这样，在基督教“化”中国或“在”中国这一认知与基督教应“中国化”或体现“中国”性质的见解之间就存有一定的张力，由此亦影响各自对基督教在中国众多方面的评价和见解。有学者指出，从基督教在华“宣教”的立场来看，20 世纪上半叶曾有“中华归主”之说，但因单方面、单向性“宣教”而导致的基督教与中国社会文化的格格不入，亦促使一些教会学者认真思考“主归中华”的议题，由此推出基督教“归”入中华、“化”入中国的思路。如果“基督教在中国”的强调主要是考虑基督教的“统一性”“普世性”和“跨文化性”，那么这也仅是一种“理想化”的基督教存在，而在现实中基督教的“入乡随俗”“改变自我”乃是很普遍的。与之相对应，突出“中国的”基督教，则是从中国实际出发来分析基督教作为从传授意义上的“外来宗教”在中国本土及其社会思想文化氛围中“本土化”“本色化”“处境化”，即“中国化”的必要。当然，这也并非完全自然的过程，在中国文化之“化外”和基督教在中国的主动“自化”之间显然存有张力，反映出一种客体与主体、被动与主动、必须与需要之间的对应及双向运动。这样，对中国基督教的分析评说不仅有文化史的意义，更有文化哲学的考量。

中国基督教研究涉及的面很广，论题较多，讨论亦很激烈，呈现出近30年中国学术界的活跃与繁荣之景。大体来看，这一研究可以分为中国基督教通史、唐代景教、元代也里可温、明清天主教尤其是耶稣会入华史、中国东正教、近现代基督教，以及改革开放以来的当代基督教研究等方面。与之相关的每一历史时期都各有其特色，有其不同的问题意识和关注的侧重点。

一　中国基督教通史研究

对于中国基督教通史的研究，中国大陆学者一般采取了两种方式，一是按历史发展线索对中国基督教历史加以纵向的客观把握，形成其“史论”“史纲”或“简史”，故而少有“微观深入”或“进入细节”；二是按相关主题对中国基督教历史加以知识答问，以“点”构“面”，形成中国基督教历史发展整体或全貌的粗略轮廓。但这两种方式都有其局限，给人仅有“点到为止”的印象。从严格意义来看，比较详细且自成体系的中国基督教通史著作尚未问世，因而也给中国当代学者这方面的努力留下了巨大的空间。中国基督教的通史研究及其历史分期之探始于陈垣1924年完成的专著《基督教入华史略》。他第一次把基督教入华传教及发展的历史分为四个时期，认为“基督教入华，仍自景教始”，其第一期即“景教于唐贞观九年（635）至中国今陕西省城”，第二期乃“元代有称也里可温教复盛于时”，第三期“为明时天主教”，第四期则指“耶稣新教之来华”。[①] 从此，中国基督教历史的研究逐渐展开。与这种从始至今“一以贯之”的通史研究相对应，有关阶段的断代史和有关区域的地区史亦应运而生，形成对通史的重要补充和说明。

近40年来，中国大陆学术界研究中国基督教整体历史的学术专著和译著包括穆尔著，郝镇华译《一五五〇前的中国基督教史》（中华书局，

① 陈乐素、陈智超编校：《陈垣史学论著选》，上海人民出版社1981年版，第185—191页。

1984）；张力、刘鉴唐著《中国教案史》（其内容涉及整个中国教会史，四川省社会科学院出版社，1987）；顾裕禄著《中国天主教的过去和现在》（上海社会科学院出版社，1989）；孔汉思、秦家懿著，吴华译《中国宗教与基督教》（生活·读书·新知三联书店，1990）；周燮藩著《中国的基督教》（商务印书馆，1991）；顾卫民著《基督教与近代中国社会》（内容具有通史性质，其论述以唐代景教为开端；上海人民出版社，1996）；卓新平著《基督教犹太教志》（上海人民出版社，1998）；李宽淑著《中国基督教史略》（此书作者为韩国学者，其中文表述和著作整理颇得中国学者鼎力之助；社会科学文献出版社，1998）；沙百里著，耿昇等译《中国基督徒史》（中国社会科学出版社，1998）；卓新平主编《中国基督教基础知识》（宗教文化出版社，1999）；任延黎主编《中国天主教基础知识》（宗教文化出版社，1999）；韩学军著《基督教与云南少数民族》（云南人民出版社，2000）；姚民权、罗伟虹著《中国基督教简史》（宗教文化出版社，2000）；王美秀著《中国基督教史话》（中国大百科全书出版社，2000）；顾卫民著《中国与罗马教廷关系史略》（东方出版社，2000）；顾卫民著《中国天主教编年史》（上海书店出版社，2003）；顾卫民著《基督教艺术在华发展史〈唐元明清时期〉》（香港道风山基督教丛林，2003）；秦和平著《基督宗教在西南民族地区的传播史》（四川民族出版社，2003）；林金水主编《台湾基督教史》（北京九州出版社，2003）；谢和耐著，耿昇译《中国与基督教：中西文化的首次撞击》（上海古籍出版社，2003）；罗伟虹著《中国基督教》（北京五州传播出版社，2004）；孙尚扬、钟鸣旦著《1840 年前的中国基督教》（北京学苑出版社，2004）；肖耀辉、熊国才著《云南基督教》（宗教文化出版社，2004）；晏可佳著《中国天主教》（北京五州传播出版社，2004）；顾裕禄著《中国天主教述评》（上海社会科学院出版社，2005）；刘鼎寅、韩军学著《云南天主教史》（云南大学出版社，2005）；昆明市宗教事务局、昆明市基督教“三自”爱国运动委员会、昆明市基督教协会编《昆明基督教史》（云南大学出版社，2005）；梅康钧编著《中国基督教》（北京五州传播出版社，2005）；秦和平著《基督宗教在四川传播史稿》（四川人民出版社，2006）；苏鲁格著《蒙古族宗教史》（辽宁民族出版社，2006）；昆明市宗教事务局、昆明市天主教爱国会编《昆明天主教史》（云南大学出版社，2006）；董丛林著《龙与上帝——基督教与中国传统文化》（广西师范大学出版社，2007）；王雪著《基督教与陕西》（中国社会科学出版社，2007）；王治心著

《中国基督教史纲》（初版1940年，上海古籍出版社，2004，2007年再版）；张先清主编《史料与视界：中文文献与中国基督教史研究》（上海人民出版社，2007）；卓新平著《基督教与中国文化的相遇、求同与存异》（香港中文大学崇基学院，2007）；解成编著《基督教在华传播系年》（河北卷）（天津古籍出版社，2008）等。

在上述著述中，绝大部分为近40年的新著。此外，中国学术界亦再版了20世纪上半叶教会学者的相关著作，如徐宗泽的《中国天主教传教史概论》（上海书店，1990），吴雷川的《基督教与中国文化》（上海古籍出版社，2008）等，并将西方学者赖德烈的名著《基督教在华传教史》（1929）译为中文在香港出版。与此同时，中国学者亦对1949年以来的相关著述、论文加以整理、评论，以总结20世纪下半叶的相关研究，如边晓利等人整理的《中国基督教史论文索引〈1949—1997〉》被收入卓新平主编的《基督宗教研究》（第一辑）（社会科学文献出版社，1999）出版；顾卫民亦撰文论及《近年大陆的中国基督教史研究概述》（1993），对中国大陆学者1949年以来30年研究中国基督教历史的基本立场和研究思路及方法加以评说。从历史发展来看，这些研究有一个典型特点，即在政治考虑上"注重民族主义，强调中华民族与西方列强的民族矛盾"，更多地从中西方政治碰撞、冲突的角度描述基督教入华的经历和在华传播的过程，故此被西方学者称为"未完成的相遇"，而中国学者亦强调"化外"即促使基督教"中国化"的必要；但在随后的研究视域中，中国学术界则逐渐从世界文化复杂交流的大背景来分析，判断基督教入华所带来的中西文化交流，以文化相遇、碰撞、互渗、沟通的观点来看待基督教在华传播与发展的"特定的历史条件"，更加全面地考察、评述"当时中西社会各自的历史条件和人文背景"，从而把政治交往放在更广泛的文化交流大氛围中来判断、定位。由于历史的问题并没有完全消解，其后果甚至仍影响到今天的相遇与对话，因此中国学术界在研究中国基督教史上仍然坚持着政治考量与学术评析并重的基本态度。

二　唐、元景教研究

如陈垣所言，中国基督教的历史乃"自景教始"，因此在中国学术史上对景教的研究一直都比较重视。中国学者发表的关于景教的论文颇多，其内容涉及景教的传入，景教在中亚的存在及其沿丝绸之路的东进，"景教碑"的发现及其历史和出土地点的考证，对景教碑文的诠释研究，对敦煌文献及其他资源中景教文献的考究，以及对景教考古新发现的论述及评说等。总体来说，发现颇新、影响较广的论文如凤毛麟角。前不久在洛阳发现景教经幢的考古研究乃最新进展，一度引起学界轰动和人们的关注；有一批相关论文的问世，亦曾吸引了国际学术界的注意力。从研究专著来看，上乘研究亦不多见。在回顾总结20世纪中国学者景教研究的历史时，学术界曾有如下评述："纵观二十世纪汉语学术界对景教的研究，仅就景教的研究专著而言，冯承钧的《景教碑考》、朱谦之的《中国景教》和林悟殊的《唐代景教再研究》……可以称得上是三个阶段性的成果。"① 朱谦之觉得在20世纪上半叶中国学术界真正称得上高质量的研究景教的学术著作只有冯承钧的《景教碑考》，认为贵书"长处在鸠集诸家记述之文证，与近年汉学家研究之成绩，是汉文中唯一的研究著作"，但其不是之处在"于碑文之出土地点、建立原因"② 等方面没有自己的独立见解和学术突破。而对于朱谦之《中国景教》的研究，黄心川认为"此书最重要的价值就在于它是本世纪（20世纪——引者按）中国大陆研究景教著述最新、资料最丰、研究最深、篇幅最多的一部重要的中国基督教史的学术著作"。③ 进入21世纪以来，林悟殊的研究则取得新的突破，其2003年出版的《唐代景教再研究》系统梳理了作者自己研究景教的心得与收获，而且对于景教整个研究状况专有考察、一目了然，"其中林著附录'唐代景教研究论著目录'，详细收入了中文、日文和西文景教研究的著作与论文，是目前为止最详尽的景教研究著述目录"。④

在过去40年中国大陆学术界关于景教研究所出版的专著，包括陈垣著《陈垣学术论文集》（中华书局，1980）；吴泽主编、陈乐素、陈智起编校《陈垣史学论著选》（上海人民出版社，1981），江文汉著《中国古代基督教及开封犹太人》（上海知识出版社，1982），朱谦之著《中国景教》（东方出版社，1993），梁鸿飞、赵跃飞著《中国隋唐五代宗教史》（人民出版社，1994），谢弗著，吴玉贵译《唐代的外来文明》（中国社会科学出版社，1995），翁绍军编《汉语景教文典诠释》（香港汉语基督教文化研究所，1995）；刘小枫主编《道与言——华夏文化与基督文化相遇》（上海三联书

① 王雷泉、刘仲宇、葛壮主编：《二十世纪中国社会科学·宗教学卷》，上海人民出版社2005年版，第238页。

② 朱谦之：《中国景教》，东方出版社1993年版，第93页。

③ 同上书，第10页。

④ 王雷泉等主编：《二十世纪中国社会科学·宗教学卷》，第238页。

店，1995），郝春文编《敦煌文献论集：纪念敦煌藏经洞发现一百周年国际学术研讨会论文集》（辽宁人民出版社，2001），林悟殊著《唐代景教再研究》（中国社会科学出版社，2003），关英著《景教与大秦寺》（三秦出版社，2005）。此外，在通史类专著和译著中，如穆尔著，郝镇华译《一五五〇年前的中国基督教史》（中华书局，1984）；卓新平著《基督教犹太教志》（上海人民出版社，1998）等书，也都有专章论及景教问题。此外，耿昇的论文《中外学者对大秦景教碑的研究综述》（中外关系史学会编《中西初识》，大象出版社，1999）和杨晓春的论文“20 年来中国大陆景教研究综述（1982—2002）”（《中国史研究动态》，2004，6 期）亦介绍总结了中国学术界这一领域的研究情况。

关于唐代景教的文献，主要是基于 17 世纪 20 年代在陕西出土的“大秦景教流行中国碑”及其碑文，以及在 20 世纪初在敦煌石窟中发现的景教写本文献，其他考古发现则不多见。因此，中国大陆学者在近 40 年的研究中基本延续了以往的思路，在景教碑出土的时间（明天启之年即 1623 年或天启五年即 1625 年）、地点（陕西盩厔即今周至或长安即今西安，统称“西安府景教碑”，因长安和盩厔在明代同属西安府）、碑文的翻译和诠释（其现代汉语译本包括江文汉书中译本、翁绍军书中译本和刘小枫主编书中所收台湾徐谦信的译本等），以及敦煌文献中景教写本文献的真伪、撰写时间、内容等方面提出思考、发表意见。关于敦煌景教文献，目前存世的文书有 10 种，包括《大秦景教三威蒙度赞》《尊经》《喻第二》《一天论第一》《世尊布施论第三》《序听迷诗所经》《至玄安乐经》《大秦宣元本经》《大秦景教大圣通真归法赞》《大秦景教宣元至本经》等。其中有些文书被疑为伪作。例如，朱谦之认为，“至《大秦景教宣元本经》与最后发现之《大秦景教宣元至本经》，即佐伯氏所称为《小岛文书》附刊于《清朝基督教研究》中者，均疑为伪作”。[①] 他根据上述《宣元至本经》中“妙道能包含万物之奥道者”“妙道生成万物囊括，百灵大无不包，故为物灵府也”“善人之宝，信道善人达见真性”等内容与《道德经》六十二章“道者，万物之奥，善人之宝，不善人之所（不）保”相似而断言“此开元五年法徒张驹所传写之《宣元至本经》作为景教文书看，则属于伪作，张驹无疑是道教信徒而住

① 朱谦之：《中国景教》，第 115 页。

于沙州大秦寺，故有此误会”。[1] 在林悟殊的研究中，这一问题得以深化，亦获得进一步澄清。据1908年伯希和在敦煌藏经洞所得景教文献（现藏巴黎国家图书馆，编号P. 3847）记载，在其《尊经》的后半部分是向35种景教经典的“敬礼”，其中《宣元至本经》位居第二。因此，研究《宣元至本经》的真伪就成为林悟殊的关注重点之一。朱谦之上面所引《宣元至本经》源自日本学者佐伯好郎所刊布的《小岛文书》，即日本人小岛靖1943年所得，据传来自李盛铎（1858—1937）的收藏，其收藏曾让陈垣一睹，后又让日本学者羽田亨所抄录，其真本于1935年卖给日本人。但林悟殊考证的结果是小岛靖所提供的《宣元至本经》并非李盛铎所藏真本，由此一些中国学者判断它可能“为李盛铎去世后”由“古董商人伪造出来”。不过，李盛铎的敦煌写本收藏中确有《大秦景教宣元本经》，比前述《宣元至本经》少一个“至”字。这样，上述两“经”是否为同一本经，遂引起学者的争论。1958年《羽田博士史学论文集》出版时，编者在计划刊出小岛文书《宣元至本经》时误将李盛铎所藏《宣元本经》的照片刊出，引起细心学者的察觉，林悟殊由此表明两件写本的迥异，并指出以往研究者的错误。[2] 然而，伯希和发现的《尊经》所指《宣元至本经》与现存敦煌写本《宣元本经》是不是同一部经典则又引起学者们的讨论。对此，林悟殊评论和推测说：“两者应是同一部经典抑或是二部，学者多认为应是同一，因为有‘至’与无‘至’，意思并无质的差别，语气有轻重而已。在《宣元本经》中也有‘至至无来’之语，故可能是抄经者脱漏了‘至’字。当然，还不能排除两种可能性，即《尊经》多写了一‘至’字；或者是有‘至’无‘至’都可以，均为时人所认同。”[3] 而且，林悟殊根据此经文进一步断言它不是如《尊经》“按语”所言乃译自“贝叶梵音”，而很有可能是撰写《大秦景教流行中国碑》的作者景净之为。他推论说：“景净撰写现存《宣元本经》，恐应早于撰写景教碑的时间，因为碑文把上帝称为‘三一妙身无元真主阿罗诃’，准确地表达了上帝的性质。但《宣元本经》虽然把叙利亚语的上帝Aloha音译为‘阿罗诃’，但显然觉得中国人不可理解这一音译的含义，故刻意解释，并另意译为‘玄化匠帝、无觉空皇’；到撰作碑文时，谅必认为如

① 朱谦之：《中国景教》，第126—127页。

② 林悟殊：《唐代景教再研究》，中国社会科学出版社2003年版，第163页。

③ 同上书，第180页。

此意译已无必要，故不采用。从文笔看，碑文也要比经文显得老练纯青。是故，《宣元本经》的撰译，当至迟不会晚于公元 781 年。”① 至此，中国学者所达到的研究进展，一是认为以《宣元至本经》为名的两部经书一为真本、一为假作；二是认为真本《宣元至本经》与《宣元本经》两名可以通用。

2006 年 5 月间，有盗墓者在洛阳挖出一方唐朝元和年间的残经幢，此后该经幢于 8 月份被卖到上海，但 9 月份在上海被追回，并收藏于洛阳市第二文物工作队库房。这一建于唐宪宗元和九年（814）的“经幢”之发现乃中国改革开放以来景教研究的最新考古发现，且有极大的学术价值，使对《宣元至本经》的研究获得本质性突破。2006 年 10 月 11 日，《中国文物报》发表张乃翥介绍洛阳新出土的这一《大秦景教宣元至本经》石经幢的文章，引起媒体和学界轰动。此间，罗炤在《文物》2006 年第 6 期发表《洛阳新出土〈大秦景教宣元至本经及幢记〉的几个问题》，张乃翥在《西域研究》2007 年第 1 期发表《跋河南洛阳新出土的一件唐代景教石刻》，从而使中国景教研究再次掀起高潮。洛阳出土的经幢以《大秦景教宣元至本经》经文与原有的敦煌写本《大秦景教宣元本经》内容相吻合，从而证实了此前中国学者的推测。而且，中国学者对照经幢与敦煌本同校，达到二者内容相互补充、完善之效。在这一最新研究中，中国学者进一步强调《宣元至本经》“并非翻译，而是自撰”，即景净“模仿汉译佛经自撰的”；因此，它在文献意义上是“真本”，但对于景教经典而言则是“伪作”。此外，罗炤根据经幢所载“元始未来之境，则我匠帝阿罗诃也”等论述而认为“匠帝”更直接体现出“创世主”之意，“匠成”即“创造”；而明末利玛窦所译“上帝”不含“造物主”之义，故此“其译名不如唐朝景教徒考究”，这也是后来耶稣会等天主教传教修会改用“天主”之名的重要原因。罗炤在 2007 年 3 月北京召开的“世界汉学大会”上发表以上见解后，亦引起与会学者的各种评述和讨论。

三 元代也里可温教研究

元代也里可温教研究的奠基之作是陈垣 1917 年完成、1918 年发表的《元也里可温考》。尽管此后研究不断扩大，并有微观、细节上的开拓，却尚未获得全新的、本质性研究突破。涉及元代也里可温教的研究专著和译著包

① 林悟殊：《唐代景教再研究》，中国社会科学出版社 2003 年版，第 184—185 页。

括上述《陈垣史学论著选》（上海人民出版社，1981）；何高济译《鄂多立克东游录》（中华书局，1981）；道森编，吕浦译《出使蒙古记》（中国社会科学出版社，1983）；弗朗西丝·伍德（吴芳思）著，洪允息译《马可波罗到过中国吗?》（新华出版社，1997）；阿·波罗著，梁生智译《马可·波罗游记》（中国文史出版社，1998）；冯承钧译《马可波罗行记》（上海书店出版社，1999）；江文汉著《中国古代基督教及开封犹太人》（上海知识出版社，1982）；穆尔著，郝镇华译《一五五〇年前的中国基督教史》（中华书局，1984）；何高济译《柏朗嘉宾蒙古行记，鲁布鲁克东行记》（中华书局，1985）；方豪著《中国天主教史人物传》（3 卷，中华书局，1988）；朱谦之著《中国景教》（东方出版社，1993）；伯希和著，冯承钧译《蒙古与教廷》（中华书局，1994）；克里木凯特著，林悟殊译《达·伽马以前中亚和东亚的基督教》（台北淑馨出版社，1995）；顾卫民著《中国与罗马教廷关系史略》（东方出版社，2000）；多桑著，冯承钧译《多桑蒙古史》（上下册，上海书店出版社，2001）；苏宝敦、于新粒著《扫马西行，元朝西游记》（宗教文化出版社，2003）；牛汝极著《十字莲花：中国元代叙利亚文景教碑铭文献研究》（上海古籍出版社，2008）等。

“也里可温”一指元朝景教的复兴，即在中国少数民族和周边地区存活的景教随蒙古人而重新进入中国内地，二指元朝天主教的东来，即天主教方济各会初次来到中国传教，并在元朝首都及江南一些地区建立起天主教主教区。元朝也里可温教研究，在近 40 年的中国学术界基本上是围绕以下四个问题来展开。

其一，关于“也里可温”这一名称的意义之探。通常“也里可温”被理解为元朝蒙古人对基督教徒的专称，包括景教徒和天主教徒，其本义即蒙古语“有福缘之人”的音译。但在其具体表述和意义上，中国当代学者则各有己见，看法不一。陈垣是持上述“有福分”“有缘人”之解释的，其观点得到大多数学者的认可。陈垣在此将“也里可温”与“伊噜勒昆”相等同，认为是同一发音的不同汉文拼写。但张星烺不太赞同这一说法，而指出“也里可温”应是唐景教碑上“阿罗诃”的转音，因“阿罗诃”意指“上帝”，故此“也里可温”应为“上帝教”“信奉上帝之人”的含义。在这两种见解的基础上，朱谦之则进而提出新论，宣称“也里可温”也被用作对基督教教士、司铎、修士的尊称，故此更有宗教“长老”的含义。

其二，关于元朝景教的分布与发展。中国学者对此分三个层面来展开探究：一是唐朝景教遭禁以后在边疆地区的存在与发展，如在蒙古及克烈、乃蛮、蔑里乞、汪古等族中的活动与影响，特别是对蒙古王室人员的影响；二是元朝景教在元大都及周边地区的存在与发展，对此，北京房山地区景教遗址的考证、发掘就成为其重要内容；三是景教在江南，尤其是镇江一带的存在与发展，如对景教著名人物马薛里吉思及著名的“景教七寺”之研究。与之相关联的探讨还包括在元朝景教与天主教的矛盾、冲突，以及与中亚景教的联系等。

其三，关于元朝天主教的东来。这一研究以探讨方济各会的初次东传中国为主，如孟德高维诺在元都汗八里（北京）传教成功的经历，其与元朝王室的联系、与景教的冲突和争斗，其获得罗马教廷的支持，成为天主教首任在华主教和总主教，以及其他方济各会士在北京和南方尤其是在泉州（古称“刺桐”）等地的传教活动。中国当代学者还对孟德高维诺在华译经活动进行了探究和推测，对其书信、笔记等展开了研究评述。此外，对天主教其他传教修会如多明我会等未获最终成功的东行亦有所探讨。

其四，关于元朝时期的中西交流。其特点是围绕古代丝绸之路而进行的西人东游和元人西行来展开讨论，以“马可·波罗游记”为重点，兼论柏朗嘉宾、鄂多立克、鲁布鲁克等人的东行探险。这样，对上述“游记”的历史可信性、史料意义、翻译传播等，中国学者都有讨论和评议。而在“元人西行”方面，对“列班扫马西行”的研究则成为其重中之重。

在元朝也里可温的研究上，中国学者还探讨了也里可温随元朝垮台而消亡的原因。从内来看，元朝也里可温命运与蒙古人相关联，却未真正深入到内地的广大汉人之中，故仅成为“西域各部落人”的宗教，而不是汉人的宗教。从外而言，则与中亚交通的阻隔、伊斯兰教在中亚地区的影响相关联，“也里可温”在华失去外援，因而孤掌难鸣、无法长久支撑。在整个中国基督教史的研究上，由于资料匮乏、新的发现罕见，因而元朝也里可温的探讨对中国学术界来说仍属薄弱环节。

四　明清天主教研究

明清天主教研究以耶稣会入华史为重点，但也涉及其他修会来华传教的历史。这一领域的研究应该说是近 40 年来中国大陆学术界最为关注的论题。由于明清来华传教士和中国天主教文人等著述甚丰，这一方面可供参考、研究的资料非常翔实。因此，近 40 年来中国学术界在研究明清天主教上亦成果颇多，蔚为大观。按其内容来分析，相关研究包括天主教与中西文化交流和冲突，尤其是对“中国礼仪之争”的研究；来华传教士译传，尤其以对利玛窦的研究为多，兼及汤若望、南怀仁等人；中国天主教人物译传，主要研究集中在徐光启，另有李之藻、杨廷筠、王徵等人；天主教在华传教研究，兼及西方思想、文化、艺术、科学在中国的传播，以及由此引起的“西学东渐”“东学西传”，特别是传教士汉学或海外汉学的兴起；天主教与中国传统文化的关系，尤其是与儒教、儒学的关系，以及天主教对中国社会文化的适应等。在上述各个方面，都有大量的学术专著和翻译著作问世。

在明清天主教研究的综合性著译上，相关著作包括古洛东著《圣教入川记》（四川人民出版社，1981）；白晋著，赵晨译《康熙皇帝》（黑龙江人民出版社，1981）；张维华编《〈明史〉欧洲四国传注释》（上海古籍出版社，1982）；冯天瑜著《明清文化史散论》（华中工学院出版社，1984）；戴裔煊著《〈明史·佛郎机传〉笺正》（中国社会科学出版社，1984）；王思治等主编《清代人物传稿》（中华书局，1984—1995）；沈福伟著《中西文化交流史》（上海人民出版社，1985）；朱谦之著《中国哲学对欧洲的影响》（福建人民出版社，1985）；杜文凯编《清代西人闻见录》（中国人民大学出版社，1985）；骆良、陈仁华等编《天主教、基督教在广西资料汇编》（广西民族出版社，1985）；萧致治、杨卫东编《鸦片战争前中西关系纪事（1517—1840）》（湖北人民出版社，1986）；江文汉著《明清间在华的天主教耶稣会士》（上海知识出版社，1987）；张维华著《明清之际中西关系简史》（齐鲁书社，1987）；周一良主编《中外文化交流史》（河南人民出版社，1987）；朱维铮著《走出中世纪》（上海人民出版社，1987）；谢和耐著，于硕等译《中国文化与基督教的冲撞》（辽宁人民出版社，1989；此书还有耿昇所译本）；夏瑞春编，陈爱政等译《德国思想家论中国》（江苏人民出版社，1989）；陈鼓应、辛冠洁、葛荣晋主编《明清实学思潮史》（上、中、下，齐鲁书社，1989）；包乐史、庄国土著《〈荷使初访中国记〉研究》（厦门大学出版社，1989）；宋德宣著《康熙思想研究》（中国社会科学出版社，1990）；帕里斯著，张茄萍等译《耶稣会士秘史》（中国社会科学出版社，1990）；孙江著《十字架与龙》（浙江人民出版社，1990）；邹晓辛、吕延涛著《龙与十字架》（吉林文史出版社，1991）；南炳文、李小林、李晟文著《清代文化传统的总结和中西大交流的发展》（天津古籍出版社，1991）；何芳川、万明著《古代中西文化交流》（山东教育出版社，1991）；利奇温著，朱杰勤译的《十八世纪中国与欧洲文化的接触》（商务印书馆，1991）；卫清心著，黄庆华译《法国的在华传教政策》（中国社会科学出版社，1991）；伍昆明著《早期传教士进藏活动史》（中国藏学出版社，1992）；董丛林著《龙与上帝》（生活·读书·新知三联书店，1992）；陈卫平著《第一页与胚胎——明清之际的中西文化比较》（上海人民出版社，1992）；李亚宁著《明清之际的科学、文化与社会——十七、十八世纪中西文化关系引论》（四川大学出版社，1992）；肖黎等主编《影响中国历史的一百个洋人》（广东人民出版社，1992）；樊洪业著《耶稣会士与中国科学》（中国人民大学出版社，1992）；安田朴、谢和耐等著，耿昇译《明清间入华耶稣会士和中西文化交流》（巴蜀书社，1993）；许明龙主编《中西文化交流先驱》（东方出版社，1993）；张维华主编《中国古代对外关系史》（高等教育出版社，1993）；陈尚胜著《闭关与开放》（山东人民出版社，1993）；朱亚非著《明代中外关系史研究》（山东人民出版社，1993）；马伯英等著《中外医学文化交流史》（文汇出版社，1993）；王俊义、黄爱平著《清代学术与文化》（辽宁教育出版社，1993）；秦家懿编译《德国哲学家论中国》（生活·读书·新知三联书店，1993）；孟华著《伏尔泰与孔子》（新华出版社，1993）；艾田蒲著，许钧、钱林森译《中国之欧洲》（河南人民出版社，1994）；熊月之著《西学东渐与晚清社会》（上海人民出版社，1994）；朱维铮主编《基督教与近代文化》（上海人民出版社，1994）；黄时鉴主编《解说插图中西关系史年表》（浙江人民出版社，1994）；张国刚著《德国的汉学研究》（中华书局，1994）；沈毅著《中国清代科技史》（人民出版社，1994）；陶亚兵著《中西音乐交流史稿》（中国大百科全书出版社，1994）；孙尚扬著《基督教与明末儒学》（东方出版社，1994）；故宫博物院编《故宫博物馆藏清代宫廷绘画》（文物出版社，1995）；萧萐父、许苏民著《明清启蒙学术流变》（辽宁教育出版社，1995）；赫德逊著，王遵仲、李申等译《欧洲与中国》（中华书局，1995）；白晋等著，春林等编《康熙帝传》（珠海出版社，1995）；刘大椿、吴向红著《新学苦旅——科学·社会·文化的大撞击》（江西高校出版社，1995）；朱静编译《洋教士看中国朝廷》（上海人民出版社，1995）；王茂平著《中国对德国文学影响史述》（上海外语教育出版社，1996）；李学勤主编《国际汉学著作提要》（江西教育出版社，1996）；龙思泰著，吴仪雄等译《早期澳门史》（东方出版社，1997）；何隽著《西学与晚明思想的裂变》（上海人民出版社，1998）；曾德昭著，何高济译《大中国志》（上海古籍出版社，1998）；吴志良、章文钦等著《澳门——东西交汇第一门》（中国友谊出版公司，1998）；苏立文著，陈瑞林译《东西方美术的交流》（江苏美术出版社，1998）；李天纲著《中国礼仪之争：历史、文献和意义》（上海古籍出版社，1998）；楼宇烈、张志刚主编《中外宗教交流史》（湖南教育出版社，1998）；楼宇烈、张西平主编《中外哲学交流史》（湖南教育出版社，1998）；佟洵主编《基督教与北京教堂文化》（中央民族大学出版社，1999）；韩琦著《中国科学技术的西传及其影响》（河北人民出版社，1999）；曹增友著《传教士与中国科学》（宗教文化出版社，1999）；柯毅霖著，王志成等译《晚明基督论》（四川人民出版社，1999）；汤开建著《澳门开埠初期史研究》（中华书局，1999）；章文钦著《澳门历史文化》（中华书局，1999）；王宁、钱林森、马树德著《中国文化对欧洲的影响》（河北人民出版社，1999）；黄启臣著《澳门通史》（广东教育出版社，1999）；陈伟、王捷编著《东方美学对西方的影响》（学林出版社，1999）；安田朴著，耿昇译《中国文化西传欧洲史》（商务印书馆，2000）；顾卫民著《中国与罗马教廷关系史略》（东方出版社，2000）；徐海松著《清初士人与西学》（东方出版社，2000）；刘登阁、周云芳著《西学东渐与东学西渐》（中国社会科学出版社，2000）；张国刚等著《明清传教士与欧洲汉学》（中国社会科学出版社，2001）；张西平著《中国与欧洲早期宗教和哲学交流史》（东方出版社，2001）；余三乐著《早期西方传教士与北京》（北京出版社，2001）；沈定平著《明清之际中西文化交流史》（商务印书馆，2001）；吴伯娅著《康雍乾三帝与西学东渐》（宗教文化出版社，2002）；张国刚著《从中西初识到礼仪之争——明清传教士与中西文化交流》（人民出版社，2003）；阎宗临著《传教士与法国早期汉学》（大象出版社，2003）；苏尔、诺尔编，沈保义等译《中国礼仪之争西文文献一百篇（1645—1941）》（上海古籍出版社，2001）；谢和耐著，耿昇译《中国与基督教：中西文化的首次撞击》（为上述谢和耐著作的另一中译本，上海古籍出版社，2003）；泰夫奈著，耿昇译《西来的喇嘛》（山东画报出版社，2003）；郑安德编《明末清初耶稣会思想文献汇编》（北京大学宗教研究所，2003）；卓新平主编《相遇与对话——明末清初中西文化交流国际学术研讨会文集》（宗教文化出版社，2003）；戚印平著《十七世纪东亚近世耶稣会史论集》（国立台湾大学出版中心，2004）；李明著，郭强等译《中国近事报道（1687—1692）》（大象出版社，2004）；刘耕华著《诠释的圆环——明末清初传教士对儒家经典的解释及其本土回应》（北京大学出版社，2005）；张晓林著《天主实义与中国学统——文化互动与诠释》（上海学林出版社，2005）；李炽昌主编《文本实践与身份辨识：中国基督徒知识分子的中文著述（1583—1949）》（上海古籍出版社，2005）；张西平著《传教士汉学研究》（大象出版社，2005）；张西平编《欧美汉学研究的历史与现状》（大象出版社，2006）；曹增友著《基督教与明清际中国社会——中西文化的调适与冲撞》（北京作家出版社，2006）；崔维孝著《明清之际西班牙方济会在华传教研究（1579—1732）》（中华书局，2006）；龚缨晏著《西方人东来之后：地理大发现后的中西关系史专题研究》（浙江大学出版社，2006）；李向玉著《汉学家的摇篮——澳门圣保禄学院研究》（中华书局，2006）；徐宗泽著《明清间耶稣会士译著提要》（中华书局，1989；上海书店出版社，2006）；余三乐著《中西文化交流的历史见证：明末清初北京天主教堂》（广东人民出版社，2006）；伯希和编，高田时雄校订，郭可译《梵蒂冈图书馆所藏汉籍目录》（中华书局，2006）；张国刚、吴莉苇著《启蒙时代欧洲的中国观，一个历史的巡礼与反思》（上海古籍出版社，2006）；周萍萍著《十七、十八世纪天主教在江南的传播》（社会科学文献出版社，2007）；明晓艳、魏扬波主编《历史遗踪：正福寺天主教墓地》（北京文物出版社，2007）；孟德卫著，江文君等译《中西方的伟大相遇（1500—1800）》（北京新星出版社，2007）等。

在来华天主教传教士研究上，关涉利玛窦的著作包括利玛窦、金尼阁著，何高济等译《利玛窦中国札记》（中华书局，1983）；史景迁著，孙尚扬等译《利玛窦的记忆之宫》（台湾辅仁大学出版社，1991）；该著作的另一译本为斯彭斯著，王致华译《利玛窦传》（陕西人民出版社，1991）；孙尚扬著《利玛窦与徐光启》（新华出版社，1993）；裴化行著，管震湖译《利玛窦评传》（全二册，商务印书馆，1993）；林华等编《历史遗痕——利玛窦及明清西方传教士墓地》（中国人民大学出版社，1994）；林金水著《利玛窦与中国》（中国社会科学出版社，1996）；林金水、邹萍著《泰西儒士利玛窦》（国际文化出版公司，2000）；汪前进著《西学东传第一师——利玛窦》（科学出版社，2000）；林中泽著《晚明中西性伦理的相遇——以利玛窦〈天主实义〉和庞迪我〈七克〉为中心》（广东教育出版社，2003）；邓恩著，余三乐、石蓉译《利玛窦到汤若望——晚明的耶稣会传教士》（上海古籍出版社，2003）；黄时鉴、龚缨晏著《利玛窦世界地图研究》（上海古籍出版社，2004）；史景迁著，梅义征、陈恒译《利玛窦的记忆之宫：当西方遇到东方》（上海远东出版社，2005，此乃史景迁上述著作的第三种中译本）；利玛窦著，芸琪译《利玛窦中国书札》（宗教文化出版社，2006）；林雄主编《东土西儒——沟通中西文化第一人利玛窦》（南方日报出版社，2007）；朱维铮主编《利玛窦中文著译集》（复旦大学出版社，2007）等。

研究其他传教士的著作则有聂崇正著《郎世宁》（人民美术出版社，1985）；斯托英著，达素彬等译《“通玄教师”汤若望》（中国人民大学出版社，1989）；李兰琴著《汤若望传》（东方出版社，1995）；费赖之著，郝镇华等译《在华耶稣会士列传及书目》（上、下，中华书局，1995）；荣振华著，耿昇译《在华耶稣会士列传及书目补编》（上、下，中华书局，1995）；艾儒略著，谢方校释《职方外纪校释》（中华书局，1996）；德马尔基、施礼嘉编《卫匡国：一位在十七世纪中国的人文学家和科学家》（此为意大利学者与中国学者联合召开的纪念卫匡国学术研讨会论文集，在意大利出版，1996）；费赖之著，梅乘骐等译《明清间在华耶稣会士列传》（为中国天主教会对上述费赖之著作的另一中译本，上海光启社，1997）；张铠著《庞迪我与中国》（北京图书馆出版社，1997）；陈东风著《耶稣会士墓碑人物志考》（中国文联出版社，1999）；王冰著《勤敏之士——南怀仁》（科学出版社，2000）；陈亚兰著《沟通中西天文学的汤若望》（科学出版社，2000）；魏若望编《传教士·科学家·工程师·外交家南怀仁（1623—1688）》（社会科学文献出版社，2001）；高智瑜、马爱德主编《栅栏，虽逝犹存：北京最古老的天主教墓地》（澳门特别行政区政府文化局，美国旧金山大学利玛窦研究所，2001）；杜赫德编，郑德弟等译《耶稣会士中国书简集》（三卷，大象出版社，2001）；卡伊丹斯基著，张振辉译《中国的使臣——卜弥格》（大象出版社，2001）；马国贤著，李天纲译《清廷十三年——马国贤在华回忆录》（上海古籍出版社，2004）；吴莉苇译《耶稣会士傅圣泽神甫传：索隐派思想在中国及欧洲》（大象出版社，2006）；高华士著，赵殿红译《清初耶稣会士鲁日满——常熟账本及灵修笔记研究》（大象出版社，2007）；澳门理工学院中西文化研究所主编《文化与宗教的碰撞——纪念圣方济各·沙勿略诞辰500周年国际学术研讨会论文集》（澳门理工学院，2007）等。

在中国天主教人物研究上，相关著作包括梁家勉编《徐光启年谱》（上海古籍出版社，1981）；王重民著《徐光启》（上海人民出版社，1981）；上海市文物保管委员会主编《徐光启著译集》（上海古籍出版社，1983）；王重民辑校《徐光启集》（上海古籍出版社，1984）；施宣圆著《徐光启》（江苏古籍出版社，1984）；王欣之著《明代大科学家徐光启》（上海人民出版社，1985）；席泽宗、吴德铎编《徐光启研究论文集》（上海学林出版社，1986）；李之勤编《王徵遗著》（陕西人民出版社，1987）；方豪著《中国天主教史人物传》（大陆初版：中华书局，1988；再版：宗教文化出版社，2007）；宋伯胤编《明泾阳王徵先生年谱》（陕西师范大学出版社，1990）；宋浩杰主编《历史上的徐家汇》（上海文化出版社，2005）；黄一农著《两头蛇：明末清初的第一代天主教徒》（上海古籍出版社，2006）；宋浩杰主编《中西文化会通第一人——徐光启学术研讨会论文集》（上海古籍出版社，2006）等。

明清天主教研究除了关注中西方文化交流的大趋势及其引起的社会政治问题之外，讨论得比较多的，一是对利玛窦的研究，二是对徐光启的研究，三是对“中国礼仪之争”的研究。

在对利玛窦的评价上，中国当代学者认为利玛窦当时适应中国文化的态度对于中西方的思想文化交流和沟通起了关键作用，正是因为利玛窦的这一引导精神和积极实践，才形成了明清之际“西学东渐”和“东学西传”的良性互动、积极交流。所以，对利玛窦这一历史作用的正面评价和充分肯定，在今天中西方有识之士重新反思双边关系及其历史交往时，有着重要的启迪作用，甚至会影响双方今后如何交往、交流的心态、意向和方法。利玛窦在介绍、引进西方天文、数学、地学、思想、语言、宗教、艺术、音乐、学术等方面都对明末中国社会，尤其是其知识阶层产生了巨大影响，使中国学人当时颇有“眼睛一亮”、视阈倍增的感觉。而且，利玛窦不只是鼓励“单向性”交流，满足于“自西徂东”的“宣教”情绪，而是从一开始就有着清醒的头脑，并抱着对中国这一“东方”文化的神秘感和敬畏感来虚心学习，尽快获得中国语言文化知识，以达中西文化的深层次交流。正是在这一意义上，不少中国学者将利玛窦称为“西学东传第一人”或“沟通中西文化第一人”。在中国学者看来，利玛窦传播“西学”“洋教”实际上对当时中国社会，尤其是其知识阶层亦很有触动或“震动”。中国士人因此开始反省其“谈玄蹈空的习风”，出现“经世致用的风气”，一方面重新“整理、发掘湮没已久的中国古代科技遗产”，另一方面则以“议办‘洋务’”的方式来打开国门放眼看世界，“学习应用西方技术”，[①] 形成“洋为中用”“西用中体”之端倪。不过，利玛窦的策略亦有不足之处，故而未能预防其“方法”因内外争议而终归失败。这些经验教训其一在于利玛窦并没有把握好“求同”与“存异”的最佳分寸，他虽有“补儒”“超儒”之念，却因没能协调好内部意见而让一些耶稣会士和其他修会人士认为他在“同”上妥协太多、在“异”上坚持不够，因此失去了其基督信仰的“自我”和本真，结果不被其他传教士所认同和支持，无法坚持到底。其二在于他对儒家的认识并不准确，其对“先儒”“后儒”的区别对待和取舍也引起一些中国士大夫的不满或怀疑，觉得他对儒学有着功利性的利用而并非真正认同或认可；而且，利玛窦关于儒教不是宗教之说客观上也成为中国学术界关于儒教“是教”“非教”之争这一公案的肇端。其三在于他过于“走上层路线”、在皇室和官绅名流上下功夫而忽视了下层、基层民众，从而使天主教成为供上流欣赏、玩味的“象牙塔尖”，却无牢固的群众基础，这种先天性不足及脆弱易于使其教在遭禁时一蹶不振。这样，利玛窦在中西方人士眼中的“功过”使其评价成为“悬案”，他既迟迟未获罗马教廷嘉奖之“封圣”，也没在中国得到完全的肯定。

在对徐光启的研究上，中国改革开放以来的学术界经历了从“科学家”这一身份对徐光启的肯定到从“思想家”“开明派”这一评价对他的更全面认可。除了在中国天主教史上的“柱石”意义，徐光启更因其积极引进西学而被视为当时“放眼看世界”、对外开放的“第一人”。这样，徐光启就不仅具有中国科学史上的意义，而且在促进社会发展、积极改革开放方面也有着独特的贡献。尽管徐光启独具慧眼、立意创新，却因和者甚寡、孤掌难鸣而未能扭转大局，如此结局显然使中国失去了一次开放、革新和自强的机遇。此外，中国学者近年来亦加强了对徐光启“神学思想”的研究，认为他在使天主教思想与中国文化相结合、相协调上亦有筚路蓝缕之功，对基督教神学的“中国化”“本色化”发展有其启迪和贡献。

在对“中国礼仪之争”的研究上，以前西方学者主要关心西方教会人士内部的争议、不同修会之间的差异，陈垣则开始搜集相关资料来述评罗马教廷与康熙皇帝的冲突，曾在 1932 年辑录出版了《康熙与罗马使节关系文书影印本》。如果说，西方学者关注的主要是教会“宣教”观念上的争议，那么陈垣的研究则更关注政治、外交上的争论和冲突。而在中国改革开放 40

① 林金水：《利玛窦与中国》，中国社会科学出版社 1996 年版，第 282 页。

年的宗教学研究中，中国学者对这一问题更有新的突破，如李天纲的专著《中国礼仪之争：历史、文献和意义》就是“从新出史料”来审视这一著名的中西碰撞事件。他率先使用了在罗马耶稣会档案馆收藏的中文文献，并从文化交流与碰撞的角度来分析，进而强调“‘中国礼仪之争’本来发生在中国，是关于中国文化的大事件”。[①] 这样，对“中国礼仪之争”的认识就更为全面、更加深入。关于“中国礼仪之争”带来的后果和对中西文化发展的影响，中国学者亦有评论。总体来看，西方社会受此刺激而更加关注中国社会文化，对其近代发展从而有着更多的正面影响，中国社会则因此“闭关锁国”，失去对国外发展的观察、借鉴，因而有着弊大于利的代价。

随着对明清天主教研究的不断深入，讨论的议题也越来越多。如在对来华传教士的评价上，已有更多的研究论及汤若望、南怀仁、卫匡国、艾儒略、庞迪我、沙勿略、罗明坚、卜弥格、徐日昇和郎世宁等人，对以傅圣泽等为代表的“索隐派”之探亦有新的突破；而在对中国天主教人物的研究上，则从徐光启进而扩大到对李之藻、杨廷筠、王徵、罗文藻、吴渔山、李九功等人的分析、评说。

五　中国东正教研究

中国东正教在基督教三大教派中人数最少，影响范围亦不广，因此对这一领域研究不多，除了研究东正教的通史类著作之外，相关著作还包括维谢洛夫斯其编《俄国驻北京传道团史料》（商务印书馆，1978）；黄心川、张伟达著《沙俄利用东正教侵华史话》（中华书局，1979）；伊台斯等编，北京师院俄语翻译组译《俄国使节团使华笔记（1692—1695）》（商务印书馆，1980）；班蒂什－卡缅斯基编著，中国人民大学俄语教研室译《俄中两国外交文献汇编（1619—1792）》（商务印书馆，1982）；吴克明著《俄国东正教侵华史略》（甘肃人民出版社，1985）；张绥著《东正教和东正教在中国》（学林出版社，1986）；卓新平著《基督教犹太教志》（上海人民出版社，1998）；阿多拉茨基著，阎国栋、肖玉秋译《东正教在华两百年史》（广东人民出版社，2007）等。这些论著主要讨论了俄罗斯正教传入中国的历史及其在东北、北京、天津、上海等地的发展，指出了早期俄罗斯正教来华传教团与沙俄政治的复杂关联，亦描述了中国东正教“自立”运动。总体来看，

① 李天纲：《中国礼仪之争：历史、文献和意义》，上海古籍出版社1998年版，第151—154页。

中国学术界对东正教的研究正在不断扩大和加强，但对中国东正教的研究则仍属于其薄弱环节。

六　中国近现代基督教研究

中国近代基督教指19世纪初尤其是1840年“鸦片战争”爆发以来至1911年辛亥革命前后基督教在华传播及发展的历史。而“现代基督教”则指1911—1978年这一历史时期的基督教。因此，中国学术界对近代中国基督教史的研究有着鲜明的特点，即突出“不平等条约”之后基督教凭借西方列强的“保护”而强行“闯入”中国的历史，自然对之批评较多，强调基督教当时与“帝国主义文化侵略”的复杂关联。与此同时，基督教在近代中西方文化交流中所扮演的角色亦被人重视和探索。而在研究“现代基督教”方面，则突出中国教会的“本色”运动及其在神学上沟通中西方思想文化的种种努力。对这一时期基督教在华存在及其作为的研究著作包括顾长声著《传教士与近代中国》（上海人民出版社，1981）；顾长声著《从马礼逊到司徒雷登》（上海人民出版社，1985）；中华续行委办会调查特委会编，蔡咏春等译《中华归主——中国基督教事业统计（一九〇一——一九二〇）》（三卷，中国社会科学出版社，1985—1987）；骆良、陈仁华等编《天主教、基督教在广西资料汇编》（广西民族出版社，1985）；卢茨（鲁晞珍）著，曾钜生译《中国教会大学史》（浙江教育出版社，1987）；陈秀萍编著《沉浮录：中国青运与基督教男女青年会》（上海同济大学出版社，1989）；冯祖贻等主编《教案与近代中国》（贵州人民出版社，1990）；章开沅、林尉主编《中西文化与教会大学》（湖北教育出版社，1991）；张坦著《“窄门”前的石门坎——基督教文化与川滇黔边苗族社会》（云南教育出版社，1992）；杨天宏著《基督教与近代中国》（四川人民出版社，1994）；中国基督教三自爱国运动委员会编《吴耀宗生平与思想研讨》（1995）；马敏等主编《跨越中西文化的巨人——韦卓民学术思想国际研讨会论文集》（华中师范大学出版社，1995）；黄新宪著《基督教教育与中国社会变迁》（福建教育出版社，1996）；朱金甫主编《清末教案》（中华书局，1996）；朱维铮主编，李天纲等编校《马相伯集》（复旦大学出版社，1996）；章开沅主编《文化传播与教会大学》（湖北教育出版社，1996）；何晓夏、史静寰著《教会学校与中国教育近代化》（广东教育出版社，1996）；朱国仁著《西学东渐与中国高等教育近代化》（厦门大学出版社，1996）；王立新著《美国传教士与晚清中国现代化》(天津人民出版社，1997)；刘明翰著《北京基督教发展述略》(首都师范大学出版社，1998)；顾卫民编《镜头走过——内地会在华百三十年图片集》(台北宇宙光出版社，1998)；章元沅主编《社会转型与教会大学》(湖北教育出版社，1998)；陶飞亚、吴梓明著《基督教大学与国学研究》(福建教育出版社，1998)；史静寰、王立新著《基督教教育与中国知识分子》(福建教育出版社，1998)；古爱华著，邓肇明译《赵紫宸的神学思想》(香港基督教文艺出版社，1998，后由中国基督教会于1999年在内地出版)；张西平、卓新平编《本色之探：20世纪中国基督教文化学术论集》(中国广播电视出版社，1999)；史静寰著《狄考文与司徒雷登——西方新教传教士在华教育活动研究》(珠海出版社，1999)；徐以骅著《教育与宗教：作为传教媒介的圣约翰大学》(珠海出版社，1999)；斯科特著，陈建明等译《福建协和大学》(珠海出版社，1999)；郭查理著，陶飞亚等译《齐鲁大学》(珠海出版社，1999)；柯约翰著，马敏等译《华中大学》(珠海出版社，1999)；黄思礼著，秦和平等译《华西协合大学》 (珠海出版社，1999)；队克勋著，刘家峰译《之江大学》(珠海出版社，1999)；德本康夫人等著，杨天宏译《金陵女子大学》(珠海出版社，1999)；文乃史著，王国平等译《东吴大学》(珠海出版社，1999)；徐以骅著《教会大学与神学教育》(福建教育出版社，1999)；耿开君著《中国文化的“外在超越”之路——论台湾新士林哲学》(当代中国出版社，1999)；汪晓勤著《中西科学交流的功臣——伟烈亚力》(科学出版社，2000)；韩学军著《基督教与云南少数民族》(云南人民出版社，2000)；章开沅、马敏主编《基督教与中国文化丛刊》(湖北教育出版社，2000)；许志伟、赵敦华主编《冲突与互补：基督教哲学在中国》(社会科学文献出版社，2000)；吴义雄著《在宗教与世俗之间：基督教新教传教士在华南沿海的早期活动研究》(广东教育出版社，2000)；马敏编《韦卓民基督教文集》(香港汉语基督教文化研究所，2000)；王忠欣著《基督教与中国近现代教育》(湖北教育出版社，2000)；胡卫清著《普遍主义的挑战——近代中国基督教教育研究(1877—1927)》(上海人民出版社，2000)；林孟喜著《司徒雷登与中国政局》(新华出版社，2001)；郝平著《无奈的结局——司徒雷登与中国》(北京大学出版社，2002)；汤森著，王振华译《马礼逊——在华传教士的先驱》(大象出版社，2002)；柏格理著，东人达、东旻译《在未知的中国》(云南民族出版社，2002)；吴梓明著《基督宗教与中国大学教育》(中国社会科学出版社，2003）；徐永志著《融溶与冲突——清末民国间边疆少数民族与基督宗教研究》（北京民族出版社，2003）；薛玉琴、刘正伟著《马相伯马建忠马玉章》（河北教育出版社，广东教育出版社，2003）；陈玉申著《晚清报业史》（山东画报出版社，2003）；罗冠宗主编《前事不忘后事之师：帝国主义利用基督教侵略中国史实述评》（宗教文化出版社，2003）；燕京研究院编《赵紫宸文集》（3卷，商务印书馆，2003—2007）；东人达著《滇黔川边基督教传播研究》（人民出版社，2004）；王林著《西学与变法——〈万国公报〉研究》（齐鲁书社，2004）；段琦著《奋进的历程：中国基督教的本色化》（商务印书馆，2004）；李跃森著《司徒雷登传》（中国广播电视出版社，2004）；刘家峰、刘天路著《抗日战争时期的基督教大学》（福建教育出版社，2004）；谭树林著《马礼逊与中西文化交流》（中国美术学院出版社，2004）；陶飞亚著《中国的基督教乌托邦——耶稣家庭（1921—1952）》（香港中文大学出版社，2004）；许明龙著《黄嘉略与早期法国汉学》（中华书局，2004）；杨大春著《晚清政府基督教政策初探》（北京金城出版社，2004）；雷雨田主编《近代来粤传教士评传》（上海百家出版社，2004）；孙立新、蔡锐主编《东西方之间——中外学者论卫礼贤》（山东大学出版社，2004）；燕京大学校友校史编写委员会编《燕京大学校长司徒雷登》（2004）；何凯立著，陈建明、王再兴译《基督教在华出版事业：1912—1949》（四川大学出版社，2004）；马礼逊夫人编，顾长声译《马礼逊回忆录》（广西师范大学出版社，2004）；卫斐列著，顾钧、江莉译《卫三畏生平及书信：一位美国来华传教士的心路历程》（广西师范大学出版社，2004）；孙邦华著《身等国宝，志存辅仁——辅仁大学校长陈垣》（山东教育出版社，2004）；孙邦华编著《会友贝勒府——辅仁大学》（河北教育出版社，2004）；丁韪良著，沈弘等译《花甲忆记：一位美国传教士眼中的晚清帝国》（广西师范大学出版社，2004）；段琦著《中国基督教本色化史稿：中国基督教在本色化道路上彷徨、奋斗的历史纪录》（为段琦《奋进的历程》一书在台湾出版的繁体字版，台北宇宙光，2005）；顾长声著《从马礼逊到司徒雷登——来华新教传教士评传》（为同名书的修订新版，上海书店出版社，2005）；刘家峰编《离异与融会：中国基督教与本色教会的兴起》（上海人民出版社，2005）；章开沅著《传播与植根——基督教与中西文化交流论集》（广东人民出版社，2005）；罗义贤著《司徒雷登与燕京大学》（贵州人民出版社，2005）；陶飞亚著《边缘的历史：基督教与近代中国》（上海古籍出版社，2005)；杨天宏著《基督教与民国知识分子：1922年—1927年中国非基督教运动研究》（人民出版社，2005)；姚兴富著《耶儒对话与融合：〈教会新报〉（1868—1874）研究》（宗教文化出版社，2005)；赵树贵著《江西教案史》（江西人民出版社，2005)；左芙蓉著《社会福音·社会服务与社会改造：北京基督教青年会历史》（宗教文化出版社，2005)；罗世龙主编《天津中华基督教青年会与近代天津文明》（天津人民出版社，2005)；于学蕴、刘琳编著《天津老教堂》（天津人民出版社，2005)；王晓朝主编《赵紫宸先生纪念文集》（宗教文化出版社，2005)；李提摩太著，李宪堂、侯林莉译《亲历晚清四十五年——李提摩太在华回忆录》（天津人民出版社，2005)；卫三畏著，陈俱译《中国总论》（上、下）（上海古籍出版社，2005)；赫德著，叶凤美译《这些从秦国来——中国问题论集》（天津古籍出版社，2005)；陈林著《近代福建基督教图书出版考略》（北京海洋出版社，2006)；顾长声著《马礼逊评传》（上海书店出版社，2006)；郭清香著《耶儒伦理比较研究：民国时期基督教与儒教伦理思想的冲突与融合》（中国社会科学出版社，2006)；唐晓峰著《赵紫宸神学思想研究》（宗教文化出版社，2006)；王炽著《中国石门》（上下册，香港文汇出版社，2006)；夏春涛著《天国的陨落——太平天国宗教研究》（中国人民大学出版社，2006)；周宁著《去东方，收获灵魂——中华帝国的福音之路》（山东画报出版社，2006)；陶飞亚编《性别与历史：近代中国妇女与基督教》（上海人民出版社，2006)；史蒂亚著，梁元生译《戴德生——挚爱中华》（中国友谊出版公司，2006)；邢军著，赵晓阳译《革命之火的洗礼——美国社会福音和中国基督教青年会1919—1937》（上海古籍出版社，2006)；唐晓峰著《谢扶雅的宗教思想》（宗教文化出版社，2007)；中国基督教协会、中国基督教三自爱国运动委员会编《传教运动与中国教会》（宗教文化出版社，2007)；尹文涓著《基督教与中国近代中等教育》（上海人民出版社，2007)；邹振环著《西方传教士与晚清西史东渐——以1815至1900年西方历史译著的传播与影响为中心》（上海古籍出版社，2008）等。

在对这一时期的中国基督教历史研究中，中国学者关注的问题集中在如下几个焦点：其一，基督教近现代传播与帝国主义侵华的关系问题；其二，基督教在近现代中西文化交流与冲突中所扮演的角色和所发挥的作用；其三，中国基督教会的“本色化”发展及其政治、文化意义。对上述问题的解答，在中国当代学术界观点各异、分歧颇大。为此，中国当代学者主要对之从政治和文化这两个层面来分析评判。

从政治层面来看，中国学者指出基督教近代来华传教有着帝国主义侵华和殖民扩张的时代背景，当时基督教会在华得以立足和传教“成功”实际上是“鸦片战争”及其导致的“不平等条约”的结果。在这一意义上，不可否认基督教参与了帝国主义侵华，其“传入”中国乃是西方列强在华殖民扩张使然。因此，基督教的形象自近代以来在中国蒙上了阴影，受到许多中国人的抵制、谴责和批判。所以说，西方教会及其传教士对此必须“反省”“反思”和“悔罪”，向中国人民道歉，从而达成“前事不忘、后事之师”的警醒。而中国基督教提出“本色教会”的主张，则正是要去掉“洋教”的名号，“洗刷去西洋的色彩”，“脱西洋窠臼”，进而通过“自养、自治、自传”的“三自”原则使中国教会“成为中国本色的、不靠外人的教会”。由此可见，中国基督教会选择“三自”道路，正是出于这一时代背景中的政治考量。

在此，不少中国学者亦特别说明，在充分承认上述历史事实的同时，也必须看到帝国主义“利用”基督教侵华是一个特定时期的现象，不能因此而把基督教本身等同为帝国主义；而且，基督教传教运动在这一时期与殖民主义在华扩张相关联也不能说明基督教传教就完全等同于“殖民主义扩张”。这种时空上的“或然性”并不就是基督教信仰的“必然性”。否则，在否定基督教传教的同时，也会同样否定了中国基督教及其历史发展。这显然不符合事实，同样也会伤害中国基督徒的信念和感情。

从文化层面来看，基督教近代传华在很大程度上参与了中西文化对话、交流与沟通，而且在其中还发挥了极为重要和关键的作用。诚然，“基督教文化”或“西方文化”不应该也不可能取代“中国文化”、改变中国社会；但“基督教文化”对中西文化交流的参与仍是可以客观评价的，而且也有必要肯定它在其中的积极贡献。“中国文化”是“开放性”文化，有着“海纳百川”的优秀传统。因此，基督教在担任沟通中西文化的角色时也为中国文化的发展、充实、完善发挥了积极作用，功不可没。在这一意义上，基督教在近代中国的社会服务、教育、医疗和慈善事业等都应在一定程度上得到肯定，因为基督教在此“自觉或不自觉地参与了中国‘现代化’的进程，以其现代观念、现代知识和现代科技、文化教育实践等刺激、促进了中国人民寻求‘现代化’的努力”。[①] 这里，中国学者也指出基督教文化并不等于西方文化，它有其东方文化渊源和相关因素，而且也是一个开放的宗教文化体系。所以，基督教在与中国社会文化交流、沟通时，通过其“本色化”“中国化”的过程同样也能够不断丰富和完善自身，达其“普世信仰”的理想。

七 中国当代基督教研究

中国当代基督教研究指 1978 年以来在改革开放背景下所展开的基督教研究，有其鲜明的现实性和强烈的时代感。这一研究大体涉及三个层面：一是对中国基督教会及其神学在改革开放以来的发展进行研究，重点围绕中国教会的“神学建设”来展开；二是对“汉语神学”现象所展开的讨论，体现为在中国教会与学术界、大陆与港澳台及海外华人基督徒知识分子和教会知识分子关于“神学”理解及其在华走向的一种对话；三是对中国大陆方兴未艾的“学术神学”所进行的探讨，其特点是以“宗教学”的基点和方法来展示“神学”的问题意识，尝试一种在学术研究机构和高校人文社会科学领域颇有可能的“信仰中立”的神学之探。这三个层面都处在发展、进行之中，因而呈现为积极的动态，亦充满各种变数。

在中国教会的“神学建设”领域，相关的研究著述包括金陵协和神学院编《金陵神学文选，(1952—1992)》（南京爱德印刷有限公司，1992）；汪维藩著《中国神学及其文化渊源》（南京爱德印刷有限公司，1997），丁光训著《丁光训文集》（译林出版社，1998），丁光训著《爱永不止息》（英文版，译林出版社，2000），丁光训著《论三自与教会建设》《论神学思想建设》《论圣经》、《论上帝》和《论基督》（上海爱基印刷厂，2000），刘华俊编《天风甘雨——中国基督教领袖丁光训》（南京大学出版社，2001），中国天主教爱国会、中国天主教主教团编《中国天主教独立自主自办教会教育教材（试用本)》（宗教文化出版社，2002），中国基督教三自爱国运动委员会、中国基督教协会编《基督教爱国主义教程（试用本)》（宗教文化出版社，2006），王芃主编《在爱中寻求真理》（宗教文化出版社，2006），马佳著《爱释真理——丁光训传》（香港基督教文艺出版社，2006），金鲁贤著《金鲁贤文集》（上海辞书出版社，2007），中国基督教三自爱国运动委

---

① 卓新平:《基督教信仰与中西文化》,《传教运动与中国教会》，宗教文化出版社 2007 年版，第 178 页。

员会、中国基督教协会编《传教运动与中国教会》（其中第四部分主题为“中国教会的神学思想建设”，宗教文化出版社，2007），陈泽民著《求索与见证——陈泽民文选》（中国基督教两会出版，上海爱基印刷厂，2007）等。中国神学思想建设由丁光训所倡导，其基本立意乃在于认为“神学是教会在思考”,[①] 神学在此专指“教会的思想活动”。这样，中国“神学建设”首先展示了其“教会神学”的身份认同，而其特点则如丁光训所言：一为“中国的”，二为“教会的”；这种神学作为“中国神学”关注的是“中国教会自己的问题”，其研究主体则乃“中国神学家”和“中国基督徒”。因此，“中国神学”推动的应是一种“内涵式”神学发展，体现为中国“本色化”“处境化”的神学，所以其努力就表现在“化合”和“吸纳”的思路及倾向。“其特点一是要促成基督宗教在中国文化处境中的适应、认同，以实现其本色化；二是要让中国基督徒基于其中国思想文化积淀来对基督宗教加以体认、理解、改革和创新。”[②] 中国学者认为，这种“中国神学”的建设与西方神学所突出的“思辨”“系统”意向不同，而是有着更多的“伦理”侧重和投入。在这一意义上，“中国神学”则更多地体现为以“伦理神学”或“道德神学”为特色的“实践神学”。所以，其基调乃是由“上帝是爱”的上帝论和“宇宙的基督”之基督论来确定，从而其追求和要彰显的是“爱的神学”，强调与当代中国社会文化相适应，达成一种“爱”的和谐。

“汉语神学”的研究虽以香港道风山汉语基督教文化研究所为中心，但其参与者大多为中国大陆学者，其著译、出版也主要由大陆学者来完成。因此，这也是中国改革开放以来值得关注的宗教学术现象。“汉语神学”作为一种新的神学思潮自20世纪90年代以来在中国大陆和香港兴起，其标志为1994年香港《道风》学刊的复刊，因其明确标示出“汉语神学学刊”的副刊名。这种“汉语神学”最初由刘小枫所倡导，由杨熙楠来具体实施和落实，由此创立了香港汉语基督教文化研究所。而在“汉语神学”领域著述较多的主要为何光沪、李秋零、张贤勇等大陆学者。

为了体现“汉语神学”的“自我意识”和“自我身份”，在近40年来汉语基督教文化研究所推出了相关系列的论著。除了前述其编辑出版的“历代基督教思想学术文库”的“古代系列”“现代系列”和“研究系列”以及

① 《丁光训文集》，译林出版社1998年版，第270页。

② 卓新平主编：《当代中国宗教研究精选丛书·基督教卷》，民族出版社2008年版，第7页。

“道风译丛”之外，由该所及此后的道风书社推出的系列丛书还包括“道风汉语神学学刊”：第一期（1994 年夏）、第二期（1995 年春）、第三期（1995 年秋）、第四期（1996 年春）、第五期（1996 年秋）、第六期（1997 年春）、第七期（1997 年秋）、第八期（1998 年春）、第九期（1998 年秋）、第十期（1999 年春）、第十一期（1999 年秋）；自第十二期起，该刊更名为“道风：基督教文化评论”，而且每期都有一个主题作为该期的标题：第十二期《基督之外无救恩?》（2000 年春）、第十三期《尼采与神学》（2000 年秋）、第十四期《启示与哲学的政治冲突》（2001 年春）、第十五期《〈创世记〉与现代政治哲学》（2001 年秋）、第十六期《价值的僭政中的神学》（2002 年春）、第十七期《基督的尘世面容》（2002 年秋）、第十八期《生态神学》（2003 年春）、第十九期《历史与救赎》（2003 年秋）、第二十期《德里达与神学》（2004 年春）、第二十一期《上帝的形象》（2004 年秋）、第二十二期《中世纪神秘主义神学》（2005 年春）、第二十三期《激进正统神学》（2005 年秋）、第二十四期《比较神学》（2006 年春）、第二十五期《宗教改革与现代性》（2006 年秋）、第二十六期《宗教社会学研究》（2007 年春）、第二十七期《明清时期的汉语神学》（2007 年秋）；“汉语基督教文化研究所丛刊”：1. 汉语基督教文化研究所编《文化基督徒：现象与论争》（1997），2. 顾彬、刘小枫等著《基督教、儒教与现代中国革命精神》（1999），3. 汉语基督教文化研究所编《现代语境中的三一论》（1999），4. 马敏编《韦卓民基督教文集》（2000），5. 杨熙楠编《汉语神学刍议》（2000），6. 刘小枫著《汉语神学与历史哲学》（2000），7. 邓绍光、赖品超编《巴特与汉语神学》（2000），8. 刘小枫编《灵知主义及其现代性谋杀》（2001），9. 高师宁著《新兴宗教初探》（2001），10. 刘小枫、梁作禄编《现代国家与大公主义政治思想》（2001），11. 吴飞著《麦芒上的圣言——一个乡村天主教群体中的信仰和生活》（2001），12. 杨克勤著《古修辞学——希罗文化与圣经诠释》（2002），13. 赖品超编著《近代中国佛教与基督宗教的相遇》（2003），14. 杨熙楠、雷保德编《翻译与吸纳——大公神学和汉语神学》（2004），15. 曾庆豹、曾念粤编《莫尔特曼与汉语神学》（2004），16. 李景雄著《与龙凤共舞——李景雄神学作品选集》（2004），17. 吴梓明等著《圣山脚下的十字架——宗教与社会互动个案研究》（2005），18. 高师宁著《当代北京的基督教与基督徒——宗教社会学个案研究》（2005），19. 林子淳著《多元性汉语神学诠释——对“汉语神学”的诠释及汉语的“神学诠释”》（2006），

20. 陈家富编《蒂利希与汉语神学》（2006），21. 溥林著《中世纪的信仰与理解——波拉文图拉神哲学导论》（2006），22. 曾庆豹编《朋霍费尔与汉语神学》（2006），23. 苏远泰著《张纯一的佛化基督教神学》（2007），第24—28集为曾庆豹主编的“后尼采系列”，包括24. 严泽胜、曾庆豹等著《解构与汉语神学》（2007），25. 朱刚、谭立铸等著《现象学与汉语神学》（2007），26. 孙向晨、陈建洪等著《政治哲学与汉语神学》（2007），27. 战洋、朱宝元等著《批判理论与汉语神学》（2007），28. 张旭、李丽娟等著《诠释学与汉语神学》（2007），29. 张庆熊、林子淳编《哈贝马斯与汉语神学》（2007），30. 林鸿信著《谁启蒙谁——论启蒙》（2007），31. 邢福增著《基督教在中国的失败——中国共产运动与基督教史论》（2008），32. 林鸿信著《点与线——论人》（2008）等。此外，汉语基督教文化研究所还编有《尝鼎一脔：汉语基督教文化研究所出版书籍文章试读》（2001），以及收入“道风山基督教丛林学术丛书”的由刘小枫、谢品然、曾庆豹主编《现代性、传统变迁与神学反思——第一、二届汉语神学圆桌会议论文集》（1999）等。为总结和反思“汉语神学”的发展历史及学术成果，最近杨熙楠、李秋零还主编了《汉语神学与当代学术》（三卷，上海三联书店，2008）文集。而以观察者身份来对之系统研究的著作则有孙尚扬、刘宗坤著《基督教哲学在中国》（首都师范大学出版社，2002）等。

“汉语神学”与以往的“华人神学”或“中国神学”的区别，在于其强调以“汉语”作为“母语”的神学探究，而不是突出其“华人”或“中国”的身份认同。其基本定位是，“一，以汉语文化的历史的思想资源和社会经验发展基督神学及其文化，以形成具有汉语思想文化之风范的基督神学文化；二，在汉语思想学术域建设神学学科，与儒学、道家、佛家思想以及各种现代主义思想构成学术性对话关系……汉语神学亦应建设自己的学术空间和学术典范，使基督神学成为汉语文化思想的结构要素和人文学术的组成部分；三，它是汉语世界（中国大陆、中国台湾、中国香港、马星、北美华人社区）的各社会地域的汉语宗教学者的共同志业”[①]。由此观之，研究者认为“汉语神学”有如下一些基本特征：其一，“汉语神学”介乎“认信基督”和“信仰中立”两种态度之间，它虽不再属于“教会神学”的范畴，在一定程度上却仍是一种“信仰神学”；其二，“汉语神学”有着明显的

① 《道风：汉语神学学刊》第1期（1994年夏），香港，“复刊辞”第8—9页。

“人文神学”的倾向，从而开启了其走向“信仰中立”的“基督教学术”的可能性；其三，“汉语神学”虽为“母语神学”的表述，却反对神学的“本色化”意向；其四，“汉语神学”在中国古已有之，并且与“儒家”传统有着交往和对话关系；其五，“汉语神学”追求与“基督神学的理想形态”保持“垂直关系”，而不认为有任何穿越“历史形态”的“纵横关系”；其六，“汉语神学”侧重其“个我性”“个人性”之“生存经验”与“上帝之言”的相遇，而不关注其与“民族性思想体系”的相遇，无意于与这种民族性“大理”的“融糅”。这样，“汉语神学”显然仍有许多尚待深化、开发的思想空间和理论领域。不少观察“汉语神学”发展变迁的学者指出，“汉语神学”首先必须要有“中国”问题意识，与“中华文化”和“汉语世界”密切联系，而不能脱离“基督教与中国之关系”；在此前提下，“汉语神学”应该运用博大精深的汉语文化资源来阐释、发展其思想内容，体现中国文化“重理性、重人伦、重文化”的特色，并得以构建其“人文性”“学理性”的神学思想体系。①

“学术神学”的考量已散见于卓新平等主编《基督宗教研究》，徐以骅、张庆熊主编《基督教学术》，以及杨慧林等主编《基督教文化学刊》的相关论文中。其表述则由卓新平在 2006 年 11 月上海大学召开的“基督教在当代中国的社会作用及其影响”高级论坛，2007 年 4 月中国社会科学院世界宗教研究所在北京组织召开的“基督宗教研究资源及进展”国际学术会议上明确提出。此后，卓新平在几项相关的学术研讨会、研讨班上多次阐述其观点。与之关联的学术出版包括卓新平著《当代亚非拉美神学》（上海三联书店，2007），《基督教与中国文化的相遇、求同与存异》（香港中文大学崇基学院，2007），以及卓新平主编《当代中国宗教研究精选丛书 · 基督教卷》（民族出版社，2008）等。与之相呼应，最近海外华人学者黄保罗亦推出了其专著《汉语学术神学》（宗教文化出版社，2008）。不过，黄保罗论及的“学术神学”乃以“西方学术神学”为参照，立意于“作为学科体系的基督教研究”，其与教会神学的不同在于强调“学术性”而不是“教会性”，但二者在“认信”意义上仍有一些相同处，即也涵括“认信神学”的立场、观点和方法，故而与中国大陆学术界所言宗教学意义为主的“学术神学”有

① 卓新平主编：《当代中国宗教研究精选丛书 · 基督教卷》，民族出版社 2008 年版，第 10—17 页。

着明显的区别。因此，不可对“学术神学”作任何“信仰神学”的误解。

这一“学术神学”亦可称为“学问神学”“学者神学”或“学院神学”，其特点是突出其“学术性”“研究性”“客观性”“科学性”和“求真”意识，从而与强调“认信”的“教会神学”以及突出主体性的“文化基督徒”信仰与学问并重之“汉语神学”形成区别。这种纯“认知”性的神学追溯到古希腊哲学家柏拉图所创立的“神学”概念，以其对“神”之“言说”、推论这种原初“神学”理解来使“神学”体现出学术上“究问终极”的“求真”意蕴。这样，神学就不只是“教会在思考”或“基督徒在思考”，而也是学界、学者的思考，是其对“绝对本体”“终极真实”或“形上之在”的思想理解和逻辑推断。对这种探究而言，“学院”则可能比“教会”更有优势，更具发挥、发展的潜力。在其研究者看来，“学术神学”乃包括如下一些特点：第一，“学术神学”从宗教学的视阈来探讨传统基督教神学的基本论题，以其开放性来与人文社会科学各领域相结合；第二，“学术神学”以宗教学的立场、观点、方法和成果为其基础和条件，但专注于基督教神学基本命题的研究；第三，“学术神学”肯定对诸宗教神学理论整合之努力，是研究宗教之间比较、对话、理解的神学。若对“学术神学”的具体内容和意向细加分析，则可看到其涵括如下层面：其一，“学术神学”研究的主体是中国大陆高校、研究机构的学者，这些人大多没有“教会”背景或“基督信仰”之前提，其研究论域却与海外大学神学系或神学院相同，与之比较故有研究“主体”之异、研究“客体”之同，有着“学问神学”与“认信神学”的对照和区别；其二，“学术神学”以学问式、哲学式的究诘来探讨宗教中的“神论”，其表述不是“存在论”（“神存在吗?”）的，而是“诠释学”（对“神是什么”的理解、诠释及其分析、比较）的；其三，“学术神学”不以“圣经神学”为前提和依据，但对“圣经”加以历史学、考古学、语言学、人类学、社会学等系统而综合的研究；其四，“学术神学”对应“系统神学”的相关命题来展开探讨，注重其学术理论构架和体系；其五，“学术神学”基于基督教神学研究来进一步展开对不同宗教、不同思想理论、不同社会文化的比较研究，因而是一种“开放性”“比较式”的“神学”。[①] 随着这种“学术神学”的深入展开，中国学术界乃至整个中国社会

---

① 卓新平主编：《当代中国宗教研究精选丛书·基督教卷》，民族出版社 2008 年版，第 17—24 页。

则可能会对基督教以及所有宗教的理论体系和思维特征有更新的认识、更客观的理解、更公正的态度。

除了上述神学理论的研究之外，中国大陆学者在中国当代基督教研究上还特别注意对基督教发展现状的社会学、人类学研究，并有许多田野调查和个案分析。这方面的著作则包括吴飞著《麦芒上的圣言——一个乡村天主教群体中的信仰和生活》（香港道风书社，2001），吴梓明等著《圣山脚下的十字架——宗教与社会互动个案研究》（香港道风书社，2005），陈村富著《转型期的中国基督教：浙江基督教个案研究》（东方出版社，2005），李峰著《乡村基督教的组织特征及其社会结构性位秩：华南 Y 县 X 镇基督教教会组织研究》（复旦大学出版社，2005），高师宁著《当代北京的基督教与基督教徒——宗教社会学个案研究》（香港道风书社，2005），康志杰著《上主的葡萄园——鄂西北磨盘山天主教社区研究（1634—2005）》（台北辅仁大学出版社，2006）等。

第五节　基督教文化比较及文献研究

在基督教文化比较及文献研究方面，中国改革开放 30 年以来亦取得重大进展和许多有意义的突破。具体而言，这些研究可以进而分为如下三个层面：一是对基督教文化艺术的专题研究，由此探究基督教信仰思想体系的扩展、辐射和在文化艺术领域的多元体现；二是对基督教与其他宗教的比较研究，由此剖析基督教文化体系与其他宗教文化体系的相遇、对话和交流、沟通；三是对基督教文献的整理和研究，由此了解基督教文化遗产及其影响，在对基督教文献的搜集、整理和运用上有更好的把握。在上述研究中，中国学者注意到基督教文化的开放性和扩散性，亦加深了对中国文化体系“海纳百川、有容乃大”之意义的体会。

一　基督教文化艺术研究

在研究基督教文化艺术方面，中国大陆学术界在过去 40 年中的学术成果包括蒂利希著，陈新权译《文化神学》（工人出版社，1988）；艾略特著，杨民生等译《基督教与文化》（四川人民出版社，1989）；道森著，长川某译《宗教与西方文化的兴起》（四川人民出版社，1989）；吴雷川著《基督教与中国文化》（上海书店出版社，1990）；杨慧林等主编《基督教文化百科全书》（济南出版社，1991）；中国社会科学院宗教所基督教研究室编《基督教文化面面观》（齐鲁书社，1991）；章开沅、林蔚主编《中西文化与教会大学》（湖北教育出版社，1991）；朱维之著《基督教与文学》（上海书店，1992）；董丛林著《龙与上帝：基督教与中国传统文化》（生活·读书·新知三联书店，1992；广西师范大学出版社，2007）；朱维铮主编《基督教与近代文化》（上海人民出版社，1994）；卓新平著《基督教文化百问》（今日中国出版社，1995）；马佳著《十字架下的徘徊——基督教文化和中国现代文学》（上海学林出版社，1995）；刘小枫主编《道与言——华夏文化与基督文化相遇》（上海三联书店，1995）；杨慧林著《罪恶与救赎——基督教文化精神论》（东方出版社，1995）；王晓朝著《基督教与帝国文化》（东方出版社，1997）；李志刚著《百年烟云，沧海一粟——近代中国基督教文化掠影》（今日中国出版社，1997）；杨剑龙著《旷野的呼声——中国现代作家与基督教文化》（上海教育出版社，1998）；王列耀著《基督教与中国现代文学》（暨南大学出版社，1998）；董小川著《儒家文化与美国基督新教文化》（商务印书馆，1999）；佟洵主编《基督教与北京教堂文化》（中央民族大学出版社，1999）；巴博编绘《基督宗教美术图案集》（宗教文化出版社，1999）；宋剑华著《基督精神与曹禺戏剧》（湖南师范大学出版社，2000）；罗秉祥、赵敦华主编《基督教与中西文化》（北京大学出版社，2000）；陆扬著《欧洲中世纪诗学》（上海社会科学院出版社，2000）；王本朝著《20世纪中国文学与基督教文化》（安徽教育出版社，2000）；梁工主编《基督教文学》（宗教文化出版社，2001）；卞昭慈著《天路·人路：英国近代文学与基督教思想》（四川大学出版社，2001）；杨周怀著《基督教音乐》（宗教文化出版社，2001）；张浩达等编著《视觉〈圣经〉：西方艺术中的基督教》（社会科学文献出版社，2001）；张宏编著《艺术的殿堂：西欧古典教堂选例》（东南大学出版社，2001）；杨慧林著《基督教的底色与文化延伸》（黑龙江人民出版社，2002）；王列耀著《基督教文化与中国现代戏剧的悲剧意识》（上海三联书店，2002）；赵春晨、雷雨田、何大进著《基督教与近代岭南文化》（上海人民出版社，2002）；莫小也著《17—18世纪传教与西画东渐》（中国美术学院出版社，2002）；伯德莱著，耿昇译《清宫洋画家》（山东画报出版社，2002）；波希格里芙著，彭燕、姚娟译《基督教美术之旅》（上海美术出版社，2002）；狄克森著，毕祎、戴丹译《基督教音乐之旅》（上海美术出版社，2002）；顾卫民著《基督宗教艺术在华发展史（唐元明清时期）》（香港道风山基督教丛林，2003）；蒋承勇著《西方文学“两希”传统的文化阐释》（中国社会科学出版社，2003）；刘文明著《上帝与女性：传统基督教文化视野中的西方女性》（武汉大学出版社，2003）；陆耀明著《对哥白尼日心说与基督教关系的再认识》（上海学林出版社，2003）；许正林著《中国现代文学与基督教》（上海大学出版社，2003）；喻天舒著《五四文学思想主流与基督教文化》（北京昆仑出版社，2003）；高旭东著《中西文学与哲学宗教》（北京大学出版社，2004）；唐小林著《看不见的签名——现代汉语诗学与基督教》（中国社会科学出版社，2004）；赵林著《中西文化分野的历史反思》（武汉大学出版社，2004）；王汉川、谭好哲主编《基督教文化视野中的欧美文学》（中国育文出版社，2004）；麦格拉思编，苏欲晓等译《基督教文学经典选读》（北京大学出版社，2004）；施密特著，汪晓丹、赵巍译《基督教对文明的影响》（北京大学出版社，2004）；齐泽克著，蒋桂琴等译《易碎的绝对——基督教遗产为何值得奋斗?》（江苏人民出版社，2004）；薄洁萍著《上帝作证：中世纪基督教文化中的婚姻》（上海学林出版社，2005）；刘建军著《基督教文化与西方文学传统》（北京大学出版社，2005）；菲弗著，萧潇译《基督形象的艺术神学》（中国社会科学出版社，2005）；甘霖著，赵中辉译《基督教与西方文化》（北京大学出版社，2005）；陈小鲁著《基督宗教音乐史》（宗教文化出版社，2006）；侯军著《基督教与西方电影》（北京文化艺术出版社，2006）；侯锡瑾著《西方早期合唱艺术》（北京大学出版社，2006）；刘丽霞著《中国基督教文学的历史存在》（社会科学文献出版社，2006）；潘明权编著《基督教邮票欣赏》（宗教文化出版社，2006）；卓新平主编《基督教文化160问》（东方出版社，2006）；麦格拉斯著，高民贵、陈晓霞译《天堂简史——天堂概念与西方文化之探究》（北京大学出版社，2006）；怀特著，鲁旭东译《基督教世界科学与神学论战史》（广西师范大学出版社，2006）；陈伟华著《基督教文化与中国小说叙事新质》（中国社会科学出版社，2007）；陈召荣、李春霞编著《基督教与西方文学》（甘肃人民出版社，2007）；路邈著《远藤周作：日本基督宗教文学的先驱》（宗教文化出版社，2007）；莫运平著《基督教文化与西方文学》（中央编译出版社，2007）；肖四新著《莎士比亚戏剧与基督教文化》（巴蜀书社，2007）；肖霞著《日本近代浪漫主义文学与基督教》（山东大学出版社，2007）；杨彩霞著《20世纪美国文学与圣经传统》（中国人民大学出版社，2007）；赵林著《基督教思想文化的演进》（人民出版社，2007）；卓新平著《基督教与中国文化的相遇、求同与存异》（香港中文大学崇基学院，2007）；程乃胜著《基督教文化与近代西方宪政理念》（法律出版社，2007）；纽曼著，周元晓、祝春艳译《基督教历史文化：〈达·芬奇密码〉的背后》（当代中国出版社，2007）；梁坤著《末世与救赎——20世纪俄罗斯文学主题的宗教文化阐释》（中国人民大学出版社，2007）等。

在这种研究中，中国学者多体现出一种文化比较的姿态和文化哲学的意识。随着“全球化”时代中西文化再一次“密切”接触，基督教作为中西文化比较的范例或窗口的意义凸显，而不同文化之间在相遇和交流的过程中“求同”“存异”“吸纳”、“排拒”等问题亦浮现出来。对此，当代中国研究者大致有如下几个层面的探讨：其一，基督教与西方文化的关系；在这一层面的认知上，中国学者强调基督教文化的“两希”文明基础，及其在西方从古代到中世纪转型过程中，基督教促成“西方文化”之形成的关键作用和深远意义。正是随着西方社会的发展、扩大、基督教文化作为一种强势的“宗教文化体系”得以奠立，且为西方社会发展提供了源源不断的思想精神支撑，成为西方社会政治经济之表层“硬实力”的深层次“软实力”，保障其“可持续性”发展。当然，基督教文化并非一个封闭性体系，而有着开放和吸纳，从而使自身不断得以扩充和更新，保持住其鲜活的“自我意识”和旺盛的生命力。正是在西方文化的发展变化中，及其与其他文化的接触交往中，基督教文化也在不断演进和嬗变。其二，基督教文化与中国文化的关系；中国学者认识到，二者在历史和现今的交往中乃表现为“强”“强”相遇之态，彼此之间既有碰撞、对峙，亦有沟通、对话，其交流“尚未结束”，在旧音回绕之际亦会有新曲谱写。其共识是，二者的对抗会同受损伤，而彼此宽容、谅解、融贯、吸纳则能达“双赢”。基督教文化在中国的存在发展显然会带来西方文化之“异”，但这种“异”对中国文化并不全是负面的、消极的，而会有着开阔眼界、启迪思想、耳目一新的效果，因此容“异”则能“大”，可以带来或促进中国文化的充实、更新与发展。同理，基督教文化在中国也必须经历“本色化”或“本土化”的变革，以适应中国社会、融入中国文化，最终能像佛教文化那样达成其作为中国文化的有机构成之境。其三，基督教文化精神在文学、艺术、科学诸领域的表达和表现；在此亦有与西方文学艺术和中国文学艺术发展的关系问题，而且更加直观、醒目，更有其吸引作用和影响效果。这方面的研究一会触及基督教精神所能表达的文学修养、艺术造诣和审美情趣，给人带来什么样的艺术形象和精神想象，二会涉及基督教文化在中国近现代发展中带来的改变，如对中国新文化运动知识分子的影响，在《圣经》翻译等基督教经典译介上对中国文字改革的促进等问题。尽管有20世纪初“非基督教运动”的文化抵制现象，中国学者仍肯定基督教文化进入中华后的积极意义和作用，尤其是《圣经》白话文的翻译在当时方兴未艾的白话文普及运动中有着巨大的促进作用，并对随之而来的中国新文学运动发展产生了积极影响。此外，中国学者还关注到基督教文化在文学、艺术、音乐、建筑等领域的体现和“物化”或“形象化”，看到在这种文化氛围中人们精神气质、艺术修养和审美情趣的发展变化，由此亦开展了对神学美学、诗化神学和艺术神学等领域的研究。

二　基督教与其他宗教比较研究

相对而言，这一领域的研究起步较晚，力量较弱，成果不多。尽管基督教与儒家的对话、比较有悠久的历史，但因清朝“中国礼仪之争”后大伤元气，久久未见实质性的恢复。而当19世纪末、20世纪初基督教重新开始“耶儒”对话时，则一方面遇到基督教乘西方“列强”之势东来而受中国人的冷漠，没有真正的对话，另一方面也恰逢儒家思想体系正随着中国封建王朝的衰败而弱化、冷落，对基督教等西方思想文化已难有积极的回应。至于基督教与其他宗教的对话，则尚未完全展开，也没取得实效。自20世纪下半叶以来，世界宗教进入“对话”时代，基督教在其中显得格外积极，甚至可以说发挥着主导作用。在这一形势下，中国大陆实施改革开放，随之而来的中国宗教研究自然会关注宗教对话问题。这样，基督教与其他宗教的比较研究真正进入学者的视阈，成为其探究的范围。

涉及基督教与其他宗教比较研究的著述，主要包括刘小枫著《拯救与逍遥》（上海人民出版社，1988）；高旭东等著《孔子精神与基督精神》（河北人民出版社，1989）；高旭东著《生命之树与知识之树》（河北人民出版社，1989）；王生平著《“天人合一”与“神人合一”》（河北人民出版社，1989）；秦家懿、孔汉思著，吴华译《中国宗教与基督教》（生活·读书·新知三联书店，1990）；孙尚扬著《基督教与明末儒学》（东方出版社，1994）；袁步佳著《老子与基督》（中国社会科学出版社，1997）；唐力权著《周易与怀德海之间》（辽宁大学出版社，1997）；何光沪、许志伟主编《对话：儒释道与基督教》（社会科学文献出版社，1998）；马勒伯朗士等著，陈乐民译《有关神的存在和性质的对话》（其内容主要涉及“一个基督教哲学家和一个中国哲学家关于神的存在和性质的对话”，生活·读书·新知三联书店，1998）；董小川著《儒家文化与美国基督新教文化》（商务印书馆，1999）；顾彬、刘小枫等著《基督教、儒教与现代中国革命精神》（香港汉语基督教文化研究所，1999）；香港学者何世明著《基督教儒学四讲》《从基督教看中国孝道》《基督教与儒学对谈》《融贯神学与儒家思想》（宗教文化出版社，1999）；卓新平主编《宗教比较与对话》（第一辑，社会科学文献出版社，2000，自第三辑起由宗教文化出版社出版，已出六辑）；王作安、卓新平主编《宗教：关切世界和平》（宗教文化出版社，2000）；赖品超、李景雄编《儒耶对话新里程》（香港中文大学崇基学院，2001）；郭卫东著《中土基督》（云南人民出版社，2001）；王敬之著《圣经与中国古代经典——神学与国学对话录》（宗教文化出版社，2001）；何光沪、许志伟主编《对话二：儒释道与基督教》（社会科学文献出版社，2001）；钟鸣旦著，圣神研究中心译《杨廷筠——明末天主教儒者》（社会科学文献出版社，2002）；姚新中著，赵艳霞译《儒教与基督教：仁与爱的比较研究》（中国社会科学出版社，2002）；赖品超编著《近代中国佛教与基督宗教的相遇》（香港道风书社，2003）；王志成著《和平的渴望：当代宗教对话理论》（宗教文化出版社，2003）；潘尼卡著，王志成、思竹译《印度教中未知的基督》（四川人民出版社，2003）；尼特著，王志成译《宗教对话模式》（中国人民大学出版社，2004）；傅友德、斯图沃德、克拉克主编《跨宗教对话：中国与西方》（中国社会科学出版社，2004）；庞景仁著，冯俊译《马勒伯朗士的“神”的观念和朱熹的“理”的观念》（商务印书馆，2005）；颜炳罡著《心归何处：儒家与基督教在近代中国》（山东人民出版社，2005）；姚兴富著《耶儒对话与融合：〈教会新报〉（1868—1874）研究》（宗教文化出版社，2005）；吴言生、赖品超、王晓朝主编《佛教与基督教对话》（中华书局，2005）；李晨阳著《道与西方的相遇——中西比较哲学重要问题研究》（中国人民大学出版社，2005）；黄进兴著《圣贤与圣徒》（北京大学出版社，2005）；郭清香著《耶儒伦理比较研究：民国时期基督教与儒教伦理思想的冲突与融合》（中国社会科学出版社，2006）；何除、林庆华主编《基督教与道教伦理思想研究》（四川大学出版社，2006）；刘海编译《当佛陀遇上基督》（陕西师范大学出版社，2006）；赖品超著《传承与转化：基督教神学与诸文化传统》（香港基督教文艺出版社，2006，书中有与大陆学者的对话，一些内容亦已由大陆学刊发表）；毛丽娅著《道教与基督教生态思想比较研究》（巴蜀书社，2007）等。

根据中国学者的分析，基督教在对待其他宗教时大概会采取“多元论”“包容论”或“排他论”这三种态度。按照一般理解，“排他论”认为只有一种启示或宗教是真实的，所有其他的“启示”或“宗教”则是虚假的，这乃是历史上基督教会的传统立场，故而才有“惟信称义”“教会之外无拯救”的观点。但这种观点在不同宗教比较和对话中会导致基督教“唯我独尊”“唯我独大”的态度，从而排除了宗教或信仰之间任何对话、沟通的可能性。因此，在当代宗教对话的氛围中，莫尔特曼视这种“排他论”为“绝对主义”，并批评其乃宗教不宽容性的思想根源。“多元论”则认为一切宗教或信仰都会内在地含有真理的因素，但其中并没有哪一种宗教或信仰能真正宣称和拥有最终的和决定性的真理。按照约翰·希克的说法，人类共有对终极实在的信仰，但在不同宗教或民族的表达中就形成了不同的神明观念，如“上帝”“安拉”“梵”“天”“佛”等，这些表述反映了终极实在的本真，但其表述本身却是相对的，而不能完全等同于具有绝对意义的终极实在本身。“包容论”乃有着对上述两种观点的综合或折中，即主张只有一种真正的宗教或启示存在，但其反映或表达的真理也能以片断、零星、碎散等不完全的形式在其他宗教或信仰中得到体验或印证。这样，在掌握真理上，相关宗教乃有着主与从或整体与局部的关系。尽管中国学术界对之有着不同的看法和激烈的讨论，但多数学者主张在宗教对话上应持“多元论”的态度，因为只有这种态度才能允许真正的信仰自由和宗教宽容，从而达到不同宗教的多元共存。人类历史上已经历了太多的宗教对抗和宗教战争，所以应努力争取以宗教对话来取代宗教对抗。中国学者把这种“对话”视为人类“共在之智慧”，主张通过对话来实现宗教理解、宗教沟通。尤其在“后冷战时期”，中国学者加强了对宗教对话、比较的研究，旨在为避免“文明冲突”、构建“和谐世界”提供学者的睿智和思路。

三　基督教文献整理和研究

在基督教文献的整理和研究上海外学者做了大量工作，成就卓著。而在中国基督教历史研究的史料搜集、整理上，亦有一批海外学者和港澳台学者取得了巨大成绩。中国大陆学者在张星烺、陈垣等人积累、整理、研究的基础上，在改革开放以来的40年中亦有新的收获与拓展，从而形成了学术研究积累资料、基于资料的良好学风，并为中国当代基督教研究的稳步发展打下了重要基础。

在基督教研究领域文献目录学上，近40年的相关成果包括李海编《近代中国教案研究论著、资料索引（1949—1985）》，收入四川社联编辑的《近代中国教案研究》（1987）；徐宗泽编著《明清间耶稣会士译著提要》（中华书局，1989年再版）；王维江、廖梅编《基督教文化研究中文论著索引（1949—1993）》，收入朱维铮主编《基督教与近代文化》（上海人民出版社，1994）；朱越利主编《今日中国宗教》（今日中国出版社，1994），其中也收录了基督教研究各方面的书目。而北京图书馆所编《民国时期总书目（1911—1949）》亦包括有《宗教》卷（北京图书馆出版社，1994），系统收录了这一时期出版的基督教著作目录；此外，郝镇华、陆峻岭翻译出版了费赖之所著《在华耶稣会士列传及书目》（上、下，中华书局，1995），该书另一译本为梅乘骐、梅乘骏译《明清间在华耶稣会士列传（1552—1773）》（天主教上海教区光启社，1997）；耿昇翻译出版了荣振华著《在华耶稣会士列传及书目补编》（上、下，中华书局，1995）；王雷泉主持编辑了《中国大陆宗教文章索引》（1995年在台湾出版，内含基督教研究文章索引）；边晓利、刘峥、张西平编有《中国基督教史论文索引（1949—1997）》，载卓新平、许志伟主编《基督宗教研究》（第一辑）（社会科学文献出版社，1999）；王子华编《国内报刊有关宗教问题文章目录索引》（尚未出版）；曹中建主编《中国宗教研究年鉴》（1996，中国社会科学出版社，1998），（1997—1998、1999—2000、2001—2002、2003—2004，宗教文化出版社，2003—2006），收录了基督教研究的最近著作和论文目录；马长林、吴小新主编《中国教会文献目录：上海市档案馆珍藏资料》（上海古籍出版社，2002），任继愈主编、卓新平执行主编的《20世纪中国学术大典，宗教学》（福建教育出版社，2002）有这一方面书目的详细介绍，而王雷泉、刘仲宇、葛壮主编的《二十世纪中国社会科学·宗教学卷》（上海人民出版社，2005）中也收集了相关著作和论文目录；这一领域的最新进展还包括郭可译，伯希和编，高田时雄校订和补编《梵蒂冈图书馆所藏汉籍目录》（中华书局，2006），以及金以枫编《1949年以来基督宗教研究索引》（社会科学文献出版社，2007）等。

对中国基督教典籍的整理最为完备，这一领域的出版亦最多。除了朱谦之、江文汉、翁绍军、林悟殊等人对景教文典的整理、诠释之外，相关出版还包括以下系列：一为中华书局组织出版的“中外关系史名著译丛”，包括何高济译《鄂多立克东游录》（1981）；何高济、王遵仲、李申译《利玛窦中国札记》（1983）；耿昇、何高济译《柏朗嘉宾蒙古行纪，鲁布鲁克东行纪》（1985）；米列斯库著，蒋本良、柳凤运译《中国漫记》（1989）；伯希和撰、冯承钧译《蒙古与教廷》（1994）；门多萨撰、何高济译《中华大帝国史》（1998）等。二为郑州大象出版社组织出版的“西方早期汉学经典译丛”，包括杜赫德著，郑德弟、吕一民、沈坚、朱静、耿昇等译《耶稣会士中国书简集：中国回忆录》（共6卷，2001—2005）；莱布尼茨著，梅谦立、杨保筠译《中国近事》（2005）等。三为大象出版社等组织出版的“国家清史编纂委员会·编译丛刊”，包括李明著，郭强、龙云、李伟译《中国近事报道（1687—1692）》（2004）；魏若望著，吴莉苇译《耶稣会士傅圣泽神甫传：索隐派思想在中国及欧洲》（2006）；高华士著，赵殿红译《清初耶稣会士鲁日满：常熟账本及灵修笔记研究》（2007）等。此外，黄时鉴整理出版了《东西洋考每月统记传》（中华书局，1997），季羡林负责的《四库全书存目丛书》于1997年由山东齐鲁书社出齐，其中亦包括天主教著译13种，即子部杂家类十种：《辩学遗牍》、《二十五言》、《天主实义》、《畸人十篇》（附《西琴曲意》）、《交友论》、《七克》、《西学凡》（附《景教流行中国碑颂》）、《灵言蠡勺》、《空际格致》、《寰有诠》，史部地理类两种：《别本坤舆外纪》和《西方要纪》（《御览西方要纪》），经部小学类一种：《西儒耳目资》；而韩国访问学者郑安德在北京大学亦整理编辑了《明末清初耶稣会思想文献汇编》，于2003年由北京大学宗教研究所修订重印。在明清天主教典籍整理出版上还包括陈东风编著《耶稣会士墓碑人物志考》（中国文联出版社，1999），沈保义、顾卫民、朱静译《中国礼仪之争西文文献一百篇（1645—1941）》（上海古籍出版社，2001），李炽昌主编《文本实践与身份辨识：中国基督徒知识分子的中文著述（1583—1949）》（上海古籍出版社，2005），由中国第一历史档案馆与福建师范大学历史系合编的《清末教案》（归入《中国近代史资料丛刊续编》，中华书局，1996—2000），共分为5册：第1册为“中文档案”（1842—1871）、第2册为“中文档案”（1872—1900）、第3册为“中文档案”（1901—1911）、第4册为“法国外交文件及《传信年鉴》选译”、第5册为“美国对外关系文件选译，英国议会文件选译”，由邹爱莲、吴小新主编，中国第一历史档案馆编辑的《清中前期西洋天主教在华活动档案史料》（四册，中华书局，2003），以及吴旻、韩琦编校

《欧洲所藏雍正乾隆朝天主教文献汇编》（上海人民出版社，2008）等。在这一领域收集较多的文献汇编还包括王美秀、任延黎编辑影印出版的《东传福音》（黄山书社，2005）等。

在明清天主教人士资料汇编上，中国学术界关注最多的应是意大利耶稣会士利玛窦。除了对利玛窦的大量研究专论外，整理出版的相关文献还包括裴化行著，管震湖译《利玛窦评传》（上、下，商务印书馆，1993）；朱维铮主编《利玛窦中文著译集》（复旦大学出版社，2001）；利玛窦著，芸娸译《利玛窦中国书札》（宗教文化出版社，2006）等。其他传教士著作得以整理出版的还有史式徽著，天主教上海教区史料译写组译《江南传教史》（二卷，上海译文出版社，1983）；曾德昭著，何高济译《大中国志》（上海古籍出版社，1998）；马国贤著，李天纲译《清廷十三年——马国贤在华回忆录》（上海古籍出版社，2004）等。在研究整理近代来华新教传教士文献上，则有广西师范大学出版社编辑出版的“基督教传教士传记丛书”，包括前面提到的马礼逊夫人编，顾长声译《马礼逊回忆录》（2004）；丁韪良著，沈弘等译《花甲忆记——一位美国传教士眼中的晚清帝国》（2004）；卫斐列著，顾钧等译《卫三畏生平及书信——一位美国来华传教士的心路历程》（2004）等。2008年亦在澳门出版了《马礼逊文集》。与之相关的文献出版还有卫三畏著，陈俱译《中国总论》（上、下，上海古籍出版社，2005）；李提摩太著，李宪堂、侯林莉译《亲历晚清四十五年——李提摩太在华回忆录》（天津人民出版社，2005）等。

对民国以来基督教典籍的整理研究也取得了一定进展。这方面的成果包括张西平、卓新平编《本色之探——20世纪中国基督教文化学术论集》（中国广播电视出版社，1999）；燕京研究院编，文庸等主编《赵紫宸文集》（已出版三卷，商务印书馆，2003—2007）；中华续行委办会调查特委会编、蔡咏春等译《中华归主：中国基督教事业统计（1901—1920）》（三卷，中国社会科学出版社，1987；2007年再版）；吴经熊著，周伟驰译《超越东西方》（社会科学文献出版社，2002）；而由上海古籍出版社整理出版的中国基督教思想家著作还有王治心著《中国基督教史纲》（2004、2007），吴雷川著《基督教与中国文化》（2008）等。

最后，在基督教研究工具书的编纂上，中国学者亦颇有收获。除了综合类辞典有许多论及基督教的内容之外，相关的专门词典还包括杨慧林等主编《基督教文化百科全书》（济南出版社，1991）；中国大百科全书出版社上海分社编《简明基督教百科全书》（1992）；《基督教词典》编写组编《基督教词典》（北京语言学院出版社，1994）；泰勒编，李云路等译《简明基督教全书》（中国社会科学出版社，1999）；卓新平主编《基督教小辞典》（上海辞书出版社，2001）；文庸、乐峰、王继武主编《基督教词典（修订版）》（商务印书馆，2005）；以及卓新平主编、宗教文化出版社出版的“宗教研究辞典丛书”，包括雷立柏编《基督宗教知识辞典》（2003）、《拉丁成语辞典》（2006）、《古希腊罗马及教父时期名著名言辞典》（2007）和《汉语神学术语辞典》（2007），以及卢龙光主编《基督教圣经与神学词典》（2007）等。

第六节　2008—2018年中国基督宗教研究

2008年以来，基督宗教历史文献、基督宗教哲学思想、圣经研究、跨文化比较研究这些基督宗教传统研究领域仍然是大陆学界基督宗教研究的重中之重，这些研究为该学科近10年的发展奠定了坚实的基础。同时，随着中国的宗教政策日益强调发挥宗教界在和谐社会及经济社会中的地位与作用，基督宗教各界在文化与社会中的影响力逐渐凸显，加之前30年基督宗教在团体数量与信徒人数上的增长这个既成事实被纳入考量，如何将基督宗教转化成为中国社会文化建设的和谐的、有机的组成部分，成为宗教学界关注的热门话题，宗教生态论视阈中的基督宗教、作为整体的中国基督教会建构、基督宗教中国化等问题相继受到学术界关注，产生了众多代表性的学术著作，这些研究为中国基督宗教的良性发展趋势及宗教工作的有效开展提供了理论支撑。下面我们分主题将中国大陆近10年来的基督宗教研究状况加以总结。

一　历史研究

基督宗教史的研究分为世界史与中国史两大门类。在世界历史研究领域，自中国社会科学院世界宗教研究所王美秀、段琦等人合著的《基督教史》（江苏人民出版社，2006）出版之后，由中国学者自己编著的此方面专著在最近几年并不多见。2010年年初，由游斌撰写的《基督教史纲》一书补此缺憾，该书隶属北京高等教育精品教材，由北京大学出版社出版，书中以基督教与西方社会文化的关系为主线，简洁明了地勾勒出了基督教历史脉络；马超群的《基督教二千年》（云南大学出版社，2014）也为该领域的代表性著作，该书系统地论述了基督教的起源及其2000年的发展演变史，全书分三章，第一章介绍基督教的起源及其早期历史，第二章讲述中世纪的基督教历史，第三章讲述近代基督教史。2012年还再版了中国神学家徐怀启先生的遗著《古代基督教史》（上海人民出版社，2012）。

值得一提的是，以神学发展作为脉络来梳理基督教的发展，这在中国的学术界并不多见，香港学者林荣洪的《基督教神学发展史》（全三册）（译林出版社，2013）可谓其中的代表作；这方面的重要著作还包括一些断代史、国别史专题研究，比如林中泽的《早期基督教及其东传》（上海古籍出版社，2011）、田明的《罗马—拜占庭时代的埃及基督教史研究》（天津人民出版社，2009）、朱孝远的《宗教改革与德国近代化的道路》（人民出版社，2011）、王加丰的《西欧16—17世纪的宗教与政治》（北京师范大学出版集团、安徽大学出版社，2010）、刘城的《英国教会史论文集》（首都师范大学出版社，2014）、王德硕的《北美的中国基督教史研究述论》（上海人民出版社，2016）等。在东正教研究方面，徐凤林教授所著的《东正教圣像史》（北京大学出版社，2012）一书可谓中国学者研究东正教圣像艺术的首创之作。而《拜占庭史研究入门》（陈志强，北京大学出版社，2012）一书亦为中国学界展开对东方正教的研究提供了可贵的背景资料。

中国基督教史的研究最近10年持续了之前的研究热度，研究成果最为丰硕，涉及通史、断代史、区域史、史学专题、史料整理等多个领域。其中通史以罗伟虹主编的《中国基督教（新教）史》（上海人民出版社，2014）最具代表性，该书对基督教传入中国近200年（1807—2002）的历史进行系统梳理，按基督教在华传播时中国的时代变迁，分为清末时期（1807—1911）、民国时期（1911—1949）、社会主义时期（1949—2002）进行论述。断代史研究包括殷小平的《元代也里可温考述》（兰州大学出版社，2012）、唐晓峰的《元代基督教研究》（社会科学文献出版社，2015）、赵晓阳的《近现代基督教的中国化》（中国社会科学出版社，2015）、姚伟钧、胡俊修的《基督教与20世纪中国社会》（广西师范大学出版社，2014），胡建华的《百年禁教始末——清王朝对天主教的优容与厉禁》（中共中央党校出版社，2014）等著作。区域发展史是中国基督教史研究的重点区域，近10年来的研究涉及中国境内多个省份及地区，其中包括吴梦麟、熊鹰的《北京地区基督教史迹研究》（文物出版社，2010），杨清筠的《北京天主教史》（宗教文化出版社，2009），左芙蓉的《基督教与近现代北京社会》（四川出版集团、巴蜀书社，2009），李榭熙等人的《圣经与枪炮：基督教与潮州社会（1860—1900）》（社会科学文献出版社，2010），胡卫清的《苦难与信仰——近代潮汕基督徒的宗教经验》（生活·读书·新知三联书店，2013），孙顺华的《基督教传播与近代青岛社会文化研究》（中国社会科学院出版社，2010），龚缨晏的《浙江早期基督教史》（杭州出版社，2010），陈伟的《杭州基督教史》、张先清的《17—19世纪福安乡村教会的历史叙事：官府宗族与天主教》（中华书局，2009），孟德卫、潘琳的《灵与肉：山东的天主教，1650—1785》（大象出版社，2009），黄有福的《东北朝鲜族地区基督教传播史》（中央民族大学出版社，2014），郑永旺的《俄罗斯东正教与黑龙江文化》（黑龙江大学出版社有限责任公司，2010），邱广军的《基督教与近代中国东北社会》（中国社会科学出版社，2014），刘海涛的《河北基督教史》（宗教文化出版社，2016），颜小华的《广西基督宗教历史与现状研究》（社会科学文献出版社，2014），董延寿的《基督新教在河南的传播与发展研究（1883—1949）》（人民出版社，2014），吴宁的《没有终点的到达——美南浸信会在华南地区的传教活动》（宗教文化出版社，2013），谭厚锋、林建曾、伍娟的《贵州基督教史》（中央民族大学出版社，2017）等。

在众多有关中国基督教史的研究主题中，中国基督教的本土化及教育史尤其得到学者们的关注，由赵士林和段琦主编的《基督教在中国：处境化的智慧》（上、下册）（宗教文化出版社，2009）一书融合了赵紫宸伦理的神学、吴雷川折中的神学、谢扶雅辩证的神学、吴耀宗实践的神学、丁光训博爱的神学、陈泽民和好的神学等诸多处境化神学思想评价，呈现出多元一体的中国基督教处境化神学的面貌。陶飞亚教授所著的《中国的基督教乌托邦研究：以民国时期耶稣家庭为例》（人民出版社，2012）及左芙蓉的《民国北京宗教社团：文献历史与影响（1912—1949）》（宗教文化出版社，2011）以区域个案详尽解读了这一处境化进程。在中国基督教教育研究方面，以往的学者更多的是从史的角度加以研究，在2010年问世的《中国基督教教育史论》（广西师范大学出版社）一书中，复旦大学的徐以骅教授，史论结合，探讨了教会大学的神学教育、基督教神学教育家、神学教育与中国教会、外国宗派等诸多主题，虽然内容多为论文形式，但详细的史料考订、逻辑严谨的论述，仍使本部著作成为同类论著中之佼佼者。此方面的著述还有章博的《近代中国社会变迁与基督教大学的发展：以华中大学为中心的研究》（华中师范大学出版社，2010）、肖会平等人的《合作与共进：基督教高等教育合作组织对华活动研究（1922—1951）》（山东教育出版社，2009）、王树槐的《基督教与清季中国的教育与社会》（广西师范大学出版社，2011）、周东华的《民国浙江基督教教育研究》（中国社会科学出版社，2011）、陈晶的《上海基督教会学校女子音乐教育研究》（上海音乐学院出版社，2016）、谢竹艳的《中国近代基督教大学外籍校长办学活动研究1892—1947》（福建教育出版社，2015）、张龙平的《国家·教育与宗教——基督教教育会与近代中国》（中国社会科学出版社，2015）、戚印平的《澳门圣保禄学院研究——兼谈耶稣会在东方的教育机构》（社会科学文献出版社，2013）、孙秀玲的《近代中国基督教大学社会服务研究》（山东人民出版社，2013）等。

除教育史研究外，基督教医疗史、社会工作、与不平等条约的关系、边疆服务史也得到学者们的系统研究，最近十年的著述包括李传斌的《条约特权制度下的医疗事业：基督教在华医疗事业研究（1835—1937）》（湖南人民出版社，2010）、刘天路的《身体·灵魂·自然：中国基督教与医疗、社会事业研究》（上海人民出版社，2010）、左芙蓉的《基督宗教与近现代中国社会工作》（民族出版社，2016）、黄海波的《宗教非营利组织的身份建构研究——以（上海）基督教青年会为例》（上海社会科学院出版社，2013）、杨天宏的《救赎与自救：中华基督教会边疆服务研究》（生活·读书·新知三联书店，2010）、陈建明的《近代基督教在华西地区文字事工研究》（巴蜀书社，2014）等。在该领域尚有多部针对特定群体和历史事件的作品，以康志杰的《基督的新娘——中国天主教贞女研究》（中国社会科学出版社，2013）、周伟驰的《太平天国与启示录》（中国社会科学出版社，2013）、吕实强的《近代中国知识分子反基督教问题论文集》（广西师范大学出版社，2011）为代表。

传教士与差会研究是中国基督教史研究的另一个热门话题，其中，关于在华传教士及差会的研究著作有张铠的《庞迪我与中国》（大象出版社，2009），查时杰的《马礼逊与广州十三夷馆》（广西师范大学出版社，2010），孟德卫、陈怡的《奇异的国度：耶稣会适应政策及汉学的起源》（大象出版社，2010），章开沅的《贝德士文献研究》（广西师范大学出版社，2011），林美玫的《追寻差传足迹：美国圣公会在华差传探析（1835—1920）》（广西师范大学出版社，2011），林美玫的《妇女与差传：19 世纪美国圣公会女传教士在华差传研究》（社会科学文献出版社，2011），黄妙婉的《卫理公会与台湾社会变迁（1953—2008）》（合肥工业大学出版社，2011），《传播学视角中的艾儒略与〈口铎日抄〉研究》（上海古籍出版社，2012），《清代中叶巴黎外方传教会在川活动研究》（学苑出版社，2012），《传教士与中外文化交流：李明中国近事报道研究》（浙江大学出版社，2012），王鹰的《试析艾香德的耶佛对话观——基督教与佛教的相遇和互动》（宗教文化出版社，2015），潘凤娟的《西来孔子艾儒略——更新变化的宗教会遇》（天津教育出版社，2013）等。

2017年度该领域共出版专著4部、译著2部，分别为伍玉西所著的《明清之际天主教书籍传教研究（1552—1773）》，该书是对明清之际天主教传教士在中国采取的一种称为“书籍传教”的传教新方法的全面研究；薛理勇的《西风落叶：海上教会机构寻踪》，该书比较系统地介绍了上海与天主教和基督教有关的教堂、教会医院和教会学校等机构的分布和变迁的历史，另外，由黄光域主编的《基督教传行中国纪年（1807—1949）》也在本年度出版，该书从公元1807年英国伦敦会传教士马礼逊抵达广州写起，至公元1949年停笔，涉及在华基督教相关人物和团体机构近19000个。所收内容包括：（1）各国来华布道的差会——名称、国别、宗派、开教、立会设堂等；（2）历年来华的传教士——姓名、身份、驻在地、调转及相关事工等；（3）教会所办医院、学校、慈善机构、报纸杂志及社会文化团体；（4）相关教案；（5）编者认为应该收录的其他资料。这几部著作具有极其重要的史料价值。

在中国基督教史研究领域，史料辑刊始终是一项基础性工作，近几年，“中国基督宗教史料丛刊”“中国基督宗教重要文献汇编”等丛书陆续问世。张西平、任大援、马西尼主编的《梵蒂冈图书馆藏明清中西文化交流史文献丛刊》（大象出版社，2014），吴小新等主编的《满洲公教月刊》（全6册）（广西师范大学出版社，2013），《英敛之集》（上、下册）（广西师范大学出版社，2013），朱维铮、李天纲主编的《徐光启全集》、周岩编校的《明末清初天主教史文献新编》（全三册）（国家图书馆出版社，2013），唐晓峰、王帅主编的《民国时期非基督教运动重要文献汇编》（社会科学文献出版社，2015）均具有一定学术影响力。

二　基督教哲学思想研究

在基督教哲学思想研究领域，近10年的研究主要集中在基督教思想家思想研究、基督教神学思想研究、基督教与跨文化互动等多个领域。西方基督教思想家思想研究曾一度为大陆学界基督教研究的主体，近10年亦有多部专著问世，其中包括斐洛、奥利金、阿塔那修、奥古斯丁、尼撒的格列高利、埃瓦格里乌斯、波爱修斯、托马斯·阿奎那、马丁·路德、加尔文、茨温利、C. S. 路易斯、克尔凯郭尔、别尔嘉耶夫、弗兰克、科拉科夫斯基、斐奇诺、朋霍费尔、保罗·利科、约翰·纽曼、施莱尔马赫、莱茵霍尔德·尼布尔、布尔特曼、拉纳、蒂利希等神学家或哲学家的思想及相关主题都得到了深入阐释。关于中国基督徒思想家的著述有唐晓峰等人主编的《夜鹰之志："赵紫宸与中西思想交流"学术研讨会文集》（宗教文化出版社，2010）、袁益娟的《生生神学：汪维藩神学思想研究》（金城出版社，2010）、李韦的《吴雷川的基督教处境化思想研究》（宗教文化出版社，2010）、丁锐中的《王徵评传》（宗教文化出版社，2016）等，此外，《赵紫宸英文著作集》即《赵紫宸文集》（第5卷）由宗教文化出版社在2009年2月出版。

关于基督教神学和教义、仪式方面的著作主要有张旭的《上帝死了，神学何为?：20世纪基督教神学基本问题》（中国人民大学出版社，2010）、许列民的《沙漠教父的苦修主义：基督教隐修制度起源研究》（世纪出版集团、上海人民出版社，2009）、佘碧平的《中世纪文艺复兴时期哲学》（人民出版社，2011）、康志杰的《基督教的礼仪》（宗教文化出版社，2011）、谢炳国编著的《基督教仪式和礼文》（宗教文化出版社，2013）等。同时一些基督教的神学思想议题，比如灵肉观、人性论等都得到深入解读。

从哲学与文化的视角研究基督教问题是自20世纪80年代以来大陆学界研究基督教的重要路径，最近10年也出版了多部相关著作，包括徐龙飞的《形上之路——基督宗教的哲学建构方法研究》（北京大学出版社，2013）、赵林的《基督教与西方文化》（商务印书馆，2013）、李思凡的《基督教文化概览》（武汉大学出版社，2014）、孙艳燕的《世俗化与当代英国基督宗教》（社会科学文献出版社，2013）、张雅平的《东正教与俄罗斯社会》（社会科学文献出版社，2013）、张龙妹的《东西方文学交流研究 ——东亚各国对基督宗教文化的接纳》（知识产权出版社出版，2013）等。

三　圣经研究

近10年来，圣经研究摆脱了以往研究的颓势，成为基督教研究领域的显学，主题涉及圣经导论、圣经注释、跨文本对读、重要范畴诠释、圣经辞书编写等多个方面，并有多个系列丛书出版，这其中以2011年梁工、卢龙光主编的“圣经文化解读书系”最具代表性。该套丛书由六卷构成，第一卷综述圣经形成的背景、其正典化过程、内部结构、在后世的传播和阐释，及其对后世文化的深远影响；第二卷至第六卷将圣经卷籍分成五种类型依次评述。全书的理论深度和文字风格力求做到雅俗共赏，既从基本常识谈起，又尽量体现西方学术界的最新成就和作者的研究成果，使一般读者和学者都能从中受益，其中包括卢龙光著的《使徒行传和使徒书信解读》，梁工等著《圣经解读》，刘光耀，孙善玲等著的《四福音书解读》，梁工、郭晓霞等著的《诗歌书智慧文学解读》，赵宁著的《先知书启示文学解读》，梁工等著的《律法书叙事著作解读》，该套丛书于2011年由宗教文化出版社出版发行。除以上著作外，下面我们分类将近年来圣经研究的专著罗列如下：（1）导论类，包括王新生的《〈圣经〉精读》（复旦大学出版社，2010），杨克勤、赵敦华的《圣经文明导论：希伯来与基督教文化》（宗教文化出版社，2011），李福钟的《感悟圣经》（宗教文化出版社，2011），陈贻绎的《希伯来语〈圣经〉导论》（北京大学出版社，2011），柯君的《圣经的奥秘》（新世界出版社，2011），刘洪一的《圣经叙事研究》（商务印书馆，2011），张存远的《认识圣经》（世界知识出版社，2011），游斌的《希伯来圣经导论》（上海三联书店，2015），梁工的《圣经指南》（北方文艺出版社，2013）。（2）圣经史学类，包括吴涤申的《使徒保罗传》（世界知识出版社，2011），张晓梅的《使徒保罗和他的世界》（社会科学文献出版社，2012），赵敦华的《圣经历史哲学（修订版）》（江苏人民出版社，2016）。（3）跨文本阅读类，包括田海华主编的《经典与诠释》（四川人民出版社，2011），舒也的《圣经的文化阐释》（江苏人民出版社，2011），常俊跃、李文萍、赵永青的《〈圣经〉与文化》（北京大学出版社，2011）。（4）重要范畴研究，包括杨克勤的《夏娃大地与上帝》（华东师范大学出版社，2008）以及《经宴：罗马书论神意》（宗教文化出版社，2010），陈廷忠的《苦痛与智慧：〈约伯记〉与生命难题》（宗教文化出版社，2010），田海华的《希伯来圣经之十诫研究》（人民出版社，2012），南宫梅芳的《圣经中的女性，创世纪中的文本与潜文本》（社会科学文献出版社，2012），程小娟的《God 的汉译史——争论、接受与启示》（社会科学文献出版社，2013），杨克勤的《圣经人伦——行在光与爱的人性》（宗教文化出版社，2013），李炽昌的《跨文本阅读——〈希伯来圣经〉诠释》（上海三联书店，2015）。（5）圣经注释类。在这类著作中，“天道圣经注释”系列是目前第一套集合全球华人圣经学者撰著、出版的全本圣经注释，也是当今汉语世界较为深入详尽的圣经注释本之一。该套丛书包括邝炳钊的《创世记注释》（全五卷）（上海三联书店，2010），钟志邦的《约翰福音注释》（上下卷）（上海三联书店，2010），鲍会园的《罗马书注释》（上下卷）（上海三联书店，2012）和《歌罗西书注释》（上海三联书店，2012），黄朱伦的《雅歌注释》（上海三联书店，2013），冯荫坤的《腓立比书注释》（上海三联书店，2013），曾祥新的《士师记注释》（上海三联书店，2014），罗伟的《启示录注疏》（上下卷）（上海三联书店，2015），唐佑之的《约伯记注释》（上下卷）（上海三联书店，2015），梁康民的《雅各书注释 》（上海三联书店，2016），黄浩仪的《腓利门书注释》（上海三联书店，2017）等，其他注释类著作包括刘意青、李小鹿的《〈圣经〉故事名篇详注》（中国人民大学出版社，2011），冯象译注的《摩西五经》（生活·读书·新知三联书店，2013）以及李勇的《寓意解经：从斐洛到奥利金》（上海三联书店，2014）等。

四　经典著作译介

最近 10 年，大陆学界在有关基督宗教的外文经典译介方面取得了丰硕的成果。内容集中在基督教史、基督教思想、圣经注释与研究、在华传教士以及与此相关的研究，出版了“基督教经典译丛”“基督教文化译丛”“来华基督教传教士传记丛书”“基督教历代名著集成系列”等多套丛书。

1. 基督宗教史及神学思想研究

2009 年，被誉为 20 世纪英美神学经典之作的美国基督教思想家帕利坎（Jaroslav Pelikan）的五卷本《基督教传统》首卷《基督教传统：大公教的形成》由华东师范大学出版社出版。古巴裔美国教会史权威胡斯都·L. 冈察雷斯的《基督教思想史》（三卷本）一书也在 2010 年 10 月由译林出版社公开发行，该书是神学家冈察雷斯多年研究的成果和代表作，也是基督教思想研究的一部权威著作。冈察雷斯的《基督教史》（上下卷）也在 2016 年在上海三联书店出版。此外，玛格丽特·迈尔斯的《道成肉身：基督教思想史》（杨华明、李林译，中央编译出版社，2012）也被译介过来。“基督教文化译丛”系列中多部著作得以再版，比如布鲁斯·L. 雪莱的《基督教会史》（刘平译，上海人民出版社，第三版，2012）、艾利克森的《基督教神学导论》（陈知纲译，上海人民出版社，第二版，2012）等，这方面的著作还包括《教父时期与中世纪神学研究》（中国社会科学出版社，2012）、约翰·福克斯的《殉道史》（生活·读书·新知三联书店，2011）、约翰·亨利·纽曼的《论基督教教义的发展》（三联书店，2014）、阿利斯特·麦格拉思的《宗教改革运动思潮》（中国社会科学出版社，2015）、戴维·D. 霍尔的《改革中的人民：新英格兰清教及公共生活转型》（译林出版社，2016）、耶格尔的《早期基督教与希腊教化》（上海三联书店，2016）、马文·韦尔森的《亚伯拉罕：基督教的犹太根源》（中西书局，2013）、罗伯特·路易斯·威尔肯的《早期基督教思想的精神》（中国社会科学出版社，2017）等。翻译的神学思想著作包括 G. K. 切斯特顿（G. K. Chesterton）的《回到正统》和《异教徒》（生活·读书·新知三联书店，2011）；（英国学者）大卫·福特（David F. Ford）著的《基督教神学》（译林出版社，2011）；卡斯培著，罗选民译的《现代语境中的上帝观念：耶稣基督的上帝》（华东师范大学出版社，2011）、科林·布朗的《基督教与西方思想》（上海人民出版社，2016）；祁斯特拉姆·恩格尔哈特的《基督教生命伦理学基础》（中国社会科学出版社，2014）；戴维·福特的《基督教神学》（译林出版社，2014）；小约翰·威特、弗兰克·S. 亚历山大的《基督教与法律》（中国民主法制出版社，2014）；葛伦思等著的《二十世纪神学评介》（上海三联书店，2014）；詹姆斯·利文斯顿、弗兰西斯·费奥伦查的《现代基督教思想》（上、下）（译林出版社，2014）；阿尔文·J. 施密特的《基督教对文明的影响》（上海人民出版社，2013）；库比特的《神学的奇异回归——基督教在后现代思想中的变迁》（社会科学文献出版社，2013）等。

2. 重要神学家著作翻译

由吴飞翻译的奥古斯丁名著《上帝之城：驳异教徒》由上海三联书店在 2009 年 1 月出版。2010 年，16 世纪最具影响力的宗教改革家、神学家之一——约翰·加尔文（John Calvin，1509—1564）的代表作《基督教要义》有两个译本问世，并分别由生活·读书·新知三联书店（钱曜诚等译）和宗教文化出版社（徐庆誉、谢秉德译）出版；此外，生活·读书·新知三联书店还出版了“基督教经典译丛”系列，除了《基督教要义》属于此译丛外，还包括奥古斯丁的《论信望爱》《道德论集》《论四福音的和谐》《驳朱利安》，马西尔的《创世六日》，尼撒的格列高利的《摩西的生平》，安波罗修的《论基督教信仰》及优西比乌、保罗·L. 梅尔著的《教会史》，阿塔那修的《论道成肉身》，纳西盎的格列高利的《神学讲演录》，查士丁的《护教篇》，爱德华兹的《宗教情感》，劳威廉的《敬虔与圣洁生活的严肃呼召》，理查德·巴克斯特的《圣徒永恒的安息》，J. C. 莱尔的《圣洁》，G. K. 切斯特顿的《方济各传》《阿奎那传》等著作。除了该丛书外，“基督教历代名著集成”系列著作中的《奥古斯丁选集》《路德选集》《基督教早期文献选集》，（圣伯尔拿、肯培多马等的）《中世纪灵修文学选集》《教父及中世纪证道集》《中世纪基督教思想家文选》《虔诚生活：许革勒文选》也均由宗教文化出版社出版。2009 年，中国社会科学出版社推出的由章雪富、孙毅、游冠辉主编的“历史与思想研究译丛”，近些年来出版了 D. H. 威廉姆斯的《重拾教父传统》（2011）、威尔肯的《早期基督教思想的精神》（2011）、阿利斯特·麦格拉思的《加尔文传：现代西方文化的塑造者》等著作。此外，该类译作还有陈建洪等译的《七重阶梯：吕斯布鲁克文集》（卷 1）（华东师范大学出版社，2011）、被誉为近代自由派先驱的德国神学家施莱尔马赫的《论宗教》（人民出版社，2011）、荷兰改革宗重要神学家赫尔曼·巴文克（Herman Bavinck）的《我们合理的信仰》（南方出版社，2011）等。2011 年，华夏出版社的“新教著名人物传记译丛”继续出版了钟马田（D. Martyn Lloyd - Jones）著的《清教徒的脚踪》、拉尔夫·C. 汉考克著的《加尔文与现代政治的基础》，该出版社的“西方传统经典与解释”系列丛书则出版了文森的《无执之道——埃克哈特神学思想研究》（2016）、沃尔德伦（Jeremy Waldron）的《上帝、洛克与平等——洛克政治思想的基督教基础》（2015）等诸多基督宗教研究作品；另外，商务印书馆“汉译世界学术名著丛书”中出版了库萨的尼古拉的《论隐秘的上帝》（2012）、伪迪奥尼索斯的《神秘神学》（2012）、德尔图良的《护教篇》（2012）、斐洛的《论〈创世记〉：寓意的解释》（2015）等著作，除此之外商务印书馆还出版了托马斯·阿奎那的《神学大全》（第一集），上海三联人文经典书库中还出版有费弗尔的《马丁·路德的时运》（2014），麦克吉佛特、龚伟英的《优西比乌：生平、作品及声誉》（2015），别尔嘉耶夫的《自由精神哲学——基督教难题及其辩护》（2016）等著作。

3. 圣经注释与研究译介

在圣经研究译介方面，上海三联书店推出了“摩根解经丛卷”，已经出版的作品有《以赛亚书》《路加福音》《马太福音》《罗马书》《希伯来书》《哥林多书信》《约翰福音》《耶利米书》《马可福音》《使徒行传》《诗篇》这 11 部作品，还出版了华理克（Rick Warren）的《华理克读经法》、戴维·莱尔·杰弗里（谢大卫）的《英语文学与圣经传统大词典》（上、中、下）（2014）。其他重要书籍还有华夏出版社出版的约翰·加尔文（John Calvin）的《加尔文文集：罗马书注释》（2011），汉密尔顿的《上帝的代言人——〈旧约〉中的先知》（2014），霍金斯的《但丁的圣约书：圣经式想象论集》（2011），马太·亨利的《四福音注释》（2012），上海人民出版社出版的 W. 克莱恩等著《基督教释经学》（2011），巴刻、卡尔·亨利、康福特等的《圣经的来源》（2011），W. 克莱恩的《基督教释经学》（2012），戈登·菲、道格拉斯·斯图尔特的《圣经导读·解经原则》（第三版）（2013），斯图尔特的《圣经导读：按卷读经》（2013）；华东师范大学出版社出版的西蒙·巴埃弗拉特（Shimon Bar - Efrat）的《圣经的叙事艺术》（2011），巴瑞·班德斯塔的《今日如何读旧约：希伯来圣经导论》（2014）、安德鲁·劳斯的《古代经注》（2014）中央编译出版社出版的斯蒂芬·米勒、罗伯特·休伯的《圣经的历史：〈圣经〉成书过程及历史影响》（第二版）（2012），华尔顿、麦修斯、夏瓦拉斯的《新/旧约圣经背景注释》（全二册）（2013），莱特的《基督教旧约伦理学》（2014），海斯的《基督教新约伦理学》（2014）等著作，此外，有关圣经研究的译作还有特伦佩尔·朗文的《旧约导论》（同济大学出版社，2014），J. 斯科特杜瓦尔（J. Scott Duvall）、J. 丹尼尔海的《圣经释经之旅：阅读、诠释和应用》（同济大学出版社，2015），莫里斯的《新约中的十字架》（宗教文化出版社，2013），埃尔曼的《错引耶稣——〈圣经〉传抄·更改的内幕》（生活·读书·新知三联书店，2013），霍桑（Gerald F. Hawthorne）、马挺（Ralph P. Martin）主编的《21 世纪保罗书信辞典》（上下册）（团结出版社，2015）等。

4. 在华传教士评传

在传教士传记类书籍中，广西师范大学出版社推出了“来华基督教传教士传记丛书”，包括吉瑞德（Norman J. Girardot）的《朝觐东方：理雅各评传》（2011）、伟烈亚力著的《1867 年以前来华基督教传教士列传及著作目录》（2011）、贝奈特（Adrian A. Bennett）的《传教士新闻工作者在中国：

林乐知和他的杂志（1860—1883）》（2014），其他有关中国基督教史研究的译作包括邓恩的《一代巨人——明末耶稣会士在中国的故事》（社会科学文献出版社，2014），简亨特的《优雅的福音——20 世纪初的在华美国女传教士》（生活·读书·新知三联书店，2014），利玛窦的《耶稣会与天主教进入中国史》（商务印书馆，2014）、狄德满的《华北的暴力和恐慌：义和团运动前夕基督教传播和社会冲突》（江苏人民出版社，2011），史维东的《中国乡村的基督教：1860—1900 年江西省的冲突和适应》（江苏人民出版社，2013），章开沅、马敏编译的《贝德士：中国基督教史著述选择》，柏理安的《东方之旅：1579—1724 耶稣会传教团在中国》，谢和耐、戴密微等著的《明清间耶稣会士入华与中西汇通》（东方出版社，2011），托马斯·H. 赖利（Thomas H. Reilly）著的《上帝与皇帝之争：太平天国的宗教与政治》（上海人民出版社，2011）等。

5. 与基督宗教研究相关的其他翻译

与基督教相关的交叉学科研究有约翰·艾兹摩尔（John Eidsmoe）的《美国宪法的基督教背景：开国先父的信仰和选择 》（中央编译出版社，2011）；罗德尼·斯达克（Rodney Stark）《理性的胜利——基督教与西方文明》（复旦大学出版社，2011）；威廉·席崴克（William Schweiker）著，孙尚扬译的《追寻生命的整全：多元世界时代的神学伦理学与全球化动力》（华东师范大学出版社，2011）；安德鲁·迪克森·怀特著，鲁旭东译的《科学：神学论战史》（商务印书馆，2011）；伯尔曼的《信仰与秩序：法律与宗教的复合》（中央编译出版社，2011）；杰伊·赛库洛著牛玥等译的《美国大法官的法理及信仰》（中央编译出版社，2011）；米歇尔·艾伦·吉莱斯皮的《现代性的神学起源》（湖南科学技术出版社，2012）；耶罗斯拉夫·帕利坎的《基督教与古典文化——基督教与希腊主义相遇中自然神学的转化》（中国社会科学出版社，2012）；美国学者玛戈·托德（Margo Todd）的《基督教人文主义与清教徒社会秩序》（中国社会科学出版社，2011）；约翰·托兰德的《基督教并不神秘》（商务印书馆，2011）；罗森斯托克·胡絮的《越界的现代精神：基督教的未来》（华东师范大学出版社，2011）。

五　基督宗教与跨文化对话

在基督教与中国传统文化的比较、融通研究方面，近两年出版的专著主要有庄祖鲲的《说禅论道：基督教与儒、释、道之对话》（世界知识出版，

2009)，杜小安的《基督教与中国文化的融合》（中华书局，2010），刘树森的《基督教在中国：比较研究视角下的近现代中西文化交流》（上海人民出版社，2010），李志刚等人的《文明对话：儒学与基督教》（四川出版集团、巴蜀书社，2009），龚道运的《近世基督教和儒教的接触》（上海人民出版社，2009），罗秉祥、谢文郁等人主编的《耶儒对谈：问题在哪里?》（广西师范大学出版社，2010），吴义雄的《地方社会文化与近代中西文化交流》（上海人民出版社，2010），特木勒的《多元族群与中西文化交流：基于中西文献的新研究》（上海人民出版社，2010），林滨的《儒家与基督教利他主义比较研究》（人民出版社，2011）、杨克勤的《庄子与雅各》（华东师范大学出版社，2012）、马敏的《基督教与中西文化的融合》（华中师范大学出版社，2013），张先清的《跨文化接触：基督教与近代中西对话》（中国社会科学出版社，2016），马深的《英格兰精神与基督教文化透视中华文明》（知识产权出版社，2013），齐宏伟的《启示与更新：基督信仰与中国文化真诚的对话与沟通》（华夏出版社，2015），梁燕城的《儒、道、易与基督信仰》（宗教文化出版社，2013）和《当基督遇到儒道佛：中国文化与基督信仰的对话》（宗教文化出版社，2016），陆耀明的《基督教、儒家与中国社会主义市场经济》（上海交通大学出版社，2013），李鹏的《上帝与祖先——东北汉人社会的基督教与亲属制度》（世界图书出版公司，2015），范正义的《众神喧哗中的十字架：基督教与福建民间信仰共处关系研究》（社会科学文献出版社，2015）。此外专门讨论基督教与佛教、伊斯兰教对比研究的著作包括一行禅师的《心的交会：佛陀与基督的生命教导》（海南出版社，2012），梁兆康的《耶稣也说禅》（译林出版社，2012），朱丽晓等的《佛教和基督教伦理在现代中国社会的实践价值研究》（四川大学出版社，2014），张文木的《基督教佛教兴起对欧亚地区竞争力的影响》（清华大学出版社，2015），刘义的《全球化公共宗教及世俗主义——基督教与伊斯兰教的比较研究》（上海人民出版社，2013）等。值得一提的是，游斌主编的比较经学系列著作堪称其中的代表作，它们在宗教文化出版社得以陆续出版。以上很多著作由海外基督徒学者完成并在大陆出版的，其本身的宗教信仰，加之其传统文化的造诣，让这些研究具备学术深度的同时，亦具个体体验。

六　基督教现状与交叉学科研究

最近10年来，受国内外有关基督教发展事件的影响以及政治学、社会学、人类学方法的引入，学者们的理论研究多了些许现实关切的视角。比如当代世界的基督宗教、美国的政教关系以及中国的基督教现状成为学界关注的热门话题。在当代世界的基督教研究方面，卓新平、竺易安（Elisa Giunipero）、刘国鹏主编的《当代世界中的基督宗教》概要描绘了当代基督宗教三大派系在当代世界史和宗教史中的地位、作用及影响。还有多篇论文关注了俄罗斯的东正教与国家政治间的互动、韩国教会的海外传教风波、巴基斯坦的基督徒群体、拉美的解放神学、东南亚华人基督教、日本及非洲等地的教会方面的议题。在美国政教关系方面，涂怡超、徐以骅等人撰写的《美国基督教福音派及其对国际关系的影响：以葛培理为中心的考察》（上海人民出版社，2010）、董江阳的《美国政教关系研究》、张惠玲的《新基督教右翼与当代美国政治》均为其中的代表作。在中国基督教现状研究领域，近10年来，除了大量调研报告问世外，亦有多部专著问世，其中涉及基督教与当代中国社会、基督教与国际关系、基督教现状调研等多个主题，代表作包括欧阳肃通的《转型视野下的中国农村宗教——兼以乡村基督教为个案的考察》（中国社会科学出版社，2009），吴梓明、李向平等撰写的《边际的共融——全球地域化视角下的中国城市基督教研究》（上海人民出版社，2009），朱峰的《基督教与海外华人的文化适应》（中华书局，2009），李向平的《基督教中国化的社会学研究》（宗教文化出版社，2016），吴飞的《麦芒上的圣言——一个乡村天主教群体中的信仰和生活》（宗教文化出版社，2013），黄剑波的《地方文化与信仰共同体的生成——人类学与中国基督教研究》（国家知识产权局知识产权出版社，2013），黄剑波、艾菊红主编的《人类学基督教研究导读》（知识产权出版，2014），卓新平、蔡葵主编的《基督教与和谐社会建设》（中国社会科学出版社，2015），卓新平的《基督教与中国文化处境》（宗教文化出版社，2013），谢必震、吴巍巍的《闽台基督宗教关系研究》（福建教育出版社，2016），郭思嘉的《基督徒心灵与华人精神：香港的一个客家社区》（社会科学文献出版社，2013），李华伟主编的《三十年来中国基督教现状研究论著选》（社会科学文献出版社，2016），唐晓峰的《中国基督教田野考察》（社会科学文献出版社，2014），唐晓峰的《改革开放以来的中国基督教及研究》（宗教文化出版社，

2013）等。

“宗教生态论”是国内宗教学界最近几年热议的话题之一，宗教生态论者认为宗教生态失衡是中国基督教快速发展的重要原因或说是根本原因，而这种失衡表现在中国传统宗教的式微，尤其是乡村社会中民间信仰的衰落为基督教在此发展提供了足够空间，甚至让基督教一教独大。[①] 2008 年以来学术界另外一个热议的话题是基督教中国化，自 2012 年初春，北京大学宗教文化研究院与中国社会科学院基督教研究中心携手举办“首届‘基督教中国化研究’专家座谈会”，正式启动“基督教中国化研究项目”，并陆续编辑出版《基督教中国化研究丛书》以来，这一既有理论价值又有现实意义的重大研究课题，便在国内外学界、教界和政界引起了热烈而持续的反响。据不完全统计，近几年举办的专题研讨会有：“近现代基督教的中国化国际学术研讨会”暨“第二届中国基督教本土化研究国际学术研讨会”（中国社会科学院近代史所、福建师范大学社会历史学院主办，2013 年 11 月，武夷山）；“中国基督教三自爱国运动委员会成立六十周年暨基督教中国化研讨会”（全国基督教两会主办，2014 年 8 月，上海）；“基督教中国化研讨会”（江苏省基督教两会主办，2014 年 8 月，南京）；“基督教中国化专题研讨会”（中国社会科学院世界宗教研究所主办，2014 年 10 月，温州）；“第二届基督教中国化研究专家座谈会”（北京大学宗教文化研究院、中国社会科学院基督教研究中心主办，2014 年 10 月，北京）；“‘基督教中国化之路’国际学术研讨会”（中国社会科学院世界宗教研究所、中国宗教学会、北京市基督教两会合作主办，2014 年 11 月，北京）；“全球化视野下的近代中国与世界基督教国际研讨会”暨“第三届多学科视野下的基督教中国化研究学术研讨会”（中国社会科学院近代史所、福建师范大学中国基督教研究中心主办，2014 年 11 月，福州）；“纪念中国基督教三自爱国运动委员会成立六十周年、浙江神学院建院三十周年暨基督教中国化神学研讨会”（浙江省基督教

---

① 参阅李向平《“宗教生态”，还是“权力生态”——从当代中国的“宗教生态论”思潮谈起》，载于《上海大学学报》（社会科学版）2011 年第 1 期。近年来，讨论“宗教生态论”的文章还有牟钟鉴的《基督教与中国宗教文化生态问题的思考》，载于《当代中国民族宗教问题研究》（第 4 集），甘肃民族出版社 2009 年版。张志刚的《当代中国宗教关系研究刍议——基于国内外研讨现状的理论与政策探讨》，载于《北京大学学报》（哲学社会科学版）2011 年第 2 期。段琦的《宗教生态失衡与中国基督教的发展》，载于《当代中国民族宗教问题研究》（第 4 辑）。马虎成的《基督教在当今中国大陆快速发展的原因辨析——由“宗教生态失衡”论引发的思考》，载于《当代中国民族宗教问题研究》（第 4 辑）等论文。

两会举办，2014 年 12 月，杭州）；“神学思想建设暨基督教中国化研讨会”（黑龙江神学院举办，2015 年 6 月，哈尔滨）；“中央民族大学宗教研究所江西分所成立大会暨基督教中国化读本研讨会”（江西省基督教两会举办，2015 年 7 月，南昌）；“基督教中国化研讨会”（山东省基督教两会举办，2015 年 8 月，威海）；“第二届‘基督教中国化’神学研讨会”（江苏省基督教两会、江苏神学院主办，2015 年 8 月，南京）；“纪念中国基督教三自爱国运动委员会成立 60 周年暨基督教中国化座谈会”（天津市基督教两会举办，2015 年 8 月，天津）；“深化神学思想建设暨基督教中国化研讨会”（四川省基督教两会举办，2015 年 8 月，成都）；“纪念丁光训主教诞辰 100 周年暨基督教中国化研讨会”（全国基督教两会主办，2015 年 9 月，北京）；“‘基督教中国化’研讨会”（福建省基督教两会举办，2015 年 9 月，福州）；“湖北省基督教第十一次神学思想建设暨基督教中国化研讨会”（湖北省基督教两会举办，2015 年 9 月，武汉）；“中国基督教三自爱国运动发起 65 周年纪念会暨基督教中国化研讨会”（广东省基督教两会举办，2015 年 9 月，广州）；“‘基督教中国化’神学思想研讨会”（中南神学院举办，2015 年 9 月）；“‘基督教中国化：历史与文化’学术研讨会”（汕头大学文学院基督教研究中心、福建师范大学中国基督教研究中心联合主办，2015 年 11 月，汕头）；“‘基督教中国化’神学思想研讨会”（宁波市基督教两会举办，2015 年 11 月，宁波）；“‘基督教中国化’研讨会”（浙江省基督教两会举办，2015 年 12 月，杭州）；“现代中国本土基督教神学之发展学术研讨会”（台湾政治大学华人宗教研究中心主办，2013 年 12 月，台北）；“基督教中国化论坛”（北美中华福音神学院、基督教与中国研究中心、亚洲研究中心联合举办，2016 年 2 月，美国加利福尼亚州洛杉矶）。

与基督教相关的交叉学科的兴起也颇为引人瞩目，其中以基督教文学最为突出，此类专著有任光宣等人主编的《俄罗斯文学的神性传统：20 世纪俄罗斯文学与基督教》（北京大学出版社，2010）、朱维之等人的《基督教与文学》（吉林出版集团有限责任公司，2010）、季玢的《野地里的百合花：论新时期以来的中国基督教文学》（中国社会科学出版社，2010）、陈奇佳的《被围观的十字架：基督教文化与中国当代大众文学》（中国社会科学出版社，2010）、齐宏伟等人的《目击道存：欧美文学与基督教文化》（辽宁教育出版社，2009）、丛新强的《基督教文化与中国当代文学》（山东文艺出版社，2009）、刘锟的《东正教精神与俄罗斯文学》（人民文学出版社，

2009)、李正栓的《邓恩诗歌研究：兼议英国文艺复兴诗歌发展历程》（商务印书馆，2011)、马林贤的《英国文学与基督教文化论稿》（四川文艺出版社，2013)、肖四新的《欧洲文学与基督教》（暨南大学出版社，2013)、刘建军的《圣俗相依：刘建军教授讲基督教文化与西方文学》（中央编译出版社，2014)、林季杉的《T. S. 艾略特基督教思想研究》（人民出版社，2017）等。在基督教与中国文学关系研究方面有区应毓、权陈、蒋有亮等著的《中国文学名家与基督教》（九州出版社，2011），旅居海外的刘再复也在2011年推出了其力作《罪与文学》（中信出版社，2011），季玢的《中国当代基督教文学与新世纪文化建设》（上海三联书店，2016）。基督教艺术类研究著述包括杨超的《人文主义的辉煌：文艺复兴艺术》（陕西人民美术出版社，2011)、苏喜乐的《中国基督教艺术》（五洲传播出版社，2011)、褚潇白的《圣像的修辞：耶稣基督形象在明清民间社会的变迁》（中国社会科学出版社，2011)、崇秀全的《耶稣图像的象征艺术研究：以意大利12—15世纪被钉十字架耶稣图像为例》（浙江大学出版社，2011)、何琦的《基督教艺术纵横》（宗教文化出版社，2013），其他交叉学科的著作包括林洁珍、黄元山的《经济、金融与基督教视角》（上海社会科学院出版社，2015）以及许正林的《基督教传播与大众媒介》（上海人民出版社，2015）。

七　工具书编写及期刊发行

在辞书及工具书的编写方面，这两年亦有优秀成果问世。由基督教会界、学界联手主编的《基督教大辞典》由上海辞书出版社在2010年10月出版，它是目前大陆学界出版的字数最多、内容也最为系统的基督教辞典，该辞典在某种程度上可视为大陆基督教研究的阶段性总结的成果。此外，由张先清、赵蕊娟主编的《中国地方志基督教史料辑要》（东方出版中心，2010）一书从数千种明清至民国的各级地方志中，梳理、辑选出各种有关基督教的资料，汇集成册，达到80余万字，是中国基督教近代史研究领域不可多得的资料性著作。另外，由鄢华阳等人主编的《中国天主教历史译文集》也由广西师范大学出版社在2010年出版。该资料包括多位天主教传教士的笔录、资料，其中涉及四川、澳门等多个地区，资料内容包括当地天主教起源、本土化、神职人员情况、与教廷及中国政府关系等。圣经研究领域还出版了两部重要的辞书，一部是梁工编著的《圣经百科辞典》（辽宁人民出版社，2015）的再版，另一部是白云晓编著的《圣经词典》（中央编译出版社，2015)，其中《圣经百科辞典》是一部反映圣经文化内涵与外延的大型学术工具书，初版于1990年，由梁工主编，著名学者朱维之先生担任顾问。全书共收词5655条，分为20部类100科，从各个角度全面地提供有关圣经文化的基本知识。相关的辞典工具书还包括雷立柏编著的《教会史图表教程》（宗教文化出版社，2016）等。2009年以来，尚有多部以书代刊类杂志及会议论文集出版，其中包括由卓新平等主编的《基督宗教研究》（宗教文化出版社），中国人民大学基督教文化研究所主编的《基督教文化学刊》（宗教文化出版社），许志伟等主编的《基督教思想评论》（上海人民出版社），张庆熊、徐以骅主编的《基督教学术》（上海古籍出版社或上海三联书店），刘光耀、杨慧林主编的《神学美学》（上海三联书店）等。

在历史性、思想性、现实性、评介性、工具性的著述之后，有些学者开始着眼于更深入的思考，将视线转到研究成果综述及"研究之研究"上，这可以陶飞亚、杨卫华撰写的《基督教与中国社会研究入门》（复旦大学出版社，2009）为代表。虽然该书定位为"入门手册"，但在有限的篇幅内，探讨了中国基督教研究的源流开端及当代中国基督教研究的成果与不足。类似的著作还包括吴小新的《远方叙事——中国基督宗教研究的视角、方法与趋势》（广西师范大学出版社，2014），陈俊伟的《基督教研究方法论》（宗教文化出版社，2014），陶飞亚、杨卫华的《宗教与历史：汉语文献与中国基督教研究》（上海大学出版社，2016），王潇楠的《宗教学研究论著与文本解读：当代宗教研究、基督教研究专辑》（中国社会科学出版社，2015），陈驯的《当代中国的基督教神学方法》（宗教文化出版社，2010）等著作。

结　语

在中国近代史上，对于基督宗教的存在与传播不乏一些零星的考证，但基督宗教真正作为一个学科的出现可能要迟至20世纪80年代初，以一些高校和研究机构成立宗教学这个专业作为开始。经过"文化大革命"十年"宗教是人民鸦片"洗礼的人们，应该如何来重新认识宗教在社会中的合理存在，信徒们自身的辩护在这种政治氛围中往往是无力的。首批基督宗教研究的学者在论证了此合理性的同时，也给予了宗教政策以合理性支持。学者们论证依据便是"基督宗教是西方文化的一种表现形态"。尽管对于宗教的负面评价仍具相当影响力，但此时学者们已经成功将基督宗教转化为一种外来文化或西方哲学的一部分加以引介，西方宗教文化导论、西方宗教哲学类的著作接踵问世，成为 20 世纪八九十年代之交引人关注的一股学术热潮。一批拥有哲学、文学及外语学科背景的学者主导了这一研究潮流。伴随着改革开放的深入，正如基督宗教获得蓬勃发展一样，基督宗教这一学科也在研究西方文化热潮中逐渐在宗教学，乃至人文学科中站稳脚跟，大批年轻学子、青年学者纷纷加入到这一研究队伍来。如果说在前一阶段，基督宗教信仰与学术研究是沿着两条独立的路径进行的，此时，两者的交汇开始显现，其中的黏合剂多发自日益频繁的国际学术交流，这其中海外的基督宗教研究机构起到至关重要的作用。中国基督教界与境外的友好交往从改革开放之初便如火如荼地进行了，学界的对外交流自 90 年代初才得以普遍展开。视野的开拓、研究对象的接触让学者们很快认识到基督宗教并不仅仅是一种文化，它更应该成为一种信仰，应该从信仰本身对其加以研究。基于神学教义和信仰本身的诠释在这个阶段成为基督宗教研究的主流，神学关注的话题、教会关注的主题成为基督宗教学界研究的对象范围，大量的神学著作、教会史著作，成为基督宗教研究的素材。基督宗教研究因为这种立场的转变及其国际交流的视角达到一种外表的繁荣，以至于引起个别极“左”人士和极端民族主义者的不满，将基督宗教研究与基督宗教信仰混为一谈，基督宗教研究因为基督宗教的敏感而变得敏感，这种将“基督宗教作为一种信仰”的研究持续到 21 世纪的前 10 年。直到将“基督宗教作为一种社会团体”的研究倾向出现，这个阶段以社会学、人类学方法的“侵入”作为标志，基督徒作为社会群体中的个体、教会被作为社会团体中的一员，其认信体验、运作机制、社会功能、信仰价值得到深入剖析与周密审视。基督宗教成为真正意义上的“研究对象”，目前这一研究趋向已经逐渐放缓。基督宗教研究学科起步较晚，三个阶段的成果往往交叉重叠于整个学术界的研究，让中国基督教的研究呈现出一种多元化的面貌。值得一提的是，随着学者对于中国现实问题及处境本身的关注，基督宗教研究在此领域必将摆脱外在的社会学、人类学单一的方法论进路，进入一种深层次的理论思考，在这种发展趋向中，中国基督教思想史的研究将成为热门话题。

（一）立场与目标

宗教学的学科方法强调宗教研究的客观性、公正性，正所谓“只知其一，一无所知”，宗教学应该通过不同宗教比较、不同境遇相互参照，将具体宗教置于政治“经济”文化发展的大背景中，运用跨学科的视阈来研究宗教问题与现象，探讨宗教发生、发展的一般规律。通常来说，作为主观的人进行客观研究时，脱离不了辩证的和历史的这两个维度，基督宗教研究是宗教学研究的重要门类之一，人们要正确认识其发生、发展及未来趋势自然离不开历史的、辩证的原则和方法，这些原则和方法至少包括以下几个方面：对于基督宗教的认识和研究应该结合其产生、发展的社会关系；辩证地看待基督宗教作为人类的精神信仰现象在人类发展史上的正负社会作用；科学理性地看待其教义教理。脱离了这种辩证、历史的研究立场，基督宗教研究必将失去其客观立场，也失去其认识问题、解决问题的利器。同时，在研究过程中，保留人文社会科学研究的社会关怀视角、综合性视角以及学科整体发展的视角至关重要。

（二）基督宗教研究应具备社会关怀视角

人文社会科学的研究不仅仅是满足人们的求知欲，也不仅仅是陶冶性情的闲情逸致，更不仅仅是一份养家糊口的工作，还应该有其社会关怀的视角。改革开放以来，尤其是20世纪90年代以来，学术界有关基督宗教的研究成果颇多，学术会议相继举行，论文集更是一本接一本的问世，是不是这些努力只是为了呈现学界的研究现状，仅仅记录学者们对于某一问题的考证、分析与诠释，还是想尽力弥补基督宗教研究这个学科在人文学科发展中的劣势与不足。事实上，每一位参与基督宗教研究的学者都很清楚，在梳理、考证、分析、调研、写作的过程中，他们参与了一种意义的构设，基督宗教与个体的福祉、与社会的和谐构建、与文化发展格局有着千丝万缕的联系，这既体现于基督宗教在中外发展史中的脉络流变，也体现于基督宗教在中西文化交流交融中的地位与作用，亦体现于基督宗教在中国社会中的现实存在与发展。无论是理论的探讨、历史的考证，还是文本的探索，抑或田野的访谈，学者们总是力图探究基督宗教在其所处历史背景、社会文化中的“真”，寻找“真实”背后所蕴含的文化及社会意义，即其善的维度与内涵，并怀抱一种美好的预期，畅想基督宗教及其研究在未来的种种可能。从这点上说，基督宗教的研究者都是理想主义者，都在宣讲求真求实的“福音”。基督宗教作为世界精神文明不可或缺的一部分，尽管在具体处境中有着种种艰难与龃龉，但总归有其潜在的精神价值、文化意涵及现实功能，更不应该成为一种负面的意识形态。所幸，我们当今已经没了有形的十字架，学者们的理想与憧憬得以继续。

(三) 基督宗教研究应是综合性的、跨学科的

精神实质虽为一，表现形式却是多样的。孤立的基督宗教研究是不存在的，无论是历史还是文本，无论是人物还是现实领域的研究，都很好地说明了这一点。基督宗教是一种社会文化脉络中的存在，是政治考量中的重要组成部分，同时信仰基督教的信徒又是公民中的一员，这一切决定了基督宗教研究无法静态孤立地进行。在中国的特定语境中，这种综合性表现得更为突出。举例来说，基督宗教研究成果往往成为政府宗教部门参考的重要资料，通过这些研究他们分析基督宗教在中国社会历史中发展的规律，定位区域基督宗教在整体格局中的存在，预测其未来的发展格局及走向；而反之其政策走向又将影响到基督宗教在现实社会中的存在样貌，这种影响又会反作用于学界的基督宗教研究，成为学者关注的主题。同时宗教政策也会影响到学术外在制度层面的构设、研究方向乃至成果出版。学者们的努力在改变着基督教存在样貌的同时，也在改变着自身及学科的发展处境。脱离基督宗教本身研究的宗教批判毫无根据，反之脱离基督宗教所处政治、文化环境的研究，也注定会成为无源之水。鉴于此，努力建构政、教、学三届交流的学术平台对于中国语境中的基督宗教研究就显得十分必要。宗教学研究某种程度上面临着“不识庐山真面目，只因身在此山中”及“隔山看山”的两难，学者很难获得第一线的宗教工作经验，同样当你研究教义教理时，学者又不可能参与到信仰体验中，任何一种体验来说，某种程度上都反映了站在其立场上的真实性，对某一主题的看法，在学术研究上，往往起到一定的互补性。学术理论只有应用到具体的宗教工作实践中，以及付诸对信仰的观察及研究中才能检验其有效性，才能作出客观公允的评判，而政、教界则可获得学界的支撑及理论的升华。其次，无论是政界还是教界，均储备有很多研究人才，突出表现在语言的禀赋、文本研究、教义神学研究等方面，政界的优势在于宗教现状的研究、政教政策的领会以及马克思主义宗教观的研究。无疑这些研究力量的整合对于中国学界基督教的研究是件幸事。

另外，人类精神现象的多样性决定了人的超越性信仰同样多元。基督宗教信仰便是其一。宗教学作为一门学科，本身便有比较研究的意味。只有在这种比较研究的基础之上，宗教发生、发展及未来趋势的基本规律才得以总结和呈现，基督宗教只是宗教学研究的一个对象，而不是目的，从学术层面来说，通过对基督教这一信仰现象的研究，我们旨在丰富宗教学的学科方法及体系，因此对于基督宗教的研究需要与其他宗教信仰的研究相互借鉴、贯

通，不但如此，还应该将基督宗教置于其所处社会文化处境中加以分析、了解，进行一种跨宗教、跨文化的研究，而不是就宗教本身谈宗教，就基督教本身谈基督教，陷入一种神学研究的藩篱，基督教的研究不能因为基督教与其他宗教分殊而将自己孤立。宗教的产生有其深刻的社会背景、历史遗传、文化处境、艺术表现、政治制度、法律形态的影响，因此基督教的研究还应该引入多学科的方法，社会学、人类学、政治系、法学、历史学、考古学、语言学、心理学、文学艺术均能成为基督教研究的重要组成部分。

（四）基督宗教研究应着眼于学科整体发展

研究基督宗教的学者应始终反思这样一个问题：究竟基督宗教研究的学科属性是什么？如果有关基督宗教研究的历史性考察只是历史学、考古学的一部分，对于基督教思想的研究只是哲学的一个门类，对于其个体及团体的追踪、审视、评价只是人类学和社会学研究的对象，或者基督宗教只是政治考量的一种因子，那么基督宗教研究这个学科也就沦落成因着各个学科的施舍而拼凑起来的“临时建筑”，其交叉学科的实质似乎根深蒂固。终有一天这一建筑会因为缺乏发展的根基而土崩瓦解。对于基督宗教研究来说这一属于自己的体系、学科方法究竟何在？基督宗教蕴含的精神义理是人类精神文明的重要组成部分，它几千年的延续与其说是因为其所传播的独特“福音”的普世性，毋宁说是其所体现出来的人类共同的精神价值及其历史与现实层面的实效性使然，这是任何政治势力、社会处境、文化格局所无法限定的，它已经镶嵌在人类历史文明发展的长河之中，它的核心义理、处境嬗变、未来发展决不能仅仅从一种对象性的角度进行发掘，还应该在特定的文化格局中进行内蕴式的反思。历史的研究将演变成内在思想史的探讨，社会学、人类学在将基督宗教作为研究对象的同时，更因为其不可或缺的终极视阈而获得自身的方法论升华，游离于“信”与“非信”之间，而作为哲学一部分的基督宗教研究将转向为从社会文化格局中的个体生存处境出发的基督教哲学反思与考察，而非单纯思想个案和概念的表述与阐释。事实上，这一学科的自觉性与主体性在最近几年已经开始显现了，并在不久的将来开花结果，这预示着中国基督宗教研究某种意义上的重生。

中国的基督教研究已经跨越了以翻译介绍为主的阶段进入一个独立的方法论建构转型时期，研究队伍在日益壮大的同时，也日益年轻化、国际化，研究内容涉及教义思想、重要人物、历史文献、经典研究等方方面面，研究方法涉及社会学、人类学、历史学、心理学、哲学、文学、法学等多个领域，形成了诸多交叉学科，在此基础上形成了诸多有待研究的学术领域，有待整合的研究力量及方法，有待阐明的学术立场以及亟待构建的学术平台，面对这些新文化、新动态、新挑战，中国的基督教研究者应基于宗教学研究的经验与现实，结合中国具体的社会文化处境，努力构建中国基督教研究的学问体系及学科方法，为丰富中国宗教学学科发展，为民族团结、社会稳定、文化繁荣贡献应有的力量。

第八章

伊斯兰教研究

伊斯兰教是世界三大宗教之一。自公元7世纪兴起于阿拉伯半岛以来，一直以其独特的精神活力保持着向世界各地传播和发展的态势，在历史上产生过深远的影响，并留下一份丰厚的文化遗产。穆斯林从伊斯兰教早期传播的西亚、北非、中亚、南亚等地向外传播，如今几乎遍布全世界。今天，伊斯兰教拥有10多亿信众，占世界人口的1/5以上。特别是近几十年来，伊斯兰教复兴运动震撼世界，强烈冲击当代国际政治。这不仅对基础理论研究提出了严峻挑战，而且它所不断产生的“热点”和“难点”也在应用理论和对策研究层面激发了加强伊斯兰教学术研究的迫切要求。

作为现代宗教学的分支学科，我国的伊斯兰教研究，以严格的学术标准看，是改革开放以后才真正开始的。虽然20世纪初学术界有过一些论述，有的论著学术水平还相当高，但伊斯兰教研究和宗教学一样，并未形成学科规模，而且以后还出现长时间的停顿。1964年世界宗教研究所的成立，提出了开展宗教学和伊斯兰教研究的意向，可以视为一个阶段性标志。但是，此后在长达约15年的时间里我国的学术研究陷入一片沉寂。自1978年实行改革开放政策以来，我国各方面事业才重新步入正轨，伊斯兰教研究领域也日渐呈现出蒸蒸日上的景象。改革开放的40年，也是我国伊斯兰教学术研究的新阶段。我们以这40年为主线，回顾过去，展望未来。从近40年来走过的风雨历程中检点功过得失，以便梳理中国伊斯兰教研究的发展阶段和逻辑脉络。不仅展示现有成果，也反思存在问题。力求百尺竿头，更进一步，以“长风破浪会有时，直挂云帆济沧海”的豪情壮志，迎接改革开放的胜利、中华民族的伟大复兴与学术大发展时代的到来。

第一节 回顾与展望:百年伊斯兰教研究史

伊斯兰教传入中国的初始年代尚无定论，但学界一般按陈垣先生的看法，将其定为唐高宗“永徽二年”，即公元651年。其标志是《旧唐书·大食传》所载的一段史实：“永徽二年，始遣使朝贡。其王姓大食氏，名啖密莫末腻，自云有国已三十四年，历三主矣。”若依此推算，则至今伊斯兰教进入中国早已历经了漫长的1350余年，其中又蕴含着从“伊斯兰教在中国”到“中国伊斯兰教”曲折复杂的嬗变过程。在这悠远的历史中，伊斯兰教早已在中国生根发芽、开花结果，成为中华民族的“实质性传统”（substantive tradition）中一个不可或缺的构成部分。

在此过程中，贯穿着对伊斯兰教的不断认识、理解和研究。从最初唐高宗时期对于“大食殊俗”、“惟拜天神，虽见王亦无致拜之说”的“初识”①；到唐懿宗主动向穆斯林旅行家询问有关先知、哈里发和伊斯兰教诸事的“再会”②；再到《经行记》的作者杜环，经12年历行大食各地，据十几年来所见所闻对伊斯兰教的教义、教规所做“相当正确”之描写，成为关于“伊斯兰教教义之最早的中文记录”的“相知”阶段；等等。这一系列观察、辨识、分析、认知、反思，等等，足以构成对伊斯兰教认识、理解乃至研究的象征与滥觞。由此便开启了两大文明“初识”“再会”“相识”“相知”的交往历程。

明清之际，伊斯兰教又兴起一场蓬蓬勃勃的“汉文译著”运动，借用传统儒“释”道三教的术语来翻译、阐释和发挥伊斯兰教思想，涌现出了以王岱舆、马注、刘智和马德新为代表的一大批中国穆斯林学者。此时的中国穆斯林早已不是最初的“住唐”“蕃客”，乃至数代居住中国的“土生蕃客”，而是早已成为中华民族的一分子。他们对伊斯兰教经典的翻译、编撰，乃至创造性地使用中国传统哲学中的术语、观念对之进行的诠释，代表着一大巨变，即中国人或中国学人对伊斯兰教的认识开始从置身事外的“局外人”（outsider）的观察和理解，转变为从“圈内人”（insider）的视角进行的自我诠释与反思。

---

① 《旧唐书》卷一九八《大食传》。

② ［阿］苏莱曼:《中国印度见闻录》，穆来根等译，中华书局1983年版，第106—107页。

在这1350余年的历史中，可以说，包括中国穆斯林学者在内的中国学人对伊斯兰教的认识和研究实际上囊括了由“外在描述”与“内部诠释”、“客观超然”与“主观介入”等多视角、多纬度的研究过程，它们构成现代研究的先声，而真正现代意义上中国之伊斯兰教研究乃肇始于20世纪初。

20世纪上半叶，国内伊斯兰教研究者主要有陈汉章、陈垣、金吉堂、白寿彝、达浦生、王静斋、哈德成、马以愚、傅统先、马坚等学者。他们的学术成果包括《回回教入中国史略》《中国回教史研究》《中国回教史》《中国回教小史》等，其研究领域主要以伊斯兰教史和伊斯兰教经典为主。之后，中国的伊斯兰教研究在学科细分方面更上一层楼，不仅涉及世界伊斯兰教、伊斯兰教史、教义学和教法学，更囊括了当代伊斯兰教、中国伊斯兰教、伊斯兰文化艺术和《古兰经》研究等多个分支领域。这一时期，对伊斯兰教的研究受乾嘉以来考据学风的影响，以传统史学为主要研究方法，研究者多为中国的穆斯林，但也出现了以陈垣为代表的教外学者，他们的研究也得到了穆斯林学者的认同。同时，在当时西学东渐的大背景下，西方的观念方法和学术传统也流传进来，马克思主义史学和西方实证主义史学是当时史学研究的两大流派。中国的伊斯兰教研究者也开始尝试应用这些新的方法和手段对伊斯兰教的经典、历史、思想、教法等予以考察和思考。他们不断挖掘新的史料，旁征博引，缜密考证，开拓新的学术领域。出现了一大批卓有成就的伊斯兰研究学者和相关研究成果，为后来的伊斯兰教研究奠定了基础。

20世纪下半叶，中国的伊斯兰教研究历史可划分为以下三个时期，即“停滞—草创”时期、“重兴—繁荣”时期、“发展—转型”时期。

一　“停滞—草创”时期

指1949年中华人民共和国成立到1977年“文化大革命”结束这段时间，是中华人民共和国成立后伊斯兰教研究的初始阶段。总体而言，这段时间内，中国大陆的伊斯兰教研究几乎处于停滞不前的状态。一方面，伊斯兰教研究成果屈指可数，并且就连这一点少得可怜的成果也往往被划归文、史、哲的范围；另一方面，受“左”的影响，以往学者的成果也被视作糟粕加以批判和抛弃，得不到应有的重视。但在这万马齐喑的时期，中国的伊斯兰教研究机构还是草草创立了。其标志是1964年世界宗教研究所的成立，这也是此段时期内唯一值得称道的“典型事件”。当年毛泽东主席亲自批示成立世界宗教研究所。在此背景下，北京大学哲学系东方哲学室的原班人马几乎全部照搬，成为宗教所的草创之初的班底。任继愈任副所长，所长则由当时的北京大学校长陆平兼任。遗憾的是，宗教所成立并未促使我国的伊斯兰教研究正式起步，当时只进行了一些关于世界各大宗教的信仰人数、地区分布等基础资料的搜集和整理工作。这或许不难理解，因为仅仅两年后即1966年，“史无前例”的“文化大革命”就开始了。而按照当时的说法，宗教属于“四旧”，也是打倒的对象，宗教研究自然也就大可不必费心了。人人都岌岌可危、自顾不暇，哪里还顾得上学术研究呢。[①]

世界宗教研究所已故研究员戴康生的个人经历颇可作为那个时代伊斯兰教研究的缩影。1960年北京大学哲学系毕业后，他留本校东方哲学室任教。1964年宗教研究所成立时调入，可谓宗教所的“元老”。由于他的本行是阿拉伯哲学研究，到宗教所后就转攻伊斯兰教研究。“文化大革命”开始后经历了一系列运动，如“打派仗”“抓5·16分子”“下干校”，直至1972年返京后才逐渐恢复研究工作。1977—1978年，他开始承担《世界三大宗教》一书的撰写任务，该书于1979年出版。至此，已距宗教研究所成立时隔整整15年之久。[②] 从戴康生大半生曲折反复的研究经历可以看出，40多年前，世界宗教研究所草创之初，当研究者“小心翼翼”地步入伊斯兰教研究这块学术领域中初经开垦的“新大陆”时，却发现自己面对的竟是一片困难重重、荆棘丛生的“荒野”。虽然早在20世纪初，无数学者的心血揭开了现代意义上的中国之伊斯兰教研究的序幕，但1949—1964年这15年的风风雨雨，老一辈的学者凋零散落，他们的呕心沥血之作也不能幸免，或被付之一炬，或正躺在图书馆的某个黑暗角落经受着“老鼠牙齿的批判”。[③]

世界宗教研究所的第一代研究人员面对的是这样一个局面：对于影响着

① 吕大吉的回忆也印证了这段历史，他说：“1964年，宗教所刚刚建所之后，全所研究人员立即卷入‘四清’、‘文化大革命’的惊涛骇浪，在阶级斗争的暴风雨中沉浮，与宗教学术研究几乎不沾边。”参见吕大吉撰《宗教学理论研究室的成长经历》，载于中国社会科学院世界宗教研究所编《宗教研究四十年》，宗教文化出版社2004年版，第14页。

② 对戴康生这段经历的描述见其夫人段琦女士为《戴康生文集》撰写的“代序”。参见《戴康生文集》，上海辞书出版社2005年版。

③ 20世纪50年代末至60年代中，中国大陆学界曾发生一场围绕宗教政策、宗教信仰自由与宗教与迷信之关系的争论。这场辩论既可视为20年代“非宗教运动”的延续，又深受当时意识形态影响，以“宗教消亡论”为基调。因此，尽管在当时社会颇有影响，但显而易见，这场争论并未给伊斯兰教研究带来任何积极影响。参见卓新平、曹中建撰《20世纪的中国宗教学发展》，载于《宗教研究四十年》。

广大人口的世界三大宗教，当时国内却仅有一个刚刚成立的专门研究机构，没有一本学术性甚至普及性的刊物，而在如此条件下，他们却不仅要研究各种宗教的历史、理论、现状，而且要深入地研究各种宗教的教派、教义。不过，不久之后，他们就发现自己不用再为这些问题犯愁了，因为他们自己也将面对一场风雨的洗礼。

在这大约30年的时间里，前15年几乎为空白，后15年大多停顿。这期间只有世界宗教研究所的草创才算是慢慢长夜中的一点亮色，匆匆登场却又转瞬即逝，多年停滞又重获生机。尽管曾经走过一段断断续续、曲折往复的崎岖路，但世界宗教研究所的成立毕竟是个认真的开端，应该视为严格学术意义上的宗教研究及伊斯兰教研究的阶段性起点。值得一提的是，与一般人们想法的不同，其实早在“文化大革命”全面结束之前，世界宗教研究所已于1972年逐渐开始恢复工作，并取得了一定成绩。这为1978年以后，伊斯兰教研究的恢复和繁荣奠定了基础。但是就全国范围而言，伊斯兰教研究仍然毫无起色。

二　“重兴—繁荣”时期

“重兴—繁荣”时期指1978年至2000年约20年时间。当时的中国正处在一个百废待兴、欣欣向荣的阶段，从各种政治运动中解放出来的人们迸发出的能量大得惊人。在知识领域里，从“美学热”到“文化热”，这些大大小小的热潮是那个已逝去的时代给人们留下的深刻记忆。与当时的求知热、文化热的社会风气相一致，伊斯兰教研究迎来了其前所未遇的发展佳期，获得了空前的发展。在古兰学、伊斯兰教工具书、历史、教派、哲学思想、国际政治、伊斯兰文化、穆斯林人物、文学艺术等领域都获得了巨大进展，其研究的广度和深度远远超出了以往任何一个时期。在这一阶段，伊斯兰教学术讨论极为活跃，从1980年到1986年，中国学者相继在银川、兰州、西宁、西安、乌鲁木齐、昆明等城市召开全国性的伊斯兰教学术研讨会。这些会议被视为中国当代伊斯兰教研究的一座座里程碑，对奠定和促进全国的伊斯兰教学术研究的开展起到了关键的作用。中国伊斯兰教研究的学术出版物如雨后春笋般层出不穷，无论是史料整理还是研究论著的发表都达到了空前规模，呈现一派生机勃勃的繁荣景象。

在20世纪最后的20余年的伊斯兰教研究中，中国学者采用多层面、多角度的方法来分析和阐述了伊斯兰教历史潮流、现状及特点。例如，在

《古兰经》的翻译和伊斯兰教工具书的编纂方面，出版了权威性的《古兰经》汉译本和维吾尔语译本，推出了一系列介绍研究《古兰经》的专著，从而使古兰学获得重大发展，而伊斯兰教辞典、百科全书的出版也为人们认识伊斯兰教提供了丰富知识。在伊斯兰教综述和世界伊斯兰教研究方面，学者们比较关注阿拉伯世界和伊斯兰教现状问题，其重要研究涉及当代伊斯兰复兴运动、伊斯兰教原教旨主义倾向、伊斯兰教与国际政治的关系等问题。在伊斯兰教历史研究方面，其重点是中国伊斯兰教，所涉及的领域包括中国伊斯兰教派门宦历史、伊斯兰教与中国传统文化的关系、伊斯兰教史料整理等。此外，在伊斯兰教历史学、教法学、哲学思想、人物评传、伊斯兰文化、文学、教育、科学、艺术等研究方面亦成绩斐然，令人瞩目。这些研究不仅提高了中国宗教学的研究水平，而且有较好的社会影响，对民族文化的继承与弘扬，民族团结与合作产生了积极的推动作用。

三 “发展—转型”时期

它包括从2001年至2008年约7年的时间。在这一时期，国内伊斯兰教研究在前20年研究的基础上继续发展，按照既定的轨迹运行，一切似乎风平浪静，但在这些表面的平静下，酝酿着新的变化，这些变化揭示出我国的伊斯兰教研究正处在一个转型阶段。由于“身在此山中”，我们尚不能完全概括出这一转型的“庐山真面目”，在此只扼要提出其中值得关注的一些新动向和新问题，主要有以下几个方面。

第一，学科意识的明确化与研究理论的多样化。

在上一个阶段，即1978年至2000年长达20年的“重兴—繁荣”时期，中国学者就多学科、多层面、多角度的方法来描述和解释伊斯兰教。迈入第三阶段以后，中国伊斯兰教研究呈现出研究方法多样、范围拓宽、研究内容细化等特征。在前人打下的坚实基础上，我国的伊斯兰教研究在21世纪结出了累累硕果，呈现出欣欣向荣、朝气蓬勃的景象，特别是近年来培养出的一批青年学者逐渐成为我国伊斯兰教研究的骨干力量。他们大都拥有博士学位，曾系统学习和掌握本学科的理论与方法，有明确的学科意识和方法论倾向，并且能够自觉运用宗教学、历史学、哲学、民族学、人类学、社会学、语言学、政治学等各学科的理论与方法来解读和分析伊斯兰教的典籍思想、历史现象、现实问题。例如，近年来一些青年学者运用民族学理论对当代中国伊斯兰教所面临的问题，特别是对中国信仰伊斯兰教的少数民族社群在现代社会中的处境进行了研究。这些研究多以田野调查为基础，立体地反映了中国伊斯兰教多元化的面貌，具有一定的现实意义。

第二，研究队伍的扩大。

经过前两个阶段的积累，我国伊斯兰教研究学科初具规模，逐渐步入正轨。20 世纪 40 年代及此前出生的老一辈学者大都已退休，只有少数仍然活跃在学术舞台上。五六十年代出生的“中间代”学者已成为目前我国伊斯兰教研究的中流砥柱。而 70 年代前后出生的青年学者已经崭露头角。这几代学者先后承担着“传道、授业、解惑”的重任，但较大规模地培养专门人才应是第二阶段末至第三阶段才开始的。随着国内伊斯兰教学科的发展，各个大学和科研研究机构有规划地招收学生，设立了不少硕士和博士点，吸引了莘莘学子参与这一研究领域，人才培养和队伍建设进入良性循环，这也是我国伊斯兰教学科多年发展和积累至此阶段必然结出的硕果。此外，随着国内伊斯兰教研究的朝多学科方向发展，引起了部分相关学科的研究者研究兴趣和学术参与，这也是促使我国伊斯兰教研究队伍扩大的一个因素。

第三，穆斯林学者的参与。

改革开放以来，不少穆斯林子弟远赴海外求学。其中有很大一部分是从国内阿拉伯语学校或伊斯兰教经学院毕业后，选择赴埃及、沙特阿拉伯、叙利亚、伊朗、巴基斯坦等伊斯兰国家学习与伊斯兰教相关的专业，有不少人学成归国。近年来，随着国内宗教学科的发展，亟须伊斯兰教专业人才，其中一些佼佼者值此机遇，或直接、或辗转，带着语言和理解经典方面的优势纷纷进入国内伊斯兰教研究领域，在各大学从事伊斯兰教教学和科研工作。他们对我国伊斯兰教研究将产生不可忽视的影响。

除了这些进入象牙塔的穆斯林学者外，民间学者的声音和影响也不容忽视。一直以来，民间穆斯林学者对我国的伊斯兰教研究都抱有极大热情。改革开放以来，他们坚持不懈以撰写文章、办报纸、刊物、学校等多种方式和渠道表达着他们对伊斯兰教研究的参与和关注。但或许是由于在研究的出发点、立场、视角、思路等方面存在较大差异，象牙塔内的“学院派”与民间学者之间仍存在一定的距离与隔阂。除了个别特例外，总体而言，学院派与民间学者大多各行其是，相互间交流与互动明显不足。但近年来也出现了一些新趋势，即由民间主办的穆斯林报纸和刊物开始吸纳部分高校和研究机构的学者参与，或出谋划策，或编辑撰稿。这一举措不仅提高了这些民间刊物的质量和学术性，更为深远的意义在于，它从体制上为伊斯兰教研究的“学院派”与民间学者之间的交流搭建起桥梁。

第四，研究视角的复杂化。

就其大旨而言，国内学界关于如何进行宗教研究原本就存在着两种不同的见解，可概括为“出乎其外”与“入乎其中”。前者力求摒除任何个人色彩，以超然客观的态度进行学术研究；后者主张研究者应该深入研究对象，以便能够更好地理解和领会其中所蕴含的生命体验与哲理。这种方法论上的差异同样也存在于伊斯兰教研究领域。首先，以往国内的伊斯兰教研究中，学者大多持一种“客观超越”的立场。这种研究进路的基本预设是将那被称为“伊斯兰教”的事物看作某种可被观察的客观存在，其方法是通过置身事外的冷静观察，作出准确的现象性描述，并力图归纳和概括出其中隐含的规律，这种方法的实质是将自然科学的实验观察方法应用于宗教研究领域。其优势在于能够清楚地“从外部”描绘现象，但却无法“从内部”解释这些现象的意义。简言之，它能有效地回答“是什么”的问题，而对于“为什么”与“意味着什么”这样的问题就鞭长莫及了。这些研究者被尖刻地讽刺为“趴在金鱼缸外的苍蝇”，善于观察却毫无体验。① 其次，与前一种强调客观研究的进路恰恰相反，随着国内宗教研究领域里的理论和经验积累，近年来研究视角不再单一。国内学者逐渐认识到“体验”与“介入”的重要性。其中既包括那些原本就属“圈内人”的穆斯林学者，也包括一些以同情理解方式进行学术研究的教外学者。较之第一类研究者，他们的优势在于能够捕捉和领会到客观研究者们无法发现和理解的现象与意义。这种强调“同情理解”与“灵性感悟”的研究视角不仅突破以往仅强调客观研究的局限性，更有可能通过与前者的相互批判与结合为我

① 这一比喻最初见于当代著名宗教学家威尔弗雷德·史密斯于1950年就任加拿大蒙特利尔市麦肯基尔大学W. M. 伯克斯比较宗教学教授一职时所作的就职演讲中。（见 Wilfred Cantwell Smith, “The Comparative Study of Religion: Reflections on the Possibility and Purpose of a Religious Science”, in McGill University, *Faculty of Divinity*, *Inaugural Lectures*, p. 42。）后来又再次出现在《宗教的含义与终结》一书的第一章《导论》中。（见 Wilfred Cantwell Smith, *The Meaning and End of Religion*, New York: Macmillian, 1963, p. 7。）原文抄录如下：“毫不客气地说，这些学者就好比是趴在金鱼缸外面的苍蝇，对缸里的金鱼进行着细致而全面地观察，一丝不苟地测量着金鱼的大小，并且还真是为我们关于这些对象的知识作出了不少贡献；但这些学者却从未扪心自问，也从未体验过，作为一条金鱼又会有何种感受呢。”

国的伊斯兰教研究乃至宗教研究开辟全新视域。

除了以上四个方面的新动向以外，步入 21 世纪之后，伊斯兰教面对的现实处境在学术界所引发的争议和新问题也值得我们关注，具体而言，即“9・11”事件促使学者的研究宗旨发生的分化和转变。笔者之所以将 2001 年作为一个新阶段的起点，绝非仅仅是由于按照某种约定俗成的习惯，从这一年开始人类又迈入一个新千年，更为根本的原因乃在于震惊世界的“9・11”事件就发生在当年。或许有人认为“9・11”事件的影响不应被“过度高估”，但是这种说法本身就包含着这样的潜台词，即“9・11”事件所产生的影响不容忽视，至少它在以下两个方面的影响不应被低估。一是“9・11”事件激发了学者，乃至普罗大众深入认识和理解伊斯兰教的渴求；二是蜂拥而至的各种疑问、非议、责难，乃至某种精心策划的话语霸权，这些都促使穆斯林比以往更为注重对自己信仰与传统的解释与辩护。

在此过程中，不免产生两种倾向，即“外向”与“内倾”。其中，以“外向”为特征的穆斯林注重与外部世界的沟通与融合。他们不仅注意向非穆斯林解释有关伊斯兰教的种种问题，而且致力于探索本传统如何在现代化、多元化世界重新焕发活力的问题；而另一以“内倾”为标志的部分穆斯林则更为珍视本传统的完整性与独特性，他们力图通过恪守成规、以不变应万变来应对纷繁复杂、不断变化的外部世界。“9・11”事件的激变和穆斯林面对的外部压力，令他们以更加坚决的态度来固守原有的立场。“背影”成为其形象的象征，“护教”则是其崇尚的目标。就其现实关怀而言，前者注重对传统的解释与阐发；后者则以“护教”为己任。实际上，现存各大宗教传统在历史上都曾发展出各自的护教论。因此，“护教论”绝非是一个仅具消极意义的贬义词。特别是对于正面临重重压力、内忧外患的伊斯兰教而言，对各种批评与责难作出针锋相对的辩护，这当然合乎情理，甚至必不可少。但是，综观历史上形形色色的护教论，大凡能够辩才无碍、成一家之言的护教论中，除了为己方辩护这重意思以外，另一个条件是必须“言之成理”。“护教论”不仅需要有维护自己信仰与传统的动力，还需借助理性将这动力升华为某种严密圆熟、令人信服的理论。简言之，“护教”的热情固不可少，“成论”的冷静与睿智更不可或缺。

与这种宏观语境相一致，国内伊斯兰教研究也面临着类似的问题。如前所述，进入“发展—转型”阶段以来，我国伊斯兰教学术研究出现的新趋向之一，即穆斯林学者的参与以及对伊斯兰教持同情理解态度学者的增加。出于“圈内人”的立场或所持之同情理解态度，在“9·11”事件之后，面对各种有意或无意的歪曲，这些学者大都自然而然地站在对伊斯兰教做维护与辩解的立场上，致力于撇清伊斯兰教与所谓“恐怖主义”“极端主义”“基要主义”等“欲加之罪”和“莫须有”罪名之间的关系。这种举措可以形象地称之为“漂白”。平心而论，学术研究不可能完全摆脱人文关怀，甚至人文关怀更能构成学术研究的更为深层的价值基础。针对“9·11”事件后伊斯兰教和穆斯林所遭受的种种误解和歪曲作出解释和批驳，这正体现了学者的人文关怀，与我国传统“为天地立心，为生民立命”的精神本无二致。然而，凡事总有另一面。在正常的解释与“漂白”的过程中，也有少数学者在外部压力下更为敏感，论述中的回护倾向和感情色彩过浓，成为“过度主观的漂白”，这就显得热情过度而理性不足。笔者认为，人文关怀和价值倾向应当建立在规范的学术论证的基础上，而非沦为纯粹的情感宣泄。但当“漂白”沦为“过度主观的漂白”、当“言之有理、言之有据”的“护教论”堕为以个人好恶为依据的“辩护”时，结果可能适得其反。“过度主观的漂白”并不比那种抱着诋毁与攻击态度的、刻意为之的“抹黑”行为高明多少，因为二者都是逸出理性看守的情感所绽开的“恶之花”。当然，批评“过度漂白”并不意味着对“刻意抹黑”持姑息纵容态度。“9·11”事件后，也有个别学者自觉或不自觉地置身于西方的话语霸权的笼罩之下，亦步亦趋地紧随其后，陷入了某些精心织构的理论中，主观断定伊斯兰教与恐怖主义有着某种先天的必然联系。也有个别学者素来怀有偏见，在评介某些国际问题的时候，以偏袒某国著称而不顾事实如何，表现出强烈的主观倾向。对于这些不当和偏颇的观点和态度，学者理应作出澄清与批判。

笔者认为，“批判的共同自我意识”或许是今后研究中应采纳的立场。“批判的共同自我意识”是一种在人文学科领域内，通过相互参与来构建认识主体与认识对象之间的统一关系，从而超越主客二分法，达到主观与客观交融的方法。由于人文学科区别于自然科学的特殊性或者说它的本质特征就在于它乃是一种“人对人的研究”，因此，有别于自然科学中那种认识主体与认识对象分别被界定为人与无生命的物体的做法，在人文学科中，不仅认识主体理所当然的是人，而且所谓的“认识对象”也是同认识主体一样是活生生的人。不难想象，在这样的认识主体和认识客体之间必然存在着相互的影响和作用。就认识客体而言，绝不可能完全被动地接受认识主体的种种界定，而必然会主动地参与认识过程。而某些研究者所标榜的认识主体那种自始至终的超然态度和绝对客观，实则无异于痴人说梦。以往那种基于“主—客关系”而滋生的扭曲失真的、纯粹外在的以及非人格化的认识方式，正是在这种“主—客关系”基础上形成的研究者与研究对象的二元对立关系歪曲的理解。可以设想，如果有朝一日当“圈内人”与“局外人”、当地人与研究者、参与者与观察者、穆斯林与非穆斯林、“学院派”与民间学者、护教者与责难者、超然者与体验者，甚至“过度漂白”者与“刻意抹黑”者都能够虚心倾听对方的声音、接纳对方的意见，那么，我国的伊斯兰教研究必将迎来一个“鸢飞戾天，鱼跃于渊”的新天地。

综合以上通过从学术史角度对我国伊斯兰教研究几个重要时期的回顾，特别是最近几年中国伊斯兰教的研究，我们可以发现该学科今后发展呈现出的一些新特点和新趋势。

第一，对学科发展具有深远意义的基础性和开拓性研究逐渐受到重视。前者的代表是对历史文献资料的搜集和考证，后者则以思想研究为重心。能否拿出开一时风气之先或为学科奠定基础的研究成果；能否为各个分支学科的发展作出实质性贡献；能否既强调创新理论、开辟新思路，又注重基础性研究、普及性研究，等等，这些本学科未来发展的重中之重。基于这一认识，伊斯兰教研究这一重大人文学科今后的发展一大趋向便是既强调理论创新，又重视基础研究。

第二，学科发展更趋向于细化和专题性，开始着手研究一些以前所忽略的、难度比较大的问题，如对苏非主义的研究和中国各地区伊斯兰教史料的整理。这当然是在以前伊斯兰教整体性研究成果积累的基础上才能开展的。

第三，现实问题依然是热点，而且在未来的一段时间内这一趋势将持续下去。这不但表现在中国学者对中国伊斯兰教问题的关注上，还表现在对国际政治中伊斯兰教因素的分析上。学者们突破了以往单纯从宗教教义、历史、经典、仪式、教法等传统视角研究伊斯兰教的局限，而是从经济、政治，乃至全球化和信息网络化的新角度来观察伊斯兰教，由此得出了一些具有学科交叉性特点和现实针对性的学术成果。

第四，研究队伍将不断扩大。现在的伊斯兰教研究者不再单纯是宗教学者和历史学者，其他专业领域如人类学、民族学、政治学、经济学、文艺学等方面的学者也参加进来，再加上政府宗教工作部门的研究者，他们丰富了伊斯兰教研究的内容，推动了伊斯兰教研究的发展。

现在，就让我们从学术研讨会、中国伊斯兰教研究、世界伊斯兰教研究、工具书编撰和资料整理、当代伊斯兰教研究、近期重大问题研究、学科建设七个专题来回顾自改革开放以来中国学者在伊斯兰教研究领域所取得的辉煌成就。

第二节　学术研讨会

一　开端："西北五省区伊斯兰教学术讨论会"

1978年，走过"文化大革命"的停顿和倒退，随着中国宗教学研究的重兴，伊斯兰教研究也经过艰苦跋涉，逐渐走出禁区，走向学术的春天。1979年2月，世界宗教研究所在昆明组织召开了全国宗教学研究规划会议。根据这次会议的精神，1979年8月在乌鲁木齐召开了西北五省区伊斯兰教研究工作座谈会，世界宗教研究所与西北五省区相关机构商定，以后每年轮流召开一次伊斯兰教学术研讨会。

1980年11月10日至20日，首届"西北五省区伊斯兰教学术会议"（银川会议）在宁夏回族自治区召开。会议由宁夏社会科学研究所主办，主题是"清代中国伊斯兰教"。来自全国各地的80余名学者、专家与会，提交论文、资料47篇。会后选编成《清代中国伊斯兰教论集》一书，1981年12月由宁夏人民出版社出版。第二届西北五省区伊斯兰教学术会议于1981年10月10日至21日在兰州召开，即兰州会议。会议由甘肃省民族研究所主办，着重探讨了伊斯兰教在中国传播、发展的特点及其历史作用。151名专家、学者出席，提交论文、资料65篇。会议论文选编《伊斯兰教在中国》于翌年由宁夏人民出版社出版。1982年8月18日至26日，第三届西北五省区伊斯兰教学术会议在西宁召开，即西宁会议，由青海省宗教局主办。会议围绕四个主题展开讨论：第一，中国伊斯兰教的特点；第二，伊斯兰教教派、门宦的演变、分化及其社会影响；第三，历史上的民族教育；第四，伊斯兰教与民族关系。120余名专家、学者与会，提交论文、资料80余篇。论文选编《中国伊斯兰教研究》会后由青海人民出版社出版（1987年7月）。第四届西北五省区伊斯兰教学术会议于1983年11月22日至26日在西安召开，即西安会议，由陕西省社会科学院主办。会议以伊斯兰教研究如何为两个文明建设服务为主题。88名专家、学者与会，提交论文、资料102篇。论文选编《中国伊斯兰教研究文集》于1988年5月由宁夏人民出版社出版。第五届西北五省区伊斯兰教学术会议延后三年，于1986年8月22日至27日在乌鲁木齐召开，会议以“伊斯兰教在我国的传播和发展史”为中心议题。6个民族的112名专家、学者与会，提交论文、资料79篇。

现在回顾，这种形式上以西北五省区为主，实际上是全国性的伊斯兰教学术研讨会，在当时的条件下确是一种睿智的创举、一次大胆的尝试。事实上，这五次会议也是一次成功的实践、一种意义深远的学术活动。人们评价这是我国伊斯兰教研究发展史上的一段辉煌历程，一块重要的“里程碑”。从学科建设和学术研究的角度而言，有四点明显的效果：第一，形成国家与地方，科研机构、大专院校、地方政府、宗教界和个人通力合作的框架，在宗教学发展的总体规划下，为尽快发展伊斯兰教研究的学科建设奠定了一个广阔而又坚实的基础。第二，将伊斯兰教研究的学术活动起点放在西北五省区，使学术研究与社会实践，基础研究与应用、对策研究的结合，成为我国伊斯兰教研究的主导方向，保证此后的伊斯兰教学术研究能更好地为现实服务。第三，宣传伊斯兰教的学术活动，引起社会重视，得到宗教界认可，从而有助于纠正对宗教的片面看法，更好地理解宗教信仰自由的政策；同时也有利于活跃研究气氛，鼓励学者努力，对深入发掘整理资料，迅速产生学术成果，起到促进作用。第四，通过六七年的学术活动，逐渐训练和形成一支由专业科研机构、政府有关工作部门和宗教界三方面为主的研究队伍，掀起中国伊斯兰教研究的一次高潮。尤为可喜的是，一批青年学者被这五次会议吸引进来，得到熏陶和成长，成为今日我国伊斯兰教研究的骨干队伍，是学科继续发展和提高的保证。

二　发展：全国伊斯兰教学术讨论会

之后，虽然学术界多方呼吁，第二轮西北五省区伊斯兰教学术研讨会始终未能启动。世界宗教研究所为接续学术发展的势头，推动伊斯兰教研究的发展，从1987年至1990年连续召开三届全国伊斯兰学术讨论会。

第一届于1987年8月21日至26日在北京召开。会议以中国伊斯兰教史研究的学科化、第二次世界大战后伊斯兰教的发展趋势、中国伊斯兰教的教派问题为主要议题，有来自北京、天津、上海等地近60位专家学者以及宗教工作部门干部与会，收到论文、资料20多篇。会后，《世界宗教研究》杂志以“北京伊斯兰学术会议专辑”形式，将20余篇论文结集发表（1988年第2期）。第二届以“中国伊斯兰教史研讨会”为名，于1990年9月12日在北京召开，40多名专家学者与会。会议主要讨论了伊斯兰教入华后，如何丰富和发展了民族文化、如何接受中国各民族传统文化的影响等问题。在同年10月19日至21日，世界宗教研究所又和西亚非洲研究所在北京联合召开第三届全国伊斯兰教讨论会。有来自全国各地的专家学者和宗教、民族统战等有关部门代表80余人出席会议。会议分为国际和国内伊斯兰教研究两组，分别讨论了战后伊斯兰教的形态、趋向和特点，战后伊斯兰教发展阶段的划分问题，中国伊斯兰教研究的相关问题等。

与此同时，从1988年至今，随着伊斯兰教学术研究向深度、广度两方面的发展，还召开了一系列专题研讨会。其中重要的有：

“伊斯兰复兴运动”学术讨论会。1988年4月25日至26日在北京召开。会议由中国社会科学院西亚非洲研究所、中国亚非学会和中国中东学会联合举办，全国20多个单位的50余名专家学者与会，就伊斯兰复兴运动兴起的历史背景，深刻的政治和经济原因，现状和表现特点，以及该运动产生的影响展开深入研讨。会后印有《伊斯兰复兴运动论集》（内部资料），收入论文18篇。

“伊斯兰教与中国西北地区现代化建设”国际研讨会。1991年10月8日至11日，西北大学和德国阿登纳基金会联合在西安举办。会议围绕伊斯兰教与西北地区的对外开放和穆斯林民族的发展、伊斯兰教的经济思想和现代化、国外伊斯兰教改革运动与现代化三个问题进行讨论，共提交论文20余篇。

“伊斯兰文化与中国”学术讨论会。1991年10月14日至17日，由济南市伊斯兰教协会、山东大学哲学系和山东省东方哲学研究会联合发起，在济南市杆石桥南大寺举行。会议中心议题是伊斯兰教与中国。来自全国各地的专家学者和宗教界人士与会，就伊斯兰教传入中国及其发展过程、伊斯兰教在中国生存和发展的原因、中国伊斯兰教传播和发展中所遇到的问题展开讨论。

“海上丝绸之路与伊斯兰文化”国际学术研讨会。1994年2月21日至26日，联合国教科文组织丝绸之路项目机构、中国联合国教科文组织全国委员会、中国海上丝绸之路研究中心等8家机构联合在福建泉州召开，有来自18个国家的约80名代表与会，提交论文38篇。会议讨论了伊斯兰文化在海上丝绸之路沿岸国家的传播及影响，中国与穆斯林国家的友好关系，穆斯林对航海、贸易的贡献等问题。

“当代伊斯兰复兴运动”学术研讨会。1995年6月16日至18日，由上海国际问题研究所中东研究中心主办，20 余名专家学者齐集安徽马鞍山市，共同研讨了“冷战”后伊斯兰复兴运动发展的形势、伊斯兰复兴运动的性质与特点、伊斯兰复兴运动对国际形势的影响、伊斯兰复兴运动的发展趋势等问题。

伊斯兰—阿拉伯哲学学术研讨会。1996 年 10 月 6 日，山东大学哲学系、山东省东方哲学研究会和济南市伊斯兰教协会联合在济南市召开。会议讨论了伊斯兰—阿拉伯哲学的思想特征、历史影响等问题。

“当前回族学、伊斯兰教研究现状研讨会”。2004 年 9 月 21 日，由宁夏社会科学院主办。来自国内专家、学者、民族宗教工作者以及日本、澳大利亚等国学者共 70 多人参加了此次研讨会。会议就“回族学伊斯兰教研究动态”和“当前回族伊斯兰教研究的其他问题”进行了探讨。

与此同时，一系列专题的、跨学科的学术研讨会相继举行。比如自 1983 年至今在全国各地召开的东南沿海伊斯兰文史工作座谈会、1983 年至今每隔一两年召开的全国回族史学术讨论会、1996 年至 1999 年在西安举行的三届伊斯兰文化研讨会等。

三　近况：跨学科的伊斯兰教学术研讨会

进入 21 世纪以来，以伊斯兰教研究为主题的会议较之以往有减少的趋势。例如，中国伊斯兰教协会曾在北京举办“中国伊斯兰教历史与发展学术研讨会”（2001 年 12 月）、“伊斯兰教与构建和谐社会学术研讨会”（2007 年 10 月）以及宁夏社会科学院主办“当前回族学、伊斯兰教研究现状研讨会”（2004 年 9 月）。此外，以伊斯兰教为标题的学术研讨会并不多见。与之形成鲜明对比，相关领域的会议依旧接踵而来，蒸蒸日上。这些会议以其跨学科的新颖理论、跨宗教的开放视野吸引了众多学者参加，支撑和推动着国内伊斯兰教研究的发展。其中重要的有：

“郑和下西洋与文明对话国际研讨会”。2005 年 6 月 30 日至 7 月 3 日，由宁夏社科院与伊朗驻华大使馆文化处在银川共同主办。

“南京大学・哈佛——燕京文明对话论坛”国际学术研讨会。2006 年 6 月 16 日至 18 日在云南昆明召开，由南京大学、哈佛大学、云南大学联合举办。本次会议的主题为“本土知识的全球意义”，围绕五个子论题展开，即“文明对话的全球意义”“全球化背景下的中国回儒对话”“全球发展中的东亚知识”“中国穆斯林社会本土知识的全球意义”“本土知识与文化创新”。

来自国内外的众多学者参加了此次会议，鼓励年轻的穆斯林学者和非穆斯林学者与会对话研讨则是此次会议的一个亮点。

“第二次回族学国际学术讨论会”。于2006年9月3日至6日在宁夏沙湖召开。会议围绕以下主题展开讨论，“全球化语境中的回族学”“文明对话”“回儒对话”“回族学学科体系与方法论”“中亚回族历史与现实研究”“中国穆斯林与中亚西亚穆斯林交往史研究”，来自国内外百余名学者参加了此次会议。

“宗教对话和谐社会”学术研讨会。2007年6月5日至6日在兰州召开，会议由兰州大学哲学社会学院、基督教文化研究中心、伊斯兰教文化研究所主办，加拿大文化更新研究中心协办。会议围绕“宗教对话与和谐社会”“多元宗教与和谐社会”“西北基督教的历史与现状”“宗教对话”“西北伊斯兰教的历史与现状”五个议题展开。来自加拿大、中国香港及全国各地高校和科研院所的60余位专家学者参加了这次研讨会。参会主要论文以《宗教对话与和谐社会》为题结集出版（中国社会科学出版社，2008）。

“中国经堂教育问题研讨会”。2007年1月21日至22日，由兰州大学主办，兰州大学伊斯兰文化研究所承办，在兰州召开。本次论坛的研讨主题主要围绕“中国经堂教育的发展历程”“中国经堂教育的问题与对策”以及“中国经堂教育的发展方向”三个方面展开，有160多人参加了此次研讨会，先后有10多位来自高校的专家学者和30余位阿訇在会议上做主题发言。

这一系列学术会议的召开，不仅标志着伊斯兰教研究的学术领域不断扩大，研究课题逐步深化和总体水平迅速提高，而且学术气氛活跃，带动了人才成长，推介了学术成果，拓展了合作领域，在伊斯兰教研究的学科建设和发展中起到了积极作用。

四 总结

总结这些年来国内召开伊斯兰教学术研讨会的情况可以发现，这段时期国内有关伊斯兰教学术研讨会经过了“开端”“发展”和“近况”三个阶段的历程。大体而言，每个阶段中都有一些比较突出的系列专题会议推动着伊斯兰教的学术研究。

第一个阶段是1980—1986年。

这一时期，分别在宁夏、甘肃、青海、陕西和新疆召开的5次“西北五省区伊斯兰教学术讨论会”，与会者累计达到551人次，收到论文将近300

篇，编撰论文集 4 部，提交会议的 3 本专著已经出版。5 次讨论会在探讨伊斯兰教在我国各地的传播及其特点和规律，中国伊斯兰教思想史，清真寺研究，穆斯林人物研究，伊斯兰教研究和实际工作中的一些重大理论问题和实践问题等方面，有了比较大的收获。打破了伊斯兰文化研究长期沉寂的局面，对我国伊斯兰文化的研究起到了积极的推动和促进作用。这 5 次会议的召开，标志着我国伊斯兰文化研究进入一个全新的阶段。

第二个阶段是 1987—2000 年。

由世界宗教研究所推动的连续召开的三届全国伊斯兰教学术讨论会（1987—1990）是这一时期召开伊斯兰教研究的学术研讨会的前期主要动力。此后的动力来源还包括自 1983 年以来全国回族学学术讨论会以及 1996 年至 1999 年在西安举行的三届伊斯兰文化研讨会。

全国回族学（史）讨论会从 1983 年开始，每两年或一年举办一次。从 1983 年始已在银川、昆明、兰州、承德、郑州、济南、西安、乌鲁木齐、黄山、南京、吴忠等地先后召开了十几次大规模的全国回族学（史）讨论会，并且几乎每次会议都把收到的论文选编成册。其中，“第 13 次中国回族学研讨会”于 2001 年 9 月在南京举行，由中国回族学会、江苏省伊斯兰教协、江苏省委党校联合举办。“第 14 次全国回族学研讨会”于 2003 年 9 月在宁夏吴忠召开。160 多位专家学者和相关人士参加了研讨会。这次会议的主题是“全面建设小康社会与回族学”，共收到国内外学者的学术论文 160 余篇，学术专著近 10 种。共有 30 多位代表按“当代回族现代化发展”“回族经济文化教育发展”“回族历史与文化”“回族学学科建设研究”“回族小经文字研究”“回族伊斯兰教研究”六个专题作了大会发言。值得一提的是，此次会议适逢“第一次全国回族史研讨会”在银川召开 20 周年，总结了 20 年来召开回族学研讨会的经验。截止到第 14 次全国回族史学术讨论会，历届与会者累计已逾千人，收到论文、专著 700 余篇，可谓佳作不断，对国内伊斯兰教研究起到了极大的推动作用。

1996—1999 年，西安市伊斯兰文化研究会在西安召开了三届伊斯兰文化研讨会。这三次会议议题和论文基本上体现了当时伊斯兰文化研究的成果。第一届伊斯兰文化研讨会（1996）的议题是“伊斯兰文化与现实生活”，主要讨论了当代穆斯林民族文化、教育、科学、人物等，收到论文 30 篇。会议后论文选编《伊斯兰文化论丛》，由宗教文化出版社出版。第二届伊斯兰文化研讨会（1997）正值我国经堂教育创始人胡登洲 400 周年忌辰。为纪念胡大师在经堂教育方面的杰出贡献，会议议题集中在经堂教育、伊斯兰教育方面。此次研讨会可以说是对经堂教育首次比较全面、系统的讨论和研究。会议共收到论文 71 篇。会后选编为《伊斯兰文化研究》，由宁夏人民出版社出版。第三届伊斯兰文化研讨会（1999）由西安市伊斯兰文化研究会和中国社会科学院世界宗教研究所联合召开。会议得到西安三宝双喜集团公司资助。会议的中心议题是“二十一世纪与伊斯兰文化、伊斯兰教研究、伊斯兰与中华民族”。来自国内的专家学者约 70 人参加了会议，提交论文 60 余篇，会议就回族和伊斯兰文化的历史、现状和未来展开讨论。会后有《伊斯兰文化论集》出版，编入论文约 40 篇。这届会议的一个特点是，许多论文立足于现实，探讨了穆斯林大众关注的经济、教育等问题。在西安召开的 3 届伊斯兰文化研讨会先后有近 200 名专家学者与会，共收到论文 163 篇，对我国的伊斯兰教研究也起到了积极的推动作用。

第三个阶段是 2001 年至 2017 年。

我们可以明显看到，以伊斯兰教研究为主题的学术研讨会日趋减少。仅有的几次会议主要由中国伊斯兰教协会主办。在学术界的公共话语中，“伊斯兰教”似乎成了一个敏感词，这不能不引起有关部门和学界的重视。不论归咎于“无心之过”，还是“有意之失”，从任何角度讲作为一个倡导“宗教和谐关系”的大国，都不应忽视对伊斯兰教的学术研究。这不仅是对内建构和谐民族关系的需要，也是迈入国际舞台必备的知识储备，甚至是中华民族重建宇宙观、生命观和价值观不可或缺的参考依据和智慧来源。与伊斯兰教研讨会的寥落冷清不同，一些相关主题的会议如火如荼地召开，其中有很大一部分是有关“文明对话”“宗教对话”的研讨会。这些以“对话”为主题的会议意味深远。它们既具有深刻的现实背景，更蕴含着朝向未来的目标，为我们揭示出了伊斯兰教研究的新领域和新方向。

回顾 40 年的历程，我们仍然不能忘记西北五省区伊斯兰教学术会议所走过的这一段辉煌历程，至今还可以感受到这一段学术交流对国内伊斯兰教研究的深远影响。许多学者呼吁，学术会议和学术交流，对学术发展的促进作用不可忽视。在今后的规划中，课题和会议都不可偏废。特别是近年来国内举办伊斯兰教学术研讨会比例大幅下降的现实为我们敲响了警钟，提醒我们必须高度重视这一问题。

第三节　中国伊斯兰教研究

自 1979 年启动伊斯兰教研究的学术规划后，发展最快、成果最多的是中国伊斯兰教研究。从学术积累而言，中国伊斯兰教的研究从 20 世纪 20 年代就已经开始。陈汉章的《中国回教史》（《史学与地学》1926 年第 1 期）和陈垣的《回回教入中国史略》（初载《北京大学研究所国学门月刊》第一卷第六号，1927，题为《回回教进中国的源流》，后刊于《东方杂志》第 25 卷第 1 号，改为今名，1928），是这方面的重要代表作，堪称开山之作。随后一批伊斯兰教研究的奠基之作相继问世。例如金吉堂的《中国回教史研究》（1935）、傅统先的《中国回教史》（1940）、马以愚的《中国回教史鉴》（1940）、马良俊大阿訇在民国时期所撰写的《考证回教历史》（1939）以及著名历史学家白寿彝的《中国回教小史》（1943）和《中国伊斯兰史纲要》（1946）等著作，也是民国时期中国学者所撰写伊斯兰教历史研究方面的专著。

除了这些代表性的专著之外，在为期 30 年的回族“新文化运动”中，也有一批伊斯兰教研究论文问世，特别是著名史学家顾颉刚主办的《禹贡》杂志贡献尤多。在白寿彝的参与下，顾颉刚于 20 世纪 30 年代后期在他主编的《禹贡》上刊出两期“伊斯兰教研究专号”（第五卷第十一期，1936；第七卷第四期，1937）。白寿彝接连在该刊物上发表了《从怛逻斯战役说到伊斯兰教之最早的华文记录》（1936）、《宋时伊斯兰教徒底香料贸易》（1937）等论文。此外，《禹贡》杂志还登载了陈垣和其他一些穆斯林学者或经师的众多文章，如先后发表在《禹贡》上的赵振武的《三十年来之中国回教文化概况》、庞士谦的《中国回教寺院教育之沿革及课本》、王静斋的《五十年求学自述》等，从不同的侧面，大致反映了民国时期伊斯兰教学术研究的概貌。所收入的论文虽然为数不多，但都具有较高的学术价值。有的梳理古籍，考证历史，追溯伊斯兰教进入中国的脉络；有的构思框架，分门别类，打造中国伊斯兰教研究的基础。其中还有人译介国外中国伊斯兰教研究的重要论著，如日本学者桑原骘藏的《创建清真寺碑》（牟润孙译，载 1936 年《禹贡》第五卷第十一期），尽力与国际学术界接轨；有的人则关注现实，从事中国各地穆斯林生活和清真寺状况的调查、中国回教文化的概述等。这些先前的学术成果是一笔珍贵的遗产，对以后的伊斯兰教的研究，特别是中国伊斯兰教研究有着持久不衰的影响。民国时期发表在各种刊物上的伊斯兰教研究论文还有刘风五的《回教传入中国时期》《回教徒与中国历代的关系》及《回教徒对于中国医药的贡献》；薛文波的《明代与回民之关系》；杨志玖的《"回回"一词的起源和演变》；李俨的《伊斯兰教与中国历算之关系》；刘铭恕的《回回与元代之戏曲》；王静斋的《中国回教经堂教育的检讨》等有影响的代表性论文，以及反映重要的清真寺古迹、著名的宗教人物掌故、介绍各教派门宦及其经著学说等范围内容的文章。客观地说，关于中国伊斯兰教历史的基本框架已经初显轮廓。

至 1978 年后，中国伊斯兰教研究随着改革开放的迅雷，在学科规划的更高基础上，再次迸发出勃勃生机，研究领域不断扩大，学术成果接连面世，形成一个全面深入研究中国伊斯兰教的大好局面。已经问世的研究成果归纳起来，有四个方面较为突出，即中国伊斯兰教史研究（包括通史、断代史与专门史研究）、教派门宦研究、汉译译著与经堂教育研究以及民族和地区伊斯兰教研究。

一 中国伊斯兰教史研究

对于中国伊斯兰教历史的研究包括三个相互关联的领域，即通史研究、断代史研究与专门史研究。

编写一部中国伊斯兰教通史，是陈垣的提议，也是白寿彝的夙愿。至 20 世纪 80 年代，中国伊斯兰教研究的蓬勃发展，为从新的视角编写详尽的科学的通史，提供了基础。1998 年，李兴华、秦惠彬、冯今源、沙秋真合著的《中国伊斯兰教史》的问世，就是前 10 多年学术发展的反映。该书有 70 多万字，内容丰富、资料翔实、体系庞大，是新中国第一部中国伊斯兰教史专著。全书共 5 编 22 章，按五个不同历史时期叙述了伊斯兰教在华的初期传播、普遍传播、发展完善和成型、在不同地区的本土化和民族化过程中产生的历史变化，以及在不断衍变中所凸显的中国特色和伊斯兰教自身作为一种信仰文化和生活方式而保留的基本特质。由于篇幅较大，涵盖内容广泛，其中自然不乏填补学术空白的亮点，如在第五编叙述了伊斯兰教在中华人民共和国成立后的基本概貌，虽然过于简略，但毕竟有开拓之功。该书也不为学术窠臼所局限，如在伊斯兰教东传时间上，该著作没有采用传统的"唐永徽二年"说，而是选择了唐肃、代二宗即 8 世纪中的说法。另外，对历朝各代的伊斯兰教政策有比较系统而概括的论述，也颇具新意。当然，因多人合著而带来的缺憾也有，如各编体例、撰写的风格、文字表达等方面都不同程度地存在着差异。此前，有冯今源的《中国的伊斯兰教》（宁夏人民出版社，1991）、秦惠彬的《中国的伊斯兰教》（商务印书馆，1994）分别发表。同时，有秦惠彬的《伊斯兰教志》（上海人民出版社，1998）出版。都各有侧重，特色鲜明。例如，在《中国的伊斯兰教》一书中，作者冯今源对中国清真寺的名称、社会职能、建筑风格所作的研究，别具一格，观点鲜明，在有关教派问题和中国各族穆斯林在历史的贡献上也同样有自己独特的见解。对中国伊斯兰教史的撰写仍有人尝试。近年来出版的有周燮藩、沙秋真的《伊斯兰教在中国》（华文出版社，2000），米寿江、尤佳的《中国伊斯兰教简史》（五洲传播出版社，2004），杨桂萍、马晓英著的《清真长明》（宗教文化出版社，2007）都提出自己对于中国伊斯兰教历史的诠释。学术功过暂且不论，尽可留与世人评说，但至少说明中国伊斯兰教史这一研究领域的学术繁荣。

中国伊斯兰教的断代史研究方面有不少文章问世。例如，李林的《伊斯兰教在唐代活动述略——兼议伊斯兰教在中国早期文化传播的性质》（《回族研究》2001 年第 4 期），秦惠彬的《伊斯兰教在五代时期的发展》（《世界宗教研究》1989 年第 1 期）。李林在考察伊斯兰教在唐代活动轨迹的基础上，分析了伊斯兰教在中国早期文化传播的性质问题。早期来华的穆斯林以商人、使节、军士为主，这决定了他们活动以世俗社会生活为主，但伊斯兰教鲜明的入世色彩又将神圣的宗教生活与世俗生活融为一体，这使得穆斯林的社会生活往往伴有宗教文化的传播。这证明伊斯兰教在中国的早期文化传播活动具有作为伊斯兰世俗物质文化传播客观结果的伴生性质。从这个意义上讲，伊斯兰教在中国的早期文化传播似乎是一种“无心插柳柳成荫”的意外结果。但如果站在不同社会文化系统之间相互交往和文化传播的高度来审视这种特殊的文化现象，就会发现隐藏在历史偶然性背后的乃是早期来华的穆斯林先民在主动适应一种完全陌生的大文本传统社会文化环境的漫长历程中，作为弱势文化群体所表现出的一种“适者生存”的非凡智慧和苦心孤诣。秦惠彬认为五代时期，我国伊斯兰教的传播重心已由西部（长安一带）转移到了南部。而以南部为传播重心的伊斯兰教同在西部发展的伊斯兰教，几乎没有什么接触，彼此失掉联系。伊斯兰教在东南受到中国传统文化的强烈影响，西部相对而言没有那么浓重。他在文章中提出存在着一个信仰阶梯的观点，即中国穆斯林的信仰心态呈现出由西向东渐次下降坡度很大的阶梯。此外，专门以某个朝代的伊斯兰教为主题的文章还有周耀明的《试论宋代伊斯兰教在河陇地区的传播》(《甘肃民族研究》2004年第4期)，邱树森的《元代伊斯兰教在中国北京和西北的传播》(《回族研究》2001年第1期)，刘成有的《地位上升而又明确附儒的元代伊斯兰教》(《湖北民族学院学报》2002年第1期)，葛壮的《明代社会中的伊斯兰教和穆斯林》(《世界宗教研究》2002年第1期)，陈国光的《清代维吾尔族中的伊斯兰教》(《新疆社会科学》2002年第2—3期)。这些文章上至唐、五代，下至宋元明清时期，描绘出了一幅伊斯兰教在中国演变的全景。

专门史研究方面，马通的《中国伊斯兰教派与门宦制度史略》(宁夏人民出版社，1983)与余振贵的《中国历代政权与伊斯兰教》(宁夏人民出版社，1996)分别堪称教派史与政治史两个不同领域的代表。马著将在后文论及，此处不赘述。余著《中国历代政权与伊斯兰教》依时间顺序，从唐代初期到20世纪中叶，阐述各个朝代及民国等历史时期伊斯兰教与历代政权间发生的各种纠葛与关系。该书以分析评估中国历代政权处理伊斯兰教事务的治理策略和实际效应为主线，揭示伊斯兰教在中国社会政治发展史上不可忽视的重要作用。在探研历代政权对伊斯兰教的政策时，还分析他们对穆斯林民族的态度及后者的反应，并深入阐述了历代政权的民族观与宗教观。该书最鲜明的特征就是从历代关于伊斯兰教的政策这一特殊视角入手，由此在学术领域内取得了新的突破。跨入21世纪，伊斯兰教专门史的研究也出现了新的动向。水镜君、马利亚·雅绍克著的《中国清真女寺史》(生活·读书·新知三联书店，2002)是一部新近出版的专题史，也是我国第一部研究穆斯林妇女的专题史。中国清真女寺是伊斯兰教在中国本土化的产物，是世界独特的文化现象。该书追溯了清真女寺的产生、发展和演变，考察了女寺文化及其对穆斯林妇女生活的影响，探讨了穆斯林妇女在民族宗教身份形成过程中的作用，从而开拓了一个新的研究领域。

二 教派、门宦研究

分宗立派是宗教传统在发展过程中都不可避免的现象，也有人将其视为宗教发展成熟的标志。在长期的发展过程中，中国伊斯兰教也逐渐演化出了自己特有的教派体系，素有“三大教派”“四大门宦”之说。所谓“三大教派”，即格底目、伊赫瓦尼和西道堂；“四大门宦”或“四大苏菲学派”则包括虎夫耶、嘎德林耶、哲赫忍耶、库布忍耶。西北五省区伊斯兰教学术研讨会上，“教派门宦”问题是热门话题之一。会后，正是在这一领域中，中国伊斯兰教研究最先取得突破、最早产生学术专著。

有学者认为，改革开放 40 年来“最具有学术价值的扛鼎力作”[①] 当推马通先生的《中国伊斯兰教派门宦制度史略》（宁夏人民出版社，1983 以下简称史略）以及其后付梓的姊妹篇《中国伊斯兰教派门宦溯源》（宁夏人民出版社，1986，以下简称溯源）。作者积数十年之功，在第一手珍贵资料基础上叙述各门宦的历史及特点，主要以西北的伊斯兰教各教派门宦支系为对象，对格底目（老教）、伊赫瓦尼（遵经派）、西道堂（汉学派）三大教派，以及虎夫耶、嘎德林耶、哲赫忍耶、库布忍耶四大门宦及其数十个支系的源流、发展、衍生的历史过程，包括各重要教派门宦的宗教领袖人物、各派的宗教思想和礼仪特征，都作了详细的介绍。《史略》主要向读者揭示了一个支系纷繁、内涵复杂的中国伊斯兰教内部世界；《溯源》则重在分析各主要教派门宦的演变过程和相互关系。这两部姊妹篇为中国伊斯兰教教派门宦的研究奠定了坚实的基础，也将其推进与国际学术界接轨，已成为中国伊斯兰教研究史上的丰碑。马通先生的研究受到学术界同行的高度评价，并被视为填补了中国伊斯兰教历史方面的空白，有筚路蓝缕之功。著名史学家白寿彝先生评价此书“经过多年辛勤努力，搜集了有关的丰富材料，为中国伊斯兰教史和回族史开拓了一个新的园地，在史学工作上是有贡献的”[②]。

此前，勉维霖的《宁夏伊斯兰教派概要》（宁夏人民出版社，1981）以作者在 50 年代末期的调查为基础，对宁夏伊斯兰教的格底目、虎夫耶、哲赫忍耶、嘎德林耶、伊赫瓦尼五个教派门宦作了介绍，并对其分布特征、历史演变、教义修持及与世界伊斯兰教的关联作了精辟分析，故被视为当代教派门宦研究的“开山之作”。但由于篇幅较小、发行量少等原因，一直未能受到应有的重视。此书中的内容后来收入勉维霖主编的《中国回族伊斯兰宗教制度概论》（宁夏人民出版社，1997）一书中。

在此之后，有一批论文和专著出现，文献资料的收集和整理有较大进展，研究的领域不断扩大和深入，并引起国际学术界的重视。有关个别门宦和历史事件的论文有杨怀中的《论十八世纪哲赫忍耶穆斯林的起义》，陈慧

---

① 葛壮：《20 世纪国内有关伊斯兰教历史的重要研究论著及其影响》，《当代宗教研究》2004 年第 4 期。

② 白寿彝先生序，见马通《中国伊斯兰教派门宦制度史略》，宁夏人民出版社 2000 年版。

生的《试论清代白山派和黑山派之间的斗争及其影响》，马辰的《马元章与哲赫林耶教派的复兴活动》，马福海的《嘎的林耶门宦杨门始末》，冯今源的《关于门宦教派问题的刍议》等①。

由西北门宦溯源至新疆依禅派，进而揭示其与中亚苏菲教团道统渊源的论文有王守礼的《新疆依禅派研究》，金宜久的《苏菲派与中国门宦》（《甘肃民族研究》1982年第1、2期合辑），陈国光的《回回25世到中原考——关于新疆伊斯兰神秘主义在内地传布问题》《新疆伊斯兰教史上的伊斯哈克耶——兼论我国哲赫忍耶门宦的来源》《中亚纳合西班底教团与我国新疆和卓、西北门宦》，周燮藩的《伊斯兰教苏菲教团与中国门宦》，王怀德的《苏菲派的演变与门宦制度形成的特点》《略论依禅派的形成及其特点》，潘志平的《中亚和新疆和卓的兴衰》，刘正寅的《和卓家族兴起前伊斯兰教派在西域的活动及其政治背景》等。还有一些论文由研究苏菲教团到苏菲主义学说的研究，从而与世界伊斯兰教的研究汇合。

由于认定门宦是苏菲教团在中国西北地区的分支，门宦与教派的区别就不辨自明了。格底目在中国称“老教”“遵古派”，指保持伊斯兰教入华后形成的传统，与明末清初后产生的门宦及新教派有别的中国穆斯林社团。相关的论文有冯增烈的《“格底目”八议》（《西北民族学院学报》1984年第1期）、冯今源的《中国伊斯兰教教坊制度初探》（《世界宗教研究》1984年第1期）、李兴华的《格底目史初探》（《甘肃民族研究》1985年第1、2期），等等。

至于伊赫瓦尼，在中国称“新兴教”“遵经派”，指19世纪末叶产生的，以“凭经行教”“尊经革俗”为号召的新教派。相关的论文有马克勋的《中国伊斯兰教伊赫瓦尼派的倡导者——马万福》，马占彪的《试论马万福及其依赫瓦尼教派》，刘德文的《中国伊斯兰教伊赫瓦尼派在西宁的传播》等。也有人追溯其思想渊源，如冶青卫的《试论伊赫瓦尼与瓦哈比派的关系》等。

各教派门宦中，有关西道堂的资料整理和研究文章较多。西道堂是中国伊斯兰教中形成较晚的一个派别，清光绪年间马启西创建于今天的甘肃省临潭县旧城，有“汉学派”之称。早在20世纪三四十年代就有范长江、顾颉刚、王树民等人在西道堂做过实地考察，并进行介绍与研究。从20世纪30

① 上述论文均载西北五省区伊斯兰教学术会议论文集。

年代末到70年代末近40年的时间内，对西道堂的研究完全处于停顿状态，重新启动则开始于20世纪80年代。这一时期的研究文章有关连吉的《西道堂历史概述》（《世界宗教研究》1982年第3期），朱刚的《中国伊斯兰教西道堂信仰述评》（《青海民族学院学报》1982年第4期）。对于西道堂究竟是教派还是门宦，至今学术界未有定论。1994年5月和1995年7月，有两批专家学者应邀对西道堂作了各为近半个月的学术考察。这在中国伊斯兰教研究历史上是绝无仅有的，考察的成果陆续发表，影响延续至今。相关的论文有张世海的《临潭回族的历史与现状》（《甘肃民族研究》1993年第3期），陆进贤、陆聚贤的《中国伊斯兰教西道堂》（《阿拉伯世界》1994年第2期），马德良、于谦的《刘智思想对西道堂影响浅析》（《世界宗教研究》1995年第1期），金宜久的《刘智思想在中国穆斯林中的影响》（《甘肃民族研究》1996年第3—4期），马平的《中国回族的“普埃布洛”——甘南临潭西道堂尕路提大房子研究》（《回族研究》1997年第2期）、《甘南藏区拉仁关回族“求索玛”的群体研究》（《伊斯兰文化论集》，中国社会科学出版社2001），丁宏的《西道堂模式——一个宗教派别的社会实践及带给我们的思考》（《中央民族大学学报》1996年第5期）等，均对西道堂早期的历史问题作了分析与研究。90年代以来，在对西道堂的介绍中，高占福的成果比较集中，连续发表《刘智宗教思想对西道堂教派的影响》（《宁夏社会科学》1990年第2期）、《马明仁与西道堂经济的发展》（《西北民族研究》1993年第1期）、《甘肃伊斯兰教西道堂历史与现状调查——以伊斯兰教与社会发展相适应为主》（《西北民族研究》1994年第2期）、《关于西道堂“大家庭组织”的调查与研究》（《甘肃民族研究》1999年第2期）等文章。就刘智宗教思想与西道堂的渊源关系、马明仁振兴西道堂的经济活动、西道堂的历史与现状等问题做了评述。值得一提的是，西道堂第三任教主马明仁的长子马富春，先后发表《西道堂马启西兴办教育记》《刘介廉先生的宗教译著对以后伊斯兰教派的影响》《马明仁、敏志道二先生与西道堂的经济、文化建设》等文章，从学术角度审视西道堂的历史活动。西道堂现任敏生光教长也曾先后撰写了《刘智思想与西道堂》（《回族研究》1991年第4期）、《伊斯兰教“乌玛”制度对西道堂的影响》（《世界宗教研究》1995年第1期）等文章探讨伊斯兰教的制度、思想与西道堂形成与发展的关系。介绍西道堂的专著不少，重要的有马通著的《中国伊斯兰教派与门宦制度史略》。该书将西道堂列为中国伊斯兰教三大教派之一，专章介绍，影响深远。1987年由青海民族学院民族研究所、西北民族学院西北民族研究所合作编辑的《西道堂史料辑》一书以内部资料名义印行，这也是至今唯一一本专门论述西道堂的论集。书中辑录了自民国时期至20世纪80年代有关西道堂研究的资料和文章共16篇，内容涵盖西道堂历史、宗教信仰、马启西和历代教主生平、教育、清真寺、刘智思想对西道堂的影响、大事记等方面，是研究西道堂必读和有重要参考价值的工具书。最近又有中华书局出版的《马启西诗联赏识》一书，能反映学术界的一些新的观点。

三 汉译著述与经堂教育研究

“汉文译著”指中国穆斯林学者使用汉文译著伊斯兰教经籍和介绍伊斯兰学术文化的活动。明代以前，中国穆斯林经师主要依据原本阿拉伯语和波斯语经典，借助特有的经堂语来宣讲和授课。明代后期，不少穆斯林后裔信仰淡化，兼之语言隔阂，导致一些地方出现了“教义不彰、教理不讲”的情况。而当时的教外人士又多不理解伊斯兰教，多有歧视。在此历史背景下，为了在教内宣讲教义，同时，也是为了向教外消除误解，扩大影响，明清之际，在江南和云南等地出现了一些穆斯林学者，开始使用中国传统思想特别是宋明理学的概念、词语和表达方式来翻译和解释伊斯兰教经典，阐发伊斯兰教的宗旨，证明伊斯兰教的主张并不比儒家思想低下，故也称“以儒诠经”。其代表人物有王岱舆、张中、伍遵契、马注、刘智、马德新以及马联元等一大批穆斯林学者。时间跨度从明末开始直至中华民国为止，历时约300年。经过他们的努力，使伊斯兰教与中国传统思想巧妙地结合起来，形成了中国特有的伊斯兰文化，成为一笔宝贵的精神财富。这些“回而兼儒”“学通四教”的穆斯林学者的著述和思想一直是当代学术界关注的焦点，特别是在文明对话、回儒对话的刺激下，更加引起了人们的兴趣。

较早研究成果中具有代表性的文章有伍贻业的《从王岱舆到刘智的启示和反思——17世纪中国伊斯兰教思潮》（《中国回族研究》，1991年，第1辑），余振贵的《从〈清真大学〉试论王岱舆宗教哲学思想的特点》（《中国伊斯兰教研究》，青海人民出版社，1987），冯今源的《〈来复铭〉析》（同上），金宜久的《论刘智的“复归”思想》（《世界宗教研究》1990年第1期），罗万寿的《试析中国伊斯兰哲学的“真一”说》（《西北民族研究》1996年第1期）等文。讨论苏菲思想对汉文译著影响的文章也有不少，有关的论文例如金宜久的《苏菲派与汉文伊斯兰教著述》、李兴华的《汉文伊斯兰教译著的宗教学》、纳国昌的《回族伊斯兰汉文译著活动的作用及影响》等。

近年来，一些国外学者已经开始把刘智、王岱舆等中国穆斯林“汉文译著”运动的代表人物之著作纳入研究范围。作为中国传统文化与伊斯兰文化相交融而产生的汉语伊斯兰教文献典籍受到越来越多的关注。更有学者提出，鉴于汉语伊斯兰教文献对于多元化的伊斯兰思想作出的贡献，理应享有与其他语种文献同样重要的地位和更多的重视。一些中国研究者致力于对汉语伊斯兰教文献典籍的研究，已经拿出了具有一定深度的研究成果。最近几年，国内也出版了不少这方面的专著。其中有代表性的有金宜久的《中国伊斯兰探秘——刘智研究》（东方出版社，1999），孙振玉的《王岱舆及其伊斯兰思想研究》（兰州大学出版社，2000），沙宗平的《中国的天方学——刘智哲学研究》（北京大学出版社，2004）以及梁向明的《刘智及其伊斯兰思想研究》（兰州大学出版社，2004）。较新的一部专著是杨桂萍博士所著之《马德新思想研究》（宗教文化出版社，2006）。该书在对10余篇汉文著译进行研读的基础上，运用多学科交叉的研究方法，展开对马德新思想的学术评介。该书从马德新对儒家文化和伊斯兰教的比较研究、伊斯兰教的天道思想、人道思想、神秘主义思想以及马德新对异端思想的批判五个方面进行了系统介绍，并对其思想主旨作出评价，即“务实的民族观、理性的宗教观和宽容的文化观”。该书逻辑合理、论述周密、结论客观，具有一定的理论深度和学术价值。这些学术著作的相继问世，使这一领域成为中国伊斯兰教研究的新亮点。

汉译伊斯兰教著译源自经堂教育。中国的经堂教育为明嘉靖年间伊斯兰教经学家胡登洲开创，他有感于当时教内“经文匮乏，学人寥落”的衰微，遂“慨然以发明正道为己任”。在家中讲经论道、授徒课业，培养了众多弟子。可以说，经堂教育是伊斯兰教在清真寺内传授知识、培养宗教人才的传统在中国结合私塾特色而形成的教育制度。以清真寺为场所的经堂教育制度，在中国穆斯林中代代相传，为培养经学人才和伊斯兰教的传播起到了相当作用。经堂教育在历史上一直受到穆斯林的重视。在20世纪30—40年代已有王静斋的《中国回教经堂教育的检讨》，庞士谦的《中国回教寺院教育之沿革及课本》，希拉伦丁的《经堂用语研究》等文章以及马坚译《回教教育史》等。自1989年《经学系传谱》整理出版后，明清之际经堂教育的兴起、传承、流派等问题有了宝贵的资料可借参照，特别是苏菲主义对于经堂教育以及后来的汉文著译的影响，有准确、明晰的叙述。

然而，时至今日，相对于学校教育和家庭教育来说，经堂教育在现代教育体系中的地位大大下降了。在学术研究中，穆斯林教育问题固然一直受到重视，但关于经堂教育的文章却不多，这或许反映了在难以被主流教育体系接纳的前提下，经堂教育困窘的现状。早期的文章中有代表性的如冯增烈的《明清时期陕西伊斯兰教的经堂教育》（《清代中国伊斯兰教论集》，宁夏人民出版社，1981），王永亮的《回族经堂教育的产生和早期形态》（《回族研究》1993年第1期）。冯增烈在论文中阐明经堂教育的渊源和兴起，讨论了清真寺的组织与经堂教育结构的关系，还对经堂教育教授的课程，中国形式的宗教术语“经堂语”和经堂文字“小儿锦”，包括经堂教育代表人物胡登洲及其弟子相传等历史情况作了较清晰的介绍。从文章涉及面来看，该文是一篇对中国伊斯兰教教育制度进行较为全面探讨的代表性佳作。晚近的有王伏平的《海思福对中国经堂教育的贡献》（《回族研究》2007年第4期），杨文炯的《女学：经堂教育的拓展与文化传承角色的重心位移——以兰州、西安、临夏调查为个案》（《回族研究》2002年第1期）。此外，《中国穆斯林》杂志发表了大量有关经堂教育和著名经师的介绍、研究文章。1990年在济南召开的第六次全国回族史讨论会侧重于回族教育史，会议论文由山东省民委以《中国回族教育史论集》（山东大学出版社，1991）为名编辑出版，其中有不少文章涉及经堂教育。2007年在兰州召开了“中国经堂教育问题研讨会”。与会代表提交了一批关注中国经堂教育的发展历程、问题对策以及未来发展方向的论文和发言。例如，《创制与文化振兴——伊斯兰教中国本土生长的历史启示》《经堂教育的百年发展》《经堂教育的现状与思考》《经堂教育未来发展的方向》《经堂教育发展的新理论、新视角、新境界》等。

另需一提的是，随着经堂教育而发展出来的“小经”近年来也逐渐引起人们的关注。“小经”是中国穆斯林用阿拉伯语字母拼写、记录经堂语和汉语的一种表音文字，也称“消经”“小儿锦”。中国穆斯林将阿拉伯语和波斯语典籍称为大经，与之相对，这种拼记文字就称为“小经”。而所谓“消经”则取“消化经典”之意，在中国伊斯兰教经堂教育中广为采用。大约从2000年起，南京大学刘迎胜组织“小经”课题研究组多次赴西北实地搜集多件具有代表性的“小经”文献资料，并有一批后续研究成果出现，例如，刘迎胜的《关于我国部分穆斯林民族中通行的“小经”文字的几个问题》(《回族研究》2001 年第 4 期),韩中义的《试论穆斯林经学文献的印行及其对知识传播的影响——以小经〈开达尼〉为例》、《小经文献与伊斯兰教相关问题研究》(《世界宗教研究》2005 年第 3 期)、《小经文献与语言学相关问题初探》(《西北民族研究》2007 年第 1 期),等等。由此引发了学者对"小经"的关注和讨论,例如,虎隆先后撰写《"消经"日记〈正大光明〉与普洱马阿訇》(《回族研究》2006 年第 3 期)、《也谈"消经"开以达尼》(《回族研究》2007 年第 1 期)等文章专门探讨该问题。

四　民族和地区伊斯兰教研究

中国伊斯兰教研究的深入发展,直接带动了地区伊斯兰教研究。1980 年后,除了一大批论文问世外,一系列资料集和调查报告相继发表,一些地区伊斯兰教的论集和历史研究成果陆续出版,如泉州海外交通史博物馆、泉州历史研究会编的《泉州伊斯兰教研究论文选》。甘肃民族研究所编的《西北伊斯兰教研究》,刘正寅、魏良弢著的《西域和卓家族研究》,李进新著的《新疆伊斯兰汗朝史略》等。值得一提的是,新疆社会科学院宗教研究所的学者,在 1979 年后,组织人员翻译、整理了大量资料,做了多次实地调查,发表了许多高水平的论文,对中国伊斯兰教研究有特殊贡献。如今,在此基础上编写的《中国新疆地区伊斯兰教史》(陈慧生主编)已经出版,是地区伊斯兰教史研究的一个重大成果。

与此相关的是,在以前地区性伊斯兰教史的编纂的基础上又迈出重大一步。在这方面出版的代表性专著,包括《南京回族、伊斯兰教史稿》和《中国南方回族历史人物资料选编》。值得注意的是,这两本著作都是涉及我国南方回民的历史和文化,而南方的伊斯兰教研究以前总是受到忽略,出现的研究成果不多,传统上只注重西部地区的伊斯兰教。这两本书的出现说明我国伊斯兰教研究开始克服注重西部轻视东部的现象,这应该是一个新的现象。

近年来地方伊斯兰教研究中,值得一提的是李兴华撰写的"中国名城名镇伊斯兰教研究"系列文章,分别发表于《回族研究》等刊物。该研究专题把中国的一些穆斯林聚居的中心如临夏、朱仙镇、大同、南京、西安、开封、兰州等作为研究目标,每个城市写一篇论文,详细论述了每个城市伊斯兰教的历史与现状以及该城市伊斯兰教与整个中国伊斯兰教历史与现实的意义。作者厚积薄发,显示了对材料的驾驭能力和深厚的史学功底,是近年来本领域中比较见实力和功夫的研究。

此外，对民族史、中外关系史等方面的推动也很明显，其中在回族史的研究中，由于有白寿彝的长期研究和指导，相关成果更多。比如中国社会科学院民族研究所、中央民族大学民族所编的《回族史论集》，杨怀中的《回族史论稿》，白寿彝主编的《回族人物志》（四卷本），李松茂的《回族伊斯兰教研究》，勉维霖的《中国回族伊斯兰宗教制度概论》，杨怀中主编的《伊斯兰与中国文化》，余振贵的《中国历代政权与伊斯兰教》，丁宏的《百年中国穆斯林》等。最近，白寿彝主编的《中国回回民族史》（两卷本）（2003）出版，为我们呈现了最新的学术成果。

在对伊斯兰教和回族关系研究中，曾发生过一场影响深远的争论，即伊斯兰教在回族形成中的作用问题，是80年代以来讨论的热点之一。部分学者认为伊斯兰教在回族形成的过程中起到了决定作用、关键作用和主导作用；而另一部分学者认为是纽带作用、联系作用。例如，持“决定论”的学者林松撰写的《试论伊斯兰教对形成我国回族所起的决定性作用》（《社会科学战线》1983年第3期）一文从9个方面进行了缜密论证，指出“无论从任何角度看，回族的任何特征，都不能完全摆脱伊斯兰教的因素而单独存在”，旗帜鲜明地认为伊斯兰教对回族形成起着决定性的作用，为多数学者所接受。但也有学者支持前一种观点“纽带论”。例如马汝邻在《再论伊斯兰教与回回民族形成的关系》（《宁夏大学学报》1984年第3期）一文中坚持认为民族意识起主导作用。这一争论到90年代仍然余波未平。例如，南文渊的《论伊斯兰文化在回族形成中的主导作用》（《回族研究》1991年第3期）一文从伊斯兰教在中国发展的历史考察中论证了元末明初伊斯兰教在中国的兴盛发展直接促成了回回民族的形成，并从回族的自我意识、民族性格、风俗习惯等方面论证了伊斯兰文化在回族的形成中起到了主导作用。此后研究范围扩展到伊斯兰教对回族社会经济、文化、风俗习惯、居住特点等各方面的影响，部分取得了共识，即回族的形成和发展离不开伊斯兰教。基于这一认识，伊斯兰教研究也成为回族研究的一个极其重要的组成部分。

改革开放以来，据统计，回族研究领域内以伊斯兰教为题的文章和论文有780篇。① 这些文章和论文除了直接属于对伊斯兰教的研究以外，其余则关注伊斯兰教对回族在方方面面的影响研究。主要论文有丁明俊的《略论伊

① 董知珍：《1979—2004年回族文化研究综述》，《甘肃民族研究》2006年第1期。

斯兰教对回族艺术的影响》，南文渊的《伊斯兰教对回族教育的影响》，梁向明的《略论伊斯兰教道德及其在回族传统道德形成中的作用》，肖芒的《伊斯兰文化对回族商业活动的影响》，丁宏的《从回汉民族关系角度谈加强伊斯兰文化研究的重要意义》，陶红、白洁的《回族服饰文化与伊斯兰教》等。

第四节　世界伊斯兰教研究

与中国伊斯兰教研究相比，我国的世界伊斯兰教研究的基础非常薄弱。从现代学术的学科而言，严格意义上的研究几乎需要从基础开始。20 世纪 20—40 年代，仅有水子立的《世界回教史略》（1923）和袁东寅的《回教发展史略》（1946）两种发行，而且都仅有 3 万字，在学术界影响很小。倒是《古兰经》的汉译本，自 20 世纪 20 年代开始不断有新译本面世，直至今日尚有新译本即将出版。《古兰经》是伊斯兰教的基本经典，是伊斯兰教研究的基础工作，汉译本对研究肯定有所助益。美中不足的是，这些译本的注释都较简略，不能满足需要。

近 40 年来的世界伊斯兰教研究，可以说是从译介国外著作开始的。1978 年，王怀德和周祯祥译的《伊斯兰教简史》出版，原作者昂里・马塞是法国学者。该书是以史为纲的一部概论性读物，反映国际学术界的观点。1979 年，马坚译的《阿拉伯通史》出版，原作者希提为阿拉伯裔美国学者。1981 年，吴云贵等人译的《伊斯兰教简史》面世，原作者马茂德是巴基斯坦学者。该书反映了穆斯林学者的观点。同时面世的还有马肇椿、马贤译的《历史上的阿拉伯人》，原作者刘易斯是英国学者。在此前后还有纳忠等人译的《阿拉伯—伊斯兰文化史》。该书作者艾哈默德・艾敏为阿拉伯学者，资料丰富，内容详尽，后人续译部分至今尚未出齐。布罗克尔曼的《伊斯兰教各民族与国家史》是部名著，1980 年由商务印书馆出版，可惜译文错误太多。

1987 年，金宜久主编的《伊斯兰教概论》出版，是世界伊斯兰教研究向前迈出的最初一步。该书内容充实、编排合理，吸收近年来东西方学术界研究的精华，对伊斯兰教全貌作了较全面的概括。与此同时，我国学者在编撰《宗教词典》伊斯兰教词条时，深感缺乏一部关于伊斯兰教史的基本著作所带来的不便。从学术角度而言，伊斯兰教的通史著作实际上是我国世界伊斯兰教研究的基础著作，其研究水平的高低直接关系到伊斯兰教学科的建设。

20世纪80年代以后，我国学者力图从两方面来改善伊斯兰教研究的落后状况：一是继续译介国外学术界有代表性的相关著作，包括通史或专题著作；二是积累资料，组织力量，开展核心课题的研究，编撰反映中国学者观点和成果的伊斯兰教史或专题著作。经过多年的不懈努力，我国的世界伊斯兰教研究已取得显著的进步，如今我们已经有了一批伊斯兰教研究的学术著作，与国际学术界也建立了初步的联系，从而为深入开展世界伊斯兰教的各个领域的研究奠定了坚实的基础。从既有的成果和今后学术发展的趋势看，在伊斯兰教史研究、伊斯兰教法研究、伊斯兰哲学和文化研究等方面最为突出。

一 伊斯兰教史研究

编著一部世界伊斯兰教史，涉及广泛的学术领域或层面，除一般的政治、社会史外，还涉及宗教传播和发展、宗教思想和宗教学科的建立、教派斗争、神秘主义与民间宗教、宗教文化和艺术等。因此，伊斯兰教史的研究和著述，有助于深化研究者的历史意识和宏观意识，从整体把握和发展眼光开展专题研究。伊斯兰教史的学术水平越高，越能为研究者提供丰富的研究资料，帮助开阔视野和提高分析能力，从而促进相关领域的研究。

1990年，金宜久主编的《伊斯兰教史》出版，是中国学者编著的第一部世界伊斯兰教通史著作。该书在编写过程中，既重视借鉴、吸纳国际学术界的研究成果，又注意学术研究的独立性、科学性，在伊斯兰教的起源、伊斯兰宗教制度和各分支学科的形成、近现代伊斯兰教的发展趋势等问题上，都参照最新的学术成果作出自己的分析。该书全面系统地评述和介绍了伊斯兰教在各个不同时期在世界各地的传播、发展、演变的过程。有人评价："本书内容丰富、立论稳妥、叙述简明，吸收了中外伊斯兰学者近10年来的最新研究成果，其作用远远超出教科书的范围，是当代我国学者了解伊斯兰教历史的较佳读本。"[①] 两年后，又有王怀德、郭宝华著的《伊斯兰教史》出版。该书在对伊斯兰教的界定和理解上，无意描述作为一种思想体系、社会制度、生活方式，从而"包容一切"的伊斯兰教，而是注重对伊斯兰教本

① 余振贵、杨怀中:《中国伊斯兰文献著译提要》，宁夏人民出版社1993年版，第398页。

身最核心的内容进行阐述，其他方面的内容则尽量删繁就简，以保证条理清晰、主题突出。因此，在编写体例上既以历史发展脉络为主线，又照顾到宗教知识的系统性、完整性，对教义、教法、礼仪、教派等内容，皆另辟专章，遵循其自身发展过程加以论述，从而与传统历史书有所不同。简单说来，这是一部以史为纲的概论性著作，或许更适合作为教科书。此外，历史专题的研究也已展开，出现一批学术质量不错的著作，如马明良的《简明伊斯兰教史》（经济日报出版社，2001），王宇洁的《伊朗伊斯兰教史》（宁夏人民出版社，2006）等。这一领域的最新进展，是吴云贵、周燮藩著的《近现代伊斯兰教思潮与运动》（社会科学文献出版社，2001）。该书实际上也是一部近现代伊斯兰教史，作者面对当代伊斯兰教复兴运动，既要为认识现实而追溯历史，弄清近代以来，在殖民主义背景下产生的种种思潮和运动的历史脉络，又要为当代各种表现作出科学的归纳和剖析，从而成为前一段研究的总结性著作。

二　伊斯兰教法研究

伊斯兰教法是伊斯兰教的核心，被穆斯林认为是“真主对于人类生活的全部诫命”。在一定意义上讲，伊斯兰教法就是伊斯兰教，而不懂伊斯兰教法，就不懂伊斯兰教。我国学术界对伊斯兰教法学的研究起步较晚，基础相对薄弱。

1978年以前，国内教法学研究的成果，仅有屈指可数的数种译著堪为代表。例如，王静斋翻译的《伟嘎业》（天津伊光月报社于1931、1935年分别印行了上、下集。该作1986年经马塞北重新整理后由天津古籍出版社出版），丁蕴辉翻译的《欧母戴》（天津清真南寺1934年石印），穆楚帆、穆子清编译的《汉译伊雷沙德》（北平清真书报社1934年印行），二不都·木台二滴原著、林兴智翻译的《回教继承法与其他继承法之比较》（商务印书馆，1946），埃及学者胡祖利著、庞士谦阿訇翻译的《回教法学史》（月华文化服务社1950年发行），这些主要都是教内译作。

进入20世纪80年代以后，教法学演技方面取得了长足进步。较早系统论述伊斯兰教法的著述是金宜久主编的《伊斯兰教概论》（1987）。王静斋编译、马塞北整理的《选译详解伟嘎业》（天津古籍出版社，1986）则是国外研究教法的专著。之后，吴云贵、周燮藩、马忠杰等先后发表一系列论文。其中用力最勤、成果最著的当推吴云贵。由他撰写和翻译的一系列教法学著作对该领域的建设起到了巨大的推动作用。

1986年，吴云贵译的《伊斯兰教法律史》（库尔森著，中国社会科学出版社）出版，介绍了国际学术界研究伊斯兰教法的最新成果。1993年，吴云贵著的《伊斯兰教法概略》面世。作为我国学者首部系统研究伊斯兰教法的专著，该书以史论结合的方法，全面系统地论述了伊斯兰教法的起源、发展和演变，介绍了教法体系的具体内容，分析了近现代法制改革对教法理论和体系的影响。此后，他于1994年又出版了《真主的法度——伊斯兰教法》一书。2003年，吴云贵著的《当代伊斯兰教法》一书出版。这是结合当代伊斯兰教复兴论述伊斯兰教法的一部力作，堪称我国学术界伊斯兰教法研究的最新成果。其突出特点是述源与论流、言史与议变相结合，从当代伊斯兰教世界的实际发展中解析伊斯兰教法的变革，以宏观和微观相结合的方式呈现给人们一个全新的学术思考。

这一时期，该领域出版的学术著作还有赛生发编译的《伟嘎耶教法经解——伊斯兰教法概论》（宁夏人民出版社，1993），高鸿钧著的《伊斯兰法：传统与现代化》（1996年10月社会科学文献出版社出版，2004年9月清华大学出版社出版了该作的修订本），马正平翻译的《伟嘎耶教法经》（宗教文化出版社，1999），张秉民主编的《伊斯兰法哲学》（宁夏人民出版社，2002）。另外，还有青年翻译组翻译的《伊斯兰教法》（上、中、下，1998年内部出版发行）。

迈入21世纪，国内关于伊斯兰教法学的演技继续深化，出现了一些具有理论深度和时代特点的论文。其中有代表性的包括马宗正的《宗教法文化中的神学法治理念——兼及伊斯兰教法中国本土化对法治理念建构之影响》（《西北民族研究》2006年第1期），吕耀军的《“伊智提哈德”与伊斯兰教法的形成、发展及变革》（《西北第二民族学院学报》2005年第3期），马进虎的《伊斯兰法创制困难的思想渊源》（《长安大学学报》2005年第2期），马明贤的《当代伊斯兰法的复兴与改革》（《西亚非洲》2005年第1期），敏敬的《伊斯兰法浅识及其现实意义》（《世界宗教文化》2005年第2期），杨经德的《伊斯兰法与伊斯兰教法关系辨析》（《云南民族大学学报》2003年第3期），朱虹的《面对法律全球化的伊斯兰法形态》（《人权》2003年第4期）等。

从这40年的成果看，我国的伊斯兰教法研究已经逐步成熟，由最初的起步阶段发展为具有一定规模的专门研究领域，并且形成了以注重中国特色与现实维度为主要特点的伊斯兰教法研究学科体系。

三　伊斯兰哲学研究

伊斯兰教哲学研究是这一领域中学术积累最多的一个专题。早在20世纪30—40年代，马坚先生就已翻译了穆罕默德·阿布笃的名著《回教哲学》和第·博尔所著的《伊斯兰教哲学史》。50年代以后，阿拉伯哲学的研究并未中止。关于两者之间的区别，马坚指出："伊斯兰哲学就是阿拉伯哲学。这些哲学家是在伊斯兰教政权之下成长起来的，而且绝大多数是信仰伊斯兰教的。因此有人把他们叫作伊斯兰哲学。这些哲学家都是阿拉伯帝国的臣民，而且他们的哲学论文都是用阿拉伯文写作的，因此有人又把他们叫作阿拉伯哲学家，把他们的哲学叫作阿拉伯哲学。伊斯兰哲学和阿拉伯哲学是异名同实的。"这也是国际学术界的主流意见。1992年，美国学者马吉德·法赫里的《伊斯兰哲学史》（陈中耀译，上海外语教育出版社，1992）、日本学者井筒俊彦的《伊斯兰教思想历程——凯拉姆·神秘主义·哲学》（秦惠彬译，今日中国出版社，1992）相继翻译出来并刊行。蔡德贵的《阿拉伯哲学史》（山东大学出版社，1992）也在同年问世。这预示着伊斯兰哲学研究的繁荣即将到来。自1994年开始，伊斯兰哲学领域内的学术著作陆续面世。秦惠彬首先出版了专著《伊斯兰哲学百问》（今日中国出版社，1994）。李振中、王家瑛的《阿拉伯哲学史》（北京语言文化大学出版社，1995）与陈中耀的《阿拉伯哲学》（上海外语教育出版社，1995）两部专著也相继问世。紧随其后的是蔡德贵、仲跻昆主编的《阿拉伯近现代哲学》（山东人民出版社，1996）以及张文建、王培文合译的《阿拉伯哲学——从铿迭到伊本·鲁世德》（穆萨维著，商务印书馆，1997），各自对阿拉伯伊斯兰哲学进行了梳理和评介。这几部著作各有特色，但都如后一部译著的副题所标示的，没有突破从铿迭到伊本·鲁世德的框架。2001年，蔡德贵、仲跻昆主编的《阿拉伯近现代哲学》（山东人民出版社，1996），蔡德贵主编的《当代伊斯兰阿拉伯哲学研究》（人民出版社，2001）和刘一虹的《当代阿拉伯哲学思潮》（当代中国出版社，2001）问世。2003年以来，王家瑛三卷本的《伊斯兰宗教哲学史》（宗教文化出版社，2003），张秉民主编的《简明伊斯兰哲学史》（宁夏人民出版社，2007）接连面世，展示了一个无限广阔、纷繁复杂的伊斯兰哲学的界定，突破了原有的框架，并为今后的研究提出了众多的挑战和机遇。

伊斯兰教义学常被纳入伊斯兰哲学之内，教义学在伊斯兰教内的地位远不及教法学。不过，作为一般的宗教学研究，教义学或神学似乎是不可或缺的。在我国，由欧麦尔·奈赛斐著，赛尔顿丁·太弗塔萨尼注释的《教义学(尔歌一德)》被中国穆斯林尊为经典。先后出现的译本有杨仲明译的《教心经注》（1924)、马坚译的《教义学大纲》（1945）和《教典诠释》(1951)。这是马突里迪教义学派的一部名著，在中亚等地流传颇广，为中国穆斯林经堂教育教材之一。1978年以来，学术界最早的系统叙述仍见于金宜久主编的《伊斯兰教概论》(青海人民出版社，1987)。吴云贵的论文《逊尼派宗教思想形成的基本标志》(《世界宗教研究》1984年第3期)、《伊斯兰教义学的三部早期文献》(《回族研究》1993年第4期）都是相关的专题论文。而他的专著《伊斯兰教义学》(中国社会科学出版社，1995）一书则是我国学者研究教义学的第一部专著，是研究教义学的奠基之作。近期关注伊斯兰教义学的文章还有马秀梅的《伊斯兰教义学及其在中国的传承系统》(《回族研究》2004年第3期)，贾建平的《哈瓦利吉派与伊斯兰教义学》(《世界宗教研究》2005年第4期)、《“凯拉姆”和伊斯兰教义学》(《中国社会科学院研究生院学报》2005年第6期)。除此之外，其他关于伊斯兰教义学的专著尚不多见。不过，与哲学有关的专著中，一般都有教义学的专章。

四　伊斯兰文化的研究

20世纪80年代以来，在宗教文化热浪潮的冲击下，一些以伊斯兰教文化为主题的文章也纷纷发表。其中，既有探讨伊斯兰教文化在中国的历史衍变过程，也有就伊斯兰文化本身进行探讨的。例如，陆培勇的《伊斯兰文化及与文明的关系》(《阿拉伯世界》1989年第1期)，刘靖华的《伊斯兰传统价值的复兴与超越》(《西亚非洲》1989年第4期）就是颇具特色的文章。90年代论及伊斯兰教文化的文章明显增多，研究的广度与深度方面都有新的突破。既有从宏观的历史和文化角度出发探讨伊斯兰文化的属性与特征的，也出现了不少从微观上探讨伊斯兰文化各个具体而微侧面的文章。前者的代表有马启成的《论中国伊斯兰大文化属性》(《中央民族学院学报》1992年第6期)，葛壮的《伊斯兰教和中国传统文化》(《探索与争鸣》1992年第3期)，吴云贵的《伊斯兰文化的共性与个性》(《世界宗教文化》1996年春季号总第5期)。后者则是琳琅满目，涉及饮食、婚姻、服饰、丧葬、礼仪、节庆、建筑艺术、说唱艺术、医学、天文学、伦理学、文学、哲学、文化心理等诸多领域。例如，《回族研究》2000 年第 3 期上同时登载的马平《论回族的民族情感与民族理性》、丁克家的《重构·对话·文化启蒙——中国回族穆斯林知识分子的历史类型与理想追求》等论文。

伊斯兰教文化研究方面也出现了不少重要的代表著作，主要有杨怀中、余振贵著的《伊斯兰教与中国文化》（宁夏人民出版社，1995）。此书旨在探索伊斯兰文化渊源成就及其在中国的传播发展、内涵、特点，和它在中国文化史上的地位和影响，内容包括唐代以后不同历史时期伊斯兰教文化与中国文化的交流与融合，谈到中国历史上伊斯兰文化的四次高潮；并在介绍带着鲜明伊斯兰特征的天文学、医学输入中国情况的同时对不同质地的文化交流进行剖析，也对传统的经堂教育典籍和著名的汉文译著活动及人物进行有重点的介绍，以及对中国伊斯兰文化特点的归纳。马通的《丝绸之路上的穆斯林文化》（宁夏人民出版社，2000）也是一部反映伊斯兰文化研究成果的力作。通过详尽地描述各穆斯林民族的文化形态及特征，形象而生动地展示了丝绸之路上的伊斯兰文化。此外，还有以下一些代表性著作。如中国社会科学院世界宗教研究所伊斯兰教研究室编的《伊斯兰教文化面面观》（齐鲁出版社，1991），秦惠彬主编的《伊斯兰文明》（中国社会科学出版社，1999），王俊荣、冯今源著的《伊斯兰教学》（当代世界出版社，2006），林松、和龑的《回族历史和伊斯兰文化》（今日中国出版社），纳忠等著的《传承与交融：阿拉伯文化》（浙江人民出版社，1993），马明良的《伊斯兰文化新论》（宁夏人民出版社，1999），丁俊的《伊斯兰文化巡礼》（甘肃民族出版社，2002）等。伊斯兰教建筑和民居文化所具有的鲜明特色，也一直吸引着学者的目光。这方面的代表作当推马平、赖存理的《中国穆斯林民居文化》（宁夏人民出版社，1995）。此书综合运用了社会科学的多种学科，以扎实的田野调查为基础，不仅将不同地区、各具特色的穆斯林民居鲜活地展现在读者面前，更深入地探究了它们所显示的深层文化内涵。此外，探讨伊斯兰教建筑艺术的著作还有刘致平的《中国伊斯兰教建筑》（新疆人民出版社，1985），艾山、阿布都热衣布的《伊斯兰教建筑艺术》（新疆人民出版社，1989）等。

特别值得一提的是，20 世纪八九十年代编的两套丛书，“宗教文化丛书”（王志远主编）中“伊斯兰教百问”系列以及中国社会科学出版社出版的“伊斯兰文化丛书”（吴云贵、周燮藩、秦惠彬主编），涉及内容全面系统，论述新颖独到，有一些书至今仍有较高的学术价值。如陈广元、冯今源、铁国玺编著的《古兰经百问》，刘一虹、齐前进的《伊斯兰艺术百问》，吴云贵的《伊斯兰教典籍百问》，秦惠彬的《中国伊斯兰教与传统文化》，元文琪的《伊斯兰文学》等。2006 年以来，中国社会科学出版社又陆续出版了马明良主编的《伊斯兰文化丛书》，作者均为我国西北著名高校的穆斯林学者，先后问世的作品有马明良著《伊斯兰文明与中华文明的交往历程和前景》，丁俊著《中国阿拉伯语教育史纲》、马福德著《近代伊斯兰复兴运动的先驱——瓦哈卜及其思想研究》、马强著《流动的精神社区——人类学视野下的广州穆斯林哲玛提研究》、马明良主编《伊斯兰文化前沿研究论集》等。这些集中论述各项伊斯兰教文化专题的书籍林林总总，几乎囊括了伊斯兰教文化的方方面面，对人们从不同的角度重新审视伊斯兰教文化，具有不容小觑的意义。从未来发展趋势看，尽管宗教文化热还会促使一些学者继续从事伊斯兰文化研究，但泛泛的研究恐怕不能满足各方面的需求，专题研究的成果还须待以时日。

第五节　工具书、资料整理和学术刊物

2000 年全国哲学社会科学规划办公室宗教学科规划评审组的《宗教学科“十五”规划调研报告》充分肯定了这 20 年我国的伊斯兰教研究的成绩：“伊斯兰教成为新中国社会科学研究的对象是近 20 年来的事情。……汉文伊斯兰教典籍的整理和出版，工具书《中国伊斯兰百科全书》和《伊斯兰教辞典》的撰成和中外伊斯兰教史、伊斯兰教概论、伊斯兰教法等论著的涌现，改变了我国伊斯兰教研究的空白状态。”显而易见，工具书和古籍整理成为学科建设是否完成的重要标志，在伊斯兰教研究中，经过 20 多年的不懈努力，确有许多成果值得重视。

一　工具书的编撰

这方面取得的重要成果层出不穷，其中具有代表性的包括宛耀宾总主编的《中国伊斯兰百科全书》。全书以伊斯兰教知识体系为核心，兼收与伊斯兰文化有密切关系的学科知识，共收条目 3360 条，分经训典籍、教义学说、教法制度、宗教功修、教派学派、中外人物、历史事项、《古兰经》人物及传说、组织团体、教职称谓、圣地寺院、陵墓碑铭、著作文献、文化教育、

各国伊斯兰教、传播地区、穆斯林民族、节日礼俗共18类。这是第一部全面、系统地介绍伊斯兰教基本知识的大型专科工具书。在1994年出版时，无疑对学术研究有雪中送炭的作用。金宜久主编的《伊斯兰教辞典》是一部中型专科辞典。在国际学术界，目前仍在沿用19世纪末休斯主编的一部中型英文伊斯兰教词典。编写中型伊斯兰教词典的难度之大由此可见一斑。这部中文词典足以反映我国伊斯兰教研究的专业实力和学术水平。词典共收3000多词条，分“信仰、礼仪、节日、制度”，“教法、经训”，“经籍书文”，“学说、思潮”，“教派、组织”，“历史事项”，“历史人物”，“《古兰经》人物、传说”，“称谓、教职”，“寺院、建筑、圣地”和“其他”共11个栏目。所用资料来自阿拉伯文、波斯文、乌尔都文、土耳其文、印尼文、英文、俄文等语种。有人评价，该词典释文言简意赅，表达准确流畅，知识含量大，适用面广，是目前国内最为流行的专业工具书之一。与之相关的，前有《宗教词典》（1981），后有《宗教大辞典》（1998），均收有较多的伊斯兰教词条。2001年出版的《伊斯兰教小辞典》，共收词条1932条，以方便专业人士使用为宗旨。

二　文献汇编和古籍整理

近年来中国伊斯兰教研究很突出的一个成就是历史资料的收集整理。这一工作从两个方面齐头并进：一方面是从全局角度对中国伊斯兰教的珍稀史料所进行的搜集和整理工作；另一方面是地方性伊斯兰教史资料的编纂。

中国伊斯兰教的资料整理与抢救工作日益受到学者们的重视。隶属于《中国宗教历史文献集成》的《清真大典》（黄山书社，2006）是这方面的集大成者。此书是对中国伊斯兰文献典籍进行的第一次全面系统的整理，共包括重要文献近200种，约2500万字，分别收纳在25册里。其中不仅收录了中国历史上最早的《古兰经》刻本、珍贵的《古兰经》清代抄本、回族天文历法明代抄本，还首次刊发了一些过去常被忽视的重要民间抄本，比如《纲常》等，其中一些资料属于抢救性整理。这一功在千秋、造福后人的基础性研究工作对以后中国伊斯兰教研究奠定了坚实的基础，其重要性不言而喻。

在这方面还必须提到的代表性成果有李兴华、冯今源编的《中国伊斯兰教史参考资料选编（1911—1949）》。全书共两册，1985年出版，书中收录了散见于中文报纸、丛刊中有关中国伊斯兰教历史、文化的论文、调查、散记、报道、译文等共 197 篇，百余万字。该选编使零散的资料得到系统全面的搜集和整理，保存了一批历史文献，为研究者提供了丰富的参考资料。此外，余振贵、杨怀中的《中国伊斯兰文献著译提要》（1993），收入古今流传的 580 部文献典籍，分类编选，撰写提要，对 1992 年以前的伊斯兰文献著述作了一次系统的归纳，极为有用。《回族史论集》（1984）一书收录了 1949—1979 年的研究论文 60 篇，并附有同时期回族史研究论文目录索引，为研究者提供了方便。还有《中国伊斯兰教论文资料简目（1949—1980）》《新疆有关伊斯兰教古籍书目索引》《回族研究资料索引》等一批书目资料的编制，为研究工作带来不小的便利。

地方性的重要资料集还有《新疆宗教研究资料》《西北民族宗教史料文摘》《泉州回族谱牒资料选编》《西道堂史料辑》《沙甸回族史料》等，以及调查报告《青海地区托茂人及其与伊斯兰教的关系》《云南回族社会历史调查》《新疆喀什、和田地区伊斯兰教情况调查》《对新疆维吾尔族伊斯兰教依禅派和瓦哈布派的调查》等。

在古籍发掘和整理方面，也是成绩斐然。在 20 多年里，《经学系传谱》《北京牛街志书——冈志》《〈克里默〉解启蒙解说》《中国伊斯兰教库布林耶谱系——大湾头门宦》《中国伊斯兰教丁门史略》《哲赫林耶道统史小集》《台子拱北马明清先贤传略》《清真根源》《赛典赤家谱》《南海甘焦浦氏家谱》《辽宁回族家谱选编》《积石录》《泉州伊斯兰宗教石刻》《河北省清真碑匾楹联选编》等一批珍贵文献的发掘整理，为中国伊斯兰教研究开拓了新领域，促进了研究工作的深入发展。

至 2000 年，宁夏少数民族古籍整理出版规划小组决定组织出版一套《中国回族古籍丛书》，在出版前言中说“为抢救和保存回族历史资料”，决定“在全国范围内系统地搜集有关回族历史的中文、阿拉伯文、波斯文以及其他各种文本的资料和口碑资料，其内容包括回族历史典籍、人物传记、家系谱牒、文物碑刻、有代表性的伊斯兰教研究资料、门宦教派资料以及近现代回族报刊等等。所收资料的年限，上起唐宋时期，下至 1949 年建国前”。该丛书的第一本书于 2001 年出版，为余振贵、雷晓静主编的《中国回族金石录》。该书选编元代以来有价值的碑记 440 篇，内容包括 10 个方面：（1）创建重建维修清真寺碑记；（2）圣旨敕谕碑记；（3）教义教旨教理教史碑记；（4）功德纪念碑记；（5）捐资助学碑记；（6）禁约议约契约告示碑记；（7）建立社团及述事抒怀碑记；（8）人物碑记；（9）族规教争教案碑记；（10）回民墓地碑记。书后附有中国回族匾额楹联选辑。今后，随着《中国回族古籍丛书》的陆续出版，会有更多的新资料或罕见、孤本的文献奉献给研究工作者。

此外，类似的工作还有泉州海外交通史博物馆、泉州历史研究会编的《泉州伊斯兰教研究论文选》（福建人民出版社，1983），宁夏人民出版社、福建人民出版社，1984 合作出版了泉州海外交通史博物馆编的《泉州伊斯兰教石刻》，马建创等编的《广州伊斯兰古迹研究》（宁夏人民出版社，1989），答振益、安永汉主编的《中国南方回族碑刻题联选编》（宁夏人民出版社，1999）等。

汉文古籍的点较、整理出版也有很大的进展。陆续出版的有刘智的《天方典礼》，马注的《清真指南》，王岱舆的《正教真诠・清真大学・希真正答》，马复初的《四典要会》，李廷相的《天方大化历史》，金天柱、唐晋微的《清真释疑补辑》，赵灿的《经学系传谱》，刘智的《天方至圣实录年谱》，马伯良的《教款提要》等。此外，达浦生的《伊斯兰六书》的整理出版，表明近代伊斯兰教典籍的发掘工作也已纳入工作日程。1994 年，马宝光主编的《中国回族典籍丛书》以内部资料的形式出版。该丛书共收伊斯兰教汉文著译典籍 21 种，文白对译，分 6 册，约 350 万字。这是一套大型的典籍白话译丛，是古籍整理中难度较大的一项工作，需要有较深的研究功底作基础。此前，1998 年，宁夏少数民族古籍整理出版规划小组办公室，影印出版了《回族和中国伊斯兰教古籍资料汇编》第一辑，收录中国伊斯兰教早期文献 15 种，分 9 函，线装。这也是一套大型的古籍影印汇编丛书。这些成果表明，在古籍整理出版方面，不久将会有更多、规模更大的成果面世。况且，图书资料数字化的工作也正在悄悄进行。中国社会科学院世界宗教研究所的资料库建设工作，从伊斯兰教研究的专业而言，或许是进展最快的，相信在不久的将来，会给研究工作带来质的飞跃。还需一提的是，杨大业译的《伊斯兰汉籍考》，具有较高的学术水平，对研究和整理伊斯兰教汉文典籍有重大参考价值。原作者莱斯利（李渡南），是澳大利亚汉学专家，专门研究明末清初的汉文伊斯兰教典籍。由于他掌握多种语言，擅长文献考据，使他的分析和结论有了可信的依据。

三　学术刊物

在多年的研究历程中，国内有关伊斯兰教研究的机构和学术单位不少都主办了自己的刊物，以便介绍最新的研究成果、学术动态和相关信息资料等。其中，既有政府机关、各个社科研究机构和高校科研机构所发行的刊物，例如，中国社会科学院世界宗教研究所主办的《世界宗教研究》与《世界宗教文化》两刊、国家宗教事务局主办的《中国宗教》、上海外语学院主办的《阿拉伯世界》、宁夏社会科学院主办的《宁夏社会科学》与《回族研究》、西北民族大学主办的《西北民族研究》与《中国回族研究》、甘肃民族研究所主办的《甘肃民族研究》、青海民族学院主办的《青海民族研究》、西北大学中东研究所主办的《中东研究》、新疆社会科学院主办的《新疆社会科学》；也有各高校，特别是民族院校的学报，如《中央民族大学学报》、《西北民族大学学报》、《西北第二民族学院学报》（现更名为《北方民族大学学报》）、《云南民族大学学报》等。还有各个伊协的会刊，如中国伊协的《中国穆斯林》、上海伊协的《上海穆斯林》、陕西伊协的《陕西穆斯林》、甘肃伊协的《甘肃穆斯林》、青海伊协的《青海穆斯林》、湖南伊协的《湖南省回维族穆斯林》等。不少民间内部报刊也为伊斯兰教研究文章的问世提供了学术阵地，其中最为突出的是西安市伊斯兰文化研究会主办的《伊斯兰文化研究》。这些刊物发表了大量的学术论文和有关文章，佳作不断，为国内伊斯兰教研究的开拓和发展起到了重要的推动和促进作用。

第六节　当代伊斯兰教研究

当代伊斯兰教的研究，自伊斯兰教复兴运动兴起以来已经越出宗教学研究的范围，成为多学科交叉的学术前沿课题。伊斯兰世界地域广阔，包含不同种族、不同经济条件、不同发展程度的国家，各自面临的问题不同，历史传承的政教关系各不相同，现实的社会矛盾和政治目标也千差万别。但在伊斯兰教复兴的口号下，形形色色的组织、派别和主张，汇成一股大潮，一方面冲击国际政治舞台，震撼全世界；另一方面则向宗教学和其他学科提出挑战，呼吁新的理论分析。伊斯兰世界发生的种种现象，都不可避免地会带上伊斯兰的色彩，但并非所有的现象都是伊斯兰教的，也就是说并非全是宗教现象或具有宗教性质。而伊斯兰复兴运动，作为一种特定目标的社会政治运动，也反映了当代伊斯兰世界的复杂性和多元性。特别是在 20 世纪末，随着复兴运动整体的消沉，少数人开始走向极端主义和恐怖主义，从而改变国际政治的旧格局。面对现实的挑战，我国各学科的学者，特别是从事伊斯兰教研究和国际政治研究的学者有较大的投入，也取得了令人瞩目的成就，为进一步的探讨打造了坚实的平台。就具体成果而言，较突出的有当代伊斯兰复兴运动研究、“伊斯兰原教旨主义”或伊斯兰主义研究、伊斯兰教与国际政治、伊斯兰教与国际热点的研究。

一　当代伊斯兰复兴运动研究

伊朗伊斯兰革命后，我国学者开始较多关注伊斯兰教及复兴运动。1983年，为解决有关问题无书可读的状况，中国社会科学院世界宗教研究所伊斯兰教研究室，特意组织翻译出版了《什叶派》一书。1988年，中国社会科学院专门召开了一次有关当代伊斯兰复兴问题的学术研讨会。会后，西亚非洲研究所以内部发行方式推出一部《伊斯兰复兴运动论集》，集中反映了中国学者的学术观点。其中主要关注的问题有：（1）当代伊斯兰复兴运动产生的历史根源和社会根源，有关派别组织及其基本主张、发展趋势和实际影响；（2）如何评估原教旨主义、改革主义、泛伊斯兰主义、民族主义、世俗主义等中东有代表性的社会思潮和运动；（3）伊斯兰复兴运动对中东国家政治生活、社会生活和现代化进程已经产生和可能产生的影响。

20世纪90年代以后，围绕着伊斯兰复兴问题，我国学者的相关论文、专著和调研报告明显增多。1994年，吴云贵的《穆斯林民族的觉醒：近代伊斯兰运动》和肖宪的《传统的回归：当代伊斯兰复兴运动》面世，分别就近现代的宗教复兴思潮和运动作了论述。1995年，金宜久主编的《当代伊斯兰教》出版。该书站在当代的角度，系统地论述了伊斯兰教与政治、法制改革、经济和文化的关系，并分官方政策和民间运动两个层面，对从泛伊斯兰主义到复兴运动的演变作了深入剖析。书后附有多种调查表，为了解和认识当代伊斯兰教提供理论依据和参考资料。1997年，彭树智主编的《伊斯兰教与中东现代化进程》出版，书中首先就伊斯兰复兴运动与中东社会现代化进程问题，从历史的角度按国别作了严肃的探讨。1999年，张铭的《现代化视野中的伊斯兰复兴运动》则从现实出发，就伊斯兰复兴运动在现代化进程中的跌宕起伏及其现代化释义，以及东西方文明冲突与国际政治互动等问题作了前沿的理论思考。

中国学者强调，伊斯兰复兴运动是一个国际性、多中心、多样化的政治社会运动，其中从现象看至少包含四个层面：一是大众层面的宗教信仰复归，即群众的宗教意识、宗教情感明显加深，宗教活动、宗教象征空前活跃。这是沉默的大多数，向传统伊斯兰教复归，没有直接的政治诉求。二是泛伊斯兰主义的重新崛起，强调加强在共同宗教信仰基础上的国际合作。它在不同程度上得到一些伊斯兰国家政府和国际伊斯兰组织的支持或操纵。三是政治利用伊斯兰教。一些国家的统治者，面临深刻政治危机时，以国家的力量推行“伊斯兰化”，借此证明其统治的合法性，维护专制权力，打击政治异己。四是伊斯兰主义，也称“原教旨主义”，实际上是在伊斯兰旗帜下的政治反对派，即政治伊斯兰。其矛头首先指向所在国的政府，而不是西方。这是伊斯兰复兴运动中最活跃和引人注目的一个层面，也是学术研究的一个重点。

二　伊斯兰主义或“伊斯兰原教旨主义”

1997年肖宪的《当代国际伊斯兰潮》一书，对伊斯兰复兴运动中的原教旨主义作了深入浅出的论述，对从哈桑·巴纳和穆斯林兄弟会到哈桑·图拉比（苏丹伊斯兰民族阵线）的伊斯兰原教旨主义，都有精辟解说。1998年，陈嘉厚主编的《现代伊斯兰主义》出版。这是一部全面系统又内容丰富的论著，全书以伊朗伊斯兰革命为重点，结合苏丹、阿富汗、阿尔及利亚、埃及穆斯林兄弟会、巴勒斯坦哈马斯、黎巴嫩真主党、沙特瓦哈比主义等，对伊斯兰主义的名称、社会文化背景、组织、性质、特点、社会基础、理论观点、战略策略、对外关系和发展前景，作了全面、详尽的客观分析。该书摒弃“伊斯兰原教旨主义”一词，采用现代伊斯兰主义的独家概念，而三年后出版的《当代中东伊斯兰：观察与思考》中，著者曲洪则采用政治伊斯兰的概念。她认为，政治伊斯兰不是一个统一的泛伊斯兰运动，而是分散的，各有其自身的目的和特点。但不论其差别多大，都必须与各国复杂的政治现实打交道，并将受到复杂的国际环境的制约和影响，以面对时代的发展和挑战。从20世纪的情况看，它们所提出的政治概念既是传统的，又是现代的；既是伊斯兰的，又包含西方的因素。这种既从内部又从外部探索现代政治发展的趋势将会继续下去。不过，吴云贵、周燮藩著的《近代伊斯兰教思潮和运动》仍为这一学术领域的扛鼎之作。该书既有以全新的独特视角所作的“前史”追溯，又对当代各种思潮和运动之间错综复杂的关系作了全面梳理和归纳总结，有人评论：“视野相当开阔，资料丰富翔实，立论客观公允，达到了很高的学术水准。”之后，蔡佳禾的《当代伊斯兰原教旨主义运动》（2003）、吴冰冰的《什叶派现代伊斯兰主义的兴起》（2004）的相继问世，既标志着这一领域学术研究的深入发展，也显示了青年学者的迅速成长。

三　伊斯兰教与国际政治

金宜久主编的《伊斯兰教与世界政治》（1996），从历史上伊斯兰教与政治，当代伊斯兰教与民族民主革命、现代改革、社会主义的关系出发，全面论述新泛伊斯兰主义、伊斯兰复兴运动、伊斯兰主义与政治的演变，是较早系统研究伊斯兰教与世界政治的一部专著。1999 年，东方晓主编的《伊斯兰与冷战后的世界》，从变动中的世界格局与伊斯兰运动的角度，探讨了穆斯林世界的政治变革，变革进程中的伊斯兰组织和伊斯兰政治的发展前景，并对伊斯兰威胁论作了分析和辩驳。2000 年，刘靖华、张晓东著的《现代政治与伊斯兰教》，采用国外流行的前沿学术观点，对伊斯兰教与政治意识形态、政治传统、政治文化、政治合法性、政治体制、政治权威、政治参与的关系，以及当代伊斯兰复兴主义、原教旨主义作了深入的分析，提出了新颖的见解。陈德成主编的《中东政治现代化——理论和历史经验的探索》于 2000 年出版。该书在中东主要政治现代化思潮一章中，将伊斯兰主义列入，视为当代中东最有力量的两种政治意识形态之一，并详细论述了霍梅尼、图拉比、埃尔巴坎的政治现代化理论。在讨论伊斯兰教对中东政治现代化进程的影响后，又分别探讨了土耳其、埃及、伊朗、沙特阿拉伯、阿尔及利亚、叙利亚和伊拉克等个案。这是一个全新的课题，一本难得一见的论著。尽管有的学者认为研究“伊斯兰原教旨主义”，不能只关注热衷于暴力恐怖活动的极端派，要花大力气去研究温和的主流派，因为力图融合于主流社会的温和派很可能代表了未来走向。但是，少数极端派别的活动，仍然会成为社会关注的热点，也对学术研究提出了新的问题。

四　伊斯兰教与国际热点

20 世纪 90 年代以来，由于东西方之间的“冷战”结束，世界政治格局发生剧烈变动。过去在两极体制下长期被掩盖的许多地区矛盾接连爆发，而宗教极端主义、民族分裂主义则在外力的纵容、利用之下，往各种矛盾和争端中火上浇油，冲突在世界各地普遍出现。对此，我国有关部门和研究机构召开过多次以此为主题的研讨会，开展广泛的学术交流和对策咨询，组织许多研究项目和课题。当然，这些都必须站在以前的学术积累、基础理论之上，以当代伊斯兰教研究等为依据。

2000 年，金宜久、吴云贵的调研报告《20 世纪 90 年代国际政治中的伊斯兰》完成。该报告对与伊斯兰教相关的地区热点问题进行了严肃的思考和系统的梳理，分析热点产生的前因后果，作出客观公正的评价。其中在总报告“当代国际政治中的伊斯兰问题”之下，提出 8 个专题：（1）中亚地区与当代瓦哈比派。着重分析了 90 年代以来“新瓦哈比派”传入中亚以来，对中亚五国的国家安全和社会稳定所造成的威胁。（2）巴基斯坦对伊斯兰极端势力的纵容。重点叙述了巴基斯坦政府出于内外政策需要，多年来支持外部宗教极端势力的活动和后果。（3）印度尼西亚反华排华骚乱与伊斯兰极端势力的发展。专门探讨了 90 年代以来印度尼西亚反华排华事件与国内宗教极端主义势力的关系。（4）车臣地区伊斯兰极端势力的分裂主义活动。系统提示了车臣危机与外部宗教极端主义势力插手的问题。（5）波黑与科索沃地区伊斯兰极端势力的发展。从分析历史及现实中错综复杂的民族宗教纠纷入手，论述了波黑、科索沃的武装冲突和战争，以及宗教极端主义在外部势力扶植下恶性膨胀的问题。（6）“哈马斯”等激进势力对巴以和平进程的影响。论述了 90 年代以来民族和宗教两种力量对巴以冲突的不同态度和作用。（7）阿富汗战争对宗教极端主义的刺激作用。从阿富汗抗苏战争的副作用谈起，论述当今世界各地暴力恐怖活动与塔利班政权的关系。（8）中东伊斯兰政治反对派的发展与演变。以个案为基础，分析当今中东各国宗教政治反对派的不同发展态势及有关国家政府的应对措施。

杨灏城、朱克柔主编的《当代中东热点问题的历史探索——宗教与世俗》（2000），在他们于 1996 年出版的《民族冲突和宗教争端——当代中东热点问题的历史探索》基础上，进一步探讨中东热点问题中伊斯兰主义与世俗主义的关系。由于作者的世界史视角，使该书成为一部颇有特色的学术著作。

2001 年，金宜久、吴云贵著的《伊斯兰与国际热点》出版。该书以 13 个伊斯兰国家为个案，从“冷战”时期的地区冲突和战争，苏、美两个超级大国在伊斯兰世界的激烈争夺，论述到“冷战”以后伊斯兰世界的一系列重大事件、热点问题，最后以国际政治中的伊斯兰因素为结束语。全书体系庞大，资料宏富，论述全面，观点新颖，为这一领域少见的巨著。“9·11 事件”以后，国际恐怖主义和宗教极端主义问题作为一个新课题摆在我们面前，社会要求提供学术见解。周燮藩的《宗教问题与恐怖主义》、吴云贵的《三大战事与恐怖主义》（载《恐怖主义溯源》，2002）等文，就是对此作出的回答。

自伊斯兰教研究角度言之，以上四个方面的成果，即伊斯兰复兴运动研究、伊斯兰主义或“伊斯兰原教旨主义”、伊斯兰教与国际政治以及伊斯兰教与国际热点，其核心都是对当代伊斯兰教及伊斯兰主义的研究。目前，有人认为伊斯兰主义已经失败，或者说整个伊斯兰复兴运动处于低潮。今后的事态将如何发展，正如王宇洁在《二十一世纪政治伊斯兰的走向》一文中所说：“21 世纪政治伊斯兰将往何处去，这取决于不同的政治伊斯兰组织的本身，也取决于他们所处的国家和社会环境，决定政治伊斯兰未来走向的因素是政治，而非宗教本身。而且，一旦政治与社会格局发生变迁，宗教的形态、趋向和功能也会随之变化，着眼世界形势的发展，政治伊斯兰已经不是伊斯兰教的常态。”①

第七节　近期重大问题的研究

对于中国伊斯兰教这样一个起步较晚、积累较少的学科来说，20 世纪 80 年代以来的研究多在利用国外学术界研究的成果进行翻译、介绍，整理国内已有的研究资料，为学科的发展奠定基础。在近 40 年的发展之后，中国伊斯兰教学科已经奠定了比较扎实的基础，先后出版了《伊斯兰教史》《中国伊斯兰教史》《伊斯兰教概论》《中国伊斯兰教百科全书》《伊斯兰教小辞典》《当代伊斯兰教》等一套学科建设所必需的基本著作和工具书，整理了一批中国伊斯兰教研究的文献资料。正是在这一基础之上，近年来中国的伊斯兰教研究在向深化、细化的方向发展。重大问题研究开始引起学者们的高度重视，其中一些已被列入日程。概括而言，本领域目前正在研究或者已引起关注，并被列入研究日程的重大问题主要有以下几项。

一　苏菲主义研究

伊斯兰教神秘主义以苏菲主义著称，起源于公元 8 世纪伊斯兰教内部对奢侈时尚和争权夺利的消极抗议，是对正在形成中的“理性化”体制宗教的背离，以崇尚道德、禁欲苦行为特征。至 9 世纪，苏菲主义的理论和实践开始成型，他们与宗教上层的矛盾也日趋尖锐。11 世纪以后，安萨里使苏菲主

---

① 见《世界宗教研究》2001 年第 1 期。

义成为其思想的有机组成部分，促成苏菲派与正统学者合流。至12世纪后半叶，作为苏菲主义仪式和活动的组织化发展，形形色色的苏菲教团在伊斯兰世界，尤其是边缘地区得到迅猛发展，到16世纪臻于极盛。大体而言，苏菲主义在伊斯兰教的宗教生活中居统治地位达5个世纪之久。故人称苏菲教团是“教中之教”，在某些地区苏菲教团就等于伊斯兰教。在当代伊斯兰世界，苏菲主义在民间悄悄地复兴，成为一个不容忽视的问题。

国内关于苏菲主义研究可以说刚刚开始，苏菲主义不仅曾为伊斯兰教的发展和传播注入过重要的精神活力，而且也对其内部近代以来的思潮和运动有着持久的影响力。因此，苏菲主义和伊斯兰教法是伊斯兰教研究中两个最重要的基础课题。在某种意义上也可以说，不懂苏菲主义，就不懂伊斯兰教。苏菲主义研究，不论是资料收集还是实地考察，都有很大的难度。国外学术界对其研究的起步，晚于对伊斯兰教其他课题的研究。20世纪初，从个别苏菲著作的整理、翻译和注释开始，进而探讨苏菲的神秘主义思想。在最近几十年才出现一些研究较为深入，带有综合性的学术著作。总体来看，苏菲主义研究在国际学术界尚属专家不多、学术专著少见的领域。

而中国学者关于新苏菲主义的研究刚刚起步。对于苏菲主义的学术性分析，国内学界近40年有一些著作陆续面世。最早见于金宜久主编的《伊斯兰教概论》。在对中国伊斯兰教的门宦教派研究中，有对苏菲主义的追溯研究。另外，在阿拉伯文和波斯文苏菲著作译介中，也有人展开神秘主义研究。金宜久著《伊斯兰教的苏菲神秘主义》（中国社会科学出版社，1995）一书，就苏菲派的起源、发展过程，苏菲神秘主义学说体系，苏菲功修道路，苏菲派与逊尼派、什叶派的区别等，作了全面系统的论述。书中的许多内容，为作者多年潜心研究的成果，皆有很高的学术水平。李琛的《阿拉伯现代文学与神秘主义》（社会科学文献出版社，2000）是一部研究苏菲主义对当代阿拉伯文学影响的力作，具有重要的参考价值。元文琪等人译的《波斯经典文库》则为研究苏菲主义神秘诗，特别是鲁米的玛斯纳维提供了原始资料。2002年相继问世的两部专著，唐孟生的《印度苏菲派及其历史作用》（经济日报出版社，2002）和张文德的《中亚苏菲主义史》（中国社会科学出版社，2002）都是在这个学术领域中的新突破。

近期的代表性研究是由周燮藩主持的国家社科基金项目《苏菲主义研究》，其内容涉及苏菲主义的历史、思想和新苏菲主义的发展。既有对中国伊斯兰苏菲主义的探讨，诸如苏菲派的传入、苏菲思想在中国的传播、新疆的依禅派等，也有对新苏菲主义的研究。其研究旨在对苏菲主义历史、思想、仪式、组织、影响等作全方位、多角度的梳理和研究，这项综合性的研究成果，将为中国学者对苏菲主义的后续研究打下一个良好的基础。

从上述成果看，国内已有对苏菲主义的研究按其性质可分为三类：一是对苏菲主义的学理性研究；二是对西北门宦和新疆依禅派的调查研究，以20世纪五六十年代的资料为主；三是对阿拉伯、波斯文学中的神秘主义研究，包括苏菲著作和诗歌的译介。但现有成果都还处于学术研究的起步阶段，尚须大力加强。笔者认为，苏菲主义引起越来越多的学者注意，越来越多的学术专著将出版，苏菲主义研究将成为伊斯兰教研究的一个重要领域。

二　什叶派的研究

伊斯兰教什叶派是伊斯兰教中的第二大派别，全球穆斯林中约有10%信仰该派别。它与逊尼派不同的形态使伊斯兰教呈现出多元化的表象和更加丰富的信仰内涵，在与我国邻近的伊朗、伊拉克、黎巴嫩、印度、巴基斯坦等国都有大批什叶派穆斯林。然而，国内目前关于什叶派问题的研究成果，却屈指可数。

由王宇洁承担的国家社科基金青年项目《伊斯兰教什叶派研究》对什叶派伊斯兰教的历史，什叶派伊斯兰教的教义、教法学、宗教体制，以及它与逊尼派、苏菲派的区别与联系，什叶派伊斯兰教如何从隐遁伊玛目走向现实中的教法学家统治作了系统的梳理和分析，揭示了宗教与伊朗的政治命运之间互相形塑的复杂关系。该课题从历史和理论角度出发，对伊朗爆发伊斯兰革命并建立伊斯兰政府的原因予以分析，通过对同样有什叶派穆斯林的邻国的比较研究，对类似革命是否会再次出现的可能性进行了探讨。

该项目取得的突破主要表现为：首先，20世纪后期以来，“伊斯兰复兴”的浪潮使伊斯兰教与政治的关系问题备受关注。许多研究都认为正是所谓“政教合一”的特点，使伊斯兰复兴运动有可能兴起乃至成功，也有研究用所谓“神权政体”来描述伊斯兰教的传统政治体制。该项目以什叶派为例，通过对什叶派的历史发展进行系统的梳理，对这些泛化的观点进行了分析和鉴别，并提出了自己的看法，为进一步探讨宗教与政治的关系这一重大课题提供了一个个案。其次，注重对什叶派伊斯兰教研究中的几个难点做深入研究。伊斯兰教法、苏菲神秘主义和什叶派是伊斯兰教研究中必须注重的三个方面，也是三大难点。而在什叶派的研究中，前两者和什叶派问题夹缠着出现，尤为复杂。该研究项目对与此相关而一直没有得到充分重视的一些问题，主要包括什叶派与苏菲派的联系与差异、什叶派苏菲派教团、萨法维王朝中苏菲派与国教什叶派的关系，以及什叶派教法学中不同思想潮流、由之引起的教法学论争等问题，都作了深入研究。最后，以历史联系现实，不仅关注什叶派的宗教思想和历史发展，还对什叶派伊斯兰教在当代的影响进行了系统阐述。与伊朗邻近、同样有一定比例的什叶派穆斯林居民的伊拉克、黎巴嫩，都被研究者纳入研究的范围。通过对伊朗与这些国家的比较分析，对流行的伊斯兰威胁论和伊朗威胁论提出了质疑。

三　非洲伊斯兰教研究

国外对非洲伊斯兰教的研究，最早是从穆斯林学者开始的，并且一直处于领先地位长达几个世纪。近代以来，情况发生了转变。出于殖民的需要，西方学者对非洲伊斯兰教的研究很快重视起来，并后来居上，现在几乎欧美著名的综合性大学都设有关于非洲伊斯兰教的专业研究机构。就西苏丹的伊斯兰教而言，近代历史上法国和英国学者的研究成果最为突出，这在很大程度上是因为西非是法国和英国的殖民地，两国加强对西非的研究是直接为殖民统治和传播西方的宗教服务的。这种状况一直持续到 20 世纪上半叶非洲民族国家独立之前。英国和法国的探险者深入到西非内地，为后人留下了关于当时伊斯兰教最原始的记录；与探险者同时到达的还有西方基督教的传教士，他们出于传播福音的需要也要对这里的伊斯兰教进行调查和研究。这一时期对西非伊斯兰教研究作出贡献的还有英、法两国的一些殖民地官员，他们直接与西非的穆斯林打交道，记录下了当时伊斯兰教的状况，并研究对待伊斯兰教的政策和策略。这一阶段的研究还基本上处于描述阶段。20 世纪研究非洲伊斯兰教的杰出代表人物是兼传教士与学者于一身的崔明翰，他是非洲伊斯兰教研究的集大成者，出版了一系列以非洲伊斯兰教为主题的专著，他的关于非洲伊斯兰教的学术成就目前尚无人能及。最近几十年来，美国学者对非洲伊斯兰教研究的兴趣逐渐增强，出现了一大批专门著作。仅近 20 年来，在美国大学和科研机构中以非洲伊斯兰教为选题的博士论文就有上百篇之多，其中有关西苏丹伊斯兰教的论文有 20 多篇。内容涉及可谓广泛之至，有关于伊斯兰教传播史的，有关于教派的，有关于教法的，有关于苏菲教团的，有关于哲学的，有关于政治的，有关于与黑人文化的碰撞交流的，等等。美国学术界对西苏丹伊斯兰教的研究和认识已经达到了较高的水平。

非洲伊斯兰教研究一直为国内学界所忽视，尚无学者专门从事非洲伊斯兰教研究。目前对非洲伊斯兰教的研究还只是限于非洲历史、文化和政治的研究范围之内，是对非洲历史、文化和政治研究的连带行为和副产品。没有学者从宗教的角度对非洲，特别是撒哈拉以南的非洲伊斯兰教进行专题研究。对于西苏丹的伊斯兰教运动的研究，目前国内的相关学术成果只是作为非洲通史研究当中的一个组成部分，一般是作为其中的一个章节，而且往往重介绍、轻思考，社会革命的角度多于宗教研究的切入。由李维健主持的国家社科基金青年项目《西苏丹伊斯兰运动研究》填补了这一空白。该项目以19世纪西非伊斯兰运动为主题，采用史论结合的写作方法，叙述了伊斯兰运动的历史，并对之进行了一定的分析和评论。其内容从三个方面展开：第一，扼要介绍了19世纪西非伊斯兰运动发生的原因及背景。第二，重点叙述了19世纪西非发生的9次规模比较大的伊斯兰圣战运动。第三，对19世纪这场伊斯兰运动的结果和性质做了一个简明扼要的总结，并指出西非伊斯兰运动极大地改进了伊斯兰教在西非的生存环境和状态，产生了一系列重要的结果。更为难得的是，该研究通过对以前研究西非伊斯兰运动学者对圣战运动的性质的探索过程的展示，在前人的基础上提出了自己的看法，认为宗教性是19世纪西非伊斯兰运动最根本的属性，这次运动基本上是以新苏菲教团为载体的伊斯兰复兴运动。伊斯兰教乌勒玛阶层通过这次运动掌握政权，期望把伊斯兰教法作为西非社会的基本社会制度和法律规范。至今伊斯兰教在西苏丹国家的政治、经济、文化等各方面仍发挥着重要的作用，此研究项目是中国在走向世界，增加与非洲国家政治、经济和文化交往过程中，所必须了解的人文背景。伊斯兰教在非洲保持着很强的发展势头，形成了特色鲜明的黑非洲伊斯兰文化。非洲在中国的对外交往中占有非常重要的地位，并且面临着其他国家越来越强有力的竞争。文化理解是政治、经济交往的基础，并能促进政治、经济的交往。对非洲伊斯兰教的研究不仅能够加深中国对非洲历史文化的理解，也将对中国与非洲的交往有所助益。

四　文明冲突与宗教对话研究

中国伊斯兰教的研究不是在孤立的情况下开展的纯学理研究，而是在国内和国际大环境影响下，一直关注着中国伊斯兰教的发展与社会的和谐，关注世界伊斯兰教以及伊斯兰文明的发展与境遇。近年来，中国伊斯兰教研究的课题和发展方向，从内部来讲，体现了中国社会现代化过程中，中国伊斯兰教所面临的一些现实问题。从外部来讲，反映了“9·11事件”发生之后出现的一些重大现实问题，也反映了世界范围内所谓“文明冲突”和“宗教对话”引发的一些相关问题。

“9·11事件”之后，“伊斯兰”成为国际政治中的一个敏感名词，宗教极端主义也成为一个热门话题。如何深化对伊斯兰世界的理解，在纷繁复杂的现实问题表象之后找到深层的原因，我国学者用自己的研究在这些方面进行了探索。金宜久主编，吴云贵副主编的《当代宗教与极端主义》（中国社会科学出版社，2008），就针对这些问题提出了一些新的观点，在某些方面有理论上的创新。研究者坚持“区别对待”的观点，反对把国际恐怖主义与普世性宗教相混淆，对伊斯兰宗教极端主义与伊斯兰教、激进宗教组织与国际或地区恐怖主义组织进行了明确的区分。

近年来，在“文明冲突论”甚嚣尘上的同时，又出现了另外一种思潮，那就是承认文明之间的差异，强调宗教之间的对话，主张在求同存异的基础上推动人类社会的互相理解。因此，伊斯兰文明与其他文明的对话，伊斯兰教与其他宗教的对话成为近年来的热潮。国内多次召开不同层次的对话形式的学术会议，其中包括在宁夏银川、云南昆明等地召开以“回儒对话”为主的文明对话国际研讨会，以及在北京召开的“生与死：回佛对谈”国际学术研讨会等。与此同时，出现了一些研究伊斯兰文明与中华文明，特别是伊斯兰教与中国儒家思想互相影响融通的成果，比如刘一虹的《回儒对话：天方之经与孔孟之道》（宗教文化出版社，2006）、马明良的《伊斯兰文明与中华文明的交往历程和前景》（中国社会科学出版社，2006）等。

正如我们所知，无论是文明冲突，还是宗教对话，它们都扎根于这样一个基本的背景，即宗教多元现象在20世纪的蓬勃兴起。因此，无可否认与这两者紧密联系的一个问题乃是关于宗教多元论问题的研究。正如一些学者所指出的那样，当今时代的特征不是世俗化或宗教的衰退，而是宗教的回归，更确切地说乃是“诸宗教”的兴起。连一度以坚持世俗化而闻名的宗教社会学家彼得·贝格尔（Peter Berger）也坦承自己以往的论断有误，并转而认为现代世界的基本特征是宗教多元现象而非世俗化。[①] 宗教多元性可谓

① 在近期一次由中国学人所做的访问中，彼得·贝格尔表达了他的这个重要转向。参见游斌、孙艳菲《回归“大问题”意识：论现代社会与宗教——访美国著名宗教社会学家贝格尔》，《世界宗教文化》2006年第4期。

“一个古老的宗教现象、全新的宗教问题”。历史上不同宗教传统也曾提出过不乏洞见的多元思想，而近代以来最早遭遇这一问题的是基督教，这与它在近代历史中的扩张运动有关。然而，随着宗教多元现象在当代社会中的蓬勃兴起，这一局面也发生了“根本性的转变”。其典型标志是不断有来自其他宗教传统的信仰者参与到这一问题讨论中。他们结合当前所面对的来自宗教多元性的挑战，通过发掘自己传统中蕴藏着的丰富的宗教多元论思想资源，提出了各种见仁见智的观点。伊斯兰教自然也无法置身事外。因此，伊斯兰教将如何回应宗教多元现象？是否会出现诸如“排他论”“包容论”“多元论”各种立场鲜明的理论倾向？等等，这些问题都值得我们拭目以待。

五　伊斯兰思想史研究

除了传统的哲学角度以外，近年来思想史研究逐渐兴起，思想史也成为伊斯兰教研究的新视角。正如有些学者所指出的那样，思想史研究具有不同于普通史学和哲学史的独特之处：“哲学史通常限于高层次的小圈子，不是大众的事业（虽然大众并不是没有哲学思想），因此哲学史的著述通常着重不同时代，从思想到思想的继承、发展，比较抽象。思想史却必须探求每个时代与社会之间的交相作用，这既是思想史与一般哲学史的区别，又是它和一般历史著作不同的地方。从对西方文化史感兴趣的读者的需要看，思想史比哲学史可能更容易引起兴趣，也更有意义。”① 不唯西方文化如此，思想史的独特魅力也足以勾起那些读者对伊斯兰文化的兴趣。而思想史对思想与现实、逻辑与历史之间那种“剪不断、理还乱”复杂纠葛的整理也正是其学术价值的所在。此外，众所周知，思想是人类的灵魂。思想史即特定人群、社团的智慧结晶，它以其独有的方式深刻地反映着人类社会的方方面面。因为如此，在宗教学领域内，思想史和观念史的研究可谓宗教研究的精髓和巅峰。或许正是因此，著名宗教史学家米尔恰·伊利亚德（Micea Eliade）才将对于人类宗教历史研究定位于对宗教观念史的研究上。这一宗教学的普遍规律对伊斯兰教研究而言也无例外。

可喜的是，近年来，国内学者已经认识到宗教思想史研究的重要意义所在，并着手开始利用第一文献资料，对思想史上的一些重要人物进行深入的

① ［奥地利］弗里德里希·希尔：《欧洲思想史》，赵复三译，广西师范大学出版社 2007 年版，“中译者前言”第 3 页。

专题研究，提出中国学者的看法。比如，由王俊荣撰写的《天人合一、物我还真——伊本·阿拉比存在论初探》一书，就是以 12—13 世纪上半叶的苏菲神秘主义哲学家伊本·阿拉比的思想为主题的专门性研究。研究者直接借助于伊本·阿拉比本人的代表作《麦加的启示》以及最具权威性的阿卜杜·凯利姆·吉里所写对该书的注释《开启神秘之门》这两部阿拉伯文原著，对研究对象加以介绍与评述。在此基础上，对西方学者的研究成果、中国古代哲学思想成果、中国明清之际回族穆斯林学者的研究成果与苏菲神秘主义思想进行比较研究，在古今中外哲学思想大师们的作品中汲取学术营养，寻找自己的学术切入点，从而使该研究能立足于坚实的学术基础之上。这在我国伊斯兰教学术界是一种全新的研究方法，反映了作者扎实的阿拉伯语言功底和学术研究功底。作者厚积薄发，运用这种全新的研究方法，通过前所未有的新的系统论证，丰富和发展了有关伊本·阿拉比的科学研究，使我国学术界对伊本·阿拉比的研究获得了突破性的进展。可以说，作者这一课题的设计与成果中所阐发的理论、方法和评述，都具有重要的理论创新意义与价值。

六　西方伊斯兰教研究的学术史

“西方伊斯兰教研究的学术史研究”这一标题或许有些绕口，但它所力图界定的却是一片具有特殊价值和意义的研究领域，即强调须从学术史角度，对西方伊斯兰教研究作出综述与批判性反思，即所谓研究的“研究”。由于近代以来西方对伊斯兰教的研究积累了大量学术成果，建立了完备的学科体系，他们的成果一直以来都是国内学界不断借鉴和倚重的对象。但长期以来，国内学界很少有人对西方的伊斯兰教研究作出过个案研究或系统梳理。然而，其意义与重要性绝不可忽视。中国有“他山之石，可以攻玉”的古训，西方也有“巨人肩上的矮子”的箴言。如果我们能够善于借鉴已有成果，站在前人的肩膀上看问题，则己身虽小却能高瞻远瞩，必将促使国内相关研究发生一场质的飞跃。在以往 40 年，这一问题已经引起中国学者关注，出现了一些以梳理西方伊斯兰教研究为宗旨的文章。

早在 20 世纪 90 年代初，周燮藩就曾撰写过一篇评介西方伊斯兰教研究的历史、现状及成果的综述性文章，题为《国外伊斯兰教研究述评》（《世界宗教研究》，1990 年第 4 期）。该文题为“国外”，但内容却非泛泛而言。其主要对象限定为 19 世纪中叶以来“作为一门现代的学术领域”的西方的伊斯兰教研究史。不仅对从中世纪至现当代的西方伊斯兰教研究史做了系统概括，更在此基础上重点对20世纪以来西方伊斯兰教研究的专题和成果分门别类进行梳理，包括“穆罕默德”研究、“古兰经”研究、“圣训”研究、“伊斯兰教法”研究、“教义学”研究、“伊斯兰哲学”研究、“苏菲主义”研究、“伊斯兰艺术和建筑”研究、“伊斯兰宗教制度”研究、“民间伊斯兰教”① 研究以及“近现代伊斯兰教”研究11个子题。此外，该文还对20世纪60年代以来，晚近西方伊斯兰教研究界发生的学术争论和新的研究课题作出评述，其中不乏精辟见解。例如，该文结尾处评述了西方在伊斯兰教研究中产生的方法论争论，以威尔弗雷德·史密斯（Wilfred Cantwell Smith）的宗教学研究进路为例，提出学术研究的新趋向开始突破东方学传统所确立的既定模式。作者提出就方法论而言，在对伊斯兰教资料进行描述、分析、解释和翻译时，会涉及许多学术上相互关联的概念和术语，而这些概念和术语都是以西方的思想和分析为基础的。因此，当人们不加辨别地将其运用于伊斯兰教研究中时，充其量只有相似的意义，甚至还可能引起严重的误解。因此，在这一整套西方概念和术语中，伊斯兰教将会背离现实而失去学术意义。这番述评，准确地概括出史密斯在伊斯兰教研究中所力主的参与研究对象、主客交融、人格主义的研究方法。这些方法既反映了史密斯继承东方学研究传统的一面，也包含着对东方学传统中深入骨髓的某些弊病尤其是东方主义和殖民主义的批判。

除了这种全面性的梳理和评介之外，也出现了另一类型的文章，即对某个代表性人物的思想或个别作品进行评述，以期收到以点带面、有的放矢之功效。吴冰冰的文章《学术与偏见——从〈错在哪里?〉看伯纳德·路易斯的中东史观》（《阿拉伯世界》，2005年第1期）便属此例。尽管以评介当代西方著名中东学家伯纳德·路易斯（Bernard Lewis）于2002年出版的一部册子《错在哪里？——西方的影响与中东的回应》（*What Went Wrong: Western Impact and Middle Eastern Response*）为宗旨，但该文却并未将自己禁锢在现下一些书评文章通行的就事论事文风内，而是高屋建瓴地对伯纳德·路易斯一生学术研究的功过得失作出评价，这尤为难得。在内容上，该文不仅介绍

① 原文为“流行的伊斯兰教”，从内容上看当指与所谓“官方宗教”（official religion）、“精英宗教”（elite religion）相对应的“popular religion”。宗教学理论原有对宗教做“大传统”（great tradition）与“小传统”（little tradition）的划分，前者指隶属精英阶层的宗教或信仰体系，而后者则指为民间普通民众所崇奉的宗教或信仰体系。在此，采纳目前国内通行译法，改为“民间伊斯兰教”。

了伯纳德·路易斯一生中东研究的早、中、晚三个阶段以及与之对应的伊斯兰教史研究、中东研究以及西方—中东关系史研究这三个领域，并且逐章对《错在哪里?》的基本思路和结论进行了述评。然而，这篇文章的深刻之处在于，它不仅将重点放在对伯纳德·路易斯中东史观的概括中，更由此挖掘出其研究中所无法掩盖的“漏洞”，即“为英美等西方国家现实政治服务的强烈政治色彩”。

在西方的伊斯兰教研究中还有一片为中国学者格外关注的特殊领域，即西方对于中国伊斯兰教的研究。正是由于这一特殊性，国内对这一研究领域之成果的评介较之西方对伊斯兰教研究的其他方面都显得更为“丰饶”一些。

在撰写完《国外伊斯兰教研究述评》一文后，该文的作者曾打算继续撰写另一篇介绍西方对中国伊斯兰教研究的文章，充作前者的姊妹篇。后来在搜集资料的过程中发现国外已发表一篇由雅克·瓦登伯格（Jacques Waardenburg）撰写的文章，遂改变想法，改撰为译。这篇译文后来发表在当时尚未裁撤的《世界宗教资料》1992 年第 1 期上，题为《伊斯兰教在中国：西方的研究》。瓦登伯格本是西方兼宗教学家与伊斯兰教专家二任于一身的著名学者，其《宗教研究的经典进路》（*Classical Approaches to the Study of Religions*）至今仍是宗教学领域内的必读之作。而作为一个圈内人，他对西方伊斯兰教研究中的种种得失利弊可谓洞若观火，这篇译文的价值正在于此。文章大致以时间为线索，将中国伊斯兰教划分为中华帝国时期（1911 年之前）、民国时期（1911—1949 年）以及中华人民共和国（1949 年后）等不同历史阶段，夹叙夹议对西方的研究进行说明和评价。文章最后，提出西方对中国伊斯兰教研究中存在的三个“普遍性问题”和今后研究中应当注意的方向，并指出当前研究中存在将“理论假设”与“收集资料”两种进路推至极端的不当做法。瓦登伯格对该领域研究的方法和历史极其熟稔，他的这些观点无疑有其精辟独到之处，值得中国学者重视与深思。

近年来，也有不少评介西方学界对中国伊斯兰教研究的文章。例如，周传斌的《他山之石——西方学界对中国回族伊斯兰教的研究述评》（《西北民族研究》，2005 年第 1 期）。该文在阅读原著的基础上，回顾了自 19 世纪下半叶以来西方学界尤其是英美学界对中国回族、伊斯兰教进行研究的部分代表性作品，并对其内容、方法和观点进行了扼要的评述，可供当前国内伊斯兰教和回族学研究的参考。属于同一主题的文章还有不少，如高桂莲的

《国外回族伊斯兰教概述》（《回族研究》，1999 年第 4 期），王建平的《弗莱彻教授对中国苏菲教团的研究》（《回族研究》，1997 年第 3 期）等。

综上所述，无论是统筹兼顾的宏观梳理，还是具体而微的微观研究，对西方学界伊斯兰教研究学术史的梳理对于中国学人的伊斯兰教研究都有不可忽视的意义。然而，在对西方伊斯兰教研究成果的借鉴中，还应注意以下问题。

首先，此处强调重视对西方伊斯兰教研究成果的借鉴，并不意味着顾此失彼，无视西方之外仍有广阔天地的事实。近现代以来西方文化虽属强势，但其他文化绝非一无是处。同理，西方的伊斯兰教研究固然历经数百年沧桑，文献汗牛充栋，但其他民族和国家对伊斯兰教的研究也并非一片空白。中国的固不必多言，单就亚洲而论，日本学者的研究也几有蔚为大观之势。早在 20 世纪 30 年代随着日本侵略中国的野心不断膨胀，就有一批日本学者进入中国搜求各方面的资料，其中一部分专门搜集中国“回教”资料并进行研究，日后完成了一些较有影响的著作，如岩村忍的《中国回教社会的构造》（1937），田坂兴道的《回教传入中国及其弘通》（1964），今永清二的《中国回教史序说：社会史研究》（1996）等。日本爱知大学的铃木规夫曾撰文介绍日本的伊斯兰教研究，题为《日本伊斯兰教的研究与反思》[①]（《国际政治研究》，2004 年第 4 期）。日本学界对中国伊斯兰教的研究国内也有文章介绍，如鲁忠慧的《日本对中国伊斯兰教研究概述》（《回族研究》，2002 年第 3 期）。除日本以外，其他非西方国家，如伊朗和中东各国、俄罗斯、东南亚诸国、印度、巴基斯坦乃至非洲的伊斯兰教研究也各有所长，只是由于语言、资料等条件所限，不为国内学界所熟知而已。

其次，在借鉴西方伊斯兰教成果的过程中应当避免两种不良态度，一是盲目排外，二是崇洋媚外。这两种极端倾向在中国近现代历史中一再上演，至今未息。笔者认为，应当本着取其精华、去其糟粕的精神，持客观中正的态度，既“拿来”也“批判”。熟知西方学术史的人都知道，西方的伊斯兰教研究原属广义的“东方学”的一个分支。最初定位于“古典”研究，注重对文献资料的搜集、整理、考证和注释，并因此特别强调研究者在阿拉伯语和其他相关语言方面的精湛造诣，其旨归是借助大量文献来勾勒和评介伊斯兰教。长达数百年的东方学传统以扎实的文献为功底，积累极为丰富的研

---

① 该文后来被《回族研究》转载，刊于 2005 年第 2 期，第 34—39 页。

究成果，至今仍为学者倚重和借鉴。但是，这种偏重文献研究的传统无疑也具有先天缺陷。它不仅导致研究者以单纯掌握资料为满足或致使学术钻研趋向于细枝末节，更有甚者，这种研究的预设前提则是只见“故纸”不见“活生生的人”，宁可以文献材料来推断何为伊斯兰教，而不愿将注意力投向活生生的穆斯林社会，从中发现伊斯兰教的真谛。这种只知寻章摘句的书斋式研究固然不可取，但与之如影随形的“东方主义”这种潜在的主观预设更是流毒无穷。由于东方学与西方的殖民扩张运动紧密联系在一起，因此这一学术传统中渗透着西方文明的优越感，总是有意或无意地流露出种族和宗教偏见，宣扬西方文明至上论，贬低伊斯兰文明和穆斯林学者，从西方人的立场来“表述”和“图像化”东方。这些不恰当的主观预设正是遭到爱德华·赛义德（Edward Said）强烈抨击的“东方主义”病灶之所在。其末流在当代则以丧失了学术客观性和独立思考能力的伯纳德·路易斯为代表，沦为纯粹为西方现实政治服务的御用工具。可以说，“东方主义”是东方学的研究方式和理论预设中所隐藏的重大缺陷所诱发的弊病。因此，在借鉴西方伊斯兰教研究成果的过程中，应当辨明东方学的长处与弊病、东方学与东方主义的复杂纠葛。

此外，东方学传统也处在变化发展中，许多学者也发现传统东方学的视野和研究方法过于狭隘，因此，对传统的东方学研究方式进行了反思和改革，纷纷引入新的学科和理论，使这一研究领域出现了激烈争论和新的趋向。这既是学术研究深入发展的必然结果，也是解释现实穆斯林世界的复杂事态所必需。特别是自20世纪50年代以来，这些变化格外明显。我们以前文提及的威尔弗雷德·史密斯来阐明这一点。

史密斯在西方伊斯兰教研究史中属于承上启下的一代，具有继往开来的重要作用。他早年在大学期间曾就读于东方语言系，后来又先后师从两位著名的东方学者：以研究伊斯兰教和阿拉伯历史知名的汉密尔顿·吉勃（Hamilton A. R. Gibb）和菲利普·希提（Phillip Hitti）。前者对史密斯学术生涯产生过重要影响，后者则是指导他撰写硕士和博士论文的导师。这两人都是西方伊斯兰教研究领域内的佼佼者，被视为19世纪“东方学”学术传统的中坚分子。具有这样的学术背景，史密斯自然而言也被划归在“东方学”的谱系内，被视为其中的重要一员。然而，在史密斯去世后，哈佛大学的同事却对他作出了这样一番评价：作为一个东方学者，早在爱德华·赛义德之前许多年，史密斯就开始了对“东方主义”的反思；在后殖民主义（post-colonialism）成为讨论热点之前，他就已经对文化帝国主义作出了无情的批判。[①] 可见，尽管出身于东方学的“阵营”，史密斯却早已开始反省其中的种种弊端，身体力行地对代表西方中心的东方主义和文化帝国主义进行了批判。例如，享誉西方伊斯兰教研究界的麦吉尔大学（McGill University）伊斯兰教研究所（Institute of Islamic Studies）就是由史密斯一手创建的。该研究所在1952年成立之初只招收了11名学生，在史密斯的带领下，逐渐发展成为一个以促进西方人士与穆斯林相互理解为宗旨、以强调穆斯林与非穆斯林的共同参与为特色的知名研究机构。这个伊斯兰教研究所与当时的其他同类机构相比较具有醒目的特别之处，这表现在两个方面：

第一，该研究所聘任和招收师生的一项原则是，既要有非穆斯林，也要有穆斯林，两者的数量必须大体平衡，这种做法在当时极为罕见。其意义在于它突破了旧规则的禁锢，为原本被排除在西方伊斯兰研究圈子以外的穆斯林打开了一条研究自己传统的通道，并使得穆斯林与非穆斯林学者合作研究伊斯兰教成为可能。

第二，该研究所将伊斯兰教研究定位为对于生活在南亚的、成千上万的穆斯林信仰的研究。这种以活生生的信仰者为中心的研究思路与当时的绝大多数东方学者埋头书斋、皓首穷经式的研究方式形成了鲜明对照。这些东方学者坚持通过对各类阿拉伯语、波斯语和土耳其语经典文献研究来认识伊斯兰教，而不屑与信仰者做面对面的交流和理解。考虑到直至“二战”以前，西方的伊斯兰教研究仍然处于几乎被西方学者全面垄断，并将穆斯林排挤在圈外的局面，就不难意识到，在当时的背景下，史密斯的这些做法无疑堪称革命之举。

作为知名的伊斯兰教研究专家，史密斯自己的关于伊斯兰教的著作也成为该领域内的经典之作。他还致力于从历史角度探究伊斯兰教中的一些关键概念，如“伊斯兰”（Islam）、“沙里亚”（Shari'ah）等；也曾与“乌莱玛”（Ulama）[②] 做面对面的交流，以发掘他们在当代穆斯林社会中的作用。他对现代伊斯兰教作出过著名的“诊断”，认为“现代伊斯兰教的病源在于其历史出了问题”“现代穆斯林的当务之急是修复历史”“20世纪伊斯兰教最严峻的精神危机来自对于一种意识，即真主所指定的宗教与他掌控下的世界的

① 此评价出自史密斯追思会悼文，http：//www. news. harvard. edu/gazette/2001/11. 29/27 - memorialminute. html。

② 精通古兰经注学、圣训学、教义学、教法学并拥有系统宗教知识的伊斯兰学者的统称。作为伊斯兰教义的权威阐释者、弘扬者和捍卫者，乌莱玛阶层在伊斯兰社会中占有重要地位。

历史发展这两者间出现了某种偏差”。他提出的伊斯兰教的特殊性在于启示与历史的密切关系、在于其“信仰来自历史”等观点，都在相关领域引起了广泛的关注与讨论。有鉴于此，史密斯的伊斯兰教研究早已成为西方伊斯兰教研究史上一个不可或缺的环节。

可见，西方的伊斯兰教研究中学者辈出，成果骄人，却也弊病丛生。不仅经历了复杂的嬗变过程，并且各种学派和体系林立，至今仍有激烈争论和变化。因此，熟知西方学界对于伊斯兰教的种种观点，认真梳理和反思西方数百年来对伊斯兰教渐进认识过程的种种得失成败，理解当代西方世界对伊斯兰教的各种观念乃至偏见、误解的来龙去脉都具有重要意义。在此基础上，若能加以高屋建瓴地批判，则既可从中吸取和借鉴经验，更可在研究上做到知己知彼。

第八节　学科建设

改革开放 40 年来，我国伊斯兰教研究的学科建设所取得的成就有目共睹。2000 年全国哲学社会科学规划办公室宗教学科规划评审组的《宗教学科“十五”规划调研报告》就曾作出如下评价：“伊斯兰教成为新中国社会科学研究的对象是近 20 年来的事情。在短短 20 年时间里，我国已经形成了以中国社会科学院世界宗教研究所以及穆斯林聚居地区的一些专业研究机构——如新疆社会科学院、宁夏社会科学院的有关研究所、甘肃民族研究所等——为主的一支研究队伍，在他们的共同努力下，伊斯兰教研究的学科建设已经基本完成。”从一穷二白到粗具规模，我国伊斯兰教学科建设取得的成就无疑值得肯定。但另一方面，也应充分认识到，总体而言，较之其他以现存宗教为研究对象的学科，如佛教学科、道教学科、基督教学科，伊斯兰教学科的研究点仍显得单薄冷清。

中国社会科学院世界宗教研究所的伊斯兰教研究室是 1978 年以前国内成立的唯一一个专门性的伊斯兰教学术研究机构。改革开放以来，各大专院校和地方的研究机构也纷纷开始注重伊斯兰教研究，先后成立了数所专门性的伊斯兰教学术研究机构。例如宁夏社会科学院的回族伊斯兰教研究所、西北民族大学的伊斯兰教研究所。还有不少高校的相关宗教学系或研究所也纷纷增设伊斯兰教研究专业，如北京大学宗教学系的伊斯兰教专业和外国语学院的阿拉伯—伊斯兰文化方向、西北大学中东研究所下设的伊斯兰教专业、陕西师范大学的宗教研究中心下设伊斯兰教研究方向、上海师范大学法政学院下设的宗教学专业等。如前所述，世界宗教研究所伊斯兰教室是国内成立的第一个专门性的伊斯兰教学术研究机构，它见证了新中国伊斯兰教学科的发展历史。可以说，伊斯兰教室的学科建设就是我国伊斯兰教学科发展的浓缩。因此，此处以伊斯兰教室的学科发展和建设为例，以点带面，概括改革开放以来我国伊斯兰教学科的建设情况。

伊斯兰教研究室是中国社会科学院世界宗教研究所的重点研究室之一，自建所时创建，至今已有 50 年历史。先后有金宜久、戴康生、吴云贵、秦惠彬、周燮藩、冯今源、李兴华等一批享誉海内外的知名学者在此工作。伊斯兰教研究室建立之初，适逢“文化大革命”。自 1978 年拨乱反正、改革开放以来，重新步入正轨，迎来了它的繁荣时期。早在当时，伊斯兰教研究室就极为重视伊斯兰教研究的学科建设。老一辈研究者从“积累资料，培养人才”入手，逐步加强学科的基础理论研究，适时开展现状调查和对策性研究，在他们的带领下撰写的大量基础研究著作如工具书等，为学科的进一步发展奠定了扎实的基础。在伊兰教史、中国伊斯兰教、伊斯兰教法、当代伊斯兰复兴运动、伊斯兰教神秘主义等分支学科取得的成果，代表了我国学术界在这一领域中的最高水平，并得到国内外学者的瞩目和承认。近几年来，在新老科研人员的努力下，形成基础理论和对策研究兼顾、中国和世界伊斯兰研究贯通、适应开展跨宗教的比较研究（如伊斯兰教与国际政治、伊斯兰教与犹太教、巴哈伊教等）；在一些领域取得突破性进展，继续扩大在国内的学术优势，在国际学术界取得一定的影响。一批新的学术成果的涌现，反映了学科建设正处于新的跨越阶段。中国社会科学院宗教研究所的伊斯兰教研究在国内处于一枝独秀、遥遥领先的地位，与国外学术界也有日益广泛的交流和密切的合作。经 2002 年 8 月 6 日中国社会科学院院务会议批准，伊斯兰教研究学科被确定为中国社会科学院“重点学科建设工程”项目，有培养研究生，授予博士、硕士的资格，另有博士后工作站。

伊斯兰教研究室人员年龄分布合理，形成老中青结合的研究梯队。既有正处于学术成熟、出最好成果阶段的学术带头人；也有 30 多岁、恰逢精力充沛、积累和创新初始阶段的青年骨干。他们都受过正规、系统的专业训练，大部分研究人员都先后在国外进修或访问美国、英国、澳大利亚、加拿大、瑞典、埃及、摩洛哥、也门等国，并与各大学或学术机构进行学术交流、资料交换等活动。经过多年的努力，形成学术素养较高，有攻关能力的梯队结构。从掌握的外语看，有英语、阿拉伯语、乌尔都语等学术和专业必需的语种。从研究领域看，目前在职人员研究范围涉及伊斯兰教史、伊斯兰教法、伊斯兰思想史研究、当代伊斯兰教研究、伊斯兰教什叶派研究、非洲伊斯兰教研究以及南亚伊斯兰教研究。从研究方向看，既有人研究历史，也有人研究现状；既强调思想和理论高度，也重视现实问题和实际调研；既有研究西亚、南亚伊斯兰教的专门人才，也不乏致力于非洲伊斯兰运动的研究者；既关注伊斯兰教本身的教义教法研究，也留意以比较的视角揭示它自身的独特之处以及与其他宗教的相异点。不同教派、不同地域、不同专业领域，都有人作为重点进行研究，既有利于学科的全面发展，也便于满足不同的社会需要。另外，还有几名退休或转外研究室的研究人员，继续活跃于科研第一线，与年轻同志合作，承担重要课题。整体构成一支精干、高水平的科研队伍，足以保证研究室科研成果水平属国内一流，部分可与国际接轨，不仅在学界受到赞誉，为社会普遍欢迎，也得到教界的认可。

就学科发展的整体规划而言，重点放在以下几个方面，即中国伊斯兰教史、伊斯兰教文献学、当代伊斯兰教研究、伊斯兰宗教思想史研究、伊斯兰苏菲主义研究、中国伊斯兰教研究基本资料数据库建设等。

首先，随着近年来中国传统文化热的出现，中国伊斯兰教、它在中国传统文化中的地位和影响、它与中国传统儒家文化的关系、如何利用传统的宗教文化资源推动社会主义和谐社会的建设等，都会成为受到普遍关注的问题，也会成为研究者们必须思考的问题。中国伊斯兰教史是研究室的传统强项，应该继续加强，在中国伊斯兰教史研究中，要特别注意宋元明清伊斯兰教史的研究。

其次，伊斯兰教文献学是近年新兴的学术领域，具有很大的潜力，伊斯兰教学科目前在这一领域保持领先地位，也应该继续加强，在伊斯兰教文献学领域中，除了传统的“古兰经”“圣训”研究外，还关注伊斯兰教文献学理论的建设及其他伊斯兰教文献的整理以及网络时代伊斯兰教文献的新特点、新发展。

再次，努力加强对当代伊斯兰教特别是海外伊斯兰教的研究。为了应对日益复杂的国际形势，如何处理好边疆地区的伊斯兰教及其相关的民族问题，都有非常紧迫的现实需要。从国外伊斯兰教研究的角度来看，随着我国对外关系的日渐扩大，对周边国家及有着重要政治、经济联系和战略意义的地区和国家，比如中东、南亚、中亚和非洲地区的伊斯兰教进行研究也势在必行。

最后，还应重点关注伊斯兰宗教思想史研究，伊斯兰苏菲主义研究，文明冲突与宗教对话问题；要逐步建立中国伊斯兰教研究基本资料数据库。从长远看，该数据库内容应当包括：当前我国从事伊斯兰教研究的单位与个人的情况、正在进行的课题的情况；1949 年以来发表的伊斯兰教研究专著、论文目录；重要论著的提要；得到授权的论著全文的电子文本；并争取收入大陆地区与港台地区与伊斯兰教有关的硕博士论文目录。

伊斯兰教研究室在我国伊斯兰教学科发展中的突出成绩与地位作用表现在以下几个方面。

作为我国最早建立的伊斯兰教研究专业机构，为尽快完善我国的伊斯兰教研究，1978 年以来，伊斯兰教研究室集中力量于基础性建设，配套写作出版了“历史—概论—词典”等著作，这是为学界公认的有开拓性、填补空白的新作，也是学科建设奠基性的力作。同时，研究室一开始就收集、掌握国际学术发展动态及最新成果，力求与国际学术界接轨，因此研究成果被公认为起点高、水平高、品位高，具有较高的学术价值和理论意义。与此同时，伊斯兰教研究室注意跟踪国际国内形势的发展，适时加强对现状的研究，以深厚的基础研究为出发点，不断地为决策部门提供对策性研究和咨询意见。研究室研究者的学术著作、论文、知识性读物，成为国内外学术同仁喜欢引用和评价的出版物，也是其他学科研究者和青年学子的重要参考读物。还有的是党和国家领导人亲自推荐的高级干部必读书，并成为大学宗教系的专业教材。

从最近几年的研究看，伊斯兰教研究室也取得了骄人的成绩。第一，在中国伊斯兰教史研究、中国伊斯兰教资料整理、伊斯兰思想家著作的翻译整理、伊斯兰哲学思想研究方面，都有成果面世。第二，受国际局势影响，世界范围内出现了一个研究伊斯兰教与当代国际政治、伊斯兰文明与西方文明关系的热潮。而我室研究人员不论是在奠定学科根基的基础研究方面，还是在关注现实社会的应用研究当中都取得了不少成绩。特别是在后一方面，我室研究人员深化伊斯兰教与国际政治的研究，从历史高度对近现代伊斯兰思潮和运动进行全面把握，从当代伊斯兰教法发展的新趋向对伊斯兰教与伊斯兰复兴运动的关系进行透视，成绩尤为突出。

伊斯兰教研究室下一步的建设目标：继续保持伊斯兰教研究室在国内学术界伊斯兰教研究方面的领先地位，保持既重视学科基础研究，又注重现实问题研究的良好传统。在学科布局和重点学科设置方面，要继续保持中国伊斯兰教和国外伊斯兰教研究并重，基础研究和应用研究、对策研究共进的优势，形成研究人员在总揽全局基础上各有专长和分工的局面。在继续加强现有科研队伍的自身建设外，引进外来人才。悉心培养博士后、博士生、研究生，从中补充学科发展的新鲜力量。

尽管取得了丰硕的研究果实，随着本学科研究的深入，近年来一些问题也逐渐凸显出来，在未来可能严重制约我国伊斯兰教研究的深入，故不得不提。

第一，资料匮乏。国外伊斯兰教研究，尤其是欧美学术界在这方面已取得了许多重大的成果。可是我们却不能及时得到这些成果，甚至根本无法见到这些成果，这无疑限制了学科的研究进展，给我们进一步的研究带来难以估量的负面影响。国内大多数图书馆里关于伊斯兰教的书籍还主要是20世纪80年代以前的东西，新的资料难得见到，更遑论近期出版的新作了。在缺少伊斯兰教相关图书的情况下，只得利用相关数据库的资料，但是由于版权问题，数据库收入的资料往往有限，要看到真正具有学术价值和系统性的科研成果只能是沙里拣金。可见，相关伊斯兰教资料的缺少已成为阻碍本学科发展的主要障碍之一。

第二，学科方法论体系尚不完备。众所周知，伊斯兰教研究通常被视为宗教学或宗教研究的一个分支学科。而宗教学的各种理论都是以往学者在研究过程中积累和探索出的宝贵经验，堪称研究者的智库和百宝囊。如果能够主动借鉴、掌握乃至拓展现有的宗教学理论，则对于伊斯兰教研究将会有莫大的促进作用。以国外学界为例，其中不少伊斯兰教研究专家同时也是宗教理论学者，例如曾任哈佛大学世界宗教研究中心主任的威尔弗雷德·史密斯、《宗教学经典进路》的作者雅克·瓦登伯格等。这些往往将这两方面研究结合在一起，相互促进，收到了良好的效果。而目前大部分学者尚无法做到自觉利用这些理论作为研究中的“攻玉之石”，这不能不说是一个缺憾。因此，有必要加强与国外具有悠久学术传统、深厚学术底蕴、方法论体系完备的大学和研究机构之间的交流与学习。

综合以上八个问题，通过从学术史角度对改革开放40年（1978—2018年）来我国伊斯兰教研究的梳理，不难发现，我国的伊斯兰教研究界的学者们正在回应时代的挑战。在继承前30年乃至百年来学术积累的基础上，他们勇于面向世界、与时俱进，努力履行社会科学工作者应尽的职责，推进了伊斯兰教研究的学术进步和繁荣。

第九节　2009—2018 年中国的伊斯兰教研究综述

2009—2018 年 10 年间出版的伊斯兰教研究论著较多，主要涉及伊斯兰教历史、教义、古兰经、苏菲主义、伊斯兰思想、伊斯兰文化、地方性伊斯兰教、清真寺的社会功能以及伊斯兰教与政治等领域。总的来说，可分为世界伊斯兰教研究和中国伊斯兰教研究。

一　世界伊斯兰教

（一）伊斯兰教概论与历史

伊斯兰教概论。该领域的著作不多，且为普及读物，代表作有伊炼编著的《伊斯兰教》，杨桂萍的专著《伊斯兰教》。此外，还有孔德军编译的《简明伊斯兰历史百科》（上、下），该书突破了传统的史学观念和立论，以穆斯林记述的历史资料为主，较为详细地叙述了伊斯兰教的发展史。苏耘编著的《世界史：以伊斯兰历代先知历史为线索》，探讨了历代伊斯兰先知的历史。

（二）伊斯兰教学科

1. 古兰经学。自从 1981 年中国社会科学出版社出版了马坚汉译《古兰经》以后，围绕着该译本，民间有不同的声音。基于此，中国伊斯兰教协会组织人员对马坚译本进行修订，并于 2015 年再版。除了古兰经译本外，还有注释古兰经的学科，即古兰经注释学。主要译著有马金鹏的《古兰经译注》、马仲刚的《古兰经译注》、孔德军的《伊本·凯西尔古兰经注》、洪炉的《古兰经降示背景》。研究专著有金忠杰的《〈古兰经〉注释研究》、伍特公的《汉译古兰经第一章详解》、顾世群的《〈古兰经〉伦理思想研究》、马辉芬的《经堂语汉译〈古兰经〉词汇语法研究》等。

2. 圣训学。自从康有玺的《布哈里圣训实录》出版以后，圣训的翻译逐渐提上议程，2008 年祁学义的《布哈里圣训实录全集》出版，此后宁夏的余崇仁相继翻译并出版了《奈萨仪圣训集》《提尔米兹圣训集》《艾布·达乌德圣训集》《伊本·马哲圣训集》《穆斯林圣训实录全集》，至此，逊尼派公认的六大圣训集全部被翻译成汉语，此举被学界称为弥补了中国伊斯兰教的历史空白，将中国的圣训学基础研究向前推进了一大步，是中国伊斯兰发展史上的一件大事，对于中国伊斯兰文化的研究、宗教文明对话都将发挥十分重要的作用。圣训研究自从丁士仁的《简明圣训学》出版后，尚有祁学义的《圣训研究》以及马建康译著的《寻根定律圣训简析》等。此外，蒋敬还将美国学者塔里格·拉玛丹的名著《使者：先知穆圣生平事迹及现实意义》翻译成汉语。马效佩的译著的《心灵的良丹》，旨在从教法学、《古兰经》注释学、圣训学和认主学的角度刻画穆罕默德的形象。

3. 教义学。中国伊斯兰教经堂教育所使用的教材是中亚学者欧麦尔·奈赛斐所著的《教义学大纲》（马坚译名），由于内容繁杂，学者采用新的诠释，代表作有马文才的译本《伊斯兰教教义学大纲新解》，刘世英编译的《伊斯兰教教义学十讲》。此外，还有探讨真主的属性译著《真主的尊名与属性》以及译著《伊斯兰的精神和形式》《伊斯兰经典文化译丛——信仰与人生》等。

4. 教法学。教法一直是伊斯兰教研究的热点，代表作有哈宝玉的《伊斯兰教法：经典传统与现代诠释》，马明贤的《伊斯兰法：传统与衍新》，该两书系统地论述了伊斯兰教法的起源、发展以及近代的演变，有助于学术界更加全面且深入地了解伊斯兰教法的本源，研究伊斯兰教法的历史作用和现实影响。此外，还有陈玉峰的译著《伊斯兰法理学》，金忠杰、丁生伏的译著《简明伊斯兰教法》，马金鹏的译著《艾布·哈尼法传》。庞士谦在20世纪30年代所译的《伊斯兰教法学史译》也得以再版。

（三）伊斯兰教派别

1. 什叶派的研究。什叶派主义以伊朗、伊拉克等国为主，学界关于什叶派的研究专著主要有王宇洁的《宗教与国家：当代伊斯兰教什叶派研究》，程彤的《正统观念与伊朗什叶派——从旭烈兀到阿巴斯一世之间的伊朗》，译著有姚继德的《伊斯兰教什叶派》以及阿米尔的《伊斯兰伊斯玛仪教派简史》等。

2. 苏菲派的研究。苏菲主义作为对伊斯兰教的神秘体验和实践，渗透在穆斯林日常宗教生活的各个方面，在不同的时期和不同的地区呈现出不同学说、主张、实践、制度和组织，是一种复杂的社会现象。学界在该领域的研究主要专著有周燮藩主编的《苏菲之道——伊斯兰教神秘主义研究》、姑丽娜尔·吾甫力的《苏菲主义与维吾尔文学》，译著有潘世昌的《伊斯兰苏菲概论》《古筛勒苏菲论集》、马仲荣的《初期女性苏菲研究》，马效惠的《开释福：苏菲之觉兆》等。这些专著和译著对于全面了解苏菲主义的渊源、历史、概念、术语、发展、变化、思想特征具有重要的学术价值。

3. 赛莱菲耶研究。赛莱菲耶是近代以来形成的伊斯兰教派别，迄今亦未有系统研究该派的专著，只有杨桂萍等人翻译的《伊斯兰教新兴宗教运动：全球赛莱菲耶》。该书亦以论文的形式，探讨了赛莱菲耶在全球的传播及不同的表现形态。

（四）伊斯兰思想、文明与文化

1. 伊斯兰思想。过去的研究中，伊斯兰思想是一个空白的领域，近年来研究逐渐增多，代表作有吴云贵的《近当代伊斯兰宗教思想家评传》，张维真的《穆斯林思想家评传》，王希的《安萨里思想研究》，丁俊的《伊斯兰文明的反思与重构——当代伊斯兰中间主义思潮研究》，译著《跨文明对话：葛兰的伊斯兰理念与人文主义话语》，周传斌的译著《穆斯林三贤哲：哈佛大学伊斯兰哲学讲座》及主编的《传统与现代之间：伊克巴尔哲学思想研究》，丁士仁的《阿拉伯哲学名著译介》，吴雁的《伊斯兰文化中的新柏拉图主义研究》等，这些论著探讨了伊斯兰历史上各个时期穆斯林思想家的生平、著作、思想，特别是通过探究他们在历史关键时刻的心路历程，加深对近现代伊斯兰思想发展的理解和认识，以及对伊斯兰文化传统及其社会的认识。此外，马玉秀的《伊斯兰经济思想概论》比较系统地阐述了伊斯兰经济思想。王希、王俊荣译的《〈智慧珍宝〉翻译、注释与研究》则是对知名苏菲学者伊本·阿拉比苏菲思想进行阐述和译介。

2. 伊斯兰文明与文化。伊斯兰文化以伊斯兰信仰为灵魂，兼容并蓄多民族多样性文化为一体，在政治经济和社会生活的实践中不断发展创新，从而形成多学科、立体化的知识形态和体系。该领域的研究代表性著作有王新生的《古兰经与伊斯兰文化》、敏贤麟的《蒙古游牧文明与伊斯兰文明的交汇》、张志忠的《伊斯兰文化史略》、马贤的《 碧海探珠：努尔曼 ·马贤存稿 》、马云福的《伊斯兰文化：探索与回顾》、刘月琴的《伊斯兰文化与社会现实问题的考察》、马丽蓉的《中东国家的清真寺社会功能研究》、冯璐璐的《马克斯·韦伯的伊斯兰教理论及哲学之维》、冶福东的译著《今日伊斯兰》等。此外，丁士仁还主编了以书代刊形式出版的六辑《伊斯兰文化》（2008—2015）。

（五）伊斯兰教与国际政治

近代以来，随着殖民主义的消退，中东、西亚、南亚、东南亚、北非等地相继建立新型的民族国家，在这些国家的现代化进程中，伊斯兰教扮演何种角色就成为各个国家必须应对的焦点。1979 年伊朗革命爆发后，什叶派与政治的关系引起世界的关注，与此同时，苏联入侵阿富汗，刺激了中亚圣战运动的兴起，“9·11 事件”爆发后，国际舆论将背后的动因归结于伊斯兰教，一时间伊斯兰教与国际政治、宗教极端主义、伊斯兰极端主义、恐怖主义以及如何消除极端主义或去极端化等成为学术界探讨的话题。

1. 宗教极端主义与去极端化研究。我国学者从国家安全和国家战略出发，积极探讨极端主义、恐怖主义与伊斯兰教的关系，主要成果有吴云贵的《追踪与溯源：当今世界伊斯兰教热点问题》，金宜久的《伊斯兰与国际政治》，该两书是作者历年研究伊斯兰教与国际政治的论文集，也是多年研究心得和观点的总结。主要收录了作者关于伊斯兰原教旨主义与当代国际政治、伊斯兰教对国际政治影响评估、伊斯兰激进势力与中东地区冲突、阿拉伯、伊斯兰与西方、复杂多变的关系史、伊斯兰原教旨主义、宗教极端主义与国际恐怖主义辨析、伊斯兰教对当代伊斯兰国家外交政策的影响等内容。方金英的《穆斯林与激进主义》《穆斯林“去激进化”理论与实践》，则是强调，若想铲除孕育穆斯林激进分子的激进意识形态，治本之策是，国际社会要大力推动穆斯林世界向温和主义迈进。而要做到这一点，就必须推动穆斯林世界汲取伊斯兰文化和谐观。涂龙德、周华的《伊斯兰激进组织》重点收集整理了被一些国家或国际机构列为“恐怖组织”的伊斯兰组织或机构的相关资料。

2. 伊斯兰教与国际政治。除了极端主义之外，在中东、南亚、东南亚地区国家的现代化进程以及国际关系中，伊斯兰教是绕不开的因素，这方面的研究成果较多，主要有刘中民的专著《当代中东国际关系中的伊斯兰因素研究》《民族与宗教的互动：阿拉伯民族主义与伊斯兰教关系研究》，廖百智的专著《埃及穆斯林兄弟会的历史与现实：把脉中东政治伊斯兰走向》，曹庆峰的专著《马来西亚伊斯兰复兴运动研究》，范若兰的专著《伊斯兰教与东南亚现代化进程》，肖建明的专著《当代东南亚的伊斯兰教与政治》，刘曙雄等著的《南亚伊斯兰现代进程》，贺圣达主编的《东南亚伊斯兰教与当代政治》，吕耀军的《全球化背景下伊斯兰人权思潮及现状研究》以及王宇洁、李维建、晏琼英译的《谁为伊斯兰讲话？十几亿穆斯林的真实想法》等。

（六）域外伊斯兰教研究

1. 欧洲伊斯兰教研究

自从“9·11 事件”以来，随着中东、北非若干国家大量穆斯林难民涌向欧洲，对欧洲国家的政治生态和社会环境形成巨大压力，同时对这些国家既有的政治秩序和主流价值观形成挑战。基于此，欧洲的伊斯兰教和穆斯林成为我国学术界关注的焦点，代表性成果主要有李昕、姜莹的《俄罗斯伊斯兰学人概述》，汪波的《欧洲穆斯林问题研究》，林玲《当代美国黑人穆斯林运动研究》，伍慧萍的《移民与融入：伊斯兰移民的融入与欧洲的文化边界》，马莉的《美国穆斯林移民：文化传统与社会适应》等。此外，林丰民、史月的译著《穆罕默德在欧洲：千年的西方虚构》，梳理了 1000 多年来穆罕默德和伊斯兰教在欧洲的形象等。张锡模的专著《圣战与文明：伊斯兰与西方的永恒冲突》，阐述了伊斯兰的兴衰与世界政治的紧密关系，以及伊斯兰与世界政治的深刻互动。

2. 其他地区

非洲的伊斯兰教也是学者关注的问题，代表作有李维建的《西部非洲伊斯兰教历史研究》，该书通过对西非伊斯兰教历史的研究，强调指出，伊斯兰教融合了浓郁的黑人文化色彩，展现出伊斯兰教的强大适应性和非洲文化的迷人魅力。郑月里的《华人穆斯林在马来西亚》，刘宝军的《世界华人穆斯林概观》侧重于关注华人穆斯林的信仰状况。丁宏的译著《东干人的习俗、礼仪与信仰》，详细论及东干人的伊斯兰教特点、家族关系、亲属称谓、婚姻礼俗、妇女的地位、习俗等。

二　中国伊斯兰教研究

（一）中国伊斯兰教历史研究

1. 通史性著作。自从李兴华、秦惠彬、冯今源、沙秋真合著的《中国伊斯兰教史》出版以后，中国伊斯兰教历史一直是学术界关注的话题。李兴华在前期研究的基础上，承担了中国社会科学院老干部工作局的《中国名城名镇伊斯兰教研究》课题，最后出版了以该课题为名称的专著，对于深化中国伊斯兰教史研究具有重要的资料价值和推动作用。秦惠彬在早年的基础上，参与中华文化通志编委会主持的课题，撰有《伊斯兰教志》，内容主要包括伊斯兰教传入中国的历史沿革，教派、组织与制度，经籍与教义、人物与文物古迹。余振贵、洪长有主编的《中国伊斯兰教简志》，主要探讨了伊斯兰教在我国传播和发展的历史轨迹，忠实地展示了伊斯兰文化和中国社会相适应的过程中凝聚的独特智慧，全面地呈现了新时期中国伊斯兰教事业发生的深刻变化和取得的辉煌成就。王灵桂编著的《中国伊斯兰教史》探讨了伊斯兰教的兴起、发展以及近代的变化，继而考察了伊斯兰教在中国的传播历史、变化，最后提出正确对待伊斯兰教的问题。此外，杨怀中的专著《了解伊斯兰教》收录了作者自从 20 世纪 80 年代初以来关于中国伊斯兰教历史、派别、思想、文化、穆斯林人物等领域的研究。

2. 地方性伊斯兰教史。除了大部头的中国伊斯兰教通史性研究外，中国各地伊斯兰教史的研究成果丰硕，主要有王东平的《明清西域史与回族史论稿》，马建春的《杭州伊斯兰教史》，吴丕清的《河北伊斯兰教史》，喇秉德、马文慧著《青海伊斯兰教》，章莹的译著《新疆穆斯林研究》，马万学等编著的《吉林省伊斯兰教研究文稿选集》，魏积良主编的《天穆村回族史略》等。杨荣斌的《民国时期上海回族商人群体研究》主要探讨民国上海穆斯林商人与伊斯兰文化的关系。范宝主编的《福德图书馆藏古籍目录》则是对东四清真寺福德图书馆所藏的阿拉伯、波斯、汉语等伊斯兰教文献所作的目录提要，对于研究福德图书馆及近代北京伊斯兰教史具有重要的参考价值。《山东省回族古籍辑录》则是对山东省内伊斯兰教文献诸如书籍、铭刻、文书等资料的目录提要。

3. 伊斯兰教历史文献研究。在伊斯兰教的研究中，历史文献研究成果较多，且具有代表性，主要有杨晓春的《早期汉文伊斯兰教典籍研究》《元明时期汉文伊斯兰教文献研究》，该两书对元明时期清真寺汉文碑刻、明末汉文伊斯兰教典籍进行了大量细致深入的考证与辨析，考察了元明清时期穆斯林学人与中国传统文化的关系。马景的《民国时期伊斯兰教汉文译著研究》，考察了民国时期伊斯兰教汉文译著兴起的文化背景、主要译者生平事略及代表作，并就译著中蕴含的思想做了全面的分析和梳理。冯杰文的《当代回族伊斯兰文化译著》则是以当代伊斯兰文化译著为研究对象，希望通过对穆斯林民间译著者的人生经历、译著内容的呈现来了解新时期中国伊斯兰教的发展状况和发展动态。此外，伊斯兰历史文献研究的代表作还有王建平的《民国时期回族印刷品精品荟萃》，丁力主编的《宁夏地方文献暨回族伊斯兰教文献导藏书目》等。

4. 中国伊斯兰教门宦教派研究。门宦是中国伊斯兰教特有的派别，主要受苏菲主义影响而形成。继 20 世纪马通先生的《中国伊斯兰教派与门宦制度史略》出版以来，该领域的研究主要有杨学林在实际调查基础上形成的专著《哲赫忍耶》《库布忍耶》，李维建、马景的《甘肃临夏门宦调查》，金宜久根据明清伊斯兰教汉文译著而成的《苏菲主义在中国》，敏生光主编的《中国伊斯兰教西道堂研究文集》，敏承喜主编的《坚守、传承与发展：〈中国伊斯兰教西道堂研究文集〉首发式暨学术研讨会文集》。这些研究论著探讨了苏菲主义与中国门宦的关系以及中国门宦与中国传统文化的关系。此外，马通还内部印刷了当年研究门宦制度史略的第一手资料《中国苏菲学派典籍》，对于深入研究门宦发展史及思想具有重要的参考价值。伊赫瓦尼派于19世纪末20世纪初传入我国，并形成相应的派别，至今没有一本研究伊赫瓦尼的专著，仅有一本由海默主编的《果园哈志与伊赫瓦尼研究论集》，收录了历年关于伊赫瓦尼的论文，该书由香港蓝月出版社出版。

（二）中国伊斯兰文化、艺术、建筑

1. 伊斯兰文化。主要代表作有张志华的《中国伊斯兰文化要略》，侧重介绍了波斯穆斯林和波斯文化对阿拉伯—伊斯兰文化的贡献与影响，以及对中国穆斯林及传统文化的影响。朱爱农的《当代回族伊斯兰法文化》，姜歆的《中国穆斯林习惯法研究》，重点强调伊斯兰法律文化对中国穆斯林的影响。马少卿的《传统、调适与现代：中国伊斯兰家庭文化研究》探讨了中国伊斯兰家庭文化的内容、特点、发展趋势及现实意义。王建平的《中国陕甘宁青伊斯兰文化老照片：20世纪30年代美国传教士考察纪》《中国内地和边疆伊斯兰文化老照片：毕敬士等传教士的视角及解》，王建平、马成俊、马伟编著的《影像记忆：20世纪30年代的撒拉族社会》，则是以图片的形式，诠释了近代来华基督教传教士眼中的穆斯林群体及社会风貌、穆斯林与基督教传教士的关系。丁士仁主编的《中国伊斯兰经堂教育》（上）则是对历年关于伊斯兰教经堂教育研究论文的汇集与整理，下册未见出版。

2. 伊斯兰艺术。主要代表作有刘明、刘同生编著的《中国回族伊斯兰教音乐与民俗音乐文化》，白学义主编的《中国伊斯兰教建筑艺术》，马诚的《新疆伊斯兰陵墓建筑艺术》，刘致平《中国伊斯兰建筑》（再版），杨桂萍、敏昶的《中国伊斯兰教艺术》（英文版）。

3. 清真寺。关于清真寺调查、研究、介绍的成果有马广德的《中国清真寺匾额图志》，梁欣立的《北京清真寺调查记》，燕宁娜、赵振炜的《宁夏清真寺建筑研究》，乌志鸿的《西安清真寺古碑选注》，马永真、代林编著的《内蒙古清真寺》，闻洪甲、洪兵、马云飞主编的《南阳清真寺志》，刘伟主编的《宁夏清真寺概观》，李尊杰主编的《河南百坊清真寺》，韩德明主编的《青海省清真寺概览》，西宁南关清真寺志编委会主编的《西宁南关清真寺志》等。

（三）民族学与人类学的伊斯兰研究

自从 20 世纪 90 年代以来，伊斯兰教的研究呈现出多元化的趋势，在研究方法上突破了传统的模式，进而出现以民族学、人类学的方法，对穆斯林历史、礼仪、宗教活动、宗教场所、社会交往、派别关系、现状等作深入的调查和考察，或提出相应的对策和建议，或对某种理论和观点予以回应。这方面的代表作主要有马雪峰的《从教门到民族——西南边地一个少数社群的民族史》，马强的专著《中国和马来西亚归信穆斯林田野访谈》（上、下）、《田野中的洞察：人类学伊斯兰研究散论》、《回坊内外：城市现代化进程中的西安伊斯兰教研究》以及其主编的《遭遇与调适："现代化背景下的城市穆斯林"学术研讨会文集》，丁明俊等著的《西北伊斯兰教社会组织形态研究》，钱钧华的《走进中国穆斯林：西海固漫记》，高源的《清真寺的社会功能——兰州清真寺中的族群认同》，马小华的《当前清真寺与回族乡村社会关系的实地研究：以 G 县为例》，杨桂萍主编的《回族伊斯兰教与西部社会的协调发展：以宁夏吴忠市为研究个案》，葛壮主编的《长三角都市流动穆斯林与伊斯兰教研究》，白友涛、尤佳、季芳桐等著的《熟悉的陌生人：大城市流动穆斯林社会适应研究》，马艳的《一个信仰群体的移民实践：义乌穆斯林社会生活的民族志》，哈正利的《族群性的构建和维系：一个宗教群体历史与现实中的认同》，马盛德的《西北地区信奉伊斯兰教民族婚俗舞蹈研究》，马晓军的《城市化进程中的中原回族伊斯兰教研究》，马桂芬的《西北穆斯林妇女社会参与研究：基于甘肃省回族、东乡族妇女的调查》等。

（四）穆斯林人物及思想

学界关于穆斯林人物的研究成果较多，主要有金宜久的《中国伊斯兰先贤：马注思想研究》，该书详细阐述了马注的本体论、宇宙生成论、认识论、命性观、天道观、人道观，指出马注在伊斯兰教中国化过程的主要作用，并强调研究传统伊斯兰思想家的著作，并吸收积极的因素，对于防范外来极端思想具有重要的作用。许淑杰的《马注思想研究》则以马注思想的伊儒双重文化认同为切入点，在晚明清初中国近世社会转型的大文化背景下，系统考察马注伊斯兰思想体系及关于伊斯兰教中国化的主张。马在渊的《刘介廉先生编年考》则是对清初穆斯林思想家刘智生平事略的考述。《马联元经学世家》则是对清末的穆斯林学者马联元子孙三代经学思想的梳理和探讨。虎嵩山、马良骏则是19世纪末期20世纪前半叶的伊斯兰教经师，樊前锋的《马良骏传》及《马良骏纪念文集》，狄良川的《虎嵩山思想研究》则是这方面的最新研究成果。孙玉安的《一诺万钧——黄万钧阿訇传记》则是对当代穆斯林学者黄万钧阿訇生平事略及伊斯兰教领域所作努力的叙述和记录。《马恩信文集》则是收录了马恩信关于伊斯兰教研究的论文。

（五）伊斯兰教与中国社会

1. 伊斯兰教与中国传统文化。伊斯兰教传入中国后，就与中国传统文化结合起来，从而形成具有中国文化元素的伊斯兰教。学术界的主要研究成果有季芳桐的《伊儒会通研究》，该书收录了作者近几年来伊斯兰教与儒家（教）交流、沟通与融合等方面的最新研究成果，内容分伊斯兰教篇与儒家（教）篇，前者重点从伊斯兰教角度探讨宗教会通问题，后者则是从儒家角度探讨宗教会通问题。朱国明的《明清回族伊斯兰哲学范畴研究》，以明清时期回族伊斯兰哲学的主要范畴为研究对象，通过研究每一个基本哲学范畴的内涵，以及这些范畴的内在本质以及它们之间的关系。金贵的专著《异而同　同而异——王岱舆对儒学的一种理解》，该书以中国伊斯兰教汉文译著的代表人物王岱舆为研究对象，从其所涉及的微观命题、范畴和思维为出发点，探讨了王岱舆对儒学的批判、认同和借鉴。马占明的专著《〈清真释疑〉研究》，对清代穆斯林官员金天柱及其著作《清真释疑》产生的历史背景、作者生平、著述原因、论述方法以及版本做了比较深入的研究。华涛、姚继德主编《回儒文明对话论文选集》则是2010年召开的文明对话学术研讨会的论文选，编者强调实现不同文明或宗教之间和平对话的关键，在于对话者必须具备一种对“他者”文明的平等、承认、尊重和宽容的心态。刘慧的《丝路文明对话：刘智对贾米思想的诠释》，则是通过对贾米的波斯文《勒瓦一合》与刘智的《真境昭微》对照，分析刘智“会通儒学”的学术实践和“格义”的翻译策略，探讨明清时期伊斯兰教知识分子的文化适应性选择，以及由此采用的伊斯兰文化与儒家文化成功对话的模式。冯杰文的专著《明清时期回儒研究》探讨了回儒穆斯林群体的形成机制、身份定位与社会角色、历史分期及地域分布、话语范畴分析、话语逻辑结构等。吴旻雁的《中庸与调和：儒家和阿拉伯伊斯兰思想的比较研究》一书则比较了儒家的中庸思想与伊斯兰教的中和思想的异同与内在关系。

2. 伊斯兰教与中国社会。在新的历史条件下，伊斯兰教如何适应中国社会的发展要求，如何处理伊斯兰教与中国传统文化的关系，一直是学术界关注的话题，并提出了许多建设性的意见和指导思想，主要代表作有丁俊、金云峰主编的《伊斯兰教与中国穆斯林文化论集》，张志湘主编的《广东伊斯兰学术论坛论文选集》，高占福的专著《怀晴全真集：伊斯兰教与中国回族穆斯林社会》，高占福、李志坚主编的《伊斯兰教与中国穆斯林社会现代化》，姚继德主编的《伊斯兰与中国西南边疆社会》，丁宏、敏俊卿著的《伊斯兰教与中国穆斯林社会现代化进程》，丁宏主编的《宗教·社会与发展："穆斯林社会发展问题"研讨会论文集》，马国英主编的《全国穆斯林妇女文化发展研讨会论文集》，孙振玉、孙嫱所著的《伊斯兰教与构建和谐回族社会》，张军利的《伊斯兰教与平凉社会》，马文祥的《基于社会主义和谐视域下的伊斯兰和谐思想研究》，谢金城的《加强和创新宗教事务管理：以甘肃省伊斯兰教事务管理为例》，庾荣的《调适与构建：引导伊斯兰教与社会主义社会相适应的理论与实践》。

3. 伊斯兰教的中国化方向。习近平总书记在全国宗教工作会议上指出，做好新形势下宗教工作，就要坚持用马克思主义立场、观点、方法认识和对待宗教，遵循宗教和宗教工作规律，深入研究和妥善处理宗教领域各种问题，结合我国宗教发展变化和宗教工作实际，不断丰富和发展中国特色社会主义宗教理论，用以更好指导我国宗教工作实践。积极引导宗教与社会主义社会相适应，一个重要的任务就是支持我国宗教坚持中国化方向。近两年来学术界和宗教界围绕着伊斯兰教中国化方向发展这一时代主题做了积极的探索和思考。为了"倡导中道思想，反对极端主义"，2014年5月14日，中国伊斯兰教协会在新疆乌鲁木齐举行以"坚守中道，远离极端"为主题的伊斯兰教中道思想研讨会，2016年7月20日，中华宗教文化交流协会和中国伊斯兰教协会在乌鲁木齐共同举办"伊斯兰教中道思想"国际研讨会，就伊斯兰教所面临的严峻现实，以及个别地区出现的极端化倾向，从经典教义角度，深入研讨伊斯兰教的中道思想，分享各国反对极端主义的成功经验。会议后出版的成果有郭承真主编的《伊斯兰教中道思想研讨会文集》，陈广元主编的《伊斯兰教中道思想国际研讨会文集》。2015年10月27—29日，中国社会科学院世界宗教研究所、中国宗教学会主办，世界宗教研究所伊斯兰教研究室承办的"伊斯兰教与中国社会"在北京宁夏大厦召开。与会代表围绕"伊斯兰教与中国化""伊斯兰教与本土化""中国伊斯兰教与对外交流""伊斯兰教与当代中国社会""伊斯兰教与中国地方社会""伊斯兰教与地方知识”“伊斯兰教与中国文化”以及“伊斯兰思想与文化”等主题展开发言和讨论，据悉会议论文集正在出版中。2016 年 8 月 18—19 日，宁夏统一战线理论研究会、宁夏社会主义学院、中国社会科学院世界宗教研究所、中国宗教学会在宁夏银川召开“伊斯兰教中国化”论坛。由杨志文主编的会议成果以《伊斯兰教中国化的理论与实践》名称公开出版。

（六）古籍影印与整理

1. 文献影印。伊斯兰教研究中，文献是第一手的资料。学术界一直很重视文献的影印出版。这方面的成果则是王建平主编的十二册《中国伊斯兰教典籍选续编》，这是继 2008 年出版的六册本《中国伊斯兰教典籍选》之后的又一次影印。该套丛书共收录的明清伊斯兰教文献有《正教真诠、清真大学、希真正答》（合订本）、《四篇要道》、《清真指南》、《天方性理》、《天方典礼》、《天方至圣实录》、《性理注释、五功释义、五更月歌》、《天方三字经注解》、《天方尔雅》、《清真释疑补辑》、《真功发微》、《大化总归、四典要会、醒世箴言合编》、《祝天大赞》、《天方信源蒙引歌》、《天方诗经》、《汉译宝命真经五卷》、《经汉注解赫厅》、《汉译礼拜箴规》、《清真必读》、《上海清真寺成立董事会志》。该典籍续编的出版对于促进伊斯兰教、明清伊斯兰思想史及中外文明交往等相关领域的研究，总结我国伊斯兰教中国化进程中的历史经验具有重要学术价值和现实意义。

2. 伊斯兰教报刊的影印与整理出版。近代以来，随着中国社会的发展，创办报纸成为时代的潮流，顺应时代的发展要求，中国穆斯林也积极创办报纸，阐扬伊斯兰教义、教理，对内加强文化的学习与更新，对外消除误会。据不完全统计，至中华人民共和国成立前夕，穆斯林创办的伊斯兰教报刊多达 300 种以上。近年来，随着研究的重视和古籍整理的推动，伊斯兰教报刊的影印出版著有《月华》《清真铎报》《突崛》《晨熹》《中国回教学会月刊》等。

除了影印外，宁夏少数民族古籍整理出版规划领导小组办公室与宁夏大学回族研究院联合对民国伊斯兰教报刊分类进行整理汇编，出版了一套《回族历史报刊文选》，全套丛书包括宗教、经济、历史、文化、教育、文学、社团、社会、抗战、特刊 10 卷 40 余册。《回族历史报刊文选》的出版，不仅弥补了中国民族学、伊斯兰教研究中乏有近现代伊斯兰教文献史料的缺憾，而且有利于增强其他民族与回族的文化交流。

除了集体的整理项目外，学者个人也对民国伊斯兰教报刊按类进行整理，主要有马强的《民国时期粤港回族社会史料辑录》，马保全的《民国报刊山东回族资料选辑》。此外，据悉《民国报刊河南回族资料选辑》正在出版中。马中笑主编的《真友心语》（上、下），主要收录了穆斯林学者陈克礼与甘肃穆斯林青年马志仲等人之间关于伊斯兰教话题的信件。

3. 文献的释解。这方面的代表作有《杭州凤凰寺藏阿拉伯文、波斯文碑铭释读译注》，是国内外学者合作对杭州凤凰寺碑铭拓片的照片、阿拉伯文及波斯文释读、英文提要、英文翻译、中文提要、中文翻译等。该书对研究伊斯兰文化具有极高的文物价值和史料价值。马永刚、毛占明共同编译《〈天方性理〉释解》，该书是关于刘智《天方性理》的注释本，对推动刘智著作文本研究具有重要的价值。

总之，2009—2018 年的 10 年间，公开出版的伊斯兰教的研究成果丰硕，涵盖了伊斯兰教研究的各个领域。从成果形式来看，主要分为专著（合著、编著）、译著（编译），其中涉及伊斯兰教各学科或思想领域的以译著或译介为主，涉及文化、历史、现代化进程等领域的则以专著为主。从出版社的情况来看，纯学术研究的成果以中国社会科学出版社、社会科学文献出版社为主，涉及伊斯兰教典籍、思想、教材、会议论文、解经工作等则以宗教文化出版社为主，涉及伊斯兰教历史、文化、文献等则以宁夏人民出版社、甘肃人民出版社为主，涉及伊斯兰教与国际政治、宗教极端主义等则以时事出版社为主。2008 年之前，甘肃人民出版社很少出版涉伊斯兰教的书籍，2010—2014 年数量较多，一方面同该社与宁夏人民出版社合作出版 256 册的《回族典藏全书》后的推动有关，另一方面与国家新闻出版总署和宗教管理部门限制和打击民间非法出版物有关，致使以前通过民间渠道印刷仅供内部流通使用的书籍得以公开出版。从研究内容来看，既有以基础理论、基本学科、历史、思想、派别为主的研究，也有现状、对策、理论的研究。从研究范围来看，中国伊斯兰教研究成果很多，其次是中东、西亚、北非等地伊斯兰教的研究，而关于南亚、东南亚、中亚、欧洲等区域的伊斯兰教研究成果很少，且零星的研究以时政、热点或极端主义问题为主，缺乏系统的宗教领域、信教群体本身的研究。这应该是以前加强研究的领域。从研究队伍来说，队伍庞大，涉及政府宗教管理部门及相关机构、学术界和宗教界，研究呈现多元化趋势，学者之间合作研究的成果很少，多数以个人为主，且研究内容呈现碎片化和不完整性。此外，随着互联网的发展，伊斯兰教研究成为敏感的领域，据说一些学者已经不再从事该领域或者转行，专业研究的学者被边缘化，成果出版或发表出现暂时的困境。一些非本领域的学者或研究者则成为专家。在研究宗教极端主义和恐怖主义方面，一些学者将中东、西亚、北非地区的穆斯林中的政治现象和政治乱局当作伊斯兰教，致使政治问题被伊斯兰化，同时简单、固执地将特定时期特定历史环境下的穆斯林学者及思想与极端主义恐怖主义等同起来，将国外的这些现象与中国伊斯兰教等同起来，致使正常的宗教派别也成为伊斯兰教研究的禁区或者敏感话题，伊斯兰教研究被高度政治化，未来的研究应避免这两种现象。伊斯兰教的研究应该回归学科本身，立足于伊斯兰教研究本身，只有这样我们才能了解“一带一路”沿线许多国家的伊斯兰教的形态以及同样的派别在不同地区的发展状态，从而得出正确的认识，更好地服务于国家的大政方针和走出去战略。

第九章

其他宗教研究

在中国改革开放的40年中，宗教学研究除了上述内容之外，还涵括犹太教、印度宗教、琐罗亚斯德教、摩尼教、新兴宗教等领域。这些研究的深入开展丰富了中国宗教学的资料积累和学科构建，形成其广远辐射和完备形态。当然，这些研究在整个中国宗教学中所占比重不大，其研究状况亦参差不齐。相比而言，犹太教的研究开展得比较扎实，不仅有专门的研究机构，而且已推出众多学术成果。其他宗教研究则基本处于起步阶段，但也显示出其发展的潜力。

第一节　犹太教研究

中国大陆学术界的犹太教研究以山东大学、南京大学、中国社会科学院、上海社会科学院、河南大学为主。其研究大体分为两个方向，一为对整体犹太教的研究，以世界犹太教的发展为主，论及犹太教的历史、经典、律法、教派、礼仪、教义、哲学、文化、艺术等方面。二为专对中国的犹太人及其犹太教的研究，以对开封犹太人的研究为重点；由于开封犹太人在漫长的历史中被中国社会文化所“同化”，在世界犹太教史中都是一个“特例”，故而引起人们的普遍关注和兴趣。

尽管20世纪上半叶曾有袁定安、陈垣、张星烺、方豪、徐宗泽等人对犹太教及河南开封犹太人的研究，但1949年之后这一探讨在中国大陆学术界归于沉寂，仅在1973年有美国学者纳达夫·萨弗兰的专著《以色列的历史和概况》（上、下册，人民出版社）由北京大学历史系翻译出版，相关探讨微乎其微、不足一提。自1978年中国大陆改革开放以来，这一研究开始复苏，真正有学术价值的研究突破是1980年5月潘光旦的论文《关于中国境内犹太人的若干历史问题》在《中国社会科学》发表。此后，犹太教研究全面展开，其研究成果如雨后春笋，不仅有大量论文发表，而且推出了系列研究专著和译著，其中影响较大的有上海三联书店出版的、顾晓鸣主编的“犹太文化丛书”，以及山东大学出版社出版的、傅友德主编的“汉译犹太文化名著丛书”。此外，南京大学的徐新等人亦对犹太教研究的出版成果进行了系统收集和研讨。

在研究世界犹太教和犹太文化方面，相关著译包括许鼎新著《希伯来民族简史》（金陵协和神学院，1980）；王仲义编著《犹太教史话》（商务印书馆，1984）；钟冬编《中东问题80年》（新华出版社，1986）；张辛民主编《以色列内外》（新华通讯社《参考消息》编辑部，1986）；埃班著，阎瑞松译《犹太史》（中国社会科学出版社，1986）；迈耶著，钱乃复等译《今日以色列》（新华出版社，1987）；朱维之主编《希伯来文化》（浙江人民出版社，1988）；顾晓鸣著《犹太——充满“悖论”的文化》（浙江人民出版社，1990）；加百尔等著，梁工等译《圣经中的犹太行迹》（上海三联书店，1991）；伯曼特著，冯玮译《犹太人》（上海三联书店，1991）；克劳斯纳著，陆培勇译《近代希伯来文学简史》（上海三联书店，1991）；塔伊迈著，张文建等译《犹太通史》（商务印书馆，1992）；杨曼苏主编《以色列——谜一般的国家》（世界知识出版社，1992）；林太、张毛毛编译《犹太人与世界文化》（上海三联书店，1993）；徐新、凌继尧主编《犹太百科全书》（上海人民出版社，1993）；朱子仪著《流亡者的神话——犹太人的文化史》（天津人民出版社，1993）；顾骏著《犹太的智慧：创造神迹的人间哲理》（浙江人民出版社，1993）；岳清华、季风文编著《犹太民俗》（南京大学出版社，1993）；赫茨尔著，肖宪译《犹太国》（商务印书馆，1993）；塞尔茨著，赵立行等译《犹太的思想》（上海三联书店，1994）；徐向群、余崇健主编《第三圣殿——以色列的崛起》（上海远东出版社，1994）；欧文·豪著，王海良、赵立行译《父辈的世界——东欧犹太人移居美国以及他们发现与创造生活的历程》（上海三联书店，1995）；马克比著，黄福武译《犹太教审判，中世纪犹太—基督两教大论争》（山东大学出版社，1996）；鲁达夫斯基著，傅有德等译《近现代犹太宗教运动，解放与调整的历史》（山东大学出版社，1996）；陈超南编著《犹太人的技艺》（上海三联书店，1996）；施坦泽兹诠释，张平译《阿伯特——犹太智慧书》（中国社会科学出版社，1996）；罗斯著，黄福武等译《简明犹太民族史》（山东大学出版社，

1997）；朱维之、韩可胜著《古犹太文化史》（经济日报出版社，1997）；张春华等著《一路坎坷犹太人》（时事出版社，1997）；贺雄飞编著《犹太人之谜——一个神奇民族的成功智慧》（时事出版社，1997）；勒维纳斯著，余中先译《上帝·死亡和时间》（生活·读书·新知三联书店，1997）；迈蒙尼德著，傅有德等译《迷途指津》（山东大学出版社，1998）；张文建著《信仰战胜苦难——犹太教》（世界知识出版社，1998）；柯恩著，盖逊译、傅有德校译《大众塔木德》（山东大学出版社，1998）；徐向群著《沙漠中的仙人掌——犹太素描》（新华出版社，1998）；所罗门著，赵晓燕译《当代学术入门：犹太教》（辽宁教育出版社，1998）；潘光等著《犹太民族复兴之路》（上海社会科学院出版社，1998）；黄陵渝著《世界犹太教与文化》（中央民族大学出版社，1999）；黄天海著《希腊化时期的犹太思想》（上海人民出版社，1999）；傅有德等著《现代犹太哲学》（人民出版社，1999）；高乔克著，徐新等译《理性之光——阿哈德·哈姆与犹太精神》（内蒙古人民出版社，1999）；潘光等著《犹太文明》（中国社会科学出版社，1999）；张倩红著《犹太人·犹太精神》（中国文联出版社，1999）；丘恩处著《犹太文化传统与圣经》（纽约神学教育中心，1999）；梁工、赵复兴著《凤凰的再生——希腊化时期的犹太文学研究》（商务印书馆，2000）；吉尔伯特著，徐新等译《犹太史图录》（上海人民出版社，2000）；肖宪著《犹太人：谜一般的民族》（上海人民出版社，2000）；黄陵渝著《犹太教学》（当代世界出版社，2000）；索伦著，涂笑非译《犹太教神秘主义主流》（四川人民出版社，2000）；汉卡克著，肖聿译《失落的约柜》（世界知识出版社，2000）；卡希尔著，徐芳夫译《上帝选择了犹太人》（世界知识出版社，2001）；沐涛、季惠群著《失落的文明：犹太王国》（华东师范大学出版社，2001）；肖宪著《中东国家通史，以色列卷》（商务印书馆，2001）、《圣殿长存——古犹太文明探秘》（云南人民出版社，2001）；梁工主编《圣经时代的犹太社会与民俗》（宗教文化出版社，2002）；布伯著，刘杰等译《论犹太教》（山东大学出版社，2002）；开普兰著，黄福武等译《犹太教：一种文明》（山东大学出版社，2002）；拜克著，傅永军等译《犹太教的本质》（山东大学出版社，2002）；威廉逊著，徐开来、林庆华译《希腊化世界中的犹太人——斐洛思想引论》（华夏出版社，2003）；张倩红著《犹太人》（三秦出版社，2003）、《犹太文化的现代化》（江苏人民出版社，2003）；张平译注《天下通道精义篇——犹太处世书》（北京大学出版社，2003）；黄陵渝著《当代犹太教》（东方出版社，2004）；周燮藩主编《犹太教小辞典》（上海辞书出版社，2004）；徐新著《犹太文化史》（北京大学出版社，2006）；戴维斯著，李瑞华译《列维纳斯》（江苏人民出版社，2006）；刘小枫、陈少明主编《犹太教中的柏拉图门徒》（华夏出版社，2007）；傅有德著《犹太哲学与宗教研究》（中国社会科学出版社，2007）等。

中国当代学者对世界犹太教和犹太文化的研究，聚焦于犹太民族与犹太教的关系、犹太教的思想精神及其对世界的影响、犹太文化的发展演变及其在世界文明中的地位以及当代犹太教与国际政治等问题。不少学者认为，犹太教的一部圣书、“绝对一神”观念、“原罪”体认、“选民”情结和“拯救”希望构成了犹太人民族精神的基本元素，形成其信仰的独特气质和本民族的自我凝聚力、保护力和排他性，并对此后世界发展中的“一神”观宗教产生了复杂、深远而巨大的影响。这些历史积累既为犹太人奠定了相关的发展优势，亦给其带来了相应的问题和局限。因此，对犹太教及其与其他宗教的关联，应引起学界的高度重视和认真研究。根据一些学者的见解，犹太教有四个不同的历史发展阶段，即古代犹太教、拉比犹太教、中世纪犹太教和近现代犹太教，这种发展既有递相依属的关系，亦各具特色、各有其侧重点。例如，古代犹太教是其经典《圣经》（基督教所理解的《旧约》）得以形成和确立时期的犹太教，在其时代有对其社会、政治全方位的积极卷入或起着主导作用的参与，它以耶路撒冷圣殿为其政治、宗教中心，并因其社会地位、阶级利益的不同而形成了撒都该派、法利赛派、爱西尼派和奋锐党等教派。拉比犹太教是公元 70 年圣殿被罗马人彻底摧毁至 630 年这一时期的历史表现形态，其特点是在圣殿被毁、犹太人被驱散的情况下以犹太会堂形成其宗教中心，而各犹太会堂的领袖人员则被尊为“拉比”，这一传统一直沿袭至今。中世纪犹太教从公元 630 年以来犹太人移居欧洲，形成其犹太社区的发展，而犹太哲学在中世纪欧洲文化复兴的过程中亦曾起到沟通阿拉伯文化与基督教文化，并借助其翻译和阿拉伯哲学的媒体向西欧输入古希腊哲学尤其是亚里士多德的思想，从而促成中世纪经院哲学的鼎盛、为“文艺复兴”提供了思想文化资源和准备。近现代犹太教则始于 17 世纪中叶，由其在欧美的发展推动了第二次世界大战结束后以色列国的建立，其形成的正统派、改革派、保守派和重建主义派已具有世界范围的影响，从而也被中国当代学者关注和研究；尤其是对现代犹太哲学的研究，在广度和深度上都不断有所开拓和突破。中国学者特别关注布伯、列维纳斯等当代犹太教思想家的理论学说，对其著述也译介颇多。人们看到了犹太思想在推动人类精神世界发展上的独特作用和深远意义，并认为当今仍有许多犹太哲学家、理论家在为世界的思想、观念发展提供思路、观点、理论和学说。如布伯关于“我”与“你”的“对话”理论，就影响了各个团体、各个民族、各个国家以及各种宗教、信仰和意识形态之间的“人际关系”，为我们今天的“对话时代”准备了思想依据、精神支撑、话语方式和舆论氛围。在研究犹太教时，中国学者不仅注意到犹太人的民族特性及其宗教在增强其民族凝聚力和向心力上的作用，看到犹太教在世界宗教发展上的重要地位和意义，也分析了其民族排外性和“绝对一神观”在与其他宗教交往和对话上的局限，而且也指出犹太教在全球范围发展中具有“世界性”宗教趋势，其民族在与其他民族共居、同其他民族成员通婚时亦有某种程度的开放性，从而扩大了其民族和宗教的内蕴。这在犹太教向中国传播时不仅有着集中体现，甚至使其民族宗教本身也发生了嬗变。对犹太教的研究亦与以色列古今历史研究密切关联，其最新成果包括张倩红等人译作《耶路撒活三千年》（2015）及其主编的《以色列蓝皮书》。

在研究中国犹太教和中国犹太人尤其是开封犹太人方面，相关著译则有江文汉著《中国古代基督教及开封犹太人》（上海知识出版社，1982）；潘光旦著《中国境内犹太人的若干问题——开封的犹太人》（北京大学出版社，1983）；沙博理编著《古代中国犹太人：中国学者的研究》（英文版，美国希波克雷纳图书公司，1983）；张绥著《犹太教与中国开封犹太人》（上海三联书店，1990）；克兰茨勒著，许步曾译《上海犹太难民社区》（上海三联书店，1991）；朱威烈、金应忠编《'90中国犹太学研究总汇》（上海三联书店，1992）；王一沙著《中国犹太春秋》（海洋出版社，1992）；唐培基等著《上海犹太人》（上海三联书店，1992）；荣振华、莱斯利著，耿昇译《中国的犹太人》（中州古籍出版社，1992；大象出版社，2005），卓新平著《基督教犹太教志》（上海人民出版社，1998）等。

当代中国学术界对中国犹太教和中国犹太人的研究基本上继承了传统研究上的思路，尤其是19世纪末20世纪初以来相应研究方法、进路的延续。其关注的问题即犹太人入华年代考证、犹太人在华称谓的演变、犹太人在中国历史上的分布和发展情况、犹太人在中国被同化的“特例”及其历史原因或背景分析、中国犹太教的古今特色及不同，尤其是对近现代在东北、上海等地居住的犹太人状况的调研，而这些研究的重中之重则是开封犹太人问题，如其来历及其来华路线、其社区生活及信仰传统、开封犹太会堂的兴衰及其文物考古，以及开封犹太人被“同化”的过程、根源和同化后的状况等。由于文物、文献上的新发现并不多见，因此当代中国大陆学者对中国犹太教的研究仍是以往研究的扩大和深化。例如，在犹太人入华年代研究上有“周代之前”“周代”“汉代”、“唐代”和“宋代”这五种推测，其中对开封犹太教人“宋代入华”之说最有共识。在犹太人的中文称谓上，“一赐乐业”这一最常用之名有两种解释，一为“以色列”的同音异译，二为据明太祖指示意译，即取其“凡归其化者，皆赐地以安居乐业之乡，诚一视同仁之心”的含义。而中国民间称犹太教为“挑筋教”亦有两种说法：一指区分犹太教与回教习俗的关键方法，即其宰牛羊时是否“挑筋”；二指“挑经二字之转音”，认为犹太教传入的特点乃是“挑经”东来。此外，犹太人的称呼在中国历史文献记载中还有术忽、斡脱、竹忽、主吾、珠赫、朱乎得、术虎、主鹘、祝虎、祝虎德、攸特、如德亚，甚至萨忽、石忽等，陈垣为此指出，“一赐乐业之名，则起于明中叶。如德亚之名，则见于明末清初。犹太之名，则见于清道光以后。术忽之名见于元。《元史译文证补》又谓元《经世大典》之斡脱，即犹太”[①]。显然，中国古代文献对“犹太人”的表述有各种不同的记载，“如《元史语解》将之写成‘珠赫’，《元史·惠宗本纪》中则用‘主吾’一词，《金史·国语解》称之为‘术虎’，杨瑀《山居新话》将之写成‘主鹘’。伊斯兰教典籍中称其为‘朱乎得’，《元典章》中用‘竹忽’，清代刘智《天方典礼》（卷一四《居处》）谓‘祝虎’，俞正燮《癸巳存稿》（卷一三）称‘祝乎德’等”[②]。至于犹太人在中国如在开封被同化的原因，则有如下六种之说：“其一，中国在宗教上较为宽容，这样就‘避免和消除了中华民族和犹太人心理上的猜疑、隔膜’，在和平与宽容的环境下，犹太人的内聚力削弱，这就为自然同化创造了条件；其二，中国儒家的伦理观念与犹太人的道德传统相类，这样，就导致了犹太人‘将它们的教义尽量与儒教比拟’，渐渐放弃了自己的宗教信仰和生活方式；其三，开封犹太社团长期处于孤立无援的困境，由于封建王朝的锁国政策，开封犹太人与国外断绝了联系。拉比后继无人，宗教就难以存续；其四，中国科举制度改变了开封犹太人的价值观念，‘学而优则仕’使开封犹太人自愿汉化；其

① 《陈垣史学论著选》，上海人民出版社 1981 年版，第 84—85 页。

② 卓新平：《基督教犹太教志》，上海人民出版社 1998 年版，第 383 页。

五，与汉人通婚使其家庭内部的文化乃至子女的教育迅速为汉文化潜移默化；其六，自然灾害的影响，开封因地势低落、屡受黄河泛滥之患，犹太教寺多次被毁，经卷被卷走，族人多次被迫迁徙，其中的绝大多数人不得不逐渐与汉族或回族融合。”① 这些原因集中起来为根本性的两条：一是从内因看中国的宽容氛围消除了犹太人的逆反心理和有意识抗拒，逐渐被中国社会文化所“化”，成为一种犹太教历史上“特例”的“和平演变”；二是从外因看开封为内陆城市，其犹太社团因与其同族外界的联系中断而失去其原汁文化“养分”的滋润、补充，从而出现其“质解”和“嬗变”；与之相对应，印度沿海城市科钦的犹太教社团就保持了这种联系，从而维系、保持住了其犹太人民族、宗教传统。

第二节 印度宗教研究

印度宗教研究包括对印度古代的吠陀教、婆罗门教，以及其历史发展中形成并留存至今的印度教、耆那教、锡克教等相关宗教的研究。这一研究领域的展开自1978年以来以中国社会科学院和北京大学为主，在中国社会科学院集中在南亚研究所（今发展为亚洲太平洋地区研究所）、世界宗教研究所、外国文学研究所和哲学研究所等相关研究室及其科研人员的研究上，而在北京大学则以原来的南亚研究所和目前的东方语言文化学院及东方文化研究所为中心。此外，中国大陆其他高校和研究机构也有相应的研究，如泉州等地对印度教在华传播的考古研究和文物搜集就颇具特色，凸显其作为“世界宗教博物馆”的地域优势。在对印度宗教的研究中，根据梵文等原本语言翻译和介绍印度宗教经典占有重要地位，季羡林、徐梵澄、金克木、巫白慧、黄宝生等人在这方面有大量重要译作问世，为相关研究奠定了非常关键的资料基础。

最近30年来，中国大陆学术界有关印度宗教研究方面的著译包括金克木著《梵语文学史》（人民文学出版社，1980）；常任侠著《印度与东南亚美术发展史》（上海人民美术出版社，1980）；迭朗善著，马香雪译《摩奴法典》（商务印书馆，1982）；徐梵澄译《五十奥义书》（中国社会科学出版社，1984）；阿罗频多著，徐梵澄译《神圣人生论》（商务印书馆，1984）；

① 杨海军：《中国犹太人研究80年》，《中国社会科学》1994年第3期，第154页。

蒋忠新译《摩奴法论——印度教伦理规范》（中国社会科学出版社，1986）；阿罗频多著，徐梵澄译《瑜伽论》（商务印书馆，1987）；黄心川主编《世界十大宗教》（东方出版社，1988）；中国社会科学院南亚研究所历史哲学研究室与《南亚研究》编辑部合编学术会议论文集《印度宗教与中国佛教》（中国社会科学出版社，1988）；黄心川著《印度哲学史》和《印度近现代哲学》（商务印书馆，1989）；张保胜译《薄伽梵歌》（中国社会科学出版社，1989）；巫白慧著《印度哲学与佛教》（中国佛教文化研究所，1991）；季羡林主编《印度古代文学史》（北京大学出版社，1991）；姚卫群著《印度宗教哲学百问》（今日中国出版社，1992）；金克木等译《摩诃婆罗多》（中国社会科学出版社，1993）；朱明忠著《恒河沐浴——印度教概览》（四川民族出版社，1994）；高建章著《锡克·辛格·阿卡利——锡克民族与锡克教》（四川民族出版社，1994）；汤用彤著《汉文佛经中的印度哲学史料》（商务印书馆，1994）；季羡林译《罗摩衍那》（载《季羡林文集》第17—24卷，江西人民出版社，1995）；马小鹤著《辨喜》（台湾东大图书公司，1996）；旦增编《吠陀故事集》（青海民族出版社，1997）；曾明编《印度神话故事》（宗教文化出版社，1998）；方广锠著《印度禅》（浙江人民出版社，1998）；乔荼波陀著，巫白慧译《圣教论》（商务印书馆，1999）；王树英著《南亚印度教与文化》（中央民族大学出版社，1999）；巫白慧著《印度哲学——吠陀经探义和奥义书解析》（东方出版社，2000）；李建新著《印度古典瑜伽哲学思想研究》（北京大学出版社，2000）；龙达瑞著《大梵与自我：商羯罗研究》（宗教文化出版社，2000）；欧东明著《佛地梵天：印度宗教文明》（四川人民出版社，2002）；朱明忠、尚会鹏著《印度教：宗教与社会》（世界知识出版社，2003）；罗森著，嘉娜娃译《瑜伽的故事：印度宗教文化神奇之旅》（陕西师范大学出版社，2003）；高扬、荆三隆著《印度哲学与佛学》（西安，太白文艺出版社，2004）；尚劝余著《圣雄甘地宗教哲学研究》（中国社会科学出版社，2004）；梁漱溟著《印度哲学概论》（上海人民出版社，2005）；黄宝生等译《摩诃婆罗多》（六册，中国社会科学出版社，2005）；黄宝生著《〈摩诃婆罗多〉导读》（中国社会科学出版社，2005）；吴学国著《存在·自我·神性：印度哲学与宗教思想研究》（中国社会科学出版社，2006）；姮西等绘、张东平著《瑜伽的艺术》（陕西师范大学出版社，2006）；姮西等绘著，嘉娜娃译《瑜伽的艺术，续篇》（陕西师范大学出版社，2006）；林语堂著《中国印度之智慧，印度卷》（陕西师范大学出版社，2006)；韩德著，王志成等译《瑜伽之路》（浙江大学出版社，2006)；姚卫群著《印度宗教哲学概论》（北京大学出版社，2006)；徐梵澄著《古典重温》（北京大学出版社，2007)；邱永辉著《印度教概论》（社会科学文献出版社，2012）等。

在研究印度宗教方面，亦有大量论文发表，涉及印度宗教与印度古代文明、印度教与佛教、印度教与锡克教、印度宗教与印度哲学、印度宗教与当代印度社会发展等方面的问题。尤其在最近一些年来，人们开始重新关注印度古代文明及其丰富的宗教资源，加强了对其历史之纵向和其当前世界分布之横向的研究。对印度宗教的神秘主义、其丰富的神话内容和哲学蕴涵，以及其瑜伽修行实践等，中国学术界有着特别的兴趣。此外，中国学者也探讨了印度宗教的多神崇拜和文化包容性问题，并且关注印度宗教在当今印度社会的作用和影响，其在世界范围的传播及其世界宗教的意义，因为占8亿人口的印度教徒远远超过作为世界第三大宗教的佛教人数。但总体来看，在上述研究中仍以翻译印度宗教的经典著作为重，中国学者独立展开的专题性研究则刚刚开始，涉及的范围不广，深度也还不够，仍有待于研究者熟练掌握其原典语言，以及能够进入其研究的微观和细节。在这一意义上，对印度宗教的宗教学研究还需与印度学密切结合。应该说，当代中国学者在研究印度教及其古代婆罗门教上已取得初步进展，获得不少颇有价值的学术成果，尤其在这方面的经典翻译上达到了重要突破，印度教的许多重要经典都已被译成汉语出版。在锡克教研究方面，则仅为起步阶段而成果不多，但学术界对之已开始关注和重视。至于在耆那教等其他古代印度的宗教研究上，可以说仍处于介绍基本情况和搜集资料阶段，尚无大的建树。因此，这一研究领域还需要认真发掘其潜力，以便能形成相应的学术建构和研究平台。

第三节　琐罗亚斯德教和摩尼教研究

在对世界古代文明的研究中，中国学术界以往对古代波斯文明的研究稍显不足，但在中国改革开放的这40年中已得到加强，并取得了一定成果。琐罗亚斯德教是古代波斯最为重要的宗教，其影响因伊斯兰教传入中亚等地而明显减弱，但它作为一种宗教形态和古代文明传统仍保留至今，对许多地区的人们仍有着重要影响。琐罗亚斯德教在中国历史上曾有火祆教、拜火教或祆教等称谓，学术界习惯上采用“祆教”这一表述，其波斯文名称本来是根据其创始人琐罗亚斯德而有此教名，其原意为“老骆驼”或“黄骆驼所有者”。但20世纪初开始流行“苏鲁支”和“琐罗亚斯德”这两种用法，与之相关联的中文译法在20世纪还包括“察拉图斯忒拉”“察罗堵斯德罗”“察拉斯屈拉图”“查拉斯图特拉”“查拉图司屈拉”“扎拉图士特拉”“查拉杜斯屈拉”“查拉图”“查拉斯图”“查拉斯图拉”等，这些表述大多来自20世纪上半叶对德国思想家尼采的名作《查拉斯图特拉如是说》的汉译，其中最早的全译本之一即徐梵澄所译，鲁迅为之定名的《苏鲁支语录》（1935年由郑振铎出版）。摩尼教则是古代波斯的宗教改革家摩尼参照基督教等宗教于公元3世纪在琐罗亚斯德教二元论的基础上改革、重构而创建，此后亦传入中国，并曾有“明教”之名，在中国古代民间宗教的发展中颇有地位和影响。目前在福建泉州仍留存的摩尼教遗址“草庵”，见证了这一宗教在中国的沉浮兴衰。因此，中国当代学术界对这两种宗教的研究，在很大程度上亦是关注二者在中国的发展和消亡。颇值一提的是，这一现代意义上的两教研究都可追溯到20世纪20年代陈垣的考证文章，其1922年4月撰写的《火祆教入中国考》（1923年1月发表于北京大学《国学季刊》第1卷1号）和1922年6月完成的《摩尼教入中国考》（1923年4月发表于《国学季刊》第1卷2号）乃这一领域的奠基性研究著作。从此，对琐罗亚斯德教和摩尼教就真正有了学术意义上的系统研究。

近40年间研究琐罗亚斯德教的学术著作包括张星烺编《中西交通史料汇编》（中华书局，1977—1979）；王治来著《中亚史》（中国社会科学出版社，1980）；陈振江著《丝绸之路》（中华书局，1980）；羽田亨著，耿世民译《西域文化史》（新疆人民出版社，1981）；吉罗著，耿昇译《东突厥汉国碑铭考释》（新疆社会科学院历史研究所，1984）；加富罗夫著，萧之兴译《中亚塔吉克史》（中国社会科学出版社，1985）；海答尔著《中亚蒙兀尔史——拉失德史》（新疆人民出版社，1986）；王治来著《中亚史纲》（湖南教育出版社，1986）；黄心川主编《世界十大宗教》（东方出版社，1988）；朱杰勤著《中国和伊朗关系史稿》（新疆人民出版社，1988）；费瑯著，耿昇等译《阿拉伯波斯突厥人东方文献辑注》（中华书局，1989）；高国藩著《敦煌民俗学》（上海文艺出版社，1989）；胡尔兹比赫著，宋岘译《道里邦国志》（中华书局，1991）；元文琪译《波斯神话精选》（中国少年儿童出版社，1991）；加斯拉·巴什拉著《火的精神分析》（北京三联书店，1992）；龚方震著《融合四方文化的智慧》（浙江人民出版社，1992）；李铁匠编

《古代伊朗史料选辑》（商务印书馆，1992）；玛扎海里著，耿昇译《丝绸之路——中国—波斯文化交流史》（中华书局，1993；新疆人民出版社，2006）；李铁匠著《伊朗古代历史与文化》（江西人民出版社，1993）；耿昇译《法国学者敦煌学论文选萃》（中华书局，1993）；普加琴科娃著，陈继周、李琪译《中亚古代艺术》（新疆美术出版社，1994）；克林凯特著，赵崇民译《丝绸古道上的文化》（新疆美术摄影出版社，1994）；林梅村著《西域文明》（东方出版社，1995）；孙培良著《萨珊朝伊朗》（西南师范大学出版社，1995）；余太山主编《西域文化史》（中国友谊出版公司，1995）；高久永著《西域古代民族宗教综论》（高等教育出版社，1997）；李铁匠著《大漠风流——波斯文明探秘》（云南人民出版社，2001）；石云涛著《三至六世纪丝绸之路的变迁》（文化艺术出版社，2007）等。中国大陆学者于20世纪90年代在研究琐罗亚斯德教上取得了突破性进展，其中颇有影响的著作是林悟殊著《波斯拜火教与古代中国》（台湾新文丰出版公司，1995）；元文琪著《二元神论：古波斯宗教神话研究》（中国社会科学出版社，1997）；龚方震、晏可佳著《祆教史》（上海社会科学院出版社，1998）；而与这一研究相关的论文集则有《敦煌吐鲁番学研究论文集》（上海汉语大词典出版社，1990）；叶奕良编《伊朗学在中国论文集》（北京大学出版社，1993，2003）等。此外，进入21世纪以来出版的新著还包括姜伯勤著《中国祆教艺术史研究》（生活·读书·新知三联书店，2004）；林悟殊著《中古三夷教辨证》（中华书局，2005）；张小贵、殷小平译《伊朗琐罗亚斯德教村落》（中华书局，2005）；杜斯特哈赫选编，元文琪译《阿维斯塔——琐罗亚斯德教圣书》（商务印书馆，2005）等。在这些研究中，中国学者介绍了西方学者的观点，指出这一宗教本身可分为“苏鲁支教”和“琐罗亚斯德教”这两个历史发展时期，前者指其创教者苏鲁支生活时代的信仰特征，即反映了它与古代印度—伊朗宗教的关联，而后者则是苏鲁支之后的嬗变，其特点则是重新解释其宗教教义，并将《阿维斯塔》经文加以补充完善，形成一个独立体系。此外，中国学者还考证了琐罗亚斯德教传入中国的时代及其背景，分析了其经典《阿维斯塔》的基本内容，指出该教有“火光”“水雨”和“人体潜力”这三种崇拜系列，并勾勒了该教神话内容的历史演变和其信仰体系的理论、教义之构建。对以琐罗亚斯德教为代表的古代波斯宗教研究，中国学者关注的一个兴奋点就是其“二元神教”的特点，这种对世界本原两大基本元素的研究，以及对其矛盾、冲突辩证关系的分析，有着深刻的宗教学和哲学意义，其宗教形态亦是对世界宗教类型研究的一个重要内容，使人们能拓展、深化对宗教“神明”的认识和研究。

研究摩尼教的学术著译则有林悟殊著《古代摩尼教》（商务印书馆，1983）和《摩尼教及其东渐》（中华书局，1987）；克里木凯特著，林悟殊译《古代摩尼教艺术》（中山大学出版社，1989）；新疆吐鲁番地区文物局编著，柳洪亮译《吐鲁番新出摩尼教文献研究》（文物出版社，2000）。显然，在摩尼教的研究中，林悟殊著述甚丰，有其独特的贡献。从文献上来看，这一研究领域收获似乎不大，鲜有新的发现来达其“醒目”之境。不过，在考古发掘中却常有意外的惊喜和突破。除了保存好、研究透20世纪50年代在福建泉州晋江华表山所发现的元代摩尼教草庵遗址及相关碑刻之外，北京大学考古系的晁华山等人还进而对古代丝绸之路上的吐鲁番洞窟等加以实地考察研究，辨认、查找出摩尼教洞窟，对之分类解说。近年来陈进国等人在研究福建霞浦摩尼教文物文献上亦有突破。这样，中国当代学者的摩尼教研究正呈现出一种理论与实践并重的特色，由此求得在微观研究上获得较大成功。在摩尼教研究中的一个重点，则是探究其成为中国民间宗教后的演变发展，如其与古代农民起义运动的关联、与其他民间宗教的关系等。中国学者还从“二宗三际说”来剖析摩尼教的理论特点，及其基本信仰结构。在研究中国民间宗教的学者中，同样也有对摩尼教的各种研究和评说。在研究琐罗亚斯德教和摩尼教中，一个显著特点就是与中亚研究和丝绸之路研究的紧密结合，由此，其宗教传播尤其是其东渐的历史得以揭示，其文化交流的意义亦得以彰显。

第四节　新兴宗教研究

“新兴宗教”指19世纪末、20世纪初以来产生的各种宗教组织及相关宗教思潮。这一领域的研究在中国大陆学术界起步较晚，在1978年以后才得到充分重视。在研究新兴宗教的科研力量和学术成果上，中国社会科学院世界宗教研究所和上海社会科学院宗教研究所比较突出，有其整体优势。目前，这一研究已引起整个中国学术界的关注和重视。

关于新兴宗教的研究，在20世纪初曾有少数学者进行过译介活动，如对巴哈伊教的翻译、评说，对其作为“大同教”的理解等，但对这一探讨后来长期中断。在中国改革开放的初期，人们对新兴宗教的兴趣和研究主要是观察和分析国外新兴宗教的情况，如巴哈伊教、创价学会、立正佼成会、摩门教、耶和华见证会、灵仙真佛宗等；而随着1978年出现美国人民圣殿教在圭亚那集体自杀事件，中国学术界亦开始注意所谓“膜拜团体”（Cult）和反主流“教派”（Sect）问题，包括人民圣殿教、大卫教派、太阳圣殿教、统一教会、科学学派、上帝的儿女以及日本的奥姆真理教等。与中国当代社会出现的各种神秘膜拜团体、假借“气功”或“练功”之名而形成的教主崇拜团体相关联，这种研究视域亦扩大到对所谓“邪教”问题的探讨。自20世纪80年代以来，中国学术界还观察到流行欧美的“新时代”（New Age，也译“新世纪”或“新纪元”）运动及其宗教倾向，由此使新兴宗教的研究内容日趋丰富和复杂。

中国大陆学术界研究新兴宗教的著译不是很多，近40年来出版的涉及新兴宗教、“邪教”、“新时代”宗教等内容的著作包括陈训明著《当代西方邪教》（四川人民出版社，1992）；段琦著《美国宗教嬗变论》（今日中国出版社，1993）；何劲松著《创价学会的理念与实践》（中国社会科学出版社，1995）；邢东田著《当今世界宗教热》（华夏出版社，1995）；何劲松著《日莲论》（东方出版社，1995）；于长洪、张义敏著《世纪末的疯狂——西方邪教透视》（世界知识出版社，1996）；于红雨等编《奥姆真理教的覆灭》（国际文化出版公司，1996）；赵志恩编《坚持真理，抵制异端》（中国基督教三自爱国会与基督教协会，1996）；钟科文著《气功与特异功能解析》（当代中国出版社，1996）；植荣、边吉等编著《东京大劫难——日本奥姆真理教内幕》（中国社会出版社，1997）；戴康生主编《当代新兴宗教》（东方出版社，1999）；罗伟虹著《世纪末逆流》（科学普及出版社，1999）；罗伟虹著《漫谈当代邪教》（湖南人民出版社，1999）；徐长银主编《精神鸦片：罪恶的世界邪教》（辽宁人民出版社，1999）；张晖、廖臣伟编著《不醒的噩梦：世界各国反邪教实录》（海天出版社，1999）；李昭主编《邪教·会道门·黑社会》（群众出版社，1999）；世言编著《阳光下的罪恶：当代国外邪教实录》（人民出版社，2000）；王跃主编《世界邪教：人类的公敌》（珠海出版社，2000）；高师宁著《新兴宗教初探》（香港道风书社，2001）；蔡德贵著《当代新兴巴哈伊教研究》（人民出版社，2001）；孔庆峒编著《人类文明的黑洞：透析邪教》（青岛海洋大学出版社，2001）；罗德里格斯著，石灵译《痴迷邪教》（新华出版社，2001）；哈桑著，杨菲译《走出邪教》（安徽文艺出版社，2001）；罗伟虹著《世界邪教与反邪教研究》（宗教文化出版社，2002）；上海社会科学院宗教研究所编《世界新兴宗教100种》（2002）；金勋著《现代日本的新宗教》（宗教文化出版社，2003）和《韩国新宗教的源流与嬗变》（宗教文化出版社，2006）；蔡德贵著《当代新兴巴哈伊教研究》（修订本）（人民出版社，2006）及其系列翻译著作；何劲松著《池田大作的佛学思想》（宗教文化出版社，2006）等。

从新兴宗教的思想嬗变及其与传统宗教的复杂关联来看，中国当代学者认为新兴宗教可以分为五大种类："一为嬗变于基督新教传统的崇拜团体"，"二为脱胎于伊斯兰教的新兴教派"，"三为带有东方宗教沉思默想之特色、与印度教、锡克教等相关的神秘主义团体"，"四为从佛教、神道教中分化而成的新兴宗教"，"五为融合东方神秘主义和现代心理学因素、以信仰治疗为主的新兴团体"。[①] 关于新兴宗教的性质及其定义上的复杂与困难，晏可佳曾指出，"新兴宗教是有特定范围的，它是一个中性的不带贬抑性质的术语……这一术语主要流行于西方社会学家，因而人们往往把新兴宗教当作一种社会现象，用社会学的方法加以研究的。……在大多数情况下，新兴宗教这一术语乃是一个集合名词，其内涵甚广，包含了各种性质上几乎完全不同的宗教现象，不可一概而论。正是由于新兴宗教这个术语的歧义性，有些新产生的宗教并不承认自己是新兴宗教。如巴哈伊教，它更喜欢被称作世界宗教而不是新兴宗教"。与传统宗教不同，新兴宗教的典型特点为"新兴"，即其在时间、地点上有"兴起"之"新"，具有"现在""当下""此刻"等意义，正如戴康生所言："新兴宗教是一些随着世界现代化进程而出现的，脱离传统宗教的常规并提出了某些新的教义或礼仪的宗教运动和宗教团体。"这样，按照传统宗教的标准，新兴宗教乃"发生中""未定型"的宗教。对此，业露华指出："新兴宗教是一种'处于发生期的宗教'，因此其组织形式、教义思想、仪式制度等往往还不完备，与我们平时所说的'宗教'之概念有很大区别，许多新兴宗教根本就不具备宗教之'要素'。但这并不因此就否认它们是一种宗教组织，相反，这恰恰是新兴宗教的一大特点。"对于这种"处于'发生期'的新宗教"，罗伟虹认为应有以下五大特征："（1）有一个卡里斯玛式的教主，信徒相信他是救世主；（2）教义体系的混杂，吸收主流宗教以外的各种信仰；（3）强调超自然元素和对宗教的神秘体验，制造神圣和神秘的氛围，激发信徒的宗教狂热情绪；（4）强调个人的宗教经验，和内在

① 卓新平：《宗教理解》，社会科学文献出版社1999年版，第199—200页。

意义的寻求；（5）强调宗教的现世效用，追求快乐、健康、财富，入世性强。”① 不过，这些特征并不是都适应所有新兴宗教，因此在界定、说明某一新兴宗教时，不少学者强调仍需要具体问题具体分析，应有具体区分和区别。

新兴宗教的研究有其现实性和敏感性，这对学者而言乃是在情理之中，因为不少新兴宗教仍有着巨大变动和变化，各个新兴宗教之间亦存有复杂的差异和不同，所以对其信仰意义和社会作用及影响的评价就需慎之又慎。应该说，所谓“邪教”现象仅是当代新兴宗教发展中的个别或少数特例，并不具备普遍意义。因此，中国当代学术界注意并强调二者之间的必要区分，对之形成客观、公正的认识。从总体来看，新兴宗教的研究已在宗教学理论研究范围中展开，亦是当代宗教研究中的重要话题，人们对其已有一些基本认知和评说，前面两章也曾论及。但学术界近些年来因了解现实突发事件的需要而更多地加强了对“邪教”现象的观察、研究，并在一定程度上形成了专门的研究领域，从而与新兴宗教的研究有了明显的分流，也已不再为宗教学理论系统的研究所全部涵括。至于对整个新兴宗教的探讨、研究，则处于探索之中，仍有很大的学术空间可供挖掘、发现。其学术归类、研究方法、分析评价等，都在被相关领域的研究者所探询、摸索。这样，中国当代学术界对新兴宗教的研究、对其学科的体系化仍有着广远的学术前景。

第五节　神话、古代宗教和中国少数民族宗教研究

除了上述各种宗教研究之外，在中国当代宗教学发展的40年中还展开了对世界各国原始及古代宗教与神话的研究，以及对中国古代宗教和少数民族宗教的研究等。神话学的研究以袁珂为主要代表，其著述甚丰，包括编著《古神话选释》（人民文学出版社，1979）、《山海经校注》（上海古籍出版社，1980）、《神话选译百题》（上海古籍出版社，1980），论文集《神话论文集》（上海古籍出版社，1982），著作和词典《中国神话传说》（中国民间文艺出版社，1984）、《中国神话资料萃编》（四川省社会科学院出版社，

① 以上均引自王雷泉等主编《二十世纪中国社会科学宗教学卷》，上海人民出版社2005年版，第373—375页。

1985）、《中国神话传说词典》（上海古籍出版社，1985）、《中国神话史》（上海文艺出版社，1988）、《中国神话通论》（巴蜀书社，1993）、《袁珂神话论集》（四川大学出版社，1996）、《中国神话大词典》（四川人民出版社，1998）等。其理论观点影响广远，但也引起了种种争议和讨论。当然，袁珂的研究主要集中在中国神话历史及其相关理论上，而与西方神话史及宗教学理论则关联不多。

其他学者的研究著作则有林惠祥著《林惠祥人类学论著·神话学》（福建人民出版社，1981）；茅盾著《神话研究》（百花文艺出版社，1981，1997）；朱芳圃著《中国古代神话与史实》（中州书画社，1982）；丰华瞻编译《世界神话传说选》（外国文学出版社，1982）；拉姆齐编，史昆等译《美国俄勒冈州印第安神话传说》（中国民间文艺出版社，1983）；冯天瑜著《上古神话纵横谈》（上海文艺出版社，1983）；鲍特文尼克等编著，黄鸿森、温乃铮译《神话辞典》（商务印书馆，1985）；加亚编，齐明山译《世界各国神话与传说》（中国民间文艺出版社，1985）；谢选骏著《神话与民族精神》（山东文艺出版社，1986）；何新著《诸神的起源》（生活·读书·新知三联书店，1987）；萧兵著《楚辞与神话》（江苏古籍出版社，1987）；谢选骏著《空寂的神殿》（四川人民出版社，1987）；程曼超编著《诸神由来》（河南人民出版社，1987）；施密特著，肖师毅等译《原始宗教与神话》（上海文艺出版社，1987）；卡西尔著，于晓等译《语言与神话》（生活·读书·新知三联书店，1988）；丁山著《中国古代宗教与神话考》（上海文艺出版社，1988）；屈育德著《神话·传说·民俗》（中国文联出版公司，1988）；刘城淮著《中国上古神话》（上海文艺出版社，1988）；张光直著，郭净、陈星译《美术·神话与祭祀》（辽宁教育出版社，1988）；何新著《神龙之谜》（延边大学出版社，1988）；缪勒著，金泽译《比较神话学》（上海文艺出版社，1989）；克雷默著，魏庆征译《世界古代神话》（华夏出版社，1989）；奥弗编，毛天祜译《太阳之歌，世界各地创世神话》（中国人民大学出版社，1989）；外国神话传说大词典编写组编《外国神话传说大词典》（中国国际广播出版社，1989）；王小盾著《原始信仰和中国古神》（上海古籍出版社，1989）；陶阳、钟秀著《中国创世神话》（上海人民出版社，1989）；潜明兹著《神话学的历程》（北方文艺出版社，1989）；萧兵著《中国文化的精英，太阳英雄神话比较研究》（上海文艺出版社，1989）、《黑马》（萧兵民俗神话学文集，台湾中国时报文化公司，1990）；萧兵、王孝廉著《中国神话传说》(台湾适用出版公司, 1990); 陶阳等著《中国神话》(上海文艺出版社, 1990); 马书田著《华夏诸神》(北京燕山出版社, 1990); 赵国华著《生殖崇拜文化论》(中国社会科学出版社, 1990); 古德著, 张永钊等译《原始宗教》(河南人民出版社, 1990); 卡西尔著, 范进等译《国家的神话》(华夏出版社, 1990); 梅列金斯基著, 魏庆征译《神话的诗学》(商务图书馆, 1990); 蓝鸿恩、王松主持《中国各民族宗教与神话大词典》(学苑出版社, 1990); 傅道彬著《中国生殖崇拜文化论》(湖北人民出版社, 1990); 王孝廉著《中国的神话世界》(作家出版社, 1991); 叶舒宪著《英雄与太阳——中国上古史诗原型重构》(上海社会科学院出版社, 1991); 张振犁著《中原上古神话流变论考》(1991); 刘城淮著《中国上古神话通论》(云南人民出版社, 1992); 叶舒宪著《中国神话哲学》(中国社会科学出版社, 1992); 邓启耀著《中国神话的思维结构》(重庆出版社, 1992); 吕凯等著, 徐汝舟等译《世界神话百科全书》(上海文艺出版社, 1992); 卡西尔著, 黄龙保等译《神话思维》(中国社会科学出版社, 1992); 哈婷著, 蒙子译《月亮神话——女性的神话》(上海文艺出版社, 1992); 艾兰著《龟之谜——商代神话、祭祀、艺术和宇宙观研究》(四川人民出版社, 1992); 武世珍著《神话学论纲》(敦煌文艺出版社, 1993); 何新著《诸神的起源续集:〈九歌〉诸神的重新研究》(黑龙江教育出版社, 1993); 马卉欣著《盘古之神》(上海文艺出版社, 1993); 陈钧著《中国神话新论》(漓江出版社, 1993); 马昌仪编《中国神话学文论选萃》(中国广播电视出版社, 1994); 陈建宪著《神祇与英雄》(生活·读书·新知三联书店, 1994); 邓迪斯编, 朝戈金等译《西方神话学论文集》(上海文艺出版社, 1994); 陆思贲著《神话考古》(1995); 施瓦布著, 刘超之、艾英译《希腊神话故事》(宗教文化出版社, 1996); 杨利慧著《女娲的神话与信仰》(中国社会科学出版社, 1997); 王晓朝著《希腊宗教概论》(上海人民出版社, 1997); 萧兵著《中庸的文化省察, 神话篇》(湖北人民出版社, 1997); 田兆元著《神话与中国社会》(上海人民出版社, 1998); 林桦著《北欧神话与英雄传说》(当代世界出版社, 1998); 萧风编译《印第安神话故事》(宗教文化出版社, 1998); 李永东编著《埃及神话故事》(宗教文化出版社, 1998); 王新良编《罗马神话故事》(宗教文化出版社, 1998); 黎咏编译《阿拉伯神话故事》(宗教文化出版社, 1998); 田兆元著《神话与中国社会》(上海人民出版社, 1998); 张振犁、陈江风著《东方文明的曙光：中原神话论》（东方出版中心，1998）；廖诗忠编《美洲神话故事》（海峡文艺出版社，1999）；洪学敏、张振洲著《美洲印第安宗教与文化》（中央民族大学出版社，1999）；董启宏著《大洋洲宗教与文化》（中央民族大学出版社，1999）；帕林德著，张治强译《非洲传统宗教》（商务印书馆，1999）；杜梅齐尔著，施康强译《从神话到小说》（生活·读书·新知三联书店，1999）；李咏吟著《原初智慧形态——希腊神学的两大话语系统及其历史转换》（上海人民出版社，1999）；郑振铎编著《希腊罗马的神话与传说》（上海书店出版社，2000）；吴晓群著《古希腊仪式文化研究》（上海社会科学院出版社，2000）；陈世珍著《众神的起源》（东方出版社，2001）；布奇著，罗尘译《埃及亡灵书》（京华出版社，2001）；马书田著《中国人的神灵世界》（九州出版社，2002）；高福进著《太阳崇拜与太阳神话》（上海人民出版社，2002）；艾恩斯著，杜文燕译《神话的历史》（广州希望出版社，2003）；高乐田著《神话之光与神话之镜》（中国社会科学出版社，2004）；王德保著《神话的由来》（中国人民大学出版社，2004）；富兰克弗特著，郭子林、李凤伟译《古代埃及宗教》（上海三联书店，2005）；丁山著《古代神话与民族》（商务印馆，2005）；王兰著《斯里兰卡的民族宗教与文化》（昆仑出版社，2005）；哈里斯编，田明等译《埃及的遗产》（上海人民出版社，2006）；邓迪斯编，朝戈金等译《西方神话学读本》（广西师范大学出版社，2006）；廖明君著《生殖崇拜的文化解读》（广西人民出版社，2006）；肖厚国著《自然与人为：人类自由的古典意义——古希腊神话、悲剧及哲学》（华东师范大学出版社，2006）；金京振著《朝鲜古代宗教与思想概论》（中央民族大学出版社，2006）；约纳斯著，张新樟译《诺斯替宗教：异乡神的信息与基督教的开端》（上海三联书店，2006）；哈里斯编，田明等译《埃及的遗产》（上海人民出版社，2006）；赫丽生著，谢世坚译《希腊宗教研究导论》（广西师范大学出版社，2006）；埃文思—普里查德著，覃俐俐译《阿赞德人的巫术、神喻和魔法》（商务印书馆，2006）；列维·斯特劳斯著，周昌忠译《神话学》（包括：生食和熟食；从蜂蜜到烟灰；餐桌礼仪的起源；裸人）（中国人民大学出版社，2007）；田兆元著《神话学与美学论集》（上海文艺出版社，2007）；考特瑞尔著，俞蘅译《欧洲神话》（山西希望出版社，2007）；琼斯、莫里努著，余世燕译《美洲神话》（山西希望出版社，2007）；斯多姆著，曾玲玲等译《东方神话》（山西希望出版社，2007）；胡吉省著《死亡意识与神话》（中国社会科学出版社，2007）；王增永著《神话学概论》（中国社会科学出版社，2007），叶舒宪著《神话—原型批评》（增订版，陕西师大出版社，2012）。此外，研究日本神道教的著作则有村上重良著《国家神道》（商务印书馆，1990），大江志乃夫著《靖国神社》（世界知识出版社，1990），张大柘著《当代神道教》（东方出版社，1999），王宝平主编《神道与日本文化》（北京图书馆出版社，2003）等。

论及中国古代宗教的著作还包括朱天顺著《原始宗教》（上海人民出版社，1978）和《中国古代宗教初探》（上海人民出版社，1982），常玉芝著《商代周祭制度》（中国社会科学出版社，1983），蔡家麒著《论原始宗教》（云南民族出版社，1988），陈梦家著《殷墟卜辞综述》（中华书局，1988），梁钊韬著《中国古代巫术：宗教的起源和发展》（中山大学出版社，1989），杨学政著《原始宗教论》（云南人民出版社，1991），刘稚、秦榕著《宗教与民俗》（云南人民出版社，1991），徐亚非等著《民族宗教经济透视》（云南人民出版社，1991），杨福泉、郑晓云著《火塘文化录》（云南人民出版社，1991），周楷模著《祭舞神乐——民族宗教乐舞论》（云南人民出版社，1992），李国文等著《智慧的曙光——宗教与哲学》（云南人民出版社，1992），詹鄞鑫著《神灵与祭祀——中国传统宗教综论》（江苏古籍出版社，1992），何星亮著《中国自然神与自然崇拜》（上海三联书店，1992），李申主编《中国古代宗教百讲》（中国广播电视出版社，1993），宋镇豪著《夏商社会生活史》（中国社会科学出版社，1994），陈来著《古代宗教与伦理——儒家思想的根源》（生活·读书·新知三联书店，1996），谢谦著《中国古代宗教与礼乐文明》（四川人民出版社，1996），张荣明著《殷周政治与宗教》（台湾五南图书出版公司，1997），常宝著《楚辞与原始宗教》（东方出版社，1997），王昆吾著《中国早期艺术与宗教》（东方出版中心，1998），王晖著《商周文化比较研究》（人民出版社，2000），张荣明著《权力的诺言——中国传统的政治宗教》（浙江人民出版社，2000），张荣明著《中国的国教——从上古到东汉》（中国社会科学出版社，2001）等。在中国古代宗教研究中，学者们亦注意到与之相关的“图腾”“巫术”等民俗信仰现象，相关研究专著包括宋兆麟著《巫与巫术》（四川民族出版社，1989）；张紫晨著《中国巫术》（上海三联书店，1990）；林河著《〈九歌〉与沅湘民俗》（上海三联书店，1990）；启良著《神论：从万物有灵到上帝之死》（甘肃人民出版社，1991）；张明喜著《神秘的命运密码》（上海三联书店，1992）；何星亮著《中国图腾文化》（中国社会科学出版社，1992）；海通著，何新亮译《图腾崇拜》（上海文艺出版社，1993）；许地山著《扶箕迷信的研究》（商务印书馆，1999）；庞进著《凤图腾：中国凤凰文化的权威解读》（中国和平出版社，2006）；于锦绣、于静著《灵物与灵物崇拜新说》（宗教文化出版社，2006）；严安林等编著《台湾神灵》（北京九州出版社，2007）等。

研究中国少数民族宗教的论著则集中于两个方面，一是对南方少数民族原生态宗教的研究，二是对北方少数民族萨满教的研究。其中研究南方少数民族原生宗教民俗的著作有宋恩常主编《中国少数民族宗教（初编）》（云南人民出版社，1985），刘尧汉著《中国文明源头新论——道家与彝族虎宇宙观》（云南人民出版社，1985），谷德明编《中国少数民族神话》（中国民间文学出版社，1987），过竹著《苗族神话研究》（广西人民出版社，1988），和志武著《纳西东巴文化》（吉林教育出版社，1989），刘小幸著《母体崇拜——彝族祖灵葫芦溯源》（云南人民出版社，1990），史波著《神鬼之祭——西南少数民族传统宗教文化研究》（云南教育出版社，1992），罗义群著《中国苗族巫术透视》（中央民族学院出版社，1993），马学良、于锦绣、范惠娟著《彝族原始宗教调查报告》（中国社会科学出版社，1993），姚周辉著《神秘的幻术：降神附体风俗探究》（广西人民出版社，1993），张桥贵、陈麟书著《宗教人类学——云南少数民族原始宗教考察研究》（四川大学出版社，1993），巴莫阿依著《彝族祖灵信仰研究》（四川民族出版社，1994），李星星著《曲折的回归——四川酉水土家文化考察杂记》（上海三联书店，1994），木丽春著《东巴文化揭秘》（云南人民出版社，1995），朱德普著《傣族神灵崇拜觅踪》（云南民族出版社，1996），张建建著《冲傩还愿——贵州傩仪的结构、类型、意义》（贵州人民出版社，1997），吴秋林、靖晓莉著《居都——一个仡佬族文化社区的叙述》（贵州人民出版社，1997），白庚胜著《东巴神话研究》（社会科学文献出版社，1999），吕大吉、何耀华总主编《中国各民族原始宗教资料集成·考古卷》（中国社会科学出版社，1996）、《彝族卷·白族卷·基诺族卷》（中国社会科学出版社，1996）、《土家族卷·瑶族卷·壮族卷·黎族卷》（中国社会科学出版社，1998）、《纳西族卷·羌族卷·独龙族卷·傈僳族卷·怒族卷》（上海人民出版社，2000），雷翔等著《梯玛的世界——土家族民间宗教活态“玩菩萨”实录》（民族出版社，2006）等。

研究北方少数民族萨满教等宗教的著作有秋浦主编《萨满教研究》（上海人民出版社，1985），吉林省民族研究所编《萨满教文化研究》（吉林人民出版社，1988），乌丙安著《神秘的萨满世界》（上海三联书店，1989），刘小萌、定宜庄著《萨满教与东北民族》（吉林教育出版社，1990），富育光著《萨满教与神话》（辽宁大学出版社，1990），石光伟、刘厚生著《满族萨满跳神研究》（吉林文史出版社，1992），中国社会科学院民族研究所编《民族文化习俗及萨满教调查报告》（民族出版社，1993），迪木拉提·奥玛尔著《阿尔泰语系诸民族萨满教研究》（新疆人民出版社，1995），田广林著《契丹礼俗考论》（哈尔滨出版社，1995），富育光、孟慧英著《满族萨满教研究》（辽宁人民出版社，1995），姜相顺著《神秘的清宫萨满祭祀》（辽宁人民出版社，1995），富育光、王宏刚著《萨满教女神》（辽宁人民出版社，1995），宋和平、孟慧英著《满族萨满文本研究》（台湾五南图书公司，1998），关小云、王宏刚著《鄂伦春萨满教调查》（辽宁人民出版社，1998），孟慧英著《尘封的偶像——萨满教观念研究》（北京出版社，2000）和《中国北方民族萨满教》（社会科学文献出版社，2000），富育光著《萨满论》（辽宁人民出版社，2000），郭淑云、王宏刚主编《活着的萨满——中国萨满教》（辽宁人民出版社，2001），郭淑云著《原始活态文化——萨满教透视》（上海人民出版社，2001），《多维学术视野中的萨满文化》（吉林大学出版社，2005），《中国北方民族萨满出神现象研究》（民族出版社，2007）和《追寻萨满的足迹——松花江中上游满族萨满文化田野考察札记》（广西人民出版社，2008），郭淑云执行主编《萨满文化解读》（吉林人民出版社，2003），富育光、郭淑云著《萨满文化论》（台湾学生书局，2005），孟慧英主编《当代中国宗教研究精选丛书：原始宗教与萨满教卷》（民族出版社，2008）等。

研究其他少数民族宗教的著作还有图齐、海西希著，耿昇译《西藏和蒙古的宗教》（天津古籍出版社，1989），丹珠昂奔著《藏族神灵论》（中国社会科学出版社，1990），满都呼主编《中国阿尔泰语系诸民族神话故事》（民族出版社，1997），周锡银、望潮著《藏族原始宗教》（四川人民出版社，1999），尕藏加著《西藏宗教》（五洲传播出版社，2002），李安宅著《藏族宗教史之实地研究》（上海世纪出版集团，2005），杨学政、萧霁虹著《苯教文化之旅》（四川文艺出版社，2007）等。

神话学通常在宗教人类学领域所展开，而原始宗教、古代宗教和原住民宗教的研究也多属宗教人类学和文化人类学的范畴。前面“宗教学理论研究”部分尤其是宗教人类学研究中对之已有讨论和阐述。不过，这些研究都有跨学科性质。如神话学的探讨在当代中国就已基本形成一个独立的研究领域，但对于究竟应归属哪一门学科则仍有不同看法。如文学、文艺学、语言学、民俗学等范围都有神话学和民俗性宗教研究，而宗教学范围中至少有宗教人类学、宗教史学、宗教哲学等都在研究神话学问题，尤其涉及对原生性宗教和创生性宗教的关联及分类。但不同领域中的研究在其学科理念、立意、方法、取材上各有侧重或不同，当宗教人类学根据所掌握的材料来注重建构其理论及方法体系时，神话学显然有其作为神话学本身的问题意识和独立发展。而对于中国历史上和当前少数民族宗教的研究，则不仅基于文献文本，有着历史文献、各种档案资料的爬梳、整理，更要依靠田野调查、实地调研。因此，这些研究既体现出对少数民族宗教留存的文本的抢救、整理、翻译和注释，也是经过大量实地调查而获得的第一手材料的分析、论说。而且，其研究对于系统了解原生态文化、民族文化中的宗教因素以及民间、民俗文化的发展演变都有着独特的学术意义和现实意义，并与民族学等发生复杂关联。在中国改革开放 40 年经历中，上述研究逐渐成熟、完备，亦已成为中国宗教学研究中的一个重要领域。

这些研究从人类精神思想及其信仰诉求这一重要层面，揭示并阐述了宗教在中华文明乃至整个人类文明中的意义与作用，有力地推动了中国改革开放 40 年来的哲学及人文学术发展，并初步奠立起具有中国特色的宗教学学科体系及其理论规范和研究方法，发挥其在中国哲学社会领域中的重要支撑作用，使之成为中国当代学术百花苑中的一朵奇葩。